Maurice Lever

Marquis de Sade

MAURICE LEVER

Marquis de Sade

DIE BIOGRAPHIE

Aus dem Französischen von
Wolfram Bayer, Dieter Hornig,
Günther Seib und Josef Winiger

EUROPAVERLAG WIEN–MÜNCHEN

Die Deutsche Bibliothek – CIP-Einheitsaufnahme

Lever, Maurice:
Marquis de Sade : die Biographie / Maurice Lever.
Aus dem Franz. von Wolfram Bayer … –
Wien ; München : Europaverl., 1995
Einheitssacht.: Donatien Alphonse François, Marquis de Sade <dt.>
ISBN 3-203-51238-6

Originalausgabe
Donatien Alphonse François, marquis de SADE
Fayard, Paris 1991

Titel der englischen Ausgabe
Sade: A Biography

Lektorat: Mathilde Fischer

Umschlaggestaltung: W + Z, Dortmund

Herstellung: Friedrich Pustet, Regensburg
Printed in Germany
ISBN 3-203-51238-6

Für Éveline

Die Kapitel 1–4 wurden von Wolfram Bayer übersetzt, Kapitel 5–7 von Günther Seib, Kapitel 8–16 von Josef Winiger und Kapitel 17–27 von Dieter Hornig.

Inhalt

»In vollkommener Vereinsamung,
ein unbekannter Klang von Raserei und Anmut.«
Gilbert Lely, *Ma Civilisation*

Vorwort

Wenn dieses Buch vor allem dem Grafen de Sade und seinem Sohn, Thibault de Sade, zugedacht ist, dann deswegen, weil es ohne ihre Mithilfe nie hätte entstehen können. Den »Sadologen« ist völlig bewußt, daß sie den Nachkommen des »Göttlichen Marquis« gegenüber in tiefer Schuld stehen. Es ist, wie man nicht oft genug betonen kann, dem Grafen de Sade zu verdanken, daß uns ein bedeutender Teil des Werks seines Vorfahren zugänglich gemacht wurde; ohne seine Mitarbeit hätte Gilbert Lely das bislang vorliegende biographische Corpus nicht rekonstruieren können; ohne sein Vertrauen und seine Großzügigkeit schließlich wäre es uns heute nicht möglich, den Verfasser der *Justine* wiederzuentdecken. Xavier und Thibault de Sade haben mir die gesamten Familienarchive zur Verfügung gestellt, das heißt eine große Zahl von unveröffentlichter Korrespondenz und Dokumenten, die das Leben des Marquis de Sade in einem völlig neuen Licht erscheinen lassen. Dafür möchte ich sie an dieser Stelle meiner tiefen Dankbarkeit und aufrichtigen Freundschaft versichern.

Maurice Lever

EINLEITUNG

Der Stern mit acht goldenen Strahlen

Um die Herkunft des Geschlechtes derer von Sade ranken sich zahlreiche Legenden. Bereits sein Ursprung grenzt ans Märchenhafte: Heißt es nicht, daß es von einem der Heiligen Drei Könige abstamme? César de Nostredame merkt in seiner *Histoire de Provence* (Geschichte der Provence) an, er habe irgendwo gelesen, daß es seinen Ursprung auf die Fürsten von Les Baux zurückführe, die selbst wiederum auf ihre direkte Abstammung von den Balten stolz waren – freilich nicht von den Bewohnern der Ostseeküste, sondern von den »Kühnen«, den gesalbten Nachkommen einer kriegerischen Westgotenfamilie. Auf dem Wappen der Herren von Les Baux prangte ein Stern mit sechzehn Strahlen, ein geheimnisvoller Komet, dessen Ursprung den Heraldikern unbekannt ist. Er wird in der Volkstradition mit dem Stern Balthasars gleichgesetzt, eines jener Heiligen Drei Könige, auf die diese Fürsten ihre Herkunft zurückführten. Durch einen merkwürdigen Zufall diente genau dieser Stern auch den Zigeunern von Saintes-Maries-de-la-Mer, die ihn aus dem Orient mitgebracht hatten, als Emblem. Für die Provenzalen stand es jedenfalls stets außer Zweifel, daß Balthasar in Les Baux de Provence gewesen war. Niemand weiß allerdings, wann und wie dies geschehen sein soll.

Ebenfalls Nostredame zufolge wurde dieser Stern halbiert und »verschiedentlich blasoniert«, um die jüngeren von den älteren Zweigen des Hauses zu unterscheiden. Und darauf sei, so heißt es, das Wappen derer von Sade zurückzuführen: ein goldener, achtstrahliger Stern auf rotem Feld. Dieser märchenhafte Ursprung wurde freilich von niemandem ernstgenommen: Nostredame hatte einen allzu ausgeprägten Hang zu Legenden. Die Heiligen Drei Könige blieben dessenungeachtet ein fester Bestandteil der Familientradition: Im Stammbaum derer von Sade finden sich mehrere Kaspars, einige Balthasars – allerdings kein einziger Melchior.

Über Louis de Sade, den Begründer der Linie, wird aber noch eine weitere Legende erzählt.

BÉNÉZET, DER KLEINE HIRTE

Im Jahre des Herrn 1177 hütete ein Junge namens Bénézet (oder kleiner Benoît) die Schafe seiner Mutter, als er plötzlich eine Stimme vernahm, die vom Himmel kam. Der kleine Hirte hob bewegt die Augen: »Ich bin Jesus Christus«, ließ die Stimme vernehmen, »und ich will, daß du deine Herde verläßt, um mir eine Brücke über die Rhône zu bauen.«

Der Hirtenjunge wandte ein, daß er von Flüssen und Bauwerken nichts verstehe, aber die Stimme bestand darauf und versprach ihm einen Führer sowie einen anderen Hirten, der sich in seiner Abwesenheit um die Herde kümmern werde. Bénézet machte sich also auf den Weg und begegnete bald darauf einem als Pilger verkleideten Engel, der ihn bis an die Ufer der Rhône begleitete. »Steig in dieses Boot«, befahl ihm der Unbekannte, »und setze über den Fluß. Gehe dann nach Avignon und zeige dich dort dem Bischof und seinem Volk.« Am anderen Ufer angekommen, suchte der Junge den Prälaten auf, der gerade eine Predigt hielt. Dieser zeigte sich höchst belustigt und schickte ihn zum Stadtrichter, einem furchteinflößenden Mann, der ebenfalls in Lachen ausbrach: »Ich werde dir«, sagte er, »einen Stein zeigen, den ich in meinem Palais habe. Wenn du ihn von der Stelle zu rücken vermagst, werde ich dir glauben, daß du imstande bist, eine Brücke zu bauen.« Bénézet war überglücklich, suchte wieder den Bischof auf und kündigte ihm an, daß er die Absicht habe, sich dem Gottesurteil, das ihm vom Stadtrichter auferlegt worden war, zu unterziehen. »Wir werden sehen«, antwortete Seine Exzellenz und befahl dem Volk, ihnen zu folgen.

Daraufhin packte Bénézet den Stein, den dreißig Männer nicht zu bewegen vermocht hätten, hob ihn auf und trug ihn bis zu der Stelle am Flußufer, wo sich später der erste Brückenbogen erheben sollte. Die Anwesenden waren überwältigt und spendeten dem Kind Geld, damit sofort mit dem Brückenbau begonnen werden konnte. Es sollte schließlich nicht weniger als zehn Jahre dauern, bis die berühmte Brücke von Avignon fertiggestellt war.

Hinter der märchenhaften Gestalt des Hirtenjungen Bénézet verbirgt sich das erste bekannte Mitglied der Familie de Sade: Louis de Sade, im Jahr 1177 Landvogt von Avignon und Financier dieser Brücke. Seine Nachkommen ließen es sich angelegen sein, das Bauwerk in gutem Zustand zu erhalten und zu restaurieren. Im Jahr 1355 hinterließ Hugues de Sade ein Legat von zweitausend Goldgulden für den Wiederaufbau der

Brücke. Dies erklärt, warum das Wappen derer von Sade noch heute auf dem ersten Brückenbogen zu sehen ist.[1]

HANF UND SALZ

Das Haus de Sade, dessen Name in alten Dokumenten ebenfalls in den Formen »Sado« oder »Sadone«, mitunter auch »Saze« oder »Sauze« aufscheint, gehört zu den ältesten der Provence und des Comtat Venaissin. Sieur de Remerville zufolge, dem in genealogischen Fragen sehr bewanderten Geschichtsschreiber der Stadt Apt, geht der Name de Sade auf einen kleinen Weiler im Languedoc mit dem Namen Saze zurück, der am Rhôneufer zwei Meilen von Avignon entfernt liegt.[2]

Hugues de Sade, dessen Existenz bereits für 1298 belegt ist, war von Beruf Hänfer, d. h. er stellte Textilien auf Hanfbasis her, ein damals auch in der Gegend von Avignon weitverbreitetes und blühendes Gewerbe. Die Familie de Sade war an zahlreichen wirtschaftlichen Unternehmungen beteiligt: Sägewerken, Brauereien, Walkmühlen, Seilereien und wahrscheinlich auch Textilerzeugung einschließlich Seide und nicht zuletzt am Salzhandel und den Wege- bzw. Brückengeldern auf der Rhône. Die ursprünglich bürgerliche Familie wurde bald darauf in den Adelsstand erhoben, was sie zum einen ihrem Reichtum, zum anderen aber auch dem im Avignon des 14. Jahrhunderts sehr präsenten italienischen Vorbild verdankte, welches die Entstehung einer Aristokratie von Händlern, Schiffseignern und Bankiers ermöglichte; derartige in den Adelsstand erhobene Familien konnten kraft einer päpstlichen Bulle auch weiterhin Handel treiben, ohne ihre Adelsprivilegien zu verwirken. Der ausgeprägte Standesdünkel, den Donatien de Sade geadelten Bürgern gegenüber zeitlebens zur Schau trug, gründete also in einer über viele Generationen hinweg tradierten Anmaßung. Obwohl seine Adelstitel um drei Jahrhunderte älter waren als etwa die der Montreuil, hatten beide Familien dieselbe Herkunft. Die de Sade hatten jedoch im Unterschied zu den Montreuil im Lauf der Jahrhunderte Verdienste des Kriegsadels erworben und waren mit den ruhmreichsten Familien der Provence verschwägert: den Forbin, Cambis, Barbentane, Simiane, Causans, Grimaldi, D'Astouaud und Crillon – und nicht zu vergessen mit den Medici und den Doria. Ihr Alter, ihre Verbindungen mit Familien von Rang, ihre Dienste an den Höfen der Päpste und Grafen der Provence sowie ihre militärischen Heldentaten sicherten der Familie de Sade einen unbestrittenen Rang unter den Adelsgeschlechtern des Comtat. Zeugnisse davon haben sich bis heute in der gesamten Umgebung erhalten; in Avignon gab es einst außer der Bénézet-Brücke die *Tour de Sade*, den Sade-Turm, im Volksmund fälschlich »Tour de Sauzes« genannt, sowie eine Rue de Sade, in der einst das *Hôtel de Sade*, das Stadtpalais der Familie, gestanden hatte.

LAURA

»Berühmt für ihre Tugenden und in meinen Versen unermüdlich besungen, erschien mir Laura zum ersten Mal in der Blüte meiner Jugend, im Jahre des Herrn 1327, am 6. April, in der Kirche Sainte-Claire zu Avignon, am frühen Morgen. Sie wurde in ebendieser Stadt, an ebendiesem Tag des Monats April des Jahres 1348 dem Licht des Tages entrissen, als ich in Verona war – ach! –, dieses Schicksalsschlages unkundig. [...] Ihr unendlich keuscher und überaus schöner Leib wurde noch am Tag ihres Todes zu Grabe getragen, zur Vesperzeit.«

Diese Notiz schrieb Francesco Petrarca auf die Rückseite des Deckblatts seines *Vergil*, der heute in der Biblioteca Ambrosiana in Mailand aufbewahrt wird. Wie oft hat er sich die Erinnerung an diesen 6. April 1327, den Ostermontag, ins Gedächtnis gerufen, als er die schöne Laura in der Kapelle Sainte-Claire im fahlen Licht der Morgendämmerung zum ersten Mal erblickt hatte!

Laura symbolisiert die spirituelle Vollkommenheit: eine reine Seele, ein keuscher Leib, das Antlitz von Anmut verklärt. Die junge Madonna steigt jedoch mitunter von ihrem Altar herab, setzt ihren Fuß auf blühende Wiesen, entledigt sich ihrer Kleider und nimmt ein Bad im klaren Wasser der Sorgue. Dann entsagt sie der unvergleichlichen Blässe der Perle und schmückt sich mit ganz bestimmten Farben und Formen: ein ausdrucksvoller Blick, das zarte Feuer ihrer Wangen, ein wohlgeformter, jugendlicher Busen. Dennoch scheint ihr Innerstes jeder Lebendigkeit zu entbehren: Man fragt sich, ob sie den Dichter wirklich liebt oder ob ihre »Ehrbarkeit« nicht vielmehr auf Gefühlskälte, eheliche Standhaftigkeit, Vorsicht oder weibliche Koketterie zurückzuführen wäre. Aufgrund der offenkundigen Widersprüchlichkeit ihres Verhaltens wurde Laura häufig als bloße Allegorie der Muse verstanden.

Petrarcas Liebe zu ihr hat ebenfalls nur wenig von einer menschlichen Leidenschaft. Man könnte schon eher von einer »Liebesmeditation« sprechen, die von süßen Tränen benetzt wird. »Ich gehöre zu denen, für die es eine Wonne ist zu weinen«, gestand er später. Petrarca ist aber auch mit dem Leid vertraut, mit jenem heftigen Schmerz, der ihn »düstere Nächte der Angst« durchwachen läßt, der die Speisen, die er ißt, in gallenbitteres Gift und sein Bett in einen Schauplatz grausamer Kämpfe verwandelt und die Nächte zur Qual werden läßt. In diesen Augenblicken verschmilzt die Trennung von der Geliebten mit seiner eigenen Angst; Lauras Bild tritt hinter seine eigene Zerrissenheit zurück, und seine Dichtung findet zu ihren authentischsten Klängen.

Merkwürdigerweise hat uns der Dichter, der ihre Schönheit, für die er entflammt war, in so vielen Versen besungen und in so vielen Briefen und Werken schwärmerisch beschrieben hat, nicht nur über die Details ihres Privatlebens, sondern selbst über ihren Familiennamen im unklaren gelassen. Er hat sich damit begnügt, uns mitzuteilen, daß Laura etwa so alt war wie er und einer alteingesessenen Familie entstammte. Welcher? In diesem Punkt gehen die Ansichten der Historiker auseinander. Die Mehrzahl der italienischen Forscher halten sich an Alessandro Vellutello und vertreten die Meinung, daß Laura die Tochter von Henri de Chabaud, des Herrn von Cabrières, gewesen sei.[3] In Frankreich, und insbesondere in der Gegend von Avignon, besteht hingegen eine Tradition, der zufolge sie mit der Familie de Sade verschwägert war. Der Abbé de Sade, der im 18. Jahrhundert die Archive seiner Familie eingehend erforscht hatte, war sich jedenfalls in diesem Punkt seiner Sache völlig sicher: Laura, die Tochter von Audibert de Noves und der adligen Dame Ermessende, war die Gattin von Hugues de Sade, des zweiten dieses Namens.

Das Haus Noves, das sich durch seinen alten Adel und die hohen Ämter auszeichnete, die seine Mitglieder bekleidet hatten, war die bedeutendste Familie des Weilers Noves, zwei Meilen von Avignon entfernt. Wiederum dem Abbé zufolge kommt Avignon unbestreitbar die Ehre zu, die Stadt zu sein, in der die schöne Laura das Licht der Welt erblickt hatte. »Petrarca«, so behauptete er zumindest, »hat dies in seinen Gedichten tausendmal zu verstehen gegeben.« Audibert de Noves, der Syndikus von Avignon, starb um 1320 und ließ drei Kinder unter der Obhut ihrer Mutter zurück: Jean, Laure, seine ältere Tochter, und Marguerite. In seinem Testament setzte er seinen Sohn Jean als Erben ein und hinterließ 6000 *Livres tournois*, die Währung Frankreichs, für Lauras Mitgift. Ein Mädchen von hoher Geburt, jung, hübsch und überdies mit einer ansehnlichen Mitgift ausgestattet, war wohl nicht schwer unter die Haube zu bringen. Ermessende brauchte nur zu wählen; ihre Entscheidung fiel schließlich auf Hugues de Sade, genannt »der Alte«, den Sohn von Paul de Sade, und der Ehevertrag wurde am 16. Januar 1325 unterzeichnet. Laura kann zu diesem Zeitpunkt nicht älter als siebzehn oder achtzehn Jahre alt gewesen sein.

Abgesehen von der Tatsache, daß sie Petrarca zu seinen schönsten Versen inspiriert hat, weiß man nur sehr wenig von ihr – als ob ihre Existenz sich in der leidenschaftlichen Liebe des Dichters zu ihr erschöpft hätte. In bestimmten Memoiren finden sich hingegen Hinweise darauf, daß Laura unter der Obhut ihrer Tante Étiennette Gantelmi, der Herrin von Romanil, von der sie »zu guter Literatur erzogen wurde«, in den Zirkel jener gelehrten Damen eingeführt wurde, die die *Cour d'Amour*, den »Liebeshof« Avignons, bildeten. »Sie verfaßten eifrig Romanzen und allerlei provenzalische Gedichte in der Manier Étiennettes, der Gräfin der Provence, und Alasies, der Vicomtesse von Avignon, sowie anderer provenzalischer Damen, die mit ihrem Wissen glänzten. [...] Sie hielten öffentlich Gericht über Werke des Geistes und über alles, was für ehrbare Galanterie und Höflichkeit von Belang war.«[4] Demnach hätte also Petrarcas Muse selbst Verse geschmiedet und mit anderen »gelehrten Frauen« in der Dichterschule der *Cour d'Amour* Hof gehalten.

Laura fiel am 6. April 1348 der Pest zum Opfer, nachdem sie drei Tage zuvor ihr Testament gemacht hatte.[5] Darin äußerte sie den Wunsch, in der Franziskanerkirche von Avignon, und zwar in der Familiengruft der Kapelle Sainte-Croix, begraben zu werden.

Ist Laura de Noves, die Gattin von Hugues de Sade, tatsächlich mit jener Laura identisch, die von Petrarca besungen wurde? Diese Frage gab Anlaß zu langwierigen und letztlich fruchtlosen Kontroversen; Lely bejaht sie (das Gegenteil hätte überrascht), und der Abbé de Sade ist sich seiner Sache völlig sicher (was noch weniger überraschend ist). Dennoch wurden darüber endlose Debatten geführt. Die Historiker haben im Lauf der Jahrhunderte zahlreiche Argumente ins Treffen geführt, belegt durch Zitate, Archivmaterial, Stammbäume, Dokumente und »Beweise«, die jedoch allesamt keinerlei gesicherte Aussagen zulassen. Noch heute konnte dazu nichts mit völliger Gewißheit ermittelt werden, wenngleich die jüngsten Forschungsergebnisse eher darauf hinzuweisen scheinen, daß sich das Haus de Sade zu Unrecht mit diesem genealogischen Kleinod geschmückt hat.[6]

Lauras wahre Identität ist jedenfalls von nur geringer Bedeutung, da sie genauso, wenn nicht in noch höherem Maß, zu den Legenden um

Sade gehört wie der Stern Balthasars oder die Bénézet-Brücke. Seit dem 14. Jahrhundert war sie der Schutzengel des Hauses de Sade. Ihr Schatten wachte von Generation zu Generation über die Mitglieder der Familie, die mit ihrem Andenken einen wahren Kult trieb, der heute keineswegs in Vergessenheit geraten ist, sondern mit derselben Inbrunst wie einst fortgesetzt wird. Laura ist die Weiße Dame der Sade. Sie ist Donatien in der Nacht vom 16. auf den 17. Februar 1779 – also während seiner Kerkerhaft im Turm von Vincennes – als verführerischer Geist im Traum erschienen: »Es war um Mitternacht. Ich war soeben eingeschlafen [...]. Plötzlich erschien sie mir ... Ich sah sie! Die Schrecken des Grabes hatten ihren strahlenden Reizen nichts anhaben können, und ihre Augen hatten noch dasselbe Feuer, das Petrarca einst besungen hatte. Ihre Gestalt war in einen schwarzen Trauerflor gehüllt, über den ihre schönen blonden Haare nachlässig herabfielen. Es hatte den Anschein, als habe die Liebe, um ihr ewige Schönheit zu verleihen, das Trauergewand, in dem sie sich meinen Blicken darbot, weniger düster erscheinen lassen wollen. ›Warum beklagst du dein Mißgeschick auf Erden?‹ sagte sie zu mir. ›Komm doch mit mir. Keine Übel, kein Kummer, keine Wirren in dem unendlichen Raum, den ich bewohne. Sei mutig und folge mir!‹ Bei diesen Worten warf ich mich ihr zu Füßen und rief: ›O meine Mutter! ...‹ Und ein Schluchzen erstickte meine Stimme. Sie streckte mir eine Hand entgegen, die ich mit meinen Tränen benetzte; auch sie weinte. ›Als ich noch in der Welt lebte, die du verabscheust‹, fügte sie hinzu, ›gefiel es mir, meinen Blick in die Zukunft zu richten; ich sah die Vielzahl meiner Nachkommen bis zu dir *und du schienst mir nicht so unglücklich zu sein.*‹ Ich warf ihr, von Verzweiflung und inniger Liebe überwältigt, meine Arme um den Hals, um sie zurückzuhalten und mit meinen Tränen zu benetzen, aber die Erscheinung war verschwunden, zurück blieb nichts als mein Schmerz.«

DER DOPPELADLER

Die so inbrünstig besungene Keuschheit Lauras hat sie nicht daran gehindert, ihrem Gatten elf Kinder zu schenken. Am 19. November 1348, also bereits sieben Monate nach ihrem Tod, vermählte sich Hugues de Sade in zweiter Ehe mit Verdaine de Trentelivres, mit der er weitere sechs Kinder hatte. Der älteste Sohn von Hugues und Laura, der ebenfalls – als dritter Träger dieses Namens – Hugues hieß und Hugonin oder

»der Junge« genannt wurde, setzte die Linie fort. Aus seiner Ehe mit Giraude de Ledenon, der Tochter von Jean de Ledenon, dem Herrn von Aramon, gingen drei Söhne und vier Töchter hervor.

Dem zweitgeborenen dieser Söhne, Elzéar de Sade, Stallmeister und später Mundschenk von Papst Benedikt XIII. und Mitlehnsherr von Les Essarts, wurde vom römisch-deutschen Kaiser Sigismund von Luxemburg als Dank für die von ihm und seinen Vorfahren dem Reich geleisteten Dienste kraft einer in Avignon ausgestellten und mit dem 11. Januar 1416 datierten Urkunde das Privileg gewährt, den doppelköpfigen Kaiseradler ins Wappen seines Hauses aufzunehmen.

Das Haus de Sade erwarb im Lauf der Jahrhunderte große Verdienste, und viele seiner Mitglieder hatten hohe Ämter in Kirche und Staat inne. Von Beginn an bis zu Donatien Alphonse François, Marquis de Sade, folgt ein hoher Würdenträger auf den anderen: Prälaten, Rittmeister, Richter, Syndikusse, Landvögte, Parlamentsberater, Großprioren, Statthalter, päpstliche Kammerherren, Diplomaten und Ritter des Malteserordens, die das Frankreich des Ancien régime mitgestalteten; unser Held wird an ihrem Standesbewußtsein zeitlebens festhalten. Und schließlich darf nicht unerwähnt bleiben, daß die Familie de Sade auch zahlreiche Äbtissinnen und Nonnen hervorbrachte, die die Klöster des Comtat zu Dutzenden bevölkerten.

ERSTER TEIL

Der Edelmann und Libertin

KAPITEL I

Ein Liebling der Frauen

DAS »BLUT DES VATERS«, DER »BUSEN DES WEIBES«

»Was mich daran gehindert hat, reich zu werden, ist der Umstand, daß ich zu sehr Freigeist bin, um zu antichambrieren, zu arm, um die Domestiken für meine Sache zu gewinnen, und zu stolz, um Günstlingen, Ministern und Mätressen meine Aufwartung zu machen. Mögen ihnen doch jene, die wünschen oder hoffen, mit ihren Mitteln Erfolg zu haben, den Hof machen, dies habe ich Hunderte Male gesagt. Ich bin frei. Ich bin es nicht immer gewesen, da ich von Leidenschaften beherrscht wurde; die Leidenschaft des Ehrgeizes ist mir allerdings fremd geblieben.

Lange habe ich im Trubel der Lügen und Verleumdungen gelebt. Erst heute komme ich in den Genuß von etwas, das mir selbst Könige nicht gewähren könnten, da sie selbst nicht darüber verfügen, nämlich der Freiheit.«[1]

Diese nachdenklichen Überlegungen über sich selbst stellte der alt gewordene Jean-Baptiste Joseph François, Graf de Sade, Herr von Saumane und La Coste, Mitlehnsherr von Mazan und Vater des Marquis de Sade an, nachdem er alle Vergnügungen eines erfüllten und erfolgreichen Lebens ausgekostet hatte. Er ist es wert, daß man sich näher mit ihm beschäftigt, wurde er doch bisher von den Biographen Donatien de Sades allzuoft vernachlässigt, verkannt oder gänzlich übergangen. Die Familienarchive bieten uns heute die Möglichkeit, uns nicht nur mit der Persönlichkeit desjenigen vertraut zu machen, der unter Ludwig XV. als Inbegriff des Libertins galt, sondern auch und vor allem die grundlegende Bedeutung zu erkennen, die er für den zukünftigen Verfasser von *Justine* haben sollte. Die Beziehung zwischen dem Grafen und dem Marquis de Sade war derart eng, daß es unmöglich wäre, den einen zu beschreiben, ohne daß dabei die Umrisse des anderen schemenhaft hervortreten würden. Donatien verbrachte seine Kindheit und seine Jugend in enger Symbiose mit seinem Vater; dabei handelte es sich zweifellos um eine emotionale

Nähe, eine Mischung aus Zuneigung und Vertrauen, die beide füreinander empfanden, aber auch um ein literarisches und intellektuelles Einverständnis: das krasse Gegenteil jenes abwesenden, kühlen, ja unnahbaren Vaters, den man sich bisher vorgestellt hat. Die kürzlich entdeckten Dokumente bieten dazu äußerst aufschlußreiche und interessante Informationen.

Diese enge Verbindung zwischen Vater und Sohn tritt um so deutlicher hervor, als die Mutter praktisch inexistent ist. Von einem unbeständigen Mann vernachlässigt, bevor sie sich bis ans Ende ihrer Tage in ein Kloster zurückzog, wird sie im Leben Donatiens nur eine geringe Rolle spielen. Sie bildet aber nur scheinbar eine Leerstelle, ist man versucht zu sagen, da das Kind ja zahlreiche Ersatzmütter finden wird, etwa Madame de Saint-Germain oder Madame de Raymond. Diesen Frauen, von denen zumindest letztere eine ehemalige Mätresse des Vaters war, ist es allerdings nie gelungen, die von der wirklichen Mutter hinterlassene Leere auszufüllen. Als »gefallene« Frauen stehen sie für das Gegenteil jener ursprünglichen, jungfräulichen Mutter, die von ihrem Sohn zunächst abgöttisch geliebt und später abgelehnt wurde.

In Umkehrung der herkömmlichen Entwicklung wird Sades Grundkonflikt nicht vom Haß auf den Vater, sondern vom Abscheu vor einer Mutter bestimmt, die unerreichbar, abwesend und gleichgültig war – ganz im Gegensatz zum Vater, der seinen Sohn unaufhörlich verhätschelte. Pierre Klossowski hat schon vor längerer Zeit festgestellt, daß dieser äußerst selten auftretende und im allgemeinen weniger offenkundige Komplex des Mutterhasses zweifellos der Sadeschen Ideologie ihre eigentümliche Prägung verliehen hat. Wir haben es also mit einem negativen Ödipuskomplex zu tun. Anstatt den Vater zu töten, verbündet er sich mit ihm und richtet all seine Aggressivität gegen die Mutter. Seine Mord- und Profanierungsgelüste sollten ihm erst später bewußt werden, als er mit der bedrohlichen Mutterfigur seiner Schwiegermutter, der Präsidentin von Montreuil, konfrontiert wurde. Sein vernichtender Haß wird den mütterlichen Werten gelten: dem Mitgefühl, der Zuneigung, dem Trost, der Opferbereitschaft und der Treue – und er wird alles daransetzen, um den Eigennutz und die Angst bloßzulegen, die sich hinter ihnen verbergen.[2] Seinen Wunsch, die mächtige Mutter zu geißeln, wird er auch an seiner eigenen Frau, Renée-Pelagie, stillen können, was um so naheliegender ist, als sie sehr rasch die Liebe zwischen Eheleuten durch eine mütterliche Liebe ersetzen wird. Ihre grenzenlose Hingabe, ihre Selbstverleugnung, ihre liebevolle Fürsorge sind für Donatien wahre Schandmale der Mütterlichkeit, denen er mitleidlos, mit Verachtung und Sarkasmus begegnen wird. Sein Werk bietet ein außergewöhnliches Kaleidoskop aller physischen und psychischen Folterqualen, die ein Sohn (oder eine Tochter) seiner (oder ihrer) Mutter zuzufügen imstande ist. In ihm entfaltet sich eben jene triumphale Geste, mit der die Mutter geschändet, erniedrigt, gedemütigt und auf ihre ursprüngliche Rolle als Lustobjekt reduziert wird. »Ich liebe meinen Vater bis zum Wahnsinn«, gesteht Eugénie in *Die Philosophie im Boudoir*, »und ich fühle, daß ich meine Mutter hasse.« Worauf ihr Dolmancé zur Antwort gibt: »Diese Vorliebe hat nichts Erstaunliches: ich empfinde dasselbe; den Tod meines Vaters habe ich bis heute nicht verwunden, aber als ich meine Mutter verlor, entzündete ich ein Freudenfeuer. [...] Ich haßte sie aus ganzem Herzen. Nehmen Sie doch diese Gefühle furchtlos an, Eugénie, sie sind in der Natur. Ausschließlich aus dem Blut unserer Väter entstanden, schulden wir unseren Müttern nichts; sie haben sich im übrigen für den Akt nur hergegeben, während der Vater ihn verlangt hat; der Vater wollte also unsere Geburt, während die Mutter in sie lediglich einwilligte. Welch ein Unterschied der Gefühle!«[3] Als Protagonist und zugleich Inbegriff dieses negativen Mutterkomplexes bringt der Muttermörder Bressac in *Das Mißgeschick der Tugend* in einem einzigen Satz diese wesentliche Komponente des Sadeschen Denkens zum Ausdruck: »Dachte sie etwa an mich, diese Mutter, als ihre Lüsternheit sie den Fötus empfangen ließ, aus dem ich hervorging? Kann ich ihr Dankbarkeit dafür schulden, daß sie sich Lust verschafft hat? Das Kind entsteht nicht aus dem Blut der Mutter, sondern allein aus dem des Vaters; im Busen des Weibes gedeiht die Frucht, er bewahrt sie und bildet sie aus, trägt aber selbst nichts bei, und aufgrund dieser Überlegung könnte mich nichts dazu bewegen, meinem Vater nach dem Leben zu trachten, während ich es als höchst einfach empfinde, den Lebensfaden meiner Mutter durchzutrennen.«[4]

Im Grunde wird die Mutter von Sade als das Haupthindernis für die direkte Beziehung zwischen Vater und Sohn wahrgenommen. Dies ist bereits Grund genug, sie zu hassen.

GRUPPENBILD (SKIZZE)

Kehren wir jedoch zum über alles geliebten, vielleicht allzusehr geliebten Vater zurück. Er wurde am 12. März 1702 in Mazan als Sohn von Gaspard François de Sade und Louise Aldonse d'Astouaud[5] geboren und war der älteste von drei Söhnen (von insgesamt fünf), welche trotz der damals recht hohen Kindersterblichkeit überlebt hatten. Am 12. Oktober 1703 wird sein jüngerer Bruder Richard-Jean-Louis geboren, der sehr früh in den Malteserorden eintritt und sein Leben als Großprior der Provinz Toulouse beschließen wird. Er ist das moralische Gewissen der Familie: Pedantisch, würdevoll und langweilig, ist seine Ausdrucksweise gespickt mit Gemeinplätzen und rhetorischen Floskeln, sentenziös und schulmeisterlich, was auf Madame de Montreuil einen tiefen Eindruck macht. Am 21. September 1705 schenkt Louise d'Astouaud einem weiteren Sohn das Leben, Jacques-François Paul Aldonse, dem zukünftigen Abbé de Sade und »Priester des Epikur«. Als geistvoller Briefeschreiber, Privatgelehrter und eifriger Verehrer der Damen, der irdischen Genüssen keineswegs abgeneigt ist, stellt dieser Freund Voltaires und Madame de Châtelets den Inbegriff des ausschweifenden Geistlichen dar.

Nun zu den Mädchen. Nur eine einzige der fünf Töchter Gaspards wird einen Ehemann finden: Henriette Victoire de Sade, geboren 1715, die eine (nur wenige Jahre währende) Ehe mit dem extravaganten Joseph Ignace de Villeneuve-Martignan eingehen wird. Sie verfügt über bemerkenswerte Energie, ist pragmatisch bis zum Zynismus, egoistisch und völlig ohne Illusionen: eine Frau mit viel Verstand und einem beträchtlichen Vermögen, die, soweit bekannt, nur eine einzige Schwäche hat, nämlich eine grenzenlose Nachsicht für ihren mißratenen Neffen. Ihre vier Schwestern werden hingegen ins Kloster gehen und dort bis an ihr Lebensende bleiben. Gabrielle Laure wird in demselben Kloster Saint-Laurent in Avignon, in dem auch ihre Schwester den Schleier tragen wird, das Amt der Äbtissin ausüben, während Gabrielle Éléonore und Marguerite-Félicité, genannt Madame de La Coste, in Cavaillon als Äbtissin im Kloster Saint-Bénoît beziehungsweise als einfache Klosterschwester in Saint-Bernard leben werden. Die Gestalten der geistlichen Schwestern des Marquis de Sade, die ihre Tage in der Weltabgeschiedenheit der Klöster zubrachten, werden bis zu ihrem Tod gesichtslos bleiben. Es fällt schon schwer, sie voneinander zu unterscheiden, so sehr ähneln sie einander. Aus der Außenwelt drangen wie von weither, wie ein schwaches Echo, seltsame Gerüchte über Donatien an ihr Ohr, begleitet von unerhörten Vokabeln: »Sodomie«, »Prostituierte«, »Flagellation«, »Pranger«, »Kerker«. Das Mitleid gewann die Oberhand über die Schmach, und mitunter gelangten Briefe an den verlorenen Sohn durch die Gitter ihrer

Klöster nach draußen. Diese Briefe erkennt man auf den ersten Blick an ihrer ungeübten, zittrigen Handschrift und ihrer rustikalen Orthographie. Was haben diese demutsvollen Klausnerinnen ihrem Neffen zu sagen? Nichts Weltbewegendes, sehr sanfte, einfache Dinge, formuliert in den Worten von einst, in Worten ihrer Kindheit, genauso hartnäckig und naiv wie die Frauen, die sie schreiben, abgenützt wie alte Heiligenbilder, die den Geruch der Sakristei verströmen. »Ich hoffe«, schreibt etwa eine von ihnen, »daß Sie in Zukunft Ihrer Familie genausoviel Trost spenden werden, wie Sie ihr in der Vergangenheit Kummer bereitet haben. Ich werde für meinen Teil nicht aufhören, den Herrn darum zu bitten, Ihnen alle irdische und geistige Gnade zu gewähren, die Sie brauchen werden, und verbleibe in alle Ewigkeit Ihre Sie zärtlich liebende *bonne tante*.«[6] Donatien beantwortet diese Briefe stets mit rührend besorgten und äußerst frommen Schreiben, in denen Wahrhaftigkeit und Gerissenheit nur schwer zu unterscheiden sind.

EIN GLÄNZENDES DEBÜT

Die Familie de Sade hat, wie es im alten Provinzadel häufig der Fall ist, ihre Ländereien nie verlassen. Ihre Mitglieder bekleideten, wie bereits erwähnt, hohe Ämter, aber stets innerhalb der Grenzen ihrer engeren Heimat: Avignon, Provence, Comtat. Dort wurden sie geboren, dort lebten sie, dort machten sie Karriere, und dort wurden sie in der Familiengruft begraben. Der Königshof erschien ihnen aus der Ferne wie eine Luftspiegelung, als ein äußerst begehrter, aber auch gefährlicher Ort. Der Pariser Hof flößte ihnen eine Mischung von Neid und Abscheu ein. Kein de Sade hatte es bisher gewagt, dort sein Glück zu suchen. Jean-Baptiste wird der erste sein.

Von ungestümem Wesen, schwärmerisch und abenteuerlustig, beschließt er eines schönen Tages, die Heimat seiner Vorfahren zu verlassen und sein Glück an jenem Hof zu machen, über den – vor allem seit der Regentschaft Philipps von Orléans – so viel Schlechtes gesagt wird, dessen Glanz ihn aber dennoch blendet. Wir können sicher sein, daß der Marquis von Mazan nichts unversucht läßt, um seinen ältesten Sohn, auf den er so große Hoffnungen gesetzt hat, in seiner Nähe zu halten. Verlorene Liebesmüh. Jean-Baptiste verschließt sich den Bitten seines Vaters. Denn welche Zukunft könnte ihm seine Heimat schon bieten? Eines Tages die Nachfolge seines Vaters antreten? Nach ihm zum Herrn über das Dorf werden? Oder bestenfalls Stadtvogt von Avignon? Eine im Grunde trübe Aussicht für einen unternehmungslustigen jungen Mann, der nicht nur davon träumt, höchste Ämter zu bekleiden, sondern auch ein glänzendes Leben führen möchte, ein Leben der Vergnügungen, Schauspiele, Festlichkeiten und schönen Frauen. Als sie voneinander Abschied nehmen, überreicht ihm Gaspard de Sade, wie es damals Brauch war, Empfehlungsschreiben an seine entfernten Verwandten am Hof, in denen er sie bittet, den jungen Mann in dieser Welt voller Fallstricke unter ihre Fittiche zu nehmen.

Der genaue Zeitpunkt seiner Ankunft in Paris ist unbekannt. Wir stoßen erst wieder im September 1721 auf seine Spur, als er seinem Vater die bevorstehende Hochzeit des elfjährigen Ludwig XV. mit der spanischen Infantin in einem Brief ankündigt. »Es obliegt Madame de Ventadour, sie an der Grenze abzuholen«, schreibt er. »Die junge Prinzessin wird im alten Louvre wohnen und noch kein eigenes Haus beziehen. Der König weinte an dem Tag, als man ihm seine Verehelichung ankündigte, doch scheint er jetzt darüber wieder glücklich zu sein. Ich war gestern bei ihm, um ihm meine Aufwartung zu machen. Niemand ließ auch nur ein Wort darüber fallen, doch bat er nach allerlei Späßen den jungen Conflans sogar, anläßlich seiner Hochzeit eine feierliche Ansprache zu halten.«[7]

Trotz seines jugendlichen Alters von neunzehn Jahren ist Jean-Baptiste mit den Geheimnissen des Hofes bereits bestens vertraut und auch nicht gerade unglücklich darüber, seine Kenntnisse vor dem Vater ausbreiten zu können. Sein Leben lang wird er es lieben, von großen Ereignissen zu berichten, als ob es sich um unbedeutende Klatschgeschichten handelte, und seine Schilderungen mit eigenen Kommentaren zu würzen, die seine Briefe zu lebendigen, von einer flinken und bissigen Feder verfaßten Chroniken machen. Seit er von seinen Vettern, den Simiane, in Versailles eingeführt wurde, macht er rasche Fortschritte. Er verkehrt in den besten Häusern des Faubourg Saint-Germain, etwa bei Madame de La Rochefoucauld, Mademoiselle de La Roche-Guyon und Monsieur de Chavigny, und steht schon bald im Ruf, ein geistreicher Mann zu sein. Im Hôtel de Sassenage verliebt er sich in die Hausherrin, die ihn nicht abweist. Es gelingt ihm, was selten ist, den Frauen zu gefallen, ohne von den Männern gehaßt zu werden: Er hat mindestens ebenso viele Freunde wie Mätressen, da er über alle Gaben verfügt, die für einen erfolgreichen Eintritt in die Gesellschaft erforderlich sind: ein hübsches Gesicht, einen wachen und klaren Verstand, die Unbeschwertheit eines funkelnden Causeurs, Ehrgeiz, Leichtfertigkeit sowie – verborgen hinter einer scheinbaren Oberflächlichkeit – solide philosophische Überzeugungen. Vor allem aber kommt ihm seine außerordentliche Fähigkeit zugute, kleine Prosastücke zu schreiben und Verse zu schmieden, die dank der Pietät seines Sohnes auch zum Großteil erhalten geblieben sind. Sie enthalten ein wenig von allem: kleine Gelegenheits- oder Stegreifgedichte, Episteln, Couplets, Chansons, Madrigale usw. Vor allem seine Briefe sind es, die ihre Empfänger entzücken. Das ist die literarische Gattung, die ihm am meisten liegt: nie kommen ihm sein Schwung, sein Humor und sein anmutiger Stil abhanden. Der junge Graf de Sade hat darüber hinaus eine große Vorliebe für das Theater und verschmäht es auch nicht, in Gesellschaftskomödien selbst auf die Bühne zu steigen. Mit einem Wort, er wird innerhalb weniger Monate zu einem der beliebtesten Edelleute der Gesellschaft, und suchte man nach einem Begriff, der ihn am besten charakterisieren würde, so fiele einem zweifellos der *petit-maître* ein, der junge, geistreiche, etwas stutzerhafte Höfling samt allem, was dieser Begriff an Begabung, Geschicklichkeit und Verführungskunst, aber auch an Geziertheit und Hang zur Ausschweifung einschließt.

DER GEFOLGSMANN DER CONDÉ

Wozu aber all diese Begabungen, wenn man nicht über einen einflußreichen Beschützer verfügt? Die Herzogin von La Roche-Guyon, die zu seiner entfernten Verwandtschaft gehört, verwendet sich für ihn und führt ihn bei Louis-Henri de Bourbon ein, dem Fürsten von Condé, der gewöhnlich *Monsieur le Duc*, »Herr Fürst«, genannt wird. Als Urenkel des großen Condé, Vorsitzender des Regentschaftsrates und Oberintendant der Erziehung des Königs ist er der erste Mann im Reich.

Der Fürst von Condé hatte sich einst seine hohe Stellung zunutze gemacht und mit vollen Händen aus der Staatskasse geschöpft; aus den Finanzoperationen John Laws hatte er ungeheure Gewinne erzielt. Obwohl ihm jeglicher Hausverstand fehlte und er von sehr beschränktem Geist und ohne jedes Selbstvertrauen war, ignorant und an nichts außer an seinem Vergnügen und der Jagd interessiert sowie bar jeglicher praktischen Erfahrung, wurde er 1723, nach dem Tod des Regenten, zum obersten Minister bestellt und setzte seine verschwenderischen Finanztransaktionen fort; er legte dabei jene Geldgier an den Tag, die zusammen mit der Verderbtheit der Sitten als typisch für die Mitglieder des Hauses Condé galt. Er stand im übrigen unter dem beherrschenden Einfluß der Marquise de Prie, seiner Mätresse, die selbst, ohne es zu ahnen, das Werkzeug der Gebrüder Pâris war, raffgieriger und kurzsichtiger Financiers. Darüber hinaus wurden ihm auch noch widernatürliche Neigungen nachgesagt.

Der junge Graf de Sade tritt zunächst als Dragonerrittmeister ins Regiment des Fürsten ein und steigt bald zu dessen Günstling, ja Vertrautem auf. Damit eröffnet sich ihm die Aussicht auf eine brillante Karriere und höchste Ämter. Sehr rasch gewinnt er auch das Vertrauen der Geschwister des Fürsten: des Grafen von Charolais, des Grafen von Clermont und vor allem von Mademoiselle de Charolais, die, mit den Worten d'Argensons, für ihre »Ausschweifungen, Liederlichkeit und Extravaganzen« bekannt sind. Er ist nicht bereit, endlose Monate bei seinem Regiment zu verbringen, sondern hält sich entweder in Paris auf, wo er im Hôtel de Bretagne in der Rue de Seine wohnt, oder in Chantilly, wohin er seinem Wohltäter folgt.

Er ist noch nicht fünfundzwanzig Jahre alt und spielt bereits äußerst erfolgreich eine jener Rollen, für die er wie geschaffen zu sein scheint: die des Libertins. Denn wenn der Ehrgeiz die eine Hälfte seines Lebens ausfüllt, dann ist die andere der Galanterie gewidmet, ohne daß er sich je durch eine Leidenschaft binden ließe. Er hatte bereits unzählige Mätressen, deren hoher Rang noch beeindruckender ist als ihre große Zahl. Monsieur de Sade begnügt sich keineswegs mit leichten Eroberungen: Bürgerinnen lassen ihn kalt. Die Frauen, die er begehrt – und meist auch erobert –, sind Hofdamen, die nicht nur geistreich und schön sind, sondern auch einen illustren Namen tragen und über Ansehen, Einfluß und Vermögen verfügen und daher seinen Interessen und seiner Reputation am Hof dienlich sein können. Galanterie und Ehrgeiz gehen bei ihm eine glückliche Verbindung ein, so daß er oft die erstere benützt, um letzteren zu befriedigen. Seine amourösen Ambitionen kennen keine Grenzen; nachdem er für Madame de Sassenage und Mademoiselle de Charolais, damals eine Mätresse des Königs, entflammt ist, legt er sein Herz der Herzogin von La Trémoïlle, der Herzogin von Clermont, der jungen Fürstin von Condé und etwas später Madame de Pompadour zu Füßen. Alle diese Damen werden es sich im großen und ganzen angelegen sein lassen, ihn nicht lange leiden zu lassen, wobei bezüglich letzterer ein leichter Zweifel besteht. All diesen Namen wären noch Dutzende weitere hinzuzufügen, wollte man die Eroberungen des jungen Don Juan aus der Provence vollständig aufzählen.

Sein anspruchsvolles Liebesleben geht Hand in Hand mit einem ausgeprägten Hang zum Luxus, der sich in vielen Dingen äußert; er liebt zwar hochgestellte Damen, ist aber geradezu verrückt nach prunkvollen Karossen, Festlichkeiten, Bällen, kurz, nach einem aufwendigen und zugleich sorglosen Leben, nach allen Vergnügungen, auch den kostspieligsten. Und da er ausschließlich in den allerbesten Häusern von Paris verkehrt, ist er gezwungen, sowohl in Gesellschaft als auch zu Hause einen seinem Rang entsprechenden Aufwand zu treiben. Wie man sich unschwer vorstellen kann, rinnt ihm das Geld, das ihm sein Vater schickt, bei dieser Lebensweise rasch durch die Finger, und es häufen sich Schulden an. Er ist aber entschlossen, nach diesen vielversprechenden Anfängen seinen Weg fortzusetzen; seine Verschwendungssucht und seine Geldnöte werden ihn Taktlosigkeiten begehen lassen, die man ihm später vorwerfen wird – doch davon später. Innerhalb weniger Jahre wird es Jean-Baptiste de Sade jedenfalls gelungen sein, das Vermögen der Familie zu verschleudern und sie an den Rand des Ruins zu führen. Es wird seinem Sohn vorbehalten bleiben, das vom Vater begonnene Werk zum Abschluß zu bringen.

»BRUDER ENGEL VON CHAROLAIS«

Louise-Anne de Bourbon, die Schwester des Fürsten von Condé, genannt Mademoiselle de Charolais oder einfach »Mademoiselle«, galt als die hübscheste Prinzessin des Hauses Condé. Sie war von Natur aus lebhaft, intelligent und wißbegierig, und ihre Erziehung in Liebesdingen war im Alter von fünfzehn Jahren bereits abgeschlossen. Von da an riß die Kette ihrer galanten Abenteuer nicht mehr ab. »Unter den unzähligen Vollkommenheiten, mit denen sie von der Natur bedacht worden war«, hält der Baron von Besenval fest, »hatte sie Augen von solcher Schönheit, daß sie beim Ball hinter der Maske hervorblitzten und stets dafür sorgten, daß sie erkannt wurde.« Bereits mit zwanzig Jahren konnte sie auf eine beeindruckende Zahl von Eroberungen zurückblicken, darunter den Herzog von Richelieu, den berühmtesten Lebemann der Régence. Die Liaison der beiden gelangte an die Öffentlichkeit, so daß die beiden Liebenden zur Entscheidung gezwungen waren, ob sie heiraten oder miteinander brechen wollten. Sie brachen miteinander. Mademoiselle de Charolais empfand darüber weder Kummer noch Zorn. Einige Tage später gab sie sich dem Herzog von Melun hin, dessen Herrschaft aber nur kurz war, und daraufhin dem Chevalier de Bavière. Über diesen raschen Wechsel vom einen zum anderen hieß es, sie sei von Richelieu nach Melun und von Melun nach Bayern gereist …

Es fiel ihr offenbar nicht sehr schwer, etwas später auch das Herz von Ludwig XV. zu erobern, den sie zu galanten Soupers in ihr Schlößchen Petit-Madrid bei Neuilly bat, wo sich alle Intriganten ein Stelldichein gaben und äußerste Freizügigkeit herrschte. Sie war unübertroffen in der Organisation von Schäferstündchen und ebenso leidenschaftlicher wie kurzlebiger Begegnungen, über die am Hof und in der Stadt eifrig geklatscht wurde. Sie führte dem König regelmäßig eigens dafür ausgewählte, hübsche Schauspielschülerinnen zu und spielte diese Rolle der Kupplerin mit viel Geschick, wenn nicht gar Zynismus. »Sie hatte den Beruf der Puffmutter, dem allein sie ihr Ansehen verdankte, schon sehr früh ergriffen«, merkte d'Argenson an, der sie haßte. »Mademoiselle wäre Hehlerin, Diebin oder Blumenverkäuferin geworden, wäre sie im Volk geboren worden.«

Zwischen ihren Ausschweifungen soll sie, wie es heißt, Phasen äußerster Frömmigkeit durchgemacht haben. Nichts ist weniger verbürgt. Wenn sie gerne die Franziskanerkutte anlegte und sich in dieser Verkleidung malen ließ, dann weniger aus religiöser Inbrunst, sondern um die Phantasie ihrer Verehrer anzustacheln, denen sie diese Bilder zum Geschenk machte. Auf ihnen hält sie gewöhnlich den Strick des heiligen Franziskus in der Hand oder knüpft ihn zum Knoten. Die erotische Anspielung ist ziemlich deutlich (vielleicht auch eine *sadistische*, da der Strick an die Peitsche erinnert).[8] Ihre Verkleidung inspirierte Voltaire zu folgendem Vierzeiler:

Frère Ange de Charolais,
Dis-nous par quelle aventure,
Le cordon de Saint-François
Sert à Vénus de ceinture.

(Bruder Engel von Charolais, / sag uns, wie es denn kam, / daß des heiligen Franziskus' Strick / der Venus als Gürtel dient.)

Obwohl Mademoiselle um sieben Jahre älter war als der Graf de Sade, lag es nahe, daß sie auf einen Mann wie ihn große Anziehungskraft ausübte. Sie gehörte zu den Frauen, die verachtet, aber begehrt werden. Sie stand dem König und seinen Ministern nahe, teilte ihr Bett mit namhaften Persönlichkeiten und war über alle Intrigen informiert, so daß man mit ihrer Hilfe sehr viel erreichen konnte: Pensionen, Patente, diplomatische Ämter usw. Jean-Baptiste setzt daher alles daran, sie zu erobern, was ihm nicht schwerfällt. Da er bei ihrem Bruder, dem »Herrn Herzog«, bestens eingeführt ist, trifft er sie, wann er will, entweder im Hôtel de Condé oder in Chantilly, und seine Liebe wird auch bald von ihr erwidert: ein Triumph, der sein Verlangen ebensosehr stillt wie seinem Selbstgefühl schmeichelt. Bald darauf wird er von ihr auch in ihrem Lustschloß Petit-Madrid empfangen, das Ludwig XV. der »schönen Franziskanerin« zum Geschenk gemacht hatte.

Es ist der Verehrung Donatien de Sades für seinen Vater zu verdanken, daß uns die Briefe Mademoiselles an den jungen Grafen erhalten geblieben sind. Sie beweisen, daß es sich tatsächlich um eine Liebesbeziehung handelte, in der auch die Sinneslust zu ihren Rechten kam; sie begann übrigens damit, daß sich der Graf de Sade den Fuß verstauchte und gezwungen war, das Bett zu hüten. Hier zwei kurze Auszüge:

»Der 24. November ist der schönste Tag meines Lebens, wenn es mir gelungen sein sollte, kraft der Rechte des Bettes, in dem ich Ihnen Treue geschworen habe, mein Königreich und meine Souveränität wiederzuerlangen. Ich zähle auch auf Ihren Schwur und lebe nun für den hübschesten König der Welt.«[9]

»Ich verbiete Ihnen, allein zu bleiben, oder werde mit Ihnen zanken, da Sie nur der Schwermut verfallen würden. Kommen Sie doch, mein Engel, oder ich lasse Sie holen und Ihre Tür aufbrechen, wenn Sie nicht aus freien Stücken kommen. Sollten Sie jedoch keinesfalls zu mir kommen wollen, dann teilen Sie mir doch mit, ob Sie mich für zwei Stunden bei sich empfangen wollen, damit ich Sie trösten kann, und wie lange es noch dauern wird, bis ich Sie sehen kann!«[10]

Der unbeständige Jean-Baptiste lernt aber bald darauf die Herzogin von La Trémoïlle kennen, die sein Blut in Wallung bringt. Ihr Mann, Charles-Armand-René, Herzog von La Trémoïlle, hatte in seiner Jugend (er war damals sechzehn Jahre alt) homosexuelle Beziehungen zum jungen, gerade erst vierzehnjährigen Ludwig XV. unterhalten. Obwohl dieses Abenteuer über gemeinsames Masturbieren nicht hinausging, hatte es dem jungen Edelmann ein kurzes Exil eingebracht. »Ich werde Ihnen verraten, warum Monsieur de La Trémoïlle vom Hof verjagt wurde«, hatte

Voltaire der Marquise von Bernières in einem Brief angekündigt. »Nämlich deshalb, weil er sehr häufig seine Hand in den Hosenschlitz Seiner Majestät, des Allerchristlichen Königs, gesteckt hat. Er hatte gemeinsam mit dem Grafen von Clermont [dem Bruder von Mademoiselle de Charolais] ein kleines Komplott ausgeheckt, das sie zu Herren über die Beinkleider Ludwigs XV. machen sollte, und wollten ihr Glück mit keinem anderen Höfling teilen. [...] All dies läßt mich von Monsieur de La Trémoïlle noch große Dinge erwarten, und ich kann nicht umhin, jemandem meine Wertschätzung entgegenzubringen, der im Alter von sechzehn Jahren seinem König zu Diensten sein und ihn beherrschen will. Ich bin mir fast sicher, daß aus ihm ein guter Untertan werden wird.«[11] Einige Jahre später hatten Ludwig XV. und der junge Edelmann die Verirrungen ihrer Jugend so vollständig vergessen, daß sie nur mehr Augen und Gefühle für das schöne Geschlecht hatten. Und was die Herzogin, eine geborene Bouillon, betrifft, so beschränkten sich ihre Leidenschaften auf den Jansenismus; sie umgab sich mit Männern und Frauen dieser Sekte und geriet völlig unter ihren Einfluß. Die beiden Eheleute liebten einander abgöttisch und nahmen sich sogar vor, einander zu verlassen, sofern einer der beiden an den damals weitverbreiteten Pocken erkranken sollte. Madame de La Trémoïlle erkrankte als erste. Doch ihr Mann ließ nicht zu, daß sie von anderen Händen als den seinen gepflegt wurde, und blieb Tag und Nacht an ihrem Bett. Sie wurde wieder gesund, ihr unglücklicher Mann aber fiel seiner hingebungsvollen Treue zu seiner Frau zum Opfer und starb.

Dies war also die damals noch jung verheiratete, hübsche und recht kokette Frau, die das Herz unseres Provenzalen höher schlagen ließ. Seiner Geliebten, Mademoiselle de Charolais, bereits überdrüssig geworden und von ihren Nachstellungen entnervt, schrieb er etwa zur gleichen Zeit einen Brief, der den Bruch besiegeln sollte. Nur selten wurde soviel Zynismus – oder Geschicklichkeit – aufgeboten, um eine Mätresse zu verabschieden, die nicht mehr gefällt: »Ich habe die Avancen, die Sie, Madame, mir machten, als Schäkereien Ihres Geistes und nicht Ihres Herzens verstanden. Ich hatte nicht die Ehre, Sie zu kennen, ich schuldete Ihnen nichts, eine Verstauchung zwang mich, das Bett zu hüten, ich war müßig, Ihre Briefe waren nett, sie amüsierten mich, ich bildete mir ein, daß Sie, wenn ich Sie wahrhaft erobern sollte, mich von jener unglücklichen Leidenschaft heilen würden, die mich völlig beherrscht.

Ja, Madame, ich liebe. Und heute habe ich zu viele Beweise Ihrer

Freundschaft, um Ihnen verbergen zu können, was mein Herz bewegt. Ich habe die Ehre, zu den engen Vertrauten von Madame la duchesse de Bouillon zu gehören. Mademoiselle de Bouillon bot mir ihre Freundschaft an; sie hat ihre Nichte Monsieur de La Trémoïlle zur Frau gegeben und läßt beide bei ihr wohnen und verköstigt sie, so daß ich häufig Gelegenheit hatte, Madame de La Trémoïlle zu sehen. Ihr Gesicht gefiel mir, ihr Charakter zog mich an. Sie findet Gefallen an ihrem Mann, und je häufiger er ihr untreu wird, desto mehr bemüht sie sich um ihn: seine Gleichgültigkeit stachelt sie nur um so mehr an, und mitunter bilde ich mir ein, daß ich einem Wunsch nach Rache zu verdanken haben werde, was ich eigentlich nur der Liebe verdanken möchte.«[12]

Mademoiselle war jedoch nicht die Frau, die eine Rivalin duldete; sie ließ es nicht zu, daß ihre Liebhaber mit ihrer Gunst ähnlich verschwenderisch umgingen wie sie selbst. Sie antwortete ihm in einem spöttischen Ton, der weder ihren verletzten Stolz noch ihre Absicht verbergen konnte, den Treulosen zu demütigen. Es war damals für den Betroffenen nicht ungefährlich, wenn eine Feindin ihres Schlages die Krallen zeigte. Dazu kommt, daß Mademoiselle de Charolais mit ihrer Antwort ins Schwarze traf und den Finger genau auf den wunden Punkt legte. Auch wenn es dem posthumen Ruf des Grafen de Sade abträglich sein mag, scheint der Vorwurf des Ehrgeizes und des Egoismus genauso berechtigt zu sein wie die harten Worte des »Stutzers« und »Höflings«, die sie ihm ins Gesicht schleudert. Es wäre ihm schwergefallen, sich gegen diese Anschuldigungen zu verteidigen, so sehr verriet alles an ihm seine Begierde, in höchste Positionen vorzudringen, ohne sich dabei über die Wahl seiner Mittel allzu viele Gedanken zu machen.

»Es stimmt, Monsieur,« schreibt sie ihm, »daß ich drei Ihrer Briefe erhalten und unbeantwortet gelassen habe, weil Sie nach meinen Befehlen fragten und ich denjenigen keine erteile, die sie wie das Regiment der Champagne[13] entgegennehmen. [...] Wissen Sie denn nicht, daß derjenige die Partie verliert, der sie aufgibt? Und was mich betrifft: Wenn jemand einen Monat verstreichen läßt, ohne mich sehen zu wollen, dann brauche ich vier; ehrlich gesagt glaubte ich, einen Mann mit Verstand zu lieben, bei dem der Geist die Stelle des Gefühls einnimmt und der sich aus seiner Mätresse eine Freundin zu machen versteht. Nun erkenne ich aber, daß Sie der perfekte Stutzer sind, dem die Fürstinnen den Kopf verdrehen und der sie mit seinen eigenen Geschichten unterhält.«[14]

Der Graf ist aber nicht nur unbeständig, was seine Mätressen, sondern auch, was seine Begierden betrifft. Es gefällt ihm, den Launen seiner Sinne freien Lauf zu lassen, auch wenn er dadurch die Grenzen des Erlaubten überschreitet. Der Reiz des Unbekannten war jedenfalls eine wesentliche Komponente dessen, was man damals das »italienische Laster« nannte. Obwohl er sich vom schönen Geschlecht angezogen und von illustren Namen geschmeichelt fühlt, empfindet er eine genauso starke Neigung zu jungen Männern seines Alters. Dabei ist es ihm aber gleichgültig, daß diese gesellschaftlich weit unter ihm stehen. Die soziale Stellung spielt hier keine Rolle. Er, der gewöhnlich großen Wert auf den hohen Rang seiner Mätressen legt, scheint dem seiner Lustknaben keinerlei Bedeutung beizumessen. Er zieht es sogar vor, wenn sie aus dem Volk stammen, wählt sie häufig unter den Strichjungen der Hauptstadt aus. Die Berechnung tritt hinter die Lust zurück, zwangsläufig vermischt mit einem Hauch von Provokation, mit dem Reiz der Gefahr und dem berauschenden Gefühl, sich über die Gesetze der Allgemeinheit zu erheben. Er genießt es, sich mit den unteren Schichten gemein zu machen, und es zieht ihn auch zu weiblichen Prostituierten. Wenn man mit ihnen zusammen ist, bedarf es keiner Bonmots, keines Esprits, keiner Verse: eine reine, unvermischte Lust. Diese geheimen Ausschweifungen sind die verborgene Seite des Grafen de Sade, seine schwarze Maske, sein Geheimnis.

Das zweifelhafte Vergnügen, jungen Männern nachzustellen, führt ihn oft in die Nähe der Tuilerien, einem jener Orte, an denen die *infâmes* (die Schändlichen) und die *chevaliers de la manchette* (die Homosexuellen), wie sie damals genannt wurden, am häufigsten verkehrten. In einem ständigen Kommen und Gehen werden Kontakte zwischen unterschiedlichsten Personen geknüpft, vom Grandseigneur bis zum Botenjungen, vom Rauchfangkehrer bis zum hohen kirchlichen Würdenträger. Sie erkennen einander an einer Handbewegung, einem Blick oder einem Zeichen und beginnen ein meist recht kurzes und in äußerst derben Ausdrücken geführtes Gespräch, das rasch auf das Wesentliche zusteuert. Die Polizei überwacht Tag und Nacht die Umgebung des Parks und nimmt, unterstützt durch ihre Informanten, zahlreiche Verhaftungen vor. Die Jungen, deren Aufgabe es ist, sich von »Kunden« ansprechen zu lassen und diese unverzüglich dem in den Büschen versteckten wachhabenden Offizier anzuzeigen, wurden damals *mouches* (Spione) genannt.

Unser junger Jean-Baptiste geht eines schönen Abends im Herbst in den Tuilerien spazieren, feurigen Blicks und ein Lächeln um seine Lippen, ganz offenkundig auf der Suche nach Vergnügungen, als er einen jungen Mann erkennt, den er bereits einige Tage zuvor angesprochen hatte. Er kommt mit ihm ins Gespräch und schlägt ihm vor, ihm hinter eine Baumgruppe zu folgen. Unglücklicherweise war dieser Junge, wie sich sofort herausstellen sollte, ein *mouche*. Auf das verabredete Zeichen hin taucht plötzlich der wachhabende Offizier auf, begleitet von mehreren Gendarmen, und nimmt den unvorsichtigen jungen Edelmann unter Arrest.

Die Freizügigkeit des Polizeiberichts über diesen Zwischenfall ist typisch für derartige Dokumente; sein Stil erinnert ein wenig an den der ein halbes Jahrhundert später erscheinenden Schriften eines gewissen Donatien de Sade:

»Gegen halb neun Uhr abends nahm obgenannter Sieur de Sade, nachdem er mehrmals um die Büsche gestrichen war, auf einer nahegelegenen Bank Platz; als ein junger Mann vor ihm vorbeiging, habe er ihm einen guten Abend gewünscht und ihn gebeten, neben ihm Platz zu nehmen, was dieser auch tat. Daraufhin führte er infame Reden und sagte, daß er es ihm gerne besorgen würde, obwohl ihm heute bereits ein Mann die Rute gewichst habe; er würde ihn, sofern er keine Angst habe, daß die Leute seine Neigung zu dieser Art von Vergnügungen erkennen, zu einem Souper einladen und mit ihm schlafen. Und er begehrte, daß er unverzüglich hinter eine Baumgruppe mitkäme, worauf besagter junger Mann nicht eingehen wollte, sondern zur Antwort gab, daß sie, wenn er wolle, eher in sein Zimmer gehen sollten, das in nächster Nähe lag, wo sie unbeobachtet seien; woraufhin genannter Sieur de Sade zugestimmt habe. Nachdem sich beide erhoben hätten, um sich auf den Weg zu machen, habe Sieur Haymier [der wachhabende Offizier], der sie beobachtet und am verabredeten Signal besagten jungen Mannes erkannt hatte, daß er in Begleitung eines Infamen war, der ihn heftig bedrängte, besagten Sieur de Sade in Haft genommen, der Obiges nicht bestritt; er habe ihn angesichts seiner Stellung wieder freigelassen, nachdem er seinen Namen und seine Adresse wie oben aufgenommen und ihn das Versprechen hatte ablegen lassen, sich vor dem Richter einzufinden.«[15]

Jean-Baptiste führte seine verwandtschaftlichen Verbindungen zu der Herzogin von La Roche-Guyon ins Treffen, nannte seine hochgestellten Beziehungen, und die Angelegenheit war damit beendet. Von einigen wenigen Ausnahmen abgesehen ging die Sittenpolizei damals gegen Adlige nicht vor. Man war im übrigen nicht sonderlich überrascht, daß sich ein Gefolgsmann der Condé derartigen Ausschweifungen hingab. Sie galten, und das völlig zu Recht, als die lasterhaftesten aller Wüstlinge.

Zum Zeitpunkt dieses Abenteuers war der junge Graf de Sade gerade erst zweiundzwanzig Jahre alt. Sein Briefwechsel läßt vermuten, daß es nicht das einzige dieser Art war.

Der griechischen Liebe gibt er sich offenbar nicht aufgrund einer unbezähmbaren Leidenschaft für Knaben hin, sondern weil er der Monotonie der gewöhnlichen Erotik entkommen möchte und weil ihm diese Art der Liebe raffiniertere und intensivere Empfindungen verschafft, die durch Bestrafungsphantasien noch zusätzlich verstärkt werden. Die »philosophische Sünde« ist für ihn, wie für viele andere junge Adlige auch, nicht viel mehr als eine aristokratische Laune, eine Art Spiel, das um so spannender ist, als es verboten ist: Es ist amüsant, ein bißchen Angst zu haben, ohne sich wirklichen Gefahren auszusetzen. Denn was riskiert man schon, wenn man einen großen Namen trägt und über hochgestellte Gönner verfügt? Allerhöchstens achtundvierzig Stunden in der Bastille und eine väterliche Zurechtweisung durch den Polizeipräfekten.[16]

Der Graf de Sade schien neben seinen Abenteuern mit Frauen nie auf derartige sokratische Vergnügungen verzichtet zu haben, zumindest nicht bis ins hohe Alter, als er sich nach seiner Bekehrung von den »Dummheiten« seiner Jugend entsetzt abwandte. Folgende zwei in seinen Heften aufgefundene Couplets geben sogar zu verstehen, daß er den Analverkehr keineswegs seinen männlichen Partnern vorbehielt. Donatien, der ihn stets allen anderen Formen des Geschlechtsverkehrs vorzog, hätte also behaupten können, diese Vorliebe von seinem Vater ererbt zu haben.

J'ai tous les goûts quand je vous rends hommage,
J'y trouve en même temps la femme et le garçon,
J'adore en vous une femme volage,
Un ami sage, un aimable giton.

(Ich finde an allem Gefallen, wenn ich Ihnen huldige. / Mit Ihnen entdecke ich sowohl die Frau als auch den Knaben. / In Ihnen verehre ich eine unbeständige Frau, / einen weisen Freund, einen liebenswerten Lustknaben.)

Comme un habitant de Sodome,
Je fais la femme avec un homme,
C'est ce qui vous met en fureur.
Mais pourquoi vous fâcher, Mesdames?
Vous seules faites mon bonheur:
Je suis très homme avec les femmes.[17]

(Wie ein Bewohner von Sodom / bin ich Frau mit einem Mann: / das ist es, was Euch zornig macht. / Warum aber zanken, meine Damen? / Nur Ihr allein macht mich glücklich: / mit Frauen bin ich ganz Mann.)

DAS »CHARMANTE TRIO«

Neben der Liebe und dem Ehrgeiz nimmt die Literatur im Leben des Grafen de Sade einen besonderen Platz ein. Wir verdanken ihm nicht nur Verse und eine umfangreiche Korrespondenz, sondern auch Komödien, Tragödien, heroische Dichtungen, Novellen, Erzählungen, philosophische und moralische Traktate sowie Anekdotensammlungen – insgesamt etwa zwanzig Werke, die bis heute unveröffentlicht geblieben sind. Sie wurden von seinem Sohn mit äußerster Sorgfalt gesammelt und aufbewahrt; er hat sie unablässig gelesen, Anmerkungen von seiner Hand hinzugefügt, diesen oder jenen Satz korrigiert, da und dort einen Titel eingefügt, Briefe in schlechtem Zustand abschreiben lassen oder selbst abgeschrieben und sie mit neuen Einbänden oder Broschuren versehen. Er wollte sich nie von ihnen trennen. Als er einmal fern von La Coste ist, bittet er seinen Sachwalter Gaufridy, sie ihm nachzusenden. Im Gefängnis trägt er stets ein von Jean-Baptiste verfaßtes Büchlein bei sich, dessen Deckblatt er mit einem Titel versieht: *Morale et Religion; mes pensées* (Moral und Religion; meine Gedanken). Nach seinem Tod wird man in Charenton die Manuskripte seines Vaters auffinden, fein säuberlich auf den Regalen seiner Bibliothek aufgereiht. Nichts ist aufschlußreicher als diese Seiten, auf denen sich die Handschrift Donatiens eng an die Zeilen seines Vaters schmiegt, hier ein Adjektiv durch ein anderes ersetzt, diese oder jene Stelle durch einen markanten Schrägstrich tilgt: Beide Handschriften gehen ineinander über, sind eng miteinander verknüpft und verwoben oder widersprechen einander, kämpfen miteinander, ein vollkommenes Abbild ihrer beiden Seelen, die sich zugleich nah und fremd sind, voller Übereinstimmungen, aber auch Gegensätze.

Der Graf de Sade schreibt viel, aber nur zum Vergnügen, als Dilettant, ohne sich damit zu brüsten, was seinem Ruf abträglich wäre. Denn das alte Vorurteil, dem zufolge der Adel an den Künsten zwar Geschmack finden, sie aber nicht selbst ausüben darf, wenn er nicht seiner Adelsprivilegien verlustig gehen will, ist noch nicht ausgestorben. So blieb etwa Montesquieu aufgrund seiner schriftstellerischen Tätigkeit die diplomatische Laufbahn verschlossen. Und da Jean-Baptiste de Sade hohe Ämter anstrebt, gebietet ihm die Vorsicht, nichts zu veröffentlichen.

Literaten gegenüber verhält er sich wie alle Adligen seiner Zeit. Sie schwärmen für Voltaire, lassen sich aber nicht dazu herab, ihn als Gleichgestellten zu behandeln. Er pflegt mit eben diesem Voltaire Umgang, obwohl der Philosoph eigentlich mit seinem Bruder, dem Abbé, noch enger befreundet ist. Dabei kommen beide Teile auf ihre Kosten: der eine kann sich schmeicheln, die Nachkommen Lauras zu kennen, und die anderen, einen Briefwechsel mit dem berühmtesten Schriftsteller ihrer Zeit zu führen. Die Freundschaft zwischen Voltaire, dem Grafen und dem Abbé de Sade, denen, um das »charmante Trio« komplett zu machen, eigentlich ihr Vetter, Joseph-David de Sade d'Eyguières, hinzugefügt werden müßte, geht freilich über den Austausch geistreicher Gelegenheitsgedichte und Zusicherungen höchster Wertschätzung nicht hinaus.

Die unveröffentlichte Korrespondenz des Grafen de Sade verrät ein ausgeprägtes Interesse an allem, was mit Theater und Literatur zu tun hat. Selbst in großer Entfernung von Paris – etwa während des Feldzugs in Flandern oder seines Aufenthalts als Diplomat in Bonn – läßt er sich regelmäßig über die aktuellen Neuerscheinungen, Erstaufführungen von Stücken oder Opern, die Wahlen an der Académie française, die literarische Gerüchteküche und den Kulissentratsch unterrichten. Dieses Interesse wird ihn schon sehr früh dazu bewegen, die Gesellschaft von Schriftstellern und Dichtern zu suchen. Neben Montesquieu, dessen Bekanntschaft er in England gemacht hatte und mit dem er einige Briefe austauscht, und Voltaire, dem er im Hôtel de Sassenage begegnet war und den er anläßlich der Belagerung von Philippsburg ein weiteres Mal treffen wird, steht Jean-Baptiste in engem Kontakt mit mehreren Schriftstellern. Seine besondere Vorliebe gilt den Verfassern erotischer Literatur und galanter Chansons. Zu seinen Diners bittet er Crébillon fils, Collé, Piron und Gentil-Bernard, alles ständige Mitglieder des berühmten *Caveau*, der »Gruft« in Landels Schenke in der Rue de Buci, wo ihre schlüpfrigen Lieder gesungen werden.

Die beste Vorstellung von diesen recht freizügigen Diners, bei denen Frauen nicht zugelassen waren, vermittelt wohl ein Zitat aus einem Stimmungsbild, das ein Freund des Grafen de Sade einige Jahre später verfaßte: »Es gibt heute keine Soupers unter Männern mehr wie die, die Sie so liebenswürdig zu gestalten wußten. Vor meiner Abreise hielten wir noch einige gemeinsam mit Crébillon, Collé, du Tertre und mehreren anderen ab. Wir brachten unsere natürliche Heiterkeit mit, die um so lebhafter war, als sich ihr keine Hindernisse entgegenstellten. Man wird wohl zugeben müssen, daß Frauen ungeachtet ihres Liebreizes dieser Heiterkeit abträglich sind. Man muß sich ständig um sie kümmern, sie wollen stets im Mittelpunkt stehen, und mit den meisten muß man zudem ständig befürchten, sich allzu geistreich zu zeigen. Die Aufmerksamkeiten, die sie fordern, die Galanterien, die sie verlangen, entziehen dem Geist sein ganzes Feuer und engen den Kreis der Gedanken ein. Selbst eine Frau, die frei von allen Eitelkeiten ist, hat immer noch eine, die sie vor sich selbst verbirgt, uns aber zeigt. Im übrigen ist man in ihrer Gegenwart ständig dazu verpflichtet, sich einer Dezenz zu befleißigen, die die Phantasie einengt und verkümmern läßt. Unter Männern war unser Gespräch ungezwungen, ohne Vulgaritäten oder Blasphemien, heiter, ohne üble Nachreden oder Anzüglichkeiten. Mitunter hatten wir an den Frauen etwas auszusetzen, aber nie an einer bestimmten Frau. Dabei ist mir aufgefallen, daß sie meist von ihren eifrigsten Parteigängern angegriffen wurden, und oft sah ich, daß nur der Fühlloseste oder Schwächste für sie eintrat. Ich wage nicht zu sagen, wohin diese Überlegung führen würde, wollte man sie zu Ende denken. Und schließlich bedurfte es, um bei unseren Soupers zu glänzen, ja sogar, um an ihnen teilnehmen zu dürfen, der Qualitäten des Verstandes und des Herzens. Wir hätten zu ihnen weder einen Dummkopf noch einen Feigling noch einen Spitzbuben zugelassen.«[18]

Zu den Gästen dieser Abende zählte auch der Schriftsteller Baculard d'Arnaud, der Erfinder des »schwarzen«, rührseligen Romans. Seine Beziehung zum Grafen de Sade ist die eines Schützlings zu seinem Wohltäter, und er wird von diesem hoch geschätzt und wie ein Freund behandelt. Es ist seiner (und nicht Voltaires) Intervention zu verdanken, daß Baculard literarischer Korrespondent von Friedrich II. wird. Es ist daher nur wenig verwunderlich, daß seine *Épreuves du sentiment* (Prüfungen der Empfindung) dem *Mißgeschick der Tugend* auf so merkwürdige Weise ähneln. Seine Romane nahmen in der Bibliothek Jean-Baptiste de Sades einen Ehrenplatz ein, wie wahrscheinlich viele andere zeitgenössische Werke, deren Verfasser zu seinen Freunden zählten.

Wie viele Lektüren seines Vaters müssen Eingang in den kulturellen Hintergrund Donatiens gefunden haben! Und wie viele Erzählungen, Begegnungen, Anekdoten oder vertrauliche Mitteilungen müssen aus der Erinnerung des Vaters in die des Sohnes übergegangen sein! Wir werden die zahllosen kleinen Begebenheiten des Alltagslebens, die Themen dieses oder jenes Gespräches zwischen Vater und Sohn nie mehr in Erfahrung bringen können. Die Phantasie des Marquis de Sade nährte sich aber *auch* von diesen Dingen.

DIE HOCHZEIT DES LIBERTINS

Nach dem Tod seiner Frau Marie-Anne de Conti im Jahr 1720 fand sich der mit achtundzwanzig zum Witwer gewordene Fürst von Condé um so leichter mit seinem Schicksal ab, als er sie nie geliebt hatte und sein Herz nur für Madame de Prie schlug. Nach deren Tod ersetzte er sie durch die Gräfin von Egmont. Einige Jahre später entschloß er sich unter dem Druck seiner Familie und insbesondere seiner Mutter, der Fürstinwitwe, erneut in den heiligen Stand der Ehe zu treten, und entschied sich für eine entzückende deutsche Prinzessin, Caroline-Charlotte von Hessen-Rheinfeld, die erst fünfzehn Jahre alt war.[19] Er war zu diesem Zeitpunkt knapp vierzig. Der beträchtliche Altersunterschied zwischen den beiden ließ befürchten, daß der Fürst zum Hahnrei würde, was auch prompt der Fall war. Die ehelichen Mißgeschicke des alten Knackers, gewürzt durch die Tatsache, daß er nicht mehr imstande war, seine junge Gattin zu befriedigen, standen bald im Mittelpunkt des Klatsches. »Monsieur le Duc hat derart viele Männer und Frauen verschlissen«, bemerkte etwa Mathieu Marais, »daß er dem völligen Unvermögen anheimgefallen ist. Seine Frau, eine geborene von Hessen-Rheinfeld, ist äußerst liebenswürdig und hübsch. Dessenungeachtet wird behauptet, daß ihre Ehe noch nicht vollzogen worden sei; es heißt, sie mache kein Geheimnis daraus, und man weiß, daß dem so ist, weil sie der Kunst, ihn aufzureizen, unkundig ist.« Dennoch schenkte sie 1736 einem Jungen das Leben, Louis-Joseph de Condé, dessen Enkel, der Herzog von Enghien, auf Geheiß Napoleons in einem Grab in Vincennes enden wird.

Etwa um diese Zeit genauer gesagt während des Sommers oder spätestens im Herbst 1733, beginnt der Graf de Sade, überwältigt von der

Schönheit der jungen Fürstin, ihr den Hof zu machen. Das Unterfangen ist nicht ohne Risiko, da der sehr eifersüchtige Herzog das junge Mädchen unter schärfste Bewachung gestellt hat. Der Graf müßte, um ans Ziel seiner Hoffnungen zu gelangen, in ihrer engsten Umgebung leben und sie nicht aus den Augen lassen. Unvermutet bietet sich eine günstige Gelegenheit. Die Tochter der Hofdame der Prinzessin, Mademoiselle de Maillé de Carman, recht hübsch, aber ohne Vermögen, soll verheiratet werden. Er hält um ihre Hand an. Der Fürst gewährt sie ihm. Nachdem er nun im Hause lebt, ist es ihm ein leichtes, zu der Frau Zugang zu erhalten, die er eigentlich liebt, der er jeden Tag begegnet und die ihm schließlich ihre Gunst gewährt. So wurde der Graf de Sade zum Liebhaber der Fürstin von Condé und zugleich zum Ehemann von Mademoiselle de Maillé.

In einem autobiographischen, von seiner Hand stammenden Fragment, das in den Familienarchiven aufgefunden werden konnte, erzählt er diese Geschichte aus seiner eigenen Sicht. Die Szene der Hochzeitsnacht, in der die Fürstin seine Begierde anstachelt, indem sie die Hand seiner jungen Frau hält, könnte aus einer der Erzählungen Crébillons stammen:

»Man hatte die Fürstin mit vertrauenswürdigen Personen umgeben, die über jeden ihrer Schritte, Worte und Blicke Bericht zu erstatten hatten. Sie verbrachte die ersten drei oder vier Jahre ihres Lebens hier in völliger Unschuld. Die Frauen jedoch, aus denen sich ihr Gefolge zusammensetzte, ließen es sich angelegen sein, ihr Gemüt zu verderben. Man hielt ihr unablässig das Beispiel ihrer Schwiegermutter, ihrer Schwägerinnen und das Verhalten ihres Mannes vor Augen. Man gab ihr zu verstehen, wie kränkend es für sie sei, einen eifersüchtigen Mann zu haben, der keine Liebe für sie empfinde. Die junge Fürstin trank in vollen Zügen das Gift, das man in ihr Herz goß. Die, die darauf bedacht waren, sie ins Unglück zu stürzen, erschienen ihr als die liebenswürdigsten, und sie zog sie allen anderen vor. Als man den Fürsten frug, warum er seine Frau in so übler Gesellschaft lasse, erwiderte er, daß er es ungerecht fände, ihr auch die Frauen zu verbieten, nachdem er ihr bereits die Männer verboten hatte. Madame la Duchesse war lebhaft, und ihr Herz verlangte nur danach zu lieben. […]

Seit drei oder vier Jahren verkehrte ich in Chantilly, und der Fürst schien Geschmack an mir zu finden. […] Nachdem ich mich meiner Verpflichtungen Madame d'Autry gegenüber entledigt hatte, fühlte ich mich wieder frei und suchte nach einem neuen Zeitvertreib. Einigen Andeutungen, die man mir machte, glaubte ich entnehmen zu können, daß es mir nur an der Gelegenheit mangelte, um in den Besitz der anziehendsten Frau der Welt zu kommen. Da Mademoiselle de Carman verheiratet werden sollte, vermeinte ich, Madame la Duchesse würde mir dankbar sein, wenn ich um ihre Hand anhielte, und daß ich, sobald ich als Ehemann einer Frau, für die sie innige Freundschaft empfand, in ihrem Haus wohnen würde, unschwer Zugang zu ihrem Herzen finden würde.

Ich bot ihr also an, Madame de Carman zu heiraten. Die Fürstin schien an der Aufrichtigkeit meines Vorschlags zu zweifeln. Ich versicherte ihr mit so großem Nachdruck, daß mir nichts, was ihr gefiele, zu mühevoll sein könnte, so daß sie mir schließlich Glauben zu schenken und meine Entscheidung zu würdigen schien. Sie befahl mir, ihrem Mann davon zu berichten und dabei nicht zu erwähnen, daß ich bereits mit ihr darüber gesprochen hatte. Was ich auch tat. Monsieur le Duc schien sehr erfreut darüber zu sein, daß ich diese Ehe, wie ich ihm sagte, nur schloß, um mich noch enger an ihn zu binden. Er versicherte mir, daß er für mein Glück sorgen werde: ein Versprechen, das nur wenig Ergebnisse zeitigte. Madame la Duchesse, die von ihrem Mann unterrichtet wurde, drängte sehr auf eine baldige Hochzeit. Sie kaufte die Kleider und nahm sich der Hochzeitsvorbereitungen an.

Endlich war der große Tag gekommen. Monsieur le Duc kam aus Chantilly zurück, um die Hochzeit zu feiern, die im Hôtel de Condé stattfand. Ich lag bereits im Bett, als Madame de Sade immer noch die Hand der Herzogin hielt und sie flehentlich bat, sie nicht zu verlassen. Die Gegenwart der Herzogin spornte meine Sinne an und machte mich drängender und pressierter, als ich es ohne sie gewesen wäre, obschon meine Frau ein durchaus hübsches Antlitz hatte. Schließlich war jedermann zufrieden. Meine Frau, auch ohne Mitgift einen Mann gefunden zu haben. Monsieur le Duc, seine Frau zufriedengestellt und ihr die Gesellschaft einer Dame verschafft zu haben, die einen guten Ruf genoß und immer ein untadeliges Leben geführt hatte. Madame la Duchesse, eine Frau in ihrer Nähe zu wissen, deren sie sicher sein und in deren Gegenwart sie alles aussprechen konnte, was sie auf dem Herzen hatte. Und ich, ich hatte eine liebenswürdige Frau und darüber hinaus die Hoffnung auf ein Regiment, das mir vom Herzog versprochen worden war, sowie die, von einer reizenden Herzogin geliebt zu werden. Ich machte ihr gegenüber geltend, welches Opfer ich gebracht hatte, als ich ein Mädchen ohne Vermögen heiratete, freilich allein in der Absicht, mich ihr zu nähern und die Erlaubnis zu erhalten, sie jederzeit sehen zu können.

Meine Ehe machte mich zu einem engen Vertrauten. Ich durfte jederzeit ihre Gemächer betreten. Das Herz der Herzogin war müßig, und hätte sie wohl auch Männer gefunden, die ihr noch besser als ich gefielen, so war sie doch nicht frei, sie zu treffen. Alles sprach dafür, daß ich sie liebte, und sie zögerte nur, sich mir hinzugeben, um mir ihre Niederlage noch wertvoller erscheinen zu lassen. Ich hatte ihre Garderobenfrau für mich gewonnen, die mich durch eine am Fuß meiner Treppe gelegene Pforte eintreten ließ. Es gab nie jemand anderen, der von unserem Umgang gewußt hätte. Daher blieb er auch geheim und wäre ohne die Eifersucht meiner Frau nie entdeckt worden. Aber was vermag schon einer eifersüchtigen Frau verborgen zu bleiben! Sie ließ mich beobachten, und eines Tages öffnete sich diese unglückselige Pforte, und als ich heraustrat, stand ihr Lakai unten Wache, um in Erfahrung zu bringen, wann ich heimkehren würde. Ich bemerkte ihn nicht, konnte aber dem Zustand, in dem ich meine Frau vorfand, entnehmen, daß etwas Außerordentliches vorgefallen sein mußte. [...] Nichts vermochte sie zu besänftigen. Madame la Duchesse ahnte als erste, daß sie die Ursache ihrer Eifersucht war. Wir trafen die Vorkehrung, in ihrer Gegenwart weniger miteinander zu sprechen, aber gerade diese Vorkehrungen sollten dazu führen, daß wir entdeckt wurden. [...]

Eines Tages, als ich die Herzogin befriedigt zu haben wähnte – und welche Frau wäre es nicht gewesen! –, begann sie zu weinen und klagte, wie unglücklich sie sei und daß sie ihr Leben aufs Spiel setze, um sich mir hinzugeben, da sie, sollte ihr Mann unsere Liebschaft entdecken, unweigerlich seinem Zorn zum Opfer fallen würde, und daß ich sie nicht genug liebte, um sie für ihre Befürchtungen zu entschädigen. Ich antwortete ihr lachend:

›Wie, Madame, Sie zweifeln immer noch am Übermaß der Liebe, das ich für Sie empfinde? Wessen bedarf es denn noch, um Sie zu überzeugen?‹

Dies brachte sie ein wenig aus der Fassung.

›Ich hätte allen Grund, glücklich zu sein‹, wandte sie ein, ›wenn ich nicht wüßte, daß Sie Ihre Sache anderswo noch besser machen, sooft Sie wollen, und Madame de S[ade] hat mir gewisse Eigentümlichkeiten Ihrer Hochzeitsnacht anvertraut, die mich fürchten lassen, Ihr könntet sie liebenswerter finden als mich.‹

›Madame de Sade‹, antwortete ich, ›war so sehr Novizin, daß es mir ein leichtes war, sie zu täuschen. Der Unterschied ist, nebenbei gesagt, so gering, daß es sich nicht lohnt, ihn mir zum Vorwurf zu machen.‹

›Sie schlafen aber immer noch mit ihr‹, gab sie zurück, ›und wenn Sie mich liebten, würden Sie Ihren Pflichten weniger korrekt nachkommen. Ich liebe es, daß Sie mich lieben, und bange nur um die Beweise, weil sie die Zuneigung verstärken.‹

All meine Versicherungen, daß ich mit meiner Frau nur schlief, um sie hinters Licht zu führen, halfen nichts. Sie ließ mich versprechen, in getrennten Betten zu schlafen, und ich hielt Wort.«[20]

Jean-Baptiste de Sade hat also ausschließlich in der Absicht geheiratet, der Liebhaber der reizenden Prinzessin von Condé zu werden, auf eine plötzliche Eingebung seines Herzens hin, oder, genauer gesagt, in einem Fieber seiner Sinne, ohne die geringste Rücksicht auf seine zukünftige Frau zu nehmen und ohne einen Gedanken an ihre, im übrigen bescheidene, Mitgift zu verschwenden. Ganz gewiß aber nicht völlig unüberlegt, nicht ganz ohne Vorbedacht. Denn in seiner Erzählung verschweigt er eines: die Tatsache, daß er mit seiner Hochzeit einen hervorragenden Coup gelandet hat. Marie-Éléonore de Maillé de Carman war in fünfter Generation die Cousine von Claire-Clémence de Maillé de Brézé, jener Nichte des Kardinals Richelieu, die den Großen Condé geehelicht hatte. Unser Rastignac wurde durch diese weniger reiche als glänzende Hochzeit somit zum Verwandten des jüngeren Zweigs des Hauses Bourbon-Condé, was ihm in mehrfacher Hinsicht zugute kam: Er gewann mit einem Schlag sowohl die Prinzessin als auch großes Ansehen und verschaffte sich damit die Instrumente zur Verwirklichung seiner hochgesteckten Ambitionen. Er hatte hoch gespielt und gewonnen.

Die Hochzeit wurde mit großem Pomp und in Gegenwart des Herzogs und der Herzogin am 13. November 1733 in der Kapelle des Hôtel de Condé gefeiert. Am Tag darauf stand im *Mercure de France* ein Bericht über die Zeremonie zu lesen, in dem auch die Stammbäume der beiden Jungvermählten – unter anderem auch die schöne Laura, die Ahnfrau derer von Sade – des langen und breiten erörtert wurden; so erfuhr man etwa, daß der Vater der jungen Ehefrau ebenfalls Donatien hieß, Ritter und Marquis von Carman, Graf von Maillé, und daß er darüber hinaus auch Baron von Lesquelen, Grundherr von Dameny und Villeromain sowie zweiter Baron der Bretagne war und daß seine Mutter Louise Binet de Marcogne hieß. Jean-Baptiste ging auf die Zweiunddreißig, und

Marie-Éléonore auf die Zweiundzwanzig zu. Als Hochzeitsgeschenk ernannte der Herzog von Condé die junge Gräfin de Sade zur Ehrendame der Herzogin, und das Paar bezog die ihnen bestimmten Gemächer im Hôtel de Condé.

Bereits drei Monate nach seiner Hochzeit erhielt der Graf de Sade den Befehl, als Adjutant des Marschalls von Villars zu seinem Regiment in Deutschland einzurücken.

KAPITEL 2

Eine ruinierte Karriere

DER GRAF DE SADE, EIN GEHEIMAGENT

Wie viele Offiziere seines Alters hat der junge Dragonerrittmeister den Ehrgeiz, eine »politische Karriere«, wie man damals sagte, als Gesandter einzuschlagen. Er besitzt alle dafür erforderlichen Qualitäten: ein angenehmes Äußeres, Wohlstand, Charme, Witz, eine umfassende Bildung, einen Hang zum Luxus, kurz, er scheint geradezu dafür geschaffen zu sein, an ausländischen Höfen gute Figur zu machen. Da er zudem über einige Verhandlungspraxis verfügt, wird ihm eine große Zukunft vorausgesagt.

Bereits im Alter von einundzwanzig Jahren wird ihm eine Mission in Den Haag anvertraut, über die keine näheren Einzelheiten bekannt sind, für die er aber vom Prinzen Henri d'Auvergne, dem Erzbischof von Vienne, ein Empfehlungsschreiben mitbekommen hat.

Vier Jahre später reiste er, versehen mit Instruktionen von Chauvelin, dem Minister für Äußere Angelegenheiten, und einer Empfehlung von Baron von Bernstorff, jenem dänischen Gesandten am französischen Hof, der dem englischen König auch als Spion diente, ins Herzogtum von Sachsen-Gotha. Bernstorff empfahl ihn an den Hofgeistlichen des Herzogs weiter, einen gewissen Huhn, der ihm dort alles zeigen solle, »was es zu sehen gibt«, wie etwa »die Bibliothek, die Münzsammlung und anderes. Dieser Huhn ist ein gebildeter Mann, der eine ausgezeichnete Bibliothek sein eigen nennt, und da ich weiß, wie sehr Sie den Genius der Literatur schätzen, nehme ich mir die Freiheit, Sie an ihn zu verweisen, und hoffe, damit in Ihrem Sinne zu handeln.«[1] Anläßlich dieses Aufenthalts in Gotha machte der Graf de Sade die Bekanntschaft des Prinzen von Anhalt, des Bruders der zukünftigen Kaiserin Katharina II., mit der er in freundschaftlichem und regelmäßigem Briefwechsel stehen wird.

Im Jahr 1730 wird er zum französischen Gesandten am russischen Hof ernannt. Seine Entsendung nach Rußland wird allerdings durch den Tod des jungen Zaren Peter II. und die Politik der neuen Kaiserin Anna Iwanowna, der ehemaligen Herzogin von Kurland, die eine eingefleischte Deutsche ist und nur mit Deutschen regieren möchte, vereitelt. Daraufhin erhält der Graf de Sade von Kardinal Fleury, dem obersten Minister, den Auftrag, Geheimverhandlungen am Londoner Hof zu führen.

Im Lauf dieser Mission schließt unser Geheimagent Freundschaft mit Sir Henry Pelham, dem über die Geheimnisse des englischen Hofes bestens informierten Schatzmeister der Whig-Partei, welcher kurz zuvor zum obersten Heereszahlmeister ernannt worden war. Außerdem genießt er die Reize der schönen Madame de Vaucluse, seiner Cousine ersten Grades und Mätresse des Herzogs von Ormond, der ihr, wie es heißt, völlig ergeben ist. Eine der Aufgaben des Grafen de Sade besteht darin, Informationen über die Aktivitäten der englischen Jakobiter zu sammeln, die Anhänger des Hauses Stuart und erbitterte Feinde der hannoveranischen Dynastie sind. Da er weiß, daß viele Jakobiter Freimaurer sind, beschließt er, selbst einer Loge beizutreten, um diese Dissidenten besser ausspionieren zu können.

Der Initiationsritus findet am 12. Mai 1730 in der Loge *The Horn* statt, deren Mitglieder stets in der gleichnamigen Taverne in Westminster zusammenkommen. An diesem Abend erschien noch ein anderer Anwärter vor dem Eingang des Tempels, um »das Licht zu empfangen«: Charles-Louis de Secondat, Baron von Montesquieu. So wurden also der Graf de Sade und der Verfasser von *Vom Geist der Gesetze* Freimaurerbrüder. Unter den Anwesenden befanden sich mehrere Persönlichkeiten des englischen Hochadels wie der Herzog von Norfolk, Nathanael Blackerby, der Marquis von Quesne, Lord Mordaunt, der Marquis von Beaumont usw. Den Vorsitz über die Versammlung führte ein altes Mitglied der Loge, der Herzog von Richmond.[2]

EINE GUTE INVESTITION

Nach seiner Verheiratung und den Feldzügen von 1734/35, an denen er als Adjutant des Marschalls von Villars teilnahm, wurde dem Grafen de Sade vom König das Amt des Statthalters der Provinzen Bresse, Bugey, Valromey und Gex übertragen, das er 1739 dem Marquis de Lassay um 135 000 Livres abkaufte. Diese Summe mag auf den ersten Blick übermäßig hoch erscheinen, ist es aber nicht, wenn man bedenkt, welche Vorteile mit dieser Funktion verbunden waren. Derartige Ämter waren damals sehr begehrt, weil sie ihrem Inhaber lebenslange Renten einbrachten, die von den Provinzen an den Statthalter entrichtet werden mußten. Diese waren nicht einmal dazu verpflichtet, in den Provinzen zu leben, sondern verbrachten die meiste Zeit bei Hof. Es handelte sich also um eine denkbar gute Investition. Der Preis war aber hoch, und der König gewährte derartige Positionen nur wenigen Auserwählten. De Sade verdankte diese Auszeichnung der Intervention des Kardinals Fleury, der sich damit wahrscheinlich für einige diplomatische Missionen erkenntlich zeigen wollte, die er dem Grafen anvertraut und die dieser zu seiner vollen Zufriedenheit ausgeführt hatte. Die Summe seiner Einkünfte aus den Provinzen Bresse, Bugey und Gex belief sich auf 10 200 Livres pro Jahr, was einer Verzinsung von etwas weniger als 8 Prozent entspricht.

Die königlichen Patentbriefe, kraft derer ihm das Amt des Statthalters offiziell übertragen wurde, stammen vom 29. Mai 1739. Einen Monat später hielt der Graf de Sade vor dem Parlement von Dijon seine Antrittsrede.

Am 24. November desselben Jahres starb Gaspard-François de Sade in Avignon. »Der Tod meines Vaters hat mich sehr berührt«, wird der Graf später dem Erzbischof von Narbonne, Monsignore Crillon, gestehen, der mit dem Verstorbenen eng befreundet gewesen war.

DAS HIN UND HER DER VORNAMEN

Es dauerte vier Jahre, bis das erste Kind des Grafen und der Gräfin de Sade auf die Welt kam. Im Jahr 1737 schenkte Marie-Éléonore einer kleinen Tochter das Leben, die auf den Namen Caroline-Laure getauft wurde (»Caroline« hieß ihre Taufpatin, und »Laure« war der Fetischname der Familie; in nahezu jeder Generation sollte es eine Laure de Sade geben). Das Kind lebte aber nur zwei Jahre und starb 1739.

Ein Jahr nach seinem Tod, am 2. Juni 1740, gebar Madame de Sade einen Jungen, der bereits am nächsten Tag in der Kirche Saint-Sulpice (also im Pfarrbezirk des Hôtel de Condé) getauft wurde. Zum Taufpaten wurde sein Großvater mütterlicherseits, Donatien de Maillé, der Marquis von Carman, und zur Taufpatin Louise-Aldonse d'Astouaud de Murs, seine Großmutter väterlicherseits, bestimmt. Sie waren beide bei der Zeremonie nicht anwesend und ließen sich vertreten. Dem an diesem Tag verhinderten Grafen gelang es nicht, sich freizumachen, um der Taufe seines Sohnes beizuwohnen, und die Gräfin hatte sich von der Geburt noch nicht erholt. Die Abwesenheit aller Verwandten des Kindes, die von Domestiken vertreten wurden, erklärt die Irrtümer, die vom zelebrierenden Priester begangen wurden.

Der Neugeborene wurde nämlich auf die Namen Donatien Alphonse François getauft. Nur der erste dieser Vornamen, Donatien, entsprach dem Wunsch der Familie: bereits sein Großvater väterlicherseits hatte ihn zu Ehren jenes bretonischen Märtyrers getragen, der gemeinsam mit seinem Bruder Rogatien gefoltert worden war, weil er die christliche Religion in Armorica verbreitet hatte. Als zweiten Vornamen hatte der Graf den seiner eigenen Mutter gewünscht, Aldonse, ein alter provenzalischer Name, der sowohl Jungen wie auch Mädchen gegeben wurde, in Paris jedoch unbekannt war. Der Pfarrer von Saint-Sulpice hat ihn offenbar mißverstanden und in die Geburtsurkunde »Alphonse« eingetragen. Und was den Vornamen »Louis« betrifft, der vom Vater zu Ehren seines Gönners Louis-Henri de Bourbon gewünscht wurde, so wurde er schlicht und einfach vergessen und durch »François« ersetzt.

So bekam der Marquis de Sade also die Vornamen »Donatien Alphonse François« anstatt der ursprünglich vorgesehenen »Donatien Aldonse Louis«. Er sollte sie aber nie vergessen und wird sie stets, etwa in den offiziellen Urkunden, die er im Lauf seines Lebens unterzeichnet, benutzen. So etwa in seinem Heiratsvertrag, in dem er als »Louis Aldonse Donation de Sade« aufscheint. Häufig wird er sogar die Schreibweise »Aldonze«, die die provenzalische Aussprache wiedergibt, bevorzugen. Während der Revolutionszeit wird er seine anderen Vornamen weglassen und sich nur mehr »Louis« nennen. Diese Besonderheiten seiner Namensgebung wären nicht der Erwähnung wert, wenn sie für den Betroffenen nicht schwerwiegende Konsequenzen gehabt hätten. Doch davon später.

MONSIEUR L'AMBASSADEUR

Bereits sieben Monate nach der Geburt seines Sohnes, um den 20. Januar 1741, erfuhr der Graf de Sade von seiner Ernennung zum Gesandten beim Kölner Kurfürsten Erzbischof Klemens August. Der von seinem Verhandlungsgeschick beeindruckte Kardinal Fleury hatte ihn Ludwig XV. vorgeschlagen, und der König war dieser Empfehlung gefolgt. Diese Stellung war freilich kein erstrangiger Posten auf dem Schachbrett der europäischen Politik; die Fürstenhöfe der Rheinländer genossen keine vollständige Souveränität und hingen von einem umfassenderen politischen Organismus, dem Heiligen Römischen Reich, ab. An sie wurden daher im allgemeinen junge Adelige aus guter Gesellschaft entsandt, die zuvor meist in der Armee gedient hatten; sie bekamen damit die Gelegenheit, ein »diplomatisches Noviziat« abzulegen. Kein Vergleich mit den großen Botschaften wie London, Wien oder Madrid. Es war aber dennoch kein schlechter Anfang. Der Graf de Sade glaubte sich am Ziel seiner Wünsche: er hatte seine Gesandtschaft, und vor ihm eröffnete sich die Aussicht auf Ehre, Reichtum und ein unbekümmertes und luxuriöses Leben.

Der französische Hof war damals der glänzendste von ganz Europa, und der Ruhm des Königs sollte den Vertretern der anderen Mächte eindrucksvoll demonstriert werden. Daher das großzügig bemessene Gehalt, das den Inhabern derartiger Ämter zugestanden wurde: sie sollten ein Leben führen können, das ihres Herrn würdig war. Verfügte der Graf de Sade über die »subtilen Talente«, die für ein erfolgreiches Wirken an den deutschen Fürstenhöfen nötig waren? Sicher ist jedenfalls, daß die finanziellen Mittel, die ihm zur Verfügung gestellt wurden, seine Aufgabe erleichtert haben dürften: 24 000 Livres jährlich, dazu noch 12 000 Livres für seine »Einrichtungskosten« und eine Summe zwischen 6 000 und 10 000 Livres für »außerordentliche« Kosten. Dies war genug, um manches Hindernis zu überwinden, selbst in einem kirchlichen Hof wie dem von Köln, wo das Geld nach wie vor jener »goldene Schlüssel« war, »der in alle Schlösser paßt«.

Jean-Baptiste reist also in den letzten Tagen des Januar 1741 nach Bonn, dem Sitz seiner Botschaft, und läßt Frau und Kinder im Hôtel de Condé zurück. In der Gunst seiner Mätresse, der kleinen Prinzessin, war ihm 1739 Monsieur de Bissy nachgefolgt, der oberste Zeugmeister der Kavallerie. In seiner Enttäuschung, von diesem Laffen ersetzt worden zu sein, vor allem aber in der Befürchtung, dieses neue Abenteuer könnte zur Entdeckung seiner eigenen Beziehung zur Prinzessin führen, soll Jean-Baptiste, wie es heißt, den Fürsten von Condé selbst auf sein Mißgeschick aufmerksam gemacht haben. Dies deutet zumindest d'Argenson an: »Man sagt, daß der Graf de Sade angesichts der Gefahr, in der er sich befand, dieser so peinlichen Entdeckung nicht im Wege stand.« Der Herzog ließ, von Eifersucht überwältigt, an den Fenstern seiner Frau Gitter anbringen, verriegelte ihre Türen, entließ die meisten ihrer Gefolgsdamen (behielt aber die Gräfin de Sade, die sicher die am wenigsten verdächtige war) und ließ Monsieur de Bissy zu seinem Regiment einrücken. »Es steht zu befürchten«, schloß d'Argenson, »daß diese hübsche Prinzessin für einen so verzeihlichen Fehler in eine gräßliche Zwingburg eingeschlossen werden wird.«

Um den 10. Februar richtet sich Jean-Baptiste de Sade in Bonn ein, während die Neuigkeit von seiner Ernennung in Paris geteilte Aufnahme findet. Die Entscheidung des Königs wurde von d'Argenson jedenfalls heftig kritisiert: »Monsieur de Sade wurde soeben zu unserem Gesandten in Köln ernannt und Chevalier Desalleur zum Minister Frankreichs in Dresden. Diese beiden Gecken haben zwar etwas Geist, sind aber nicht sehr solide, und man wundert sich häufig über derartige Ernennungen auf Posten im Ausland. Sie gelten stets als Hinweis auf die Bedeutung, die wir den deutschen Angelegenheiten gegenwärtig beimessen, und zeigen, daß wir uns keineswegs die Interessen der Königin von Böhmen zu eigen gemacht haben wie einst die ihres Vaters.«[3]

D'Argensons Beunruhigung wird verständlicher, wenn man sich die heikle Situation vor Augen führt, in der sich die Beziehungen Frankreichs zu den deutschen Staaten damals befanden. Nach dem Tod Karls VI. (19. Oktober 1740) folgte ihm seine Tochter Maria Theresia kraft der von den meisten europäischen Staaten angenommenen Pragmatischen Sanktion auf dem Thron nach. Ludwig XV. erkannte sie am 10. November als Erbin der österreichischen Länder an, unterstützte jedoch Karl Albert, den bayrischen Kurfürsten, als Anwärter auf die Kaiserkrone.[4] Die französische Politik verfolgte also das Ziel, die deutschen Fürsten dem Hause Habsburg abspenstig zu machen und sie dazu zu bewegen, ihre Stimmen Karl Albert, dem Bruder des Kölner Kurfürsten, zu geben. Dieser war durch eine 1734 geschlossene und im Mai 1740 erneuerte Allianz an Frankreich gebunden und wurde von Ludwig XV. aufgefordert, seinen Verpflichtungen nachzukommen und gegen Maria Theresia aufzutreten. Genau darin bestand die Mission des Grafen de Sade.

Schon im Verlauf seiner ersten Audienz, die am 4. März 1741 mit dem damals üblichen Pomp stattfand, konnte sich der Graf de Sade überzeugen, daß der Kurfürst durchaus dem nicht gerade schmeichelhaften Bild entsprach, das man sich allgemein von ihm machte. Klemens August war ein mittelmäßiger, unentschlossener Geist mit einer Neigung zur Melancholie und einem starken Hang zur Heuchelei, der nur an Lustbarkeiten, Festen, der Jagd und der Baukunst Freude fand. Darüber hinaus genoß er es, wenn man ihm Komplimente über seinen guten Geschmack und seine Großzügigkeit machte. Er neigte zur Galanterie und hatte bereits mehrere Favoritinnen gehabt, die er mit pedantischer Eifersucht überwachen ließ; abgesehen von diesen Anwandlungen hielt er sich jedoch »peinlich genau an die wesentlichen Pflichten und selbst an die geringfügigsten Gepflogenheiten der Religion; kein Tag verging«, merkt der Abbé Aunillon an, »ohne daß er die für die Messe, das Brevier und den Rosenkranz vorgeschriebenen Stunden eingehalten hätte. [...] Diese frommen Exerzitien werden freilich des öfteren von Festmählern, Jagdausflügen, Spielen, kleinen, recht trostlosen Soupers, Aufführungen von Opern oder Komödien sowie von Bällen unterbrochen. [...] Nicht selten sieht man den Kurfürsten des Morgens in Capa und Mitra predigen und des Abends als Domino verkleidet tanzen.«[5]

Der Graf de Sade sieht sich rasch mit den Winkelzügen des Kurfürsten konfrontiert, der sich zwischen Wien und Versailles nicht zu entscheiden vermag. Einerseits benötigt er die Unterstützung Österreichs, um seine Bistümer zu retten, die in lutheranischen Ländern liegen; andererseits ist er aber auch an die Verpflichtungen gebunden, die er dem französischen König und dem bayrischen Kurfürsten gegenüber eingegangen ist. Den Rücken durch die französischen Armeen, die soeben Prag besetzt hatten, gestärkt, gelingt es unserem Botschafter schließlich, den Kurfürsten zu bewegen, den von ihm selbst vorbereiteten Vertrag von Nymphenburg (28. März 1741) zu unterzeichnen, kraft dessen sich Frankreich, Spanien, die beiden Sizilien sowie der pfälzische und der Kölner Kurfürst dazu verpflichteten, Karl Albert von Bayern zu unterstützen. Dieser wird am 24. Januar 1742 unter dem Namen Karl VII. zum Kaiser gewählt; Klemens August nimmt persönlich die Krönungszeremonie seines Bruders vor. Dieser Triumph der französischen Politik war auch ein diplomatischer Sieg ihres Gesandten.

EINE UNDURCHSICHTIGE AFFÄRE

Es war jedoch nur ein kurzer Sieg, da sich die Beziehungen zwischen dem Kurfürsten und dem Grafen de Sade zusehends verschlechterten. Klemens August, in seinen bischöflichen und fürstlichen Würden erstarrt, ist von dem freigeistigen und unbekümmerten Franzosen, der über schwerwiegende Dinge leichtfertig spricht und sich eine »übertriebene Vertraulichkeit« ihm gegenüber herausnimmt, nur wenig angetan. Er hatte ihn anfänglich toleriert, ja sogar unterstützt, bis ihn eine plötzliche Überempfindlichkeit dazu bewog, sich von ihm völlig abzuwenden. Jean-Baptiste hat seinerseits nur Spott für den eitlen Prälaten übrig, der sich seinen Lustbarkeiten voller Schuldgefühle hingibt und seinen frommen Pflichten mit der Pedanterie einer alten Jungfer nachkommt. Es fällt ihm schwer, die Schwankungen, Launen und Stimmungsumschwünge des Kurfürsten geduldig zu ertragen.

Diese gegenseitige Gereiztheit verschärft sich im Lauf des Jahres 1742. Sie mußte zum Eklat führen. Dieser fand denn auch im August 1743 statt. Worum ging es? Das hat man nie in Erfahrung bringen können. Manche sprechen von einer Rivalität in Liebesdingen, dem Grafen von Hohenzollern zufolge soll Sade jedoch das Vertrauen des Kurfürsten, das er zu gewinnen gewußt hatte, wieder verspielt haben, »weil er Veränderungen in seinem Haus und seinem Ministerium in Angriff genommen hat«.[6] Andere sprechen von einem Streit am Spieltisch. Der Fürst liebte das Glücksspiel leidenschaftlich, haßte es aber zu verlieren, so daß der Unvorsichtige, der gegen ihn gewann, in einer heiklen Lage war. Eine anonyme – und bislang unveröffentlichte – Warnung an den Grafen de Sade vom 3. März 1744 läßt jedoch den Schluß zu, daß der Kurfürst noch andere Gründe gehabt haben muß, dem Gesandten des Königs von Frankreich zu zürnen:

»Hier die drei Verbrechen der Majestätsbeleidigung, deren man Sie anklagt [...].

Erstens: Ihre Verbindungen zum Kaiser und Ihre ihm gegenüber geäußerten Klagen über unseren Herrn. Hinzu kommt die Kenntnis, die Sie von den geheimen Verbindungen des kaiserlichen und des französischen Hofes mit dem König von Preußen gehabt haben müssen.

Zweitens: Ihre allzu enge Verbindung mit Herzog Theodor, den Sie unserem Herrn vorziehen, welche sich in Ihrer Eilfertigkeit zeigte, ihm die notwendigen Geldmittel zu verschaffen, damit er von hier fortgehen und die Wahl des Fürsten von Lüttich zum Nachteil des Kurfürsten verhandeln konnte.

Drittens: Ihre allzu große Gleichgültigkeit bezüglich der Rückerstattung jener Summen, die der französische Hof dem Kurfürsten schuldet.

Dies sind drei ungeheure Verbrechen, gegen die sich an Ihrem Hof zu verteidigen Ihnen schwerfallen wird. Gehen Sie, Monsieur, mit diesem Schreiben sorgfältig um, denn wenn hier bekannt würde, daß diese Warnung von hier kommt, würden Sie eine erlauchte Persönlichkeit kompromittieren und eine andere mit ins Verderben reißen.«[7]

Obwohl wir den eigentlichen Grund dieses Zwistes nicht kennen, sind uns doch wenigstens die schwerwiegenden Konsequenzen bekannt, die er für den Grafen de Sade hatte. Hier die Tatsachen, wie sie gemeinhin überliefert werden: Nachdem Monsieur de Sade vom französischen Hof die Erlaubnis erbeten und auch erhalten hatte, für eine gewisse Zeit nach Paris zurückzukehren, gab er dem Kurfürsten gegenüber vor, es handle sich um eine endgültige Abberufung, und nahm von seinem Hof offiziell Abschied. Eine Abschiedszeremonie, während derer der Graf aus den Händen des Kurfürsten das übliche Geschenk – vermutlich ein hübsches Sümmchen – entgegennahm, fand jedenfalls statt. Wenige Tage nach seiner Rückkehr nach Frankreich ließ ihm der bischöfliche Kurfürst ein mit 31. Dezember 1743 datiertes Abberufungsschreiben zukommen.[8]

Demzufolge hätte Jean-Baptiste also seinen Posten verlassen, ohne vom König dazu ermächtigt worden zu sein, und wäre nach Paris zurückgekehrt, ohne ein Wort über seinen Streit mit dem Kurfürsten zu verlieren. Das Abberufungsschreiben hätte er, anstatt es ordnungsgemäß Ludwig XV. zu überreichen, unterschlagen, um ein weiteres Jahr in Amt und Würden bleiben und sein Gehalt beziehen zu können. Der Abbé Aunillon, dem wir diese Informationen verdanken, merkt an, daß all dies erst im März 1745 an den Tag kam.[9] Noch strenger geht d'Argenson mit dem Grafen ins Gericht: Er klagt ihn an, bestechlich gewesen zu sein und sich nach seiner Rückkehr nach Paris in Bonn durch einen käuflichen Spitzbuben namens Baumez vertreten lassen zu haben.[10]

Jean-Baptiste versuchte, sich gegen diese Anschuldigungen zu wehren. So schrieb er etwa – in der dritten Person – in einer Denkschrift an d'Argenson: »[…] Man wirft ihm vor, ein Abberufungsschreiben des Kurfürsten unterschlagen zu haben. Richtig ist, daß er es zwar erhalten, nicht aber als solches erkannt und daher seinem Sekretär zurückgeschickt hat, damit dieser es dem Minister dieses Fürsten rückerstatte. Man wirft ihm weiterhin vor, nicht angezeigt zu haben, daß er Zwistigkeiten mit dem Kurfürsten gehabt hatte. Wenn er es nicht angezeigt hat, dann deshalb, weil er es nicht wußte. […] Er ist in der Lage, seine Behauptungen zu beweisen.«[11] In den Augen der Öffentlichkeit stand die Schuld des Gesandten so gut wie fest: Niemand zweifelte daran, daß er ohne königlichen Befehl seinen Posten verlassen und weiterhin sein Gehalt bezogen hatte. Was allerdings d'Argensons Anschuldigungen bezüglich Sades Bestechlichkeit und seiner »skupellosen, eigennützigen« Machenschaften betrifft, so wissen wir, daß der Minister für den Gesandten keinerlei Sympathien hegte. Seinem Urteil ist daher mit äußerster Vorsicht zu begegnen.

Diese Ereignisse wurden am französischen Hof, wie erwähnt, erst im März 1745 bekannt. Selbst d'Argenson kann nichts davon gewußt haben, als er am 19. November 1744 Amelot de Chaillou als Staatssekretär für Äußere Angelegenheiten nachfolgte, sonst wäre er im Februar 1745 nie auf den Gedanken verfallen, den Grafen de Sade nach Köln zurückzubeordern. In der Zwischenzeit hatte der Tod des erst drei Jahre zuvor gekrönten Kaisers Karl VII. (20. Januar 1745) Unordnung in die Außenpolitik Frankreichs gebracht. D'Argenson lehnte die Kandidatur Franz von Lothringens, des Gatten Maria Theresias, beharrlich ab und unterstützte statt dessen die des bayrischen Thronerben Maximilian Joseph trotz dessen notorischer Unfähigkeit. Der Graf de Sade bekam einmal mehr den Auftrag, dem Kölner Kurfürsten die etwas abwegigen Vorstellungen der französischen Politik nahezubringen.

Der königliche Gesandte machte sich am 2. Februar 1745 auf den Weg. Kurz nachdem er Paris verlassen hatte, benachrichtigte Klemens August die französischen Stellen, daß er es »aus besonderen Gründen« nicht wünsche, diesen Botschafter zu empfangen, und einen anderen verlange. Eine, wie sich zeigen sollte, überflüssige Vorkehrung: Kaum hatte der Graf kurfürstlichen Boden betreten, geriet er im Dorf Sinzing, zwischen Andernach und Bonn, in einen Hinterhalt der Freischärler Maria Theresias und wurde als Gefangener in die Zitadelle von Antwerpen gebracht.[12] Klemens August weigerte sich natürlich, ihn zurückzufordern. Und der französische Hof, der kurz zuvor von den betrügerischen Machenschaften seines Gesandten erfahren hatte, schien ebenfalls keine allzu große Eile zu haben, seine Freilassung zu erwirken. D'Argenson triumphierte: Sein Schützling, der Abbé Aunillon, wurde zum Gesandten ernannt!

Jean-Baptiste wird in Antwerpen mit all der Rücksichtnahme behandelt, die seinem hohen Rang angemessen ist; er versucht, sich über seine Gefangenschaft hinwegzutrösten, indem er Gedichte, Erzählungen und Erinnerungen schreibt. Seine Freunde, die von seinem Mißgeschick erfahren haben, lassen ihm Neuigkeiten vom Leben am Hof und in der Stadt zukommen und schicken ihm Lieder, Bonmots und Tausende andere Kleinigkeiten, um ihm das Leben erträglicher zu machen: Maupertuis wird nach Berlin gehen, Madame d'Étiolles ist »erklärte Mätresse« geworden, der König hat soeben in Fontenoy einen Sieg errungen, der

Thronfolger hat geheiratet, Gresset hat seine Komödie *Sidney* aufgeführt, »eine Mischung aus Schrecknis und Buffonerie«, in der Oper wird *Amadis de Grèce* gegeben usw. Voltaire schreibt ihm einen liebenswürdigen Brief, dem er sein letztes Stück, *La Princesse de Navarre* (Die Prinzessin von Navarra), beilegt. »Dies ist ein Auftragsstück, das vergessen werden sollte, sobald das Fest vorbei ist«, warnt er ihn. »Aber schließlich wollten Sie es lesen, und ein Gefangener findet alles gut.« Zuletzt richtet er ihm noch »tausend Komplimente« von Madame du Châtelet aus.[13]

Sobald die Gräfin de Sade von der Verhaftung ihres Mannes erfahren hatte, ließ sie ihre einflußreichsten Beziehungen spielen. Die Fürstin Aremberg und die Gräfin Trotti sagten ihr ihre Unterstützung zu; d'Argenson, den sie hartnäckig belagerte, verwies sie an den Herzog von Choiseul, der ihr zusicherte, alles in seiner Macht Stehende unternehmen zu wollen. Es bedurfte aber noch der Unterstützung des Königs, und diese hing wiederum vom Minister ab. Sie wandte sich daher erneut an d'Argenson, aber ohne Erfolg. Sie blieb hartnäckig: wieder ein Fehlschlag. Daraufhin schrieb sie dem Fürsten Kaunitz, dem österreichischen Botschafter in Paris, flehte ihn um eine Intervention an und bombardierte ihn mit weiteren Briefen.

Endlich – ihr Mann hatte bereits zehn Monate in Haft verbracht – war der unermüdlichen Briefschreiberin, die ihren Eifer sowohl daran setzte, den Grafen aus dem Gefängnis zu befreien, als auch die ihm nach der Aussetzung seines Gehalts zustehende Entschädigung einzufordern, Erfolg beschieden. Sie erhielt ein Schreiben d'Argensons, datiert mit 16. November 1745, dessen Bosheit von konventionellen Höflichkeitsfloskeln nur unzureichend überdeckt wurde: Die Freilassung des Grafen de Sade sei in die Wege geleitet worden, und er solle als Entschädigung für sein ausgebliebenes Gehalt die Summe von 6 000 Livres erhalten.[14]

Am 23. November wurde dem Grafen schließlich vom Fürsten Kaunitz persönlich angekündigt, daß er am darauffolgenden Tag freigelassen werden würde.[15]

Unmittelbar nach seiner Rückkehr nach Paris setzt der Graf de Sade alle Mittel in Bewegung, um seine Ehre zu verteidigen und seine gesellschaftliche Position wiederherzustellen. Am wichtigsten ist zunächst, daß er einen neuen Posten findet und sein Gehalt wenigstens teilweise ausbezahlt bekommt, da er knapp vor dem finanziellen Ruin steht. Er hatte während seiner Zeit in Köln ein sehr aufwendiges Leben geführt: sein Haus galt als eines der prächtigsten im ganzen Fürstentum. Man bewunderte sowohl die Üppigkeit seiner Möblierung als auch die Feinheit der Küche und die Qualität der Weine, die eigens aus Burgund herbeigeschafft worden waren. Die Repräsentationspflichten, mit denen sein Amt verbunden war, kamen seinem Hang zur Großartigkeit sehr entgegen: er opferte alles der äußeren Erscheinung. Jetzt verfügt er aber weder über Kredit noch über ein geregeltes Einkommen und sucht um alle Gesandtschaften an, die zur Besetzung anstehen. D'Argenson versichert ihn seiner »respektvollen Zuneigung«, weigert sich aber, Ludwig XV. seinen Namen vorzuschlagen. Sade schreibt ihm eines Tages voller Ungeduld:

»Nein, ich beklage mich wirklich nicht, daß Sie mich nicht für eine Gesandtschaft vorgeschlagen haben. Sollten Sie mir eines Tages diese Ehre erweisen und den König wissen lassen, wie begierig ich bin, wieder in seine Dienste zu treten, werde ich dies als Zeichen Ihrer Gunst auffassen und dafür sehr erkenntlich sein. Sollten Sie jedoch nichts unternehmen, werde ich nicht über Ihre Strenge klagen. Strenge nenne ich die Tatsache, mich von hier mit einem Gehalt von vierundzwanzigtausend Francs fortgehen zu lassen und mir nach meiner Rückkehr mitzuteilen, daß der König mir nur zwölf gibt.

Es entzieht sich meiner Kenntnis, ob der König viele Minister beschäftigt, die ein Gehalt von zwölftausend Francs beziehen. Sollte dies der Fall sein, sind sie nicht von meinem Schlag, und es berührt mich nicht, mit ihnen gleichgestellt zu werden. Auf die zweitausend Taler, die Sie mir gnadenhalber zukommen ließen, hatte ich ein Anrecht, da ich bei meiner Abreise bereits fünf Wochen lang meinen Dienst versehen hatte. Und ich glaube zu wissen, daß Seine Majestät, wenn sie das Gehalt ihrer Minister oder anderer, die in ihrem Dienst stehen, kürzt, die Güte hat, sie davon zu benachrichtigen, da man sich bei seinen Ausgaben nach dem richtet, was man hat. Im übrigen haben diese zweitausend Taler kaum dazu gereicht, meine Reisekosten abzudecken. Ist es gerecht, daß ich zehn Monate aus meiner eigenen Tasche bestreiten mußte?

Zur Sklaverei verurteilt zu sein, fern der Familie und der Heimat, nicht imstande, sich seiner Geschäfte anzunehmen, und, was noch schmerzlicher ist, um den Ruhm gebracht zu werden, seinem Herrn nützlich sein zu können: ist all dies nicht Unglück genug? Sollte ich mich einer Verfehlung schuldig gemacht haben, ist der Verlust Ihrer Gunst wohl eine angemessene Bestrafung; man braucht mich nicht auch noch zu ruinieren.«[16]

D'Argenson ist aber ein hartnäckiger Widersacher. Der Graf de Sade ist und bleibt für ihn eine Kreatur der Condé, einer von der »Rasse der Condé«, wie er sie verächtlich nennt. Und da er es nicht wagt, die einflußreiche Familie offen zu attackieren, hält er sich an ihrer Klientel schadlos und zuallererst an demjenigen, den er als ihren bösen Geist betrachtet: Jean-Baptiste de Sade.

Von nun an findet der Graf nur mehr für zweitrangige, ruhmlose Missionen Verwendung. Da er der Inbegriff des Gesellschaftslöwen ist, bedient man sich seiner lediglich, um an den ausländischen Höfen, an denen er eine mehr repräsentative als reale Rolle spielt, gute Figur zu machen; er bekommt insbesondere den Auftrag, gute Partien für Angehörige des Hochadels ausfindig zu machen, wird aber nie wieder auf einen Botschafterposten entsandt werden, der seinen Fähigkeiten entsprochen hätte.

EIN PEINLICHER FEHLTRITT

Am französischen Hof wird die Nennung seines Namens fortan ein Mißtrauen wecken, das von seinen Feinden stets geschickt aufrechterhalten werden wird. Alle Feinde der Condé werden gegen ihn sein, und es sind ihrer viele. Seine wichtigsten Gegner kommen aus dem Clan um d'Argenson und dem um den Herzog von Choiseul. Es fehlte ihm nur mehr, wie es hieß, daß er sich den König zum Feind machte. Genau dies ist aber bereits geschehen, was die Ungnade, in die er gefallen ist, teilweise erklärt.

Der Graf hatte das Unglück, Ihrer Majestät zu mißfallen; der Abbé de Sade erläutert seinem Bruder am 15. Dezember 1744 in einem Brief die näheren Umstände:

»[...] Ich habe soeben einige Tage bei Monsieur le Maréchal de Richelieu verbracht, der zu mir liebenswürdiger war als je zuvor. Mir lag seit langem etwas auf dem Herzen, das er beiläufig über Sie gesagt hatte. Ich bat ihn, mir Näheres mitzuteilen. Er berichtete, Sie hätten gegen ihn und Madame de Châteauroux getobt, und das in Gegenwart einiger Freunde dieser Dame, die es ihr hinterbracht hätten; sie sei um so gekränkter gewesen, als sie den Entschluß gefaßt habe, Ihnen und Ihrer Frau, mit der sie befreundet ist, zu Glück und Wohlstand zu verhelfen; sie habe dem König davon berichtet, der seitdem gegen Sie aufgebracht sei. Ich versicherte ihm nachdrücklich, daß Sie zu so etwas nicht fähig wären, daß dies nichts als Verleumdung sei, daß Sie mir stets als jemand erschienen sind, der für Madame de Châteauroux große Zuneigung empfindet und zur Undankbarkeit unfähig ist. Dies ist alles, was ich herausbekommen konnte.«[17]

Kurz bevor der Graf diesen Brief erhielt, starb die Herzogin von Châteauroux, die Mätresse des Königs, im Alter von siebenundzwanzig Jahren (8. Dezember 1744) an einer so plötzlichen wie mysteriösen Krankheit. Von der Nachricht seines Bruders aufgeschreckt, bittet er diesen um ausführlichere Informationen:

»[...] Ich kann Ihnen nichts über das sagen, was Sie zu wissen begehren. Mir sind keinerlei Details bekannt. Der Mann, der nach England fährt [Richelieu], sagt mir nur, daß sein Herr [der König] Ihnen gewisse Äußerungen sehr übelnimmt, die Sie über die tote Frau [Madame de Châteauroux] getan haben sollen. Ich wollte Sie in Schutz nehmen, er aber lachte mir ins Gesicht, versicherte mir, daß dies wahr sei, und schien selbst darüber sehr aufgebracht zu sein. Dies ist alles, was ich weiß.«[18]

Die Herzogin von Châteauroux, die mit den Noailles verschwägert war und vom Clan um den Herzog von Richelieu unterstützt wurde, der zwei Jahre zuvor intrigiert hatte, um ihr die Gunst Ludwigs XV. zu verschaffen, genoß großes Ansehen bei Hof. Als er sie angriff, beging der Graf de Sade eine Unvorsichtigkeit, die er sein Leben lang bereuen sollte. Daß er die Mätresse des Königs beleidigt hatte, sollte ihm die Rachsucht nicht nur des Souveräns einbringen, sondern darüber hinaus auch all jener, die fortan vermeiden werden, als seine Freunde zu gelten.

Es war aus mehreren Gründen notwendig, auf die Karriere von Jean-Baptiste de Sade etwas ausführlicher einzugehen. Zum einen, weil sie uns seine Verbitterung und jene daraufhin vollzogene Wende in seinem Leben verstehen hilft, nach der er sich allmählich solideren Beschäftigungen, ernsteren Gedanken und schließlich der Religion zuwenden sollte. Zum anderen, und dies ist vielleicht noch wichtiger, weil der soziale Bannspruch, der über ihn gefällt wurde, später auf seinen Sohn übergehen wird. Donatiens erste Schritte im Leben wurden zweifellos durch den schlechten Ruf des Grafen behindert, und sein künftiges Unglück ist zum Teil auf dessen Sündenfall zurückzuführen.

KAPITEL 3

Entwurzelungen

Während der langen Abwesenheiten des Grafen de Sade lebt der kleine Donatien gemeinsam mit seiner Mutter, der Hofdame der Prinzessin, in jenem weitläufigen Appartement im ersten Stock des Hôtel de Condé, das ihr zur Verfügung gestellt worden war. Das Stadtpalais der Fürstenfamilie liegt in der heutigen Rue de Condé Nummer 9 bis 15, und seine Gärten reichten damals bis zur Rue de Vaugirard und der Rue Monsieur-le-Prince. Es war eines der prächtigsten Stadtschlösser von Paris. »[...] Was seine Möbel betrifft«, begeisterte sich Germain Brice, »so dürfte es schwer sein, in einem anderen Palais prächtigere und in noch größerer Zahl zu Gesicht zu bekommen. Daneben finden sich Gemälde erstklassiger Meister, unter anderem ein *Baptême de Notre-Seigneur* [Taufe unseres Herrn] von Albano, das lange dem Herzog von Lesdiguières gehört hatte, außerordentliche Tapisserien, die aus dem berühmten Haus der Montmorency kommen, und mehr Juwelen als irgendwo sonst. Man bewahrt hier auch eine reichhaltige Bibliothek mit merkwürdigen Büchern und handgezeichneten, äußerst seltenen Landkarten auf. Der Garten, der, obwohl nicht sehr ausgedehnt, vor Augen führt, daß die Vereinigung von Kunst und Natur stets Anmut hervorbringt, ist sehenswert. Er enthält darüber hinaus einige Lauben, die nach holländischer Manier sehr geschickt aus Gitterwerk gefertigt wurden. Am Ende jeder Allee erhebt sich ein aus demselben Material errichteter kleiner Triumphbogen. Im Sommer ist dieser Garten voll von Orangenbäumchen und Buschwerk, die Spaziergänge sehr angenehm machen.«[1]

Nach seinem Tod am 27. Januar 1740, dem Geburtsjahr des Marquis de Sade, hinterließ Louis-Henri de Condé seinen vierjährigen Sohn, Louis-Joseph de Bourbon, der später Donatiens Spielkamerad werden sollte. Der Graf von Charolais, der Bruder des Verstorbenen, wurde mit der Vormundschaft des jungen Prinzen betraut. Charolais wohnte nicht im Palais, stattete aber seinem Neffen häufig Besuche ab. Und da die beiden Jungen unter der Aufsicht von Madame de Roussillon, der Gouvernante von Louis-Joseph, gemeinsam erzogen wurden, ergab es sich, daß der Vormund auch Donatien häufig sah. Der zukünftige Marquis de Sade hatte also in frühester Kindheit regelmäßigen Umgang mit einem Mann, der als die vollkommenste Verkörperung jenes Begriffes gelten kann, dem er später seinen Namen geben wird.

Der Graf von Charolais galt in der Tat als eine der wirklich »sadistischsten« Persönlichkeiten seiner Zeit. Niemandem hatte zuvor das Verbrechen soviel Glückseligkeit beschert; er brachte Menschen aus Spaß um, so wie andere auf die Jagd gehen. Eines Tages schoß er auf einen Bürger von Anet, um seine Geschicklichkeit unter Beweis zu stellen, und rief dabei aus: »Seht her, ob ich diesen Körper treffen kann!« Sein bevorzugter Zeitvertreib war es, den Dachdeckern, die auf den Häusern herumturnten, Musketenschüsse in den Leib zu jagen. Wenn er einen traf, schrie er hurra! Anschließend begab er sich zum König, um seine Begnadigung zu erwirken und jeglicher Verfolgung zu entgehen. Ludwig XV., der seiner ständigen Eingaben allmählich müde geworden war, soll eines Tages zu ihm gesagt haben: »Monsieur, die Gunst, die Sie von mir erbitten, schulde ich Ihrem Rang als Prinz edelsten Geblüts, ich würde sie aber noch viel lieber jemandem gewähren, der Ihnen Gleiches mit Gleichem vergilt.« (»Ein herrliches Wort!« wird der Marquis de Sade ausrufen.) Dieser Prinz hatte einen Sohn von der Delisle, einer Schauspielerin, der von der ganzen Familie der Condé verwöhnt wurde. Als er im Alter von sechs oder acht Monaten erkrankte, ließ ihn Charolais einen großen Schluck Branntwein trinken, an dem er sofort starb. »Dieses Kind war gewiß nicht von mir«, rief der Prinz aus, »wenn es daran stirbt!«[2] Mathieu Marais führt eine weitere Anekdote über diesen Tollwütigen an. Von einem Eifersuchtsanfall überwältigt, sucht er eines Tages die Delisle in einem Café der Rue Richelieu, das eine direkte Verbindung zum Palais-Royal hatte, läßt es umstellen, versetzt den zufällig Anwesenden Stockhiebe, kehrt danach durch die Rue Traversière wieder, erblickt endlich die Frau, die er verfolgt, wirft sich auf sie, versetzt ihr zwei Ohrfeigen und einige Fußtritte, zwingt sie, mit ihm in ihr Zimmer zu gehen, reißt ihr die Kleider vom Leib, verprügelt ihre Lakaien, läßt sich das Souper servieren und verbringt den Rest der Nacht mit ihr.[3]

Wie hätte der zukünftige Verfasser von *Justine* diesen Grandseigneur und Bösewicht vergessen können? Und was seinen Spielkameraden betrifft, den um vier Jahre älteren Prinzen Louis-Joseph de Condé, so beschreibt ihn der Herzog von Luynes als einen für sein Alter großgewachsenen Knaben, der zwar ein angenehmes Äußeres hatte, aber streitsüchtig war: »Er ist von erstaunlicher Ernsthaftigkeit, hat keine Ähnlichkeit mit seinem Vater oder seiner Mutter, außer daß er strohblond ist.« Und an anderer Stelle: »Man sagt bereits über ihn, daß er dickköpfig sei. Monsieur de Charolais läßt ihn dafür von Zeit zu Zeit bestrafen.«[4]

DIE SCHULE DER VERACHTUNG

Der Charakter Donatiens ist keineswegs besser. Da er in der Überzeugung erzogen wurde, einer höheren Spezies anzugehören, ist er ein gelehriger Schüler, zumindest was den Standesdünkel betrifft. Bereits sehr früh glaubt er, über den anderen zu stehen und sich ihrer nach Gutdünken bedienen, als Herr auftreten und sprechen zu können, ohne daß ihm Grenzen des Gewissens oder der Menschlichkeit gesetzt seien. Sein despotisches Wesen war im Alter von vier Jahren bereits völlig ausgebildet. Die folgenden Jahre werden es noch weiter verhärten. Er hat keine Augen für die Welt, die ihn umgibt, und verbirgt sich hinter einer Mauer des Schweigens und Unverständnisses, die ihn von seinen Mitmenschen trennt, auch von denen, die er liebt – vor allem von denen, die er liebt. Von frühester Kindheit an lassen seine Handlungen eine tragische Unfähigkeit erkennen, sich anderen mitzuteilen.

Sein gewalttätiger Charakter läßt ihn die Regeln der Vorsicht und des eigenen Interesses mißachten, selbst seinem Spielkameraden Louis-Joseph de Bourbon gegenüber, der auch sein Herr ist. Donatien werden die Grundsätze der Mäßigung stets fremd bleiben, und er wird sich weigern, sich ihrem Joch zu unterwerfen. Aber lassen wir ihn selbst von seiner Kindheit, seinen Spielen und Wutausbrüchen erzählen. Seine Klarsicht macht jeden Kommentar überflüssig.

»Über meine Mutter mit allem verwandt, was es an Höchstem im Königreich gab, über meinen Vater allem verbunden, was die Provinz Languedoc an Vornehmstem hatte, geboren in Paris, im Schoß des Luxus und des Überflusses, glaubte ich, sobald ich denken konnte, daß die Natur und das Glück sich vereint hätten, um mich mit ihren Gaben zu überschütten; ich glaubte dies, weil man so dumm war, es mir zu sagen, und dieser lächerliche Dünkel machte mich hochmütig, despotisch und cholerisch; mir schien, daß alles sich mir fügen, daß selbst das Universum meinen Launen gehorchen müsse und daß es mir allein überlassen bliebe, sie zu entwickeln und zu befriedigen; ich werde Ihnen nur von einem einzigen Vorkommnis aus meiner Jugend berichten, um Sie von der Gefährlichkeit der Grundsätze zu überzeugen, die man in mir so leichtfertig genährt hat.

Im Palast jenes Fürsten geboren und aufgezogen, zu dessen Umgebung zu zählen meine Mutter die Ehre hatte und der etwa gleich alt wie ich selbst war, beeilte man sich, mich ihm nahezubringen, damit ich später als sein Jugendfreund stets bei ihm Schutz suchen könne; mein damaliger Hochmut jedoch, der diese Überlegung nicht begriff, empörte sich eines Tages bei Kinderspielen darüber, daß er mir etwas streitig machen wollte und sich darüber hinaus durch seinen hohen Rang dazu berechtigt glaubte, und ich rächte mich für seine Widerspenstigkeit mit zahlreichen heftigen Schlägen, ohne daß mich eine andere Überlegung davon abhalten konnte und ohne daß man mich mit anderen Mitteln als Kraft und Gewalt von meinem Gegner hätte trennen können.«[5]

Der über diese Entwicklung beunruhigte Graf de Sade hat sich wahrscheinlich im Gefolge dieser oder einer ähnlichen Szene dazu entschieden, seinen Sohn in die Provence zu schicken. Donatien stand an der Schwelle zu seinem fünften Lebensjahr; es war höchste Zeit, seinem Stolz einen Dämpfer zu versetzen und ihn mit den harten Realitäten des Lebens vertraut zu machen. Am 16. August 1744 entsandte die Gemeinde von Saumane eine von ihrem Sekretär geleitete Abordnung nach Avignon, »um Monsieur le marquis de Sade, den Sohn von Monsieur le comte, dem Herrn dieses Ortes, zu seiner glücklichen Ankunft in Avignon zu gratulieren und ihm als dessen mutmaßlichem Nachfolger lange und glückliche Jahre zu wünschen«.[6] Das Bild, das die sich vor einem vierjährigen Bengel tief verneigenden Notabeln geboten haben mögen, läßt schmunzeln. Der angehende Lehnsherr lächelt aber keineswegs, sondern nimmt seine Rolle sogar sehr ernst.

SAUMANE-SILLING

Die einer weltlichen Religion zugewandte Großmutter d'Astouaud verbrachte ihren ruhigen Lebensabend in der Gesellschaft von Klerikern am kleinen Hof des päpstlichen Legaten, während die geistlichen Tanten sich an den *Réflexions chrétiennes* (Christlichen Betrachtungen) und den Psalmen die Augen verdarben. Den kleinen Jungen empfangen sie wie das Jesukind, überhäufen ihn mit Liebkosungen und Leckereien und treiben einen wahren Kult mit ihm. Ist er nicht der einzige Erbe des Namens, der einzige Stammhalter der Familie? Seine Geburt im Haus eines Fürsten, seine Erziehung an der Seite eines Bourbon und die hohe Position, die sein Vater in Versailles bekleidet, verschaffen ihm in dieser provinziellen, frömmlerischen Gesellschaft ein zusätzliches Prestige, dessen er sich völlig bewußt ist. Er ist ihr Fabelwesen, ihr Maskottchen, ihr Idol, dem kein Wunsch abgeschlagen wird. Der kleine Tyrann weiß das; er fordert alles, bekommt alles und benimmt sich unerträglicher als je zuvor. »Ich wurde zu einer Großmutter in den Languedoc geschickt, deren allzu blinde Zärtlichkeit in mir all die Fehler nährte, die ich soeben eingestanden habe«, wie er später schreiben sollte.[7]

Als der Graf erkennt, daß die Frauen seinen Sohn nur verzärteln und so in seinen Charakterfehlern bestärken, bittet er seinen Bruder, den Abbé, ihn bei sich in Saumane aufzunehmen. Nur eine männliche Autorität, meint er, könne mit ihm fertigwerden. Der Zeitpunkt dafür ist allerdings nicht günstig, da Paul Aldonse de Sade soeben zum weltlichen Abt des Zisterzienserklosters Saint-Léger in Ébreuil in der Auvergne ernannt worden und nun verpflichtet ist, dort einen Teil des Jahres zu verbringen.[8] Das soll aber kein Hindernis sein, Donatien wird ihn auf seinen Reisen begleiten. Und da es höchste Zeit ist, einen Erzieher für ihn zu finden, empfiehlt man dem Grafen einen jungen Savoyarden, der dafür geeignet zu sein scheint. Es handelt sich um einen neunundzwanzig Jahre alten Kleriker aus der Diözese Genf, der aus Annecy stammt und bereits die Tonsur erhalten hat; sein Name ist Jacques François Amblet. Trotz ausgedehnter theologischer Studien ist er nicht zum Priester geweiht worden und bekleidet daher kein kirchliches Amt, verfügt also über die nötige Muße. Der Abbé ist mit seiner Wahl hochzufrieden:

»Monsieur Amblet ist angekommen, mein lieber Bruder. Seine Reise war äußerst angenehm. Ich vermag ihn noch nicht zu beurteilen; ich kenne ihn nicht. Alles, was ich Ihnen sagen kann, ist, daß er Witz hat und freundlich ist. Entweder habe ich mich völlig geirrt, oder Sie haben hier einen glücklichen Fund für Ihren Sohn gemacht. Bald werde ich Ihnen genauer sagen können, was ich über ihn denke. Bis dahin bin ich sehr froh, ihn hier zu haben. Er erlernt das Handwerk des Erziehers bei einer Dame, die zu meinen Freundinnen zählt und die er das Italienische lehrt. Mir scheint, daß er sich dabei sehr geschickt anstellt.«[9]

Donatien hatte schon viel über Schloß Saumane gehört; er wußte zwar, daß es immer schon im Eigentum seiner Familie gestanden und daß es sein Vater dem Abbé auf Lebenszeit vermietet hatte, war aber sicher nicht auf das Gebäude vorbereitet, das er vorfand. Wahrscheinlich stellte er es sich wie ein aufs Land verpflanztes Hôtel de Condé vor, üppig ausgestattet mit Tapisserien, Kunstwerken, Möbeln, Deckengemälden, Marmortreppen, brokatgeschmückten Wänden. Welche Ernüchterung!

Schloß Saumane liegt zwischen L'Isle-sur-Sorgue und der Vaucluse, auf einer von zwei engen Tälern eingezwängten Felsspitze oberhalb des Dorfes und beherrscht das ganze Tal. Von seiner Terrasse aus schweift der Blick von den Bergen der Vaucluse bis zu den Alpilles, vom Luberon bis zu den Cevennen; von hier aus sind etwa dreißig Dörfer zu sehen. Dieses einstige *castrum* aus dem 12. Jahrhundert war im 14. und 15. Jahrhundert mehrmals umgebaut worden und ist der Zerstörung wunderbarerweise entgangen; noch heute bietet es dem Betrachter ungefähr das Bild, das der knapp fünfjährige Donatien vor Augen gehabt haben mußte. Von außen sieht es aus wie eine düstere und schmucklose Festung: einheitlich graue, etwa zwei Meter dicke Mauern, ein Wehrgang, Schießscharten und Kanonen. Das Innere wirkt mit seinen geräumigen Sälen, seinen Gewölben und Kassettendecken sowie einer prächtigen Renaissancetreppe weniger abweisend, etwa wie ein großzügiger Herrensitz. Der Abbé de Sade hatte nach seinem Einzug neue Fensteröffnungen brechen oder die alten vergrößern, die Wohnräume einrichten und eine Orangerie anlegen lassen. Noch heute ist an den Decken das Wappen der einstigen Schloßherren zu sehen: der Stern mit acht goldenen Strahlen und dem Adler mit ausgebreiteten Schwingen.

Dies ist also das neue Heim Donatiens – und sein erstes Gefängnis. Dem Besucher von Saumane kommen unwillkürlich all jene Burgen und Festungen von Pierre-Encize bis zur Bastille, von Miolans bis zu Vincennes in den Sinn, die in Sades Phantasie einen so bedeutenden Platz einnehmen werden. Es ist auch unmöglich, bei seinem Anblick nicht an jene Mauern zu denken, hinter denen die rituellen Ausschweifungen von Schloß Silling stattfinden werden: Sades Welt der Lüste ist stets auch eine Kerkerwelt. Am eindrucksvollsten für den Besucher sind jedoch die aus dem 13. Jahrhundert stammenden Kellerräume und unterirdischen Geheimgänge, in denen sich zahlreiche Verliese ohne Frischluft und Tageslicht befinden. Am Boden liegen noch die Ketten derer, die hier ohne Hoffnung auf eine Rückkehr ins Leben vergessen wurden. Als idealer Folterkeller, von dem aus kein Schrei an die Außenwelt zu dringen vermag, weckt er Vorstellungen von endloser, einsamer, beklemmender Kerkerhaft. Diese düsteren Grabstätten machten auf den jungen Donatien tiefen Eindruck. Noch seine Beschreibung der »Eingeweide« von Schloß Durcet in *Die Hundertzwanzig Tage von Sodom* wird von diesen Erinnerungen geprägt sein: »Ein verhängnisvoller Stein hob sich mechanisch von den Stufen jenes kleines christlichen Altars, den wir in der Galerie ausgemacht hatten; dort befand sich eine sehr enge und sehr steile Wendeltreppe, die über dreihundert Stufen durch die Eingeweide der Erde zu einer Art überwölbtem Verlies hinabführte, welches von drei eisernen Türen verschlossen war und alles enthielt, was sich die Kunst der Grausamkeit und die raffinierteste Barbarei an Gräßlichem auszudenken vermochte, um die Sinne in Angst zu versetzen und Abscheulichkeiten zu vollbringen. [...] Unglück, tausendfaches Unglück jener beklagenswerten Kreatur, die in dieser Verlassenheit einem gesetzlosen und gottlosen Schurken ausgeliefert ist, dem das Verbrechen Freude bereitet und der an diesem Ort nichts anderem als seinen Leidenschaften frönt und kein anderes Maß kennt als die herrischen Gesetze seiner niederträchtigen Begierden.«[10]

DER GALANTE ABBÉ DE SADE

Der am 21. September 1705 geborene Jacques-François Paul Aldonse, Abbé de Sade, war knapp vierzig Jahre alt, als er seinen Neffen in Saumane empfing. Er war ab 1733 Generalvikar in Toulouse, ab 1735 in Narbonne, und wurde von der Ständeversammlung des Languedoc mit einer Mission am Königshof beauftragt. So verbrachte er mehrere Jahre in Paris, wo er eine Zeitlang zu den Vertrauten von Madame de la Popelinière zählte, einer charmanten, etwa zwanzig Jahre älteren Frau, die die ständige Mätresse des Kardinals Richelieu war. Richelieu wußte zwar von ihrer engen Freundschaft, suchte aber nicht in Erfahrung zu bringen, ob der Abbé sie über seine häufigen Abwesenheiten hinwegtröstete, und kam auch weiterhin pünktlich für die Kosten ihres Lebensunterhalts auf.

Der Abbé, ein glühender Verehrer der Frauen, widmete sich ganz seinen galanten Abenteuern und seiner Liebe zur Literatur. Er stand in enger Verbindung zu Voltaire und Madame du Châtelet, die ihn beide außerordentlich schätzten, und unterhielt mit ihnen eine brillante Korrespondenz, bei der jeder versuchte, den anderen an Witz und Liebenswürdigkeit zu überbieten. Als Jacques-François zum Generalvikar von Toulouse ernannt wurde, brachte der Philosoph in einem Brief folgende ironische Bemerkung über seine künftige Doppelrolle als Kleriker und Libertin an:

»Es heißt, Sie werden Priester und Generalvikar. Das macht viele Sakramente zugleich in einer Familie. Deshalb also vertrauten Sie mir an, daß Sie der Liebe entsagen wollten.«[11]

Auch Madame de Châtelet war von diesem Kirchenmann, dessen Witz mehr wert war als seine Verse – er glänzte vor allem in der Prosa –, äußerst angetan. »Monsieur l'abbé de Sade schuldet mir seine Freundschaft«, schrieb die *divine Émilie*, »da er zu den Männern zählt, die ich am liebsten habe. Ich bin mir sicher, daß sein Witz und sein Charakter Ihnen gefallen hätten, sofern ihn nicht vier oder fünf Jahre bei den Pfaffen völlig verdorben haben.«[12] Die Klarheit seines Stils, sein ungeheures Wissen und seine Fähigkeit, auch die ernstesten Abhandlungen mit einer Prise Ironie zu versetzen, verleihen seinen Briefen große Eleganz.

DIE BIBLIOTHEK EINES EDELMANNES

In der Weltabgeschiedenheit von Saumane verbringt der Abbé viele Stunden inmitten seiner Bücher, die er mit viel Liebe und Sorgfalt gesammelt hat. Neben den griechischen und lateinischen Autoren, neben theologischen Traktaten, geschichtlichen und geographischen Werken, wissenschaftlichen Abhandlungen und Reiseberichten stehen auf den Regalen seiner Bibliothek alle Bücher, deren ein Edelmann bedarf: Lockes *Versuch über den menschlichen Verstand*, die *Pensées diverses* (Vermischte Gedanken) von Bayle, *Des Marquis d'A. chinesische Briefe* des Marquis von Argens, die Werke Montesquieus, Hobbes' *Über den Bürger*, aber auch die großen, klassischen Autoren des vorangegangenen Jahrhunderts, Malherbe, Boileau, La Fontaine, Madame de Sévigné, Racine, Molière, Regnard, sowie Romane und Novellen: *Don Quixote*, *Der Mann von Stande* des Abbé Prévost, *Der hinkende Teufel* von Le Sage, *L'Amour à la mode* (Lieben heute) von Madame de Pringy, *La Princesse Sensible et le prince Typhon* (Die empfindsame Prinzessin und Prinz Typhon) von Mademoiselle de Lubert usw.

Im Rhythmus ihres Erscheinens stellt er ihnen an die Seite: *Die neue Heloise*, *Émile*, *Über den Gesellschaftsvertrag* und andere Werke Rousseaus, den Roman *Der Harmlose* und einen Band Dramen Voltaires, die Theaterstücke Diderots, die Werke Gressets und Destouches' sowie die *Poésies diverses* (Vermischte Gedichte) des Kardinals Bernis, aber auch verbotene und heftig umstrittene Bücher wie *Le Monde, son origine et son antiquité*

(Die Welt, ihr Ursprung und Altertum) von Jean-Frédéric Bernard, der *Culte des dieux fétiches* (Kult der Fetischgötzen) von Charles de Brosses, der *Traité des délits et des peines* (Traktat von den Verbrechen und Strafen) von Beccaria oder *L'Espion chinois* (Der chinesische Spion) von Ange Goudar.

Andere, weniger tiefschürfende Schriften sind dazu bestimmt, dem Abbé etwas Zerstreuung neben seinen gelehrten Studien zu bieten: die (apokryphen) Memoiren der Marquise Pompadour, die *Anecdotes sur Madame du Barry* von Pidansat de Mairobert. Am besten vertreten von den zeitgenössischen Autoren ist freilich Crébillon: der Abbé besitzt nahezu alle seiner Bücher.

Hier, in der Stille und Abgeschiedenheit seiner Bibliothek, sitzt der Abbé an seinem Schreibtisch und arbeitet an seinem Lebenswerk, den *Mémoires pour la vie de François Pétrarque* (Schriften zum Leben Francesco Petrarcas), für das er zwanzig Jahre lang Nachforschungen angestellt hat. Daneben ist er mit Vorarbeiten zu einer Schrift über die Troubadoure und die Dichter des französischen Mittelalters beschäftigt, die allerdings nie erscheinen wird, und arbeitet in seinen Mußestunden an einer Geschichte des Dorfes Saumane, über das er zahlreiche Dokumente gesammelt hat. Zur Entspannung beschäftigt er sich mit der Genealogie seiner Familie. Die Genealogie ist seine große Leidenschaft; er verbringt Tage damit, alte Pergamente zu entziffern und sie in seiner gleichmäßigen Handschrift aus dem Lateinischen ins Französische zu übertragen.

In diesem Kabinett macht sich Donatien unter der Obhut seines Lehrers mit den Grundlagen des Griechischen und Lateinischen vertraut. Er kennt die Bibliothek bereits so gut, daß er jedes Buch mit verbundenen Augen finden könnte. Ohne zu zögern greift er zu den sechs umfangreichen Registern der Urkundensammlung derer von Sade. Dort findet er, nach der Chronologie und dem Verwandtschaftsgrad geordnet, die gesamte Geschichte seiner Vorfahren vom 13. Jahrhundert bis zu ihm selbst, belegt durch die entsprechenden Dokumente: Testamente, Heiratsverträge, Quittungen, Belege für die Verleihung von Ehrentiteln sowie auf große, vergilbte Pergamentbögen kalligraphierte Urkunden.[13] Neben anderen Dingen dürfte der Abbé die Liebe Donatiens zu den Archiven geweckt haben.

Er kennt alle Winkel dieser Bücherreihen, auch die verstecktesten, in denen der Abbé seinen kleinen Bestand an Erotika aufbewahrt. Im frühen Jugendalter wird er sich bestimmt vor seinem Onkel und dem Abbé Amblet versteckt haben, um diese Bücher neugierig durchzublättern: die

Werke Aretinos oder die *Lauriers écclésiastiques* (Geistliche Lorbeeren) zum Beispiel, verlegt in »Luxuropolis«, oder die *Jésuites en belle humeur* (Die Jesuiten bei bester Laune) oder *Le Philotanus moderne* (Der moderne Philotanus). Sein Blick fiel bestimmt auch auf diesen vielversprechenden Titel: *Le Bordel ou le Jean-Foutre débauché* (Das Bordell oder der ausschweifende Taugenichts) mit der mysteriösen Verlagsangabe: »A Anconne, chez la veuve Grosse-Motte«.

Auf dem Brett daneben liegt ein kleiner, in Kalbsleder gebundener Duodezband, der ihn bestimmt auch interessiert hat. Auf der Titelseite steht zu lesen: *Histoire des Flagellans, où l'on fait voir le bon et le mauvais usage des flagellations parmi les chrétiens. Traduite du latin de M. l'abbé B**** (Geschichte der Flagellanten, in welcher der gute wie auch der schlechte Gebrauch der Geißelung bei den Christen aufgezeigt wird. Aus dem Lateinischen von Abbé B***), Amsterdam 1701. Hinter der Initiale verbirgt sich der Abbé Jacques Boileau, Doktor der Theologie und begnadeter Polemiker, der sich erneut einer Frage annahm, die der deutsche Arzt Meibomius ein halbes Jahrhundert zuvor in seiner *Epistola de flagrorum usu in re venerea* gestellt hatte: ob es nämlich einen »schlechten Gebrauch« der Geißelung gäbe.[14] Der gute Abbé Boileau entwickelt umständliche Gedankengänge über die sinnliche Erregung, die diese Praktik erzeugt, erörtert mit viel Gelehrsamkeit die Frage, ob es besser sei, sich die Schläge auf den Rücken oder den Hintern versetzen zu lassen, führt zahlreiche Fälle an, in denen die Peitsche die *furia amorosa* stimuliert hat. Lust aus Schmerz: ein Prinzip, das Donatien ganz bestimmt nicht vergessen wird.

In die Geheimnisse des Sexus wird er aber nicht nur durch die Giftschränke dieser Bibliothek eingeweiht. Der Abbé, sein Onkel, verbringt schließlich nicht alle Tage und Nächte über seinen Pergamenten, und die, die glauben, er habe sich gebessert, irren sich. Er lebt keineswegs allein, sondern in der Gesellschaft zweier Frauen, Mutter und Tochter, deren er sich nach Gutdünken bedient, was den Klatschweibern des Dorfes ausgiebigen Gesprächsstoff bietet. Geredet wird auch über die Wirtin der Dorfschenke, eine bekannte Prostituierte, die er unter seinen Schutz nimmt, wie auch über die Weißnäherin Marie Curt, die er überstürzt einem jungen Mann aus der Gegend namens Pépin zur Frau gibt. »Obwohl er ein Mann Gottes ist, hat er stets ein Paar Weiber bei sich untergebracht«, wird Donatien einige Jahre später schreiben. »Ist sein Schloß ein Harem? Nein, besser noch, es ist ein Bordell.« Im selben Brief, den er im Alter von fünfundzwanzig Jahren verfaßt hat, um sich für seine Ausschweifungen zu rechtfertigen, schreibt er: »Verzeiht mir meine Schwächen, ich nehme eben die Eigenschaften der Familie an, und wenn man mir einen Vorwurf machen kann, dann den, daß ich das Unglück hatte, in sie hineingeboren worden zu sein. Gott behüte mich vor den Lächerlichkeiten und Lastern, die in ihr wimmeln. Ich könnte mich für tugendhaft halten, wenn Gott mir die Gnade gewährt, nur einen Teil davon anzunehmen.«[15]

Um mit dem wüsten Treiben des Abbé de Sade zu einem Ende zu kommen, sei hier noch angemerkt, daß er am 25. Mai 1762 anläßlich eines Aufenthaltes in Paris in flagranti bei der Ausübung der Unzucht ertappt wurde, und zwar in einem einschlägigen Haus in der Rue du Chantre. Er war in Gesellschaft eines Straßenmädchens namens Léonore, deren wirklicher Name aber Marie-Françoise Thérèse Dieu (»Gott«) lautete! So hatte der Abbé also die Namensschwester seines Schöpfers, wie es im Polizeibericht hieß, »bis zur vollzogenen Kopulation fleischlich erkannt«.

GLÜCKLICHE TAGE

Die Tage und Jahre vergehen, gleichmäßig und ohne Zwischenfälle. Saumane ist sieben Meilen von Avignon entfernt; ein weiter Weg, man fährt nur selten in die Stadt, und die Neuigkeiten treffen meist mit großer Verspätung ein. Von Paris erfährt man hier noch weniger; der Kurier kommt nur einmal in der Woche vorbei. Die Straßen des Dorfs und der ganzen Umgebung sind steil und zu eng, um eine Kutsche durchzulassen; man reist daher auf dem Rücken eines Maultiers, und so muß man sich auch den Abbé de Sade und seinen jungen Neffen bei ihren Spazierritten vorstellen, mit Strohhüten auf dem Kopf, um sich vor der stechenden Sonne zu schützen.

Da es in der Gegend keinen anderen Prinzen von Geblüt gibt, sucht sich Donatien seine Spielkameraden unter den Bauernkindern des Dorfes und der umliegenden Höfe, im besten Fall unter den Söhnen der Bürger – Ärzte, Kaufleute oder Notare. Im Umgang mit ihnen erlernt er das Provenzalische, dessen Klang er liebt und das er nie vergessen wird. Wahrscheinlich übernimmt er auch ihren Akzent und manche ihrer Lebensgewohnheiten. Zugleich macht sich der junge Pariser Gedanken über die Vorrechte des Herrn, der er eines Tages sein wird. Unter ihnen spielt er also genau die Rolle, die der junge Condé ihm gegenüber gespielt hat. Läßt er sie seine Überlegenheit spüren? Daran besteht kein Zweifel: die Überzeugung, einer höheren Kaste anzugehören, ist einer seiner konstantesten Charakterzüge.

Unter den Kindern ist auch ein Junge etwa seines Alters, mit dem er rasch Freundschaft schließt: Gaspard François Xavier Gaufridy. Er ist der Sohn eines Geschäftsmannes aus Apt, der die Besitztümer des Grafen de Sade verwaltet. Gaspard und Donatien verstehen sich ausgezeichnet; sie unternehmen gemeinsam lange Streifzüge und sind auch oft Gäste in La Coste bei Großmutter d'Astouaud. Manchmal spielt auch die kleine Cousine Donatiens, Pauline, die Tochter von Madame de Villeneuve, in der großen Halle des Schlosses mit den Jungen. Dies gehört zu den wenigen Erinnerungen, die der Marquis später mit seinem ehemaligen Spielgefährten austauschen wird.

Nach Saumane zurückgekehrt, nimmt das Leben wieder seinen eintönigen Lauf, unterbrochen freilich von Aufenthalten in der Abtei von Ébreuil, aus deren gut bewirtschafteten Ländereien der weltliche Abt ansehnliche Einkünfte bezieht. Allerdings kümmert sich Paul Aldonse de Sade nur wenig um seine Mönche und verwaltet ihre Güter so nachlässig, daß sie bald am Rand des Ruins stehen.[16] Zugleich erregt sein liederlicher Lebenswandel in der ganzen Umgebung Ärger und Entrüstung.

Donatien hat also die Jahre seiner frühen Kindheit in Gesellschaft seines Onkels und seines Erziehers verbracht; in seiner Umgebung waren keine Frauen außer den Gefährtinnen des Abbé. Von seiner Mutter getrennt im Alter von vier Jahren, direkt aus einem Fürstenpalast auf die Spitze eines Felszackens gebracht, in einer Burg gemeinsam mit einem ausschweifenden Geistlichen eingesperrt, umgeben von lasterhaften Frauen: In diesen frühen Traumata vereinen sich alle Ingredienzien der Romanwelt Sades; dem Schloß des Abbé de Sade kommt dabei dieselbe zweifache und paradoxe Funktion zu wie Schloß Silling: Es fügt Qualen zu, beschützt aber auch vor Strafe; es kerkert das Böse ein, setzt aber auch das Verbrechen frei.

KOSTSPIELIGE STUDIEN

Im Herbst 1750 (Donatien hat soeben sein zehntes Lebensjahr erreicht) faßt der Graf de Sade den Entschluß, seinen Sohn von Saumane wegzuholen und in einem Pariser Gymnasium einzuschreiben. Er setzt große Hoffnungen auf ihn und weiß, daß er diese kaum verwirklichen wird können, wenn er seinen Sohn in diesem Nest in der Provence läßt. Donatien nimmt also in Gesellschaft des Abbé Amblet die Postkutsche nach Paris, eine Episode, an die er sich in den autobiographischen Passagen von *Aline und Valcour* erinnert; dabei spricht er seinem Erzieher ein großes Lob aus: »Ich kehrte nach Paris zurück, um dort zu studieren, begleitet von einem gewissenhaften und geistreichen Mann, der wohl bestens geeignet gewesen wäre, mich jungen Mann auszubilden, den ich aber unglücklicherweise nicht lang genug behielt.«[17]

Nach seiner Ankunft in der Hauptstadt tritt er in das von Jesuiten geleitete Gymnasium Louis-le-Grand in der Rue Saint-Jacques mitten im Studentenviertel ein. Er wohnt entweder beim Abbé Amblet in der Rue des Fossés-Monsieur-le-Prince, »gegenüber dem Stellmacher«, oder bei seiner Mutter im Hôtel de Condé unweit der Rue Saint-Jacques.

Louis-le-Grand galt damals als die renommierteste – der gesamte Adel läßt seine Kinder dort unterrichten –, aber auch teuerste Schule von Paris. Indem der Graf de Sade seinen Sohn dorthin schickt, nimmt er ein großes Opfer auf sich, da sich seine finanzielle Situation im Lauf der letzten Jahre stetig verschlechtert hat. Im Jahr 1752 wird er sogar mit dem Gedanken spielen, Donatien nach Lyon zu schicken, wo die Gymnasien weniger kosten als in Paris. Vielleicht wird er sogar Saumane oder seine Ländereien in Glatigny verkaufen müssen, um für das Studium seines Sohnes aufkommen zu können. Bis dahin schränkt er sich in seiner Lebensführung so weit wie möglich ein und nimmt die Einladung seiner ehemaligen Mätresse Mademoiselle de Charolais an, bei ihr im Schloß Athis-Mons zu wohnen. Im November 1752 sind seine Geldmittel erneut erschöpft, und er bittet einen seiner Onkel, den Probst von L'Isle-sur-Sorgue, um Unterstützung:

»[...] Doch möchte ich Sie heute nur um Rat bitten. Sprechen Sie mit meinem Bruder [dem Abbé de Sade] darüber, der an Ort und Stelle ist. Finden Sie gemeinsam heraus, wieviel mein Sohn ausgeben soll, und achten Sie darauf, daß das Geld direkt an Monsieur Amblet geschickt wird. Wenn es für das Gymnasium in Paris nicht ausreicht, werde ich ihn nach Lyon schicken. Wenn man will, daß ich ins Kloster gehe, um weniger Geld auszugeben, dann werde ich gehen. Ich werde keine Mühe scheuen.

Mein lieber Onkel, der Augenblick ist gekommen, in dem ich Ihrer Freundschaft bedarf. Geben Sie mir einen Rat, und seien Sie gewiß, daß ich bereit bin, alles zu tun, um Ihnen meine Zuneigung und meinen Respekt zu beweisen.«[18]

Louis-le-Grand, das von Ludwig XIV. zu einer königlichen Stiftung erhoben wurde und seither über alle mit diesem Titel verbundenen Privilegien verfügt, ist eines der berühmtesten Gymnasien des Königreiches. Es wird von etwa fünfhundert Schülern besucht, unter ihnen die Sprößlinge des französischen Hochadels: die Conti, die Bouillon, die Soubise, die Villar, die Montmorency ... Auch die Lehrer zählen zu den besten, die es gibt; manche von ihnen wurden sogar über ihren eigentlichen Wirkungskreis hinaus bekannt, wie etwa Pater Buffier, Pater Porée, der berühmte Abbé d'Olivet, der neben Voltaire in die Académie française einzog, der Abbé de Châteauneuf, jener anerkannte Musikwissenschaftler, der Ninon de Lenclos mit dem jungen, gerade erst dreizehnjährigen Arouet bekannt machte, sowie Pater Tournemine, der ehemalige Erzieher und spätere Freund desselben Arouet sowie auch des Grafen de Sade.

Die Jesuiten, die »literarischer« sind als die Oratorianer, sind exzellente Lehrer des Lateinischen, Griechischen und der Rhetorik. Darüber hinaus haben sie noch eine andere Spezialität, die dem jungen Donatien bestimmt nicht mißfallen hat. Da die ehrwürdigen Väter ihre Schüler vor allem zu weltgewandten Männern erziehen wollen, machen sie sie auch mit den Künsten vertraut, mit denen man in Gesellschaft gute Figur machen kann, insbesondere mit dem Theater, das im Leben des Gymnasiums eine große Rolle spielt. Sie organisieren Aufführungen und bringen Tragödien, Komödien, Schäferspiele und selbst Oratorien und Opern auf die Bühne; die Opern werden meist von ihnen selbst in Anlehnung an erbauliche Themen verfaßt und von ihren Schülern gemeinsam mit Berufstänzern von der Oper aufgeführt. Sie haben auf diesem Gebiet bereits einen so guten Ruf erworben, daß ihre Theaterabende ein zahlreiches, so begeistertes wie auserwähltes Publikum anziehen, und zwar nicht nur die Eltern der Schüler, sondern auch Grandseigneurs und Damen vom königlichen Hof. Ihre Aufführungen zeichnen sich durch üppige Bühnenbilder und einen enormen technischen Aufwand aus, mit dessen Hilfe die Illusion von prächtigen Palästen, Perspektiven, Säulenreihen und phantastischen Landschaften erzeugt wird.[19] Jedes Jahr im August finden anläßlich der Preisverleihung im vorderen Hof des Gymnasiums Aufführungen in feierlichem Rahmen statt. Ein riesiges Sonnensegel schützt die Zuschauer, die drei Tribünen füllen und auch von den als Logen dienenden Fenstern des Gebäudes aus zusehen. Überdies gibt es auch einen

Saal im Inneren der Schule, in dem die Aufführungen im Winter und die Proben für die Augustabende stattfinden.

Die Jesuiten bringen während Donatiens Aufenthalt in Louis-le-Grand (von August 1750 bis Ende des Schuljahres 1753) nicht weniger als siebzehn Stücke oder Ballette zur Aufführung. Da er erst im Herbst 1750 in die Schule eingetreten war, konnte er wohl nur bei etwa fünfzehn Aufführungen dabeisein. Gab er bei einer dieser Gelegenheiten sein Debüt als Schauspieler? Die Ehre, im Rampenlicht zu stehen, war den besten Schülern vorbehalten. Auf manchen Programmen findet sich sogar die Bezeichnung *selecti rhetores* neben den Namen der kleinen Tragöden. Der junge de Sade steht allerdings kein einziges Mal auf der Liste der zu Jahresende verteilten Auszeichnungen.

Auch wenn er nicht das Privileg genoß, auf den Brettern von Louis-le-Grand zu stehen, wecken diese Aufführungen, an denen er zumindest als Zuschauer teilnimmt, in ihm eine Theaterleidenschaft, die er sich zeitlebens bewahren wird. Seine Vorliebe für die Bühnentechnik, die in Märchenspielen wie *La Tour enchantée* (Der verwunschene Turm) zum Ausdruck kommt, hat sicher ihre Wurzeln in den prachtvollen Aufführungen des Gymnasiums. Das Theatralische der Sadeschen Libertinage, das heißt jene erotische Choreographie, die die verschiedenen Stellungen zu lebenden Bildern oder Balletten anordnet, wird ebenfalls aus diesem Schatz von Erinnerungen schöpfen, die aber sozusagen mißbraucht, ihrer ursprünglichen Funktion entfremdet werden. Theatralische Inszenierungen sind auch jene Mechaniken der Lust oder des Verbrechens, die Sade in Büchern wie *Justine* oder *Juliette* erfunden hat: die Geißelmaschine, die Vergewaltigungsmaschine, die Schwängerungsmaschine oder Orgasmusmaschinen wie der automatische Phallus des Fürsten Francaville usw.

LOYOLAS RUTEN

Die Zerstreuungen, die bei den Jesuiten geboten werden, lassen aber keineswegs ihre eigentliche Berufung in den Hintergrund treten: die Erziehung der ihnen anvertrauten Kinder. Verglichen mit anderen Kollegien ist Louis-le-Grand nicht sonderlich streng. Der Tagesablauf ist weder von Arbeitsüberlastung noch von exzessiver Frömmigkeit gekennzeichnet: etwa neun harmonisch über den Vormittag (Aufstehen um 5.30 Uhr) und Nachmittag aufgeteilte Unterrichtsstunden, unterbrochen von vier Mahlzeiten (Frühstück, Mittagessen, Jause, Souper), die stets von einer Erholungspause gefolgt sind. Und was die religiösen Exerzitien betrifft, so nehmen sie insgesamt nicht mehr als eine Stunde ein: eine halbe Stunde für die Messe und zwei viertelstündige Gebete. Die ehrwürdigen Väter legen ganz offenkundig keinen Wert darauf, die ihnen anvertrauten jungen Herrschaften mit Religion zu überfüttern.

An der Tradition der körperlichen Züchtigung halten sie hingegen mit großer Strenge fest. Die Peitsche ist im 18. Jahrhundert ein unerläßliches Erziehungsinstrument. Die 1708 veröffentlichte *Instruction pour les maîtres des écoles chrétiennes* (Anweisung für die Lehrer christlicher Schulen) empfiehlt den Lehrern, sie nicht allzu zaghaft einzusetzen: »Die Rute ist notwendig; sie erzeugt Weisheit und muß dann zur Anwendung kommen, wenn Furcht oder Sanftmut nach dieser Unterstützung verlangen. Doch darf man nie Ohrfeigen geben, nie Fußtritte oder Faustschläge, nie den Zuchtstock auf den Kopf oder in den Bauch. Man darf weder Ohren gewaltsam langziehen noch sich unbeherrscht oder beleidigend verhalten: All dies hat schlimme Folgen für die Kinder, führt nur dazu, sie widerspenstig zu machen, und verrät nur die Leidenschaft des Lehrers.«[20] Denselben Grundsätzen folgt auch Charlotte Elisabeth von Bayern bei der Erziehung ihres eigenen Sohnes. Unter dem Datum 15. Februar 1710 hält sie fest: »Als mein Sohn noch klein war, habe ich ihm nie Ohrfeigen versetzt, aber ihn so nachdrücklich gezüchtigt, daß er sich noch heute daran erinnert. Ohrfeigen sind gefährlich.« Ihr Sohn, Philippe d'Orléans hat, seinem Lebenswandel nach zu urteilen, allerdings nicht den Eindruck vermittelt, von den mütterlichen Züchtigungen viel profitiert zu haben.

Die Ohrfeige gilt also als Demütigung, während die Peitsche als edle Form der Bestrafung betrachtet wird. Niemand entgeht ihr, und man hat die erlauchtesten Hintern Frankreichs unter der jesuitischen Zuchtrute defilieren sehen. Ein durchaus löbliches Zartgefühl verbot den ehrwürdigen Vätern allerdings, die Kinder eigenhändig zu züchtigen; diese Aufgabe wurde einem an der Schule beschäftigten Laien übertragen, der damit betraut war, den Lausejungen die *ultima ratio patrum* beizubringen.

Obwohl die Bedeutung der Prügelstrafe in kirchlichen Schulen häufig übertrieben worden ist, kommt man nicht umhin festzustellen, daß sie in ihnen ein Klima der Aggressivität schuf, das die »Neuen« unweigerlich befremdete. Die Schüler nahmen ihre Mißhandlungen keineswegs gleichgültig hin, und Mercier berichtet, daß sich eines Tages ein Rhetorikschüler des Collège Mazarin auf seinen Peiniger stürzte und ihn mit einem Taschenmesser erstach. Ähnliche Vorkommnisse gab es in anderen Gymnasien in Paris oder in der Provinz.

Eine andere, schleichendere, aber darum nicht weniger häufige Gefährdung ging von der genitalen Erregung aus, die diese Form der Bestrafung beim Kind hervorrufen konnte. Wer erinnert sich nicht an die Lust, die Rousseau bei seiner ersten Züchtigung durch Mademoiselle Lambercier empfand? Es ist nicht auszuschließen, daß Donatien in Louis-le-Grand seine ersten Erfahrungen mit dieser Lustquelle machte, die er später mit Begeisterung kultivieren sollte. Die Analerotik, von der Sades Werk voll ist, hat häufig ihren Ursprung in derartigen Erfahrungen. Der Mythos Sade kreist zwar im wesentlichen um das Zufügen von Schmerz (»Sadismus«), man darf aber nicht übersehen, daß dem Erleiden von Schmerz (»Masochismus«) in seinem Sexualverhalten eine zumindest ebenso große Bedeutung zukommt. Er genießt die Rutenhiebe, die er erhält, genauso wie die, die er anderen versetzt.

Andererseits ist bekannt, daß die Sodomie in den Kollegien sehr verbreitet war; die Patres sollen sich der öffentlichen Meinung zufolge sogar darauf spezialisiert haben. Es wurde ihnen nachgesagt, ihre Schulen und Heime zu wahren Brutstätten der Päderastie zu machen, »besondere Freundschaften« zu begünstigen, wenn nicht gar herbeizuführen und sich auch selbst an den Schülern zu vergehen. Obwohl diese Anschuldigungen von den zeitgenössischen Verfassern von Schmähschriften und Liedern zweifellos übertrieben wurden, entbehren sie keineswegs einer realen Grundlage. Meine Untersuchungen von Polizeiberichten erbrachten jedenfalls in dieser Hinsicht aufschlußreiche Ergebnisse.[21]

Wurde Donatien bei den Jesuiten in die Geheimnisse jenes »italienischen Lasters« eingeweiht, dessen enthusiastischer Anhänger er später werden sollte? Ist die passive Rolle, die er im homosexuellen Verkehr bevorzugte, auf die Erfahrung der Prügelstrafe zurückzuführen? Passivität ist, wie man weiß, nicht nur eng mit dem Masochismus verbunden, sondern auch mit dem Wunsch nach Qual und Verfolgung. Haben ihm der Schmerz oder gar die Schande jene »gemischte Sinnlichkeit« verschafft, die Jean-Jacques Rousseau so sehr verstörte? Hätte er wie der Verfasser der *Bekenntnisse* sagen können: »Diese als Kind erlittene Züchtigung [...] entschied für den Rest meines Lebens über meine Neigungen, Begierden, Leidenschaften, über mich«? Ähnlich wie Rousseau empfindet Donatien beim »normalen« Geschlechtsakt eine nur unvollständige Lust, und seine Sexualität ist schon sehr früh auf ein infantiles Stadium fixiert geblieben.

Lustvolle Passivität und genossene Demütigungen kennzeichnen bei beiden eine Erogenität am Rande der Normalität. Dem Sadeschen Masochismus fehlt hingegen im Unterschied zum gewöhnlichen Masochismus (etwa dem Rousseaus) jeglicher imaginärer Inhalt; er entwickelt keine Inszenierungen der Demütigung, keine narrativen Phantasien und wird auch literarisch nicht thematisiert, sondern verbleibt im Rahmen einer symmetrischen und simultanen Umkehrung des Sadismus. Die zwischen den beiden Verhaltensformen gemeinhin getroffene Unterscheidung zwischen einer transitiven (Sadismus) und einer intransitiven (Masochismus) tritt so hinter eine völlige Komplementarität der beiden Pole zurück. Sade verwirklicht die höchste Figur der Lust in einer Gleichzeitigkeit heterosexueller Sodomie und passiver Penetration (oder erlittenen Schmerzes), die einen Körper zum Ort gegensätzlicher Perversionen macht.

Theatralität, Prügelstrafe, Sodomie, Passivität: alle wesentlichen Themen der Erotik Sades finden sich also in der in Louis-le-Grand gemachten (oder phantasierten) Erfahrung vereinigt. Fügen wir dem noch die Verbrechen des Grafen von Charolais, die unterirdischen Verliese von Saumane, die Huren des Abbé, die Mätressen des Vaters und die abwesende Mutter hinzu: die Strukturen sind angelegt, die Bühnenbilder aufgestellt, die Rollen verteilt. Das Fest kann beginnen! Hat nicht schon von Anfang an alles festgestanden? Sade scheint dies zu glauben; ein Jahrhundert vor Freud schrieb er mit bewundernswerter Intuition: »Bereits im Mutterleib wachsen jene Organe heran, die uns für diese oder jene Phantasie empfänglich machen; die ersten wahrgenommenen Gegenstände, die ersten vernommenen Reden legen unsere Triebfedern schließlich völlig fest; Neigungen entstehen, und nichts auf der Welt wird sie zerstören können.«

KAPITEL 4

»Ein äußerst seltsames Kind«

DIE SCHLOSSHERRIN VON LONGEVILLE

Von Sade-Spezialisten wird häufig bedauert, daß über die Jugendzeit ihres Autors keinerlei Informationen zur Verfügung stünden. »Kein Briefwechsel der Familie aus dieser Zeit ist uns erhalten geblieben«, klagte etwa Gilbert Lely. Es traf sich aber, daß ich in eben jenem Fonds der Familienarchive, der von ihm bereits untersucht worden war, den umfangreichen Briefwechsel zwischen dem Grafen de Sade und einer geheimnisvollen Frau von Longeville entdeckte, der diese Lücke schließt. Diese zur Gänze unveröffentlichten Dokumente bieten erstmals ein Bild von Donatiens Jugend zwischen seinem elften und etwa achtzehnten Lebensjahr.

Jedes Jahr verläßt Donatien Paris nach dem Ende des Schuljahres, das heißt zwischen Ende August und Anfang September, um seine Ferien im Schloß Longeville unweit von Fismes in der Champagne bei einer ehemaligen Mätresse seines Vaters, der Gräfin von Raimond und Witwe des einstigen Gouverneurs von Ingolstadt, zu verbringen. Sie hatte kurz nach ihrer Hochzeit den Grafen de Sade kennen und lieben gelernt. Die Jahre vergingen, der Graf von Raimond starb um 1750, und seine Frau zog sich ins Schloß Longeville zurück.

Der flatterhafte Jean-Baptiste beherrschte die Kunst, von einer Frau zur nächsten zu wechseln, ohne von der ersten gehaßt zu werden; er hatte die Fähigkeit (oder sollte man sagen: das Genie?), aus seinen einstigen Eroberungen verläßliche Freundinnen und treue Vertraute zu machen, die ihn um so eifriger unterstützten, als sie ihm in Erinnerung an ihre einstigen Verirrungen eine Mischung aus Dankbarkeit und Zuneigung entgegenbrachten. Auch Madame de Raimond hegte noch lange nach dem Ende ihrer Liaison eine innige Liebe zu dem Mann, den sie zärtlich »meinen Sade« nannte. Vor allem aber übertrug sie ihre Leidenschaft auf dessen Sohn, den hübschen Donatien, den sie in ihren Briefen immer nur als »meinen Sohn«, »unseren Sohn« oder »unser Kind« bezeichnete.

Abgesehen von einigen Aufenthalten in Paris oder Saint-Germain hält sich Madame de Raimond das ganze Jahr über in Longeville auf, wo sie in Gesellschaft ihrer Mutter, ihrer Tochter, Madame de Preysing, der Frau des Ministers des bayrischen Kurfürsten, und der in der Umgebung ansässigen Adeligen lebt. Auch Crébillon fils verabsäumt es nicht, ihr seine Aufwartung zu machen, wenn er gerade auf Durchreise in der Gegend ist.

Dieser Gesellschaft ist noch ein ganzer Schwarm charmanter Frauen hinzuzufügen: eine Demoiselle de Tournai, »schön, gut gebaut und von sprühendem Witz«; Mademoiselle de Champeaux, »die ein ausgesprochen hübsches Gesicht hat und über ein angenehmes Wesen, Zuvorkommenheit und Scharfsinn verfügt, ohne so umständlich zu sein, wie es provinzielle Geister manchmal sind«; deren Base, »die ebenfalls sehr liebenswürdig ist«, und eine ihrer Freundinnen, Madame de Lagrange, »die wie ein Engel zu singen versteht, so gut Cembalo spielt wie Marchand und wie ein *Gemälde* tanzt«. In der schönen Jahreszeit vergnügen sich die Damen im Freien, besuchen die Bauernhöfe der Umgebung und nehmen an Dorffesten teil. An den langen Winterabenden drängt sich die Gesellschaft um das wärmende Kaminfeuer: man hört Musik, unterhält sich über das zuletzt erschienene Buch von Helvétius oder Jean-Jacques Rousseau, rezitiert die Verse Saint-Lamberts oder spielt Cavagnole (ein Glücksspiel) oder Faro (ein Kartenspiel). Die Damen von Saint-Germain und Vernouillet gehören zu den regelmäßigen Gästen des Hauses. Die eine, von der noch die Rede sein wird, bringt Donatien dieselben mütterlichen Gefühle entgegen wie Madame de Raimond, und die andere ist eine ehemalige Mätresse seines Vaters.

»NON SO PIÙ COSA SON, COSA FACCIO …«

Unser junger Marquis erinnert in der Tat an Cherubino: So wie dieser von der Gräfin Almaviva, wird Donatien von den Frauen verwöhnt, in deren Mitte er lebt; sie bedienen, verhätscheln, umschmeicheln ihn, lächeln über seine Unschuld und spielen mit seinen Gefühlen. Seufzer, Berührungen, geraubte Küsse, zärtliche Blicke, Neckereien, süße Schwüre. Diese Spiele der Liebe wecken, so unschuldig sie auch sein mögen, die Phantasie und erregen die Sinne: »Ich weiß nicht mehr, wer ich bin«, ruft Beaumarchais' Held aus, »aber seit einiger Zeit verpüre ich eine Unruhe in der Brust; mein Herz schlägt beim bloßen Anblick einer Frau höher; die Worte *Liebe* und *Lust* lassen es zucken und schmerzen.

Und der Wunsch, zu jemandem *Ich liebe Sie* zu sagen, ist mir so sehr Bedürfnis geworden, daß ich es allein vor mich hin sage, beim Spaziergang im Park, deiner Mätresse, dir, den Bäumen, den Wolken und dem Wind, der sie mitsamt meinen unnützen Worten fortträgt ... Ein Mädchen! eine Frau! O wie zärtlich sind diese Worte! wie interessant!«

Madame de Vernouillet findet großen Gefallen daran, dem Kind den Kopf zu verdrehen. Da ihr einst vom Herzog Richelieu und danach vom Grafen de Sade der Hof gemacht worden war, bildet sie jetzt den Mittelpunkt der lustigen Gesellschaft von Longeville. Madame de Raimond betet sie an; ohne sie wäre das Leben unerträglich langweilig, schreibt sie dem Grafen: »Die Freuden hören niemals auf, wenn Madame de Vernouillet hier ist. Sie ist von einer ganz einzigartigen Liebenswürdigkeit. Ein Priester, ein Prämonstratenser, der uns die Messe liest, einen Buckel hat und wie Äsop aussieht, ein Bürger, ein Halbadeliger, alles regt sie zu Bildern an, die sie mit den lebhaftesten und heitersten Farben ausschmückt. Ich sah dasselbe wie sie und war davon nur unangenehm berührt. Sie aber zeichnet mir ihre Umgebung mit treffenden Strichen, zieht sie ins Lächerliche und macht sie dadurch erträglicher.«[1]

Donatien verspürt mit dreizehn Jahren erstmals Gefühle für diese reizende Frau, die sich mit einem Hauch von Perversität und zum großen Vergnügen von Madame de Raimond auf das Spiel einläßt:

»Er ist tatsächlich in sie verliebt. Ich habe darüber schon Tränen gelacht. Nichts ist amüsanter, als ihm zuzusehen, wenn er seine zärtlichen Gefühle ausdrücken will, und man möchte meinen, daß *er Dinge empfindet, die ihn überraschen und kopflos werden lassen, die er aber nicht auszudrücken weiß.*[2] Seine Verwirrung war köstlich; er wurde verrückt, dann völlig reglos, und schließlich ein Anfall von Eifersucht mit allen Anzeichen einer zärtlichen und innigen Liebe. Seine ›Mätresse‹ war davon, ehrlich gesagt, bewegt und berührt. Sie sagte: ›Dies ist ein äußerst seltsames Kind.‹ Sie findet, daß er Ihnen ähnelt. Wußten Sie, daß er noch hübscher geworden ist? Ich habe sein Gesicht und seine Hände mit Mandelöl gesäubert, weil ich es gern habe, wenn er nett aussieht, und ich nicht denke, daß ihn das zu sehr verwöhnt.

Ich habe um ihn Höllenängste ausgestanden. Er war zweimal reiten. Monsieur Amblet war über meine Ängste nicht allzu glücklich; er befürchtete, ich könnte ihn damit anstecken. Er kennt aber keine Furcht: er wird genausoviel Mut wie Witz haben. Nehmen Sie sich seiner gut an.«[3]

In diesem Brief kommt etwas zum Ausdruck, das ich für wesentlich halte: der, wie Simone de Beauvoir sagte, »Autismus« Sades, dessen Schlüssel, wie sie mit bemerkenswerter Intuition vermutete, in der Kindheit liegen muß. »Der Fluch, der über Sade schwebt«, schrieb sie, »und der nur aus seiner Kindheit erklärt werden kann, ist dieser *Autismus*, der ihm verbietet, sich selbst zu vergessen und die Gegenwart der anderen wahrzunehmen. Hätte er ein kühleres Temperament gehabt, wären daraus keine Schwierigkeiten entstanden; aber seine Triebe lassen ihn auf fremde Objekte losstürzen, mit denen sich zu vereinigen er nicht fähig ist: Er muß daher besondere Wege erfinden, um sie in Besitz zu nehmen.«[4]

Niemand hat diese Unfähigkeit, sich mitzuteilen, an der Sade trotz seiner natürlichen Neigung zu Gefühlsäußerungen zeitlebens leiden sollte, besser verstanden und präziser formuliert (und das, wie gesagt, ohne Kenntnis der hier erstmals veröffentlichten Texte). Dieses glühende, eruptive Temperament bediente sich stets nur symbolischer Sprachen: Inszenierungen, Flüche, »Signale«, Zahlen, Erotik, Geld …

Ein Sturzbach, der unvermittelt in seinem Lauf gehemmt wird: dies ist es, woran die Gefühlsausbrüche des jungen Donatien, die sofort durch eine gnadenlose Zensur unterdrückt werden, unwillkürlich erinnern. Genau dieser Mechanismus kommt auch am Ferienende in Gang, beim Abschied von seiner lieben *Maman*, als sich die zurückgehaltene Verzweiflung in einen Tränenausbruch auflöst. Lassen wir wieder Madame de Raimond das Wort: »Unser Kind ist leider fortgefahren und ließ uns in Trauer zurück. Es hat Herz, dieses reizende Kind. Ich hörte, daß er Tränen vergoß, nachdem er mich verlassen hatte, und sie vor mir verbarg. Mademoiselle Adelaïde vertraute mir an, daß er zu ihr gesagt habe: ›Ich bin von *Maman* fortgelaufen.‹ Hätte sie mir ein Wort mehr gesagt, wäre ich selbst in Tränen ausgebrochen. Sagen Sie ihm, wie sehr ich ihn liebe und von seiner Herzensgüte bewegt bin. Adelaïde war genauso gerührt wie ich. Er hatte ihr auch gesagt: ›Ich befürchte, daß sie mich in Longeville überhaupt nicht mehr empfangen wollen wird und in Paris vielleicht weniger.‹ Er wird noch viele andere Affären haben. Ich bin mir nicht einmal sicher, ob er seine *Mätresse* ebensosehr lieben wird.«[5]

Einige Tage später kommt Madame de Raimond erneut auf die »Liebesabenteuer« ihres Schützlings zu sprechen: »Wissen Sie, daß er eine wahre Leidenschaft für Madame de Vernouillet empfindet? Alle Wesensmerkmale sind vorhanden: Eifersucht, Unruhe, alle Anzeichen der Liebe. Befürchten Sie nicht, daß er indiskret sein könnte; er hat noch nichts zu sagen; er wird den Wert des Geheimnisses erst kennenlernen, wenn die

Zeit dazu gekommen ist. Er hat seiner teuren Freundin einen sehr amüsanten Brief geschrieben. Mit mir geht er ernsthafter um, wie mit einer echten Mutter. Auch ich liebe ihn, als ob er mein eigenes Kind wäre. Ich hätte gerne, daß er mich wie seine Mutter liebt, denn ich liebe es, wenn man mich liebt.«[6]

Der junge Marquis – er ist soeben dreizehn Jahre alt geworden – weckt zweifellos Mutterinstinkte, da er auch von Madame de Saint-Germain, einem andereren ständigen Gast in Longeville, als leiblicher Sohn behandelt wird, ohne daß diese zweifache Ersatzmutterschaft eine Rivalität zwischen den beiden Frauen verursacht hätte.[7] Sie empfängt Donatien ebenfalls auf ihrem Landsitz und gewinnt ihn so lieb, daß sie sich weigert, ihn seinem Vater zurückzugeben; sie fleht diesen an, ihn noch ein Weilchen bei ihr zu lassen: »Ja, Monsieur«, schreibt diese Zweit-»Mutter« in einem unveröffentlichten Brief an den Grafen de Sade, »ja, es macht mir Freude, Ihren Sohn zu lieben. Die Zeit, die alles abnützt, verstärkt nur meine Gefühle für ihn. Ich will, daß Sie das ganze Ausmaß meiner Schwäche sehen, denn ich befinde mich in einer Lage, in der ich alle Vorsicht außer acht lasse. Ihr Bruder will ihn mir seit vierzehn Tagen entführen; ich bin darüber empört; er sagte mir, daß Sie ihn lauthals zurückfordern. Was, Sie haben die Grausamkeit, mir mein Kind zu entreißen, mir die einzige Freude wegzunehmen, um die ich Sie auf Knien bitte? Lassen Sie ihn mir doch noch ein wenig. Wenn ich die Ehre hätte, mit Madame de Sade bekannt zu sein, würde ich ihr schreiben, um sie darum zu bitten. Tun Sie es an meiner Stelle. Der Hof und die Stadt bieten Ihnen so viele Vergnügungen und Zerstreuungen, daß Sie mir wohl die bürgerliche Freude gönnen könnten, Ihr Kind bei mir zu haben. Ich werde ihn noch in diesem Sommer selbst zu Ihnen zurückbringen; Sie können gewiß sein, daß es nicht zum Schaden seiner Erziehung sein wird; er wird hier genauso wie in Paris Monsieur Amblet bei sich haben, und ich kann ihm in der Muße meiner Einsamkeit mehr Pflege angedeihen lassen, als es Ihre Beschäftigungen in Paris und Versailles zulassen würden, und ich kann ohne Selbstgefälligkeit behaupten, ihn während der Zeit, als er hier war, nicht schlecht unterrichtet zu haben. Ihr Herr Bruder wird Ihnen davon berichten, wenn er Sie treffen wird. Der Aufenthalt des Neffen wird die Reise des Onkels nicht behindern. [...] Ich habe keine Kraft mehr, Ihnen für Ihr Entgegenkommen zu danken; mein Kopf ist so voll von meinem Kind, daß ich kaum an etwas anderes denken kann.

Adieu, Monsieur, ich lebe in tödlicher Angst; ich erwarte Ihre Antwort, als hinge mein Schicksal von ihr ab; antworten Sie mir, wann Sie wollen, aber ich versichere Ihnen, daß ich Ihr Kind nicht von hier fortgehen lasse, bevor sie nicht eintrifft, da ich nicht glauben will, daß Sie die Unmenschlichkeit haben könnten, mir meine Bitte abzuschlagen.«[8]

Madame de Raimond, Madame de Saint-Germain: an diese beiden Frauen, die ihm die Mutter ersetzten, wird sich Donatien noch lange Zeit erinnern. Zu Ehren ersterer verfaßte er die kleine Novelle mit dem Titel *La Châtelaine de Longeville ou la Femme vengée* (Die Schloßherrin von Longeville oder die gerächte Frau)[9]. Die Handlung spielt im Mittelalter, die Heldin ähnelt durchaus nicht seiner geliebten *Maman*, der Ort der Handlung und die Beschreibung der Umgebung stimmen jedoch genau mit der Wirklichkeit überein.

Und was Madame de Saint-Germain betrifft, so wird er ihr zeitlebens eine Art Verehrung entgegenbringen. Noch dreißig Jahre später, als er im Turm von Vincennes eingekerkert ist, wird er seiner Frau folgenden »gräßlichen« Traum erzählen: »Träume sind Lächerlichkeiten. Heute träumte mir, daß Monsieur le duc de La Vallière, den ich nie getroffen oder kennengelernt habe, gestorben ist: Drei Tage später senden Sie mir den Almanach, aus dem ich die Neuigkeit erfahre. Ich habe dasselbe von Madame de Saint-Germain geträumt; sollte sie verstorben sein, so laßt es mich nicht wissen, da ich sie liebe, immer sehr geliebt habe und nie darüber hinwegkommen würde.«[10]

Weit davon entfernt, die Tändeleien seines Sohnes mit den Damen von Longeville zu verurteilen, scheint der Graf de Sade darüber geradezu entzückt zu sein. Der kleine Bengel zeigt doch tatsächlich beste Anlagen für ein ausschweifendes Leben! Um so besser! Er wird ihm zumindest auf diesem Gebiet nichts beibringen müssen! Und um seinen wackeren Sprößling zu ermutigen, mietet er für ihn die unweit des Hôtel de Condé gelegene Garçonnière, in der der Graf von Clermont zuvor seine Mätresse untergebracht hatte. Der junge Marquis kann also bereits im Alter von dreizehn Jahren ungestört seine kleinen Eroberungen empfangen. Ein vielversprechender Anfang!

»Mein Sohn hat den Herbst bei Madame de Raimond verbracht«, schreibt der Graf an einen seiner Freunde. »Er bat sie am Tag ihrer Ankunft, mit ihm zu soupieren. Sie kam vorgestern an und soupierte mit ihm. Ich habe in der Umgebung jenes Häuschen gemietet, in dem die Camargo zu der Zeit wohnte, als Monsieur le comte de Clermont dort wohnte, wo derzeit der Fürst von Grimberghen wohnt.[11] Dort habe ich meinem Sohn eine Wohnung eingerichtet. Er geht dort seinen kleinen Gewohnheiten nach, und die Damen waren entgegenkommend genug, einen Versuch zu wagen. Dieses Kind ist in Madame de Vernouillet verliebt, und sie hat ihre Freude daran und wartet, bis er älter wird.«[12]

Der Graf de Sade tut alles für die Karriere seines Sohnes: nicht nur erlegt er sich finanzielle Opfer auf, sondern nimmt auch an gesellschaftlichen Ereignissen teil, auf die er im Alter von über fünfzig Jahren gerne verzichten würde, etwa Kostümfeste und Bälle, zu denen ihn sein kleines Ungeheuer mitschleppt. Der Vater brummelt zwar vor sich hin, begleitet ihn aber, in der geheimen Hoffnung, daß sein reizendes Kindergesicht einer reichen Erbin auffällt: »Endlich ist das Ende des Karnevals gekommen«, schreibt er an seinen Freund, den Marquis de Surgères. »Mein Sohn fürchtete es, ich habe es herbeigesehnt; die Verpflichtung, auf Bälle zu gehen, die er mir auferlegt hat, empfand ich als etwas anstrengend. Ich habe sogar selbst einen gegeben, um ihm eine Freude zu bereiten. Es waren zwar nur etwa dreißig Personen anwesend, die wir aber sorgfältig nach ihrem Aussehen und ihrer Liebe zum Tanzen ausgewählt hatten; sie tanzten dann auch ausgelassen bis in den frühen Morgen! Es gab im ganzen Karneval keinen so hübschen Ball wie diesen.«[13] Und ein Jahr später klagt er demselben Briefpartner: »Sprechen wir über die Vergnügungen. Ich habe meinen dritten Ball hinter mir; diese Dinge zählen nicht gerade zu meinen liebsten Zerstreuungen, sondern sind eine Gefälligkeit, die ich meinem Sohn erweise.«[14]

CHERUBINO ZIEHT IN DEN KRIEG

Gegen Ende des Schuljahres 1754 nimmt der Graf de Sade seinen Sohn aus der Schule und läßt ihn in die Armee einrücken; er ist soeben vierzehn Jahre alt geworden, verfügt über einige Grundkenntnisse im Lateinischen und überdurchschnittliche Rechtschreibfähigkeiten. Es kam damals nicht selten vor, daß man mit zwölf Jahren in ein Regiment eintrat und mit zwanzig Oberst wurde. Diese jungen Offiziere wurden »Sabberlätzchen-Obersten« genannt. Manche von ihnen waren so jung, daß sie von ihren Erziehern begleitet wurden, die den Unterricht auf dem Schlachtfeld fortsetzen.[15] Dies galt jedoch nicht für Donatien, der nun von seinem lieben Abbé Amblet, für seinen Geschmack zu früh, Abschied nehmen mußte.

Später wird er diese verfrühte, von seinem Vater veranlaßte Rekrutierung, die seine Studien vorzeitig beendete und ihn der Soldateska auslieferte, heftig kritisieren: »Der Krieg brach aus: Man beeilte sich, mich in den Soldatenrock zu stecken, ließ meine Erziehung unvollendet, und ich schloß mich meinem Regiment in einem Alter an, in dem man allenfalls in die Militärakademie eintreten sollte.

Dächte man über den Kardinalfehler unserer modernen Grundsätze nach, würde man erkennen, daß es nicht das Entscheidende ist, sehr junge Offiziere zu haben, sondern gute; dem heutigen Vorurteil entsprechend ist es völlig unmöglich, daß diese so nützliche Klasse von Bürgern je vollkommen sein kann, solange es nur darum geht, in möglichst jungem Alter einzurücken, freilich ohne zu wissen, ob man allen Anforderungen entspricht, und ohne verstanden zu haben, daß es unmöglich ist, über die erforderlichen Tugenden zu verfügen, solange man den jungen Anwärtern die Möglichkeit vorenthält, sich diese im Laufe einer langen und abgeschlossenen Erziehung anzueignen.«[16]

Dank seiner guten Beziehungen erwirkt der Graf de Sade für ihn einen Platz in der *École préparatoire de cavalerie* (einer Schule zur Ausbildung von Kavallerieoffizieren), welche 1741 von Monsieur de Bongars gegründet worden war und seit 1751 dem leichten Kavallerieregiment der königlichen Garde zugeordnet ist; es liegt in Versailles in Garnison, in der Avenue de Sceaux, und ist die adeligste und daher eine der begehrtesten Einheiten der Armee.[17] Im Jahr 1745 besteht es aus neunzehn Offizieren und 200 Garden, die unter dem Befehl des Herzogs von Chaulnes stehen. Um in diese Truppe aufgenommen zu werden, bedarf es eines von Monsieur de Clairambault, dem königlichen Genealogen, ausgestellten Abstammungsnachweises über mindestens vier Generationen. Donatien erhält ihn am 24. Mai 1754. Um den alten Adel seines Hauses nachweisen zu können, mußte er Dokumente aus den Familienarchiven vorweisen, die ihm sein Onkel, der Abbé, das »Gedächtnis« der Familie, zur Verfügung gestellt hat, nicht ohne die Befürchtung, sie nie mehr wiederzusehen: »Ich habe Ihrem Sohn alle Papiere übergeben, um die er mich für seinen Stammbaum gebeten hatte«, schreibt er an den Grafen de Sade. »Da es sich um Originale handelt, gestehe ich, daß es mir sehr schwergefallen ist, sie aus den dicken Büchern herauszulösen, in die sie eingebunden waren, und sie der Gefahr auszusetzen, daß sie verlorengehen. Was hätte ich sonst tun können? Hätte ich ihm seinen Wunsch abschlagen sollen? Monsieur de Baujon bittet um weitere Dokumente, um bis an die Ursprünge zurückgehen zu können. Manche von ihnen können aber nicht vorgelegt werden, da mein Vater in ihnen Korrekturen vorgenommen hat, die ins Auge springen. Das brachte mich in Verlegenheit. Ich habe ihm alles zugesandt, was ich konnte. Ich bitte Sie, darauf zu achten, daß sie mir pünktlich zurückgesandt werden, sobald sie nicht mehr gebraucht werden.«[18]

Nach einer zwanzigmonatigen Ausbildung und dank der Gunst, in der sein Vater noch immer steht, wird Donatien am 14. Dezember 1755 zum Unterleutnant ohne Sold des königlichen Infanterieregiments ernannt; nicht infolge von militärischen Heldentaten, sondern aufgrund des alten Adels, dem er angehört. Er tauscht also seinen schönen roten Rock gegen einen weißen ein, geschmückt mit »neun goldenen Verzierungen und ebenso vielen gelben Knöpfen sowie blauen Ärmelaufschlägen mit drei Verzierungen«. Diesmal wird er ihn aber nicht nur zur Parade tragen!

Überall in Europa ertönt das Geklirr der Waffen. Rußland, Österreich und Frankreich verbünden sich gegen Friedrich II. und England. Truppenaushebungen im großen Stil werden erwartet. Auf ihrem Landsitz in Longeville stirbt Madame de Raimond beinahe vor Sorge um ihren »Sohn«, versucht aber den Grafen de Sade zu beruhigen. »Ich kann nicht an den Krieg denken, ohne um ihn zu bangen und Ihren Schmerz nachzuempfinden«, schreibt sie. »Wir sollten uns nicht über unsere Ungewißheit betrüben; es ist noch die am wenigsten unglückliche Zeit. Hätten wir die Gewißheit, daß es Krieg gibt, dann wäre es angebracht, daß wir uns ängstigen, nicht aber verzweifeln. Ich habe einen Neffen, den ich so liebe wie Sie Ihren Sohn, und ich muß den Schmerz seiner Eltern und meinen eigenen ertragen. Dennoch wird nicht ein jeder getötet, der in den Krieg zieht. Man stirbt überall und kann auch in diesem Beruf, wie in jedem anderen, alt werden, solange die Stunde noch nicht geschlagen hat.«[19]

Im Jahr darauf bricht der Krieg aus, und niemand weiß, daß er sieben Jahre dauern wird. Als Ouvertüre nehmen die Truppen des französischen Königs Port-Mahon ein, die nach Gibraltar am stärksten befestigte Stellung Europas. Der Angriff in der Nacht vom 27. auf den 28. Juni wird vom alten Marschall Richelieu befehligt. Unser Cherubino besteht seine Feuertaufe glänzend.

Er reitet an der Spitze von vier Grenadierkompanien aus Hainaut, dem Soissonnais und Cambis und vollbringt beim besonders riskanten Angriff auf die Feldschanze der Königin ein wahres Husarenstück. In der *Gazette* wird von seiner Heldentat berichtet: »Um zehn Uhr abends, als die Batterien ihr Feuer eingestellt hatten, rückte der Marquis de Monti beim

Signal eines Kanonenschusses und vier von den Signaltürmen abgefeuerter Leuchtbomben aus und griff die Befestigungen von Strughen und d'Argyile an, während der Marquis de Briqueville und der Sieur de Sade den Sturm auf die Feldschanze der Königin eröffneten; es gelang ihnen trotz heftigen und verheerenden Feuers, sie zu erstürmen und zu erklettern und dort Fuß zu fassen, nachdem die Belagerten vier Sprengkammern gezündet hatten.«[20] Die zweitägige Schlacht kostete insgesamt vierhundertundvierundzwanzig Franzosen das Leben: vierundzwanzig Offizieren und vierhundert Soldaten.

Sade wird in den autobiographischen Passagen von *Aline und Valcour* auf diese Heldentat zurückkommen und sie weniger seinen kriegerischen Fähigkeiten als seiner angeborenen Angriffslust zuschreiben, die sich in der Schlacht entfalten konnte. »Wir zogen ins Feld«, so heißt es dort, »und ich kann sagen, daß ich mich bewährt habe. Das Ungestüm meines Charakters, diese Feuerseele, mit der die Natur mich bedacht hat, verlieh jener unbarmherzigen Tugend, die man Mut nennt und wohl zu Unrecht für die einzige hält, die unserem Stand wohl ansteht, ein noch höheres Maß an Kraft und Wildheit.«[21]

DIE ÄNGSTE EINES VATERS

Die Ängste, die der Graf de Sade währenddessen aussteht, sind nicht die, die man gewöhnlich für einen Sohn empfindet, der an vorderster Front steht. Was er vor allem befürchtet, sind nicht die Musketenschüsse, sondern schlechter Umgang, das Spiel, die Mädchen, ja schlimmer noch: gewisse Gewohnheiten einer Gesellschaft junger Männer, die in enger Kameradschaft zusammenleben. Ganz offensichtlich erinnert sich der Graf nicht mehr an die Verirrungen seiner eigenen Jugend. Dennoch behütet dieser Vater, der oft als strenger alter Mann beschrieben wird, seinen Sprößling mit der Fürsorglichkeit einer Glucke. Der Vergleich trifft hier völlig zu, da er bei Donatien ja sowohl die Vater- als auch die Mutterrolle übernimmt.

Er zittert, der gute Mann, vor den Gefahren, die seinem Sohn drohen, vor allem vor dem Spiel, das damals unter jungen Leuten sehr in Mode war und schon viele Familien ruiniert hatte. Er teilt seine Sorgen ohne Umschweife seiner alten Freundin Madame de Raimond mit und bittet sie um Rat: Was kann man tun, um ihn von diesen schlechten Einflüssen fernzuhalten?

»Sollte unser Kind nicht alle Tugenden erwerben, die Sie ihm eingeben wollen«, antwortet ihm die Schloßherrin von Longeville, »dann wird das nicht Ihre Schuld sein und vielleicht auch nicht gänzlich die seine. Bedenken Sie die Neigungen seines Alters und das Beispiel seiner Kameraden! Wie viele Schlachten sind noch zu schlagen! Ich glaube, Sie tun gut daran, ihn nicht alleinzulassen; so werden Sie seine Niederlage zumindest hinauszögern. Sicher ist, daß Ihre Lehren mit zunehmendem Alter den Sieg erringen werden, aber weise wird man nur auf seine eigenen Kosten, sofern man es nicht schon von Geburt an ist. Ich glaube nur an die Tugenden des Temperaments. Die Erziehung mildert die Leidenschaften, schwächt sie ab oder verschleiert sie, bringt sie aber nicht zum Erlöschen. Alles braucht seine Zeit, die, ach, oft schneller vergeht, als man will.

Bleiben Sie standhaft, was die Spielleidenschaft betrifft. Er soll Geld haben, um nicht wünschen zu müssen, er hätte es. Er soll lernen, das zu verteidigen, was er im Spiel einsetzt, und soll es, wenn möglich, nur zur Zerstreuung tun, um in Gesellschaft zu sein und nicht, um ein Vermögen zu machen. Ich gestehe Ihnen, daß ich stets um die jungen Leute bange, die sich dieser Leidenschaft hingeben.

Und was die Liebe betrifft, so ist sie nicht gefährlich, sofern sie aufrichtig ist. Die Mädchen sind teuer und der Gesundheit abträglich, diese unglückliche Fügung ist aber eine wirkungsvollere Zurechtweisung als alle Schwüre. Zu den anderen Verirrungen habe ich nichts zu sagen. Ich denke nicht, daß die Natur sie uns lehrt, und will nicht glauben, daß die Verderbtheit so verbreitet ist, wie man sagt. Es bedarf bei denjenigen, die dieses Laster haben und sich ihm schamlos hingeben, außerordentlicher Verdienste, um den Abscheu und die Verachtung wettzumachen, die ihnen gemeinhin entgegengebracht werden. Zwei oder drei, die ich kannte, ausgenommen, sind sie jedermann ein Greuel. Mir scheint, daß unser Kind nicht zu derartigen Schändlichkeiten neigt. Er hatte eine Leidenschaft. Ich glaube, daß ihm jede hübsche Person, die ihm begegnete, den Kopf verdrehte. Was befürchten Sie also? Vielleicht wird er sich eine Krankheit holen. Auch gut, er wird sie auskurieren lassen! Empfehlen Sie ihm nur, sie nicht zu verschleppen. Nur wenn Sie zu hart zu ihm sind, bestünde die Gefahr, daß er sich von den Frauen abwendet. Es heißt aber, daß man mit den anderen keineswegs sicherer sein kann.«[22]

Nachdem Donatien sein sechzehntes Lebensjahr erreicht hat, ist sein Vater bestrebt, ihm einen Platz bei den Karabiniers zu verschaffen, einer der ruhmreichsten Einheiten der Armee. In diese Elitetruppe werden nur Männer aufgenommen, die groß und von kräftiger Statur sind: die Verordnung vom 20. März 1751 schreibt vor, daß sie mindestens fünf Fuß und vier Zoll (etwa 1,73 m) groß sein müssen. Donatien mißt aber gerade fünf Fuß und zwei Zoll (etwa 1,68 m). Es fehlen ihm also zwei Zoll (etwa 5 cm). Daran soll es nicht scheitern, sein Vater wird eben seine Beziehungen spielen lassen. Es trifft sich gut, daß er soeben erfahren hat, daß sein alter Freund, der Brigadegeneral Marquis de Poyanne, zum Oberkommandanten der Karabiniers ernannt worden ist. Er gehört, wie es heißt, der Partei von Madame de Pompadour an, die noch für einige kleine Gefälligkeiten, die der Graf einst ihrem Vater, Monsieur Poisson, geleistet hat, in seiner Schuld steht. Die Favoritin kann ihm den Wunsch nicht abschlagen, zu seinen Gunsten zu intervenieren. Monsieur de Poyanne steht zwar im Ruf eines »mittelmäßigen Mannes mit der Unverschämtheit eines Lakaien« (d'Argenson), kann aber dienlich sein. Der Graf empfiehlt ihm im September 1756 seinen Sohn und erhält am 4. Oktober folgende Antwort:

»[...] Sie wären sehr ungerecht, würden Sie an der Freundschaft zweifeln, die ich Ihnen und den Ihrigen entgegenbringe. Wie Sie empfinde ich den Beruf des Erziehers als sehr hart. Ich biete Ihnen für Ihren Herrn Sohn ein Fähnlein Karabiniers an. Es ist eine hervorragende Truppe, in der gedient zu haben nur von Vorteil ist. Darüber hinaus würde ich ihn gerne als meinen Adjutanten nehmen, obwohl ich mich bereits auf ihre derzeitige Anzahl festgelegt habe. Es wird aber nie eine Regel für das geben, worum Sie mich bitten. Mehr kann ich Ihnen nicht anbieten, Sie können aber voll und ganz auf meine Verbundenheit Ihnen gegenüber zählen.

Sollten Sie sich für einen dieser Vorschläge entscheiden, so verlieren Sie keine Zeit und bringen Sie Ihren Herrn Sohn nach Paris.«[23]

Am 14. Januar 1757 erhält Donatien seine offizielle Bestellung zum Kornett in dem Regiment der Karabiniers (Brigade Saint-André), das unter dem Befehl des Marquis de Poyanne steht. Als Kornett wurde damals der Offizier bezeichnet, dessen Aufgabe es war, die Reiterfahne einer Kavalleriekompanie zu tragen. Der Dienstgrad war lange Zeit abgeschafft gewesen und erst kurz zuvor, Anfang Januar, von Ludwig XV. wiedereingeführt worden. Donatien wird also einer der ersten sein, der ihn bekleidet. Er trägt nun die blaue Uniform, »nach französischer Manier, Verzierungen, Aufschläge, Kragen und Futter in Rot«. Sein Pferd bekommt eine ebenfalls blaue Satteldecke, »nach Burgunder Manier mit Tressen aus weißem Garn gesäumt«.

Der Graf de Sade ist aber immer noch in höchster Sorge um seinen Sohn. Um ihn stets beaufsichtigen zu können, folgt er ihm von Garnison zu Garnison, ganz wie eine Anstandsdame. Er stattet seinen Vorgesetzten Besuche ab und bittet sie inständig, auf die Moral ihrer Truppe zu achten. Im April 1757 begleitet er Donatien nach Abbeville, von wo er Madame de Raimond folgenden Bericht schickt:

»Sie würden lachen, teure Gräfin, wenn Sie mich in Abbeville sehen könnten: Ich setze meine ganze Koketterie und meine ganze Geschicklichkeit ein, um das Wohlwollen aller Regimenter des Königs zu erringen. Aus ergrauten Offizieren will ich Mentoren der Jugend machen. Meine Höflichkeitsbezeugungen scheinen ihnen sagen zu wollen: ›Meine Herren! Verführt nicht dieses Kind! Was hätten Sie davon, wenn aus ihm ein Wüstling würde? Sind Sie es nicht schon genug? Achten Sie seine Unschuld!‹ Ich spüre genau, daß all dies nutzlos sein wird. Die Alten werden ihn seine Dummheiten machen lassen, und die Jungen werden ihn dazu verführen. Wie dem auch sei, ich versuche, Zeit zu gewinnen und sie hinauszuzögern. Um ihn zu retten.«[24]

Kein Vater hat sich je mit größerer Fürsorglichkeit der Tugend seines Sohnes angenommen! Freilich kommt es auch vor, daß der Graf durch seine Verpflichtungen davon abgehalten wird, seinem Sohn auf den Fersen zu bleiben. In diesem Fall nimmt ihn der Marquis de Poyanne in seine Obhut. Dieser kommt seiner Aufgabe voller Eifer nach und schreibt dem Grafen nach der ersten Eskapade Donatiens einen Bericht:

»Ihr Sohn hat in Straßburg einige kleinere Dummheiten begangen, deren größte es war, sein Geld viel zu rasch auszugeben. Ich habe ihn ein wenig gescholten, vor allem deshalb, weil er sich weder an den Intendanten noch an die älteren Offiziere der Einheit gewandt hat. Er hat meine Vorhaltungen mit soviel Sanftmut aufgenommen, daß er mich völlig entwaffnet hat. Monsieur de Saint-André, der Kommandant der Brigade, mit der er von Straßburg nach Metz gekommen ist, ist von ihm entzückt. Ich habe Monsieur de Liverne die vierundzwanzig Livres gegeben, die Sie mir für ihn geschickt haben. Er wird Ihrem Sohn die Herberge bezahlen, das Essen seines Dieners und ihm einen Louis pro Monat geben, sofern Sie nichts anderes befehlen. Ich habe seine Bestellung zum Kornett angenommen und ihn in meiner Gegenwart seine Kompanie befehligen lassen, was er gut gemacht hat. Er wird mit seiner Einheit zur übrigen Armee stoßen, da dies weniger kosten wird, und bei mir wohnen, sobald ich dort sein werde.«[25]

»ICH MACHE MICH AUF DIE SUCHE NACH FREIHEIT ...«

1758 tritt Donatien in sein achtzehntes Lebensjahr ein. Sein Vater lockert die Beaufsichtigung seines Sohnes ein wenig, da auch Poyanne mit ihm zufrieden zu sein scheint. Jedermann ist voll des Lobes über seine »außerordentliche Sanftmut«, wie der Brigadegeneral geschrieben hatte. Diese Äußerung mag überraschen, handelt es sich doch um denselben Sade, der einige Jahre später als Inbegriff des absolut Bösen gelten wird; sie deckt sich jedoch mit der bereits von Madame de Raimond festgestellten und geschätzten Sensibilität Donatiens.

»Ich habe Ihnen über Ihren Sohn nur Gutes zu vermelden. Er ist noch liebenswerter als letztes Jahr; er ist von einer außerordentlichen Sanftmut, die ihm jedermanns Zuneigung einbringen wird. Da er nicht das Geringste zu tun hat, werde ich ihn einen Auszug aus Monsieur de Feuquières machen lassen, das beste Buch über den Krieg, das ich kenne.[26] Sie sollten nicht fahren, bevor der Marschall Ihnen nicht endgültig zugesagt hat, daß ihm eine Kavalleriekompanie anvertraut wird. [...] Ich habe seinem Diener durch Major Dorléans 400 Livres überbringen lassen. Zusammen mit dem, was Sie ihm geben, wird er bestimmt sehr gut versorgt sein.«[27]

Nachdem der Graf de Sade also über die Zukunft seines Sohnes, dem das Kommando über ein Kavallerieregiment in Aussicht gestellt wird, unbesorgt sein kann, verspürt er das Bedürfnis, sich auf seine Ländereien in der Provence zurückzuziehen. In seinen Ambitionen gescheitert, ruiniert und desillusioniert, wird ihm plötzlich bewußt, daß seine Gegenwart nicht mehr erforderlich ist. Selbst die Vergnügungen bei Hof haben für ihn jeden Reiz verloren; überall sieht er nur mehr Verstellung, Lüge, Verrat. Und damit noch nicht genug; vor kurzer Zeit ist die Frau gestorben, die ihm am meisten bedeutete und mit der er seit einigen Jahren zusammengelebt hat: am Freitag, den 7. April 1758 um fünf Uhr morgens stirbt Mademoiselle de Charolais nach dreimonatiger Krankheit in Paris. Der sechsundfünfzigjährige Jean-Baptiste ist nun allein, ohne Wohnung, ohne

Ziel, ohne Hoffnung. Seine Frau lebt zurückgezogen im Karmeliterkloster der Rue d'Enfer, und sein Sohn braucht ihn nicht mehr. Er beschließt, nach Avignon zu fahren, wo er ohnehin seine Angelegenheiten ordnen muß, wenn er Donatien standesgemäß verheiraten will. Dieser Gedanke beschäftigt ihn seit einiger Zeit. Er wird einen kleinen Umweg über die Auvergne machen, um dort eine Trinkkur zu machen und seinen Bruder in der Abtei von Ébreuil zu besuchen. Vor seiner Abreise sagt er Madame de Raimond Lebewohl:

»27. April 1758

Nun denn, teure Gräfin, ich reise ab, ich verlasse Paris. Ich sage nicht, für immer; es wäre angesichts der natürlichen Unbeständigkeit des Menschen unvorsichtig, eine derart gewaltige Entscheidung anzukündigen. Im übrigen habe ich einen Sohn, der mich jeden Tag zurückrufen kann. Jetzt, in diesem Augenblick, glaube ich aber, daß mich die Vergnügungen nicht mehr dorthin locken werden. Ich habe alles verloren, was mich dort hielt. [...] In Paris darf man nicht alt sein. Wenn man ein Leben führt, das seinem Alter entspricht, führt man ein trübsinniges, fast trostloses Leben; und will man sich jugendlich geben, ohne es zu sein, ist man geschmacklos und macht sich lächerlich. [...] Ich war bei der Königin; sie sagte: ›Monsieur de Sade, es ist lange her, daß ich Sie zuletzt gesehen habe!‹ Ich wollte ihr erwidern: ›Ach! Sie werden mich nicht wiedersehen!‹ Ich war gerührt, sagte aber kein Wort. Welch ein Unterschied, teure Gräfin, den Hof als jemand zu erleben, der ihn verläßt, oder als jemand, der an ihm festhält! Welch ein Wahn, dort sein Glück versuchen zu wollen! Dort herrscht nichts als die Sklaverei. Ich mache mich auf die Suche nach Freiheit, Unabhängigkeit und Ruhe, werde eine Mutter pflegen, die ich liebe, und alles vergessen, was ich erlebt habe, und mich nur an Sie erinnern.«[28]

Madame de Raimond wird in ihrer Antwort vergeblich versuchen, ihn von seinem Vorhaben abzubringen, und ihn einladen, zusammen mit ihr in Longeville zu leben. Ich widerstehe nicht dem Vergnügen, aus dem Brief dieser äußerst liebenswerten Frau zu zitieren; ihr Schreiben zeigt, wieviel Verständnis, Intelligenz und Einfühlungsvermögen sie denen entgegenbrachte, die sie liebte:

»Überlegen Sie es sich gut, mein lieber Sade, bevor Sie eine derart harte Entscheidung treffen. Wenn man sich dem Schmerz überläßt, hindert er uns daran, in der Zukunft zu lesen. Die ersten Gefühlsbewegungen sind heftig, und je mehr sie es sind, desto weniger dauern sie an, denn die Seele ist nicht dazu geschaffen, Trauer über lange Zeit zu ertragen. Ich weiß, was Sie verloren haben: eine wahre und zuverlässige Freundin, an die Sie auch zarte Gefühle banden. Man bildet sich ein, untröstlich zu sein, die Erfahrung zeigt aber alle Tage, daß man sich sehr wohl zu trösten vermag, und ich möchte, daß Sie dazu Ihre ganze Vernunft einsetzen. [...]

Ihr Herr Sohn ist, was immer Sie auch davon halten mögen, noch nicht im Alter, alleingelassen zu werden. Sie waren erfolgreich, hatten aber all das, was er erst zu werden verspricht: alle Talente, alle Gaben, Sie hatten sie. Obwohl ich sehr von ihm eingenommen bin, sehe ich ihn noch nicht so, wie ich Sie sehe. Man kann aber sehr liebenswert sein, ohne ganz so weit zu kommen. [...]

Ihr sagt mir äußerst liebenswürdige Dinge, mein lieber Sade, sie scheinen mir aber nicht sehr glaubhaft zu sein. [...] Wenn Sie nach Avignon gehen, wird man dann nicht glauben, Ihre Angelegenheiten seien zerrüttet? Könnte dies nicht auch dem Glück Ihres Sohnes schaden? Sie kennen ja die Bosheit der Menschen. Und schließlich, es schmerzt, dies vorherzusehen, Ihre Mutter ist dreiundachtzig Jahre alt. Steht nicht zu befürchten, daß Sie sie sterben sehen werden? Das hieße eine Krankheit durch eine schlimmere kurieren. Denken Sie daran, mein lieber Sade. Suchen Sie sich eine Unterkunft und warten Sie ein Weilchen ab. [...] Sie wären nicht hundert Meilen von Ihren Angelegenheiten und von mir entfernt, die es gerne hätte, für Sie von einiger Bedeutung zu sein. In Wahrheit aber erachte ich meinen Wert für gering und schreibe mir keinerlei Bedeutung zu, obwohl ich Sie innig liebe.«[29]

Der Graf de Sade hat nach der Rückkehr auf seine Ländereien die Ratschläge seiner lieben Freundin nicht vergessen. Zwar ist seine von Madame de Longueville so glühend ersehnte Heimkehr zu Gott noch nicht vollzogen, doch er folgt nichtsdestoweniger ihrem Rat und verfaßt für seinen Sohn philosophische und moralische Abhandlungen, in denen bereits erste Anzeichen der künftigen religiösen Inbrunst des konvertierten Libertins zu erkennen sind. Einstweilen läßt er noch seine Fantasie wandern, gibt sich in Ermangelung anderer Genüsse aufrührerischen, von jeder moralischen Überlegung unabhängigen und nur der Lust dienenden Gedanken hin. In der großen Entfernung von der Hauptstadt mischt sich mitunter Wehmut in seine ausschweifenden Träume, aber keine Reue, im Gegenteil. Er bekennt sich zu ihnen mit einer Art Heiterkeit, die durch die Frustration noch gesteigert wird. Das Loblied der Treulosigkeit, das er in einem seiner Briefe an Madame de Raimond singt, ist ein großartiges Zeugnis jenes fiebrigen Frohlockens, das man dem Marquis zuschreiben möchte, so sehr kündigt sich in ihm bereits die amoralische Pädagogik seines Sohnes an. Dabei fällt übrigens auf, daß er ihn energisch dazu auffordert, ihm auf dem Weg der Untreue zu folgen:

»Hätte Gott doch gewollt, daß ich immer nur Sie geliebt hätte! Wie aber, meine Königin, soll man nicht untreu sein? Nur Dummköpfe sind beständig. Man darf nie aufhören, das zu lieben, was man aufrichtig geliebt hat, soll sich aber dem hingeben, was sich anbietet: Dadurch wird man der Liebe würdiger. Monsieur de Richelieu wäre ein durchschnittlicher Mann, wenn er nur eine Frau gehabt hätte. Wenn man hinter ihm her ist, glauben Sie, daß man wirklich hinter ihm, hinter diesem schrumpligen Apfel her ist? Nein, sondern hinter dem Liebhaber zahlloser Frauen! Man hofft, schöner zu werden, wenn man sich in die Liste derer einträgt, die er schon gehabt hat. Man arbeitet nicht an seinem Vergnügen, sondern an seinem Ruf. Wenn eine Frau Beständigkeit predigt, dann nicht, weil sie stets denselben Liebhaber haben möchte, sondern weil sie ihn verlassen und nicht von ihm verlassen werden will. Ich habe manchmal beständige Liebhaber kennengelernt: Sie sind von einer geradezu beängstigenden Traurigkeit und Trübsinnigkeit. Sollte mein Sohn beständig sein, wäre ich entsetzt. Das wäre ebenso schlimm, wie wenn er der Académie beiträte. [...] Für die Provinz habe ich gute Gesellschaft, aber es ist eben die Provinz, und wenn ich mich noch an Paris erinnern könnte, würde ich einen anderen Ton finden. Ich fühle mich hier nur als Dummkopf wohl. Wollte ich Geist zeigen, würde man sich über mich lustig machen und mich nicht verstehen. Sobald ich aber vom Haus spreche, vom Tierfutter oder von Reparaturen, dann hört man mir zu, bewundert mich und meine außerordentliche Begabung, alles so rasch zu erlernen. Mir scheint, daß man in der Provinz kein Libertin sein kann. Die Mädchen sind hübsch, aber so griesgrämig, daß man sich zuerst mit ihnen langweilen muß. Selbst für die natürlichsten Handlungen bedarf es größter Geschicklichkeit. Man kann aber auch nicht fromm sein; was man mir von Gott erzählt, ist nichts Gutes, und man gibt mir eine so unzureichende Vorstellung von Ihm, daß ich Seiner überdrüssig werde. Trotz alledem fühle ich mich sehr wohl, ich vegetiere vor mich hin, ich habe Ruhe, werde, glaube ich, geliebt, tue meinen Bauern Gutes, was mich davon überzeugt, daß ich herrsche.[30] Diese Illusion schmeichelt mir. Nur von ihr leben wir. Wenn ich nicht die Illusion hätte zu glauben, daß Sie mich lieben, glauben Sie, daß ich auf diese Weise glücklich sein könnte?

Adieu, teure Gräfin.«[31]

EIN JUNGER HELD

Währenddessen ist der Siebenjährige Krieg in vollem Gange, und Donatien erfüllt seine Pflicht mit einem Eifer, der ihm die Hochachtung seiner Vorgesetzten einbringt. Am 23. Juni 1758 nimmt er mit seinem Regiment am Gefecht von Krefeld teil, unweit des linken Rheinufers, etwa zwanzig Kilometer von Düsseldorf entfernt. Die französische Armee steht unter dem Oberbefehl des Grafen von Clermont, des Bruders des verstorbenen Monsieur le Duc, der genauso überfordert wie erlaucht ist und über Hinterzimmer und Winkelzüge weit besser Bescheid weiß als über Schlachtfelder. Aus Unfähigkeit und Gleichgültigkeit läßt er Brunswick einen Überraschungsangriff auf die Vorhut der feindlichen Armee unternehmen. Rochambeau und Saint-Germain halten dem Zustammenstoß stand, verteidigen jeden Fußbreit an Boden und schicken um Verstärkung, die noch zeitgerecht eintreffen könnte. Clermont glaubt aber an ein Täuschungsmanöver und wartet weiter ab. Von den überlegenen Kräften in die Enge getrieben, geben die beiden Generale Terrain preis, und Clermont muß bald darauf zum Rückzug blasen lassen. Während die französischen Truppen bis nach Köln zurückweichen – sie hinterlassen 7000 Tote auf dem Schlachtfeld –, fallen die Städte Neuss und Roermonde in die Hand der Hannoveraner und Preußen. Damit hatten sich die allerletzten Reste des Ansehens, die das Haus Condé nach den Schandtaten von Monsieur le Duc und den Verbrechen des Grafen von Charolais noch genossen hatte, auf dem Krefelder Schlachtfeld in nichts aufgelöst. Kurz danach schrieb Madame de Raimond an den Grafen de Sade:

»Ich war in äußerster Sorge, mein lieber Sade, um unser Kind und meinen Neffen. Erst vor einigen Tagen erfuhr ich Neuigkeiten über Ihren Herrn Sohn, da er in der *Gazette* mit keinem Wort erwähnt wird. Das war aber wohl das ›Zeichen für einen guten Stall‹, um in der Sprache der Ortsansässigen zu sprechen. [...] Die Karabiniers sind nicht verschont worden. Ich empfand Ihren Schmerz, den meinen, den meines Bruders und meiner Schwägerin, die ich mir ähnlich vorstellte wie den, den ich selbst empfand, als ich nichts in Erfahrung bringen konnte. Unter diesen Umständen wollte ich Ihnen nicht schreiben, da ich nicht wußte, was ich sagen sollte. […] Wollen Sie Ihren Sohn bei den Karabiniers lassen? Sie scheinen eine sehr vornehme Einheit zu sein, und Regimenter werden jetzt nicht mehr so leicht zu haben sein. Monsieur de Poyanne ist Ihr Freund: Ihr Herr Sohn kann in keine bessere Schule gehen.«[32]

DAS VERSCHWUNDENE REGIMENT

Hat er es der Schlacht von Krefeld oder der Empfehlung Poyannes zu verdanken? Man weiß es nicht. Sicher ist nur, daß Donatien vier Monate später, im Oktober 1758, zum Rittmeister in einer Kavalleriekompanie ernannt wird. Da es keine freie Kompanie gibt, bleibt diese Ernennung freilich wirkungslos. Sie bringt seinem Vater jedoch immerhin einen Brief des Grafen von Sonning ein, der ihn zu seinem erfolgreichen Sohn beglückwünscht.

Der Graf de Sade interveniert mehrmals bei Marschall Belle-Isle, dem Staatssekretär für Kriegsangelegenheiten, um seinem Sohn die erste freiwerdende Kompanie zu sichern. Als der Marquis de Tocqueville zum Regiment Lusignan geht, bietet sich endlich diese Möglichkeit. Der Graf de Sade erwirbt die freigewordene Kompagnie um den Preis von 13 000 Livres, und am 21. April 1759 unterzeichnet Ludwig XV. die Bestellung von Donatien de Sade zum Rittmeister mit eigener Kompanie im Regiment Bourgogne-Cavalerie. Unser junger Offizier kann nun endlich in seiner neuen, prächtigen Uniform »in polnischer Manier aus blauem Tuch, Futter, Aufschlag und Kragen scharlachrot, gesäumt von einer kleinen Tresse aus weißem Garn« paradieren.

Die glückliche Nachricht erreicht ihn im Fürstentum Kleve, wo sein Standquartier ist. Tags darauf – es ist Sonntag, der 22. April – veranstaltet er, um seine Beförderung angemessen zu feiern, ein Feuerwerk, hat dabei aber Pech: Eine der Raketen landet auf dem Haus eines Privatmannes, verursacht aber glücklicherweise keinen Schaden. Dennoch bittet Donatien die »Herren von der Regierung in Kleve« um Verzeihung und erwähnt dabei seinen persönlichen Erfolg mit keinem Wort, sondern den des Marschalls de Broglie, der soeben im Dorf Berghen, zwischen Frankfurt und Hanau, die hessischen, hannoveranischen, englischen und preußischen Truppen – insgesamt etwa 40 000 Mann, die unter dem Befehl des Fürsten Brunswick standen – geschlagen hat.

»Messieurs,

In Anbetracht der soeben eingetroffenen, erfreulichen Nachricht, der zufolge Monseigneur le duc de Broglie Ihre hannoveranischen und hessischen Truppen vernichtend geschlagen hat, ließ ich gestern, Sonntag, den 22. diesen Monats, als guter Patriot, dem der Erfolg seiner Nation am Herzen liegt, ein Feuerwerk zur Feier dieser erfreulichen Nachricht abbrennen, von dem eine Rakete bedauerlicherweise auf das Haus des Sieur Streil gefallen ist. Sie hat dort, Messieurs, keinerlei Schaden angerichtet; die Bestätigung des Hausbesitzers lege ich bei. Sollten die Umstände, Messieurs, erfordern, daß ich längere Zeit hier bleibe, und da ich annehme, daß sich die Gelegenheiten für Freudenfeste häufen könnten, werde ich, Messieurs, für meine Feuerwerke einen Ort wählen, der von der Stadt weiter entfernt liegt und völlig gefahrlos ist.

Bis dahin verbleibe ich, Messieurs, mit den Gefühlen der Achtung, die Sie verdienen, der Ihrer ehrwürdigen Versammlung sehr ergebene Diener.«[33]

Frech, ironisch, unverschämt: so stellt er sich uns in diesem Brief dar, dem ersten, der uns erhalten geblieben ist.

Dieser Aufenthalt in Kleve wird bei ihm eine andere Erinnerung hinterlassen, auf die er zwanzig Jahre später zurückkommen wird: »In Deutschland, wo ich als noch Unverheirateter sechs Feldzüge mitgemacht habe, versicherte man mir, daß man, um eine Sprache gründlich zu erlernen, regelmäßig und gewohnheitsmäßig mit einer einheimischen Frau schlafen sollte. Von dieser Maxime überzeugt, hatte ich mir in einem meiner Winterquartiere bei Kleve eine dicke, gutmütige Baronin zugelegt, die drei- oder viermal so alt war wie ich und mich ordentlich ausbildete. Nach sechs Monaten sprach ich Deutsch wie Cicero.«[34]

KAPITEL 5

Eine gute Partie

LEHRJAHRE DER LIBERTINAGE

Für einen jungen Offizier ist das Garnisonsleben die Erfüllung aller Träume. Erst recht, wenn er ein schmucker Kerl und von hohem Adel ist, ein rassiges Pferd reitet und eine gute Figur macht. Über all das verfügt Donatien, dazu über blaue Augen, ein sinnliches Lächeln, das die Damen betört, Geld zum Jeu und ein hitziges Gemüt. Er verkehrt in den Salons, reitet Paraden, glänzt auf Bällen und Festen, spielt Laientheater, verfaßt Gedichte, häuft Schulden an, legt sich Mätressen zu, begeht Tollheiten – kurz, er erweist sich als seines Vaters würdig. Im Alter gesteht er ein: »Schwerlich gibt es eine schlimmere Schule als das Garnisonsleben, und nirgendwo wird ein junger Mann schneller verdorben.«

Unter Donatiens Regimentskameraden ist ein gewisser Castéja (oft fälschlicherweise Castéra geschrieben), Sohn des Gouverneurs von Toul und Saint Dizier und ein eher besonnener Bursche, mit dem er trotzdem Freundschaft schließt. Im Frühsommer 1759 schreibt Castéja dem Grafen de Sade: »Ihr lieber Sohn macht sich prächtig. Er ist liebenswürdig, unbeschwert und unterhaltsam ... Durch den Ortswechsel hat er an Gewicht und Farbe wieder zugelegt, was er durch die Lustbarkeiten von Paris verloren hatte. Wir achten wohl auf ihn. Sein junges Herz oder vielmehr sein Leib ist leicht entflammbar. Hütet Euch, ihr deutschen Mädchen! Ich will alles tun, um ihn vor Dummheiten zu bewahren. Er hat mir sein Wort gegeben, nicht mehr als einen Louisdor täglich an die Kameraden zu verspielen.«

Wutentbrannt notiert der Graf auf der Abschrift für seinen Bruder, den Abbé: »Als ob dieser Lump einen Louis pro Tag verspielen könnte! Mir hat er versprochen, keinen einzigen Taler zu setzen; aber seine Versprechungen sind nichts wert. Dieser Castéja ist erst zwanzig und hat noch nie eine Dummheit begangen. Es verblüfft ihn unsäglich, daß jemand ein solcher Libertin sein kann.«[1]

Dem Brief legt er eine »Beichte« Donatiens an den Abbé Amblet bei, die so abgefaßt ist, daß dieser sie seinem Vater zeigen würde. Bestimmt wollte er mit diesem naiven Trick Nachsicht für seine Tollheiten erwirken. Er gibt sich ganz als reuiger Sohn: »Weil ich in Paris so viel angestellt habe, mein lieber Abbé, und meinem herzlieben Vater solchen Kummer bereitet, reut es ihn, daß er mich dorthin entsandt hat. Doch bin ich genugsam gestraft mit Gewissensbissen, ihm soviel Ärger gemacht zu haben, und mit der Angst, seine Freundschaft ganz zu verlieren! Von diesen Vergnügungen, die mir über alles gingen, ist mir nur noch der bittere Schmerz geblieben, den allerliebsten Vater und allerbesten Freund so verärgert zu haben. Des Morgens stand ich nur auf, um meiner Lust zu frönen: Darüber habe ich alles vergessen, ich hielt mich für glücklich, sobald ich sie gefunden hatte. Abends dann verzweifelte ich; ich erkannte, wie unrecht ich tat, doch immer nur abends, und am nächsten Morgen kam das Verlangen wieder über mich, und ich stürzte mich erneut in den Trubel. Alles Grübeln vom Abend zuvor war vergessen. Jemand schlug etwas vor, ich ging darauf ein, ich glaubte mich trefflich zu amüsieren und erkannte doch, daß ich nur dummes Zeug trieb und keinerlei wahre Zerstreuung gefunden hatte. Je mehr ich nun darüber nachdenke, desto seltsamer dünkt mich mein Verhalten. Ich erkenne, daß mein Vater absolut recht hatte mit seiner Bemerkung, zu drei Vierteln triebe ich nur Allotria. Oh, hätte ich doch getan, was mir wirklich Freude machte, wie viele Leiden hätte ich mir erspart und wieviel weniger meinen Vater erzürnt! Wie konnte ich mir bloß einbilden, die Mädchen, mit denen ich Umgang hatte, könnten mir wahre Lust verschaffen? Ach! Kann man käufliches Glück je genießen, und kann Liebe ohne Sitte und Anstand je innig sein? Es ist ein schwerer Schlag für meine Eigenliebe, wenn ich jetzt erkenne, nur geliebt worden zu sein, weil ich nicht so knausrig war wie andere. Eben erhalte ich einen Brief meines Vaters, in welchem er mir eine Generalbeichte abverlangt. Ich werde sie ablegen, und ich versichere Ihnen, sie wird rückhaltlos sein. Einen so lieben Vater, der mir immer noch verzeihen will, wenn ich ihm meine Fehler gestehe, kann ich nicht länger hintergehen ...«[2]

Donatien hat sichtlich nicht vergessen, was er bei den Jesuiten gelernt hat. Doch der Graf de Sade fällt nicht darauf herein und erwägt, seinen Sohn wieder nach Paris kommen zu lassen und selbst dorthin zurückzukehren, um ihn unter den Augen zu haben. Sein Freund Monsieur de Prie rät: »Abgesehen davon, daß ich Ihre Entscheidung, Ihr Herz, Ihre Vaterliebe und Ihren Mut loben muß, bewundere ich noch mehr Ihren jetzigen Entschluß, den Winter über in Paris verbringen zu wollen und seine Ausbildung zu überwachen … In dem Alter, in dem Ihr Sohn jetzt ist, machen gute Vorbilder keinen Eindruck, einzig die schlechten ziehen einen an. Über die Gefahren dieses Regiments weiß ich besser Bescheid als jeder andere … Ihren Herrn Sohn nach Paris zurückzuholen, um seine Konduite zu überwachen, wäre undurchführbar. Täglich, stündlich würde er Ihnen entweichen und Sie bald nicht mehr ernst nehmen. Wollen Sie meine Meinung hören? Ich würde ihn unbedingt wieder bei den Chevaulegers unterbringen. Seinen Widerwillen können Sie damit beschwichtigen, daß etwa zwei Dutzend seiner Kameraden wieder in diese Waffengattung gegangen sind, nachdem sie wie er bei der Infanterie, der schweren Kavallerie oder den Dragonern als Leutnants und Hauptleute gedient haben.«[3]

DONATIENS MITGIFT

Doch nein, es muß eine andere Lösung gefunden werden. Donatien wird niemals einwilligen, zu den Chevaulegers zurückzukehren. Er käme sich zurückgestuft vor und wäre in seinem Stolz verletzt. Das beste ist, in einer reichen Adelsfamilie eine gute Partie für ihn zu finden. Aber dazu braucht er erst mal eine ordentliche Mitgift. Der Graf de Sade kommt daher bei Seiner Majestät darum ein, sein Amt als Statthalter der Provinzen Bresse, Bugey, Valromey und Gex an seinen Sohn abtreten zu dürfen. Der König gewährt die Bitte am 4. März 1760, kürzt aber die jährliche Pension von 80 000 auf 50 000 Livres.

Der Graf protestiert und drängt den Kanzler, den König zu ersuchen, seinem Sohn das höhere Salär zu lassen, doch vergebens: Mit dem König von Frankreich ist kein Feilschen.

HEIRATSFÄHIGE TÖCHTER

Der Graf hat sich inzwischen schon umgetan. Er hatte das schon lange im Sinn, genauer seit Donatiens zwölftem Geburtstag! Bei dergleichen konnte man nicht früh genug anfangen. Eine Frau zu finden, die sowohl adelig als auch vermögend ist, ist fast unmöglich. Noch schwerer wird das im vorliegenden Fall durch den zweifelhaften Ruf des Vaters, seine finanziellen Schicksalsschläge, sein angebliches Fehlverhalten, seine Unverfrorenheit gegenüber hochgestellten Leuten, seinen Rückzug in die Provence, ganz zu schweigen von den Gerüchten, die auch über Donatien bereits in Umlauf sind. Lauter Hürden. Aber alles andere als verzagt macht sich der Graf energisch auf die Suche nach einer reichen Erbin. Er aktualisiert ständig seine Liste heiratsfähiger Töchter, sämtlich aus Adelsfamilien und »zwischen fünfzehn und fünfundvierzig«.

Zugleich wendet er sich an Heiratsvermittler, die ihm aussichtsreiche Partien anzeigen und Verbindung zu den Familien herstellen. Ein gewisser Monsieur de Montmorillon, Leiter des Domchors von Lyon und nebenbei Eheanbahner, treibt eine Mademoiselle de Rochechouart auf. Sie scheint in jeder Hinsicht bestens geeignet, doch Monsieur de Sade findet die Mitgift unzureichend. Der Kuppler schreibt zurück:

»Ich bin untröstlich, Monsieur, daß Madame de Rochechouart so störrisch ist und nichts ändern oder ergänzen will an dem, was ich Ihnen für die Verehelichung ihrer Tochter vorzuschlagen die Ehre hatte. In ihrem neuesten Brief vom 29. August versichert sie, daß sie die Ehre einer Vermählung ihrer Tochter mit Ihrem Herrn Sohn von dessen Stand und Vermögen her zu schätzen weiß, daß sie von vornherein die höchstmögliche Mitgift festgelegt hat und nichts hinzufügen kann. Diese Bedingungen haben Sie sicher noch. Seien Sie daher bitte so gütig, sie nochmals zu überprüfen und zu bedenken, ob sie Ihnen genehm sein könnten. Daß Sie Sicherheiten für die 50 000 Livres Rente gefordert haben, die vom Vermögen der Dame auf deren Tochter übergehen sollen, schien ihr auf Mißtrauen Ihrerseits hinzudeuten, und ich konnte auch nichts ausrichten, als ich ihr mitteilte, daß solche Sicherheiten in Eheverträgen üblich sind, ohne daß die beiden Parteien ein Aufhebens machen. Sie besteht darauf, Vermögensübertragungen nach eigenem Gutdünken, abhängig vom Wohlverhalten ihrer Tochter, vornehmen zu können …«[4]

Der Graf antwortet: »Monsieur, ich finde Madame de Rochechouart reizend. Ich bin hingerissen von ihrem Charakter, und wenn ich überzeugt wäre, daß ihre Tochter ihr ähnelt, würde ich sie ohne Mitgift nehmen. Die meisten Frauen sind nachgiebig, aus Schwäche oder aus Herzensgüte. Wenn es um die Anbahnung einer Ehe geht, entreißt man ihnen, was sie nicht freiwillig hergeben. Madame la Marquise de Rochechouart ist unbeugsam; sie hat von vornherein gesagt, was sie geben will. Man könnte ihr keine zusätzlichen hundert Taler Mitgift abringen, und ich verehre sie dafür. Aber zweierlei macht mir zu schaffen. Erstens Ihre frühere Mitteilung, sie habe fünfundzwanzigtausend Livres Rente …

Wenn Madame la Marquise de Rochechouart meiner ersten Forderung zugestimmt hätte, nämlich einer Garantie auf fünfzigtausend Francs und einer Brautausstattung nach Belieben, wäre alles geregelt gewesen. Ich folge Madame de Rochechouarts Beispiel und bleibe genauso unbeugsam bei meiner ersten Offerte ...«[5]

Einige Wochen später ergibt sich eine andere Möglichkeit in Burgund, eine junge Stiftsdame aus der Abtei von Remiremont namens Damas de Fuligny de Rochoir, über die der Heiratsvermittler Monsieur Auban de La Feuillée schreibt: »Die Rochoir sind keine Rochechouart, doch sind sie ihnen ebenbürtig. Der Onkel der jungen Dame ist derzeit Graf von Lyon, das Fräulein selbst ist Stiftsdame von Remiremont: die Mütter sind also von guter Abkunft. Ihr Name ist Damas de Fuligny; die Mutter heißt Pons-Rennepont. Ihr reizender Wohnsitz Agey trägt mindestens zehntausend Livres Rente. Außerdem besitzt sie das Gut von Sandaucourt, das mindestens tausend Taler Rente wert ist und für mehr als hunderttausend Francs verkauft werden kann, weil in Burgund keine Abgaben an den Lehensherrn entrichtet werden müssen und als Kaufpreis immer das Dreißigfache des Ertrags verlangt wird. Madame de Rochoir hat einen Sohn, mit dem sie nicht zufrieden ist. Er war lange im Gefängnis ... Das ist alles, mein lieber Graf, was ich bis jetzt ermitteln konnte ...«[6]

Es wurde nichts daraus. Schade. Eine Stiftsdame zur Frau und einen Schwager in der Bastille: welch vielversprechender Wink des Schicksals!

Eine dritte Kandidatin ergibt sich in Person der Demoiselle de Bassompierre, von Hochadel (ihre Mutter war eine Beauvau und Hofdame bei Mesdames, den Töchtern des Königs) und verwandt mit Choiseul, der auf de Sades Antrag reichlich kühl reagiert: »Monsieur, ich habe soeben den Brief erhalten, den Sie die Ehre hatten, mir am 18. dieses Monats zu schreiben, und in dem Sie so freundlich waren, mich von einer beabsichtigten Eheschließung zwischen Ihrem Sohn und Mademoiselle de Bassompierre zu unterrichten. Da ich die Ehre habe, mit ihr verwandt zu sein, kann ich mich über die Aussicht auf eine solche Verbindung nur freuen, und ich bitte Sie, mir zu glauben, daß ich mit Freude jede Gelegenheit wahrnehmen werde, Ihren Sohn zu fördern.«[7]

Jeder andere als der Graf de Sade hätte stillgehalten, heilfroh über die unerwartete Chance für seinen Sohn. Doch der Tölpel hält es für schlau, postwendend um eine Obristenstelle für Donatien einzukommen. Man kann sich die fatalen Auswirkungen auf die laufenden Eheverhandlungen vorstellen. Die Antwort kommt prompt. Ein höfliches, aber endgültiges

Nein. Dramatischer wird es drei Wochen später: auch die Eheverhandlungen werden abgebrochen. Monsieur de Bassompierre gibt seine Tochter einem anderen. Der bedauernswerte Graf de Sade sieht alle seine Hoffnungen schwinden und ringt sich nur mit Mühe Glückwünsche an die Brautmutter ab. Sie versichert ihn ihrerseits ihres Bedauerns.[8]

Was ist passiert? Aller Wahrscheinlichkeit nach hat Choiseul die Familie gegen Vater und Sohn de Sade aufgebracht und die Eheschließung gezielt verhindert. Als Kriegsminister konnte er einen Bericht über Donatien anfordern, und die Beurteilung war vernichtend. Zwar verdiene der junge Mann im Felde nur Lob, doch gelte das nicht für sein Betragen in der Garnison. Seine Vorgesetzten sehen ihn als ungebärdigen Jugendlichen, der hemmungslos seine Neigungen als Spieler, Prasser und Frauenheld auslebt. »Sein Regimentsmajor hat neulich abends mit Monsieur de Saint-Germain diniert, der ihn ausgefragt hat«, bemerkt der Graf de Sade, »er weiß nur Schlechtes über ihn.«

Noch etwas anderes hatte sicher dazu beigetragen, den Minister gegen Donatien einzunehmen. Im April 1761 hatte der Graf für seinen Sohn die Ernennung zum Fahnenjunker in der Gendarmerie erreicht: ein hoher, aber auch sehr teurer Rang.[9] Da er die Kaufsumme nicht aufbringen konnte, mußte der Graf Choiseul mitteilen, daß er auf die Ehre verzichte. Obendrein wartete er damit auch bis zum letzten Moment, so daß die Sache in die Eheverhandlungen mit Mademoiselle de Bassompierre platzte. Nach dem Brief seines Sekretärs zu urteilen, muß der Minister sehr verärgert gewesen sein: »Die bevorstehende Verlegung der Kompanie ist vermutlich der Grund, weshalb Monsieur der Herzog von Choiseul während der Audienz derart mit Ihnen gesprochen hat, da er aus gutem Grund fürchtet, daß derjenige, der die Stelle Ihres Sohnes, mit dem er fest gerechnet hatte, einnehmen soll, nicht Zeit haben wird, die nötigen Vorkehrungen zu treffen, um am Feldzug teilnehmen zu können. Aber machen Sie sich keine Sorgen über die Karriere Ihres Sohnes. Der Minister ist zu gerecht, um ihm die Schuld an etwas zu geben, das nicht in seiner Macht lag und seiner Karriere weder schaden kann noch darf.«[10]

FAHNE ZU VERKAUFEN

Die Eheverhandlungen erfordern die Anwesenheit des Grafen in Paris. Gegen Ende März, Anfang April 1761 fährt er wieder hin, mit der festen Absicht, das Geld für die Fahnenjunkerstelle aufzutreiben und für Donatien eine passende Partie zu finden. Er wohnt im Seminar für Auslandsmissionare in der Rue du Bac und schreibt von dort an Madame de Raimond: »Meine liebe Gräfin, Sie sind auf dem Land, und ich bin in Paris. Auf meinen letzten Brief nach Avignon haben Sie nicht geantwortet, und ich zögere deswegen, ob ich mich Ihnen in Erinnerung rufen soll. Doch das Herz regiert den Verstand. Ich liebe Sie, ich verzeihe Ihre Missetaten und möchte nicht, daß Sie meine Existenz vergessen, so bescheiden sie sein mag. Ich habe Paris sehr verändert und dennoch immer gleich vorgefunden. Noch immer regiert das Laster, zählt nur der äußere Schein, wird Vergnügen gesucht und Langeweile gefunden, Luxus zur Schau getragen und Elend erlitten. Die Stimmung in den Familien war nie schlechter, und noch nie sind Theater und Promenaden, Tanzvergnügungen und öffentliche Plätze so überfüllt gewesen ... Die Menschen wollen sich in ihrem Elend betäuben. Dennoch ist man besser elend in Paris als glücklich in der Provinz, und es heißt mit Recht, daß Paris nicht glücklich macht, sondern verhindert, daß man es woanders wird.«[11]

Seit seiner Rückkehr nach Paris belagert der Graf Choiseul mit Eingaben. Um jeden Preis braucht sein Sohn eine Obristenstelle. Seine Hartnäckigkeit ist schon fast unanständig, aber es ist ihm egal: Er wird den Minister erst in Ruhe lassen, wenn er zufriedengestellt ist. Der wiederum verschanzt sich arrogant hinter Verwaltungsvorschriften und streut schadenfroh Salz in die Wunde. Es sei doch eine Stelle als Fahnenjunker angeboten worden, warum nehme er nicht die? Er schreibt: »Ich bestätige den Empfang Ihres geschätzten Briefes vom 6. dieses Monats mit Ihrer erneuten Bitte um eine Obristenstelle für Ihren Sohn. Ich habe seine adelige Herkunft und seinen Eifer nicht aus den Augen verloren und werde bei frühester Gelegenheit für seine Beförderung sorgen, und meine Haltung dazu ist dieselbe wie im Juni letzten Jahres ... Bedauerlicherweise waren Sie nicht imstande, ihn in die Lage zu versetzen, Seiner Majestäts Angebot einer Fahnenjunkerstelle in der Gendarmerie anzunehmen. Dort wäre er vielleicht eher befördert worden.«[12]

Einen Monat später erneuert der Graf seine Bitte in zwei weiteren Briefen. Jetzt reicht es Choiseul: »Monsieur, ich bestätige dankend den Empfang Ihrer beiden sehr geschätzten Schreiben zu Ihrem Sohn vom 4. und 6. dieses Monats. Ich kann ihm nur eine Stelle als Fahnenjunker in der Gendarmerie anbieten. Teilen Sie mir mit, ob Sie die Absicht haben, diese Stelle für ihn zu kaufen, damit ich die nötigen Schritte einleite, um die Beförderung zu gegebener Zeit dem König vorzulegen.«[13] Im Klartext: Eine Fahnenjunkerstelle können Sie sich nicht leisten? Dann gibt's auch nichts anderes.

Der Graf de Sade versucht nun Louis-Joseph de Condé einzuspannen, mit dem Donatien als Kind gespielt hat. Er bittet um ein Zimmer für den früheren Spielkameraden im Stadtpalais der Condé und eine Empfehlung für eine Obristenstelle. Vielleicht könne ihn der junge Fürst als Adjutanten nehmen. Die Antwort ist abschlägig: »Sicher kann über Ihren Sohn nur Gutes gesagt werden, aber ich bin nicht in der Lage, ihn weiterzuempfehlen, und Monsieur de Choiseul wird sich wegen Beurteilungen bestimmt an seine vorgesetzten Generäle wenden. Ich werde allerdings dem Minister seine Beförderung nahelegen und hoffe, daß meine Empfehlung von Nutzen sein wird. Wenn das Regiment von Burgund den nächsten Feldzug nicht mitmacht, hätte ich sehr gern Ihren Sohn in meinem Gefolge, doch habe ich mich bereits gegenüber mehr Adjutanten verpflichtet, als ich mitnehmen kann, und kann Ihrem Wunsche leider nicht entsprechen. Mit der vorzüglichsten Hochachtung ...«[14]

Kein Zweifel: Donatiens Karriere zu fördern ist ebenso schwer, wie eine Ehe für ihn anzubahnen. Alle sind voreingenommen. Schon die Vergangenheit seines Vaters spielt eine große Rolle. Doch nicht nur die. Auch der junge Marquis de Sade steht bereits jetzt in äußerst schlechtem Ruf, auch wenn er sich noch keinen öffentlichen Skandal geleistet hat.

»MEINE RÜCKHALTLOSE BEICHTE«

Was treibt denn der liebe Sohn? Er steht immer noch im Felde, wenn er nicht gerade Urlaub hat und sich in jedem neuen Städtchen neu verliebt. Am 12. August 1760 ist er im Feldlager unweit von Korbach, wo Marschall Broglie (am 10. Juli) einen glänzenden Sieg über den Hannoveraner errungen hat. Von dort schreibt er seinem Vater und schildert detailliert die Truppenbewegungen, bevor zu sich selber kommt. Die Kritik seines Vaters versucht er mit einer »Beichte« abzufangen, die hervorragend belegt, wie er mit zwanzig war und dachte. Schon hier begegnen wir dem Schriftsteller mit allen seinen Finten und Zweideutigkeiten:

»Sie bitten um einen Bericht über mein Leben und Treiben, und ich gebe ihn in aller Aufrichtigkeit. Man wirft mir vor, ich schliefe zu gern; in der Tat fröne ich ein wenig diesem Laster: ich gehe früh ins Bett und stehe sehr spät auf. Häufig reite ich aus, die Stellungen des Gegners und die unsrigen zu rekognoszieren. Kaum sind wir drei Tage in einem Feldlager, kenne ich es bis zum letzten Graben, so gut wie der Herr Marschall. Ich sage und tue, was mir richtig scheint, sei es gut oder schlecht; und ich bin offen und werde gelobt oder getadelt, je nachdem, ob es recht war oder nicht. Manchmal mache ich Besuche, aber nur bei Monsieur de Poyanne oder bei ein paar alten Kameraden von den Karabiniers oder vom Königsregiment. Ich mache kein großes Aufhebens davon, weil mir das nicht liegt. Wenn Monsieur de Poyanne nicht wäre, würde ich in dem ganzen Feldzug keinen Fuß ins Hauptquartier setzen. Ich weiß schon, daß ich mir damit nichts Gutes tue; für die Karriere muß man scharwenzeln, aber ich mag das nicht. Ich leide, wenn ich jemand Schmeicheleien sagen höre, die er in Wirklichkeit gar nicht so meint. Ich kann mich nicht zu einer so einfältigen Rolle durchringen. Höflich muß man sein und ehrlich, edel, aber nicht stolz, zuvorkommend, aber nicht unterwürfig; kleine Gefälligkeiten tun, wenn sie uns und anderen nicht schaden; gut leben und sich amüsieren, ohne sich zu ruinieren oder anzustrengen; wenig Freunde haben, vielleicht keine, weil es keinen echten und ehrlichen Freund gibt, der einen nicht für den kleinsten Vorteil ein dutzendmal verriete; ausgeglichen sein, damit man mit allen gut auskommt, ohne auf jemanden bauen zu müssen, denn sobald man das tut, hat man Grund zur Reue; man muß nur das Vorteilhafteste über andere sagen und sie lautstark loben, auch wenn sie (grundlos) hinter dem Rücken Schlechtigkeiten über einen selbst verbreiten (denn fast immer sind es die nach außen hin Anziehendsten und am meisten auf Freundschaft Erpichten, die einen am schlimmsten hereinlegen). Das sind meine Tugenden, danach strebe ich. Wenn ich mir schmeicheln darf, einen Freund zu haben, so im Regiment, aber ich bin nicht sicher. Er heißt Monsieur***, Sohn von Monsieur***, und ist, glaube ich, über die Familie Simiane sogar ein wenig mit mir verwandt. Ein junger Mann mit vielen Vorzügen, sehr freundlich, Verfasser einiger reizender Gedichte, ein hervorragender Schreiber, fleißig und für seine Arbeit geachtet. Ich bin wirklich sein Freund und habe Grund zu glauben, daß er auch der meine ist. Aber was können wir wirklich glauben? Freunde sind wie Frauen: Auf die Probe gestellt, erweist sich die Ware oft als verdorben.[15] Das ist meine rückhaltlose Beichte; ich öffne Ihnen mein Herz nicht wie einem Vater, den man oft fürchtet, ohne ihn zu lieben, sondern wie dem aufrichtigsten und liebsten Freund, den ich wohl auf der Welt habe. Geben Sie es auf, so zu tun, als haßten Sie mich; schenken Sie mir wieder Ihre Liebe, um sie mir nie wieder zu entziehen. Seien Sie versichert, daß ich alles tun werde, um sie mir zu erhalten.«[16]

In diesem Brief zeichnen sich schon die Themen ab, die Sade zu Stilmerkmalen weiterentwickeln sollte: Lustprinzip, Selbstverschlossenheit und das, was er später selbst als Isolierung bezeichnen sollte, die Überzeugung, daß eine Kommunikation zwischen Menschen schlicht unmöglich ist. Diese »Beichte« stellt für uns den ersten bekannten literarischen Akt Donatien de Sades dar.

EIN »INNIG LIEBEND HERZ«

Sommer 1762. In der Garnison von Hesdin, einer Kleinstadt im Pas-de-Calais, langweilt sich Donatien zu Tode. Eines Tages gerät er an eine zehn Jahre ältere Frau, die nicht gerade hübsch, aber von guter Familie ist, und verliebt sich auf der Stelle. Alsbald ist diese Liaison Stadtgespräch. Doch die Eltern wachen mit Argusaugen: Ohne Hochzeit geht nichts. Donatien läßt sich nicht abschrecken: Notfalls will er auch vor den Altar treten. Um den Verehrer auf die Probe zu stellen, nimmt der Vater die junge Dame auf eine mehrtägige Reise mit. Derart bei seiner Ehre gepackt, bittet Donatien seinen Vater unverzüglich brieflich um Heiratserlaubnis.

Der Graf de Sade nimmt es übel auf. Diese Provinzpute, obgleich von guter Abstammung, paßt ihm überhaupt nicht; er träumt von einer glänzenderen Partie. Aber Donatien insistiert, er will sie oder keine. Auf jeden Fall wolle er nur auf die »Stimme seines Herzens« hören; das gibt er seinem Vater schriftlich, und der wiederum beklagt sich bei seiner Schwester Gabrielle-Laure: »Er hat nur noch diese Heirat im Kopf. Er hat mir geschrieben und endet mit den Worten: ›Was die Ehe angeht, bin ich fest entschlossen, keine andere zu heiraten als die, von der ich Ihnen bereits geschrieben habe. Sie sind mein Vater, und die Liebe, die ich von Ihnen erhoffen kann, sollte Sie geneigt machen, meine Gefühle gütigst zu achten. Ich bin sehr erleichtert ob Ihrer Zusage, mir nie vorzuschreiben, was ich fühlen soll.‹« Der Graf de Sade meint abschließend: »Monsieur l'abbé soll urteilen, wie entschieden werden soll. Ich werde mich an der Erörterung nicht mehr beteiligen und nicht mehr antworten. Ich habe es kommen sehen. Ich wußte schon immer, daß man ihn schleunigst verheiraten muß. Keiner hat mir geglaubt, alle haben gesagt: ›Es eilt nicht.‹«[17]

Zum Glück schaltet sich der Herzog von Cossé ein, Donatiens Regimentsobrist, und es gelingt ihm unschwer, den Draufgänger zu beruhigen; dieser verzichtet genauso rasch auf die Dame, wie er für sie entflammt war. Der Herzog berichtet: »Ihr Herr Sohn, Monsieur, hat ein innig liebend Herz oder macht sich immerhin schnell vor, daß er verliebt ist und sein Gefühl erwidert wird. Deshalb hat er um Ihre Erlaubnis für eine übereilte Eheschließung gebeten, von der ich ihn leicht abbringen konnte, wobei wir beide viel zu lachen hatten … Also dürfen Sie, Monsieur, beruhigt sein über Ihren Sohn, der keinen anderen Wunsch hat, als Ihnen Freude zu machen und Ihnen angenehm zu sein. Er führt sich gut auf und spielt sehr schön Laientheater, was ihn amüsiert und beschäftigt hält, und er ist so glücklich, sich in dieser Stadt nicht zu langweilen, in der man einfach nicht leben kann.«[18] Erleichtert bemüht sich der Graf weiter um eine bessere Partie.

ABSCHIED VOM MILITÄR

Am 10. Februar 1763 endet der Siebenjährige Krieg mit dem Friedensvertrag von Paris. Doch trotz Feuerwerk und Festbeleuchtung bleibt ein bitterer Nachgeschmack. Frankreich hat in dem langen Waffengang schlecht abgeschnitten. Jetzt ist die Flotte untergegangen, die Finanzkraft erschöpft und das Kolonialreich verloren. Ludwig XV. muß England seine Besitzungen in Nordamerika und alle indischen Kolonien bis auf wenige Handelsposten wie Chandernagor und Pondicherry abtreten. Einzig die Antillen bleiben französisch. Mit Frankreichs Niederlage ist Englands See- und Handelsherrschaft besiegelt und Preußens Militärmacht gestärkt. Sowohl in der Provinz als auch in Paris sehen die Menschen die Flecken auf Frankreichs Ehre und witzeln über den Friedensvertrag, mit dem das Königreich geschrumpft sei wie Chagrinleder. Dichter und Straßensänger spotten über die unfähigen Generäle, doch Possen helfen kaum über die tiefe Demütigung hinweg.

Noch vor Unterzeichnung des Friedensvertrags befiehlt der damalige Kriegsminister Choiseul am 2. Februar einen Truppenabbau für Kavallerie, Infanterie und Dragoner, zum Entsetzen der Offiziere, die ihren Abschied nehmen müssen und nach jahrelangem Felddienst mit sechshundert Livres Pension heimkehren – einem Almosen. Allerdings waren solche Maßnahmen üblich: Ähnliches war auch nach anderen Friedensschlüssen geschehen und hatte Soldaten und Offiziere in Massen betroffen. Die verabschiedeten Offiziere behielten formal ihren Rang und konnten den Dienst in ihren ehemaligen Einheiten oder in anderen Waffengattungen theoretisch wieder aufnehmen.[19] Für den Grafen de Sade ist es die Katastrophe. Er schreibt an Choiseul:

»Die Lage meines Sohnes und sein Schmerz über den Verlust seiner Offiziersstellung, die Aussicht auf den Truppenabbau, der für den König unerläßlich, für die Offiziere aber vernichtend ist, das alles hat mich todkrank gemacht und Ihnen in den letzten drei Monaten daher meine Bittbriefe erspart. Und jetzt hat mein Sohn seinen Abschied nehmen müssen. Ich verliere die *compagnie*, mehr als zehntausend Taler, die ich für ihn und seine Ausstattung aufwenden mußte, die er zweimal eingebüßt hat. Es war mir nicht darum zu tun, solange er dem König diente. Doch jetzt habe ich vierzigtausend Francs Schulden und einen Sohn ohne Stellung und ohne Hoffnung auf Rückkehr in den Dienst, nachdem er an allen Feldzügen einschließlich dem letzten und an allen Schlachten teilgenommen hat. Was soll ich tun? Was ihm sagen? Wenn Sie die Güte hätten, ihn baldigst einem Korps zuzuordnen, damit er die Einstellung und Vorliebe für den Militärdienst nicht verliert, die ich ihm immer zu vermitteln bestrebt war, wäre das eine gute Tat. Wenn nicht, ersuche ich Sie, ihm die Rückkehr nach Avignon zu befehlen. In meinem derzeitigen Zustand kann ich nichts ertragen, was mich aufregt, beunruhigt oder betrübt.«[20]

Der Graf de Sade übertreibt kaum. In den vergangenen Monaten hat sich sein Gesundheitszustand rasant verschlechtert, und der ganze Ärger mit Donatien kann ihn schwerlich bessern. Er ist vor kurzem ernsthaft erkrankt und befürchtet, nicht mehr zu genesen, wie er seinem Bruder schreibt: »Am Sonntag war ich so schwach, daß meine Diener entsetzt nach dem Priester schickten. Ich kam gerade rechtzeitig zu mir, um es abzusagen. Auch gestern nacht ging es mir wieder sehr schlecht. Ein Chirurg hat mir neulich gesagt, daß ich ganz plötzlich sterben und ersticken könnte, aber ich fühle mich stark und mutig und bin wohl unglücklich genug, mich noch lange hinschleppen zu müssen.«[21] Wenige Tage später, am 24. Februar 1763, erhält er die Letzte Ölung, erholt sich aber noch einmal. Diese wiederholten Schwächeanfälle wie auch sein wachsender Menschenhaß und seine schweren Finanzsorgen entfremden ihn mit jedem Tag mehr der Gesellschaft und beschleunigen seine Rückkehr zum Glauben: »Ich möchte mich in irgendein Eckchen zurückziehen«, schreibt er an seine Schwester, die Äbtissin von Saint-Laurent, »um nur an mein bevorstehendes Ende zu denken und weltabgeschieden zu leben. Bald werde ich Ihnen auf ewig Lebwohl sagen und Sie um Verzeihung für alle Sorgen und Leiden bitten, die ich Ihnen bereitet habe. Hoffentlich macht Ihnen mein Sohn nicht noch mehr zu schaffen. Sie können über alle meine Hinterlassenschaften verfügen. Ich nehme nichts mit.

Ich brauche hienieden nichts mehr.«[22] In ein Kloster wollte er weniger aus Frömmigkeit als aus Geiz, um seine Lebenshaltungskosten so weit wie möglich zu senken und seinen Sohn, »mit dem ich unzufrieden bin, nicht mehr sehen zu müssen«.[23] Seine Vermögensverhältnisse faßt er wie folgt zusammen: »Ich sterbe im Elend, ohne das Nötigste und in ständiger Furcht vor Mittellosigkeit.« Hier übertreibt er bestimmt: Der Graf de Sade hatte einen Hang zur Schwarzmalerei, den sein Sohn erben sollte.

EINE FRAU FÜR DONATIEN

Den offiziellen Abschied erhält Donatien am 16. März 1763. In Wirklichkeit aber ist er schon einen Monat Zivilist und lebt völlig sorglos in Paris. Er geht auf Bälle und Gesellschaften, läßt kein Theaterstück und keine Landpartie aus, treibt sich in Garderoben von Schauspielerinnen und Luxusbordellen herum und verschwendet keinen Gedanken an seine Zukunft. Während er so seiner Lust lebt und sich ablenkt, müht sich sein todkranker Vater verzweifelt, eine Frau für ihn zu finden. Ist Donatien erst mal verheiratet, ist er keine Belastung mehr und wird vielleicht seßhaft. Doch sein schlechtes Betragen erschwert es, eine gute Partie für ihn zu finden, und der Graf de Sade zittert täglich davor, eine neue Verrücktheit könnte alle Erfolgsaussichten für immer zunichte machen.

Um diese Zeit begegnet er einem gewissen Jean Partyet, früher Handelsattaché Frankreichs in Cadiz und Madrid und seit 1758 Intendant des königlichen Invalidenhospitals, der ihm von seiner Großnichte erzählt, deren Eltern nach einer passenden Partie suchen. Der Graf legt eine Verbindung mit seinem Sohn nahe, und während die Familie den Vorschlag noch erwägt, schreibt er an den Abbé: »Gesundheitlich geht es mir immer besser, und ich bin morgen reisefähig. Nur diese Heirat hält mich noch. Wenn nichts daraus wird, verabschiede ich mich. Mein Sohn ist noch nicht soweit. Er giert förmlich danach, aber wenn er selber etwas dafür tun soll, rührt er keinen Finger. Ich habe ihn gebeten, einen Besuch beim Intendanten der Invaliden zu machen und einen bei Monsieur de Gramont: Er hatte keine Zeit. Ich bitte ihn, bei mir mit dem Intendanten zu speisen, um über die Sache zu reden: Er kommt nicht und sagt, er hat es vergessen. So was habe ich noch nicht erlebt! Der Mutter des Mädchens hat man gesagt, er habe große Schulden und treibe es reichlich toll: ›Aber welcher junge Mann schlägt nicht über die Stränge‹, meint sie. ›Tun wir's trotzdem.‹ Deswegen glaube ich, daß es diesmal klappt; alle anderen

Anbahnungen sind an seinem üblen Ruf gescheitert. Habe ich Ihnen schon geschrieben, daß sie fünf Jahre Kost und Logis statt drei geboten haben und die beiden so lange bei sich behalten wollen, wie sie es wünschen? Danach wollen sie ihnen zehntausend Francs für Möbel geben, die nicht Teil der Mitgift sind, und für jedes Kind noch mal fünf- oder sechstausend Francs. Ich glaube nicht, daß wir etwas Besseres finden. Der Vater steht dem Steuergerichtshof vor und hat fünf Kinder.[24] Er ist der Sohn von Monsieur de Launay, der ihm den Adelstitel gekauft hat …[25] Also kann die Tochter zu den Malteserinnen.[26] Rundherum nur gute Familien, Leute mit gewachsenem Ansehen, die alles für meinen Sohn tun werden. Ich kann mich zurückziehen und mich auf sie verlassen. Ich rette mein Gut, sichere ihm den Titel und behalte mir nur den Nießbrauch und zehntausend Taler vor, über die er nach meinem Hinscheiden verfügen kann.«[27]

Die Partie ist durchaus nicht unzumutbar, auch wenn die Cordier de Montreuil zum niederen Adel gehören und erst im siebzehnten Jahrhundert geadelt worden sind, ist ihr Vermögen doch beträchtlich größer als das der de Sade. Eheschließungen zwischen Schwertadel und dem aus dem Handelsbürgertum hervorgegangenen Amtsadel waren im achtzehnten Jahrhundert keine Seltenheit; sie erklären sich durch die fortschreitende Verarmung des Hofadels. In einer Gesellschaft, in der sozialer Erfolg aufs engste von aufwendiger Repräsentation abhing, lauerte ständig der Ruin. Sonst dauert es zwei oder drei Generationen, bis eine Familie zugrunde gerichtet war, bei den de Sade nur eine. Jean-Baptiste ruinierte sich ohne Beihilfe von Vorfahren. Sein Drang nach höchsten Staatsämtern verleitete ihn, sich weit über seine Möglichkeiten hinaus zu verschulden, doch am Ende mußte er sich geschlagen geben und aus dem teuren Rennen ausscheiden, das ihn an den Rand des Abgrunds gebracht hatte. Die Erfahrung hatte ihn verbittert.

Die älteste Tochter der Familie Montreuil heißt Renée-Pélagie. Am 2. Dezember 1741 geboren, ist sie achtzehn Monate jünger als Donatien. »Die Braut war reich«, schreibt Maurice Heine, »nicht wegen ihrer recht bescheidenen Mitgift, sondern wegen ihrer hervorragenden Aussichten. Schließlich und vor allem hatten ihre Eltern bei Hofe Einfluß und besonders gute Beziehungen.«[28] Doch die Brautmutter, in Fragen der Reputation sehr gewitzt und eine viel zu gute Rechnerin, um nicht zu merken, daß sich der Graf de Sade zu einer solchen Mesalliance nur herabläßt, weil er weiß, daß die Ausschweifungen seines Sohnes manche

Mutter abschrecken, spekuliert in dem erbitterten Feilschen, das zwischen den Parteien im März einsetzt, zynisch auf diesen Umstand, um den Beitrag der Montreuil zu der Ehe zu drücken.

Mittlerweile ist ein weiterer Ehevorschlag aus der Provence eingegangen. Diesmal handelt es sich um eine Demoiselle de Cambis, Tochter einer alten florentinischen Bankiersfamilie, die sich in Avignon niedergelassen hat und entfernt mit Madame de Pompadour verwandt ist. Doch dem Grafen de Sade ist Renée-Pélagie de Montreuil lieber, wie er seinem Bruder mitteilt: »Wenn dieser Sohn gut geraten wäre, würde ich diese Ehe, die er schließen wird, als glänzende Partie betrachten und sie einer Ehe mit Mademoiselle de Cambis in jeder Hinsicht vorziehen: Der Besitz ist viel größer, und die guten Beziehungen gefallen mir auch. Ich sehe meinen Sohn lieber als angeheirateten Vetter von Monsieur de Prie und Monsieur de Toulogeon, der einen schönen Posten in der Gendarmerie hat, als von den Messieurs de Branté und de Presle und deren Sippschaft in Tarascon. In Paris ist mein Sohn allerdings verloren und wird sich mit Schulden ruinieren. Er wird seine Frau todunglücklich machen, und sein Schwiegervater wird ihn aus dem Hause weisen. So wird es für ihn enden. In Avignon könnte er nicht so leicht auf Abwege kommen. Deshalb wollte ich immer eine bescheidene Partie in der Provinz.«[29]

Der Graf scheint tatsächlich von dieser Verbindung und den sich eröffnenden Aussichten völlig eingenommen. In einem weiteren Brief schreibt er seinem Bruder: »Je mehr ich über diese Ehe nachdenke, desto besser gefällt sie mir. Gestern habe ich Monsieur de Montmartel[30] besucht, der sich in allen Besitzverhältnissen auskennt und ein enger Bekannter Monsieur de Launays[31] war, der dieselbe Stellung als Kriegsschatzmeister innehatte. Er berichtete mir, Madame de Launay habe ein Einkommen von mehr als hundertundzehntausend Livres, das sie nicht verzehren könne; Monsieur de Montreuil werde nach ihrem Ableben einschließlich seiner heutigen Güter mindestens achtzigtausend erben; der Besitz der kinderlosen Madame d'Azy[32] werde aufgeteilt, mit einem Drittel für ihn; auch von seiner Frau werde er allerhand erben, und die Kinder von Monsieur de Montreuil hätten grob geschätzt ein Einkommen von fünfundzwanzigtausend Livres, sofern nichts Unvorhergesehenes geschehe … Ihm jedenfalls wären fünf Jahre Unterhalt lieber als weitere hunderttausend Francs Mitgift, und die Brautmutter sei eine Frau von Geist und Verstand, was er recht hoch veranschlage, und mein Sohn werde mit diesen grundanständigen Leuten bestimmt sehr glücklich. Das alles vernahm ich mit großer Freude. Mir geht es nur noch darum, diesen Knaben, an dem kein gutes Haar ist, endlich los zu sein.«[33]

Sogar Gewissensbisse hat er angeblich: »Die Leute tun mir so leid, daß sie einen so schlechten Schwiegersohn bekommen, der zu jeder Dummheit imstande ist«, schreibt er scheinheilig der Äbtissin von Saint-Laurent. In Wirklichkeit kann er seinen Jubel kaum unterdrücken. Fortan müssen die Schwiegereltern für den Tunichtgut sorgen. Seinem Bruder gesteht er: »Nur um ihn los zu sein, habe ich ich mich so angestrengt, wie ich es aus Liebe nie vermocht hätte. Die Erleichterung, nie wieder mit ihm zu tun zu haben, kann nicht teuer genug erkauft werden. Und obwohl die Heirat so gut wie beschlossene Sache ist, kann sie doch noch an den Narrheiten Monsieur de Sades scheitern. Gewißheit habe ich erst, wenn ich sie vor dem Altar stehen sehe.«[34]

MADEMOISELLE DE LAURIS

Während sein Vater eifrig die Ehe mit Mademoiselle de Montreuil aushandelt, verliebt sich Donatien unsterblich in eine hinreißende Schönheit, der er gerade begegnet ist und die sofort seine Geliebte geworden ist. Laure-Victoire Adeline de Lauris ist zweiundzwanzig, hat schöne Augen und gehört wie Donatien dem provenzalischen Hochadel an. Ihr Stammbaum reicht zurück ins dreizehnte Jahrhundert. Hier glaubt er eine Partie gefunden zu haben, die eines Adligen würdiger ist als die »Steuerpächterstochter«, mit der man ihn verkuppeln will. Schon zu Beginn der Beziehung will er sie unbedingt heiraten. Ihr Vater, der Marquis de Lauris, ist offenbar einverstanden, doch die Schöne will eine so gut wie geschlossene Ehe nicht sprengen und sich einer Familie nicht aufdrängen, schreibt sie. So stehen die Dinge am 20. März, als der Graf de Sade in der Überzeugung, daß die Verhandlungen mit den Montreuil geplatzt sind, plötzlich beschließt, in die Provence zurückzufahren und seinen Sohn vorauszuschicken, damit er alles vorbereite. Sicher hofft er auch, die Trennung werde die Liebesglut des jungen Mannes abkühlen und der Affäre ein Ende machen. Zutiefst verzweifelt macht sich Donatien auf den Weg. Sogleich nach seiner Ankunft in Avignon fleht er seine Geliebte brieflich an, zu ihm zu kommen. Doch die Grausame lehnt ab. Einige Tage später tritt eine neue unerwartete Wendung ein: Alles ist geregelt, die Montreuil sind sich mit dem Grafen de Sade wieder einig. Freilich haben sie keine Ahnung, daß Renée-Pélagies Verlobter einer anderen nachtrauert.

Der gute Junge kann jetzt nur noch brav nach Paris zurückkehren und die Frau heiraten, die sein Vater für ihn ausgesucht hat. Doch Donatien sieht es anders. Diesmal ist es ernst, er ist Mademoiselle de Lauris verfallen, er liebt sie abgöttisch, erklärt sich zu allem bereit, um ihre Hand zu erringen. Außerdem hat er bereits erklärt, daß er nur der Stimme seines Herzens folgen will. Er beschwört seine Geliebte herbeizueilen, sie weigert sich; er wird ungeduldig, sie widersteht; er regt sich auf, tobt, verzweifelt; sie bleibt kalt wie Marmor. Hat sie ihm nicht ewige Liebe geschworen? Was treibt sie in Paris? Bestimmt betrügt sie ihn. Und obendrein ist er jetzt krank. Ein Schanker hat sich gezeigt; er wird mit Quecksilber behandelt, dem einzigen damals bekannten Mittel gegen Geschlechtskrankheiten. Sein Vater hört davon und dreht beinahe durch: Was, wenn die Montreuil das erfahren? Dann ist alles vorbei! Das muß um jeden Preis verhindert werden, mit allen Mitteln und unter dem Vorwand irgendeiner anderen Erkrankung. Die Hochzeitszeremonie ist für Mai geplant (jetzt ist es April). Der Graf fleht den Abbé an, ihm einen Brief zu schreiben, den er der Familie der Braut vorweisen kann: »Sie müssen mir mitteilen, daß sein Wechselfieber bei seiner Ankunft wieder ausgebrochen ist, aber nur vorübergehend, und Sie ihn erst fortlassen, wenn er auskuriert ist.«[35] ... Und vor allem müsse der Luftikus geheilt werden, so rasch wie möglich! Er werde erwartet. »Er muß unbedingt auskuriert sein, und wenn er es in Avignon so treibt wie in Paris, wird er das nie. Man muß ihm die Notwendigkeit begreiflich machen, sich der nötigen Kur zu unterziehen, damit er so schnell wie möglich nach Paris zurückkehren und heiraten kann.«[36] Zurück nach Paris? Renée-Pélagie heiraten, die doch angeblich so reizlos und häßlich ist? Teufel noch mal, nein! Kommt nicht in Frage. Er teilt seinem Vater seine Entscheidung mit. Der arme Graf weiß nicht mehr ein noch aus: Er schreibt seinem Bruder: »Gestern hat er mir geschrieben, er sei verliebter als je zuvor, und nicht Mademoiselle de Lauris habe ihn angesteckt. Er vergißt, daß er mir gesagt hat, er sei mit keiner anderen zusammen gewesen. Gott sei Dank will sie nichts mehr von ihm wissen.«[37]

»WIR WERDEN NIE VONEINANDER LASSEN ...«

Donatien jedoch will nicht wahrhaben, daß er den Laufpaß erhalten hat. Trotz ihrer Abschiedsbriefe ist er überzeugt, Mademoiselle de Lauris werde zu ihm zurückkehren. Seine brieflichen Ergüsse beeindrucken durch den Widerspruch der Gefühle, so die lange Epistel aus Avignon vom 6. April 1763, in der Haß, Leidenschaft, Qual, Drohung und Flehen mit unglaublichem Pathos aufeinanderprallen. Acht eng beschriebene Folioseiten, hier einige typische Passagen: »Eidbrüchige! Undankbare! Was ist aus Deinen Schwüren geworden, mich Dein ganzes Leben lang zu lieben? Wer veranlaßt Dich zur Wankelmütigkeit? Wer zwingt Dich, die Bande zu zerreißen, die uns für immer vereinen? Hast Du meine Abreise etwa für Flucht gehalten? Glaubst Du, ich könnte vor Dir fliehen und weiterleben? ... Bestimmt beurteilst Du die Gefühle meines Herzens nach den Deinigen ... Du fürchtest, mit jemandem vereint zu sein, der Dich anbetet. Diese Glieder einer ewigen Kette werden Dir zu schwer, und Dein Herz, das sich nur von Flatterhaftigkeit und Leichtfertigkeit verführen läßt, ist nicht empfindsam genug, um den Reiz zu spüren. Aus Paris wegzugehen schreckt Dich, meine Liebe genügt Dir nicht; ich war nicht da, um Dich zu bestärken. Nur zu, geh nie von Paris weg, Du Ungeheuer, nur geboren, um mich unglücklich zu machen. Möge Dir der Treulose, der in Deinem Herzen meinen Platz einnehmen wird, ebenso überdrüssig werden, wie ich es Deiner geworden bin! ... Aber was sage ich? Ach, meine Liebste! Ach, meine göttliche Freundin! Einziger Trost meines Herzens, Licht meines Lebens, teure Geliebte, wohin treibt mich meine Verzweiflung? Vergib die Ausbrüche eines Unglücklichen, der sich nicht mehr kennt und für den der Tod nach dem Verlust des Herzensglückes die einzige Zuflucht geworden ist. Und ach! Ich komme diesem Augenblick, der mich vom verhaßten Sonnenschein erlösen wird, immer näher; ich wünsche mir jetzt nur noch, daß es bald soweit ist ... Ach, wenn Du mich immer noch liebst, wenn Du mich so liebst, wie Du mich immer geliebt hast, wie ich Dich liebe, wie ich Dich anbete und Dich mein ganzes Leben lang anbeten werde, beklage unser leibliches Malheur, beklage die grausamen Schläge des Schicksals, schreib mir dazu, rechtfertige Dich ... Ach! Dir ist es ja gleich. Aber für mich ist es Herzensqual, mir das bei Dir geholt zu haben ... Pflege Deine Gesundheit; ich mühe mich um Wiederherstellung der meinen. Gleichviel aber, wie es Dir geht, nichts wird mich abhalten können, Dir meine Liebe aufs zärtlichste zu beweisen. In dieser ganzen Angelegenheit solltest Du mir für meine Diskretion übrigens dankbar sein ... Hüte Dich vor Untreue; ich verdiene sie nicht. Ich bekenne, ich werde rasen und vor nichts zurückschrecken. Die Sache mit der C ...[38] sollte dich überzeugen, mich zu schonen. Ich kündige an, daß ich sie meinem Rivalen nicht vorenthalten werde, und das wird nicht das einzige sein, was ich ihn wissen lasse. Ich beschwöre Dich, ich schrecke vor nichts zurück ... Doch ich erröte bei dem Gedanken, Dich mit solchen Mitteln halten zu wollen. Ich will, ich muß Dir nur von unserer Liebe sprechen. Deine Verheißungen, Deine Schwüre, Deine Briefe, die ich jeden Tag lese – nur das soll Dich binden: Ich verlasse mich nur noch darauf ... Liebe mich immerdar, sei mir treu, wenn Du mir keinen qualvollen Tod wünscht. Adieu, mein schönes Kind, ich vergöttere Dich und liebe Dich tausendmal mehr als mein eigenes Leben. Auch wenn Du mir den Laufpaß gibst, schwöre ich Dir, wir werden nie voneinander lassen.«[39]

Bei allen Liebesschwüren versucht er, sie aufs gemeinste zu erpressen, damit sie ihn nicht betrüge. Im übrigen darf getrost davon ausgegangen werden, daß im Gegensatz zu seiner Darstellung er es war, der sie angesteckt hat, und nicht umgekehrt. Garnisonsleben und häufiger Bordellbesuch bargen gewiß größere Risiken als das behütete Leben einer jungen Dame aus der Provinz. Ob der Brief wirklich abgesandt wurde? Donatien ließ ihn später von seinem Sekretär Carteron zusammen mit anderen Jugendschriften, Liebesbriefen, Gelegenheitsgedichten, Laienspielen, Liedern, Komplimenten usw. abschreiben und die ganze Sammlung zu einer Anthologie mit dem Titel *Werke von Monsieur de Sade* zusammenfassen. Daraus darf geschlossen werden, daß er ihn mehr als Stilübung denn als Dokument ansah. Vielleicht wurde er gar Jahre nach seinem Abenteuer mit Mademoiselle de Lauris geschrieben. Als geborener Schriftsteller vermengte er gern Dichtung und Wahrheit.

MIT ARTISCHOCKEN UND THYMIAN

Unterdessen geschehen Dinge in Paris, die dem Stolz der Montreuil schmeicheln: Seine Majestät läßt sich herab, zur Eheschließung ihre gnädige Zustimmung zu geben, eine Huld, die nur wenigen zuteil wird und in diesem Fall weit mehr dem Verwandten der Maillé als der Urenkelin von Monsieur Cordier gilt. Die Trauung soll am 1. Mai in Versailles stattfinden. Mitte April harrt Donatien in Avignon immer noch seiner Geliebten, während sein Vater in Paris bangt. Die Tage vergehen, und Donatien kommt nicht. Der Graf de Sade muß zugeben, daß er sich mit seinem Sohn nicht auskennt. Wie könne der diese Lauris noch lieben, die ihn angesteckt habe und jetzt eine vorteilhafte Heirat platzen lassen wolle? »Bedauert er womöglich diese Ehe nach allem, was er über das

Mädchen gehört hat und was er zu gewinnen hat? Es ist offenbar, daß er bar jeden Gefühls und jeder Ehre ist.«

Donatien zeigt keinerlei Eifer, Mademoiselle de Montreuil zu ehelichen. Reich ist sie zwar, und sie hat auch gute Erbaussichten, aber sie ist völlig reizlos. Über ihren Mangel an Reizen sind sich alle einig. Es ist zwischen den Zeilen zu lesen. Seiner Schwester schreibt der Graf de Sade: »Am Sonntag fand ich die junge Dame gar nicht häßlich. Sie hat eine recht gute Figur, einen hübschen Busen und schneeweiße Arme und Hände. Sie hat überhaupt nichts Abstoßendes und eine bestrickende Art.«[40] Begeistert kling das nicht. Und die Mutter, die Präsidentin, nimmt noch weniger ein Blatt vor den Mund, als sie dem Abbé de Sade ihre Tochter beschreibt: »Wenn sie die Ehre haben wird, mit Ihnen, Monsieur, und mit der Familie von Monsieur de Sade zusammenzutreffen, wird sie hoffentlich echte Anteilnahme wecken, zumindest dank ihres Verstandes und ihrer Sanftmut. Figur und Liebreiz sind Gaben der Natur, die wir nicht erzwingen können.«[41] Renée-Pélagies Ausweise aus der Revolutionszeit beschreiben ihre Merkmale: »Größe: vier Fuß und zehn Zoll (1,57 Meter), breite Nase, gewöhnlicher Mund, rundes Kinn, braune Haare, rundes, volles Gesicht, fliehende Stirn, graue Augen.«[42]

Renée-Pélagie ist nicht nur nicht hübsch, sondern hat auch kein Talent zum Schöntun. Sie gibt sich wie ein Dragoner und legt keinen Wert auf Eleganz. Sie trägt alte Kleider auf, läßt die Schuhe besohlen und hackt in Arbeitshandschuhen Holz. Außerdem ist ihre Bildung vernachlässigt worden, wie bei vielen jungen Damen damals. Sie liest wenig und hat eine recht eigenwillige Orthographie, doch urteilt sie vernünftig über andere und schreibt lebendige, farbige und häufig originelle Briefe. Sie beschreibt die Dinge, wie sie sie sieht, ohne Affektiertheit oder Arroganz und gelegentlich sehr treffend.

Am 1. Mai, dem Tag der offiziellen Vorstellung bei Hofe, fahren beide Familien aufgeputzt nach Versailles, bis auf den Bräutigam, der sich immer noch nicht von Avignon losreißen kann. Da der Termin zu wichtig ist, wird entschieden, ohne ihn auszukommen. Ludwig XV. setzt seine erhabene Unterschrift unter den Ehevertrag, zusammen mit dem Dauphin und der Dauphine, dem Herzog von Berry, dem Grafen der Provence, dem Fürsten Condé, dem Fürsten Conti und Mademoiselle de Sens. Nach der Zeremonie kehrt der Graf de Sade erschöpft nach Paris zurück. »Meine Beine waren ganz geschwollen«, klagt er seiner Schwester Gabrielle-Laure.[43]

Die Montreuil haben kaum die Audienz beim König bewältigt, als sie verarbeiten müssen, was ihnen vorenthalten worden ist: die Liebschaft des Schwiegersohns mit Mademoiselle de Lauris und die wahre Natur seiner Erkrankung. Von Panik getrieben, daß die Erbin seinem Sohn doch noch entrinnen könnte, schmeichelt der ehemalige Botschafter Ludwigs XV. der Familie aus dem verachteten niederen Adel auf jede erdenkliche Weise. Seiner Schwester schreibt er: »Ich glaube, mit der neuesten Post aus Avignon hat Madame de Montreuil alles erfahren. Diese Geschichte und die andere (Donatiens Geschlechtskrankheit) hat sie gegenüber meinem Sohn ordentlich abgekühlt, aber es gibt kein Zurück mehr ... was für dumme Fehler er auch macht, ich glätte sie wieder mit meiner Fürsorge, Höflichkeit und Aufmerksamkeit. Die ganze Familie scheint mich zu mögen ... Ich habe unwillkürlich Mitleid mit ihnen wegen dieses neuen Familienmitglieds, das sie bald haben werden, und werfe mir vor, sie über den Charakter des Bräutigams so getäuscht zu haben ...«[44] Der Präsidentin indes liegt so viel an dieser Heirat, die ihre Familie mit einer von königlichem Geblüt verbinden wird, daß sie beide Augen zudrückt.

Die notarielle Beurkundung des Ehevertrags ist auf den 15. Mai angesetzt und die kirchliche Trauung auf den 17. Und Donatien kommt immer noch nicht! Ohne ihn kann die Hochzeit nicht stattfinden. Inzwischen sind alle entnervt. Der Graf schreibt an seine Schwester Gabrielle-Laure: »Sie haben mir den Bräutigam für den 15. avisiert, und am nächsten Tag schreibt mir der Abbé, daß er nicht vor dem 15. abfahren wird ... Nun, jetzt ist es für sie zu spät zum Rückzug, aber sie sind wütend, wie sich das hinzieht ... Sie müssen weiter von seinen Fieberanfällen schreiben, denn das erzähle ich auch hier. Wie können wir jetzt, wo die Krankheit publik ist, das Verhältnis (mit Mademoiselle Lauris) vertuschen? Denn nichts war wichtiger, als die Krankheit verborgen zu halten, und nichts einfacher. Ich gebe sie nicht zu. Wer davon erfährt, soll es auf Lokalklatsch schieben. Wenn er mit der Postkutsche kommen muß, wird es wieder teuer. Er soll ein paar Dutzend Artischocken mitbringen. Wegen des Frosts gibt es hier keine, und es wäre ein Brautgeschenk. Wenn Sie Thymian mitschicken könnten, wäre das sehr willkommen. Dies für den Fall, daß er die Postkutsche nimmt.[45]

Da ist er! Endlich trifft der verlorene Sohn ein, samt Artischocken und Thymian. Es ist höchste Zeit. Am 15. Mai, einem Sonntag, unterzeichnen Brautpaar und Familie im Stadtpalais der Montreuil den notariellen Ehevertrag. Die Klauseln sind längst formuliert.[46]

Maurice Heine schreibt dazu: »Als Vater eines ausschweifenden und zügellosen Sohnes war der Graf de Sade offenbar bemüht, dem jungen Mann keinen Zugriff auf das Rentenvermögen zu gewähren. Das kam dem Geiz der Montreuil sehr entgegen, die dem jungen Paar viel lieber eine Rente aussetzen als die komplette Mitgift ausliefern wollten.«[47] Doch noch eine Klausel steht in dem Vertrag, die Donatiens Status betrifft: »In Anbetracht des besagten Vertrags erklärt der Graf de Sade, daß er den künftigen Gatten aus seiner väterlichen Gewalt in die Volljährigkeit entläßt.« Damit kann der junge Marquis zwei Jahre eher (unter dem Ancien régime wurde man erst mit fünfundzwanzig volljährig) über sich und sein Vermögen verfügen. Er sollte alsbald Gebrauch davon machen.

Am Tag nach der Unterzeichnung und vor der kirchlichen Trauung kann es sich die Präsidentin nicht verkneifen, dem Abbé de Sade mitzuteilen, wie stolz sie ist, daß ihre Tochter in eine so vornehme Familie einheiratet. Auch den Schwiegersohn lobt sie in den höchsten Tönen: »Niemand kann gerührter sein als ich über Ihre Genugtuung über diese Heirat, die Sie mir bei der Hochzeit so deutlich zu zeigen die Güte hatten. Ich bin sehr geschmeichelt und hochzufrieden. Ihr Neffe scheint so galant, wie er nur sein kann, und um so willkommener als Schwiegersohn, als er Gaben von Verstand, Feingefühl und guter Erziehung mitbringt, die offenbar Ihrer Mühe zu danken sind … Ich bitte Sie, auch meiner Tochter Ihre Güte und Ihren Rat zukommen zu lassen …«[48]

Tags darauf wurde in der Gemeindekirche von Sainte-Marie-Madeleine in Ville-l'Éveque in Gegenwart zahlreicher Zeugen die Trauung vollzogen.

KAPITEL 6

»Nur Flausen im Kopf«

ACH, DER WINDHUND!

Nach der Hochzeitsfeier beziehen die jungen Leute ihre Wohnung im zweiten Stock des Stadtpalais der Montreuil in der Rue Neuve-du-Luxembourg. Gemäß Ehevertrag müssen die Montreuil die ersten fünf Jahre für Kost und Logis des jungen Paares aufkommen, dazu für einen Diener und eine Zofe in Paris oder auf ihrem Schloß Echauffour in der Normandie.

Der Graf de Sade läßt sich unweit davon in der Rue Basse-du-Rempart nieder und lebt dort mit nur einem Lakai, einer Haushälterin und einem Diener (aber ohne Kutsche) recht bescheiden. Monsieur de Montreuil besucht ihn täglich, Donatien überhaupt nicht. Der Graf tut, als mache es ihm nichts aus.

»Was er jetzt treibt, kümmert mich nicht, mir geht es gut«, schreibt er dem Abbé. »Wenn er was braucht, wird er schon herfinden. Er will eins von meinen Stücken aufführen. Dazu muß er mich fragen. Mir ist es egal.«[1] In der Tat ist das Verhältnis zwischen Vater und Sohn nie gespannter gewesen. Der Graf ist wütend, weil er Donatiens alte Schulden zahlen muß, und reagiert beleidigt, als sein Sohn Rechenschaft über die Einkünfte aus der Statthalterstellung für die letzten drei Jahre verlangt. »Bei ihm muß ich auf alles gefaßt sein«, jammert er. »Über seine Gefühle war ich nie im Zweifel: Ich kenne niemanden, der so durch und durch schlecht ist, und wie ich Ihnen ja schon geschrieben habe, habe ich bei dieser Eheschließung mehr als meine Pflicht getan, nur um ihn loszuwerden.«[2] Sein Lump von Sohn, klagt er, lohne ihm all seine Mühe mit Undank und Gemeinheiten. Gerade erst habe er für ihn die große Gunst erwirkt, in der Kutsche des Königs zu fahren und mit diesem zu jagen, aber der Mistkerl sei nicht mal erschienen. »Seinetwegen würde ich noch Paris verlassen, um nichts mehr über ihn hören zu müssen, aber es betrübt mich nicht mehr. Was er auch anstellt, ich bin fertig mit ihm.«[3]

Die Präsidentin ist ohne Mitgefühl für den geplagten Vater und von Donatien völlig geblendet. »Ach, der Windhund! So nenne ich mein Schwiegersöhnchen«, vertraut sie dem Abbé de Sade an. »Manchmal schimpfe ich ihn sogar aus: Wir streiten uns, vertragen uns aber alsbald; es ist nie ernst und dauert nie lange. Im allgemeinen sind wir zufrieden mit ihm; Vertrauen wächst nicht so schnell. Er mag ja ein Tunichtgut sein, aber die Ehe macht ruhiger; wenn ich mich nicht irre, werden Sie das merken, wenn Sie ihn sehen.«[4] Der Graf de Sade grinst schadenfroh: »Madame de Montreuil fällt auf meinen Sohn herein. Sie ist ganz verrückt nach ihm. Ihre Familie kennt sie gar nicht wieder. Er aber hat nur Flausen im Kopf und sucht überall seine Lust.«[5]

In der nun folgenden Auseinandersetzung zwischen Vater und Sohn schlägt sich die Präsidentin voll auf Donatiens Seite – nicht ohne Grund. Um was geht es? 1760 hat der Graf de Sade, wie beschrieben, zugunsten seines Sohnes auf sein Statthalteramt verzichtet. Verschwiegen aber hat er dabei, daß er das »Jahresentgelt« für 1761, 1762 und 1763 bereits kassiert hat, ohne Donatien etwas davon zu sagen, den er damit um erhebliche Summen prellt. Nach den Klauseln des Ehekontrakts ist das glatter Vertragsbruch.[6] Er will dies damit rechtfertigen, er habe schließlich bis zur Verehelichung für seinen Sohn aufkommen müssen, doch er steht als Betrüger da. Madame de Montreuil ergreift gegenüber dem Abbé de Sade schriftlich für den Schwiegersohn Partei und will gar den Grafen de Sade brieflich überzeugen, sein Sohn sei besser, als er glaube, setze sich nur durch Gefühlsüberschwang ins Unrecht, und er solle sich mit ihm versöhnen.[7]

DIE EISERNE LADY

Offensichtlich hat der junge Kavalier mit dem Schmollmund und dem hitzigen Temperament Madame de Montreuil restlos erobert. Die Dame läßt sich ihre vierzig Jahre nicht anmerken und flirtet durchaus noch gern. Sie ist eine »reizende Frau, eine gute Geschichtenerzählerin, immer noch recht ansehnlich, eher klein von Wuchs, von gefälliger Figur, mit einem verführerischen Lachen und Blick, so klug und schlicht wie ein Engel, dennoch sehr sympathisch und auf ihre Art attraktiv«.[8] Der junge Marquis setzt alles daran, die Gunst der Schwiegermutter zu erringen. Durch Aufmerksamkeiten und Schmeicheleien verdreht er ihr bald den Kopf. Natürlich weiß Madame de Montreuil, wozu er imstande ist, glaubt aber aufrichtig, durch seine neuen Lebensumstände käme alles ins Lot. Seine Wildheit und Aufsässigkeit sind ihr jedenfalls ganz recht und bringen die beiden einander näher. Sie fühlt sich insgeheim sogar wohl bei dem Gedanken, daß sie vom selben Schlage seien. Als dominante Persönlichkeiten machen sich weder die Präsidentin noch Donatien Gedanken, ob andere von ihrer Herrschsucht fasziniert sind oder Haß empfinden. Beide können verstehen sich darauf, zu verführen, einzuschüchtern, zu bestechen und ohne Reue oder Gewissensbisse alle verfügbaren Mittel einzusetzen, um ihre Ziele zu erreichen. Beide verfügen auch gleichermaßen über eine Energie und Kühnheit, denen nichts standhalten kann. Wehe denen, die sich ihren Wünschen nicht fügen! Was das heißt, wird Donatien erfahren, als die beiden auf Leben und Tod aneinandergeraten. Die Präsidentin wird obsiegen, nicht, weil sie die Stärkere ist, sondern weil sie über Gaben verfügt, deren Donatien völlig ermangelt: Umsicht bis zur Verschlagenheit, und vor allem eherne Selbstbeherrschung. Gegen einen sprunghaften und disziplinlosen Gegner führt Madame de Montreuil unerbittliche Entschlossenheit, Verstand und Methodik ins Feld. Sie kalkuliert jeden Schachzug, schlägt zur rechten Zeit gnadenlos zu wie eine Katze, die ihr Opfer geduldig belauert und sich plötzlich mit einem Sprung auf es stürzt. Ihr Haß wird umso gnadenloser sein, als sie sich getäuscht und betrogen fühlt. Donatien hat sie trotz aller ihrer Vorsicht hinters Licht geführt, ihre ersten Wohltaten mit Beleidigung vergolten, ihre Lieblingstochter besudelt und ihr die andere entfremdet. Sie wird diesem zunächst heißgeliebten Schwiegersohn unerbittlich alles bis auf den letzten Heller heimzahlen.

Donatien aber gerät zum ersten und einzigen Mal im Leben an eine, die so brutal und skrupellos ist wie er selbst, aber viel raffinierter. Am Ende eines erbarmungslosen Kampfes wird er an diesem Felsen von Wohlanständigkeit und Gesetzestreue zerschellen. In seinen Augen verkörpert Madame de Montreuil dann die Meute, die nach Gerechtigkeit und Wiedergutmachung kläfft. Er ist nur schuldig, sie aber macht ihn zum Angeklagten, mehr noch, zum Sträfling. Zunehmend hält sie ihm die Fratze seiner Missetaten vor, ein Schreckensbild, auf das er mit Beleidigungen und Verleumdungen zu reagieren versucht. Wenn er sie bekämpft, so versucht er eigentlich seinen eigenen Charakter zu vernichten; seine Mordgelüste richten sich in Wahrheit gegen sich selbst. Der Henker wird jenes anderen Henkers, der nebenbei die Mutter seiner Gattin ist, in Wirklichkeit aber das Urbild der Mutter, *seiner* Mutter, aller Mütter. Er zielt auf Madame de Montreuil und darüber hinaus auf *die* Mutter, wenn er sich auf den letzten Seiten der *Philosophie im Boudoir* aufs grausamste an Madame de Mistival rächt, die er mit der entfesselten Wut eines Mannes erniedrigt und beschmutzt, der genau weiß, daß er verloren hat.

EIN IDEALES PAAR

Fürs erste aber ist das junge Paar noch in den Flitterwochen. Sie vergehen rasch in einem Wirbel von Theateraufführungen, Empfängen, Konzerten und Höflichkeitsbesuchen. Am 9. Juni stellt Mademoiselle de Sens die junge Madame de Sade bei Hofe vor, eine Ehre, die sonst dem Hochadel vorbehalten ist. Der Sommer und Frühherbst sind eine Zeit ungetrübten Glücks, offenbar für beide. Renée-Pélagie sucht ihrem Gatten bei jeder Gelegenheit zu gefallen, und er wiederum zeigt sich fürsorglich und liebevoll. Madame de Montreuil hat allen Grund zur Freude: Wenn sie Zweifel an der Moral ihres Schwiegersohns gehabt hat, sind diese jetzt völlig verflogen. Sie hatte also recht, an die Vorzüge des Eheglücks zu glauben.

»Er ist sehr gut zu seiner Frau«, bemerkt sein Vater. »Solange das dauert, sehe ich ihm alles andere nach.«[9] Vier Monate nach der Hochzeit schreibt die Präsidentin dem Abbé de Sade: »Beide scheinen innige Zärtlichkeit füreinander zu empfinden. Nur ein einziger Schatten liegt auf dieser Ehe: daß Sie noch nicht Großonkel geworden sind und ich noch nicht Großmutter. Ich wünsche es mir, bin aber nicht ungeduldig: Unfruchtbarkeit kommt in beiden Familien nicht vor.«[10] Am 20. Oktober schreibt sie: »Ihre angeheiratete Nichte will Ihnen zwar in jeder Hinsicht gehorsam sein, ihn aber nie kritisieren. Sie liebt ihn, wie man es sich nur wünschen kann. Aus einem ganz schlichten Grund: Er ist liebenswert. Auch er liebt sie bislang sehr und behandelt sie sehr gut.«[11]

MASKE ODER WIRKLICHKEIT?

Ist Donatien der liebende Gatte, oder tut er nur so? Für Renée-Pélagie stellt sich die Frage nicht. Auf Geheiß ihrer Eltern macht sie es sich zur Pflicht, diesen jungen Mann zu lieben, den sie kaum kennt. In dieser Hinsicht haben sich die Sitten seit Molière kaum gewandelt: Mädchen werden genauso geopfert, wie man die jüngeren Söhne zugunsten des Ältesten in die Welt hinausschickt, ohne ihnen eine Wahl zu lassen oder auf die Stimme ihres Herzens zu hören, und im Namen vorgeblicher Wohlanständigkeit einem Unbekannten ausgeliefert: aus Ehrgeiz oder Eigennutz, in einem Schacher um Einfluß, Gunst oder Reichtum. Wohin solche Zwangsehen führen, läßt sich erahnen: meist zu einer dumpfen Resignation, die in der Religion Trost findet, zu einer Sehnsucht, deren Bitterkeit mit der Zeit nachläßt, zur Trennung oder zum Ehebruch, der einfachsten Möglichkeit sich zu rächen. Für Renée-Pélagie kommt dergleichen jedoch nicht in Frage. Dem Glauben sollte sie im Grunde ihres Herzens nie entsagen, und wenn sie mal an Trennung denkt, dann immer nur insgeheim, um den Gedanken sofort zu verdrängen, eher aus Pflichtbewußtsein als aus Rücksicht gegenüber der Konvention. Ihr Schicksal läßt sich mit keinem anderen vergleichen, weil es mit dem eines Mannes verknüpft ist, der sich außerhalb jeder anerkannten Regel bewegt. Renée-Pélagie wird nie in Melancholie oder Wehmut verfallen, Seelenkrankheiten, wie sie damals so viele Ehefrauen in regelrechte Todessehnsucht treiben. Ihr einzigartiges Schicksal war nicht, wie oft geschrieben wurde, das eines bedauernswerten Opfers, sondern das einer Komplizin oder besser einer eifrigen und ergebenen Gefährtin, der eine Rolle zugewiesen wurde, die sie sich nicht ausgesucht hatte, auf die sie durch nichts vorbereitet war, und die sie trotzdem mit allen Kräften ihres Fraueninstinkts ausfüllen sollte.

Madame de Sade opfert sich gelassen, selbstverständlich, fast fröhlich ihrem Gatten und fordert nie eine Erklärung. Sie liefert sich seiner Willkür, seinen Beleidigungen und Schlägen aus. Von ihm nimmt sie die gemeinsten Erniedrigungen hin. Und alles, was normalerweise eine Frau wie sie einem Mann wie ihm entfremden würde, kettet sie aneinander. Hier liegt das große Geheimnis dieses Paares, bei dem weder Mitleid noch Gewohnheit noch Kompromiß, also nichts von dem, wozu die Liebe in der Ehe gewöhnlich degeneriert, eine Rolle spielt. Renée-Pélagie nimmt die Vergewaltigung ihres Gewissens hin wie den Wechsel der Jahreszeiten, sanftmütig und schlicht, indem sie in die Erfüllung von Aufgaben, die ihrer Natur nicht stärker hätten zuwider sein können, eine Art hellsichtige Anmut legt, die vom Zynismus wie vom Märtyrertum gleich weit entfernt ist – und merkwürdig der Liebe ähnelt. Diese freiwillige Leibeigenschaft – in der manche nicht ohne Grund Masochismus sehen – ergibt sich zuallererst aus ihrem intuitiven Verständnis des Marquis. Instinktiv hat sie begriffen, daß sich hinter dem Herrschsüchtigen ein manchmal grausames, manchmal furchtbar liebesbedürftiges Kind verbirgt, das unerschütterliche Loyalität braucht. Sie lernt, seinen widersprüchlichen Naturen zu versöhnen: den Sklaven einer zwanghaften Sexualität, der von seiner »Feuerseele« fortgerissen wird und Befriedigung nur in den Leiden oder Qualen finden kann, die er sich und anderen zufügt, und das vom unstillbaren Bedürfnis nach Liebe getriebene Angstwesen. Sie gibt sich ihm, wie das nur eine Mutter kann, in bedingungsloser Zugehörigkeit und unter Gefährdung ihrer eigenen Identität. Welche Geliebte, welche Frau hätte so vielen Gefahren getrotzt und so hartnäckig einen Gefallenen verteidigt?

Doch fast dreißig Jahre lang fühlt sich Renée-Pélagie von Donatien auch getragen und zu unvorstellbaren Gipfeln mitgerissen. Fast dreißig Jahre lang hat sie das Gefühl, außerhalb der menschlichen und göttlichen Gesetze zu leben, über andere Frauen, ja über sich selbst hinauszuwachsen, irgendwo im »siebten Himmel« zu leben, in den der Adler Sade seine Beute verschleppt hat. Der Marquis hingegen betrachtet seine Verbindung mit Mademoiselle de Montreuil stets als »widerlichen Kaufvertrag, schändlichen Schacher um Vermögen und Namen, der nur die Leiber aneinander fesselt und die Seele dem Aufruhr von Trotz und Verzweiflung ausliefert«.[12] Im übrigen hat er nicht die Absicht, sich unter dem Vorwand der Treue irgendwelche Gelüste zu versagen: »Wehe der Frau, der es einfällt, eifersüchtig zu werden! Sie soll mit dem zufrieden sein, was er ihr gibt, wenn sie ihn liebt; sie darf ihn aber zu nichts zwingen. Nicht nur, weil es ihr nicht gelingt, sondern weil sie alsbald auch Widerwillen erntet.«[13] Renée-Pélagie beherzigte das.

MADAME DE SADES »KEHRSEITE«

Es ist bekannt, was die Hochzeitsnacht damals für die meisten jungen Frauen bedeutete. Sade läßt Madame de Saint-Ange in der *Philosophie im Boudoir* sagen: »Stellen Sie sich ein Mädchen vor, das gerade Elternhaus oder Pensionat verlassen hat und sich völlig unwissend und bar jeder Erfahrung sogleich in die Arme eines völlig Unbekannten werfen und ihm vor dem Altar Gehorsam und Treue schwören muß, was um so unbilliger ist, als es sie im Grunde ihres Herzens häufig sehr danach verlangt, dieses Wort zu brechen. Gibt es auf der Welt ein schlimmeres Los, Eugénie?«[14] So sieht Renée-Pélagies Lage zu Beginn ihrer Ehe aus.

Es darf angenommen werden, daß der Marquis seine Frau in der Hochzeitsnacht keineswegs schonte und so brutal mit ihr umsprang wie sonst mit seinen Huren. Bekanntlich zog er in seinen Sexualphantasien immer den (homosexuellen oder heterosexuellen) Analverkehr allen anderen Liebesgenüssen vor. Analverkehrsszenen sind in seinen »freizügigen« Romanen so sehr die Regel, daß »normale« Geschlechtsbeziehungen so gut wie nicht vorkommen. Die »sodomitische Lust« ging ihm über alles. Er erklärt dazu: »Diese Lust ist so groß, daß nichts an sie heranreicht und daß der Gegenstand, der ihr dient, bei ihrem Genusse unweigerlich in den dritten Himmel versetzt wird. Nichts anderes ist so gut, nichts anderes kann beide Partner, die dieser Lust frönen, so vollkommen befriedigen, und wer sie gekostet hat, findet nur schwer zu anderem zurück.«[15]

Sicher wehrt sich Madame de Sade nicht gegen die Ansinnen ihres Gatten. Sogar die Kirche empfahl den Christinnen, sich den Wünschen ihrer Gatten zu fügen, und Renée-Pélagie hatte es vor Gott geschworen. Ein Brief Donatiens (vom Juni 1783) an Renée-Pélagie belegt, daß das Paar regelmäßig Analverkehr hatte: »Ich küsse Deine Hinterbacken und will zur Hölle fahren, wenn ich mir jetzt nicht ihnen zu Ehren sofort einen runterhole! Verrate bloß der Präsidentin nichts, denn sie ist eine gute Jansenistin und mag es nicht, wenn Frauen *moliniert* werden. (Eine Anspielung auf den spanischen Jesuiten Luis Molina, gegen dessen Gnadenlehre die Jansenisten auftraten.) Sie behauptet, Monsieur Cordier habe sich immer nur in das Gefäß der Fortpflanzung ergossen und jeder müsse in der Hölle braten, der etwas anderes tut. Aber mich Jesuitenzögling hat Pater Sanchez gelehrt, nicht mehr als nötig ins Leere zu stoßen, weil die Natur nach Descartes die Leere flieht – und ich bin mit Mama Cordier nicht einverstanden. Du allerdings bist Philosophin. Du hast eine sehr hübsche Kehrseite und eine Art von Bewegung und Enge in dieser und eine Hitzigkeit in Deinem Rektum, weswegen wir uns ganz trefflich verstehen.«[16]

JEANNE TESTARD

Im achtzehnten Jahrhundert ist die Ehe kein Hindernis für Libertinage. Wie viele Männer verlassen ihre Gattinnen unmittelbar nach der Hochzeitsnacht, um ihren Gelüsten weiter folgen zu können! Derlei ist so üblich, daß eheliche Treue und unerschütterliche Liebe lächerlich wirken. Der Marquis de Sade, der im Mai geheiratet hat, mietet im Juni ein Häuschen in der Rue Mouffetard und möbliert es auf Pump. Außerdem stehen ihm eine Wohnung in Versailles und ein möbliertes Haus in Arcueil zur Verfügung, das er für achthundert Livres im Jahr angemietet hat und das alsbald aktenkundig wird. Der junge Lüstling ist gut versorgt. Er wechselt häufig den Wohnsitz, um seine Spur zu verwischen und den Anschuldigungen der Huren zu entgehen, die er in der ganzen Stadt aufliest und in Mietkutschen mit verhängten Fenstern nach Hause mitnimmt. Sollte es Klagen über seine Brutalität geben, ist er nicht leicht zu finden. Unterdessen harrt seine junge Frau in ihrem Elternhaus seiner, ungewiß, was sie mehr fürchten soll: Nächte des Alleinseins oder solche, in denen sie mit ihm die entwürdigendsten Erfahrungen macht. Natürlich weiß Madame de Montreuil, was unter ihrem Dache vorgeht. Aber sie glaubt immer noch, der junge Mann wird durch die Ehe zur Ruhe kommen.

Sie irrt sich. Am 29. Oktober wird der Skandal ruchbar: Der Marquis de Sade ist auf Befehl des Königs gefangengenommen und in Vincennes inhaftiert worden. Was ist geschehen?

Donatien hat den Frühherbst mit Frau und Schwiegermutter auf Schloß Echauffour verbracht. Am 15. Oktober nimmt er die Postkutsche nach Paris, angeblich um dem König in Fontainebleau seine Aufwartung zu machen und den Herzog von Choiseul um eine Stelle zu bitten. Von dort will er nach Dijon reisen, wo das *Parlement* ihn offiziell als Statthalter einsetzen soll. In Wirklichkeit aber will er nur dem Ehejoch entkommen.

In Paris wohnt er bei seinem Schwiegervater in der Rue Neuve-du-Luxembourg. Am Abend des 18. Oktober jedoch bietet er einer zwanzigjährigen Fächermacherin zwei Louisdor, wenn sie mit ihm in die Rue Mouffetard kommt. Sie heißt Jeanne Testard und hat dem Polizeibericht zufolge »gelegentliche Männerbekanntschaften«. Die beiden sind von einer Kupplerin namens Du Rameau zusammengebracht worden. Sobald sie in der Rue Mouffetard allein sind, fragt er die junge Frau, ob sie an Gott, Jesus und die Jungfrau Maria glaube, was diese bejaht. Plötzlich schreit der Marquis furchtbare Beleidigungen und Gotteslästerungen. Es gebe keinen Gott, behauptet er, und er könne es beweisen, er habe bis zum Erguß in einen Kelch onaniert, er lästert Jesus Christus und die Jungfrau Maria und erzählt, wie er mit einer anderen vorher zur Kommunion gegangen sei: Er habe die beiden Oblaten genommen, in ihre Scheide gesteckt und sie mit dem Ruf bestiegen: »Gott, wenn es Dich gibt, dann räche Dich jetzt!«

Dann fordert er Jeanne Testard auf, mit ihm ins Nebenzimmer zu kommen, wo es etwas ganz Besonderes zu sehen gebe. »Ich bin schwanger«, versetzt sie darauf, »und will mir nichts ansehen, woran ich mich erschrecken könnte.« Er schiebt sie hinein und sagt: »Hab keine Angst, da ist nichts Schreckliches.« Als er die Tür hinter ihnen zuschließt, sieht die verschreckte Jeanne als erstes fünf Geißeln, davon drei aus Hanfschnur, eine aus Messingdraht und eine aus Stahldraht. An den Wänden hängen drei Kruzifixe aus Elfenbein, zwei Stiche von Christus, Darstellungen des Kreuzes und der Heiligen Jungfrau und etliche obszöne Drucke und Zeichnungen. Sade fordert sie auf, ihn zunächst mit der rotglühenden Stahldrahtgeißel auszupeitschen und für sich selbst dann eine Geißel zu wählen, aber sie weigert sich hartnäckig. Dann nimmt er zwei Kruzifixe herunter und tritt eines mit Füßen, während er mit dem anderen masturbiert, wonach er sie auffordert, desgleichen zu tun. Als sie sich weigert, zeigt er auf zwei Pistolen auf dem Tisch, legt die Hand auf seinen Degen und droht, sie damit zu durchbohren. In Todesangst befolgt das arme Mädchen seine Anweisungen, indem sie das Kruzifix mit Füßen tritt und leise die Gotteslästerungen wiederholt, die er ihr ins Ohr schreit. Dann verlangt er von ihr, sie solle sich ein Klistier machen lassen und sich auf den Christus erleichtern. Angesichts ihrer standhaften Weigerung aber muß er darauf verzichten.

Sie muß die ganze Nacht bleiben, ohne zu essen oder zu schlafen. Statt dessen liest ihr der Marquis Gedichte vor, die »voller Lästerung und ganz und gar gegen den Glauben waren«. Dann schlägt er Analverkehr vor und nimmt ihr das Versprechen ab, am nächsten Sonntag morgens um sieben mit ihm in St.-Médard die Kommunion zu nehmen, dabei zwei Oblaten zu ergattern, eine zu verbrennen und die andere auf die bereits beschriebene Art zu verwenden. Um neun Uhr am nächsten Morgen kommt die Kupplerin Du Rameau Mademoiselle Testard abholen. Bevor er sie ziehen läßt, zwingt Sade sie, einen Eid zu unterschreiben, niemandem je zu erzählen, was zwischen ihnen vorgefallen ist.

Jeanne Testard marschiert direkt zum Haus des Polizeipräfekten, der aber nicht da ist, dann zu Inspektor Marais, den sie ebenfalls nicht antrifft. Doch sein Schreiber schickt sie zu Sieur Mutel, dem Gefängnisdirektor vom Châtelet, der ihre Zeugenaussage aufnimmt.[17] Im Zuge der nun folgenden Untersuchungen sagen auch andere Huren aus, deren sich der Marquis bedient hat, und das Ergebnis ist ein Haftbefehl. Unter Bewachung von Inspektor Marais wird er nach Fontainebleau gebracht, wo er dem Hofminister Monsieur de Saint-Florentin vorgeführt wird, der die Akte Seiner Majestät mit der Empfehlung vorlegt, derlei Exzesse streng zu bestrafen. Ludwig XV. verschlingt die Akte begierig (er las mit Vorliebe von den sittlichen Verfehlungen seiner Untertanen) und befiehlt sodann, den Missetäter in Vincennes einzusperren, bis seine Festungshaft auf Kosten seiner Familie geregelt werden könne. Am 29. Oktober wird Sade eingesperrt.

Nach den in solchen Dingen sehr ergiebigen Polizeiberichten ist Auspeitschung in Bordellen der Hauptstadt eine übliche Praxis. Inspektor Marais, der mit Sades Überwachung weiterhin beauftragt ist, liefert einen interessanten Vermerk: »Es gibt heute kein öffentliches Haus, in dem nicht Rohrstöcke in großer Zahl für die ›Bestrafung‹ zu finden sind, mit der erkaltete Lüstlinge angeregt werden. Dies ist besonders bei Geistlichen eigenartig beliebt. In solchen Etablissements habe ich viele Männer angetroffen, die um einer kräftigen Auspeitschung willen da waren, darunter auch den Bibliothekar der Jesuiten von der Place des Victoires, an dem zwei Frauen zwei Rutenbesen verbrauchten, wonach sie mangels Ruten Strohzöpfe aus einer Türmatte verwenden mußten. Als ich dazukam, war er blutüberströmt.«[18] Andere lassen sich nicht nur auspeitschen, sondern schlagen die Huren mit verschiedenen Geißeln, darunter auch solchen, in die Nägel, Knoten oder Federn geflochten sind.

Eine genauere Lektüre der Aussage Jeanne Testards zeigt, daß der Marquis ihr keinen körperlichen Schaden zugefügt hat. Er wird nur beschuldigt, Analverkehr »verlangt« zu haben, doch nicht, Gewalt angewandt zu haben, um seine Lust zu stillen. Natürlich hat er sein Opfer mit Pistolen und Degen bedroht, doch gibt es keinen Anhaltspunkt dafür, daß er diese benutzt hätte. Der Marquis wäre der Bestrafung völlig entgangen, wenn er bloß der Vergewaltigung bezichtigt worden wäre. Doch hinzu kommen Gotteslästerung, Mißbrauch des Kruzifixes und Aufforderung zum Sakrileg. Die Verhaftung gründet sich hauptsächlich auf diese Verbrechen, die nach dem damaligen Strafgesetzbuch sehr viel schwerer wogen. Wer sich gegen den Glauben verging, wenn auch nur verbal, riskierte Kopf und Kragen, sofern er nicht zum Hochadel gehörte.

In seiner zweiunddreißig Jahre nach der Episode mit Jeanne Testard veröffentlichen *Philosophie im Boudoir* behauptet Sade, ein Atheist habe ein Recht auf Sakrileg, wenn das seine Lust anstachle. Ein geschicktes Plädoyer, doch nicht überzeugend, denn sakrale Gegenstände können nur dort als erotische Fetische fungieren, wo das Geheiligte als solches anerkannt wird. In bezug auf den Glauben wie auf viele andere Werte scheint Donatien de Sade »sehr unreif« geblieben zu sein und »greuliche

Lästerungen« nur deswegen von sich gegeben zu haben, um den Zorn von Erwachsenen zu provozieren, an dem er sich wiederum aufgeilen konnte. Sakrale Gegenstände werden ihm nie gleichgültig (kalte Verachtung war nicht seine Stärke). Seine Einstellung zu ihnen wird stets von ohnmächtiger Wut und unreifen Trotzgebärden gekennzeichnet bleiben.

»BITTERLICH WEINEND UND KNIEFÄLLIG«

Der Marquis ist nicht so verantwortungslos, die Risiken dieses Zwischenfalls zu unterschätzen. Noch am Tage seiner Festsetzung in Vincennes schreibt er an den Polizeipräfekten Monsieur de Sartine, zu dem die Montreuil zum Glück gute Beziehungen haben. Er sei fürs Leben ruiniert, lamentiert er, und zugrunde gerichtet, wenn diese Haft bekannt würde; nie wieder könne er dann Offizier sein.

Am selben Tag oder tags darauf schickt er ein wehleidiges Bittschreiben an Monsieur Guyonnet, den Direktor von Vincennes, und bittet ihn, einen beigefügten Brief Madame de Montreuil zukommen zu lassen, und der Marquise einen Besuch zu gestatten: »Um diese Gunst wage ich Sie bitterlich weinend und kniefällig zu bitten. Erweisen Sie mir die Güte, mich mit einem Menschen versöhnen zu dürfen, der mir so teuer ist und den ich in meiner Schwäche verletzt habe … Ich flehe Sie an, Monsieur, mir diesen Besuch des mir liebsten Menschen auf Erden nicht zu verweigern. Wenn Sie die Ehre hätten, mit ihr bekannt zu sein, würden Sie erkennen, daß ihr Zuspruch mehr als alles andere imstande ist, einen Elenden auf den rechten Weg zurückzuführen, dessen Verzweiflung, davon abgewichen zu sein, ihresgleichen sucht.«[19]

Am 2. November adressiert er eine neuerliche Bittschrift an Monsieur de Sartine, den Besuch seiner Frau zu gestatten. Außerdem verlangt er plötzlich einen Beichtvater: »… So elend ich mich hier befinde, Monsieur, klage ich nicht über mein Schicksal; ich habe Gottes Zorn verdient und spüre ihn. Ich kann nur noch meine Sünden beweinen und meine Missetaten verabscheuen. Ach! Gott könnte mich vernichten, ohne mir die Zeit zu lassen, sie zu erkennen und zu bereuen. Wie oft werde ich zu ihm beten müssen, um innere Einkehr zu finden! Geben Sie mir die Mittel dazu, ich flehe Sie an, Monsieur, indem Sie mir einen Beichtvater erlauben. Durch seine Anleitung und meine aufrichtige Reue hoffe ich bald jene Gottesgnade erfahren zu dürfen, deren Geringschätzung Hauptursache dafür ist, daß ich so verloren bin.«[20]

Tartuffe! Wenn er Frömmigkeit so perfekt heucheln konnte, dann nicht auch die eheliche Liebe? Unterdessen leidet die arme Renée-Pélagie, im dritten Monat schwanger, zugleich an Morgenübelkeit, unter dem Wissen, daß ihr Gatte im Gefängnis sitzt, und unter der Fassungslosigkeit ihrer Eltern. Einzelheiten des Falles kennt sie wohl nicht, auch wenn sie sich keine Illusionen über Donatiens sexuelle Vorlieben macht. Der Marquis schließt seinen Brief, indem er den Polizeibeamten ersucht, die wahren Gründe seiner Inhaftierung vor der Familie geheimzuhalten. »Ich wäre in ihren Augen endgültig verloren.« Im übrigen habe er kaum acht Tage lang »gesündigt«. Doch sei dies genug, »um den Schöpfer zu erzürnen, dessen gerechten Zorn ich jetzt zu spüren bekomme«.

Sobald der Graf de Sade von der Verhaftung seines Sohnes hört, eilt er nach Fontainebleau, um den König um eine Begnadigung zu ersuchen, unterwegs seinen Sprößling verfluchend, der seinen Namen entehrt und ihn zwingt, zehn Louis für diese Reise zu vergeuden, von denen er sonst zwei Monate hätte leben können. Ludwig XV. erhört die Bitten seines ehemaligen Botschafters und unterschreibt einen Erlaß, den Marquis am 13. November in Freiheit zu setzen. Donatien hat fünfzehn Tage gesessen.

ÜBERWACHUNG

Die Freilassung bedeutet nicht die Freiheit. Der König hat die Entlassung aus dem Gefängnis gebilligt, verbannt ihn aber unter Aufsicht von Inspektor Marais, der ihn begleiten und überwachen soll, auf Schloß Echauffour. Louis Marais wird zu Recht als anerkannter Polizeiexperte für alle Formen der Libertinage betrachtet. Über alle Bett- und Bühnengeheimnisse auf dem laufenden, besucht er zwielichtige Lokale, inspiziert Stundenhotels, registriert sündige Priester, verfolgt die Liebesaffären der vornehmen Herren, kennt den Tarif der Operndamen und die Summen, die ihre Beschützer für sie vergeuden. Für ihn hat Paris keine Geheimnisse: Liebesabenteuer, Intrigen, Eifersuchtsdramen, Rivalitäten, Liebesnester, Affären, Treubrüche, Trennungen, große und kleine Skandale, alles wird ihm zugetragen. Huren und Puffmütter vertrauen sich ihm an, und selbstverständlich kann er alle perversen Gelüste ihrer Kunden oder deren nächtliche oder alltägliche Orgien beschreiben, die in Bordellen stattfinden oder von Kupplerinnen eingefädelt werden. Aus solchen Angaben stellt er Berichte für Monsieur de Sartine zusammen, und Sartine wiederum legt seine Notizen Ludwig XV. vor, der sich an dieser Skandalchronik ergötzt. Marais ist schon vor geraumer Zeit auf Sade angesetzt worden. Fortan muß der Marquis mit diesem Mann rechnen, den er mit Verachtung behandelt, auch wenn er seine Schläue fürchtet.

Mit der Verbannung Donatiens nach Echauffour kann die Familie erleichtert aufatmen. Zum Glück hat sich seine Verhaftung nicht herumgesprochen. Madame de Montreuil nimmt die Sache philosophisch. Donatiens Eskapaden können ihr Vertrauen und ihre Begeisterung nicht dämpfen. Er selbst scheint sich mit seiner eingeschränkten Freiheit unter der Fuchtel von Frau und Schwiegereltern abgefunden zu haben. Trotz der Übelkeiten verläuft Renée-Pélagies Schwangerschaft normal. Mit dieser begründet Madame de Montreuil auch den ungewöhnlichen Winteraufenthalt in Echauffour, denn den wahren Grund darf niemand wissen. Das Kind aber soll nicht dort geboren werden: »Sie ist zart, und wir sind weit von jeder Hilfe entfernt.« In der Tat bleibt das termingerecht geborene Kind nicht am Leben; es (sein Geschlecht ist nicht bekannt) stirbt kurz nach der Geburt. »Der Himmel ließ mich die Vaterfreuden nicht lange genießen«, seufzt der Marquis.

Am 3. April 1764 teilt Monsieur de Saint-Florentin Monsieur de Montreuil mit, Seine Majestät wolle dem Schwiegersohn des Präsidenten gestatten, nach Paris zurückzukehren und dort vom 15. an drei Monate zu weilen. Damit kommt der Monarch den Wünschen der Familie nach, die Donatiens Anwesenheit in der Hauptstadt für nötig hält.[21] Es ist nur ein erster Schritt zum Straferlaß. Erst am 11. September wird der Souverän die Verbannung nach Echauffour endgültig aufheben.

Sobald er frei ist, widmet sich Donatien seiner großen Leidenschaft, dem Theater. Er übernimmt die Leitung einer Laienbühne im Schloß von Madame de Sades Onkel in Evry, etwa dreißig Kilometer außerhalb von Paris. Dort führt er ältere und aktuelle Stücke auf.[22] Für den Schlußakt von Palparats *L'Avocat Patelin* (Advokat Patelin) verfaßt Sade fast sechs Monate nach seiner Inhaftierung in Vincennes Verse, die auf die Ereignisse anspielen. So erklärte Donatien (als Valère) Renée-Pélagie (als Henriette), es sei nur »ein kleiner Schritt vom Bösen zum Guten«, worauf Henriette antworten muß: »Ich habe keine Befürchtung mehr.«[23]

Am 4. Mai 1764 teilt der Hofminister Monsieur de Montreuil mit, Seine Majestät habe »unter großem Bedenken« verfügt, Monsieur de Sade die Reise nach Dijon zu gestatten, damit er dort vom *Parlement* als Statthalter des Königs für die Provinzen Bresse, Bugey, Valromey und

Gex ernannt werden kann. Die Feier findet am 26. Juni statt. Donatien hält eine ziemlich akademische Rede, strotzend von einer Unterwürfigkeit, die kaum zu ihm paßt: »Mein einziger Ehrgeiz ist, mich Ihrer würdig zu erweisen. Daß Sie hier eines Tages so über mich urteilen könnten, wäre die Erfüllung meines höchsten Strebens.«[24]

In Dijon nutzt er die Gelegenheit und sucht die Bibliothek des Kartäuserklosters auf, um in dessen Archiven zu stöbern, was darauf schließen läßt, daß er schon damals ein historisches Werk vorhatte. Im Gegensatz zur allgemein verbreiteten Meinung ist sein schriftstellerischer Ehrgeiz nicht erst im Gefängnis erwacht. Den Drang, zu schreiben und seine Worte gedruckt zu sehen, verspürte er schon immer.

MADEMOISELLE COLET VOM THÉÂTRE-ITALIEN

Hat sich Monsieur de Sade endlich angepaßt und mit einem normalen Familienleben abgefunden? Hat er plötzlich auf alle Tollheiten verzichtet, um sich als guter Gatte und Biedermann zu erweisen? Lassen wir uns von der Maske nicht täuschen: Als begnadeter Schauspieler spielt Donatien seine Charakterrollen hervorragend: besonders gut die des reuigen Sünders.

Nach fünf Monaten Exil und Langeweile auf dem Land in der Normandie lechzt er nach Vergnügungen. Kaum nach Paris zurückgekehrt, stürzt er sich in wilde Orgien, in ein Abenteuer nach dem andern, hält diverse Frauen aus. Inspektor Marais hat den Marquis zu überwachen und notiert seine Aktivitäten. So werden sie dokumentiert.

Einigen Damen wendet er sich ganz speziell zu. Am 15. Juli 1764 wird unser Frauenheld nach einer Aufführung in der Comédie Italienne einer gewissen Mademoiselle Colet vorgestellt, einer zwanzigjährigen, hochgewachsenen, gut gebauten Schauspielerin mit Wespentaille und markanten Gesichtszügen, die sich vom Marquis heimbegleiten läßt. Als in Liebesdingen recht unbefangene Dame verheißt sie offenbar besondere Vergnügungen. »Privat soll sie noch unterhaltsamer sein als auf der Bühne«, notiert Marais. Lord Elgin, der wie viele junge Engländer von Adel die Freiheiten von Paris genießt, zahlt ihr dreißig Louisdor für eine Nacht und bereut die Ausgabe nicht. Am nächsten Tag schickt Donatien seinen Diener mit folgendem glühenden Liebesbrief zu ihr: »Es fällt schwer, Sie zu sehen, ohne Sie zu lieben, und noch schwerer, Sie zu lieben, ohne es auszusprechen. Ich habe lange geschwiegen, muß aber jetzt mein Schweigen brechen. Ich bin verrückt nach Ihnen, ich finde kein anderes Glück mehr auf Erden, als mein Leben und Vermögen mit Ihnen zu teilen. Ich flehe Sie an, beglücken Sie mich mit einer kurzen Antwort. Sollten Sie mich, der ich es ganz aufrichtig meine, so glücklich machen, meine Wünsche nicht zurückzuweisen, so gewähren Sie mir ein Rendezvous, wo wir ein Arrangement treffen können … Mein Glück liegt in Ihren Händen. Ich kann ohne Sie nicht mehr leben.«[25]

Natürlich glaubt Donatien davon kein Wort und die Empfängerin auch nicht. Diese Sprache ist nur Spiel, das Blendwerk der Verführung soll lediglich Begehren zur Leidenschaft verklären. Denn der Code, in dem »ich liebe Sie« nur »ich will Sie haben« bedeutet, kann niemanden täuschen, er rechtfertigt Sinneslust und entmystifiziert das Gefühl. Kurz gesagt, er ist die »wahre Lüge«, in der sich das Ethos des Libertins zeigt, sein Hang zur Verstellung und Verführung und zur hohen Kunst, die eigene Kaltschnäuzigkeit hinter honigsüßen Worten zu verbergen. Ein Lügentheater, in dem jeder die Hauptrolle spielt und sich keiner täuschen läßt. Die Liebe wird übertrieben vorgetäuscht, mit spöttisch verzogenem Mundwinkel hören sich die Akteure selbst stöhnen, betteln und flehen. Dieses Schwelgen in Liebesschwüren soll nur beweisen, wie falsch diese doch sind. Das Liebesgeflüster soll auch noch die letzten Illusionen rauben. Donatien betrachtet seine Briefe an Mademoiselle Colet als Musterbeispiele dieser Kunst und versäumt nicht, sie in voller Länge in seine Sammlung vermischter Werke aufzunehmen.

Wie kann die Dame einer solchen Liebeserklärung widerstehen, wo doch Donatien in Verbindung mit verheißungsvollen »Arrangements« auch erwähnt, daß er sein Vermögen mit ihr teilen will? Sie jedenfalls ist abgebrüht und hat reichlich Erfahrung, denn sie ist schon seit dem siebzehnten Lebensjahr im Geschäft, erkennt einen Libertin auf drei Meilen und läßt sich nicht mit dem Erstbesten ein. Ursprünglich von dem reichen alten Amerikaner Monsieur de Bréan ausgehalten, verläßt sie diesen für den Herzog de La Ferté, der ihr die Syphilis vermacht, und geht von diesem an den Sieur Rozetti, der sie davon heilt, aber verläßt, als sie ihn mit dem Vicomte de Sabran betrügt. Im Frühjahr 1763 gibt Mademoiselle Colet Monsieur de Sabran den Laufpaß zugunsten des Marquis de Lignerac, der zwanzig Louisdor für das Vorrecht zahlt, sich ihre Gunst mit dem Grafen von Rochefort zu teilen, von dem sie eine monatliche Zuwendung von dreißig Louisdor und das Versprechen erhält, sechstausend Livres ihrer Schulden zu begleichen. Rochefort schenkt ihr als großzügiger Beschützer auch ein Paar Diamantohrringe, die auf viertausend Livres geschätzt werden. Doch die Dame ist auch kleinen Affären nebenbei nicht abgeneigt, wenn sie genug einbringen. Da sie ihre Gunst wohlberechnet vergibt, versteht sie den Preis hochzutreiben, bevor sie sich an den Meistbietenden verkauft. Auf Sades Liebesbekenntnisse reagiert sie mit gespieltem Zorn und wirft den Boten, ganz gekränkte Tugend, mit der Drohung hinaus, sie werde sich derlei Unverschämtheiten nicht bieten lassen.

Eine Stunde später schickt Donatien den zweiten Brief, in dem er noch mehr drängt als im ersten und vor Reue vergeht. Man könnte ihn sogar für ehrlich halten, endete er nicht mit einer drohenden Forderung, die im krassen Gegensatz zu seinen vorherigen demütigen Worten steht: »Ach Gott! Erlauben Sie mir, Mademoiselle, mich Ihnen zu Füßen zu werfen, um die Beleidigung zu sühnen, deren Sie mich zeihen! ... Eher stürbe ich, als daß ich aufhörte, Sie zu lieben! [...] Haben Sie denn geglaubt, ich böte Ihnen mein Vermögen, um damit Ihre Gunst zu erwerben? Bei Ihrer Anständigkeit und empfindsamen Seele hätten Sie da wahrlich Grund, mich zu hassen! Meine Tränen, meine Seufzer, meine Treue, meine Ergebenheit, meine Reue und meine Achtung: sie sind der Preis für ein Herz wie das Ihre, das mir allein das Glück meines Lebens schenken kann [...] Ich erwarte Ihre Antwort morgen früh [...] und wenn ich sie nicht bis um zehn Uhr morgens habe, muß ich annehmen, daß Sie mir keine geben wollen, und um zwölf meinen Diener schicken, um sie mir zu holen.«[26]

Freudig und virtuos übt sich Sade in Doppelsinnigkeit, sagt Dinge und meint ihr Gegenteil, macht sich über seine angeblichen Gefühle lustig! Als Meister der codierten Sprache amüsiert er sich hier sichtlich, den Liebesdiskurs zu unterlaufen, indem er dessen Auswüchse und Lächerlichkeiten parodiert. Nie hat sich Zynismus so vollendet als Leidenschaft verkleidet. Jede Liebesäußerung, alle Auswüchse, Übertreibungen, Tränen, Unschuldsbeteuerungen sind nichts als Pfeilschüsse auf die »empfindsame Seele«, blanke Verspottung des liebenden Herzens. Sade, der sich vor Gefühlsaufwallungen ekelt, spottet über Liebesleid und beteuert zugleich seine Aufrichtigkeit. Mit wieviel Freude kleidet er hier seine Sarkasmen gegen dieses feile Hürchen und ihr stadtbekanntes Treiben in süßliches Gestammel und Lobpreisungen ihrer »Tugend« und ihres »Anstands«! Seine Emphase grenzt an Geschmacklosigkeit oder gar Grausamkeit, ganz zu schweigen von der Anspielung auf das Vermögen, mit der die Kurtisane an ihr Bettgeschäft erinnert werden soll.

Ob das schlaue Weib den Hohn durchschaut? Jedenfalls läßt sie den Anbeter mehrere Monate schmachten, bevor sie ihm ein Rendezvous verheißt, wobei das Warten nur das Verlangen des Marquis steigern soll, da er von diesem Liebesobjekt ein Paradies an Sinnlichkeit erwartet: »Wie grausam sind Sie, mich so lange auf mein ersehntes Glück warten zu lassen. Ich lebe nicht mehr, ich kann nicht mehr sein. Seien Sie barmherzig, und lassen Sie es heute nachmittag um vier sein. Wie boshaft, es so hinauszuzögern! Ja, Sie wollen mich sterben sehen, das wird mir klar ... Sollten Sie mir keine Nachricht zukommen lassen, dann bis morgen.«[27]

Wir wissen nicht, wie Mademoiselle Colet auf diese verzweifelten Appelle reagiert. Wann gibt sie schließlich dem Flehen ihres Verehrers nach? Auch das ist nicht bekannt. Festzustellen ist nur, daß sie ihm am 7. Dezember 1764 nichts mehr verweigert hat. Mittlerweile zahlt Donatien seiner Geliebten monatlich fünfundzwanzig Louisdor, obwohl sie immer noch mit dem Marquis de Lignerac zusammenlebt, der großherzig genug ist, einem Rivalen den Vortritt zu lassen, wenn seine Mätresse dabei auf ihre Rechnung kommt. Von ihrem Verhältnis mit Sade weiß er.

Der frequentiert natürlich weiter die Bordelle der Stadt. Marais aber weiß, zu welchen Gewalttätigkeiten der Marquis fähig ist, und rät den Kupplerinnen ab, ihm Huren nach Hause zu schicken, damit nicht etwas Schreckliches passiert.

Am 21. Dezember zwingt ein Familienrat Monsieur de Lignerac, Mademoiselle Colet ganz Monsieur de Sade zu überlassen, doch der Empfänger des Segens ist alles andere als erfreut, da er nicht reich genug ist, eine so anspruchsvolle und teure Schauspielerin alleine auszuhalten. Die Teilhaberschaft mit Lignerac hatte zweierlei Vorteile gehabt: Der Marquis hatte sich die Kosten teilen und das Verhältnis durch den anderen tarnen können. Als offizieller Liebhaber der Schauspielerin steht er plötzlich im Rampenlicht und riskiert so den Zorn seiner Verwandtschaft, besonders den von Madame de Montreuil. Diese ist nicht blind und wird über die Eskapaden ihres Schwiegersohns ständig informiert (möglicherweise durch Marais). Solange es nicht zum Skandal kommt, drückt Donatiens Schwiegermutter gern beide Augen zu, führt doch der junge Mann im Grunde nur das gleiche Leben wie alle jungen Adeligen seiner Generation. Würde seine Affäre jedoch allgemein bekannt, ginge sie vermutlich hart gegen ihn vor.

Unterdessen besucht Lignerac Mademoiselle Colet weiter, aber da ihm seine Familie den Geldhahn zugedreht hat, ist er bloß noch der *guerluchon* (Liebhaber einer von einem anderen ausgehaltenen Frau). Er muß sich damit begnügen, sie in ihrer Garderobe zu besuchen und unter dem Schminktisch zu verschwinden, wenn jemand klopft. Donatien allerdings leidet Eifersuchtsqualen, als er in der Wohnung seiner Geliebten ein Paar Ohrringe im Wert von tausend Talern und einen gigantischen seidenbespannten Toilettenkorb voller galantester Accessoires vorfindet, den sie zu Weihnachten bekommen hatte und allen ihren Freundinnen vorführt. Diese prachtvollen Geschenke stammen von einem der reichsten Adeligen Frankreichs, dem Herzog von Fronsac, Sohn des Marschall Richelieu, der auch die Neigung seines Vaters zur Ausschweifung geerbt hat. Donatien aber schläft weiter mit ihr, als wolle er den Betrug nicht wahrhaben. Doch als er zu der Überzeugung gelangt, daß er seinen neuen Rivalen an Ruhm und Vermögen nicht ausstechen kann, beendet er die Affäre und bittet die Geliebte um Rückgabe seiner Briefe. Im Rausch ihrer neuen Eroberung und stolzgeschwellt, daß ihr einer der berühmtesten Männer Frankreichs zu Füßen liegt, antwortet sie hochnäsig und verletzend. Donatien schreibt ihr daraufhin einen endgültigen Abschiedsbrief voller Gift und Galle: »Die Rache einer Frau ist bloß verachtenswert, und ich antworte nur, um zu zeigen, daß ich sie nicht fürchte. Warum beklagen Sie sich, daß ich meine Briefe zurückverlange? Das ist eine ganz einfache Sache, und niemand außer Ihnen würde etwas dabei finden. Was habe ich Ihnen getan, daß Sie mich so behandeln? Und warum sind Sie so barbarisch, jemanden zu demütigen, der Ihnen nichts getan hat, außer Sie zu lieben? Was für ein Wesen sind Sie nur? Sie zeigen es mir hiermit zur Genüge. Und was ich bin? Ich bin Ihr Opfer. Wer von uns beiden hat die schändlichere Rolle?«[28]

Während er seiner Gattin ewige Liebe schwört, treibt Donatien es noch mit einer weiteren Schauspielerin vom Théâtre-Italien, mit Mademoiselle Beaupré. Erst von dem russischen Grafen Bruss ausgehalten, hat sie diesen durch den Chevalier de Choiseul ersetzt, der bei seiner Mutter in der Rue Saint-Honoré wohnt und pro Nacht fünfundzwanzig Louisdor bezahlen kann. »Viel zuviel für ihr Alter«, bemerkt Marais, »es ist zu fürchten, daß sie ihn ziemlich ausnimmt, denn sie will jetzt schon Ohrringe für fünftausend Livres. Um Bargeld wäre er verlegen, aber er hat Kredit.«[29] Das hindert die Dame nicht, sich den Theaterkassierer Linguet als *guerluchon* dazuzunehmen. Der Marquis de Saint-Sulpice, der ebenfalls um ihre Gunst buhlt, bietet ihr monatlich zwanzig Louisdor. »Sie hat ihn abgewiesen und lieber für sechs Louis zweimal mit de Sade geschlafen«, berichtet Marais am 8. Februar 1765. Vier Tage später zieht Mademoiselle Beaupré in eine von dem englischen Spieler Stevenson eingerichtete Wohnung in der Rue de Richelieu. Er zahlt monatlich fünfzig Louisdor Liebeslohn, und verheißt seiner Mätresse Geschenke »je nach seiner Zufriedenheit«.

KAPITEL 7

Erste Skandale

DIE BEAUVOISIN

Im Frühling 1765 widmet sich Donatien ganz seiner neuesten Eroberung, der Kurtisane Beauvoisin, die für ihre Schönheit so berühmt wie für die Schar ihrer Liebhaber berüchtigt ist. Ursprünglich Hausmädchen bei einem Bader, hat die Demoiselle blutjung ihr Operndebüt gegeben und ist von dem Grafen Dubarry, dem Vorzeigegatten der Königsmätresse, schon mit sechzehn in die käufliche Liebe eingeführt worden. Sie wird von den hochrangigsten Männern umworben, stellt alle zufrieden und verschmäht auch nicht Techtelmechtel, indem sie neben den Dauerliebhabern auch kurze Affären eingeht, wenn der Preis stimmt. Ihre Tarife sind in der Halbwelt die höchsten, und so bleibt sie für manche unerschwinglich. Sie wird allgemein als sympathisch geschildert, mit hübschem Gesicht, aber »ohne Taille, kurz und gedrungen«, weswegen sie beim Ballett nicht reüssieren kann. Also hat sie in ein Fach gewechselt, wo sie begeisterten Beifall erhält und die Konkurrenz an die Wand spielen kann: in das der Liebesdienste.

Am 26. April 1765 erwähnt Inspektor Marais sie erstmals in Verbindung mit dem Marquis de Sade: »Den Monsieur Douet de la Boulay [...] betrügt die Demoiselle Beauvoisin weidlich. Sieur de Pienne ist weiter ihr bevorzugter *guerluchon*, und Monsieur le Comte de Sade zahlt ihr mindestens zwanzig Louisdor monatlich für Toilette und Theater.«[1]

Bemerkenswerterweise ist Mademoiselle Beauvoisin im zweiten Monat, als Donatien ihr Liebhaber wird.[2] Wieder reizt ihn eine Schwangere (nach Jeanne Testard). Zehn Jahre später nimmt er sich in Italien erneut eine schwangere Mätresse.

DIE VERWECHSELTE MADAME DE SADE

Schon am 26. März hat Donatien den in Apt ansässigen Notar Maître Fage in Kenntnis gesetzt, daß er alsbald in die Provence reisen will. Ein überschwenglicher Brief, dessen Verfasser sich (ausnahmsweise) freut, Paris, »dieser Pestbeule« und seinen zwei »Aufpassern« (vermutlich der Beschattung durch Marais und einen seiner Spitzel), entkommen und unter »den blauen Himmel von La Coste zurückzukehren zu können«.[3] Er fährt am 2. April ab, verbringt mit seiner Frau und der Präsidentin einen Monat im Haus einer Schwägerin bei Fontainebleau, reist am 9. Mai weiter, verweilt »bei Fontainebleau« (wohl in Melun) vier Tage bei einer unbekannten Geliebten und macht sich dann endlich auf in die Provence. Ursprünglich eine reine Vergnügungsreise, aber Madame de Montreuil hat ihm zugeredet, Arbeit und Vergnügen zu verbinden und sich bei seinem Onkel, dem Abbé, über die Besitzungen in Kenntnis zu setzen, die ihm eines Tages zufallen sollen. Sie hofft, der Abbé, dem sie grenzenloses Vertrauen entgegenbringt, werde ihn mit Wort und Tat wieder auf den rechten Weg bringen.

Um diese Zeit will die Präsidentin Donatien Gunst und Unterstützung noch nicht entziehen. In einem Brief an den Abbé schildert sie sein Verhalten sehr nachsichtig und hofft weiter auf Besserung. Seine Abenteuer mit Schauspielerinnen, Balletteusen und Strichmädchen nimmt sie ihm offenbar nicht krumm. Er müsse sich halt die Hörner abstoßen.[4] Zwar treibt es Donatien wie ein Libertin und schmeißt das Geld zum Fenster hinaus, aber immerhin verzichtet er auf Gotteslästerung, satanische Riten und Sakrileg wie in der Sache mit Jeanne Testard.

Einen Monat später verhärtet sich Madame de Montreuil und schreibt nicht mehr so zuversichtlich. Sie zürnt, weil sie erfahren hat, daß der Schwiegersohn mitnichten allein unterwegs ist. Bei ihm in der Provence ist die Beauvoisin. Er hat sie heimlich mitgenommen und sogar den Bluthund Marais getäuscht, der immer noch wähnt, die Dame habe sich den Sommer über beim Marquis de Louvois in Longchamp »vergraben«, damit ihre Schwangerschaft nicht so auffällt.[5] Noch härter trifft die Präsidentin das Gerücht, Donatien gebe die Reisegespielin als seine Gattin aus. Kein Zweifel ist möglich: Den Juni und Juli und einen Teil des Augusts hat er im Lubéron mit der Mätresse verbracht.

Bei seiner Ankunft in La Coste mit Mademoiselle Beauvoisin am Arm haben sich die Dorfbewohner im Sonntagsstaat in der Schloßhalle gedrängt, um ihn willkommen zu heißen.

Von Knaben und Mädchen im Schäferkostüm läßt sich das hohe Paar zwei eigens für den Anlaß komponierte provenzalische Hirtenlieder vorsingen.

Da »*moussu lou Marquis*«, wie er auf provenzalisch genannt wurde, nichts richtigstellt, halten alle Dörfler Mademoiselle Beauvoisin für Madame de Sade. Der Abbé, der Zeuge der Szene wurde, hat es der Präsidentin hinterbracht. Empört über die Bloßstellung ihrer Tochter, aber noch mehr in ihrem eigenen Stolz verletzt, erschöpft von der Vergeblichkeit ihrer Mühen und in ihrer Freundschaft enttäuscht, verheimlicht sie ihrer Tocher die Geschichte, läßt sich in einem langen Brief an den Abbé über Donatien aus und schließt: »... Jetzt ist mir klar, daß Freundschaft sein Herz nicht erweichen kann. In seinem Verhalten und Geldausgeben war er nicht so extravagant, als er auf eigenen Füßen stehen mußte, in den sechs Jahren Krieg und unter Vormundschaft seines Vaters. Strenge beeindruckt ihn also mehr als unser Entgegenkommen.«[6]

Da der Abbé de Sade außerdem seine Schwester, die Äbtissin von Saint-Benoît de Cavaillon, über den Skandal in La Coste in Kenntnis gesetzt hat, schreibt die alte Nonne einen bösen Brief an ihren rückfälligen Neffen. Donatien reagiert durchaus nicht zerknirscht, redet sich auf üble Nachrede heraus und dreht frech den Spieß einfach um: »Ihre Vorhaltungen, meine teure Tante, sind wahrlich äußerst taktlos. Offen gestanden staune ich über manche Ihrer Formulierungen, gerade aus der Feder einer keuschen Nonne. Ich habe keinem Menschen gestattet, meine Gesellschafterin als meine Gattin zu behandeln, sondern allen etwas ganz anderes gesagt. »Stell sie nicht als deine Frau vor«, hat mir Monsieur l'abbé geraten, »die Leute tratschen, was sie wollen, egal, was du ihnen erklärst.« Daran halte ich mich. Vorzeiten, als eine Ihrer Schwestern (Madame de Villeneuve), gleichfalls verheiratet, hier in aller Unbefangenheit mit ihrem Liebhaber lebte, haben Sie da La Coste auch verflucht? Ich tue nichts anderes, und beide richten wir keinen Schaden dabei an. Ihr Gewährsmann indes hat, obwohl Priester, allenthalben ein paar Huren um sich – ich bitte um Vergebung, wenn ich Ihren Ausdruck übernehme. Ist sein Schloß ein Harem? Mitnichten. Es ist ein Hurenhaus.«[7]

Seine Frechheiten nimmt Donatien später zurück. Im Oktober des Folgejahres entschuldigt er sich bei seinem Onkel und schiebt die Schuld auf die tückische »Sirene« Mademoiselle Beauvoisin: »Ich möchte Sie inständig bitten, mein herzlieber Onkel, mir nachzusehen, was ich Ihnen angetan habe, verblendet von einer Leidenschaft, die ich nicht mehr beherrschen konnte. Bitte glauben Sie mir, daß diese Briefe, die Ihnen so böswillig und tückisch zugespielt worden sind, nur unter dem Diktat jener

Sirene entstehen konnten, die mir damals den Kopf verdreht hat. Selber wäre ich zu einer solchen Schurkerei gar nicht imstande, und jetzt, wo der Rausch restlos verflogen ist, werde ich rot vor Scham und verstehe mich selbst nicht mehr.«[8]

INTERMEZZO

Während im Provenceschloß noch die Komödie von der verwechselten Gattin gegeben wird, läßt Donatien einen Schloßsaal zum Theater umbauen, um dort Stücke zu inszenieren. Theateraufführungen wechseln ab mit Bällen, Gesellschaften und dramatischen Lesungen, zu denen er den Landadel bittet. Der Glanz dieser Ereignisse zieht viele an, und Mademoiselle Beauvoisin macht dabei als Marquise de Sade oder als deren Cousine die Honneurs. Auch der Abbé läßt, trotz seiner Briefe, während der Woche, die er auf Donatiens Einladung in La Coste weilt, keine dieser Gelegenheiten aus. Indessen führt Mademoiselle Beauvoisins Unverfrorenheit zu Getuschel und zu Köpfeschütteln über die rauschenden Feste im Schloß. Manche behaupten sogar, der Abbé heiße das Treiben gut. Er wehrt sich heftig, prangert die Frechheit des teuflischen Paares öffentlich an und leugnet sogar jeden Umgang mit seinem Gastgeber. »Ich besuche meinen Neffen nicht mehr«, erklärt er jedem, der es hören will, »und ich wäre bestürzt, wenn jemand anders das täte.«

Renée-Pélagie weiß fast nichts von den Vorgängen in La Coste. Sie glaubt, ihr Gatte vergnüge sich in harmlosem Laienspiel mit dem Adel der Umgebung und das sei der Grund für seine Schreibfaulheit. Diese Mär tischt ihr ihre Mutter auf, um sie zu beruhigen, als Donatien drei Wochen nicht geschrieben hat. Inzwischen überlegt die Präsidentin, wie der Schwiegersohn und die Beauvoisin auseinanderzubringen sind, und teilt sie dem Abbé de Sade mit. Leicht sei die Sache nicht, weil die Kurtisane ihn aufgrund seiner Eitelkeit und Hörigkeit, abgesehen von ihren Machenschaften, völlig unter der Fuchtel habe. Das beste sei, wenn ihn der Abbé in der Provence festhalte, denn kehre er nach Echauffour zurück, werde er nur naive oder verlogene Versprechungen machen, anständig zu werden, und dabei meinen, er könne seiner Schwiegermutter Sand in die Augen streuen. Ein paar Monate ginge das dann gut, bis er wieder nach Paris komme und in seine alten Gewohnheiten zurückfalle. »Ich gebe zu, daß ich sehr verzagt bin«, vertraut die Präsidentin ihrem Briefpartner am 8. August 1765 an. Im Postskriptum heißt es: »Wenn Sie meinen Brief lesen, Monsieur, werden Sie merken, ich habe ihn so abgefaßt, daß Sie ihn meinem Schwiegersohn zeigen können, wenn Sie meinen, er empfindet noch so viel Achtung vor mir und seiner Frau, daß es Eindruck auf ihn macht … Was läßt sich unter solchen Umständen tun? Die Lage scheint schwierig. Sie mit Gewalt trennen? Sicher könnte ich hier beim Minister alles erreichen, doch es würde Aufsehen machen und könnte ihm (Donatien) gefährlich werden. Also scheidet dieses Vorgehen aus. Aber tun Sie bloß nicht, als hätten Sie Angst vor Ihrem Neffen oder billigten sein Wahnsinnstreiben. Lassen Sie ihn nie ohne Aufsicht: Die einzige Art, seinen Nerv zu treffen, ist, ihn keinen Moment aus den Augen zu lassen. So habe ich ihn letztes Jahr von der Colette (Colet!) loseisen können, indem ich ihm klargemacht habe, daß sie ihn betrügt. Bestimmt liebt er die Jetzige auch nicht heftiger: Es war nur leerer Wahn. Danach ging bis Pfingsten alles gut, bis er sich in die Jetzige vergafft hat. Erfinden Sie einen Vorwand, irgendwas hinsichtlich seiner Güter, um dorthin zu fahren und festzustellen, wie die Dinge stehen und ob er immer noch so verliebt ist. Herrschen Sie ihn an, lesen Sie ihm die Leviten, und Sie zwingen ihn schon aus Achtung vor Ihrer Person, sich ein bißchen anständiger aufzuführen, seine Ausgaben einzuschränken, ruhiger zu leben und keine Gäste mehr zu empfangen. So wird der Skandal nicht so groß und hier nicht so bekannt. Und überzeugen Sie ihn, daß ihm auch hier niemand Vorhaltungen macht, wenn er dort stillehält.«[9]

HEIMLICHE RÜCKKEHR

Am 20. August 1765, während Renée-Pélagie und ihre Mutter sich anschicken, aus der Sommerfrische in Echaffour nach Paris zurückzukehren, trifft Donatiens Diener Teissier mit den Koffern seines Herrn in der Rue Neuve-du-Luxembourg ein. Er erklärt, vorausgeschickt worden zu sein und daß der Marquis erst nächste Woche eintreffen werde. In Wirklichkeit aber ist Monsieur de Sade am selben Tag inkognito mit Mademoiselle Beauvoisin eingetroffen und wohnt bei ihr. Donatien ist pleite und hat in der Provence etwa 4 500 Livres Schulden hinterlassen. Als er kaum noch weiß, wovon er in Paris leben soll, ereignet sich nachgerade ein Wunder: Die ob ihrer Geldgier berüchtigte Demoiselle Beauvoisin verkauft für 8 600 Livres ihre Juwelen, rundet die Summe auf und händigt den gesamten Betrag, zehntausend Livres, ihrem Liebhaber aus. Dieser verpflichtet sich, ihr im Gegenzug eine Jahresrente von fünfhundert

Livres auszusetzen. Der Vertrag wird vor einem königlichen Notar namens Pontelier am 21. August unterzeichnet, unmittelbar nach der Rückkehr der beiden.

Zehn Tage später entschließt sich Donatien, Frau und Schwiegermutter mitzuteilen, daß er schon wieder weg muß. In die Normandie könne er nicht kommen, ergänzt er, denn er müsse Geschäftliches regeln: die 4500 Francs Schulden aus der Provence begleichen, wofür er Geld brauche, und einen Familienstammbaum zur Vorlage bei Hofe besorgen, offenbar wegen einer Beförderung beim Militär. Madame de Montreuil weiß, daß ihr Schwiegersohn öfter bei der Beauvoisin als im Stadtpalais der Montreuil ist, und seine Ausrede bringt sie in Rage. Sie verspricht, das Geld bis November zu beschaffen – »aber nicht von mir oder von Ihrer Gattin«, wie sie hinzufügt, denn »wir können unmöglich für Ihre Vergnügungen aufkommen« –, dies aber nur unter der Bedingung, daß er unverzüglich nach Echaffour zurückkehre.[10]

EINE FEHLGEBURT

Spätabends am 15. September rumpelt Donatiens Kutsche schließlich durchs Tor von Schloß Echauffour. Renée-Pélagie, immer noch ahnungslos, begrüßt ihn freudig. Monatelang hat sie sich als Jungverheiratete bei den Eltern zu Tode gelangweilt und dem totgeborenen Kind nachgetrauert. Von Sades Skandalen hat ihr die Mutter nichts verraten. Gewiß will Madame de Montreuil ihrer Tochter zusätzliche Sorgen ersparen, aber sie ist auch überzeugt, von den Eskapaden ihres Schwiegersohns dürfe nur der Abbé de Sade erfahren. Sie hält nur sich allein für stark genug, Donatien etwas entgegenzusetzen, und glaubt felsenfest, am Ende seiner Herr zu werden. Ihre Tochter ist zu weich. Einer wie der Marquis läßt sich von Weibertränen nicht rühren. Ihren Gatten bezieht sie überhaupt nicht ein. Der Gute ist schon überfordert, wenn er sie bei Schwierigkeiten unterstützen soll. Jedenfalls hält sie es für überflüssig, ihn auch nur auf dem laufenden zu halten. Wer außer ihr selbst kann die Energie, Hartnäckigkeit und Intelligenz aufbringen, einen Rebellen wie Donatien zu zähmen? Außerdem schätzt Madame Montreuil die Herausforderung und empfindet insgeheim Befriedigung, sich mit einem solchen Gegner messen zu dürfen. Bisweilen verzagt sie erschöpft, aber nie lange; sie erholt sich mit erstaunlicher Geschwindigkeit.

Den Briefen der Präsidentin zufolge gibt sich der Marquis nach seiner

Rückkehr heiter und entspannt. Sein Verhältnis zu Renée-Pélagie wird fast normal. Bei dieser Stippvisite, genauer im Oktober 1765, zeugen die beiden sogar ein Kind, das neun Monate später zur Welt kommt.

Anfang November erhält Donatien die Nachricht, bei Mademoiselle Beauvoisins Schwangerschaft gebe es Komplikationen, angeblich wegen der Reise in die Provence. Offenbar eine Fehlgeburt. Er eilt umgehend an ihr Krankenlager. Seine Schwiegermutter hat alle Register gezogen, um ihn davon abzuhalten, aber vergebens. In Paris, wo seine Rückkehr nicht bekannt wird, weicht er nicht von der Seite seiner Geliebten. »In ihrer jetzigen Verfassung«, kommentiert Madame Montreuil in einem Brief an den Abbé giftig, »wird er wohl nicht viel Spaß mit ihr haben; soll er sich doch derart langweilen, daß er nie wieder zu ihr zurückwill, das wäre ein echter Segen. Allerdings nur dann, wenn er nicht sogleich Ersatz findet; ich zähle also genausowenig darauf wie Sie ... auf meine zugegebenermaßen recht harten Briefe reagiert er vernünftig und mit einem Vertrauen, wie es unter Freunden geboten scheint. Aber meint er es ehrlich, oder tut er nur so? Das kann mir nur die Erfahrung sagen oder jemand, der ihn besser kennt. Ich muß sagen, es empört mich immer noch, wie schnöde er Sie behandelt hat. Er gibt das aber nicht zu und hat mir öfter hoch und heilig geschworen, von seiner ganzen Verwandtschaft seien Sie derjenige, dem er am meisten Achtung, Freundschaft und Vertrauen entgegenbringt.«[11]

»JETZT BIST DU ENTLARVT, DU LUDER!«

Am 13. Dezember 1765 tritt die Beauvoisin völlig erholt und strahlend schön im Théâtre-Italien auf. »Die Schwangerschaft hat sie noch schöner gemacht«, notiert Marais. Nun geht sie auf größere Eroberungen aus. Kaum ist sie wieder in der Gesellschaft erschienen, wird sie auch schon von Anbetern umschwärmt, alle reich und jung und darauf versessen, sich für sie ruinieren zu dürfen. Jeder Lebemann buhlt um ihre Gunst. Der junge Monsieur de Saint-Contest liegt ihr zuerst zu Füßen. Seinetwegen entläßt sie Monsieur de La Boulaye und gleich auch noch den Marquis de Louvois, der ihr der Fama nach die Schwangerschaft verheimlichen half (daß sie mit Monsieur de Sade in der Provence war, weiß keiner). Der Chevalier de Raconis verheißt ihr fünfzig Louisdor, und auch der Baron und Gardeoffizier Saint-Cricq will seine derzeitige Mätresse Mademoiselle Lafond um ihretwillen verstoßen. Der arme Donatien ist von

Rivalen umzingelt. Der gefährlichste aber ist der Chevalier de Choiseul, der vordem von Mademoiselle Beaupré zugunsten Donatiens verlassen wurde.

Zehn Tage später hat der Chevalier de Choiseul alle Rivalen aus dem Feld geschlagen, auch Sade, und muß dafür noch nicht mal in die Tasche greifen. Die Beauvoisin kann sich die Laune leisten, weil der ahnungslose Monsieur de Saint-Contest die Zeche zahlt – alles im Rahmen der Spielregeln. Am 3. Januar 1766 bricht Mademoiselle Beauvoisin jeden Kontakt zum Marquis ab. Aus Trotz wirft sich Donatien ohne Verzug in die Arme von Mademoiselle Dorville, einer »höchst appetitlichen Schönheit«, die sich erst kürzlich aus dem Edelbordell der Madame Hecquet selbständig gemacht hat. Er muß dafür nur zehn Louis monatlich zahlen, denn ihre Hauptausgaben werden von Lord Elgin bestritten, der sie mindestens einmal wöchentlich besucht und jedesmal vier Louis auf der Kommode läßt.[12]

Aber damit kann sich Donatien nicht trösten. Betrogen, verhöhnt, abserviert, vor Eifersucht zitternd, sinnt er auf Rache und läßt eine Tirade gegen die Verflossene los: »Jetzt bist du entlarvt, Du Luder! Das ist der Gipfel Deiner Verworfenheit ... Erst jetzt finde ich wieder zu mir selbst. Mein ganzes Leben lang werde ich Dich und Deinesgleichen verabscheuen. Rächen will ich mich nicht. Du bist es nicht wert ... Ein Rest von Mitleid hält mich davon ab, Deine Verworfenheit öffenlich bekannt zu machen. Die Ehrlosigkeit und Schande, die bald über Dich kommen, werden mir Rache genug sein. Überlegene Verachtung wird mir mehr Genugtuung verschaffen als alles andere. Zum letzten Mal leb wohl! Wie froh bin ich doch bei dem Gedanken, daß ich morgen um diese Stunde vielleicht schon fünfzig Meilen von Dir entfernt bin! Ich reise ab und fliehe Dich, so geschwind ich kann; doch geschwinder noch wird Dein schändliches Bild aus meinem Herzen getilgt sein ...«[13]

INSPEKTIONSREISE

Zumindest einen dieser Racheschwüre sollte er halten. Anfang Mai 1766 bricht Donatien nach Avignon auf. Anders als in dem Abschiedsbrief war nicht die Flucht vor Mademoiselle Beauvoisin Zweck dieser Reise, sondern die Inspektion der bei seinem letzten Besuch vor fast genau einem Jahr in Auftrag gegebenen Bauarbeiten in La Coste. Er trifft in der Hauptstadt des Comtats erst am 21. Mai ein, nachdem er wie im Jahr zuvor mehrere Tage in Melun bei einer Dame verbracht hat, »in die er neuerdings verschossen ist«.[14] In La Coste konzentriert er sich auf die zwei Bauabschnitte, die ihn am meisten interessieren: die neue Wohnung für Madame de Sade und das Theater. Erstere ist fast fertiggestellt. Mit dem Bau dreier zusätzlicher Räume soll die Marquise ein Schlafzimmer für den Winter, eins für den Sommer, ein Boudoir und ein Arbeitszimmer bekommen. Für das Schauspiel will er zu dem Saal vom Jahr zuvor ein paar Zimmer hinzuschlagen und so an der Nordseite im ersten Stock ein Theater von hundert Quadratmetern mit Blick auf die Schloßterrasse bauen. Eine Bühne von dreißig Quadratmetern kommt nach Norden hinzu, und der Raum daneben soll zum Foyer werden.

Nach dieser Besichtigung fährt der Marquis nach Saumane zurück und verbringt dort mehrere Tage bei seinem Onkel, der ihm den unverschämten Brief an Madame de Saint-Benoît offenbar nicht nachträgt. Zwar hat er die Beleidigung nicht vergessen, doch scheint es ihm klüger, nicht darüber zu reden. Je mehr Vorwürfe er seinem Neffen mache, meint der Abbé, desto eher begehe dieser noch mehr Dummheiten. Soviel jedenfalls vertraut der Abbé Madame de Montreuil an, bei der er sich meist kein Blatt vor den Mund nimmt: »Es könnte riskant sein, ihn gegen den Strich zu bürsten, wie es sein Vater zu tun pflegt. Dann ist er zu den größten Gemeinheiten fähig. Nur Langmut, Nachsicht und Vernunft bieten die Hoffnung, ihn auf den rechten Weg zu führen. Sie haben es angepackt, Madame, und niemand könnte es besser. Sein Vertrauen und seine Achtung Ihnen gegenüber sind groß; früher oder später frißt er Ihnen aus der Hand.«[15] Welch Irrtum!

Während der langen Abende mit seinem Onkel spricht Donatien begeistert über La Coste, in das er richtig vernarrt scheint, und schildert die zahlreichen Umbauten, die er vornehmen will, um das Schloß wohnlicher zu machen. Während seiner Aufenthalte im Comtat will er keinen anderen Wohnsitz nutzen. Der Abbé ergreift die Gelegenheit, ein paar Bemerkungen über seine Geschäfte, den Wert des Grundbesitzes, die Bewirtschaftung einzuflechten … Donatien hört zerstreut zu, geht zu Vertraulichkeiten über und preist seine Frau in den höchsten Tönen. Er wisse genau, was sie wert sei, er empfinde Freundschaft und Achtung für sie, er wäre untröstlich, würde er ihr mißfallen, finde sie aber »zu kalt und zu fromm«: nur deshalb suche er sein Vergnügen anderweitig. Seine Frau wisse nichts von seinen Seitensprüngen, fährt er fort, und er wäre sehr betroffen, wenn sie davon erführe. Der Abbé schreibt Madame de Montreuil nach diesem Besuch: »Wenn er das ungestüme Alter hinter sich hat, wird er die Frau würdigen können, die Sie ihm anvertraut haben. Aber da muß er erst einmal hindurch, und es kann länger dauern, als uns lieb ist. Gebe Gott, daß er Ihnen und mir nicht zu großen Kummer macht!«[16]

DAS LIEBESKARUSSELL

Nach der Rückkehr nach Paris dreht sich das Liebeskarussell noch rasanter. Zarte Bande werden geknüpft und gelöst, je nach Gelegenheit und im Rhythmus seiner immer unersättlicheren Begierden und immer größeren Zwanghaftigkeit. Sein Ruf als »gefährlicher« Libertin verbreitet sich wie ein Lauffeuer. Tänzerinnen und Huren lösen einander in einem höllischen Reigen ab. Bei weitem nicht alle sind bekannt: Die Polizeiberichte erweisen sich leider als lückenhaft, und Donatien selbst verbirgt seine schändlichen Umtriebe vor den Augen der Welt. Madame de Montreuil überwacht ihren Schwiegersohn zwar sehr genau, erfährt aber nicht alles über sein Doppelleben. Bevor es zum Skandal kommt, muß Anzeige erstattet werden, aber bei der Polizei geht nach der Sache mit Jeanne Testard keine Beschwerde mehr ein. Was freilich nicht heißt, daß er auf solche Praktiken verzichtet hat, aber er übt sie nicht mehr beliebig mit allen Frauen aus, die sein Bett teilen. So haben selbstverständlich weder die Beaupré noch die Colet noch die Beauvoisin unter seinen Mißhandlungen zu leiden. Protegiert und prominent, stellen sie eine Art Aristokratie der Prostitution dar und sind gegen derlei Unbill gefeit. Seine Opfer rekrutiert Donatien auf den untersten Stufen der Leiter, unter den Mädchen der »Kellerbordelle« und denen, die ihm trotz Marais' Warnungen von Berufskupplerinnen frei Haus geliefert werden.

Etwa um dieselbe Zeit macht der Marquis die Bekanntschaft einer gewissen Mademoiselle D***, einer Ballettänzerin, deren Name nicht überliefert ist. Nachdem er sie in *Armide* gesehen hat, schreibt er ihr eine ganze Seite schwülstiger Komplimente, von der er eine Abschrift einbehält. Zwischen schmeichlerischen Ergüssen findet sich auch eine Anspielung auf seine prekäre finanzielle Lage: »Sie haben jemanden, wie ich weiß, der das Glück Ihrer Zärtlichkeit großzügig bezahlt. Der Glückliche! Könnte ich Ihnen nur wie er ein Vermögen darbieten! Was sage ich, ein Vermögen? Was Ihnen gebührt, ist ein Thron! Die Königin der Liebe sollte auch Königin des Weltkreises sein! Ich begehre für mich selbst also nur den zweiten Platz. Erhören Sie mich, ich flehe Sie an. Die Lebendigkeit meiner Liebe macht mich dessen würdig. Ich bin nicht so reich wie mein Rivale, aber jünger (ausdauernder ist durchgestrichen), und ich liebe Sie heftiger […] Meine rasende Liebe kann nicht mehr länger warten.«[17] Mit anderen Worten wollte er ihr aus Geldmangel den *guerluchon* machen. Etwa um dieselbe Zeit ist er hinter einer weiteren Schauspielerin her, der Demoiselle M***, die vorübergehend in Marseille weilt. Sie aber liebt einen anderen und kann ihm nur ihre Freundschaft bieten. Ihre Verweigerung beantwortet er mit einem Sturzbach von Tränen und Liebesschwüren, die er sofort für seine Werke kopiert. Wie die anderen Briefe der Sammlung ist auch dieser reine Stilübung, diesmal zum Thema Verzweiflung. Sonst hat sich nichts geändert: immer noch der gleiche Schwulst, dieselben Übertreibungen, dieselbe verlogene Liebeslyrik: »[…] ich habe es Ihnen schon gesagt und werde es immer wieder sagen: Nichts auf der Welt kann uns trennen. Ich bin zu allem entschlossen; ich folge Ihnen ins Grab … Welch grauenhaftes Los! Wie furchtbar ist meine Lage! Könnten Sie nur sehen, in welchen Zustand Sie mich versetzen! Ich würde wenigstens Ihr Mitgefühl wecken. Ihre Bindung ist also unauflöslich? Ach, großer Gott! Nein, ich will sie nicht sprengen; sie ist Ihrem Herzen zu teuer. Sie ist mein Untergang, doch ist das wichtig? Werden Sie glücklich. Ich opfere mich Ihrem Glück.« Und da die fragliche Dame Mutter eines Knaben ist, geht der Marquis in seiner Entsagung so weit, für dessen gesamte Erziehung aufkommen zu wollen.[18]

Als sinnlose Aneinanderreihung von Phrasen kann diese Botschaft zum Glück weder den Verfasser noch die Empfängerin täuschen. Wie in den anderen Briefen seiner Sammlung übt der angehende Schriftsteller sein Repertoire, zieht die diversen Register der Leidenschaft. Wenn die Ergebnisse nicht überzeugen, sollten wir nicht allzu kritisch sein: es sind die Arbeiten eines Schülers. Es sollte noch vieler Jahre und Entwürfe, auch weiterer Leiden und einer durch Leiden erkauften geistigen Freiheit bedürfen, bevor der Verfasser der *Hundertzwanzig Tage* geboren wird.

DER VATER STIRBT

Die Nachricht erreicht Donatien mitten in den wüstesten Orgien. Schon eine Weile leidet der Graf de Sade an einer seltsamen Krankheit, die ihn wochenlang ans Bett fesselt, da seine Beine ihn nicht mehr tragen. Nachdem er erfolglos mehrere Kuren ausprobiert hat, findet er sich mit dem Leiden ab, das in immer kürzeren Abständen wiederkehrt. Sein Streit mit seinem Sohn, seine Sorgen mit dem »Bankert« und die grausamen Enttäuschungen, die er mit Donatien erlebt hat, haben nicht wenig zur Verschlimmerung seiner Krankheit beigetragen.

Sein einziger Trost sind Gebet und Frömmelei. Bereits mit fünfzig, als die Zeit der Lust vorbei war, hat er wie viele berühmte Libertins zu Gott und Glauben zurückgefunden. Von nun an verbringt er seine Zeit damit, seine Geschäfte zu regeln, Aufsätze über Geschichte, Moral und Philosophie zu verfassen, die er fast sämtlich seinem Sohn widmet, Erinnerungen an den Hof Ludwigs XV. niederzuschreiben und eine Sammlung »Englischer Anekdoten« anzulegen, ohne deswegen auf seine Lieblingsbeschäftigung zu verzichten, das Verseschmieden. Der Liebe und der Frauen, einst Mittelpunkt seines Lebens, gedenkt er nur noch als Philosoph.

Sein Gesundheitszustand scheint seit einem Monat stabil. Sein Sohn und der Graf von Crillon haben ihn bei ihrem Besuch am 19. Januar noch »wie sonst« vorgefunden. Er steht jeden Tag auf, geht im Zimmer herum und ißt und schläft normal. Doch ist er schon so schwach, daß kaum Hoffnung auf Genesung besteht. Fünf Tage später, am 24. Januar, kurz vor seinem 65. Geburtstag, stirbt der Graf etwa um ein Uhr nachmittags in dem Häuschen, das er derzeit in dem Versailler Vorort Le Grand-Montreu bewohnt. Die Beerdigung findet achtundvierzig Stunden später statt, nach einem Gottesdienst in der Gemeindekirche St. Symphorien.

In seinem Testament vermacht er nach den üblichen Einleitungsformeln seiner Frau Marie-Eléonore de Maillé seine Wohnungseinrichtung, alle seine Edelsteine und Juwelen und die Kutsche samt Gespann, die sie schon benutzt. Später soll der Schmuck an seine Schwiegertochter und anschließend auf seinen Sohn oder dessen Erben übergehen. Er erhöht die Jahresrente seines Bruders Richard Jean-Louis um vierhundert Livres und vermacht ihm sechs Gemälde, die in Avignon gelagert sind. Jeder seiner Schwestern setzt er »zum Bisherigen« eine lebenslange Rente von einhundert Livres aus. Der Abbé erhält die Bibliothek, das Silbergeschirr und alle Möbel von Schloß Saumane, die nach dessen Tod an Donatien fallen sollen. Donatien hingegen bekommt nichts zu der bereits geleisteten Hochzeitsgabe hinzu. Die Diener erhalten kleine Legate. Für alle beweglichen und unbeweglichen Güter, »Rechte, Titel, Ansprüche und gegenwärtigen oder künftigen Rechte« setzt er als Resterben seinen Sohn Donatien und dessen legitime Nachkommen auf alle Zeit und gemäß Primogenitur ein, »unter Bevorzugung der Männer vor den Frauen«.[19]

Donatien erbt eine finanzielle Katastrophe. Unter der Bürde der Schulden aus einem halben Jahrhundert, die an Zins und Tilgung mehr als die Hälfte seines Jahreseinkommens von achtzehntausend Livres aufzehrten, hat der alte Mann kärglich gelebt und häufig großzügigen Gastgebern und Gastgeberinnen auf der Tasche gelegen. »Jede Reise kommt mich teuer zu stehen«, hatte er seiner Schwester, der Äbtissin von Saint-Laurent, kurz vor seinem Tod anvertraut. »Dabei habe ich keinen Sou.«[20]

Die Präsidentin schreibt dem Abbé eine Woche nach dem Tod des Grafen: »Die Art, wie sein Sohn diesen Verlust aufgenommen hat und davon betroffen ist, hat mich wieder völlig mit ihm versöhnt.«[21] Im selben Brief teilt sie die Schwangerschaft ihrer Tochter mit, die nun schon »fast zweieinhalb Monate besteht«. Sie hat jedoch Zweifel, daß die Geburt ein so freudiges Ereignis wird, wie es eigentlich sein sollte. »Der Vater scheint mir gar nicht erbaut«, schreibt sie dem Abbé drei Monate später. »Er ist mit Dingen beschäftigt, die für sein Sinnen und Trachten interessanter sind, aber ich fürchte, daß die junge Mutter mit ihrem Kummer besonders gegen Ende der Schwangerschaft nicht fertig wird, denn sie hat keine Ahnung, was ihr alles noch blüht [...] Was für ein Jammer! Er hat alles, um glücklich zu leben und die Menschen um sich herum glücklich zu machen. Wenn er nur vernünftig und anständig sein wollte und sich nicht so gern mit unwürdigen Geschöpfen vergäße!«[22]

Wie wenig sie doch Donatien und Renée-Pélagie kannte! Von ihnen zu verlangen, sie sollten zu bürgerlicher Wohlanständigkeit und Gemütlichkeit zurückfinden! Welche Vermessenheit! Geblendet von ihrem abstrakten und allgemeinen Rechtsgefühl, konnte die Präsidentin nicht begreifen, was für Bande zwischen Peiniger und Opfer entstehen. Lust und Gewalt gehen eine untrennbare und zugleich fundamental zwiespältige Verbindung ein. Der Liebhaber genießt es, seiner Frau zu schmeicheln, während er sich die nächste Tortur ausdenkt, und sie vergeht vor ihrem Folterer in Lust und Dankbarkeit: Die Tugend wirft sich dem Laster in die Arme und wird zu seiner Komplizin. Donatien betrachtet Renée-Pélagie keineswegs als Feindin, sondern empfindet für sie die verquere Zuneigung aller Tyrannen für jene, die sich ihnen mit Haut und Haar ausliefern.

DEM NEUEN GRUNDHERRN WIRD GEHULDIGT

Am 16. April 1767 wird der Marquis de Sade endlich zum Kavalleriehauptmann befördert, mit dem Befehl, unverzüglich zur Truppe zu stoßen.[23] Das paßt ihm gar nicht, weil er andere Pläne hat. Daher erbittet und erhält der Marquis von seinem Obristen Sonderurlaub und fährt am 20. April diskret von Paris nach Lyon, wo er angeblich mit seinem Onkel, dem Abbé, zusammentreffen will. In Wirklichkeit trifft er sich mit der Beauvoisin, mit der er inzwischen wieder angebändelt hat. Die »Sirene« hat wieder die gleiche Macht über ihn und nutzt sie nach dem Tod seines Vaters eiskalt aus. »Er ist blind, wenn es um diese Frau geht«, seufzt Madame de Montreuil. Doch die Dame erfüllt offenbar nicht seine Erwartungen, denn Donatien hält sich nicht lange an den Ufern der Rhône auf. Nach einem kurzen Aufenthalt in Saumane ist er am 15. Juni schon in La Coste. Er inspiziert die vollendeten und noch im Gange befindlichen Bauarbeiten, besucht Notar Fage in Apt, um seine Schulden zu begleichen, und teilt der Gemeinde La Coste mit, er harre als neuer Grundherr der traditionellen Huldigung. Am 21. Juni beschließt der Gemeinderat, nach altem Brauch eine Messe zum Gedenken des verstorbenen Grafen de Sade lesen zu lassen und seinem Erben zu huldigen. Vor dem 9. August jedoch könne die Zeremonie nicht stattfinden.

In Anwesenheit Notar Fages huldigen die zwei Dorfvorsteher von La Coste in Begleitung von vier auserwählten Gemeinderäten »dem edlen und mächtigen Herrn Louis Aldonse Donatien, Marquis de Sade, der auf einem Sessel thront, während sie entblößten Hauptes und aller Waffen ledig vor ihm niederknien und ihre Hand in seine legen, der sie zum Zeichen der Huldgewährung freigibt und von jedem den gebotenen Wangenkuß entgegennimmt [...] Die genannten Dorfvorsteher und Gemeinderäte [...] geloben ferner, künftig wie bisher brave, treue und untertänige Vasallen ihres Herrn Marquis und seiner Erben zu bleiben, seine Geheimnisse zu hüten, ihm keinen Schaden zuzufügen, seinen Vorteil nach Kräften zu mehren und sich seinem Urteil zu beugen.«[24]

Ein Tag von höchster Bedeutung, den wir uns ins Gedächtnis rufen müssen, wenn wir zu den politischen Ideen des Marquis kommen. Die Zeremonie, in der die Vasallen »Treue und Huldigung« schwören und die bis in die Anfänge des Feudalismus zurückreicht, war in Frankreich schon seit mehr als hundert Jahren mehr oder minder überholt, besonders in dieser Form mit allen äußeren Zeichen von Unterwerfung und Huldigung nach alter Sitte. Zumeist war aus der früheren Zeremonie die Unterzeichnung einer notariell beglaubigten Urkunde geworden, in der Treue und Huldigung als Tatsache festgehalten wurden. In vielen Fällen ließ sich der Grundherr sogar vertreten. So hatte es Donatiens Vater 1732 gehalten. Derart veraltete Formalitäten wiederzubeleben und darauf zu beharren, daß die Gemeindevertreter von La Coste ihre Gefolgschaft nach altem Brauch beschwören, bewies eine bemerkenswerte Nähe zum Feudalrecht. All das weckt Zweifel an des Marquis angeblicher Treue zur »Sache der Revolution«.

Noch deutlicher zeigt sich Sades reaktionäre Einstellung darin, daß die Einwohner von La Coste keinen Teilerlaß ihrer Abgaben erhalten, wie sie ein neuer Grundherr den Dörflern üblicherweise zu diesem »Freudentag« gewährt. Seine »Amtseinführung« erfolgt also eindeutig unter schlechtem Vorzeichen.

Bevor er die Provence wieder verläßt, bestellt Donatien Maître Fage nach La Coste, um ihm seine Zufriedenheit zu bekunden: Der Notar hat den Verkauf bestimmter Landgüter vorteilhaft abgewickelt, zwei neue Pachtverträge ausgehandelt und für seinen Mandanten einige Geschäfte erfolgreich erledigt. Der Marquis trägt ihm daher die ständige Verwaltung seiner Güter an. Froh über die korrekte Art des Marquis und auf die Zusage hin, die Zusatzbelastung werde nur drei Jahre währen, schlägt der Notar ein. Es sollte ihn bald reuen.

Donatien kehrt wenige Tage nach der Geburt seines Sohnes am 27. August 1767 nach Paris zurück. Am 24. Januar 1768 halten Louis-Joseph de Bourbon, Fürst von Condé, und Louise-Elisabeth de Bourbon, verwitwete Fürstin Conti, den Säugling über das Taufbecken in der Kapelle des Stadtpalais der Condé. Das Kind wird auf den Namen Louis Marie getauft.

Madame de Montreuil hofft natürlich, das Vaterglück werde den Marquis seßhaft machen. Doch kurz nach seiner Rückkehr untersteht er wieder der Überwachung Marais', der in seinem Rapport vom 16. Oktober 1767 notiert: »Er setzt Himmel und Hölle in Bewegung, um Mademoiselle Rivière von der Oper zu überreden, zu ihm zu ziehen, und hat ihr fünfundzwanzig Louis monatlich geboten, wenn sie an bühnenfreien Tagen zu ihm in sein Haus nach Arcueil kommt. Die Dame hat abgelehnt, weil sie Monsieur Hocquart de Coubron zum Wohltäter hat, doch Monsieur de Sade stellt ihr weiter nach. In Erwartung ihrer Kapitulation setzt er unterdessen der Kupplerin Brissault zu, sie solle ihn mit Mädchen zum Dinieren in seinem Häuschen versorgen. Die Madame, die sich vorstellen kann, wozu er fähig ist, weigert sich beharrlich, aber vielleicht hat er sich an andere gewandt, die weniger Skrupel zeigen oder seinen Ruf nicht kennen. Man wird gewiß noch von ihm hören.«[25]

Marais ahnt nicht, wie recht er hat. Etwa vier Monate später, Anfang Februar 1768, läßt sich Sade von seinem Diener vier Mädchen aus dem Faubourg Saint-Antoine nach Arcueil ins Haus bringen. Er geißelt sie und lädt sie dann zum Abendessen ein. Danach läßt er ihnen von seinem Diener je einen Louis auszahlen: Der Diener selbst erhält einen Taler für seine Mühe. Nach Angaben des Polizeileutnants ist daran nichts ungewöhnlich: Seit fünfzehn Monaten verursacht der Marquis in Arcueil allerhand Skandale, Tag und Nacht bringt er »Personen beiderlei Geschlechts mit, mit denen er Orgien feiert«. Im übrigen hat er den Ruf eines »sehr gewalttätigen Mannes, der mehrere Personen verletzt und geschlagen hat«.[26] Im Juni 1767 hat er einen Kutscher verprügelt, der Frauen zu seinem Haus gebracht hat und dafür Fuhrlohn wollte.

Donatien scheint bereits einem blinden Taumel verfallen zu sein, der ihn unweigerlich an den Rand des Abgrunds bringt. »Es wird nicht lange dauern, bis wir von den Untaten Monsieur le Comte de Sades hören werden«, prophezeit Inspektor Marais.

KAPITEL 8

Die Affäre von Arcueil

DER MANN MIT DEM WEISSEN PELZMUFF

Ostersonntag – es ist der 3. April 1768 –, Place des Victoires, neun Uhr vormittags. Ein junger Mann im grauen Gehrock lehnt am Gitter bei der Statue Ludwigs XIV. An der Seite trägt er ein Jagdmesser, in der Hand einen Stock und einen Muff aus weißem Luchs.

Aus der Kirche der Petits-Pères nebenan tritt eine Frau, die sich neben ihn hinstellt, um Almosen zu erbitten. Sie ist 36 Jahre alt, aus Straßburg gebürtig und Witwe eines Zuckerbäckergehilfen namens Charles Valentin. Ihr Name ist Rose Keller. Sie ist Garnspinnerin, seit einem Monat arbeitslos und aufs Betteln angewiesen. Ein Passant bleibt stehen, um ihr einen Sou zu geben, und geht dann weiter. Der Mann mit dem Pelzmuff winkt sie zu sich heran; er verspricht ihr einen Louisdor, wenn sie mit ihm komme. In schlechtem Französisch, mit starkem deutschen Akzent verwahrt sie sich empört gegen das Ansinnen: »Ich bin nicht so eine, wie Sie denken; ein solches Brot esse ich nicht.« Er beschwichtigt sie, er meine es ja nicht so, er möchte bloß, daß sie bei ihm koche und putze, mehr nicht; sie würde dafür entlohnt und habe genug zu essen bei ihm. Nun ist sie bereit, mit ihm zu gehen. In der Nähe der neuen Markthalle führt er sie in den zweiten Stock, in ein Zimmer mit gelben Damast-Polstermöbeln, darunter eine Chaiselongue, die, ebenso wie die Sessel, mit Schonbezügen bedeckt ist; er bittet sie, Platz zu nehmen, und fragt sie, ob sie mit ihm in sein Landhaus kommen möchte. Es sei ihr egal, wohin, wenn sie nur ihr Brot verdiene, antwortet sie. Daraufhin entschuldigt er sich, er habe noch Besorgungen zu machen; in einer Stunde sei er zurück.

Eine Stunde später ist er mit einem Fiaker wieder da, er läßt sie einsteigen, schließt die Holzverschläge, der Wagen fährt los. Nach längerem Schweigen fragt er die Keller, ob sie wisse, wohin die Fahrt gehe. »Wie soll ich das wissen, wenn ich nichts sehe?« Während der ganzen übrigen Fahrt spricht er kein Wort mehr und stellt sich schlafend.

In Arcueil ist inzwischen ein Diener des Marquis namens Langlois mit zwei Mädchen angekommen, die hierherzuführen ihm sein Herr aufgetragen hatte und die er neben der Küche warten läßt. Etwa eine Stunde später hält Donatien mit seinem Wagen bei einem der ersten Häuser des Dorfes. Er steigt als erster aus, übergibt dem Kutscher ein geheimnisvolles Paket und bittet Rose Keller, ihm zu folgen. Es ist etwa halb ein Uhr mittags. Nach einem kurzen Weg zu Fuß stehen die beiden vor einem kleinen Haus in der Rue de Lardenay. Der Marquis bittet die Bettlerin, sich kurz zu gedulden, er verschwindet durch den Haupteingang und öffnet ihr kurz darauf von innen her eine kleine grüne Tür. Er geht ihr voran durch einen kleinen Hof und in den ersten Stock, wo er sie in einen großen Raum führt, in dem sie warten solle, während er Brot und etwas zu trinken hole; sie möge nicht ungeduldig werden. Beim Hinausgehen schließt er die Tür doppelt ab. Rose Keller bleibt eine ganze Weile allein im halbdunklen Zimmer, dessen einziges, auf den Garten hinaus gehendes Fenster völlig abgedichtet ist. In dem wenigen Licht, das durch die Ritzen hereindringt, erkennt sie eine Holztäfelung, zwei Himmelbetten und einige Strohgeflechtstühle. Donatien ist inzwischen bei den Mädchen, die Langlois hergebracht hat. Nach einer Stunde kommt er endlich wieder, in der Hand eine brennende Kerze: »Kommen Sie, meine Süße.« Sie gehorcht und folgt ihm in einen kleinen Raum, dessen Tür er absperrt. Er befiehlt ihr, die Kleider abzulegen. »Wozu das?« – »Zum Spaß.« Als sie protestiert, sie sei nicht dafür mitgekommen, wird er zornig und droht, er werde sie umbringen und mit eigenen Händen verscharren, wenn sie nicht gehorche, dann läßt er sie allein. Die entsetzte Gefangene beginnt, sich auszuziehen. Kurze Zeit später erscheint er wieder mit nacktem Oberkörper unter einem ärmellosen Gilet, ein weißes Taschentuch um den Kopf gebunden. Als er sieht, daß sie noch das Hemd anhat, sagt er, sie solle es ausziehen. »Eher sterbe ich«, antwortet sie. Da reißt er es ihr brutal vom Leib und schiebt sie in ein benachbartes Zimmer mit geschlossenen Vorhängen. In der Mitte des Raums steht ein rot bezogenes Bett, auf das er die Frau wirft – möglicherweise fesselt er sie an Händen und Füßen und schlingt noch ein Seil um die Mitte des Leibes (die Zeugenaussagen gehen hier auseinander) –, ihren Kopf bedeckt er mit einem Kissen, obendrauf legt er noch den Pelzmuff, um die Schreie zu ersticken. Nun ergreift er ein Rutenbündel (oder eine mehrschwänzige knotenbewehrte Peitsche) und schlägt sie bis aufs Blut, mehrmals hintereinander.

Nach der Aussage des Opfers schneidet er dann mit einem Messer Wunden ins Fleisch, in die er anschließend heißes Siegelwachs tropft; sieben- oder achtmal hintereinander wechseln sich Auspeitschung und Messereinschnitte ab. Wenn sie schreit, schwingt er drohend das Messer und schwört, er werde sie töten und vergraben, wenn sie nicht still sei. Sie fleht ihn an, es nicht zu tun, sie habe ihre Osterpflicht nicht erfüllt und wolle nicht sterben, ohne gebeichtet zu haben. Er bietet ihr an, ihr selbst die Beichte abzunehmen, eine Weile will er sie sogar dazu zwingen. Je mehr sie um Erbarmen bittet, desto schneller und heftiger schlägt er zu. Plötzlich hört er auf. Wild keuchend stößt er gräßliche Schmerzens- und Lustschreie aus. Die Folterqualen haben ein Ende.

Er bindet Rose Keller los, führt sie in den Vorraum zurück und läßt sie sich ankleiden. Etwas später kommt er mit einem Handtuch, einem Wasserkrug und einer Schüssel zurück. Sie wäscht sich, beim Abtrocknen bleiben auf dem Handtuch große Blutflecken, die sie auswaschen muß. Donatien gibt ihr dann eine kleine Phiole mit einer »weinbrandfarbigen« Flüssigkeit: Sie brauche sich den Körper nur damit einzureiben, nach einer Stunde sehe man schon nichts mehr, behauptet er. Sie kommt der Aufforderung nach, doch die Lotion verursacht entsetzlich brennende Schmerzen. Während sie sich fertig anzieht, bringt er ihr einen Teller gekochtes Rindfleisch mit einem Stück Brot und einem Krüglein Wein und führt sie ins Zimmer im ersten Stock zurück. Bevor er sie erneut einschließt, schärft er ihr ein, nicht ans Fenster zu gehen, sie dürfe auf keinen Fall gesehen oder gehört werden; er lasse sie am Abend frei. »Bevor es Nacht wird«, fleht sie ihn an, denn sie weiß nicht, wo sie ist, hat überhaupt kein Geld und will nicht auf der Straße übernachten. »Machen Sie sich keine Sorgen deswegen«, antwortet er, bevor er sich zurückzieht.

Als Rose Keller allein ist, schiebt sie den Riegel vor, nimmt zwei Decken vom Bett, trennt mit einem Messer den Filz von einem Fensterladen, knüpft alles zusammen, bindet ein Ende davon am Fensterstock fest, seilt sich in den Garten ab, rennt zur Umfassungsmauer, klettert an einer Weinranke hoch und läßt sich auf der anderen Seite hinunterfallen, wobei sie sich den linken Arm und die linke Hand aufschürft, dann läuft sie die Rue de la Fontaine hinunter. Langlois rennt ihr hinterher und ruft, sie solle zurückkommen, sein Herr wolle mit ihr reden; er holt sie ein und hält ihr eine gefüllte Geldbörse hin, doch sie stößt ihn zurück und läuft mit zerzaustem Haar und zerrissenem Hemd weiter. Endlich trifft sie eine Frau aus dem Dorf, der sie schluchzend erzählt, was ihr widerfahren ist.

Zwei andere Dörflerinnen eilen herbei. Die völlig entsetzten Frauen bringen die Geschundene in einen Hof, wo sie unter ihren Röcken blutige Striemen entdecken, »von den Hüften bis unten an die Schenkel«. Sie pflegen die Wunden mit Lavendelwasser und führen die Frau zum Advokaten des örtlichen Amtsgerichts, der sie ins Schloß des Notars und Aktuars des Amtsbezirks von Arcueil schickt. Die Frau des Notars empfängt sie. Als Rose Keller ihren Bericht wiederholt, muß die feinfühlige Frau sich zurückziehen, es ist zuviel für sie. Da der Amtmann selbst nicht da ist, schickt man nach dem örtlichen Polizeihauptmann. Dieser kommt gegen acht Uhr abends, er protokolliert die Aussage und läßt das Opfer vom Chirurgen Pierre-Paul Le Comte untersuchen, der unverzüglich folgenden Bericht verfaßt: »Die ganze Fläche des Gesäßes und ein Teil des Rückens [sind] von Striemen bedeckt und aufgeschürft, mit starker und langer Schnitt- und Prellwunde auf der Wirbelsäule«, das Ganze sei der Frau offensichtlich mit »einem Schlag- und Schneidewerkzeug« zugefügt worden. Er vermerkt auch Spuren von »geschmolzenem Wachs auf etlichen der Wunden«. Die Frau des Notars bittet einen Nachbarn um ein Nachtquartier für die Geschundene. Man bringt sie in einen Kuhstall, wo man sie auf eine Matratze bettet. Am übernächsten Tag wird die Notarsgattin sie in ihrem Schloß aufnehmen.

Inzwischen hat sich der Marquis gegen sechs Uhr von seinem Gärtner verabschiedet und ist nach Paris in die Rue Neuve-du-Luxembourg zurückgefahren.[1]

MITTLERDIENSTE

Während die Polizei von Arcueil ihre Ermittlungen fortsetzt, wollen wir uns am Wohnsitz der Familie Montreuil umsehen, wo ungewöhnliche Betriebsamkeit herrscht. Hat Donatien den Seinen alles gestanden? Hat ein hoher königlicher Sicherheitsbeamter Madame de Montreuil einen Hinweis gegeben? Jedenfalls herrscht helle Aufregung, und die Präsidentin setzt mit gewohnter Entschlossenheit alle Hebel in Bewegung, um die Ehre ihrer Tochter zu retten. Die Lage ist zwar kritisch, aber nicht hoffnungslos. Ohne einen Augenblick zu verlieren, übernimmt sie das Kommando über die Operationen.

Deren erstes Ziel: Es muß ein geheimer königlicher Haftbefehl gegen den Schwiegersohn erwirkt werden, der ihn dem Zugriff der gewöhnlichen Polizei entzieht. Dafür braucht Madame de Montreuil ihren Mann.

Dieser reißt sich aus seiner Lethargie heraus und aktiviert unverzüglich seine besten Beziehungen. Zweites Ziel der Operationen: Rose Keller muß ihre Klage zurückziehen. Madame de Montreuil ruft zwei Männer ihres Vertrauens herbei: Anwalt Sohier, Staatsanwalt am Hof, und Abbé Amblet, Donatiens einstiger Erzieher und immer noch enger Berater der Familie. Sie sollen die Frau aufsuchen und zum Verzicht bewegen, und zwar buchstäblich zu jedem Preis. Und schleunigst.

Die beiden Männer springen in einen Wagen und fahren nach Arcueil. Im Schloß, wo Rose Keller immer noch darniederliegt, bitten sie, zu ihr vorgelassen zu werden. Die Frau empfängt sie liegend, eine andere Haltung könne sie nicht einnehmen, sagt sie, überhaupt sei sie »für ihr Lebtag außerstande zu dienen«. Sohier fragt sie, ob sie ihre Klage zurückziehen würde und zu welchem Preis. Sie verlangt tausend Taler (dreitausend Livres) und keinen Sou weniger. Sohier springt auf: Was, dreitausend Livres? Das ist ja ein Vermögen! Selbst wenn sie mit ihrer Klage durchkäme, würden ihr die Gerichte nie eine solche Summe zubilligen. Er macht ihr verschiedene Angebote, die Rose Keller allesamt ablehnt: Dreitausend oder nichts. Der Staatsanwalt und der Abbé ziehen sich zur Beratung zurück. Dann bietet Sohier 1 800 Livres an. Wieder ein Nein, neue Diskussionen. Endlich läßt sie Kompromißbereitschaft erkennen, doch unter 2 400 Livres geht sie nicht. Die Vermittler finden auch das noch zu teuer und fahren nach Paris zurück, um mit der Präsidentin Rücksprache zu halten. Diese trägt ihnen auf, umgehend zurückzufahren und den Handel um jeden Preis abzuschließen. Als die Männer ins Schloß kommen, sitzt Rose Keller, mit Frauen aus dem Dorf tratschend, aufrecht im Bett. »Also sind Sie doch nicht so krank, wie Sie vorgeben«, versetzt der Staatsanwalt; »es besteht die Hoffnung, daß Sie bald ganz wiederhergestellt sind.« Schließlich wird der Klageverzicht vor dem Notar von Arcueil und in Anwesenheit zahlreicher Zeugen unterzeichnet; der Genesenden werden die vereinbarten 2 400 Livres ausgehändigt, zuzüglich sieben Louisdor »für Verbandszeug und Arzneien«.

GEFANGENER DES KÖNIGS

Am nächsten Tag, dem 8. April, kommt endlich der Befehl des Königs, wonach »Monsieur le comte de Sade festzunehmen und ins Schloß Saumur zu führen« sei. Gleichzeitig benachrichtigt der Minister des Königshauses den Gouverneur von Saumur, Monsieur du Petit-Thouars, daß der

Gefangene demnächst eintreffen werde, und empfiehlt ihm, denselben »streng zu halten«. Auf gar keinen Fall dürfe er sich außerhalb der Schloßmauern bewegen. Seine Anwesenheit soll nämlich geheim bleiben. Erleichterung bei der Familie Montreuil: Donatien ist nun Gefangener des Königs, der Skandal vermieden. So hofft man wenigstens.

Am 10. April nimmt Donatien den Postwagen nach Saûmur. Aus Diskretionsgründen hat die Familie auch erreicht, daß er unter der väterlichen Aufsicht von Abbé Amblet reist und nicht mit einer Polizeieskorte. Doch statt zur Loire zu reisen, nimmt er die Straße nach Burgund. Will er etwa den Befehlen des Königs zuwiderhandeln und sich in La Coste einnisten? Das erscheint höchst wahrscheinlich, denn anders ist seine eigenartige Route nicht zu erklären. Er gibt seinen Plan allerdings bald auf, vermutlich auf das Zureden seines Erziehers hin[2]. Dieser konnte ihn wohl überzeugen, daß der geheime königliche Haftbefehl eine Gnade bedeutete, ohne die er vor einer Strafkammer gelandet wäre, und daß es allemal besser sei, ein Gefängnis Seiner Majestät aufzusuchen. Ausnahmsweise läßt sich Donatien überreden, er ändert die Reiseroute und fährt nach Saumur.

DER SÜNDENBOCK

Während sich die Tore des Schlosses von Saumur hinter dem Angeklagten schließen, platzt die Affäre im *Parlement* von Paris, dem wichtigsten Gerichtshof des Landes. Bei der Sitzung des für Strafsachen zuständigen Rates vom 15. April 1768 berichtet ein namentlich nicht bekanntes Mitglied des Gremiums seinen Kollegen über »ein in Arcueil geschehenes entsetzliches Verbrechen« und schildert einige Einzelheiten. Nach längerer Beratung befindet der Rat, der königliche Generalstaatsanwalt sei unverzüglich zu beauftragen, über den Tathergang und den Stand des Verfahrens am Hof Bericht zu erstatten. In den darauffolgenden Tagen befiehlt der Gerichtshof der örtlichen Justiz, das Verfahren abzugeben; eine seiner Kammern übernimmt den Fall und beginnt mit minutiösen Ermittlungen, den Angeklagten erklärt es für verhaftet. Alle Bemühungen der Präsidentin waren umsonst: Die Affäre von Arcueil nimmt politische Dimensionen an, der Skandal ist unausweichlich. Hinter dem Beschluß des *Parlements* ist die Hand seines ersten Präsidenten, Charles-Augustin de Maupeou, zu sehen, der die willkommene Gelegenheit ergreift, an seinem alten Feind Cordier de Montreuil Rache zu nehmen.

In der Öffentlichkeit löst die Nachricht heftige Emotionen aus, in der Familie herrscht Bestürzung. Solange Donatien auf königlichen Befehl interniert war, befand er sich in außergerichtlicher Situation. Dem Zugriff der allgemeinen Justiz entzogen, lag sein Schicksal allein in der Hand des Souveräns. Doch wenn jetzt das Pariser *Parlement* die Angelegenheit an sich reißt, ist das Schlimmste zu befürchten.

Allerdings sind die Gründe, deretwegen sich das Gericht für die Affäre von Arcueil interessiert, möglicherweise weniger im »Verbrechen« selbst als in der Person des Täters zu suchen, insbesondere in seiner Zugehörigkeit zum Adel. Die öffentliche Meinung, eine damals ganz neue Macht, mit der eine geschwächte Zentralgewalt mehr und mehr zu rechnen hatte, empörte sich seit langem über die Straflosigkeit oder zumindest exzessive Milde, mit der die Gerichte den von Adeligen begangenen sexuellen Mißhandlungen begegneten. Sie wollte endlich Taten sehen und verlangte, daß ein Exempel statuiert würde – und sie bekam den Marquis de Sade. Madame de Saint-Germain hatte dies klar erkannt und befürchtete deswegen Schlimmstes für ihr geliebtes »Kind«: An den Abbé de Sade schrieb sie: »Gegenwärtig ist er das Opfer der allgemeinen Raserei. Die Affäre von Monsieur de Fronsac und so vieler anderer bauschen seine eigene auf. Es ist auch wirklich nicht zu fassen, wie viele Greueltaten in den letzten zehn Jahren von den Leuten am Hof begangen wurden.[3]«

Daß ein Sündenbock her mußte, liegt also auf der Hand. Aber warum ausgerechnet Donatien de Sade? Dafür gibt es verschiedene Gründe. Zunächst hat dieser Sade aus seinen Neigungen nie ein Geheimnis gemacht; im Gegenteil, er stellt sie freizügig zur Schau, mit einer ihm angeborenen Gabe der Provokation und in aller Öffentlichkeit, quasi vor der Nase der Polizei, die im übrigen bestens über seine Praktiken informiert ist. Nicht grundlos wird auch die persönliche Feindschaft von Monsieur de Maupeou ins Spiel gebracht, der hinter den Kulissen die Entehrung des Schwiegersohns seines Feindes betrieb, was wohl nicht wenig zu seinem späteren Sturz beigetragen hat. Dazu kommt ein Umstand, der auf den ersten Blick unbedeutend erscheinen mag, sich aber sehr erschwerend auswirken wird: Zufällig besaß Louis-Paul Pinon, der Präsident der ermittelnden Strafkammer des *Parlements*, ebenfalls ein Landhaus in Arcueil und befand sich unglücklicherweise ausgerechnet zur Tatzeit dort, was ihn laut Buchhändler Hardy »mit größter Empörung« erfüllte.

Es kommt noch ein anderer Grund hinzu, dem bisher zu wenig Beachtung geschenkt wurde, nämlich die früheren Zwistigkeiten zwischen dem Vater des Marquis und dem Hof Ludwigs XV. Der Verdacht, der auf dem einstigen französischen Botschafter in Köln lastete, dessen abschätzige Äußerungen über die Mätresse des Königs, seine verächtliche Haltung den Ministern und Höflingen gegenüber, der Ruf der Gerissenheit, der ihm anhing und durch seinen Fall und Ruin nur noch schwerer wog, all das war noch nicht so lange her, als daß man es in den Zentren der Macht vergessen hätte. Der König selbst schien zwar dem Sohn gegenüber kaum nachtragend zu sein, doch andere maßgebliche Männer besaßen nicht die Großmut des Souveräns. Daß Donatien es nicht für wert hielt, in Versailles seine Aufwartung zu machen, daß er es vernachlässigt hatte, sich für seinen Heiratsvertrag an den Hof zu begeben, ja sogar die Ehre abgeschlagen hatte, die Karosse des Königs zu besteigen, das alles kümmerte Ludwig XV. anscheinend wenig. Andere hingegen hatten es sich gemerkt.

Im Gegensatz zu Maurice Heine und Gilbert Lely, die Donatien mächtige Protektionen zusprachen, sind wir zur Überzeugung gelangt, daß er zum Zeitpunkt, als die Affäre Arcueil platzte, bereits der einsame Mann war, den er sein ganzes Leben lang bleiben sollte: ohne Freunde, ohne Bundesgenossen, ohne Rückhalt in der vornehmen Gesellschaft. Er gehört keiner Clique an, beteiligt sich an keiner Kumpanei und ist immer und überall völlig allein, selbst in seinen Ausschweifungen. Im Gegensatz zu Fronsac, Sabran, Jaucourt und anderen maßgeblichen Libertins sucht Sade seine Lust nie in der Gemeinschaft von Gleichgesinnten. Abgesehen von seinen Kammerdienern, die bald als seine Anwerber, bald als seine Partner fungieren, weiß man von keinem einzigen Gefährten seiner Ausschweifungen.

In der Gesellschaft des Ancien régime, die ganz wesentlich auf Günstlings- und Vetternwirtschaft beruht, erscheint Sade also geradezu als Einzelgänger. Die Herzöge von Condé, auf die er sich immer wieder beruft, stehen selbst in zu schlechtem Ruf, als daß ihm diese verwandtschaftliche Beziehung dienen könnte; indem er sie anführt, diskreditiert er sich nur zusätzlich. Wenn man dieses hohe Adelsgeschlecht selbst schonte, so fiel man um so grausamer über eine seiner bekanntesten Randfiguren her. Gesellschaftlich gesehen befand er sich tatsächlich am Rande der Adelskaste, wie schon sein Vater, und vielleicht gerade seinetwegen. In der Provinz ist er zwar noch Feudalherr, doch in Paris gilt er praktisch nichts mehr. Und seine Ehe mit der Tochter eines – wenngleich hohen – Richters konnte daran nicht viel ändern. So hatte die Justiz, die nur darauf wartete, die Öffentlichkeit mit der Aburteilung eines Adeligen zufriedenzustellen, in Sade einen idealen Kandidaten gefunden. Bei ihm brauchte man nicht zu befürchten, daß irgendein mächtiger Protektor auftreten und alten Adel oder die Ruhmestaten von Vorfahren geltend machen würde, um ihn vor dem Schwert der Justitia zu retten: Für einen Mann, der sich selbst absondert und von seiner Kaste ausgestoßen worden ist, der keinerlei Einfluß besitzt und von dem man auch nichts zu erhoffen hat, wird sich niemand engagieren. In seiner völligen Isolierung kann Donatien nur noch auf den König hoffen. Indem dieser ihn per geheimen Haftbefehl nach Saumur schickte, hatte er ihn dem Zugriff der Justiz entrissen. Und jetzt, wo das *Parlement* die Sache an sich reißt, kann ebenfalls nur noch königliche Gnade helfen.

Höchst beunruhigt durch diese Entwicklung, mobilisiert die Familie die ganze Verwandtschaft und sämtliche Beziehungen. Der Präsident von Montreuil ersucht den Abbé de Sade, nach Paris zu kommen und die Verteidigung seines Neffen zu übernehmen. Als ob dieser alte Bordellgänger irgendwelchen Einfluß besitzen könnte! Und der Herzog von Montpezat, der ebenfalls angeschrieben wird, begnügt sich damit, »seiner lebhaftesten Sympathie« für den Unglücklichen Ausdruck zu verleihen.

DAS ERMITTLUNGSVERFAHREN

Nachdem alle Unterlagen der in Arcueil begonnenen Ermittlungen in der Strafkammer des obersten Gerichtshofs vorliegen, kann das Ermittlungsverfahren eingeleitet werden. Am 19. April wird der Haftbefehl gegen Donatien ausgestellt, demzufolge er in die Conciergerie einzuliefern und seine Güter zu beschlagnahmen sind, während Rose Keller binnen vierundzwanzig Stunden von den Ärzten und Chirurgen des Hofes untersucht werden soll, »mit dem Ziel der Feststellung ihres gegenwärtigen Zustandes sowie der Herkunft und der Folgen ihrer Verletzungen«. Hat die Kammer zu diesem Zeitpunkt Kenntnis vom königlichen Haftbefehl? Das ist alles andere als gewiß, denn zwischen den beiden parallel funktionierenden Justizapparaten des Königs und den *Parlement* genannten Gerichtshöfe gibt es keine geregelten Kommunikationskanäle. Am 20. wird beim Marquis, im Palais des Präsidenten von Montreuil, eine Haussuchung vorgenommen. Da der Angeklagte abwesend ist und seit zwölf Tagen nicht gesehen wurde, hinterläßt der Gerichtsvollzieher beim Portier eine Kopie des Haftbefehls mit der Anweisung an den Marquis, sich innerhalb von vierzehn Tagen zu stellen. Auf die Einziehung der Güter verzichtet man, da die Möbel in Sades Wohnung Eigentum Monsieur de Montreuils sind. Um sieben Uhr morgens desselben Tages reisen zwei Räte des *Parlement* ins Dorf Arcueil, um das vom Marquis gemietete Haus offiziell zu inspizieren. Sie durchsuchen gewissenhaft jedes Zimmer und jede Schublade, sie wühlen die Kissen durch und wenden die Matratzen, doch sie finden nur unverfänglichen Hausrat: Haushaltswäsche, Kerzen, Vorhangkordeln, Spielmarken aus Elfenbein. Ein verschlossener Sekretär erweckt ihre Neugier; sie lassen ihn von einem Schlosser öffnen, er enthält: »Zwei Stück grünen Wachses, eine große Schreibgarnitur und eine kleine Kartonschachtel.« Im Keller »ein leeres Weingefäß, ein Essiggefäß, mehrere aufeinandergestapelte Weinflaschen«. Keine Spur der Ereignisse vom 3. April. Für deren Beseitigung hatte der Abbé Amblet im Auftrag der Familie rechtzeitig gesorgt.

Am Tag darauf, dem 21. April, beginnt die Vernehmung der Rose Keller und der Zeugen, als da sind: die drei Dorffrauen aus Arcueil, Staatsanwalt Sohier und Abbé Amblet.

Der Angeklagte selbst wird erst drei Monate später vernommen, zum selben Zeitpunkt, an dem ihm seine Begnadigung mitgeteilt wird. Nachdem er bereits nichts mehr zu befürchten hat, möchte man annehmen, daß er auch nichts mehr verbirgt. Dennoch widerspricht seine Schilderung des Tathergangs in mindestens zwei wichtigen Punkten der seines Opfers:

1. Glaubte Rose Keller wirklich, wie sie ständig beteuerte, der Marquis habe ihr eine ehrbare Arbeit angeboten, oder befand sie sich auf Kundenfang, wie jener behauptete? Eine Frau, die offen als Prostituierte auftrat, riskierte das Zuchthaus. Viele Straßendirnen gaben sich deshalb als arbeitslose Bettlerinnen aus, und es ist denkbar, daß die Witwe Valentin ebenso tat. Es sei denn, sie gehörte zu jenen zahlreichen Gelegenheitsdirnen, die nur ab und zu auf den Strich gingen, um etwas dazuzuverdienen. Ihre Anwesenheit in der Kirche der Petits-Pères an jenem Ostersonntag erhärtet die Hypothese der Prostitution. Diese Kirche galt nämlich als sehr beliebter Ort für gewisse Kontaktaufnahmen, vor allem an Sonn- und Festtagen. »Man kann sicher sein, dort zahlreiche Schöne anzutreffen, die mit ihren Reizen wetteifern und gewiß alle zu mieten sind«, vermerkt Inspektor Marais. »Doch sobald einer angebissen hat, rennen sie aus dem Tempel Gottes, um sich ganz

und gar weltlichen Dingen zu widmen.[4]« Es ist denkbar, daß Rose Keller, nachdem sie an jenem Tag keinen »Fang« gemacht hatte, ihr Glück auf der benachbarten Place des Victoires versuchen wollte.

2. Laut Rose Keller hat der Marquis sie auf dem Bett festgebunden und dann mit Ruten- und Stockschlägen traktiert, wobei er dies mehrfach unterbrach, um ihr mit einem kleinen Messer Einschnitte ins Fleisch beizubringen und rotes und weißes Wachs auf die Wunden zu tropfen. Sade gibt zu, daß sie auf dem Bett lag, er will sie aber nicht gefesselt haben, und er spricht nur von einem Strick mit Knoten, von Ruten oder einem Stock will er nichts wissen. Die Einschnitte ins Fleisch leugnet er ganz: »[Er] hat lediglich an verschiedenen Stellen kleine Stücke einer aus weißem Wachs bestehenden Salbe aufgelegt, um die Wundheilung zu beschleunigen.« Zwei Behauptungen bedingen sich hier gegenseitig: Vom verwendeten Werkzeug hängt es ab, welche Wirkungen vom Opfer verspürt und von den Ärzten festgestellt wurden. Zunächst sei festgestellt, daß die Frau auf dem Bauch lag und nicht sehen konnte, was auf ihrem Rücken geschah. Der Chirurg Lecomte, der sie am Tag der Tragödie untersuchte, wird am 23. April über Einzelheiten bezüglich der Verletzungen befragt: Ausdehnung, Aussehen, Tiefe usw. Seine Antworten fallen wesentlich zurückhaltender aus als seine ersten Erklärungen:

»Er verstand unter Aufschürfungen, daß nur die Epidermis entfernt war an verschiedenen Stellen des ganzen Gesäßes und eines Teils der Lenden. Und was die Prellungen betrifft, so waren sie nicht anders als solche, die dem Aussehen nach von Ruten stammen; was die Schnitte betrifft, so hat er nur Stellen mit fehlender Epidermis gesehen [...]

- Befragt, ob er irgendwelche Verletzungen ausgemacht habe, die ihm von Stockschlägen verursacht zu sein schienen.
- Sagte, er habe nur zwei Spuren etwas oberhalb der Lenden auf der Wirbelsäule gesehen, ohne Bluterguß, nur gerötet.
- Befragt, wie viele Schnitte er festgestellt habe.
- Sagte, es seien wohl ein Dutzend schnittartige Schürfungen gewesen.
- Befragt, von welcher Größe diese Schnitte gewesen seien.
- Sagte, sie seien von der Größe und der Form eines Sechs-Sous-Stückes gewesen, und sie seien nicht über den Epidermisbereich hinausgegangen.

– Wurde ihm vorgehalten, es sei nicht natürlich, daß Schnitte kreisförmig gemacht würden, und er habe in seinem Bericht für die Polizei selbst gesagt, daß besagte Frau Schürfungen aufwies, mit starker und langer Schnitt- und Prellwunde auf der Wirbelsäule.
– Sagte, er wisse nicht, mit welchem Werkzeug die Schnitte beigebracht wurden, aber daß sie rund gewesen seien und daß die Worte ›stark und lang‹, die sich in seinem Bericht an die Polizei finden, auf die Prellwunden bezogen und nicht auf die Schnittwunden.
– Befragt, ob er irgendwelche Spuren von Verbrennungen bei besagter Frau gesehen habe.
– Sagte nein, und daß die Frau sich wohl beklagt habe, daß man weißes Wachs und rotes Wachs auf sie getropft, daß er aber keinerlei Spuren von rotem Wachs gefunden, auch keine Spur von Verbrennungen, wie Siegelwachs sie verursacht hätte, wäre es in die Aufschürfungen getropft worden, und daß er nur Tropfen von weißem Wachs auf dem Rücken gefunden, die ihm keine Verbrennungen verursacht zu haben scheinen.
– Befragt, ob er Spuren von Stricken an Füßen und Händen und über den Körper gesehen habe.
– Mit nein geantwortet.«

Ein wichtiger Text, der es verdient, so ausführlich zitiert zu werden, denn gerade die Einschnitte mit dem Messer hatten die Öffentlichkeit am stärksten beschäftigt. Vorausgesetzt, der Chirurg war nicht von der Familie gekauft (Madame de Montreuil war durchaus fähig zu einem solchen Handel, wie sie bei Rose Keller bewiesen hatte), würde seine Zeugenaussage dem Marquis Recht geben, zumindest in folgenden Punkten:

– Das Opfer war nicht gefesselt.
– In Anbetracht ihrer runden Form und ihres Aussehens wären die Hautabschürfungen auf die Knoten der Peitsche zurückzuführen und nicht auf Schnitte mit einem Messer.
– Die Wachsspuren waren nicht rot, sondern weiß. Der Unterschied ist von Bedeutung, denn das rote Siegelwachs enthält Schellack und Terpentin und kann starke Verbrennungen verursachen, wenn es heiß auf die Haut gelangt, während das weiße Bienenwachs auch in flüssigem Zustand ungefährlich ist. Aber wie sind diese Wachsspuren auf dem Rücken von Rose Keller zu erklären?

Dem Marquis zufolge handelt es sich um eine Salbe, die er zur »Wundheilung« aufgetragen hat. Das Rezept ist altbekannt: Seit der Antike benützt man Salben aus Öl und reinem Bienenwachs, um die Heilung von Wunden, Hautrissen und Verbrennungen zu fördern. Denkbar ist auch, daß die brennende Kerze in der Hand des peitschenden Marquis tropfte und spritzte.

Es bleibt die Geißelung selbst. Ist sie nicht schlimm genug? Zweifelsohne, und es liegt uns fern, den Marquis von Schuld freisprechen zu wollen. Doch auch hier stellen wir fest, wie schon im Fall der Jeanne Testard, daß die Tortur mehr in der Einbildung stattfindet als in der Wirklichkeit. Den Marquis erregt vor allem der Schrecken, den er der Frau einjagt, indem er sie überzeugt, sie komme hier nicht mehr lebend heraus, oder indem er so tut, als würde er ihr ins Fleisch schneiden. Die Perversion besteht weniger darin, dem anderen Schmerzen zuzufügen, als darin, ihm angst zu machen.

PIERRE-ENCIZE

Während Donatien im Schloß Saumur, wo man ihn sehr zuvorkommend behandelt, gelassen den weiteren Gang der Dinge abwartet, erreicht die Familie Montreuil, daß er an einen besser gesicherten Ort gebracht wird. Am 23. April bittet der königliche Minister de Bory den Kommandanten der Feste Pierre-Encize in der Nähe von Lyon, den Häftling aufzunehmen: »Der Wille des Königs ist, daß er sein Zimmer nicht verläßt und keinerlei Umgang mit den anderen Gefangenen hat. Wenn er das Bedürfnis hat, an die frische Luft zu gehen, möchten Sie die üblichen Vorsichtsmaßnahmen ergreifen, damit er begleitet wird. Da es indessen heißt, er sei von der Fistel bedroht und benötige Arzneien, die ihm Brasson verordnet hat, so möchten Sie, wenn er einen Chirurgen der Stadt Lyon aufsuchen muß, ihm die erforderliche Erleichterung gewähren und ebenso den Diener aufnehmen, den man ihm schickt und der es gewohnt ist, ihn abends und morgens zu verbinden. Jedoch darf dieser Diener das Innere des Schlosses nicht verlassen […][5]«

Inspektor Marais, der mit dem Transport beauftragt ist, kommt in den letzten Apriltagen in Saumur an, wo er feststellt, daß der Gefangene sich im Schloß frei bewegen kann und mit dem Gouverneur tafelt. Donatien wundert sich seinerseits über den Besuch des Polizisten und fragt ihn, was ihn hierherführe. Marais erklärt ihm, das *Parlement* habe seine Sache an sich gezogen und man müsse den Anschein erwecken, »die aufgrund seiner Narrheiten verdiente Bestrafung vorwegzunehmen und dadurch das Gericht ihm gegenüber milde zu stimmen; im übrigen möge er unbesorgt sein, da er in Pierre-Encize mit derselben Schonung behandelt würde wie im Schloß von Saumur, welches aber als zu freizügig gelte.« Sichtlich erleichtert durch diese Antwort, läßt sich der Gefangene willig zu seinem neuen Gefängnis führen. Auf der Reise ergeht er sich des langen und breiten über sein Abenteuer, wobei er beteuert, das Mädchen lediglich gegeißelt zu haben; es sei ihm gar nie in den Sinn gekommen, es mit dem Messer zu verletzen, »er könne sich auch nicht vorstellen, was diese Person zu einer solchen Klage veranlaßt habe, und er sei sehr überzeugt, daß, wenn der Gerichtshof eine Überprüfung durch erfahrene Chirurgen anordnen würde, man keine Spur von Narben finden würde«. Im übrigen bereue er nichts und bedauere lediglich seine Gefangensetzung. »Der Grund des Herzens bleibt derselbe«, kommentiert Marais in seinem Bericht an Minister Saint-Florentin. Der Polizist teilt uns außerdem mit, daß trotz der Vorsichtsmaßnahmen alle Welt von der Affäre weiß: In Saumur, Lyon, Moulins und Dijon »ist sie das Tagesgespräch«[6].

Unterdessen mahlen die Mühlen des von Maupeou und Präsident Pinon gesteuerten Justizapparates weiter. Am 7. Mai konstatiert die Kammer offiziell das Nichterscheinen des Angeklagten, der dem Befehl, sich innerhalb von zwei Wochen zu stellen, nicht nachgekommen sei. Es ordnet eine Vorladung per »öffentlichen Ausruf« innerhalb von acht Tagen an. Da Sade – begreiflicherweise – auch am 11. Mai nicht vor Gericht erschienen ist, »beschallen« an diesem Tag zwei »vereidigte Trompeter Seiner Majestät« mit ihren Instrumenten das Haus des Präsidenten von Montreuil, außerdem den Pranger an den Markthallen, die Freitreppe des Palastes sowie »die übrigen gewohnten Orte der Stadt Paris«; anschließend fordert Maître Philippe Renouveau, »einziger vereidigter Ausrufer des Königs«, den »also abwesenden und flüchtigen« Monsieur de Sade »mit lauter und vernehmlicher Stimme« auf, innerhalb von acht Tagen persönlich zu erscheinen, »um in den Gefangenenstand der Conciergerie einzutreten« und dort »gehört und befragt zu werden«, widrigenfalls ihm der Prozeß in »Abwesenheit und Kontumaz« gemacht werde. Weiß die Kammer immer noch nichts vom königlichen Haftbefehl? Das ist ziemlich unwahrscheinlich. Sie tut nur so, als wisse sie nichts, weil sie Formfehler vermeiden will, durch die das Verfahren ungültig würde. Am 1. Juli wird Sades Abwesenheit erneut offiziell festgestellt.

Unterdessen vervielfachen die Schwiegereltern ihre Aktivitäten und setzen die einflußreichsten Verbindungen ein, um die königlichen Begnadigungsbriefe zu erlangen. Dieser Gnadenakt, der die Tat völlig ungeschehen macht und dem Beschuldigten die Strafe erläßt, ist ein Ausdruck der Allmacht des Königs, der vergeben kann, wem er zu vergeben beliebt. Sie ist auf Verbrechen anwendbar, die von ihrem Wesen her nicht straflos bleiben können, und muß zwingend vom Hof gutgeheißen werden[7]. Am 3. Juni, nach wochenlangen Vorstößen und Petitionen beim Monarchen und seinen Ministern, werden die ersehnten Briefe endlich der Strafkammer des Gerichtshofs zugestellt, während der Polizeipräfekt von Paris den Befehl erhält, den Gefangenen von Pierre-Encize in die Conciergerie zu führen, um dort seine Briefe bestätigen zu lassen, und ihn danach umgehend wieder in die Feste bei Lyon zu bringen.

Am 10. Juni erscheint Donatien Alphonse François de Sade zur Vernehmung, barhäuptig und auf Knien, wie es der Brauch will, dann unterzieht er sich den beiden üblichen Befragungen: die eine im Gefängnis durch den Berichterstatter, die andere auf dem Sünderstühlchen im Ratszimmer. Nachdem er den Eid abgelegt hat, gesteht er die Tat in den Hauptzügen, allerdings in der uns bereits bekannten, von den Aussagen des Tatopfers nicht unerheblich abweichenden Version. Nach seiner Anhörung wird das Verfahren der bisher damit befaßten Kammer des *Parlements* entzogen und auf die *Grand'Chambre* übertragen, jener Kammer, die allein befugt ist, in die geheimen königlichen Begnadigungsbefehle Einsicht zu nehmen. Diese tritt noch am selben Tag unter Maupeous Vorsitz zusammen; sie bestätigt die Entscheidung des Souveräns, was die sofortige Einstellung der strafrechtlichen Verfolgung bedeutet, und verurteilt den Begnadigten zu einem »Almosen von hundert Livres zugunsten der Ernährung der Gefangenen der Conciergerie«.

Einmal mehr kann sich die Präsidentin schmeicheln, ihren Schwiegersohn aus einer mißlichen Lage befreit und die Familienehre gerettet zu haben. Die beiden folgenden Tage bringt sie damit zu, Dankesbesuche abzustatten; am dritten Tag kündigt sie dem Abbé de Sade den glücklichen Ausgang des Abenteuers in einem Brief an: »Die Angelegenheit Ihres Neffen [...] wurde nicht gerichtet, und sie wird es auch fürder nicht werden; sie war nicht schwerwiegend genug, um geahndet zu werden.«[8]

Schon am Tag nach der Anhörung wird Donatien in die Feste von

Pierre-Encize zurückgebracht, wo er ziemlich frei gehalten wird: Der Gouverneur, Monsieur de Bory, genehmigt ihm Spaziergänge, allerdings mit Sicherheitsmaßnahmen, die eine Flucht oder die Kontaktaufnahme mit der Außenwelt verhindern. Gegen Ende Juli kommt seine Frau nach Lyon und erhält die Erlaubnis, ihn zu besuchen. Im Prinzip darf sie es nur zwei- oder dreimal während ihres Aufenthalts in der Stadt. Doch als sich dieser in die Länge zieht, ist Monsieur de Bory sehr großzügig, und sie besucht ihn weit öfter als erlaubt, wohl auch in der Hoffnung, bald seine Freilassung zu erreichen. Die Bemühungen der Familie zielen übrigens in die gleiche Richtung. Selbst die Mutter des Gefangenen, die greise Gräfin de Sade, bricht ihr Schweigen, um bei Monsieur de Saint-Florentin um die Freilassung ihres Sohnes anzusuchen. Er würde sich verpflichten, sich auf eines seiner Güter zurückzuziehen, und nicht ohne die Einwilligung Seiner Majestät nach Paris zurückkehren.

Am 16. November 1768, nach siebenmonatiger Gefangenschaft, wird der Marquis auf Befehl des Königs freigelassen, mit der Auflage, sich in sein Schloß in La Coste zurückzuziehen. »Von seinem Verhalten wird das Maß an Freiheit abhängen, das man ihm künftig gewähren wird, und er kann nicht genug auf sein Tun achten, wenn er das Geschehene wiedergutmachen will.« So lautet die Warnung, die der Minister des Königshauses am Vortag der Entlassung an die Gräfin de Sade richtet.

»ÜBERNEHMEN SIE IHN ...«

Ursprünglich sollte die Marquise mit ihrem Mann in die Provence reisen. »Sie hat zu viel getan, um ihr Werk nicht zu vollenden, indem sie alle Beweise menschenmöglicher Anhänglichkeit gab«, bemerkt Madame de Montreuil[9]. Doch die junge Frau ist zum dritten Mal schwanger und möchte lieber zu Hause entbunden werden. Auch die finanziellen Verhältnisse Donatiens erfordern ihre Anwesenheit in Paris. Seit ihrer Heirat hat ihr Mann immer wieder großzügig Geld aus der Haushaltskasse ausgegeben und 66 000 Livres aus der Mitgift seiner Frau verschleudert, seine eigenen Einkünfte nicht mitgezählt. Die vielen Freudenmädchen der Opernbälle und die Zuhälterinnen, die Mieten in Versailles, Arcueil und Paris, obendrein sein luxuriöser Lebensstil, das alles brachte ihn recht bald in Geldnöte. Der Großteil seiner Besitzungen ist bereits durch die Schulden, die ihm sein Vater hinterlassen hat, mit Hypotheken belastet. Er selbst schuldet seinem Regiment noch 7 400 Livres, die er nach und nach zurückzahlen wird, doch erst nach wiederholten Mahnungen durch den Minister. 1767 mußte das Paar von einem gewissen Jean Gastin die Summe von 14000 Livres borgen, die es drei Monate später zurückzahlte[10]. Am 26. Mai 1768 gibt Madame de Sade das kleine Haus in Arcueil auf. Im Juli verkauft sie hinter dem Rücken ihrer Mutter die wenigen Diamanten, die sie besitzt, um die Reise nach Lyon zu bezahlen und die sechs Monate Rente zu entrichten, die ihr Mann noch der verwitweten Gräfin de Sade schuldet. So reist Donatien also in den letzten Novembertagen des Jahres 1768 allein nach La Coste, während seine Frau in Paris die Gläubiger hinhalten muß, von denen einige bereits den Klageweg beschritten haben. Als sie ihn bittet, ihr eine Vollmacht für ein Darlehen von 20 000 Livres zu schicken, gestattet er ihr nur 6000 und läßt sie zusehen, wie sie mit den Gerichtsbescheiden und Pfändungsdrohungen fertig wird. Um die Finanzen zu sanieren, hätte es genügt, daß Donatien das Mas de Cabannes verkauft, doch er weigert sich und meint, die Mitgift von Renée-Pélagie müßte genügen, um das Defizit auszugleichen. So muß schließlich die Präsidentin ihrer Tochter unter die Arme greifen, und sie verflucht den Leichtsinn ihres Schwiegersohns und seine einzig seinem Vergnügen dienenden Ausgaben. Da sie endgültig genug hat von seinem Egoismus, seinem Starrsinn und seiner Undankbarkeit (schließlich war sie es, die seine Freilassung erwirkte), beschließt sie, ihm fortan nicht mehr zu schreiben, und sie nimmt den Abbé de Sade zum Zeugen für das, was sie für ihn getan und wie er es ihr vergolten habe: Die wiederholten Fehler seines Neffen hätten »die Gefühle der Anteilnahme für ihn und die Hoffnung auf seine Rückkehr zum Guten, die allein mich leiteten in all dem, was ich für ihn in seinem Unglück getan«, erkalten lassen. Dennoch versucht sie, ihn zu retten, indem sie den Abbé anfleht, er möge seinen Neffen davon abhalten, nach Paris zu kommen, wie er es seiner Frau angedeutet habe: »Hindern Sie ihn unbedingt daran, Monsieur, mit aller Umsicht und allen zu Gebote stehenden Mitteln, diese Verrücktheit zu tun, derer ich ihn für nur allzu fähig halte. Woher bezieht er die Erlaubnis, nach Paris zurückzukehren? Weiß er nicht, welcher Gehorsam und Respekt den Befehlen des Königs geschuldet wird? Wenn Sie noch einiges Wohlwollen für ihn hegen, so verhindern Sie, daß er La Coste verläßt, solange er keine Erlaubnis vom Minister hat. Will er sich endgültig zugrunde richten oder sich zumindest unterwegs oder hier verhaften und ein für allemal festsetzen lassen? Was letzteres betrifft, so kann er sicher sein, daß ich nichts mehr dagegen unternehmen werde […]«

Resigniert beschließt sie ihren langen Brief mit den Worten: »Übernehmen Sie ihn, Monsieur. Ihrer Güte für Ihren Neffen überlasse ich es, was Sie für ihn tun wollen. Für mein Teil verzichte ich. Ich werde den Dingen ihren Lauf lassen und mich nur noch um meine Tochter und ihre unglücklichen Kinder kümmern [...]«[11]

DIE AFFÄRE ALS MEDIENEREIGNIS

Als der Vorhang der *Grand'Chambre* nach dem letzten Akt fällt, fängt die Affäre von Arcueil erst richtig an. Das Stück spielt allerdings nicht mehr in der Realität, sondern in den Köpfen der Leute. Die Ereignisse werden so lange ausgeschmückt, bis sie zur Legende werden. Trotz der unbestreitbaren Bemühungen der Zeitungen um möglichst nüchterne Darstellung des Ereignisses wird der Marquis de Sade in wenigen Tagen zum Inbegriff des absolut Bösen, zum Ausbund sämtlicher Laster, zum aller Verbrechen fähigen Scheusal, zum Gegenstand des allgemeinen Entsetzens. So wächst neben ihm eine Art mythischer, mit den schwärzesten Zügen versehener Doppelgänger, mit dem er fortan wohl oder übel wird zusammenleben müssen. Auch wenn er sich manchmal arrangiert mit dieser Gestalt, die seinen Namen trägt und in der er sich immer weniger wiedererkennt.

Am 12. April 1768, also nur zwölf Tage nach der Tat, berichtet Marie Du Deffand die Ereignisse ziemlich wirklichkeitsgetreu ihrem alten Freund Horace Walpole. Die Besonderheit ihres Berichts besteht darin, daß er erstmals das pharmakologische Erklärungsmodell erwähnt. Nach der berühmten Briefschreiberin hat Sade mit seinen Grausamkeiten lediglich seine Salbe testen wollen. »Weit davon entfernt, sein Verbrechen zu bereuen oder sich dessen zu schämen«, schreibt sie, »behauptete er, etwas sehr Gutes getan und der Allgemeinheit einen großen Dienst erwiesen zu haben, indem er einen Balsam entdeckte, der Verletzungen augenblicklich heilt; er hat diese Wirkung tatsächlich an dieser Frau aufgezeigt.«[12]

Bis auf wenige Ausnahmen zeigen die kursierenden Gerüchte eine feindliche Stimmung gegen den Angeklagten. Je mehr die Sache an die Öffentlichkeit gelangt – und das tut sie vor allem, nachdem der Pariser Gerichtshof das Verfahren an sich gezogen hat –, desto bunter wird sie mit Greueln ausgeschmückt. Da den Leuten zuverlässige Informationen vorenthalten werden, entwickeln sie um die Affäre herum eine Mythologie der Grausamkeit. Der Zeitungsschreiber Marin berichtet, es sei

»unglaublich viel Volk« zusammengeströmt, als der Marquis im *Parlement* Abbitte leistete[13]. Und schon bald verschmilzt im kollektiven Gedächtnis das Bild vom grausamen hohen Herrn mit dem Bild einer halb historischen, halb legendenhaften Gestalt eines anderen Schlächters von hohem Geblüt: Gilles de Retz, genannt Blaubart.

Da es der französischen Presse verboten ist, über Verbrechen zu berichten, in die eine angesehene Familie oder ein höherer Offizier der königlichen Armee verwickelt sind, profitieren die ausländischen Zeitungen und die unter der Hand verbreiteten Nachrichten vom offiziellen Schweigen[14]. So protestiert sogar die greise Gräfin de Sade, die sich sonst nicht um die Angelegenheiten ihres Sohnes kümmert, bei Minister Sartine energisch gegen einen Artikel in der *Gazette de Hollande*: »Ich kann Sie unmöglich im ungewissen lassen über die schwärzesten Verleumdungen, die in der Welt gegen meinen Sohn in Umlauf gebracht wurden. Einige Zeit dachte ich, da sie Ihnen sicherlich zu Ohren gekommen sind, Sie hätten die Güte, sie zu unterbinden; zumal man mir versicherte, niemand würde mehr davon sprechen. Doch eben erfahre ich, daß man diese ganze unglückliche Angelegenheit in die *Gazette de Hollande* gebracht hat, und dies in den schwärzesten Farben.«[15]

Im allgemeinen geben die ausländischen Zeitungen und die unter der Hand kursierenden Blätter eine übereinstimmende – und im großen und ganzen zutreffende – Darstellung der Geschehnisse, sie interpretieren sie nur auf verschiedene Weise. Mit Ausnahme des *Courrier du Bas-Rhin* nennen die Zeitungen den Täter mit Namen und Titel, und zwar nicht, um den Skandal zu verschlimmern, im Gegenteil: Weil er »die Ehre hat, dem höchsten Adel anzugehören«, befürchtet man, daß »Märchen« die »ehrenwerten Personen seiner Familie« so »erschrecken« könnten, daß sie »davon krank werden«.[16]

Um die Tat selbst zu entschärfen und die Schuld des Täters zu mindern, plädiert man auf geistige Unzurechnungsfähigkeit: »Das Verhalten, das er bei diesem Delikt an den Tag gelegt hat, beweist eindeutig, daß er verrückt ist«, bemerkt ein Schreiber des *Recueil d'anecdotes littéraires et politiques* (Literarische und politische Anekdotensammlung), der auch »Auswirkungen eines kranken Kopfes« und »Verirrungen seines zerbrechlichen Gehirns« bemüht und von einem »verdorbenen, mehr mit Verwirrung als mit Bosheit angefüllten Kopf«[17] spricht. Dieselbe Argumentation findet sich auch in der *Gazette d'Utrecht*: »Man nimmt an, daß er geisteskrank ist; die Familie hat einen königlichen Befehl erwirkt, um ihn im Schloß von Saumur einzusperren, und die zerschnittene Frau hat gegen eine Geldsumme auf die beim Richter eingereichte Klage verzichtet.«

Gleichzeitig, und wie um die Hypothese der Geistesverwirrung zu stützen, bemüht man die pharmakologischen Motive, die schon von Marie Du Deffand erwähnt wurden. Natürlich hat der Marquis nicht Wachs in die Wunden von Rose Keller gegossen, um ihre Schmerzen zu vergrößern, sondern um eine Wundersalbe an ihr zu erproben. Was beklagt sich also die Frau? Müßte sie sich nicht vielmehr bei ihrem Wohltäter bedanken, und ist es nicht eine Ehre, der Forschung zu dienen, sei es auch nur als Versuchskaninchen? So kann man im *Courrier du Bas-Rhin* vom 27. April lesen: »Endlich kennt man den wirklichen Grund für die grausame Handlung des Marquis de S***. Er hatte von seinem Vater ein sonderliches Mittel erhalten, das Wunden innerhalb von vierundzwanzig Stunden ausheilen läßt: Er gedachte, es zu erproben, und bediente sich in der Tat dafür einer Frau, die ihn auf der Straße um ein Almosen bat und die ihm nicht bekannt war. Er beschämte sie zuerst, und nachdem sie sich entschuldigte, sie sei ohne Arbeit, bot er ihr Beschäftigung in seinem Landhause an. Er führte sie dorthin, und nachdem er sie gewaltsam entkleidet, band er sie und fügte ihr mit einem scharfen Messer in aller Ruhe tiefe Fleischeinschnitte bei; danach hat er ihr seine Salbe aufgetragen, die sie innerhalb von vierundzwanzig Stunden heilte. Diese Tatsache ist so gewiß wie nur etwas.« Einige Tage später greift die *Gazette d'Utrecht* diese These auf, um, mit leiser Kritik bezüglich der angewandten Methode, die Wirksamkeit der Wundersalbe zu rühmen: »Die Frau, die ihre Klage zurückgezogen hat, ist so vollkommen von ihren Verletzungen geheilt, daß von den Wunden keine Spur mehr zu sehen ist, was die Güte der Salbe des Grafen von Sade beweist, aber die Grausamkeit der für den Beweis angewendeten Mittel nicht mindert.«[18]

Das Opfer, wenngleich von unseren Zeitungsschreibern als einfältig und naiv beschrieben, gerät indessen ein wenig ins Zwielicht: Durch das Bild der anrührenden Heldin schimmert trotz allem die Käuflichkeit der Straßendirne hindurch. Alle Pressestimmen berichten einmütig von der finanziellen Entschädigung, mit der ihr Schweigen erkauft worden ist. Der *Courrier du Bas-Rhin* geht allerdings weiter, indem er vermutet, der Marquis habe sich für ein bestimmtes »Geschenk« gerächt, das sie ihm gemacht habe: »Der Marquis von***, Oberst eines Regiments, von heftigem Zorn gegen eine dieser Frauen erfüllt, die von Berufs wegen die

Gegenstände zur Befriedigung der Leidenschaften liefern, und die ihm vielleicht ein übles Geschenk gemacht hatte, warb diese Frau am Ostertag an [...]«

Aber wer liest die Zeitungen? Um festzustellen, welche Wirkung der Skandal beim gewöhnlichen Volk in Paris hatte, ist eine andere Quelle aufschlußreicher: Siméon-Prosper Hardy, seines Zeichens Buchhändler, notiert alles, was sich in der Hauptstadt tut. Unter den großen und kleinen Ereignissen, die er sorgsam in seinem *Tagebuch* festhält, findet sich am Freitag, dem 8. April, die ausführliche Schilderung dessen, was fünf Tage zuvor in Arcueil geschah. Diese Schilderung schließt mit den Worten: »Über einflußreiche Beziehungen hatte man mittels königlicher Befehle erwirkt, daß der Graf de Sade ins Schloß von Pierre-Encize gebracht und dort eingesperrt wurde. Einige meinten hingegen, man habe ihn ins Ausland gehen lassen. Wie dem auch sei, dieser so sonderbare wie niederträchtige und empörende Umstand wird, sollten ihn die Gerichte nicht zur Kenntnis nehmen und exemplarisch sühnen, der Nachwelt ein weiteres Beispiel für die Straflosigkeit liefern, die in unserem Jahrhundert gemeinhin auf die verabscheuungswürdigsten Verbrechen folgt, sobald jene, die sie begehen, das Glück haben, groß, reich oder angesehen zu sein.«[19]

ARCUEIL: THEMA MIT VARIATIONEN

Man weiß, wieviel die Romanliteratur der Rubrik »Unglücksfälle und Verbrechen« schuldet, und da wäre es nachgerade verwunderlich, wenn nicht auch die Affäre von Arcueil Erzählstoff abgegeben hätte. Doch erst mit der großen Welle des *roman noir* gegen Ende des Jahrhunderts können sich die »empfindsamen Seelen« an den Foltermethoden des Marquis ergötzen. Der Tatbestand selbst bietet alles, was es zur Unterhaltung des nach Unerhörtem und Schauderhaftem gierenden Publikums braucht. Doch da er kein Buch füllt, baut man ihn entsprechend aus.

Nicolas Restif de La Bretonne, der den Verfasser der *Justine* mit zähem Haß verfolgt und keine Gelegenheit versäumt, ihn zu attackieren, spinnt eine pseudowissenschaftliche Intrige aus, in welcher der Marquis das nutzlose und armselige Leben der Rose Keller dem Fortschritt der Anatomie opfern will. Er lockt die Bettlerin in einen voll besetzten Anatomie-Hörsaal und will im Namen der Wissenschaft bei ihr allen Ernstes die Vivisektion praktizieren. »Was tut diese Unselige auf Erden? Sie ist zu nichts nutze; sie muß uns dazu dienen, die Geheimnisse der menschlichen

Struktur zu ergründen.« Mehr tot als lebendig wird die arme Frau auf einen weißen Marmortisch geschnallt, während der Marquis dem Auditorium darlegt, was er sich von der Operation verspricht. Man schickt die Diener heraus, und als der selbsternannte Chirurg eben das Messer ansetzt, um der Frau den Bauch aufzuschneiden, zerreißt diese mit letzter Anstrengung ihre Fesseln und flieht durchs Fenster. Draußen erzählt sie, sie habe im Saal drei menschliche Leichen gesehen: Die eine habe nur noch aus Knochen bestanden, die andere sei völlig entleert gewesen und in einem großen Faß gelegen, und die dritte, eine Männerleiche, sei noch ganz frisch.[20]

Wenige Jahre später wird die Affäre von Arcueil zum imaginären Ort der aristokratischen Zersetzung, zu einer Art geistiger Wallfahrt zu den verwesenden Kadavern des Ancien régime. Der zum Sansculotten konvertierte Marquis, durch einen denunziatorischen Text des Konventsmitglieds Jacques-Antoine Delaure entlarvt, steht hier stellvertretend für die Korruptheit des Adels und büßt für die Straflosigkeit seiner Standesgenossen:

»Unter den Männern, die in diesem Jahrhundert die Verbrechen des Adels und die Verruchtheit des Feudalsystems verkörpert haben, sind zu nennen der Graf von Charolais, Mörder aus Mutwille, der Graf von Hornes, Mörder aus Habgier, der obengenannte Herzog von Fronsac, heute von Richelieu, Brandstifter und Vergewaltiger, boshaft und grausam selbst in der Lüsternheit. [...] Allen diesen Bösewichten mit Schlössern, Wagen, den Höflingen mit roten und blauen Ordensbändern, muß der Marquis de Sade hinzugefügt werden, dessen verabscheuungswürdige Missetaten vielleicht alle Missetaten der Adeligen seiner Zeit übersteigen.«[21]

Als Sadesches Thema par excellence ging die Affäre von Arcueil – wie könnte es anders sein – auch ins literarische Werk des Marquis ein, und der Held der Erzählung wurde zum Erzähler. Die literarische Verarbeitung bot ihm außerdem die beste Gelegenheit, sich zu rechtfertigen, wenn auch gleichsam nur nebenbei in einer Passage des *Président mystifié* (Der gefoppte Präsident), jener beißenden Satire auf einen Richter des *Parlements* von Aix: »Erinnern Sie vor allem die Richter in Paris, vor denen sie werden erscheinen müssen, an jenes tolle Abenteuer von 1769, wo ihr Herz, das weit mehr für den ausgepeitschten Hintern einer Straßendirne schlug als für das Volk, dessen Väter sie zu sein vorgaben, obzwar sie es verhungern ließen, sie dazu bewog, ein Strafverfahren gegen einen jungen Offizier anzustrengen, der eben seine schönsten Jahre im

Dienst seines Fürsten geopfert hatte und als Lorbeer danach nur Demütigung erntete, ihm zugedacht von den größten Feinden jenes Vaterlandes, das er verteidigt hatte.«[22]

In einem allgemeineren Sinne, allerdings auch weniger deutlich erkennbar, geistert die Gestalt der Bettlerin von der Place des Victoires durch Sades gesamtes literarisches Schaffen.

KAPITEL 9

Glückliche Tage

EIN WINTER IM EXIL

Von Avignon kommend, nimmt Donatien die Straße nach Apt und biegt unmittelbar nach dem Weiler Notre-Dame de Lumières rechts ab. Es ist der kürzeste Weg. Er könnte auch bis zur römischen Julian-Brücke weitergehen und den Calavon überqueren, dann würde er nach und nach den Felsenkamm auftauchen sehen, von dem das Schloß mit seinem Turm aufragt, während er linker Hand die grauen Häuser mit ihren ockerfarbenen Ziegeldächern hätte, mit denen ringsum die Hänge des Luberon übersät sind.

Für den Aufstieg zum Schloß nimmt er den von Eichen beschatteten Saumpfad, den *lou caladou*, der sich durch die Olivenhaine und Weinberge hinaufwindet. Er durchquert das Dorf mit den steilen Gäßchen, tritt durchs Spitzbogentor von Les Clastres und gelangt zur Schloßmauer. Noch einige Schritte auf steinigem Grund, und er steht vor dem Wassergraben, der ihn noch von der schmucklosen Wand der Ostfassade trennt. Nachdem er die breite, auf zwei Pfeilern ruhende Brücke, die die frühere Zugbrücke ersetzt, überquert hat, schreitet er durch ein flandrisches Tor in einen Vorhof, der einstmals bei Angriffen auf das Dorf den Bauern Schutz bot, und hinter dem schmiedeeisernen Gitter mit dem Wappen seines Hauses betritt er endlich den gepflasterten, gegenüber dem Vorhof etwas erhöhten Innenhof, um den sich die Wohngebäude gruppieren. Von hier aus öffnet sich der Ausblick über das Tal von Bonnieux und das Hochplateau von Claparèdes, und der Luberon gleicht einem riesigen liegenden Adler, der den Kopf unter den weithin ausgebreiteten Flügeln verbirgt. Allerdings könnte Oppède, dieses Dorf dort drüben mit der feingezahnten Silhouette, sein Schnabel sein. Sein Schlaf ist sehr leicht, jeden Augenblick könnte er sich aufschwingen.

»Der Adler, Mademoiselle, muß manchmal die siebente Region des Himmels verlassen, um sich auf dem Gipfel des Berges Olymp niederzulassen, auf den uralten Pinien des Kaukasus, auf den kalten Lärchen des Jura, auf dem weißen Rücken des Taurus und bisweilen gar bei den Steinbrüchen des Montmartre.«[1] Als er diese Zeilen schrieb, hatte der Marquis wahrscheinlich den Luberon vor Augen, die chinesischen Pinien, die Zedern und die Steinbrüche, die seinen Stammsitz umgaben.

Das Schloß von La Coste gelangte in die Hände seiner Familie, als Jean-Baptiste de Sade, der Herr von Saumane, im Jahre 1627 Diane de Simiane ehelichte, die Tochter des François de Simiane, des Herrn über La Coste, La Verrière und andere Orte. Eine Handschrift im Kartular von Apt belegt indessen, daß an diesem strategisch wichtigen Punkt bereits im Jahre 1038 ein *castrum* stand. Für Donatien ist es sein Gut, im vollsten Sinn des Worts: eine Grundherrschaft mit Dorfbewohnern, über die er gebietet, wo er die hohe, mittlere und niedere Gerichtsbarkeit ausübt, wo er Wegezölle erheben, Mühlen betreiben, jagen und fischen kann. Es ist gleichzeitig Lustschloß und Zufluchtsort, und jetzt, im November 1768, als er, den scharfen Mistral im Gesicht, einsam das Ehrentor durchschreitet, auch Verbannungsort.

Er ist noch einmal glimpflich davongekommen, es heißt also jetzt, vorsichtig zu sein und sich eine Weile still zu verhalten, mindestens so lange, bis der Skandal von Arcueil vergessen ist. Von einigen »Ausflügen« in gewisse Häuser von Marseille abgesehen, schlägt er den halben Winter lang hinter seinen Schloßmauern die Zeit tot. Doch irgendwann hält er es nicht mehr aus und beginnt, wie einstmals Feste und Bälle zu veranstalten, zu denen er die Adeligen der Umgebung einlädt. Viele lassen sich entschuldigen, denn das Gerücht des jüngsten Skandals, durch den Klatsch oft noch aufgebauscht, ist trotz aller Gegenmaßnahmen bis hierher gedrungen. Da ihm die vornehme Gesellschaft die kalte Schulter zeigt, holt er sich die Bürger der umliegenden Dörfer ins Haus, die Paulet, die Appy, die Sambuc, die Payan, oft sind es die eigenen Bauern, die sich in Sonntagskleidung bei *Moussu lou marquis* aufspielen. Abbé de Sade hingegen läßt sich nicht lange bitten, wenn beim Neffen ein Fest gegeben wird.

Als Madame de Montreuil von diesem Treiben erfährt, liest sie dem Abbé gehörig die Leviten und tadelt ihn scharf für seine schuldhafte Schwäche. Was? Wie? Statt seine Fehler durch vorbildliches Wohlverhalten gutzumachen, erdreistet sich dieser Lümmel, wieder Feste zu geben: »Bälle, Lustspiele mit all den bekannten Folgen, und mit was für Schauspielerinnen!« Und das vor den Augen des Abbé! Sieht er denn nicht, wie sehr er sich selbst damit schadet? »So nachgiebig wie Sie, das muß ich sagen, wäre ich nicht gewesen. Ich hätte den Saal in Brand gesteckt, wenn es anders nicht zu verhindern gewesen wäre. Sein Kopf ist, gelinde ausgedrückt, noch so voller Leichtsinn wie ehedem; daraus ersehen Sie leicht, welche Schlußfolgerungen zu ziehen sind.«[2]

WILLKOMMENE FISTEL!

Seit einiger Zeit wird Donatien von Hämorrhoiden geplagt (es ist auch die Rede von einer »Fistel«), deretwegen er nicht mehr reiten kann – eine immerhin leidige Unpäßlichkeit für einen Offizier, der davon träumt, in den aktiven Dienst zurückzukehren. Dieser »Fistel« hatte der Marquis, wie man sich erinnert, schon zu verdanken, daß ihm als Gefangener von Pierre-Encize erlaubt wurde, sich in Lyon behandeln zu lassen. Sie dient nun neuerdings als Vorwand: Die verwitwete Gräfin de Sade sucht – wahrscheinlich auf Bitten von Madame de Montreuil, die Donatien während der Niederkunft seiner Frau in Paris wissen wollte – beim Minister des Königshauses um Erlaubnis an, daß sich dieser in Anbetracht seines Gesundheitszustandes und der dringend erforderlichen Behandlung in Hauptstadtnähe aufhalten dürfe. Die Antwort trifft am 2. April 1769 ein: »In der Überzeugung, daß Sie die reine Wahrheit sagen, erteilt Seine Majestät Monsieur de Sade die Erlaubnis, sich in der Umgebung von Paris aufzuhalten, in einem Landhause, wo er seine Gesundheit wiederherstellen und ärztliche Hilfe in Anspruch nehmen kann; doch unter der Bedingung, daß er nur wenig geselligen Umgang hat und sich, sobald seine Gesundheit es zuläßt, wieder auf seine Ländereien begibt, indem es nicht der Absicht Seiner Majestät entspricht, daß die diesbezüglich erteilten Anordnungen widerrufen werden. Sie können Monsieur de Sade diese stillschweigende Erlaubnis mitteilen, damit er baldmöglichst in deren Genuß kommt, nachdem sein derzeitiger Gesundheitszustand eine unverzügliche Behandlung erfordert.[3]« Erstaunliche Großzügigkeit! Wie lästig das Leiden für den Marquis auch sein mag, eine ernsthafte oder gar gefährliche Erkrankung ist es nicht, und eine Übersiedlung in die Nähe von Paris ist keineswegs vonnöten. Warum schickt man ihn nicht zu jenem Arzt in Lyon, der ihn bereits aus demselben Anlaß behandelt hat, oder nach Montpellier? Der Grund ist schlicht eine Absprache zwischen der Familie und dem Königshaus, die dem Verbannten eine Rückkehr erlauben soll, ohne öffentliches Aufsehen zu erregen. Die Präsidentin läßt dies auch ziemlich klar durchblicken, als sie an den Abbé de Sade schreibt: »Er kommt, um seine Frau, seine Familie, zu besuchen und eine gefährliche, sich verschlimmernde Krankheit zu kurieren, welche geschickte Chirurgen und schnelle Hilfe erfordert. Mehr soll man über seine Rückkehr der Öffentlichkeit, wenn sie davon erfährt, nicht mitteilen, in der Provence ebensowenig wie hier.«[4]

Doch Donatien kennt keine Vorsicht und denkt gar nicht daran, auch nur den Schein zu wahren. Kaum hat er Kenntnis des königlichen Beschlusses, macht er sich auf den Weg, und zwar nicht in ein Landhaus, sondern nach Paris. Er reist am 23. April ab und kommt eine Woche später in der Hauptstadt an, wo er seine Frau im siebten Monat einer schwierigen Schwangerschaft vorfindet, von Sorgen und Kummer geplagt und von Geldnöten hart bedrängt. Er hatte ihr zwar schließlich eine Vollmacht für die Aufnahme eines Darlehens von 10 000 Livres geschickt (die Hälfte der nötigen Summe), doch die Verleiher hatten schon genug gewartet und ihr Geld anderweitig plaziert. Der Präsident von Montreuil hatte seiner Tochter aushelfen müssen.

Zwei Monate später, am 27. Juli 1769, schenkt Renée-Pélagie einem Jungen das Leben, der schon am nächsten Tag in der Kirche Sainte-Marie-Madeleine von La Ville-l'Évêque auf den Namen Donatien Claude Armand getauft wird. Unübersehbares Zeichen der Ungnade, in die der Vater gefallen ist: Das Neugeborene wird nicht mehr von den Condé zum Taufbecken getragen, sondern von den beiden Großeltern.

Im letzten Brief an seine Frau, datiert auf den 8. April, schien sich Donatien auf diese Geburt zu freuen; er sprach davon, daß sie ihn mit Hoffnung erfülle und er bereitwillig ihre Wirkung auf sich erwarten wolle. »Sein Benehmen wird darüber entscheiden, was wir in der Folge zu befürchten oder zu erhoffen haben«, war der Kommentar der Präsidentin gewesen. In der Zwischenzeit hat sie zwar nur Löbliches von ihrem Schwiegersohn sagen können, doch sie will sich nicht zu früh freuen. Die Ankunft dieses zweiten Sohnes scheint ihn zur Vernunft gebracht zu haben: Er bemüht sich sehr um die Marquise und beschäftigt sich gerne mit dem kleinen Louis-Marie, der auf die zwei Jahre zugeht und »ganz und gar hübsch« ist. Eigennutz? Gefühle? Dankbarkeit? Die Zeit wird es weisen, sagt die Präsidentin, die skeptisch bleibt, was Donatiens Bekehrung und seinen Umgang mit der Freiheit betrifft. »Ich hoffe, daß er sie nicht mißbraucht«, gesteht sie dem Abbé. »Jedenfalls habe ich ihm unmißverständlich klargemacht, es sei das letzte Mal gewesen, daß ich mich für ihn einsetzen konnte und wollte. Ich zweifle nicht, Monsieur, daß Sie ihm alle Zurückhaltung und Umsicht, die seine Lage in jeder Hinsicht so dringend erfordert, nahelegen werden. Es braucht eben Zeit, um die Vergangenheit vergessen zu machen; ihn davon zu überzeugen, habe ich alle Mühe.«[5]

DIE HOLLAND-REISE

Drei Monate darauf kündigt der Marquis an, er wolle nach Holland fahren. Woher diese plötzliche Reiselust? Braucht er einen Tapetenwechsel, will er in Vergessenheit geraten, der Aufsicht der Seinen entfliehen? Gut möglich. Vielleicht hat er auch einfach Lust, ein Land zu bereisen, das er nicht kennt und das als eines der reichsten in Europa gilt, sowohl was den Handel als auch was das Kunstschaffen betrifft. Von seinem Ausflug, der knapp einen Monat dauert, bringt er einen Bericht in Form von sieben Briefen an eine imaginäre Dame mit; so können wir ihm Schritt für Schritt folgen.

Nachdem er in der Nacht vom 19. zum 20. November von Paris abgereist ist, übernachtet er in einer Poststation vor Cambrai. Am nächsten Tag gelangt er nach Valencienne, dann nach Quiévrain an der Grenze, in Brüssel kommt er am Morgen des 22. an. »Diese Stadt ist unbehaglich«, vermerkt er, »in den Straßen muß man ständig hinauf- und hinuntersteigen. Es gibt keine oder nur wenige schöne Häuser und fast keine öffentlichen Gebäude.« Eine Woche später befindet er sich in Antwerpen, wo er eine einzige Nacht bleibt, gerade lange genug, um festzustellen, daß die Bewohner »voller Aberglaube und Bigotterie stecken und in entsetzlichem Ausmaß die Sitten der Spanier, ihrer ehemaligen Herren, bewahrt haben«. Am 2. Oktober schreibt er aus Rotterdam seinen dritten fiktiven Brief. Die Kanäle mit ihren baumbestandenen Ufern, die Zugbrücken, die schönen Alleen, die »gekämmten und geschmückten« Gärten, all das entzückt ihn. Was ihn am meisten erstaunt, ist die peinliche Sauberkeit der Stadt: »Fenster, Außentreppen, Mauern, alles ist spiegelblank.« Auch die flandrische Wohnkultur verdient ihren Ruf: »Man macht sich keine Vorstellung, wie sehr sich die Holländer die Reinlichkeit und Ordentlichkeit ihrer Häuser angelegen sein lassen. Vor jeder Tür liegen Fußabstreifer bereit, und wehe dem Unglücklichen, der ohne diese Zeremonie einträte, er zöge den ganzen Zorn auf sich. Treppen und Flure sind mit Matten ausgelegt; alles, bis hin zu den Gebrauchsgegenständen, deren Natur sie zur

Verschmutzung bestimmt, wie beispielsweise die Feuerböcke in der Küche oder die Kesselhaken, wird gescheuert und geputzt, daß man sich darin spiegeln kann.« Das sind die Eindrücke des Touristen. Der Philosoph in ihm bewundert den Geist der Toleranz, der hier herrscht, wie in allen Provinzen der Vereinigten Niederlande: »Alle Religionen sind in Rotterdam erlaubt, jede hat ihren eigenen Tempel und wird in voller Freiheit ausgeübt.«

Von Rotterdam aus reist er auf dem Wasserweg nach Delft: »Nichts ist angenehmer als diese Art der Fortbewegung; man genießt die ganze Wegstrecke lang den reizenden Anblick der schönsten Wiesen und der schönsten Landschaft. Wahrhaft wohlgefällige Landhäuser säumen links und rechts diese Kanäle und bringen so angenehme Abwechslung ins Blickfeld, daß man gar nicht bemerkt, wie weit man schon vorangekommen ist.« Mit dem gleichen Verkehrsmittel gelangt er nach Den Haag, wo der regierende Fürst von Oranien »viel verschönert hat«: Die Häuser sind ohne Prunk, die Straßen »schön, sauber und gut angelegt«. Er wohnt dem Manöver des fürstlichen Leibregiments bei, das er als Militärfachmann beurteilt: »Ich fand seine Truppen in gutem Zustand und in guter Ordnung, aber im allgemeinen war ich nicht übermäßig angetan von ihrem Manöver, das ich zu schwerfällig und zu langsam fand.«

Am 7. Oktober verläßt Donatien Den Haag und reist nach Leyden, das durch seine Universität berühmt ist, aber »weder eine zahlreiche Bevölkerung noch viel Handel« aufweist. Nach einem Zwischenhalt in Haarlem kommt er am Abend des 9. in Amsterdam an. »Mit Recht sagt man von dieser Stadt, hier würden sich sämtliche Nationen ein Stelldichein geben«, notiert er. »Kein Hafen in Europa weist eine so fabelhafte Anzahl von Schiffen auf.« Er ist sehr angetan vom Rathaus, von der Admiralität, von der »Brücke der Liebenden«. Vom Theater hingegen, das ihn ja immer ungemein interessiert, ist er enttäuscht: »Französisches Schauspiel gibt es hier keines. Eine ziemlich schlechte holländische Truppe besorgt die Unterhaltung dieser Hauptstadt. Der Saal ist ziemlich groß, doch von größter Schlichtheit, obgleich er ebenso hoch ist wie unsere normalen Theatersäle; er hat nur zwei Logenränge; das Parkett ist mit Bänken vollgestellt, und Männer sind dort ebenso wie Frauen. Man hatte mir prächtige Dekors angekündigt; ich fand sie sehr schlicht. Der Geist dieser Nation, der kaum über das Kaufmännische hinausreicht, hat keine große Vielfalt an Dichtern hervorgebracht; ihr Theater besteht gerade aus zwei Tragödien, und bei meinem Aufenthalt in Amsterdam hatte ich das Glück, eine der beiden zu sehen. Es ist eine schlechte Ansammlung von außerordentlichen Vorfällen ohne Notwendigkeit und inneren Zusammenhang. Eine Mischung nach englischer Manier von ungemein rührenden Szenen und höchst burlesken Dialogen.«

Am 18. Oktober schreibt er aus Utrecht, das »so wenig bevölkert ist, daß auf den Straßen Gras wächst«. »Diese Stadt wird von sehr reichen Leuten bewohnt, die sich aus dem Geschäftsleben zurückgezogen haben und hier ohne großen Hausstand leben.« Er besucht kurz das berühmte Mailspiel, das Ludwig XIV. gerne in Versailles gesehen hätte, und tritt am nächsten Tag die Rückreise an, wiederum über Antwerpen nach Brüssel, wo er am 21. Oktober ankommt. Einige Tage später ist er zurück in Paris.

An dieser *Reise* »in Briefform«, die wohl gedruckt werden sollte, doch unveröffentlicht blieb, bis Gilbert Lely das Manuskript entdeckte, ist vor allem Sades Beurteilung der Holländer bemerkenswert: »Ich begnüge mich mit der Feststellung, daß sie mir im allgemeinen als redliche Leute vorkamen, sehr auf ihre Interessen bedacht, ganz und gar in Anspruch genommen vom Gedanken, immer neue Reichtümer zu erwerben, und nur immer auf die Mittel dazu sinnend; ansonsten sind sie hilfsbereit, wenn es sie nichts kostet; phlegmatisch, gefühllos und völlig unempfänglich für alles, was kein Geld einbringt. Da der Geist der Männer den der Frauen bestimmt, ist es recht naheliegend, daß sie nicht sehr liebenswürdig sind; sie könnten hübscher sein, aber das ist nicht ihre Schuld. Man sieht selten zierliche Gestalten; sie sind ziemlich weiß, doch ohne Physiognomie. Der unmäßige Gebrauch, den sie vom Tee und von sehr heißem Kaffee machen, verdirbt ihre Zähne ganz und gar, so daß es fast unmöglich ist, in Holland vier Frauen zu finden, die schöne hätten.«[6] Im übrigen erwähnt Donatien keine einzige Begegnung, listet aber exakt auf, was ihn die Reise gekostet hat: Fahrpreise, Hotels, Herbergen usw. Alles zeugt von einem Reisenden mit schmalem Budget.

MONDÄNES LEBEN

Den ganzen Winter 1769 und das Frühjahr 1770 hindurch scheint das Ehepaar de Sade regelrecht süchtig nach gesellschaftlichen Anlässen gewesen zu sein. Praktisch kein Tag vergeht ohne einen Empfang. Das erfährt man aus den Heften, in denen der Marquis seine Kontakte verzeichnet hat und die kürzlich im Familienarchiv entdeckt wurden. Über einer dieser Listen findet sich ein eigenartiger Vermerk von seiner Hand:

»Antwortbesuche mit Madame, *bei denen man wohlwollend empfangen wurde*«, was bedeutet, daß es nicht immer so war. Man kann sogar annehmen, daß etliche Personen seines früheren Umgangs ihm den Rücken kehrten. Mit Ausnahme der Fürsten Conti und Condé, der Gräfin von La Tour-du-Pin (eine entfernte Verwandte von Donatien), des Herzogs von Cossé (sein Regimentsoberst) und ein paar anderen findet man kaum prestigeträchtige Namen unter den Gästen oder Gastgebern des Paares. Mitglieder der verschwägerten Familie – d'Azu, d'Évry, Chamousset, Toulongeon, Meslay, Plissay, Launay, Partyet – sind öfter vertreten als Angehörige der Pariser feinen Gesellschaft. Von Donatiens Verwandtschaft kehrt der Name Abbé de Sade am häufigsten wieder. Doch gelegentlich erscheint auch seine teure, »ungemein geliebte« Madame de Saint-Germain, außerdem Monsieur de Poyanne, sein einstiger Vorgesetzter bei den Karabiniers, der für das Fortkommen des jungen Mannes so viel getan hat und ihm offenbar die Treue hält. Ein Name indessen sticht unter den »Herrenbesuchen« ins Auge: Monsieur de Saint-Florentin, Minister des Königshauses. Dieser Mann hatte die Erlässe Ludwigs XV. unterzeichnet, die Donatien erst nach Saumur, dann nach Pierre-Encize, dann auf seinen Stammsitz schickten und ihm schließlich wieder erlaubten, in die Umgebung von Paris zu ziehen. Es waren sicherlich Höflichkeitsbesuche, mit denen er sich aber auch erkenntlich zeigte für all das, was der Minister für ihn getan hatte.

Zum ersten Mal seit langem ist Madame de Montreuil zufrieden mit ihrem Schwiegersohn: Keinerlei Skandale, seit er wieder in Paris ist, kein einziges Abenteuer, so daß Inspektor Marais, der ihn diskret beaufsichtigt, nichts auszusetzen hat. Fehlt das Geld? Oder entgeht er dem wachsamen Auge seines Schutzengels? Wie dem auch sei, die Präsidentin hält den Augenblick für gekommen, seine Rehabilitation zu betreiben, indem sie beim Grafen von Saint-Florentin anfragt, ob er wieder am Hof erscheinen könne (wohin er im übrigen nie einen Fuß gesetzt hat). Jetzt, wo Donatien sich anschickt, wieder in die Armee einzutreten, und seine Beförderung zum Regimentsoberst anstrebt, kann es nicht schaden, wenn er in Versailles gesehen wird. Ein Wort oder auch nur eine Geste des Herrschers würden alle Ungnade endgültig tilgen und die Hoffnung auf eine glänzende Karriere wieder auftun. Doch der Minister meint, es sei zu früh:

»Madame, ich wollte erst vorfühlen, wie der König über Monsieur de Sade denkt, ehe ich empfehle, daß ihm der Zutritt zum Hof wieder gestattet werde. Es schien mir, daß die Eindrücke, die Seine Majestät zu verschiedenen Zeiten von ihm erhalten hat, für ein Vergessen noch zu frisch sind, was mich bewogen hat, nicht weiter zu gehen, denn ich hätte ihm sicherlich einen sehr schlechten Dienst erwiesen, und wäre er, wie ich allen Grund hatte anzunehmen, abgelehnt worden, hätte ihm dies in seinem Regiment beträchtlich mehr geschadet. Ich denke, in dieser Angelegenheit wird nur die Zeit für uns arbeiten.[7]«

MÜHEVOLLE WIEDEREINGLIEDERUNG

In der letzten Juliwoche des Jahres 1770 reist Hauptmann Donatien de Sade zu seinem Regiment, das im burgundischen Fontenay-le-Comte in Garnison liegt. In kluger Voraussicht eines wenig freundlichen Empfangs schreibt Madame de Montreuil am 3. August einen Brief an die Marquise de Paulmy d'Argenson, um den Schwiegersohn dem Wohlwollen des Herrn Gemahls und Staatsministers zu empfehlen.

Kommt der Brief zu spät an? Will der Marquis de Paulmy ihn nicht berücksichtigen? Jedenfalls stehen die Dinge im Truppenlager, wie zu befürchten war, alles andere als gut. Seit seiner Ankunft begegnet Sade der Feindschaft des Majors von Malherbe, der stellvertretend für den dienstlich in Compiègne weilenden Grafen von Saignes die Einheit befehligt. Unter undurchsichtigen Vorwänden hindert Malherbe den Hauptmann daran, seine Funktion wahrzunehmen. Als dieser mit der ihm eigenen Heftigkeit protestiert, antwortet der Major mit Arrest. Gleichzeitig verbietet er den Unteroffizieren und dem Quartiermeister der Kompanie, den Befehlen ihres Vorgesetzten zu gehorchen. Dieser beschwert sich sogleich bei Graf von Saignes über die Behandlung, die ihm zuteil wird. Der Oberstleutnant zieht daraufhin Malherbe zur Rechenschaft. Womit sich die Sache erledigt.

Was geschah dann? Hat Donatien Genugtuung erhalten? Hat er sich mit Malherbe duelliert, wie er später andeutet?[8] Hat er den Dienst nach dem Zwischenfall quittiert? Wir wissen nur, daß er noch einige Zeit in Fontenay blieb. Er lernte hier einen gewissen Pierre-Benjamin Jallays kennen, einen fünfzehn Jahre älteren Notar, der in einem Vorort in der Rue du Paradis wohnte und mit dem er noch lange einen Briefwechsel unterhielt.[9]

Acht Monate nach dieser unliebsamen Geschichte bewirbt sich Donatien mit Unterstützung des Fürsten von Condé beim Kriegsminister um das Patent eines unbesoldeten Kavallerieobersten, wobei er sich auf seinen militärischen Stand und auf den Titel eines Gendarmeriehauptmanns beruft, den er 1762 erhalten hat, wobei ihn allerdings »sein geringes Vermögen hinderte, ihn zu bezahlen«. Am 19. März 1771 teilt ihm der Minister den positiven Bescheid Seiner Majestät mit, gestützt auf das »vorteilhafte Zeugnis«, das ihm von den zuständigen Stellen im Heer ausgestellt worden sei. Eine bessere Rehabilitierung könnte er sich nicht wünschen: Er ist offiziell von seinen vergangenen Irrtümern reingewaschen und mit einer ganz neuen bürgerlichen Unbescholtenheit versehen.[10]

Am 17. April macht ein freudiges Ereignis seine Angehörigen vollends glücklich: Seine Frau wird von einer Tochter entbunden, die den Namen Madeleine-Laure erhält. Nunmehr Vater von drei Kindern und wieder in königlicher Gunst, muß der Marquis nur noch seine finanziellen Verhältnisse in Ordnung bringen. Alles drängt nach einem neuen Anfang; er ist erst einunddreißig, noch ist nichts verloren. Während Renée-Pélagie sich von der Geburt erholt, kämpft Donatien mit schweren Geldnöten. Seine Schwiegereltern mögen ihm nichts mehr vorstrecken und bürgen gerade noch für die Hypothekarschulden ihrer Tochter. Unternimmt er eine Blitzreise in die Provence, um Geld aufzutreiben, wie Gilbert Lely behauptet? Das ist möglich, aber da diese Behauptung durch nichts gestützt wird, kann man auch annehmen, er habe von Paris aus die nötigen Schritte unternommen, um sich aus seiner Notlage zu befreien. Fage, sein Sachwalter, wird rüde vor die Forderung gestellt, das unmittelbar erforderliche Geld aufzutreiben: »Sie müßten zugeben«, schreibt ihm der Marquis, »daß Ihnen im Augenblick sehr wenig an meiner Dankbarkeit liegt, sollten Sie es nicht zuwege bringen, die drei Gläubiger, die ich Ihnen bezeichne, hinzuhalten und mir den Betrag von 13 400 Livres zu beschaffen.«[11] Um die Zunkunft macht er sich kaum Sorgen: In einem Jahr wird er seine Vergütungen der Landstände von Burgund erhalten haben, dazu die Entschädigung für seine Kompanie und außerdem eine »beträchtliche Summe« auf die Erbschaft seiner Frau. Er denkt auch ernsthaft daran, sein Mas de Cabannes in der Nähe von Arles zu verkaufen. Doch in Paris drängen die Gläubiger; es drohen Pfändungen. Da tritt er für 10 000 Livres den Rang eines Regimentsobersten an den Grafen von Osmont ab. Doch es reicht immer noch nicht, und das Unausweichliche geschieht: Monsieur de Sade wandert wegen seiner Schulden ins Gefängnis Fort-l'Évêque. Diese Haft hat nichts Ehrenrühriges: Hier sitzen lauter bankrotte Bürger ein. Oder, wie Sieur Perrotte, ehemaliger Concierge der Anstalt, sehr richtig sagt: »Dieses Gefängnis trägt keinerlei Makel und verwehrt danach keinerlei Amt, es hinterläßt nie Spuren.«

Wir wissen nicht, wie lange die Haft in Fort-l'Évêque dauerte; sicher nicht länger als höchstens zwei Monate, Juli und August 1771. Gegen eine Anzahlung von 3000 Livres kommt Donatien am 9. September frei. Über den Restbetrag läßt man ihn einen am 15. Oktober fälligen Schuldschein auf seine Ehre unterschreiben. Diesmal ist eine Reise in die Provence nicht zu umgehen, wenn er finanziell wieder auf die Beine kommen will. Kurz nach seiner Entlassung macht er sich auf den Weg, zum ersten Mal begleitet von seiner Frau, seinen Kindern Louis-Marie und Claude-Armand; sogar die erst fünf Monate alte Madeleine-Laure ist dabei, zusammen mit ihrer Gouvernante, Mademoiselle Langevin.

DAS HÜBSCHE STIFTSFRÄULEIN

Zur kleinen Familie in La Coste gesellt sich etwa einen Monat später Anne-Prospère de Launay, Donatiens junge und hübsche Schwägerin, der aus gesundheitlichen Gründen Landluft verordnet wurde. Sie kommt direkt aus ihrem Benediktinerinnenkloster in Alix bei Lyon, wo sie Laienkanonissin ist. Wie alle Kanonissinnen-Konvente ist auch Alix ein Refugium für Adelstöchter (für die Aufnahme wird ein Abstammungsnachweis über mindestens vier Generationen gefordert), die von einer von den Eltern gekauften Rente leben. Die Stiftsdamen legen keine Gelübde ab, können also heiraten und in die Welt zurückkehren.

Wir kennen heute das Geburtsdatum des Mädchens: der 27. Dezember 1751; sie ist also noch nicht ganz zwanzig Jahre alt. Renée-Pélagie selbst hat sie nach La Coste eingeladen, in der Hoffnung, sie werde hier schneller gesunden als in ihrem Kloster. Die Kranke erholt sich und macht sich gleichzeitig nützlich: Sie hilft ihrer Schwester in den kleinen Angelegenheiten des Haushalts, sie kümmert sich um Spitzen und Hemden ihres Schwagers, dem sie auch als Sekretärin dient, und spielt außerdem in den Komödien mit, die er in seinem Theater aufführen läßt. Wir besitzen einen von ihr geschriebenen unveröffentlichten Brief an den

Notar Fage, den Donatien ihr diktiert hat und dem sie folgende persönliche Mitteilung hinzufügte:

»Nachdem ich bis jetzt das Sprachrohr Monsieur de Sades gewesen bin, den ich, des Schreibens überdrüssig, hinauskomplimentiert habe, will ich nun für mich sprechen und unseren lieben Herrn Notar anflehen, er möge doch nicht mehr die vier Hefte Papier, um die ich ihn gebeten habe, wie bisher vergessen. [...] Denken Sie auch, ich bitte Sie inständig darum, an die Badewanne. Man hat mir Bäder für meine Gesundung verordnet; und wenn man Komödie spielen will, muß man gesund sein – und ich brauche dringend Bäder, um meine Gesundheit wiederherzustellen.«[12]

Vom ersten Tag an ist Anne-Prospère der Liebling aller und der besondere Liebling des Abbé, der ihr für ihre Ausflüge ein kleines korsisches Pferd schenkt; sie bedankt sich mit einem charmanten Briefchen:

»Weit davon entfernt, zu glauben, ich würde das Pferdchen zu teuer bezahlen, ist es mir sogar ein doppeltes Vergnügen, es mit einem Brief zu verdienen, lieber Onkel. Aber glauben Sie mir, meine Gefühle sind ein mächtigerer Antrieb als der kleine Korse, meinem Onkel meine Anhänglichkeit zu bezeugen; das Herz allein bewegt mich dazu.

Es verdrießt die kleine Nichte sehr, daß sie nicht zu ihm kommen und mit ihm schäkern kann; [sie] hat sich zu sehr darauf gefreut, daß sie jetzt nicht ärgerlich wäre. Der Tod meiner Großmutter hat diesen Augenblick hinausgeschoben, ich warte ungeduldigst darauf, daß er nachgeholt wird.

Ich bitte Sie, lieber Onkel, diesen Brief ausschließlich als eine Versicherung meiner reinen Freundschaft zu betrachten, die ganz und gar frei ist von Eigennutz – eben weil jetzt ein kleines Pferd dasteht. Gleichwohl weiß ich die Mühe zu schätzen, die er sich gemacht hat, und erneuere meinen Dank an ihn [...]«[13]

Der alte Libertin kann sich nicht länger darüber hinwegtäuschen, daß ihn der Anblick der jungen Schönheit, die mit ihm »schäkern« will, verwirrt; er verfällt ihrem Charme dermaßen, daß er ihr seine Liebe erklärt – ungeachtet der sechsundvierzig Jahre, die zwischen ihnen liegen! Nun erschrickt das Mädchen und fleht ihn an, seine Leidenschaft zu zügeln. Worauf der Abbé ihr mit einem spielerischen Geplänkel antwortet, in dem sich Verliebtheit hinter dem Anschein galanter Freundschaft zu verbergen sucht.

»Nein, meine liebe Nichte, Ihr Onkel wird Ihnen nie etwas abschlagen, was in seiner Macht steht. Und wie könnte er Ihnen einen Gefallen verweigern, von dem *Ihr Ruf, Ihre Ehre und vielleicht Ihr Leben abhängen*?

Das sind starke Worte, meine liebe Nichte, und mächtige Fürsprecher bei mir; denn in der Tat ist mir nichts teurer in der Welt als *Ihre Ehre und Ihr Leben.*«[14]

DAS GLÜCK IM INZEST

Donatien ist natürlich alles andere als unempfänglich für die Schönheit des Stiftsfräuleins. Es berührt ihn sogar in seltsamer Weise, mit ihr unter einem Dach zu leben. In der Gestalt dieses Mädchens begegnet ihm zum ersten Mal eine lebendige Verkörperung des Bildes der unnahbaren Jungfrau. Sie, der er unablässig in den Abgründen seines Begehrens nachjagte und von der er glaubte, es könne sie nur in seinen Träumen geben, tritt ihm plötzlich mit dem Körper, dem Gesicht, der Stimme seiner Schwägerin entgegen. Wie sollte er da widerstehen?

War Mademoiselle de Launay jene Julie, die er im *Portrait de Mlle de L**** zeichnen wollte, wie Gilbert Lely meint? Wir haben gute Gründe für diese Annahme. Auch wenn die Initiale ebenso auf Mademoiselle de Lauris oder eine anonyme Mätresse paßt, so scheinen doch mehrere Hinweise auf die Kanonissin zu deuten. Jedenfalls hat der Marquis de Sade selten eine Frau und die Liebe, die er für sie empfand, mit so viel Wahrhaftigkeit beschrieben: »Julie ist in jenem glücklichen Alter, in dem man zu spüren beginnt, daß das Herz zur Liebe bestimmt ist. Ihre bezaubernden Augen kündigen dies durch einen Ausdruck zartester Lust an; eine interessante Blässe ist das Abbild des Verlangens in ihr, und wenn die Liebe bisweilen ihren Teint belebt, so sieht man, daß es nur ein sehr zartes Flämmchen ist [...] Julie ist groß; ihre Gestalt ist geschmeidig und elegant, ihre Haltung vornehm, ihr Gang beschwingt und voller Anmut, wie alles, was sie tut. Aber was für eine Anmut! Und wie selten sie ist! Es ist diese Anmut, an der Kunst keinen Anteil hat. Kunst? Großer Gott, was hätte Kunst da zu suchen, wo die Natur sich völlig verausgabt hat? [...] Julies Geist verbindet die ihrem Alter gemäße schöne Natürlichkeit mit der ganzen Warmherzigkeit und Feinfühligkeit der liebenswürdigsten und gebildetsten Frau. Und noch mehr: Sie wollte einen Geist, der nicht nur angenehm wäre, sondern auch gebildet. Sie gewöhnte sich früh daran, ihre Vernunft sprechen zu lassen, und, scharfsinnig alle Vorurteile der Erziehung und der Kindheit beiseite schiebend, lernte sie zu beobachten und zu urteilen, und dies in einem Alter, in dem andere noch kaum denken können.« Die darauffolgende Passage enthält eine kaum verhüllte

Anspielung auf den kirchlichen Stand von Mademoiselle de Launay und die im Kloster erworbenen Vorurteile, von denen sie sich befreit, indem sie die Liebe entdeckt. Gleichzeitig verschwinden unsere letzten Zweifel, was Julies Identität betrifft, denn diese Situation entspricht genau derjenigen der Kanonissin, die nach La Coste kommt. Man wird mit um so größerem Interesse den Bericht ihrer aufkeimenden Leidenschaft lesen:

»Was für Entdeckungen Julie mit ihrem großen Feingefühl machte! Sie erkannte, daß man ihre Vernunft beleidigte und ihren Geist verfinsterte, indem man ihr die süßesten Bewegungen der Seele und die angenehmsten Neigungen der Natur als Verbrechen darstellte. Was war geschehen? Julie, die erkannte, daß man ihr Herz belügen wollte, ließ dieses sprechen, und es nahm bald Rache für die ihr angetane Schmach. Wie reizvoll zeigte sich dieser hübsche Geist da, als er sich vom Herzen leiten ließ! Ohne Binde vor den Augen kamen Julie alle Dinge ganz neu vor, und alle Fähigkeiten ihrer Seele gewannen an Kraft. Alles, bis hin zum Aussehen, zog Gewinn daraus. Julie wurde hübscher. Welche Kälte lag jetzt über ihren früheren Vergnügungen! Und welche Wärme über ihren neuen Gedanken! Dieselben Dinge berührten sie nicht mehr. Das geliebte Vögelchen, das man zuvor von ganzem Herzen geliebt hatte, mochte man jetzt nur noch als Vögelchen. Es herrschte Leere im zärtlichen Gefühl, das man zuvor für die Gefährtin empfunden hatte; es erfüllte nicht mehr das Herz, wie man vordem glaubte, daß es das tat. Mit einem Wort, man stellte fest, daß etwas fehlte. Hat es jemand gefunden, Julie? Kann ich mich dessen rühmen? … Verzeih mir, ich vermesse mich, die Geschichte deiner Seele zu schreiben, wo ich sie doch nur malen wollte. Ach, ich fürchte, du siehst nur ein wenig Eigenliebe, wo ich hätte Wahrheit auftragen sollen! Verzeih mir, anbetungswürdige Julie! Ich habe von meiner Liebe zu sprechen gewagt, wo ich nur von dir reden sollte. Ach, gestatte mir zu glauben, daß in deinen Augen wie in den meinen diese beiden Dinge fortan in unseren Herzen immer eins sein werden […]«[15]

War die Beziehung zwischen Donatien und seiner Schwägerin von Anfang an körperlich? Dafür gibt es keinerlei Beweise, aber man kann sich leicht vorstellen, wie seine Sinne in Aufruhr gerieten beim Anblick dieser zwanzigjährigen Jungfrau, die als Schwester seiner Frau für ihn unantastbar war, die die Ordenstracht und auf der Brust das emaillierte Kreuz mit den acht Strahlen trug (eine exakte Replik des Sterns derer von Sade!), das Ludwig XV. den Kanonissinnen von Alix verliehen hatte. Jedenfalls besteht kein Zweifel, daß sich beide aufs heftigste voneinander angezogen fühlten. Als Beleg dafür dient außer dem zitierten *Portrait de Mlle L**** die Eingabe an das Pariser Gericht im Châtelet, die Gaufridy 1774 nach Madame de Sades Angaben aufsetzte und in der diese die Anfänge der inzestuösen Beziehung folgendermaßen schilderte: »Sie [Madame de Sade] weilte mit dem Marquis de Sade, ihrem Mann, auf dem Gut La Coste in der Provence; dort stieß Mademoiselle de Launay, ihre Schwester, zu ihr, die ihr Gesellschaft leisten und gesündere Luft atmen wollte. Erfüllt einerseits von der Zuneigung zu ihrem Mann, andererseits von der Liebe zu ihren Kindern, genoß sie lange Zeit einen Frieden, den scheinbar nichts trüben konnte, und die Fürsorglichkeit ihres Mannes ließ sie keinerlei Verdacht schöpfen, daß von einer unseligen Leidenschaft bald viel Unglück und Verderben ausgehen sollte.«[16]

Diese Episode in Sades Leben wurde oft romantisch geschildert, selbst Lely ließ sich zu einer sentimentalen Dramatisierung hinreißen. Zugegeben, die Sache verleitet dazu, und im Prinzip kann man sich durchaus eine authentische Liebesgeschichte zwischen Donatien und Mademoiselle de Launay ausmalen. Auch aus heutiger Sicht spricht einiges dafür – wir werden darauf zurückkommen. Eines ist gewiß: Anne-Prospère entsprach in außerordentlichem Maße den eindeutigsten sexuellen Phantasmen des Marquis de Sade. Als Jungfrau, von klösterlichem Geist durchdrungen, ja beinahe eine Nonne, und dazu die Schwester seiner Frau, bietet sie sich als ideale Inkarnation der Reinheit an, die es zu vernichten gilt. Die Verletzung des Verbots, der Fall des Engels, all das wird durch sie volle Wirklichkeit – eine der stärksten Obsessionen der Sadeschen Phantasie. Inzest, Profanierung, Entehrung, Entweihung, Sakrileg: Donatiens erotische Träumereien steigern sich zum Paroxysmus. Mademoiselle de Launay nimmt die unendliche Reinheit der Justine vorweg, die das Kloster von Penthémont verläßt und in den schlimmsten Schmutz gezogen wird; sie beantwortet in herrlichster Weise Sades verzweifelten Schrei nach der unerreichbaren Jungfräulichkeit.

Sade hat den Taumel der Sinne immer dem ruhigen Lebensglück vorgezogen. Seine Liaison mit Anne-Prospère steht für einen der seltenen Momente, wo beide Prinzipen versöhnt sind und wo sinnliche Lust und Seligkeit der Gefühle eins sind. Die Tage in La Coste mit seiner Frau, seinen Kindern und seiner Schwägerin zählen mit Sicherheit zu den glücklichsten seines Lebens.

Sie sind um so glücklicher, als Donatien endlich hemmungslos seiner Theaterleidenschaft frönen kann. Ihr widmet er den Großteil seiner Zeit, und er läßt die Seinen an ihr teilhaben. Der Theatersaal von La Coste bietet zwar nur etwa sechzig Sitz- und ebenso viele Stehplätze, wurde aber mit einer modernen Ausstattung versehen. Die feste Kulisse stellt, wie damals üblich, einen Salon dar, vor den aber bemalte Vorhänge gezogen werden können; einer dieser Vorhänge stellt einen öffentlichen Platz, ein anderer ein Gefängnis dar (ironische Reminiszenz oder düstere Vorahnung?). Die Rampe besteht aus fünfundsechzig Eisenplatten, auf die Kerzen gestellt werden, dazu kommen vierundzwanzig Lampions. Die Fenster können mit Brettern verdunkelt werden, »damit es Nacht wird«. Ein Bühnenvorhang von blauer Farbe wird vom Foyer aus bedient.[17]

Da das Theater von La Coste bald zu klein wird, beschließt der Schloßherr, ihm den Saal des Familiensitzes von Mazan anzuschließen, den er im Winter und Frühjahr 1772 instand setzen läßt.[18] So kann er in beiden Sälen abwechselnd Vorstellungen geben. Er träumt davon, eine ständige Truppe unter seiner Leitung zu bilden und vom Gesellschaftstheater weg zum professionellen Theater zu kommen. Die Hauptrollen spielten bisher Amateure wie seine Frau, Mademoiselle de Launay und natürlich er selbst, die Nebenrollen waren mit meist zweitrangigen Schauspielern aus Aix oder Marseille besetzt, die von Fall zu Fall engagiert wurden. So kam zum Beispiel *Le Mariage du siècle* (Die Jahrhunderthochzeit) zur Aufführung, ein Melodram »im englischen Geschmack« aus seiner Feder. Nur die Handlungsskizze und einige Dialoge sind erhalten, doch wir kennen die Besetzung: Die Heldin des Stückes, Pauline, wird vom Stiftsfräulein dargestellt, Madame de Sade spielt deren Vertraute, Donatien übernimmt die Rolle des Grafen von Castelli, Paulines Gemahl.[19] Einige Dorfbewohner träumen ebenfalls vom großen Auftritt im Theater des Marquis. So würde der junge Paulet, Sohn eines Bürgers von La Coste, »liebend gern in einer Tragödie debütieren«, ist aber bereit, jede beliebige Rolle zu lernen. Der junge Mann, der als Kaufmann in der Nähe von Montpellier beschäftigt ist, ist dem Marquis auch bei der Rekrutierung der Schauspieler behilflich.

Am 25. Februar 1772 engagiert Donatien den Schauspieler Bourdais mit dessen Frau. Die beiden sollen während der Saison, die von Ostern bis zum 1. November dauert, die Rollen spielen, die er ihnen zuweist; sie erhalten dafür einen Sold von 800 Livres nebst Kost und Logis und allen Nebenkosten. Außer der Rolle des edlen Vaters, die er gewöhnlich spielt, führt Bourdais auch Regie. Seine Frau spezialisiert sich auf die Darstellung der Anstandsdame. Zur Truppe stoßen bald zehn weitere Schauspieler. Dazu ein Orchester samt Dirigent. Man kann sich vorstellen, was der Unterhalt einer hauptberuflichen zwölfköpfigen Truppe kostet, die sechs Monate lang spielt! Doch Donatien scheut keine Ausgaben, wenn es um seine Leidenschaft geht.

Die Truppe ist nun vollständig, die beiden Säle bereit: Das Festival kann steigen. Eröffnet wird es am 3. Mai in La Coste. Das Repertoire ist eher konventionell: Unser Mäzen geht keine Risiken ein und bringt lieber Erfolgsautoren als Eigenproduktionen oder Stücke von Autoren, die so unbekannt sind wie er. Er spielt also Voltaire, Diderot, Regnard, Destouches, Gresset, La Chaussée, Collé oder auch Cahusac und Rochon de Chabannes.

Leider hat Monsieur de Sade größte Schwierigkeiten, seine Theater zu füllen. Da der Adel der Umgebung demonstrativ seinen Aufführungen fernbleibt, trommelt der Marquis die Bürger aus seiner Bekanntschaft zusammen und schreckt auch nicht davor zurück, die Tore für die Bauern zu öffnen, was die Anwesenheit von zwei Reitern der Gendarmerie »zwecks Vermeidung von Tumulten« erfordert. Der Abbé de Sade tut sein Bestes, um in Saumane und Mazan Zuschauer zu mobilisieren, der Pächter Ripert unterstützt ihn dabei. Das Festival umfaßt einen Zyklus von vierundzwanzig Vorstellungen, deren letzte für den 22. Oktober in Mazan geplant ist. Doch am 27. Juni wird es in tragischer Weise unterbrochen …

DER THESPISKARREN

Schon sehr bald kommt es zu Intrigen und Eifersüchteleien in der Truppe des Marquis. Diesen plagen indes ganz andere Sorgen. Während ihm seine Schauspieler die Ohren vollschreien, verweigern die Kaufleute von Apt weiteren Kredit, drängeln die Gläubiger, sind ihm die Gerichtsvollzieher auf den Fersen, und der vorsichtige Fage, der ihn zur Vernunft bringen will, muß sich rüde zurechtweisen lassen. Abbé de Sade stimmt mit dem Notar überein, was die kostspieligen Flausen im Kopf seines Neffen betrifft. Er schreibt ihm: »Ich denke wie Sie über die Theaterleidenschaft meines Neffen, die, wie Sie sehen, bis zum äußersten getrieben wird und ihn bald ruiniert hätte, würde sie andauern. Ich habe bisher nichts gesagt, weil ich spürte, daß meine Vorhaltungen nichts nützen würden. Aber ich stelle mit Freude fest, daß die Mühe, die Streitereien unter den Schauspielern zu schlichten, sowie deren ständige Betrügereien, die Schwierigkeit, Geld für die Bestreitung aller Ausgaben zu beschaffen, die Hindernisse, die sich unablässig der Befriedigung seiner Leidenschaft in den Weg stellen, daß all das anfängt, ihn zu entmutigen, und ich warte nur noch ein wenig, bis ich zum großen Schlag aushole; es wäre schon geschehen, wenn seine Frau gemeinsame Sache mit mir machen wollte und wenn sie nicht so viel Verständnis für die Albernheiten ihres Gemahls hätte.«[20]

Am meisten erbost über die Extravaganzen des Marquis – welche nicht nur »lächerlich« und ruinös sind, sondern ihn selbst, seine Frau und seine ganze Familie entehren – ist natürlich Madame de Montreuil, die über die Schauspiele und Feste in der Provence auf dem laufenden gehalten wird. Sie schreibt dem Abbé: »Diese Schauspiele sind die einfachste Sache der Welt, solange man sie innerhalb der Gesellschaft mit seinesgleichen betreibt, sie werden aber, gelinde ausgedrückt, höchst lächerlich, wenn man sich ihnen ohne Maß hingibt, wenn man sich einer ganzen Provinz zur Schau stellt (die darüber schockiert ist), und auch noch zusammen mit Menschen, deren Beruf es ist, Leute vom Stande eines Monsieur de Sade nach gegenseitiger Vereinbarung zu unterhalten, nicht aber, mit ihm gleichberechtigt vor die Augen des Publikums zu treten.«[21]

Am Dienstag, den 23. Juni 1772, verläßt Donatien La Coste mitten im Festival und begibt sich nach Marseille, wo er angeblich Geld abholen will. Vielleicht wird ihm das Familienleben allmählich zu eng, und er sehnt sich nach einigen Lustbarkeiten mit den Kurtisanen der Stadt. Er wird begleitet von seinem jungen Kammerdiener Armand, genannt Latour.[22] Eigentlich müßte er spätestens am 29. zur Aufführung des *Philosophe marié* (Der verheiratete Philosoph) in Mazan zurück sein. Doch das Schicksal will es anders …

KAPITEL 10

Die Affäre von Marseille

Am Nachmittag des 23. Juni kommt Donatien in Marseille an, wo er im *Hôtel des Treize-Cantons* absteigt. Was er bis zum übernächsten Tag tut, wissen wir nicht, außer daß er sich mehrmals ins Bordell von Madame Vachier in der Rue Saint-Ferréol-le-Vieux begibt, um dort die aus Lyon stammende neunzehnjährige Jeanne Nicou zu besuchen.

Am Donnerstag, den 25. Juni schickt er Latour ins Hafenviertel mit dem Auftrag, »sehr junge« Mädchen für eine Orgie anzuwerben. Auf der Straße spricht der Diener eine achtzehnjährige Lyonerin namens Marianne Laverne an, mit der er ein Treffen für den nächsten Tag um 11 Uhr abends vereinbart. Als die beiden Männer am 26. Juni im »Haus Nicolas« in der Rue d'Aubagne erscheinen, ist der Vogel allerdings ausgeflogen; er ist auf einer Bootspartie.

Am Samstag, den 27. Juni um acht Uhr früh klopft Latour bei Marianne, die von ihrem Ausflug zurück ist, und schlägt ihr ein neues Treffen vor. Nicht bei ihr, weil das Haus zu bekannt ist; sein Gebieter möchte einen unauffälligeren Ort. In einem Haus ganz in der Nähe, an der Ecke Rue d'Aubagne-Rue des Capucins, wohnt eine andere Prostituierte, Marie Borelly, genannt Mariette. Dort solle sie sich Punkt zehn Uhr einfinden. Sie wird nicht alleine sein, denn er hat noch zwei andere Mieterinnen des »Hauses« bestellt: Marianne Laugier, Mariannette genannt, und Rose (Rosette) Coste. Sein Herr werde Anisbonbons mitbringen, »um sie furzen zu machen und die Fürze in den Mund zu nehmen«. Jeanne Nicou, die Latour ebenfalls anwerben will, verweigert die Gefolgschaft.

DAS KLEINE THEATER DES MARQUIS DE SADE[1]

1. Szene

Die Personen:
MARIANNE LAUGIER, genannt MARIANNETTE, Alter: 20
MARIANNE LAVERNE, Alter: 18

Rose Coste, genannt Rosette, Alter: 20
Marie Borelly, genannt Mariette, Alter: 23
Jeanne-Françoise Lemaire, Mariettes Magd, Alter: 42
Marquis de Sade, genannt Lafleur, Alter: 32
Sein Diener Latour, genannt Monsieur le Marquis

Die Szene spielt zwei Stunden später. Wir befinden uns in der Wohnung der Mariette Borelly, in der Rue d'Aubagne 15a, 3. Stock. Auftritt des geheimnisvollen Gastes: »mittlere Größe«, »blondes Haar«, »hübsches, volles Gesicht«; grauer Gehrock mit blauem Seidenfutter, Weste und Hose in gelboranger Seide, Hut mit Federbusch, Schwert, Spazierstock mit goldenem Knauf. Hinter ihm sein Kammerdiener Latour, ein wenig größer als er: wallendes Haar, pockennarbiges Gesicht, blau-gelb gestreifter »Matrosenanzug«. Kaum haben sie das Zimmer betreten, zieht der Marquis eine Handvoll Taler aus der Tasche: »Es gibt für alle etwas!« ruft er aus. Sofern sie es verstehen, ihn zu »amüsieren«. Man beginnt mit einem Ratespiel: Wer errät, wie viele Taler er in der Hand hält, kommt als erste dran! Jede soll eine Zahl sagen. Das Los fällt auf Marianne. Donatien schickt alle hinaus, außer der glücklichen Gewinnerin und seinem Diener, den er mit *Monsieur le Marquis* anspricht, während er selbst sich mit dem Domestikennamen Lafleur schmückt.

2. Szene

Marianne Laverne – der Marquis – Latour

Der Marquis sperrt die Tür ab und befielt Latour und Marianne, sich auf das Bett zu legen. Mit einer Hand peitscht er das Mädchen, mit der anderen geilt er seinen Diener auf. Dann schickt er Latour hinaus, zieht ein goldgerahmtes Kristalldöschen aus der Tasche, in dem sich Kantharidinpastillen mit einem Überzug aus Aniszucker befinden, und hält es dem Mädchen hin. Sie soll sich kräftig bedienen, es gebe nichts Besseres, um Winde zu erzeugen. Sie nimmt sieben oder acht Stück, mehr schafft sie nicht. Dann schlägt er ihr Analverkehr vor, entweder mit dem Diener oder mit ihm selbst, und verspricht ihr ein Goldstück dafür. Da sie sich weigert, hält er ihr eine Pergamentrolle hin, die mit gekrümmten Stecknadeln gespickt ist, und fordert sie auf, ihm mit dieser Behelfspeitsche den Hintern zu bearbeiten. Sie kommt der Aufforderung nach, doch nach den ersten drei Schlägen wird ihr schlecht. Er befiehlt ihr weiterzumachen; sie kann nicht. Also verlangt er einen Reisigbesen, mit dem werde es besser gehen. Marianne verschwindet in der Küche und heißt die Magd Lemaire, einen kaufen zu gehen. Nach einer Weile kommt Marianne mit dem Besen zurück und versetzt dem Marquis mehrere Schläge, dieser schreit, sie solle stärker zuschlagen. Sie hört plötzlich auf, ihr wird schlecht, sie will hinaus. Sie verläßt das Zimmer und geht in die Küche, wo ihr die Magd ein Glas Wasser gibt. Doch weil sie sich immer schlechter fühlt, will sie eine Tasse Kaffee.

3. Szene

Mariette Borelly – der Marquis – Latour

Während Marianne versucht, wieder zu sich zu kommen, ruft Donatien Mariette und Latour herein. Das Mädchen muß sich nackt ausziehen und neben dem Bett niederkauern, worauf der Marquis es mit dem Besen auspeitscht. Dann will er von ihr, daß sie mit ihm ebenso verfährt. Während sie auf ihn eindrischt, ritzt er am Kamin mit einem Messer die Zahl der Schläge ein, die er erhält. Nach einer Weile wirft er sie aufs Bett und nimmt sie von vorn, gleichzeitig masturbiert er seinen Diener, zum Schluß penetriert ihn dieser von hinten. Am Ende der Szene kleidet sich Mariette an und geht hinaus. Rosette kommt herein.

4. Szene

Rose Coste, genannt Rosette – der Marquis – Latour

Selbes Spiel wie zuvor, mit geringen Abweichungen: Während Rosette den Marquis mit dem Besen behandelt, wird sie von Latour bearbeitet, der seinerseits vom Meister masturbiert wird. Der Marquis will dann vom Mädchen, daß sie sich vom Diener anal nehmen läßt, er verspricht ihr einen Louisdor. Das Mädchen will nicht und tritt ab, Mariannette kommt herein.

5. Szene

Marianne Laugier, genannt Mariannette – der Marquis – Latour – später Marianne

Mariannette läßt sich zunächst streicheln, dann, als Donatien sich anschickt, sie auszupeitschen (er behauptet, er habe noch fünfundzwanzig

Schläge gut), sieht sie auf dem Bett die blutige Peitsche mit den Nadeln, sie bekommt es mit der Angst zu tun und will fliehen. Er hält sie gewaltsam zurück und ruft Marianne, die schwankend hereinkommt, wonach er die Tür absperrt. Er bietet dann den beiden Mädchen Pastillen an; die kleine Laverne lehnt ab, sie hat schon zu viele geschluckt; Mariannette führt einige zum Mund, spuckt sie aber sofort wieder aus. Nachdem der Marquis beide kräftig mit dem Reisigbesen gepeitscht hat, packt er Marianne, wirft sie aufs Bett, dreht sie auf den Bauch, fällt von hinten über sie her und steckt die Nase in ihre Gesäßfalte, um in den Genuß ihrer Winde zu kommen. Er versetzt ihr dann einige Hiebe mit dem Besen und befiehlt Mariannette, sie solle ans Bett kommen und zuschauen. Dann zieht er die Hose aus, erregt den Diener mit Berührungen und »legt sich auf den Hintern der besagten Marianne«, die er wahrscheinlich sodomisiert, während Latour ihn selbst von hinten nimmt. Angewidert stürzt Mariannette zum Fenster und wendet sich ab, um das alles nicht mehr mitansehen zu müssen. Der Marquis verlangt von ihr, daß sie Latour mit der Hand befriedigt, doch sie weigert sich und versucht zu fliehen, während Marianne in Tränen ausbricht. Die beiden Mädchen flehen ihn an, sie zu entlassen; mit Drohungen versucht er, sie zum Bleiben zu bewegen, öffnet dann aber die Tür, nachdem er jeder einen Taler im Wert von sechs Livres gegeben hat. Er verspricht ihnen für heute abend zehn Taler, wenn sie mit ihm aufs Meer kämen.

So endet, was Gilbert Lely treuherzig – und keinesfalls ironisch – als »Freudenvormittag« bezeichnet. Doch der Tag ist noch nicht zu Ende, und der junge Marquis verspürt noch mächtigen Appetit. Das ist nur das Frühstück gewesen, abends will er deftigere Kost, denn morgen wird er nach La Coste zurückreisen, und die letzten Stunden der Freiheit sollen nicht ungenutzt verstreichen.

Am späten Nachmittag schickt er Latour in die Rue d'Aubagne, um Marianne und Mariannette für die Bootsfahrt abzuholen. Doch die Mädchen wollen nicht mitkommen. Der Lakai begibt sich also auf die Jagd in sämtliche Bordelle von Marseille, denn er muß bis zum Einbruch der Dunkelheit seinem Herrn um jeden Preis frisches Fleisch zuführen. Um die Zeit totzuschlagen, empfängt dieser inzwischen den Schauspieler Des Rosières, den er zum Essen dabehält. Während sie zu zweit dinieren, kommt der Lakai und flüstert dem Marquis zu, er sei fündig geworden. Gegen 21 Uhr hat er eine Prostituierte angesprochen, die in der Rue Saint-Ferréol-le-Vieux vor ihrer Tür stand, und sie um eine kurze Unterredung in ihrem Zimmer gebeten. Sie ist fünfundzwanzig Jahre alt und heißt Marguerite Coste. Latour kündigt ihr den Besuch seines Herrn an, sie solle sich vorbereiten. Als Pfand läßt er ein Taschentuch da und eilt zum Hotel des Marquis. Des Rosières wird eilig verabschiedet, das Essen beendet, und die beiden Männer machen sich auf den Weg, während der Vorhang erneut aufgeht:

6. Szene (Schluß)

MARGUERITE COSTE – der MARQUIS – LATOUR

Das Bühnenbild zeigt jetzt Marguerites Zimmer. Es ist Nacht. Im Sturmschritt hat der Marquis die zwei Stockwerke des Hauses von Schlossermeister Debœuf erklommen, gefolgt von seinem Lakai. Er betritt die Bühne, schickt Latour sogleich weg (was dieser mit verwunderter Miene quittiert), legt Stock und Schwert ab und läßt sich aufs Bett fallen, während Marguerite einen Stuhl nimmt und sich neben ihn setzt. Er zieht sein kristallenes Pillendöschen hervor; sie lutscht einige Bonbons; er fordert sie auf, mehr davon zu nehmen, doch sie will nicht mehr; er insistiert und sagt, er gebe allen Mädchen davon zu essen. Schließlich hat er sie soweit, daß sie das Döschen leert, während er immer wieder nachfragt, ob sie im Magen nichts spüre. Er legt sie dann auf den Bauch, leckt ihr den After, fordert sie auf, in seinen Mund zu furzen, und macht ihr den Antrag, sie »von hinten und in verschiedenen anderen, noch abscheulicheren Positionen zu nehmen«, was sie beharrlich verweigert. Sie lasse sich nur nehmen, wie es die Natur vorgesehen habe. Nachdem er sich »mit ihr amüsiert« hat, legt der Marquis sechs Francs auf den Tisch und geht.

Vorhang.

DIE GERICHTSMEDIZINISCHEN ERMITTLUNGEN

Während am nächsten Morgen – es ist ein Sonntag – Herr und Diener bei Tagesanbruch mit der Postkutsche Marseille verlassen, laufen in der alten Phönizierstadt kriminalpolizeiliche Ermittlungen an. Den Stein hat Marguerite Coste ins Rollen gebracht. Gleich als der Marquis gestern gegangen war, hat sie ein heftiges Brennen im Magen verspürt, begleitet von Übelkeit und Schwindelgefühl und »allgemeinem Unwohlsein«. Nachdem sie sich ins Bett gelegt hat, beginnt sie, in großen Mengen eine schwärzliche und übelriechende Substanz zu erbrechen. Am nächsten Morgen ruft sie ihre Vermieterin, die Witwe Ravel, herbei und bittet sie, sie möge ihr Tee machen. Als die gute Frau ihren Zustand bemerkt und das Bett erblickt, das über und über mit Erbrochenem besudelt ist, kümmert sie sich um die Kranke und gibt ihr lauwarmes Wasser zu trinken, damit sie sich erleichtern kann. Die Unglückliche erbricht noch den ganzen Sonntag lang. Abends läßt sie einen Arzt, Doktor Antoine Roux, kommen, der ihr Mandelöl verordnet, doch auch noch am Montag erbricht sie sich den ganzen Tag hindurch. Madame Ravel trifft sie am Dienstag morgen in unverändertem Zustand an. Als sie erfährt, daß ein Unbekannter der jungen Frau Dragees angeboten hat, läuft sie zur Polizei, die sofort ein Ermittlungsverfahren eröffnet. Noch am selben Tag, dem 30. Juni 1772, sucht der Polizeichef Jean-Pierre Chomel die Prostituierte in ihrer Wohnung in der Rue Saint-Ferréol-le-Vieux auf, um ihre Aussage zu protokollieren. Sie liegt im Bett, von Brechkrämpfen geschüttelt, die Auswürfe sind immer noch schwarz und übelriechend. Er läßt eine Probe davon in ein Fläschchen füllen, das er versiegelt. Der Staatsanwalt beauftragt den Chirurgen Roux (Namensvetter des vorgenannten Arztes) und einen Apotheker mit der Ermittlung der Krankheitsursache und der Analyse der Auswürfe. Gleichzeitig ordnet er eine Haussuchung bei Mariette Borelly an. Die Ermittler entdecken dabei in einer Zimmerecke zwei kleine Pastillen, die sie zur Untersuchung ins Labor schicken. Auf einmal fällt ihr Blick auf diverse Zahlen, die mit dem Messer in den Kaminsims rechts vom Spiegel geritzt sind, untereinander in folgender Reihenfolge:

215 – 179 – 225 – 240

Nach deren Ursprung befragt, antwortet Mariette, der Marquis habe hier fortlaufend die Zahl der Schläge notiert, die er erhalten habe. Insgesamt immerhin 859! In vier »Behandlungen«, an einem einzigen Vormittag! Wobei man sich fragen kann, ob die saftigsten Hiebe nicht doppelt oder dreifach gezählt haben …

Am Mittwoch, den 1. Juli begeben sich der Arzt Longe und der Chirurg Roux ans Krankenbett der Marguerite Coste. Sie liegt da »mit fiebrigen Augen, gerötetem und entzündetem Gesicht, weißlich belegter Zunge, heftigem und schnellem Puls«, und klagt über entsetzliche Schmerzen. Neben dem Bett steht eine Schüssel mit der schwärzlichen Flüssigkeit, die sie immer noch erbricht. Die Ärzte tasten ihr den Magen ab, der sehr empfindlich reagiert. Bevor sie sich verabschieden, verschreiben sie ihr schleimhaltige Mittel und Klistiere.

Am darauffolgenden Donnerstag um zehn Uhr begeben sie sich beide ins Labor des Apothekers Rimbaud, wo sich ein weiterer Apotheker namens Aubert einstellt, den der Leiter der Marseiller Kriminalpolizei von Amts wegen beauftragt hat. Zu viert machen sie sich an die Analyse der Auswürfe. An der Oberfläche finden sie Fette und Öle: vermutlich Reste des Mandelöls. Die Flüssigkeit darunter besteht aus Kräutertee und anderen Getränken, die die Kranke zu sich genommen hat.

Am selben Tag neuerlicher Besuch am Krankenbett: Die Magenkrämpfe haben etwas nachgelassen, strahlen aber in die Lumbalgegend aus, die Bauchdecke fühlt sich indessen nicht hart an. Der Stuhl zeigt gelbliche und gallige Bestandteile.

Donnerstag abend: Zustand unverändert, Erbrechen.

Freitag, 11 Uhr vormittags: Erbrechen, schwacher Puls.

Freitag abend: Am Nachmittag nicht mehr erbrochen.

Samstag vormittag: Schlecht geschlafen, fiebriger Puls, trockene Zunge.

Aus diesen Symptomen leiten die beiden Ärzte folgenden Befund ab:

»1. Daß die Symptome von einer Zerreißung und Verätzung der weichen Membran des Magens und der Eingeweide verursacht wurden.

2. Daß diese Zerreißung durch eine ätzende und korrosive Substanz verursacht wurde, die sich vermutlich in den von der Kranken genossenen Pastillen befand.

3. Daß die Kranke zwar nicht in unmittelbarer Lebensgefahr schwebt, sich aber in einem besorgniserregenden, sehr besorgniserregenden Zustand befindet.

Marseille, den 4. Juli 1772
[gezeichnet:] Longe, Roux.«[2]

Während Mademoiselle Coste sich allmählich erholt, wollen wir uns Marianne Laverne zuwenden, die ebenfalls die Folgen der Sadeschen Zuckerbäckerkunst zu spüren bekam, wenn auch nicht so schlimm wie ihre Gefährtin, da sie bedeutend weniger davon genossen hat. Schon bald hat sie, wie wir gesehen haben, ganz ähnliche Symptome verspürt. In den darauffolgenden Tagen werden diese heftiger: Zunächst erbricht sie viel Blut, dann in ziemlich großer Menge eine schwärzliche, mit Blut vermischte Substanz, »etwa wie Spülwasser von Fleisch«, in dem Blutschlieren und Schleimflocken festzustellen sind. Im übrigen schneller Puls, feuchte, etwas weiß belegte Zunge und Bauchschmerzen, vor allem in der Magengegend.

Am Freitag, den 3. Juli stellen die behandelnden Ärzte fest: »Einige Dejektionen oben und unten, kein Fieber mehr. Brennen in der ganzen Speiseröhre, nach Flüssigkeitseinnahme wieder auflebend, Schmerzen in der Lendengegend.« Samstag: Die Patientin schläft, keinerlei Fieber, unterer Bauch gebläht, Brennen beim Urinieren. Ihr Bericht schließt mit etwa denselben Worten wie der über Marguerite Coste:

1. »Die Kranke hat im ganzen oberen Verdauungstrakt leichte Verbrennungen erlitten, die auf eine ätzende und korrosive Materie zurückzuführen sind, deren Wirkung sich auch auf die Harnwege erstreckt.«

2. »Obwohl die besagte Kranke nicht völlig außer Lebensgefahr ist, befindet sie sich gleichwohl nicht abseits des Weges der Genesung.«[3]

Schließlich die Ergebnisse der Analyse: Die Apothekermeister André Rimbaud und Jean-Baptiste Joseph Aubert verfassen detaillierte Berichte über die in Rimbauds Laboratorium durchgeführten Untersuchungen. Die erste betrifft die Auswürfe von Mademoiselle Coste:

»1. Die Zugabe von Kalk zu dieser Flüssigkeit hat keinerlei Veränderung bewirkt.

2. Nach Destillation ergab sich ein geschmackloses, nur leicht nach Fäulnis riechendes Wasser; Brunnenwasser, dem wir eine kleine Menge Kupferlösung zusetzten, wurde davon leicht blau gefärbt.« Man löste den Rückstand des Distillats in gefiltertem Wasser und ließ die Lösung eine ganze Nacht ruhen, dabei entstand keinerlei mineralische Substanz, auch kein Arsen und kein korrosives Sublimat.

Die zweite Analyse bezieht sich auf die beiden Dragees, die bei der Haussuchung am Boden gefunden wurden und von den Apothekern erst einmal unter das Mikroskop gelegt werden, wobei lediglich ein »kunstvoll« von Zucker umgebenes Aniskorn zu sehen ist. Die Männer kosten ein kleines Stück auf der Zungenspitze, es schmeckt nicht bitter. Sie setzen dann eine Pastille der Flamme aus, doch es ist kein Arsengeruch festzustellen. Die andere Pastille wird mit zwei Drachmen (ca. 6,48 g) Kalkwasser vermischt, die Flüssigkeit verfärbt sich nicht. Da die Apotheker aufgrund der geringen Anzahl an Dragees ihre Expertise nicht weiterführen können, beschließen sie ihren Bericht folgendermaßen: »Wir erklären und rapportieren hiermit, daß die in der besagten viereckigen Flasche enthaltene Flüssigkeit nicht die Substanz war, die bei der Kranken zum Erbrechen führte, und daß die beiden Dragees keine ausreichende Menge darstellen, um Untersuchungen durchzuführen, welche deren Beschaffenheit und Eigenschaften aufklären könnten.«[4]

ANIS UND KANTHARIDIN

Über die Unfähigkeit der beiden Quacksalber kann man nur den Kopf schütteln. Allein auf das Gift fixiert, kommen sie gar nicht auf die Idee, die Beschwerden der Straßenmädchen könnten von etwas anderem kommen. Daher ihre vergeblichen Versuche, das Arsen zu isolieren, und ihre erbärmliche Mikroskopanalyse. Bei einem Meister der Ausschweifung wie Sade hätten sie sofort an Kantharidin denken müssen, zumal es schon in der Antike als Aphrodisiakum bekannt war und in Pastillenform von den Libertins regelmäßig benutzt wurde: In Italien hießen diese Pillen *diavolini*, in Deutschland »Spanische Fliege«, in Frankreich »galante Pastillen« oder *pilules à la Richelieu*. Um die Substanz nachzuweisen, hätte man die Sadeschen Bonbons lediglich dem Blasentest aussetzen müssen. Doch die Herren Aubert und Rimbaud dachten nur an Arsen; da sie kein solches fanden, verzichteten sie auf weitere Nachforschungen. Auch die Richter werden erst sehr viel später, beim Revisionsantrag ans Kassationsgericht, von Kantharidin sprechen. Andere hegen den Verdacht sofort: so Monsieur de Montyon, Intendant (oberster Verwalter) der Provence, in seiner Antwort vom 22. Juli 1772 an den Minister des Königshauses, Monsieur de Saint-Florentin, der inzwischen Herzog von La Vrillière geworden ist und gerüchteweise von der Affäre gehört hat. Montyon schreibt: »Eine andere Version dieser Geschichte – der Tathergang ist auch weniger entsetzlich und wahrscheinlicher – lautet, daß der junge Mann übel beleumundete Orte aufgesucht und den Mädchen Kantharidinpastillen gegeben hat, welche ihnen sehr schlecht bekommen sind, und daß eine von ihnen, die mehr davon genossen hat als die anderen, mit dem Tod kämpft. Keines der Mädchen ist zugrunde gegangen.«[5]

Auch im persönlichen Briefwechsel des Marquis mit seiner Familie ist von Kantharidinbonbons die Rede. Allerdings streitet er ab, in Marseille bei den Mädchen Gebrauch davon gemacht zu haben. In einem Kommentar zu dem von Madame de Sade verfaßten Revisionsgesuch kritisiert Donatien heftig eine Passage dieses Textes: »Auf Seite 7 behaupten Sie, die Frauen von jener Sorte könnten unmöglich *Herkommen, Eigenschaften und Wirkungen der Kantharidenfliegen* kennen. Das ist falsch; es gehört sehr wohl zu ihrem Beruf, daß sie diese Art Droge kennen, deren Eigenschaften dasselbe bewirken wie ihre Kunst, und es gibt wohl wenige, glaube ich, die nicht wissen, was es ist; und gerade weil sie es wissen, reden sie ausschließlich davon […]«[6] Er leitet daraus die Behauptung ab, ihre Beschwerden seien auf Unmäßigkeit bei Tafelfreuden zurückzuführen. In *Le Président mystifié* wird er dieses Argument von neuem aufgreifen, allerdings auf eher humoristische Art: »In Marseille und Aix gilt ein leichtes Bauchgrimmen schon als ernstzunehmende Krankheit; und nachdem wir gesehen haben, wie eine Schurkenbande, die mit diesem üblen Burschen unter einer Decke steckte, bei einigen an Magenkoliken leidenden Metzen befand, sie seien *vergiftet* worden, braucht man sich nicht zu wundern, wenn bei einem provenzalischen Richter eine Kolik als ernste Angelegenheit gilt.«[7]

Daß die Sadeschen Bonbons Kantharidin enthielten, ist heute völlig unzweifelhaft; die Symptome, die bei Marguerite Coste und Marianne Laverne – und nur sie hatten Dragées zu sich genommen – festgestellt wurden, entsprechen exakt den Vergiftungserscheinungen bei diesem Stoff.

Der Marquis de Sade muß um die Gefährlichkeit des Mittels gewußt haben, denn sie war zu seiner Zeit allgemein bekannt. Um sich davon zu überzeugen, braucht man nur Band 2 der *Encyclopédie* aufzuschlagen (erschienen ab 1751), wo es im Artikel *Cantharide* heißt: »Pulverisierte Kanthariden, auf die Haut aufgetragen, verursachen Geschwüre und führen sogar zu Harnbrennen, Harnzwang, Durstempfindung, Fieber, blutigem Harn usw. und bewirken einen fauligen, leichenartigen Geruch. Dieselben Symptome entstehen bei innerlicher Anwendung. Es wurden starke Blasenschädigungen beobachtet […] Boyle geht noch weiter, er behauptet, daß Personen, die getrocknete Kanthariden lediglich handhabten, schon Schmerzen am Blasenausgang und Schädigungen an Teilen der Harnwege erlitten. Woraus folgt, daß Kantharidenpulver zu den Giften gezählt werden muß.«

Auch die aphrodisische Wirkung des Kantharidenpulvers konnte Sade nicht unbekannt sein, und er hat es seinen Partnerinnen bewußt verabreicht, um sie »heiß« zu machen. Sein Irrtum (wir wollen nicht von seinem *Verbrechen* reden) bestand in der Überschreitung der Dosis, jenseits derer für die Mädchen wirkliche Gefahr bestand. Die Höchstdosis hätte bei zwei Pastillen innerhalb von vierundzwanzig Stunden gelegen. Darüber hinaus bestand Vergiftungsgefahr mit möglicherweise tödlichen Folgen. Im übrigen ist sehr leicht zu verstehen, warum er sie zur Einnahme drängte: Ihm lag weniger an der vaginalen Erregung als daran, die anale Schleimerzeugung zu stimulieren; weil diese weniger schnell eintritt als jene, sollte die Menge verdoppelt werden, um den Prozeß zu beschleunigen. Auf die nicht unbeträchtliche Gefahr hin, innere Blutungen, Schädigungen der Speiseröhre, des Verdauungstrakts und der Harnwege zu verursachen.

Was das Anis betrifft, so hatte es keinen anderen Zweck, als mit seinem starken Aroma den scharfen Geschmack des Kantharidins zu überdecken. Entgegen den oft wiederholten Behauptungen hat Anis nie eine blähende Wirkung besessen und konnte somit keinesfalls die Entstehung von »Winden« begünstigen. Es ist im Gegenteil sogar ein Antispasmolytikum, als welches es auch in allen Arzneimittelbüchern empfohlen wird. Die von Sade genußvoll eingesogenen Gase waren also lediglich den vom Kantharidin selbst hervorgerufenen periodischen Spasmen zu verdanken. Doch der Libertin hat gar kein Interesse daran, den Mädchen sein Geheimnis zu verraten, er will ihnen nur die Bonbons schmackhaft machen, indem er für die Flatulenzen schwärmt: Der Furz hat Alibifunktion.

Fraglos ist immerhin, daß er nie beabsichtigte, seine Opfer zu töten, es erübrigt sich also ein Plädoyer, das ihn vom Mordversuch freispräche. In einem dieser bewegten Momente, die zu selten bei ihm sind, um nicht ehrlich zu sein, beteuert er durchaus glaubhaft: »Ja, ich bin ein Libertin, ich gestehe es: Ich habe alles ersonnen, was man auf diesem Gebiet ersinnen kann, aber ich habe gewiß nicht alles ausgeführt, was ich ersonnen habe, und ich werde es auch nicht ausführen. Ich bin ein Libertin, aber ich bin kein Verbrecher und kein Mörder.« Und wie Madame de Montreuil sehr richtig sagen wird: »Welchen Grund gäbe es, Mädchen zu vergiften, die man nie zuvor getroffen oder gekannt hat und deren Beruf weder zu Liebe noch zu Eifersucht, noch zu irgendwelchen Interessen Anlaß gibt.«[8] Außerdem erlagen weder Marguerite Coste noch Marianne Laverne der Vergiftung.

Obwohl er wußte, was Kantharidin im menschlichen Körper anrichten kann, drängte der Marquis dennoch seinen Opfern hohe Dosen auf. Leichtsinn? Ungeschick? Dosierungsfehler? Wissenschaftliches Experiment wie bei der »Wundbehandlung«, die er Rose Keller angedeihen ließ? Oder schlichte Gleichgültigkeit? Was zählt schon für einen Adeligen das Leben einer Prostituierten? Die Affäre von Arcueil hat bereits gezeigt, mit welcher Verachtung er auf diese »nichtswürdigen Kreaturen« herabblickt. Er würde nie und nimmer gelten lassen, daß ein Mann von Stand wegen eines Straßenmädchens verurteilt wird: »Diese Späße, die schlimmstenfalls den Tod einer Hure nach sich ziehen, waren im letzten und in den ersten achtzig Jahren des gegenwärtigen Jahrhunderts Kapitalverbrechen. Aber man wird aufgeklärter, und dank der Philosophie wird ein Ehrenmann nicht mehr für eine Gassendirne geopfert. Da man diese nichtswürdigen Kreaturen auf ihren Platz verweist, beginnt man zu spüren, daß, indem ihre Bestimmung einzig darin liegt, unseren Leidenschaften geopfert zu werden, es ihr Ungehorsam ist, den es zu bestrafen gilt, und nicht unsere Launen.«[9]

»DIESE GÖTTLICHE NEIGUNG!«

Parallel zu den gerichtsmedizinischen Untersuchungen läuft das Ermittlungsverfahren weiter, das kühn die beiden Hauptanklagepunkte vermengt, nämlich Giftmord und Sodomie, obwohl es den Untersuchungsrichtern verboten ist, über Sachverhalte zu ermitteln, die nicht in der Anklageschrift vorkommen. Im Rahmen der Zeugenanhörung konnten bereits die Hauptbetroffenen vernommen werden: Marie Borelly, ihre Magd Jeanne-Françoise Lemaire, Marianne Laverne, Jeanne Nicou – die anhand der Beschreibung den Täter als ihren Stammkunden identifiziert –, Marianne Laugier, Rose Coste, der Arzt Antoine Roux, der Schauspieler Sébastien des Rosières. Insgesamt etwa zehn Personen.

Keines der befragten Mädchen gibt zu, mit ihrem Freier Sodomie getrieben zu haben; bei der bloßen Erwähnung dieser »Schandtat« protestieren sie alle energisch. Auch wenn man ihnen nicht so recht glauben mag (der Analverkehr war in den Bordellen durchaus üblich), ist ihre Hemmung, es zuzugeben, verständlich: Bei der angedrohten Strafe hieß es, vorsichtig zu sein. Der Gesetzestext forderte den Tod durch das Feuer, und zwar bei lebendigem Leibe, wonach die Asche in den Wind zu streuen war. Es sei gleich angemerkt, daß dieses Strafmaß fast nie zur Anwendung kam, und wenn, dann ausschließlich bei homosexueller Sodomie, oft in Verbindung mit anderen »Verbrechen«. Doch waren auch die tatsächlich verhängten Strafen, vor allem bei den gesellschaftlich geächteten Straßendirnen, abschreckend genug: Die Gefängnisse von Bicêtre und der Salpêtrière galten zu Recht als Vorhof des Todes.

Die homosexuellen Handlungen, deren der Marquis und sein Kammerdiener von den Prostituierten eindeutig bezichtigt werden, sind ebenfalls Bestandteil der Sadeschen Phantasmen. Die passive Penetration läßt den Verfasser von *Justine* ins Schwärmen geraten, etwa, wenn er die Ekstasen des Monsieur de Bressac schildert:

»Ach, Thérèse!« ruft er einmal begeistert aus, »wenn du wüßtest, wie köstlich dieses Spiel ist, wenn du verstehen könntest, was man bei der wonnigen Einbildung, nur mehr eine Frau zu sein, empfindet! Unglaubliche Verirrung des Geistes! Man verabscheut dieses Geschlecht und will es nachahmen! Ach, welche Wonne, wenn man dahin gelangt, Thérèse, wie köstlich, die Hure eines jeden, der einen begehrt, zu sein, und dies zuletzt zu vollenden, den abschließenden Höhepunkt des Deliriums und der Prostitution zu erreichen, an ein und demselben Tage die Mätresse eines Tagediebs, eines Marquis, eines Lakaien, eines Mönchs zu sein, von all diesen nacheinander liebkost, gestreichelt, begehrt, bedroht, geschlagen zu werden, bald in ihren siegreichen Armen, bald als Opfer zu ihren Füßen, sie mit Zärtlichkeiten erweichend, mit Ausschweifungen belebend ... Oh, nein, nein, Thérèse, du verstehst nicht, was die Lust für jemanden ist, der denkt wie ich ... Aber abgesehen von diesen Gefühlen, wenn du dir vorstellen würdest, was die körperlichen Empfindungen dieser göttlichen Neigung sind! Es ist unmöglich, das auszuhalten; es sind so heftige Kitzel, so reizvolle Erregungen der Wollust ... man verliert den Verstand ... man redet Unsinn; tausend Küsse, einer zärtlicher als der andere, können nicht feurig genug den Rausch feiern, in den uns der Tätige versetzt; in seine Arme geschlungen, die Münder aneinandergepreßt, möchten wir nur noch eins sein mit ihm; wenn wir uns zu beklagen wagen, dann darüber, daß wir vernachlässigt werden; wir möchten, daß er mit Herkuleskräften uns weitet, in uns eindringt; daß dieser kostbare in uns geschleuderte Samen, der in unseren Eingeweiden brennt, durch seine Glut und seine Kraft unseren Samen in seine Hände spritzen läßt ...«[10]

DER KRIEG

Nun geht alles sehr schnell, ja mit ungewöhnlicher Schnelligkeit, besonders für die Provence, die sonst in den Sommermonaten so schläfrig ist. Ohne den Bericht der Apotheker abzuwarten (er wird ihn erst am nächsten Tag erhalten), unterzeichnet der königliche Ankläger, Monsieur de Mende, am 4. Juli einen Festsetzungsbefehl gegen den Marquis de Sade und seinen Diener Latour. Am selben Tag empfängt Marguerite Coste, deren Zustand besorgniserregend bleibt, die Sterbesakramente.

Einen oder zwei Abende zuvor, während einer Probe von *Adélaïde du Guesclin* und *L'Amant auteur* (Liebhaber und Schriftsteller) für die Aufführung am 9. Juni in La Coste, erhält Donatien die diskrete Mitteilung, er sei wegen der Vergiftung mehrerer Mädchen angeklagt. Eine von ihnen sei sogar gestorben. Sade glaubt sich verloren und flieht sofort, zusammen mit Latour und Mademoiselle de Launay, die ihrem Schwager folgt, während Madame de Sade im Schloß bleibt. Die Flüchtigen verbergen sich vermutlich in der Gegend, vielleicht bei Ripert in Mazan, bei Lions in Arles oder beim Abbé in Saumane. Wie auch immer, als der mit der Vernehmung beauftragte Gerichtsdiener von Apt am 11. Juli in Begleitung des Gendarmeriebrigadiers Étienne Blancard und dreier berittener Gendarmen im Schloß von La Coste erscheint, um den Marquis de Sade und seinen Kammerdiener »zu ergreifen und gefangenzusetzen«, antwortet ihnen der Notar Fage, sie seien seit etwa acht Tagen weg und er sei seitdem ohne Nachricht von ihnen. Daraufhin werden das Gesinde und die Nachbarn befragt, aus denen auch nicht mehr herauszubringen ist: Niemand hat sie gesehen, und niemand weiß, wo sie sind. Der Gerichtsdiener nimmt sodann eine »gründliche Durchsuchung sämtlicher Wohnungen besagten Schlosses« vor und hinterläßt eine Vorladung für die zwei Flüchtigen, die innerhalb der nächsten vierzehn Tage vor Gericht zu erscheinen haben. Danach schreitet er, den gesetzlichen Vorschriften gehorchend, zur »Beschlagnahmung und Inventarisierung« sämtlicher Güter und Einkünfte des Marquis, als da sind: das Schloß, die zugehörigen Bauernhöfe und Ländereien, die daraus fließenden Renten oder Pachten sowie die anderen herrschaftlichen Rechte und Abhängigkeiten. Der Generalpächter des Marquis, Pierre Chauvin, wird als Zwangsverwalter und Depositär seiner Güter eingesetzt, »mit den Untersagungen und Verboten, die in solchen Fällen erforderlich sind«.

Am 3. August kommt derselbe Vernehmungsbeamte wieder nach La Coste, diesmal in Begleitung des Dorfausrufers, Pancrace Roux, der »per öffentlichen Ausruf« vor dem Schloß und »auf allen Plätzen, Orten und gewohnten Kreuzwegen des besagten La Coste die Beschuldigten anweist, innerhalb von acht Tagen vor dem Generalstatthalter zu erscheinen«. Nach Verstreichen dieser Frist würden »weiterreichende Maßnahmen« ergriffen.

Madame de Sade bleibt nicht untätig, ganz im Gegenteil, sie sucht nach Mitteln und Wegen, ihren Mann den Fängen der Justiz zu entreißen. Ihre Schwester, die kurze Zeit nach ihrer Flucht wieder auftaucht und von der sie sich zumindest etwas Aufmunterung versprochen hat, scheint noch deprimierter zu sein als sie: »Die Verwirrung, die sie in ihrer eigenen Seele liest, das Schwanken in ihren Antworten vermehren nur ihre Unruhe.«[11] Da richtet Renée-Pélagie einen Hilferuf an Madame de Montreuil; denn nur ihre Mutter, meint sie, »kann der Öffentlichkeit mitteilen, daß ihr Mann mehr unglücklich als schuldig ist«. Doch Madame de Montreuil will ihrem Schwiegersohn nicht mehr aus der Patsche helfen, wie sie es bisher immer getan hat; im Gegenteil, sie ist fest entschlossen, mit aller Kraft gegen ihn zu kämpfen. Und man weiß, wozu sie fähig ist.

Die Ursache für diesen plötzlichen Umschwung ist offenbar in Donatiens Liaison mit Mademoiselle de Launay zu suchen. Lange Zeit hat die Präsidentin nichts davon gewußt, doch jetzt bestehen für sie keine Zweifel mehr. Etwas Schlimmeres hätte ihr der Marquis nicht antun können. Über seine Schulden hatte sie hinweggesehen, auch über seine Seitensprünge, seine Lügen; sie nahm es sogar hin, daß er lieber mit Straßendirnen das Bett teilte als mit seiner legitimen Angetrauten; ihr Pragmatismus und ihr geringer Glauben an den Menschen hätten sich auch schlecht mit übertriebener Moralität vertragen. Aber daß er sich an Anne-Prospère vergriff, an diesem Kind, ihrer zweiten, Tochter, der empfindsameren, feineren, das war ihr unerträglich. Dazu kam die Gefahr von Geschlechtskrankheiten, die bei einem solchen Don Juan immer drohte. Ganz zu schweigen vom Skandal: Der Inzest war schnell an die Öffentlichkeit gedrungen, die Zeitungen kolportierten ihn, die Familienehre wurde in den Schmutz gezogen. Eine herbe Enttäuschung für die Präsidentengattin, die sich von dieser Allianz mit dem Hochadel neuen gesellschaftlichen Glanz versprochen hat!

Von ihrer Mutter im Stich gelassen, beschließt Renée-Pélagie, selbst zu handeln. Dem Beispiel folgend, das Madame de Montreuil 1768 selbst gegeben hat, versucht sie zuallererst, die Mädchen zu einem Widerruf ihrer Aussagen zu bewegen. Dafür braucht sie Geld. Sie besorgt sich einen Kredit von 4000 Livres, für den Ripert auf die Vermittlung des Abbé hin zu bürgen bereit ist, und macht sich, zusammen mit ihrer Schwester, eilends nach Marseille auf.

Die Verhandlungen, die von Monsieur de Carmis, Notar zu Marseille, zügig geführt werden, kommen schnell zum Abschluß. Am 8. respektive 17. August unterzeichnen Marguerite Coste und Marianne Laverne, die großzügig entschädigt werden, ihren Verzicht. Ein erster Sieg für

Madame de Sade, der allerdings das Ausmaß, das die Affäre inzwischen angenommen hat, unheimlich wird: »Schlimmste Voreingenommenheit beherrschte allenthalben die Köpfe«, wird sie später sagen. Tatsächlich kursieren über ihren Mann die verrücktesten Gerüchte, die die Spannung ansteigen lassen und in der Öffentlichkeit eine Stimmung schaffen, in der die gröbsten Verdrehungen für bare Münze genommen werden. So können die Korrespondenten von Bachaumont Absurditäten wie folgende verbreiten: »Den 25. Juli 1772. Von Marseille schreibt man, der Graf de Sade, der schon 1768 von sich reden machte, als er sich, unter dem Vorwand der Erprobung von Heilmitteln, zu unglaublichen Grausamkeiten gegen ein Mädchen verleiten ließ, habe in dieser Stadt ein Schauspiel geboten, das zunächst angenehm, dessen Folgen aber entsetzlich waren. Er veranstaltete einen Ball, zu dem er zahlreiche Gäste eingeladen hatte, und mengte dem Nachtisch Schokoladepastillen bei, die so ausgezeichnet waren, daß viele Leute davon genossen. Es gab sie in großer und für alle ausreichender Menge; aber er hatte Kantharidenfliegen hineingemengt. Die Eigenschaften dieses Medikaments sind bekannt: Sie haben sich so bestätigt, daß alle, die davon genossen hatten, in unzüchtiger Glut entbrannten und sich sämtlichen Ausschweifungen hingaben, zu denen die entfesselten Begierden drängen. Der Ball artete zu einer jener lasterhaften Gesellschaften aus, die bei den Römern berühmt waren: Selbst die sittsamsten Frauen konnten der Glut, die ihren Schoß ergriffen hatte, nicht widerstehen. So hat Monsieur de Sade seine Schwägerin besessen, mit der er geflohen ist, um der verdienten Bestrafung zu entgehen. Mehrere Personen sind an den Ausschweifungen gestorben, denen sie sich in ihrer entsetzlichen Sinnenraserei hingaben, andere befinden sich noch in üblem Zustande.«[12]

Der gute Buchhändler Hardy, ansonsten ein recht besonnener Mann, geht noch weiter und behauptet, der Marquis de Sade sei verurteilt worden, »weil er, gemeinschaftlich mit einem seiner Diener, seine Frau vergiftet habe, nachdem er in Liebe zu seiner Schwägerin entbrannt sei«.

Auf dem Rückweg nach La Coste überfällt Madame de Sade unendliche Mutlosigkeit. Noch nie hat sie sich den Widrigkeiten des Schicksals gegenüber so wehrlos gefühlt. Auch wenn die Mädchen widerrufen haben, sie weiß, daß sich alles gegen ihren Mann verbündet hat. Wie soll sie so völlig allein gegen die allgemeine Feindseligkeit ankämpfen? Wie sich Gehör verschaffen angesichts einer öffentlichen Meinung, die außer Rand und Band geraten ist? Wie die Sache auf das reduzieren, was sie war: eine ganz gewöhnliche Orgie? Wie soll sie vor allem die Richter umstimmen, die ihren Mann zugrunde richten wollen? Eine unendlich schwere Aufgabe, und sie fühlt sich zu matt, um sie anzugehen. Nie hat sie ihre Mutter so schmerzlich vermißt. Wenn nur Anne-Prospère ihre Rivalitätsgefühle hintanstellen könnte, wenn sie sich aus ihrer Benommenheit herausrisse und gemeinsam mit ihr die Rettung dieses Mannes betriebe, den sie beide lieben …

MONSIEUR DE MONTREUIL IN GEHEIMER MISSION

Einige Tage darauf reißt ein unerwarteter Besuch Madame de Sade aus ihren Grübeleien: Ihr Vater ist nach La Coste gekommen. Monsieur de Montreuil ist am 7. August in Richtung Provence abgereist, wahrscheinlich auf Betreiben seiner Frau hin. Nebst moralischer Unterstützung erhält Renée-Pélagie von ihm einen nicht unbeträchtlichen finanziellen Zuschuß: Er streckt ihr am 25. August die Summe von 3 000 Livres vor, damit sie die zusätzlichen Ausgaben bestreiten kann, die ihr jetzt entstehen.

Der Präsident hat einen bislang unbekannten handschriftlichen Reisebericht hinterlassen. Für die stilistischen Schwächen entschädigt uns der Inhalt. Er bietet unter anderem die einzige bekannte Beschreibung von La Coste zur Zeit des Marquis:

»La Coste ist ein Schloß, das einer Festung ohne jede Regelmäßigkeit gleicht. Das Umland ist sehr bergig und unangenehm wegen der rollenden Steine und der Länge des Gebirges. Es gibt überhaupt keine Schattenplätze in Reichweite des Schlosses, und das ist der allgemeine Mangel der Provence, wo es keinerlei Gehölze und sehr wenig Wald gibt, und kaum Stieleichen, die die Eichen Frankreichs sind. In den Bergen gibt es viele Steineichen; auf den Feldern gibt es viele Pfirsich-, Oliven- und Mandelbäume, alles Bäume, die einen nicht vor der großen Hitze schützen können, die in diesem Landstrich herrscht. […] La Coste ist ein Gut, das nicht sehr weitläufig, aber sehr herrschaftlich ist. Der Herr bekommt den Achtel aller Erzeugnisse, die auf seinem Gut geerntet werden, was man im Lande den *code huitième* nennt. Das Ganze ist einem gewissen Chauvin verpachtet, der ein Protestant ist und im Pachthof von *Maison-Basse* wohnt.«[13]

Auf der Durchreise in Lyon hatte der Präsident dem Gouverneur der

Feste Pierre-Encize, Monsieur de Bory, einen Besuch abgestattet. Vermutlich wollte er sich erkenntlich zeigen für das, was dieser für seinen Schwiegersohn getan hatte. Die Affäre von Marseille erwähnt Monsieur de Montreuil eigenartigerweise mit keinem Wort, obwohl sie in aller Munde ist. Dieses Schweigen ist um so erstaunlicher, als sein Reisetagebuch nie zur Veröffentlichung bestimmt war. Auffällig ist auch, daß von Donatien selbst nur ein einziges Mal die Rede ist, und auch da nur im Zusammenhang mit Ripert, mit dem er bei einem Essen zusammensaß. Hat er sich heimlich mit Donatien getroffen? Das ist ziemlich wahrscheinlich, obwohl er nichts davon sagt. Kein Wort auch über seine beiden Töchter, deren Gast er in La Coste ist. Monsieur de Montreuil läßt sich so wenig über das wirkliche Ziel seiner Reise aus, daß man an eine harmlose touristische Unternehmung glauben möchte. Es ist indessen undenkbar, daß sein Besuch jetzt, da dem Marquis das Schafott droht, rein zufällig erfolgt. Es wäre zu unwahrscheinlich, daß dieser Herr, der auf die Sechzig zugeht und dessen Seßhaftigkeit man kennt, sein luxuriöses Palais in der Rue Neuve-du-Luxembourg verläßt, 700 Kilometer weit reist und sich in die Gluthitze der Provence wagt, nur um mit Monsieur Ripert zu speisen. Diese Reise kann nur einen Grund gehabt haben, nämlich die Notwendigkeit, die Leute aufzusuchen, die ihm helfen können: die Verwandten und Verbündeten seines Schwiegersohns und vor allem die Männer, die das Urteil zu sprechen haben. In der Tat begibt er sich, nachdem er sich am 7. September von seinen Töchtern verabschiedet hat, nach Aix-en-Provence, wo das *Parlement* nächstens über das vom Marseiller Gericht gesprochene Urteil verhandeln wird. Trotz der späten Stunde begibt er sich bei seiner Ankunft sofort zu Maître Gachier, einem »berühmten Anwalt dieser Stadt«, wahrscheinlich, um mit ihm die zu unternehmenden Schritte zu besprechen. Am nächsten Morgen geht er in Begleitung eines gewissen Gaillard, Kommandeur zu Valence, zu Monsieur Johannis, dem Generalstaatsanwalt am neuen *Parlement* von Aix, und anschließend zu Monsieur Mazenod, dem Präsidenten desselben – von diesen beiden Männern hängt das Schicksal des Angeklagten ab. Nach dem Mittagessen verläßt er Aix in Richtung Lourmarin[14]. Obwohl er sich über seine Gespräche ausschweigt, ist wohl ziemlich klar, was sie zum Gegenstand hatten. Monsieur de Montreuil hat sich vermutlich mit seinen Amtsbrüdern darüber unterhalten, mit welchem Vorgehen sowohl der Gerechtigkeit Genüge getan als auch das Interesse und die Ehre seiner Familie gewahrt würde.

Inzwischen gehen die Ermittlungen beschleunigt weiter: Am 26. August beschließt der Ankläger des Königs, daß die neuerliche Verlesung der Zeugenaussagen, und zwar »sowohl der schon gehörten als auch der gegebenenfalls erneut zu hörenden«, als Gegenüberstellung mit den Herren Sade und Latour gelten soll, »welche in contumatio angeklagt und abgängig sind«. Am nächsten Tag wiederholen alle Zeugen ihre Aussagen, ausgenommen der Arzt Antoine Roux, der als abwesend erklärt wird. Am 2. September fordert der Ankläger, die Angeklagten seien »ordnungsgemäß zu ergreifen und zu überführen, nämlich der besagte Monsieur de Sade der Tat und des Verbrechens des Giftanschlags und ebenso der besagte Latour der Tat und des Verbrechens der Sodomie, derer sie beschuldigt sind«. Dann werden beide dazu verurteilt, auf dem Platz vor der Kathedrale öffentlich Abbitte zu leisten, und zwar auf den Knien, barhäuptig und barfüßig, im Hemd und mit dem Strick um den Hals, in der Hand eine Wachsfackel von einem Pfund Gewicht. Sodann sollen sie zum Richtplatz auf der Place Saint-Louis geführt werden. Der Marquis de Sade soll enthauptet, Latour »an einem Galgen gehängt oder erwürgt werden, bis daß der Tod eintritt«[15]. Ihre Leichname sollen ins Feuer geworfen und ihre Asche in den Wind gestreut werden. Die Schuldigen werden außerdem zur Zahlung einer Buße verurteilt, die beim Marquis dreißig Livres und bei seinem Diener zehn Livres beträgt[16].

Donatien erwartet also eine doppelte Hinrichtung: Enthauptung für den versuchten Giftmord und Scheiterhaufen für das Verbrechen der Sodomie. Am 3. September verkündet Strafrichter Chomel den definitiven Urteilsspruch. Am 11. September bestätigt das *Parlement* von Aix-en-Provence das Urteil von Marseille und erklärt es für rechtswirksam. Am nächsten Tag werden die beiden Angeklagten auf der Place des Prêcheurs in Aix *in effigie* hingerichtet[17]. Eine einerseits symbolische Hinrichtung, die vor allem abschreckend wirken soll, andererseits ein ganz realer bürgerlicher Tod, denn dem Marquis werden sämtliche Rechte aberkannt. Und zwar bis zur Verjährung, die bei einer Verurteilung in Abwesenheit dreißig Jahre beträgt, es sei denn, der Verurteilte stellt sich innerhalb von fünf Jahren den Gerichten.

Was hätte den Marquis de Sade inniger freuen können als die Nachricht, daß er öffentlich hingerichtet worden sei? Er muß gejubelt haben, als er es erfuhr. Wetten wir, daß er das Ereignis in der Art jenes Marquis feierte, dessen Heldentat Curval in den *Hundertzwanzig Tagen von Sodom* rühmt: »Alle Welt kennt die Geschichte des Marquis de ***, der, als er hörte, er sei zum Scheiterhaufen *in effigie* verurteilt worden, sein Glied aus der Hose holte und ausrief: ›Herrgott noch mal! Jetzt bin ich, wo ich sein wollte, jetzt bin ich mit Schmutz und Schande bedeckt; laßt mich, laßt mich, da muß ich einen abschießen!‹ Und er tat es unverzüglich.«[18]

Zwei Anklagepunkte haben zur Verurteilung des Marquis geführt: Giftmord und Sodomie. Bei seinem Diener wurde nur der zweite aufrechterhalten. Was den versuchten Giftmord betrifft, so handelt es sich eindeutig um ein Fehlurteil. Die Richter von Marseille berücksichtigten weder den Widerruf der beiden inzwischen übrigens völlig wiederhergestellten Mädchen noch das Gutachten des Apothekers, das zwar anfechtbar war, aber den Marquis insofern entlastete, als ihm keinerlei Tötungsabsicht nachgewiesen wurde. Wir wissen zwar heute, daß die inkriminierten Bonbons Kantharidin enthielten, aber dieses Wort tauchte während des ganzen Verfahrens nie auf. Zu vermerken ist auch, daß, im Widerspruch zum geltenden Recht, die Zeugen »über andere als in der Anklage enthaltene Tatsachen« aussagten, daß ferner diese Anklage von niemandem erhoben wurde außer von den Richtern selbst. So viele Verfahrensfehler – von der Hast, mit der die Ermittlungen durchgeführt wurden, ganz zu schweigen – lassen auf eine Vorverurteilung schließen.

Bleibt die Sodomie. Wir haben schon gesagt, daß auf dieses »Verbrechen« die Todesstrafe stand. Doch von den Tausenden von polizeibekannten Homosexuellen endeten im Verlauf des 18. Jahrhunderts lediglich sieben auf dem Scheiterhaufen. Unter ihnen der berüchtigte Benjamin Deschauffours, der am 26. Mai 1726 den Flammen überantwortet wurde. Er hatte allerdings andere, schwerere Verbrechen auf dem Gewissen: Ermordung eines Halbwüchsigen, Kastrierung eines jungen Sängers, Kinderraub und Kinderhandel.

Bei Sades Verurteilung spielen auch die politischen Umstände eine Rolle, insbesondere die Reform der *Parlements*, zum Teil auch persönliche Ressentiments bei Kanzler Maupeou. Ein Jahr zuvor hatte dieser mit Billigung und Unterstützung Ludwigs XV. die Richter der regionalen *Parlements* verbannt und ihr Vermögen konfisziert. Dieser regelrechte Staatsstreich rief heftige Proteste hervor, namentlich innerhalb der *Cour des Aides*, jener Finanzgerichtskammer, deren Präsident Monsieur de Montreuil einst war. Es führte dazu, daß der Kanzler die Kammer auflöste und den damaligen Ersten Präsidenten, Lamoignon de Malesherbes, verbannte. Am 23. Februar 1771 gab Maupeou einen Erlaß heraus, der die Käuflichkeit und die Erblichkeit der Ämter abschaffte, die Mißbräuche in den Justizbehörden geißelte und eine »zügige, saubere und kostenlose Rechtssprechung« versprach. Diese Reform, die den Justizapparat rationalisierte und den Zugang zu ihm erleichterte, stieß auf den Widerstand eines Großteils des Adels, während Voltaire und einige Philosophen sie begrüßten. Nach etlichen Schwierigkeiten gelang Maupeou schließlich die Bildung eines neuen *Parlements*, das im wesentlichen aus ihm ergebenen Vertrauensleuten bestand. So saßen die Richter von Aix, die am 11. September das Urteil gegen Sade unterzeichneten, in der *Cour des Comptes*, der Oberrechnungskammer der Provence und nicht im *Parlement*; sie waren vom Kanzler, der nach Belieben über sie verfügte, dorthin beordert worden.

Die Notwendigkeit, ein Exempel zu statuieren, war Maupeous Haupttrumpf gegen den Marquis de Sade. Der »Sündenbock«, den er bei der Affäre Keller hatte freilassen müssen, sollte ihm jetzt nicht mehr entwischen: Diesmal hatte er freie Hand, der Souverän würde ihm nicht mehr in die Parade fahren. Sade wurde also erneut zum Spielball politischer Ambitionen: Es mußte unbedingt dem ganzen Land bewiesen werden, daß die Richter des Monsieur de Maupeou keinerlei Rücksicht auf Privilegien nahmen und daß die Geburt keinen Schutzwall mehr gegen das Gesetz bildete. Abermals verfügte man über den idealen Schuldigen, der sich schon vier Jahre zuvor mit einer Sittenaffäre kompromittiert hatte und überdies flüchtig war, was seinen Fall nur erschwerte. Seine Flucht kam Mapeous Kreaturen sogar sehr zustatten, denn wäre er verhaftet und seinen Richtern vorgeführt worden, hätte sein Erscheinen vielleicht ihre Strenge erschüttert und ihr Verdikt anders ausfallen lassen. Schon seine bloße Anwesenheit hätte sich unfehlbar zu seinen Gunsten ausgewirkt, denn eine Strohpuppe kann man viel leichter dem Tod weihen als einen Menschen von Fleisch und Blut. Im Grunde kam es allen zupaß, daß er nicht da war. Man kann sich sogar fragen, ob nicht viel Eifer darauf verwandt worden ist, ihn *nicht* zu finden, und ob nicht der Besuch Monsieur de Montreuils bei den Kollegen von der Aixer Kammer den Zweck hatte, das Szenario so festzulegen, wie es sich dann tatsächlich abspielte: Hinrichtung *in effigie*, bürgerlicher Tod des Beschuldigten, die Kinder unter der Vormundschaft der Familie de Montreuil, das Vermögen in der Hand seiner Frau ... und er selbst in irgendeinem tiefen

Verlies. Gab es ein besseres Mittel, sich des lästig Gewordenen zu entledigen und das zu wahren, was zu wahren war: sein Vermögen und seine Nachkommenschaft.

DIE LIEBENDEN VON VENEDIG

Als seine Strohpuppe neben der seines Kammerdieners auf dem Marktplatz von Aix brennt, befindet sich Marquis de Sade unter dem Namen »Graf von Mazan« auf Italienreise. Zur Zeit ist er in Venedig, wo er mit seiner hübschen Schwägerin, die er als seine Frau ausgibt, die Wonnen der Liebe genießt. Daß Anne-Prospère ihn begleitet hat, wurde früher von einigen Historikern angezweifelt. Heute besitzen wir den unwiderlegbaren Beweis, daß die Kanonissin Donatien tatsächlich auf seiner Flucht nach Italien begleitete: Ein unveröffentlichter Brief von Sade an Gaufridy, der das Datum des 16. Juli 1793 trägt und sich auf den Schauspieler Bourdais bezieht, welcher seine Gagen nie erhalten haben will, enthält folgenden Satz: »Sie sehen, wie außerordentlich wichtig es ist, daß Sie mir die Quittung schicken, die Fage diesen Bourdais hat unterschreiben lassen, *als ich 1772 mit der Demoiselle de Launay nach Venedig reiste*.«[19]

Nach Venedig besucht das Liebespärchen noch andere italienische Städte, doch plötzlich verläßt die Kanonissin den Marquis, wobei sie ihr Gepäck zurückläßt. Wurde sie von ihren Eltern zurückzitiert? War es infolge eines transalpinen Abenteuers des Marquis zum Streit gekommen? Wie dem auch sei, am 2. Oktober ist Anne-Prospère wieder bei ihrer Schwester in La Coste, während Donatien erst in Genua weilt und dann auf dem Seeweg nach Nizza reist, wo er nur sein eigenes Gepäck und das seiner Schwägerin hinterlegt, um gleich – Gipfel der Unvorsichtigkeit – nach Marseille weiterzufahren. Dort nimmt er am 16. Oktober aus den Händen seines Pariser Sachwalters, Monsieur de Milly, zwei Rollen zu je 50 Louisdor entgegen. Von hier aus folgt er zu Pferde der Straße nach Turin bis Chambéry, wo er am 27. Oktober anlangt, immer noch inkognito, doch von einer Unbekannten und zwei Dienern begleitet. Die beiden letzteren kennen wir, es handelt sich um Latour, seinen Komplizen von Marseille, und um Carterin, genannt La Jeunesse oder auch Martin Quiros, einen pfiffigen, aber unverbesserlichen Filou, den er vor kurzem eingestellt hat. Doch wer ist die Unbekannte? Nach Gilbert Lely kann es sich nur um Mademoiselle de Launay handeln, die in Nizza wieder zu ihrem Schwager gestoßen wäre und ihn nach Chambéry begleitet hätte.[20]

Wir wissen heute, daß das nicht möglich ist. In seinem *Livre de raison* (Buch der Vernunft) erklärt nämlich Präsident von Montreuil: »Ich bin von Paris am 27. Oktober 1772 um neun Uhr morgens abgereist, um meine Töchter, Madame de Sade und Mademoiselle de Launay, beim Marquis d'Évry, meinem Schwager, abzuholen, wo sie seit ihrer Ankunft aus der Provence mit Monsieur d'Évry, der sie dort abgeholt hatte, weilten.« Die Kanonissin befand sich also am 27. Oktober zusammen mit ihrer Schwester bei Monsieur d'Évry und kann daher nicht mit dem Marquis de Sade in Savoyen gewesen sein.

In Chambéry steigt der Marquis in der Herberge »La Pomme d'or« ab, wo er sich bald mit einem Franzosen namens de Vaulx anfreundet. Anfang November verläßt ihn die geheimnisvolle Gefährtin, die er bald als seine Frau, bald als seine Schwägerin ausgibt. Er wird später behaupten, er habe sie nach Italien »zurückgeschickt«. Jedenfalls läßt er sie von Latour begleiten. Einige Tage darauf bezieht er ein Landhaus, das er für sechs Monate von Monsieur du Choiri, einem savoyischen Adeligen, am Stadtrand gemietet hat. Von Augustin Ansard, dem besten Innenausstatter der Gegend, mieter er sich die gesamte Einrichtung: Betten, Vorhänge usw.

Als »Graf von Mazan, Kavallerieoberst in französischen Diensten« führt er ein zurückgezogenes Leben, geht auch zu den Mahlzeiten nicht aus, die er sich fertig zubereitet ins Haus liefern läßt, und hat mit niemandem Umgang als mit Monsieur de Vaulx, der zu seinem Vertrauten wird und ihm in der Auseinandersetzung mit der Familie seiner Frau die Stange hält. Ende November zwingt allerdings eine rätselhafte Erkrankung unseren Einsiedler dazu, das Bett zu hüten und sich vom Chirurgen Thonin, der in der Nähe des »Pomme d'or« wohnt, behandeln zu lassen. Dieser verordnet Aderlässe und besucht ihn mehrmals. Der Marquis ruft Latour, der Chambéry Anfang des Monats verlassen hat, zurück, damit er ihn an Stelle von Carteron pflege, der in dringender Mission nach Paris zu Madame de Sade geschickt wird.

DEM VERDERBEN IN DIE ARME

Dramatik braucht der Marquis de Sade so dringend wie die Luft zum Atmen. Kaum läßt ihn das Unglück ein wenig in Ruhe, muß er es von neuem provozieren. Wie anders soll man sich den befremdlichen Einfall erklären, gerade jetzt, wo er sich vor der ganzen Welt verbirgt, einen Brief an die Präsidentin von Montreuil zu schreiben, die er als seine unerbittlichste Feindin erachtet? Man heißt so etwas »sich dem Verderben in die Arme werfen«, und genau das tut er. Ende November oder Anfang Dezember läßt er seiner Schwiegermutter einen Brief zukommen, »sich in der Hoffnung wiegend, bei ihr Beistand gegen die Ungerechtigkeit zu finden, die [ihn] verfolgt«!

Er ist verloren. Da die »eiserne Dame« nun seinen Aufenthaltsort kennt, kontaktiert sie sofort den Außenminister, den Herzog von Aiguillon, Protegé der Madame du Barry und gleichwohl Oberhaupt der religiösen Partei. Dieser interveniert beim Pariser Botschafter des Königs von Piemont und Sardinien, dem Grafen Ferrero de La Marmora, damit er bei seinem Souverän die Festsetzung des Grafen von Mazan alias Marquis de Sade erwirke. Natürlich sind alle angeführten Gründe für die Familie de Montreuil höchst ehrenhaft. Es geht darum, diesen Unwürdigen vor sich selbst zu schützen, da er in Frankreich in Abwesenheit zum Tode verurteilt worden ist und auf den Gedanken verfallen könnte, wieder heimatlichen Boden zu betreten. Er wäre einer solcher Unklugheit durchaus fähig, fügt man hinzu, denn »sein Geist ist sehr verwirrt«. »Seine Familie, die in hohem Ansehen steht, lebt infolgedessen in tödlicher Angst, er könnte beim einen oder anderen Mal verhaftet werden, und sie sieht keinen anderen Ausweg, um ein solches Unglück zu vermeiden, als ihn in sichere Verwahrung zu bringen.«[21] Madame de Montreuil ersucht deshalb Seine Majestät, ihn unter guter Bewachung in einem seiner Schlösser festzuhalten, bis seine Familie es für gut befindet, seine Freilassung zu erbitten. Bis dahin wolle sie für seinen Unterhalt aufkommen.

Der König von Sardinien, der sich von so lobenswerter Absicht überzeugen läßt, erteilt unverzüglich den Befehl, den jungen Wirrkopf zu verhaften und ihn in der Burg Miolans festzusetzen. Natürlich solle das alles möglichst diskret und ohne öffentliches Aufsehen geschehen.

Am Abend des 8. Dezember ist Donatien wie üblich allein zu Hause, nur Latour ist da. Gegen 21 Uhr umstellt die Polizei geräuschlos die sehr einsam gelegene Villa, während Graf de La Chavanne, der Ortskommandant von Chambéry, von zwei Adjutanten eskortiert an der Tür erscheint und ihm den Haftbefehl des Königs von Sardinien bekanntgibt. Aufgefordert, seine Waffen abzugeben, trennt Donatien sich von seinen beiden Taschenpistolen und dem tauschierten Schwert. Die Häscher durchsuchen inzwischen das Haus; sie finden persönliche Habe in so geringer Menge, daß sie auf einen einzigen Kleiderhaken paßt, jedoch »weder Briefe noch Papiere von einiger Wichtigkeit«. Schließlich zieht sich der Offizier zurück und läßt seinen »ebenso verwunderten wie bedrückten« Gefangenen unter der Aufsicht seiner Adjutanten, die ihn die ganze Nacht lang in Gewahrsam halten. Am nächsten Morgen um 7 Uhr setzt man ihn in eine Postkutsche und bringt ihn, eskortiert von vier Berittenen, in die Feste Miolans. Latour folgt seinem Herrn zu Pferde.

KAPITEL 11

Die Feste Miolans

Etwa 25 Kilometer von Chambéry entfernt, über Saint-Pierre-d'Albigny auf einem schroff aufragenden Vorgebirge thronend, erhebt sich stolz die Burg Miolans, auch »Bastille der Herzöge von Savoyen« genannt. Dieses Adlernest, das sich 250 Meter über das Tal der Isère erhebt, ist von drei Mauerringen mit doppeltem Graben umgeben. Man unterscheidet die eigentliche Burg mit dem Bergfried und dem die Westfassade überragenden Turm Saint-Pierre und die Vorburg. Der als Gefängnis dienende Bergfried, ein mächtiges, mit Zinnen gekröntes viereckiges Bauwerk, weist auf drei Seiten Wachttürmchen auf; seine von wenigen Fenstern durchbrochene Fassade ragt fast achtzig Meter senkrecht in die Höhe. Ein Fluchtversuch über diese glatte Wand muß von vornherein zum Scheitern verurteilt sein. Jedes der drei Stockwerke des Bergfrieds enthält mehrere unterschiedlich große Räume mit Gewölbedecken. Eine Wendeltreppe führt zur Dachterrasse mit prächtiger Aussicht auf Mont Blanc, La Roche-Pourrie, Seillère-Gletscher, Belledonne, Grande-Chartreuse ... Ganz unten im Turm, unterhalb der Zugbrücke, führen niedrige Türen zu eiskalten Zellen, in die durch schmale Schlitze nur ein schwacher, grauer Lichtstrahl dringt: Dieser Teil heißt »die Hölle«. Darüber befindet sich das »Fegefeuer«, das aus einem einzigen mittelgroßen Raum mit Kamin und Steinbank besteht. Eine Etage höher liegt die »Schatzkammer« mit zwei Gefangenenzimmern, davon eines mit Südfenster und Kamin. Im Stockwerk darüber wohnt der Festungskommandant. Noch ein Stockwerk höher befinden sich zwei weitere Gefangenenräume: im Norden die »Kleine Hoffnung«, im Süden die »Große Hoffnung«, von welcher aus sich durchs doppelt vergitterte Fenster ein herrlicher Ausblick auf das Alpenpanorama bietet. Diesen Raum weist man Monsieur de Sade zu. Das alleroberste Stockwerk, für das man 107 Stufen bewältigen muß, trägt den Namen »Paradies«.

Der quadratische, mit Zinnen und Pechnasen versehene Turm Saint-Pierre kann drei weitere Gefangene aufnehmen. Die Burg enthält außerdem zwölf Verliese und Räume für die Wachmannschaft, einen Waffensaal, eine Küche mit monumentalem Kamin, Backofen, Schwitzkasten und Kohlenkammer. Im äußeren Ring befinden sich Kapelle, Kantine, Pulvermagazin, Lagerhaus, Wohngebäude für die Garnison, Gärten für das Personal und außerdem ein Zimmer für einen Gefangenen, der nicht eingesperrt ist und seine Mahlzeiten in der Kantine einnehmen kann.[1]

DIE »GROSSE HOFFNUNG«

Festungskommandant de Launay hat Befehl, seinen neuen Häftling mit aller seinem Stande entsprechenden Achtung zu behandeln und ihm das Gefangenendasein durch »Höflichkeitsbezeugungen« zu versüßen, allerdings unter strikter Beachtung der Sicherheitsmaßnahmen, die einer Flucht vorbeugen sollen. Monsieur de Sades Raum ist der größte und bequemste im Schloß. Sein Diener wohnt in einem benachbarten Zimmerchen; er darf sogar im Zimmer seines Herrn schlafen, nicht aber das Schloß verlassen. Der Gefängniswärter schläft im Vorzimmer des Gefangenen, dessen Tür er nachts zweifach verriegelt. Tagsüber hat Monsieur de Sade die Erlaubnis, im innersten Mauerring spazierenzugehen, allerdings folgt ihm dabei eine Schildwache, die beim geringsten Verdacht sofort den Festungskommandanten alarmieren muß.

Der Häftling hat das Recht, Feuer im Kamin zu machen und sein Zimmer nach seinem Geschmack einzurichten; er darf mit dem Koch besprechen, was er zu essen wünscht. Hingegen ist ihm streng untersagt, Besuche zu empfangen sowie Briefe zu schreiben oder zu erhalten. Monsieur de Launay muß alle an ihn gerichteten Briefe konfiszieren. Dafür erlaubt man ihm, zwei kleine Hunde zu behalten, die ihm Gesellschaft leisten.

Bereits am Tag nach seiner Inhaftierung schreibt der Marquis ein Gesuch an den Gouverneur des Herzogtums Savoyen, Monsieur de La Tour, den er anfleht, ihm seine Freiheit zurückzugeben, die einzubüßen er nicht verdient hat. »Ich gebe mein Ehrenwort, und es ist nicht meine Gewohnheit, diesen Schwur zu brechen, daß ich die Stadt Chambéry nicht verlassen werde, sollte man die Güte haben, sie mir als Arrest zuzuweisen. Dem Willen meiner Familie, der allein dahin geht, daß ich nicht nach Frankreich zurückkehre, bevor sie es wünscht, würde damit genauso entsprochen, und wenn dem so ist, weshalb sollte man mir diese Gnade abschlagen?«[2] Ersatzweise bittet er darum, man möge ihm freien Briefverkehr gestatten und seinem Diener erlauben, außerhalb des Schlosses

Besorgungen zu machen. Letzteres wird ihm gewährt: Er hat künftig die Erlaubnis, Briefe zu schreiben und Post zu erhalten, die allerdings zuvor von Monsieur de Launay geöffnet und kontrolliert werden muß. Der Kammerdiener darf das Schloß für bestimmte Besorgungen verlassen, unter der Bedingung, daß Vorsichtsmaßnahmen »sowohl für sein Weggehen als auch für seine Rückkehr« getroffen werden.

DAS ROTE KÄSTCHEN

Dennoch erträgt Donatien seine Gefangenschaft immer weniger. Ein Besuch von Carteron (der nicht mit ihm verhaftet wurde) bringt eine kurze Abwechslung. Er ist bereits am 16. Dezember in Chambéry angekommen, darf seinen Herrn aber erst am 19. besuchen. Er erstattet ihm Bericht über seine Paris-Mission, bei der er wichtige Briefe an Madame de Sade und an Freunde zu überbringen hatte. Sein Herr erteilt ihm nun den Auftrag, das Gepäck abzuholen, das er in Nizza gelassen hat und das, außer seinen persönlichen Effekten, auch die seiner Schwägerin enthält. Ein unveröffentlichter Brief des Marquis liefert uns zu diesem Thema einige Einzelheiten, die noch einmal bestätigen, daß die Kanonissin ihn tatsächlich auf seiner Flucht nach Italien begleitet hat. Es handelt sich um Anweisungen an Carteron, die er unmittelbar nach dessen Abreise nach Nizza verfaßt hat:

»*Was bei Ihrer Rückkehr zu beachten ist*

Vergessen Sie nicht: Ich will nicht einen Sou zu bezahlen haben, wenn Sie ankommen. Steigen Sie im ›Pomme d'Or‹ ab, verstauen Sie das Gepäck sorgfältig in meinem Zimmer, und gehen Sie sodann, ohne Zeit zu verlieren, zu Monsieur de La Tour und bitten Sie ihn um die Erlaubnis, mir die Sachen bringen zu dürfen. Besorgen Sie sich eine schriftliche Order, und versuchen Sie, in Chambéry jeglichem Besucher aus dem Weg zu gehen. Sollten Sie Besuch befürchten, stecken Sie das Bewußte in die Tasche.[3] Wenn Sie zur Burg kommen, weisen Sie Ihre Order dem Kommandanten vor, und kommen Sie mit dem Karren bis zur Treppe, die zu meinem Zimmer führt. Dort werden wir die Sachen, die Madame de Launay gehören, aussondern und in einen Koffer legen, und Sie reisen am nächsten Tag weiter, um diesen Koffer in Lyon aufzugeben und gleichzeitig meinen Wechsel einzulösen, den ich hier niemandem in die Hand geben will […]«[4]

Der Marquis ist nicht der einzige, der um sein Gepäck besorgt ist; seine Schwiegermutter ist es noch mehr. Sie befürchtet, persönliche Gegenstände und Dokumente ihrer Tochter könnten in seine Hände geraten. Welchen Gebrauch würde er von ihnen machen? Es wäre ihm zuzutrauen, daß er seine Romanze vor aller Welt bekannt gibt, nur um sich zu rächen! Welch mächtiges Mittel, um sie und ihre Familie zu erpressen! Sie scheut daher keine Mühe, in den Besitz dieses Gepäcks zu gelangen. Am 21. Dezember richtet sie im Namen der Familie eine Eingabe an den Grafen de La Marmora, in der es insbesondere heißt: »[...] Es wird darum ersucht, daß die Gegenstände, die er sowohl zu seiner Bequemlichkeit als auch zur Beschäftigung seines lebhaften Geistes mitgeführt haben mag, ihm übergeben werden, mit Ausnahme seiner Papiere, Aufzeichnungen und Briefe, von welcher Art diese immer sein mögen, und um deren Übersendung seine Familie bittet, zusammen mit einem kleinen hölzernen Kästchen oder Etui, von dem wir glauben, daß es rot und mit Kupfer beschlagen ist und ebenfalls Papiere enthält; sollte er es auf die Burg mitgenommen haben, bitten wir darum, daß man es wiederzuerlangen versucht, ohne daß er sich vorsehen und irgendwelche Schriftstücke daraus entwenden kann.«[5]

Diese Kassette, die vermutlich Briefe von Mademoiselle de Launay enthielt, wurde in der persönlichen Habe des Marquis nicht gefunden; vielleicht befindet sie sich im Gepäck, das er aus Nizza abholen läßt. Die Präsidentin wünscht außerdem, daß man außer den »handschriftlichen Aufzeichnungen, Briefen und anderen Schriftstücken« auch »die schlechten, gegen die Sitten gerichteten Bücher« beschlagnahme, die sich in den Koffern finden könnten. Sie bittet inständig darum, daß die »Kleidungs- und Wäschestücke, die nicht zu seinem Gebrauch bestimmt sind«, zurückgeschickt werden, damit man sie seiner Frau zurückgeben könne.

Eigenartigerweise interessiert sich Madame de Montreuil auch in höchstem Maße für die Krankheit, die ihren Schwiegersohn im November ans Bett fesselte. Könnte der Herr Botschafter des Königs von Sardinien nicht vielleicht einige Angaben darüber machen? Natürlich ist Doktor Thonin ans Berufsgeheimnis gebunden, aber wenn Monsieur de La Tour, Gouverneur des Herzogtums Savoyen, ihn befragen möchte, würde er sicherlich einiges sagen. »Es ist von hohem Interesse für die Familie«, betont sie, »Zuverlässiges über diese Sache zu erfahren, damit sie weiß, woran sie ist.« In der Tat: Sollte es sich um eine Geschlechtskrankheit handeln, wäre ihr Tochter unweigerlich angesteckt worden.

In Wirklichkeit ist der Marquis in Miolans der Gefangene von Madame de Montreuil. Sie hat sich verpflichtet, für ihn und seinen Diener den ganzen Unterhalt zu bezahlen. Alles wird auf Heller und Pfennig abgerechnet: die Miete für Möbel, Bettzeug, Tischwäsche, Essen, Taschengeld, Kerzen, Kaminholz, Unterwäsche, Strümpfe, Barbier, Trinkgeld für die Wachsoldaten. Da aber ihre Tochter seit einiger Zeit allein das eheliche Vermögen verwaltet, kommt letztendlich der Marquis selbst für seinen Unterhalt auf. Er selbst bezahlt sein Gefängnis und begleicht auch die Kosten für seine Verhaftung, einschließlich des Transports nach Miolans. Sogar die Handgelder, die man seinen Bewachern zusteckt, stammen aus seiner Kasse!

Aus 500 Kilometern Entfernung überwacht Madame de Montreuil ihren Schwiegersohn auf Schritt und Tritt. Sie sieht und hört alles, sie reglementiert, befiehlt, verbietet, erlaubt, überprüft, tadelt, straft, droht – und man gehorcht ihr! Jeder ist ihr sofort zu Diensten, von Monsieur de La Tour, dem Gouverneur des Herzogtums Savoyen, bis hin zu den zuständigen Ministern in Turin. Ihre Wünsche sind allen Befehl, und dero Exzellenzen geben sich beflissen, sie zu befriedigen. Es ist eine Art, der Intelligenz dieser Frau und ihrer Kunst der Situationsbewältigung eine Reverenz erweisen. Daß Madame de Montreuil sich so leicht durchsetzt, liegt nicht daran, daß sie die Leute einschüchtert, wie manchmal behauptet wird, sondern daran, daß sie sich beliebt zu machen versteht. Aus ihren Briefen wird das Geheimnis ihres Einflusses etwas klarer. Es enthüllt sich da eine so gelungene Mischung aus herrischem Fordern, aus Schmeichelei und Gefühlsansprache, eine so geschickte Strategie des Einwickelns, daß die Willfährigkeit der Adressaten kaum erstaunt. Diese Mixtur aus salbungsvoller Unterwürfigkeit, gespielter Einfachheit und unerbittlichem Willen erklärt ihr Durchsetzungsvermögen besser als alles andere.

Alles wäre also zum besten bestellt, würde nicht ein Alptraum die Präsidentin verfolgen: daß Donatien ausbrechen könnte. Dieser Gedanke beschäftigt sie Tag und Nacht, und ihre dahingehenden Ängste muten fast krankhaft an. Ständig mahnt sie, man solle ja nichts tun, was einer Flucht Vorschub leisten könnte, und unbedingt darauf achten, daß sein Diener ihm nicht »mit irgendwelchen Machenschaften von außen« helfen könne.

Der autoritären Schwiegermutter stets gehorsamst zu Diensten, befolgt Monsieur de Launay ihre Anweisungen aufs Wort. Er verdoppelt seine Wachsamkeit, fügt den schon zahlreichen Sicherheitsvorkehrungen neue hinzu und läßt seinen Gefangenen Tag und Nacht bespitzeln, so daß dieser keinen unbeobachteten Schritt mehr tun kann. Das Ergebnis ist, daß der Marquis ungehalten wird über diese permanente Überwachung, die er als Schikane empfindet, und immer zahlreichere Beschwerden an den Gouverneur von Savoyen richtet. Eines Tages verweigert Monsieur de Launay dem Diener des Marquis die Erlaubnis, einen neuen Beschwerdebrief zu überbringen. Der Kommandant »beharrte auf seiner Weigerung in einem Ton und einer Art, die mein adeliger Stand und mein Offiziersgrad mir nicht hinzunehmen erlaubten«, schreibt der Marquis. Doch der Kommandant hat seinerseits genug von diesem ewigen Querulanten und würde viel darum geben, ihn loszuwerden: »Ich kann Ihrer Exzellenz versichern«, schreibt er an den Grafen de La Tour, »daß dieser Herr sehr gefährlich ist, indem er ebenso launenhaft wie erregbar und unbeständig ist, und daß er sehr wohl imstande wäre, mich zu opfern, wenn er jemanden mit Geld dazu gewänne, ihm zur Flucht zu verhelfen, auch bei mir hat er es schon andeutungsweise versucht; und es wäre deshalb sehr angebracht, wenn seine Verwandten um seine Verlegung an einen Ort in Frankreich ersuchen würden. Denn auf einen so wankelmütigen Kopf kann man nichts geben, und ich kann nicht [...] für einen Gefangenen bürgen, der den ganzen Tag in dieser Burg, die nicht die sicherste ist, spazieren darf, und ich halte ihn sogar einer Verzweiflungstat für fähig ... Um mich für den Fall, daß trotz meiner Vorsorge etwas geschehen könnte, abzusichern, bitte ich Sie, den Minister davon in Kenntnis zu setzen.«[6] Der geplagte Mann gesteht auch, es falle ihm schwer, über die abgefangenen Briefe des Marquis Bericht zu erstatten, weil er dessen Schrift nicht entziffern könne und er auch nicht mit dem entsprechend »glücklichen Gedächtnis« ausgestattet sei, um den Inhalt zu behalten.

Als Madame de Montreuil erfährt, daß Donatien sich mit Bittschriften an »hochgestellte Personen, zu denen zu zählen er die Ehre hat«, wenden will, ist sie empört und ersucht den Grafen de La Marmora, diese Briefe auf ihren Gehalt zu überprüfen: »Wenn ihr Inhalt nur der ist, daß er die Güte und das Wohlwollen derer erbittet, die dem König von Frankreich nahestehen, und er sich für seine letzte Affäre zu rechtfertigen sucht, dann ist nichts einzuwenden; aber wenn sie Falsches und Beleidigendes über die Familie seiner Frau enthalten, von der er stets wohlwollende Behandlung erfahren, wäre es unerträglich, wenn solch schamlose Schriften abermals zum Spott der Öffentlichkeit und des Hofes gereichen würden, und noch entsetzlicher, wenn er in Genf einen Bericht drucken lassen würde, wie er es seiner Schwiegermutter angedroht hat.«[7]

Zu Beginn des Jahres 1773 verschlechtert sich das ohnehin angespannte Verhältnis zwischen Monsieur de Launay und seinem Gefangenen. Am 14. Januar kommt es zu einer heftigen Szene. Als der Kommandant Sades Zimmer betritt, um ihm die freudige Nachricht zu überbringen, daß der Graf de La Tour seine baldige Freilassung zu erwirken hofft, empfängt ihn Donatien mit »wüstesten Beschimpfungen«, und dies vor Leutnant Duclos, einem Offizier der Garnison, der sich mit ihm angefreundet hat, und dem Innenausstatter Ansard, der zufällig anwesend ist. Monsieur de Launay zieht sich zurück, »um eine noch schlimmere Szene zu vermeiden«, droht aber, er werde ihm einen anderen Raum zuweisen und ihn in ein »Feuergefängnis stecken« oder zumindest eine Wache vor seiner Tür postieren – auf seine Kosten. Im Bericht, den er dem Grafen de La Tour über den Zwischenfall erstattet, erklärt der Kommandant die Gründe des »Hasses« von seiten des Marquis: Einige Tage zuvor habe dieser ein Paket mit Wein, Kaffee und Schokolade in seine Küche bringen lassen, das er ihm postwendend zurückgeschickt habe, weil er von niemandem Geschenke annehme. Er fürchte allerdings, der Häftling möchte in der Burg weniger gewissenhafte Bewacher finden als ihn. Er schlägt deshalb vor, daß der Marquis hinter Schloß und Riegel komme, »andernfalls er möglicherweise noch gewalttätig wird, wovor ich nicht in Sicherheit wäre«. Am selben Tag gibt Donatien seine eigene Darstellung des Vorfalls: »[...] Wir hatten soeben einen heftigen Zusammenstoß mit dem Kommandanten. Ich bin es nicht gewohnt, daß man Ausdrücke wie ›zum Teufel‹ und ›zum Henker‹ verwendet, wenn man mit mir spricht, und ob dieser wenig ehrenhaften Ausdrucksweise von Monsieur de Launay habe ich ihm etwas heftig geantwortet.« Er möchte fortan nur noch Monsieur de La Balme unterstehen, dem stellvertretenden Kommandanten, der »ein Mann voller Redlichkeit und Höflichkeit« ist. Nur so könnten in Zukunft Auftritte wie dieser vermieden werden, denn »es wird immer wirklich gefährlich sein, einen Mann von Ehre und Bildung dem Befehl von Monsieur de Launay zu unterstellen«.[8] Drei Tage später verspricht er, sich zu mäßigen, sofern Monsieur de Launay sich an die Anweisung halte, ihm mit Respekt zu begegnen. »Doch bis dahin kann ich unmöglich zusagen, die Galle zu unterdrücken, die infolge meines mißlichen Geschicks in mir kocht und gänzlich sauer geworden ist durch die rücksichtslose und absurde Hartnäckigkeit des Monsieur de Launay, der seinen Befehlen nicht nachkommen will.«[9]

MACHENSCHAFTEN

Am 14. Februar ersucht Monsieur de Sade den Grafen de La Tour, dem König von Sardinien eine von ihm verfaßte Bittschrift zu überreichen, in der es heißt: »[...] Eine Schwiegermutter, die von widerwärtigster Selbstsucht geleitet ist und nur auf mein völliges Verderben sinnt, die mein Unglück ausnützt, um die ganze Härte des Gesetzes gegen mich zu fordern, die mich verurteilen läßt und dadurch in ewige Verbannung zwingt [...], hat das Ansehen, das sie durch unwürdige Machenschaften erworben, dazu benützt, auf Umwegen die Unterstützung des Gesandten Ihrer Majestät in Frankreich für ihre Rache zu gewinnen. [...] Majestät, wenn diese boshafte Frau, die mich zugrunde richten will, nur meine Klagen scheute, weshalb sucht sie dann, eine verdiente Bestrafung zu umgehen? Warum läßt sie mich dann nicht in meinem Vaterland festsetzen? Sie weiß genau, daß der König, mein Herr, es ihr nicht gewähren würde [...]«[10] Als hätte Madame de Montreuil die schwerste aller Strafen gegen ihn erwirkt und wollte ihn nur daran hindern, sich seinen Richtern zu stellen, einzig und allein, um ihn völlig zugrunde zu richten und sich seines Vermögens zu bemächtigen ...

Während sich der Marquis de Sade direkt an den König von Sardinien wendet, ist Monsieur de Launay wachsamer denn je. Seit einiger Zeit beobachtet er in der Burg Vorgänge, die ihn mißtrauisch machen und über die er dem Gouverneur Bericht erstattet. Noch mehr beunruhigt ihn die zunehmend intime Freundschaft zwischen dem Marquis und dem dubiosen Duclos; fast jeden Abend essen sie zusammen.

Nicht weniger bedenklich erscheint, was dem Grafen de La Tour zu Ohren kommt. Der Pariser Botschafter des Königs von Sardinien teilt ihm am 26. Februar 1773 mit, Madame de Sade sei in die Provence aufgebrochen, »doch es steht zu befürchten, daß ihre Reise nach Savoyen geht, wo sie versuchen wird, ihren Mann zu treffen«. Ein solches Treffen ist um jeden Preis zu verhindern, denn es könnte fatale Folgen haben. Monsieur de La Tour solle dem Festungskommandanten die nötigen Anweisungen geben.

Auch die Präsidentin in Paris ist voller Ängste. Sie weiß, daß ihre Tochter zu allem fähig ist, wenn es um ihren Mann geht: Wird sie versuchen, zu ihm vorzudringen, ihn gar herauszuholen? Sie wendet sich mit ihren Bedenken offensichtlich auch an Außenminister von Aiguillon, denn dieser hält La Marmora die Folgen vor, die schlimmstenfalls zu erwarten wären. Es sei wichtiger denn je, betont er, daß »Monsieur de Mazan« weiterhin in Haft bleibe.

DIE BRÜDER DUMONT

Am Samstag, den 6. März 1773 gegen Abend kommen zwei Brüder namens Dumont mit der Postkutsche in Chambéry an. Sie steigen in der Herberge »La Pomme d'Or« ab, wo sie angeben, am nächsten Tag nach Piemont weiterreisen zu wollen. Es handelt sich, wie man wohl schon geahnt hat, um die als Mann verkleidete Madame de Sade und einen ihrer Diener Namens Albaret. Am nächsten Tag wird die Komödie weitergespielt, indem man tatsächlich die Kutsche nach Piemont nimmt, aber nach 15 Kilometern in Montmélian aussteigt, wobei »ein Unwohlsein« vorgeschützt wird. Die beiden finden eine schäbige Herberge, von der aus die Marquise ihren Vertrauensmann nach Miolans weiterschickt. Eine Stunde vor Einbruch der Dunkelheit meldet sich Albaret beim Kommandanten, der schon Anfang des Monats von Graf de La Tour auf den Besuch vorbereitet wurde, und überreicht ihm einen Brief von Madame de Sade, der angeblich am 5. März in Barraux geschrieben wurde. Die Marquise bittet darin Monsieur de Launay, ihren Abgesandten ein Viertelstündchen unter vier Augen mit ihrem Mann reden zu lassen, da sie von ihm keine Nachricht habe und sehr beunruhigt sei. Der Kommandant, der den Befehl erhalten hat, keinerlei Besuch zum Gefangenen vorzulassen, verweigert Albaret den Zutritt zur Burg, worauf dieser nach Montmélian zurückkehrt.

Am Nachmittag des nächsten Tages versucht es der Diener erneut, diesmal beim Gouverneur von Savoyen, dem er einen fast identischen Brief übergibt, mit gleichem Ort, gleichem Datum, gleichem Inhalt: Madame de Sade sei auf der Durchreise von Paris zu ihrem Landsitz in der Provence und habe den Weg über Grenoble gewählt, um ihren Mann zu besuchen, doch eine starke Erkältung halte sie in Barraux fest. So schicke sie diesen Freund, dem man ein kurzes Gespräch mit Monsieur de Sade gestatten möge, weil sie sich um seine Gesundheit sorge und ohne Nachricht von ihm sei. Mit ausgesuchter Höflichkeit antwortet der Graf, er könne ihrem Wunsch leider nicht nachkommen, sie möge aber beruhigt sein, was ihren Mann betreffe, es gehe ihm glänzend und er genieße die gleiche Behandlung und die gleichen Annehmlichkeiten wie eh und je. Im übrigen könne sie ihm schreiben, er werde ihren Brief unverzüglich übermitteln und ihr die Antwort zukommen lassen. Am selben Tag erhält der Gouverneur von Monsieur de La Marmora neue, den Gefangenen betreffende Anweisungen: Es müsse unbedingt verhindert werden, daß etwas von ihm Geschriebenes aus der Burg geschmuggelt werde, »denn er überschwemmt uns mit Rhapsodien und Eingaben, deren Behauptungen ebenso falsch wie kunstvoll dargebracht« seien.

Am 9. März kommt Monsieur Dumont alias Albaret ein zweites Mal zu Graf de La Tour. Er übergibt ihm einen unversiegelten Brief seiner Herrin an ihren Mann und fleht ihn erneut an, ihm einen Besuch beim Marquis zu gestatten. Als der Gouverneur bei seiner Ablehnung bleibt, versucht es der Diener mit Mitleid und behauptet, die arme Marquise sei krank und könne ihre Reise in die Provence nicht fortsetzen. Mit unveränderter Urbanität ersucht ihn der Graf, der Dame seine besten Wünsche für eine baldige Genesung zu überbringen, ihr jedoch mitzuteilen, er würde weiterhin streng seine Pflicht erfüllen und es sei wohl besser, wenn sie »sich aus ihrem schlechten Quartier entferne«. Die Ironie wird erst richtig deutlich, wenn man weiß, daß weder La Tour noch Launay auf das Versteckspiel hereingefallen waren; beide wußten sehr wohl, daß Madame in einer schäbigen Herberge logierte und im übrigen putzmunter war.

Gleichwohl lebt der Festungskommandant seit dieser Geschichte in beständiger Angst, er wittert überall Gefahr und befindet sich in permanenter Alarmbereitschaft. Überzeugt, daß eine Verschwörung im Gange sei, die dem Gefangenen zur Flucht verhelfen soll, verstärkt er die Sicherheitsmaßnahmen und versucht vor allem, diesen Leutnant Duclos loszuwerden, der sich mit dem Marquis viel zu gut versteht und sich immer verdächtiger verhält. Als er in der Vorwoche feststellte, daß der Mann jeden Morgen in aller Frühe aus dem Schloß ging, ließ er ihn beschatten und entdeckte, daß er mindestens einmal Madame de Sade in Montmélian besuchte. Monsieur de Launay ersucht also den Gouverneur dringend, diesen Offizier zu versetzen, der sich im übrigen mit sämtlichen Vorgesetzten anlege. Andernfalls würde er selbst den Hut nehmen; solange Duclos da sei, garantiere er für nichts. Was ihn ebenfalls beunruhigt: Dieser junge Latour, angeblich Kammerdiener des Marquis und von diesem als unehelicher Sohn des Herzogs von Bayern ausgegeben, ist in Wirklichkeit der »Gefährte seiner Ausschweifungen«.

Monsieur de Launay hatte anfänglich versucht, das Vertrauen des Marquis zu erlangen und ihm im Rahmen seiner Pflichten eine Zusammenarbeit anzubieten, doch vergeblich. Auf einmal scheint Donatien nicht mehr taub auf diesem Ohr zu sein. Warum soll er es nicht, nachdem alle Beschimpfungen und Schmähungen nichts fruchteten, einmal auf sanftem Wege versuchen und diese »Gesten der Unterordnung«, mit denen ihm der Kommandant ständig in den Ohren liegt, erproben? So verfaßt er einen langen Brief an Graf de La Tour, in dem er feierlich verspricht, fortan keine Korrespondenz mehr zu empfangen, die »nicht alle Welt lesen könnte«. Dann kommt er ziemlich schnell zum Kern des Problems. Warum verwendet seine Familie soviel Energie darauf, ihn in Miolans lebendig zu begraben? Er sieht nur einen Grund oder wenigstens Hauptgrund: seine Liaison mit seiner Schwägerin, »das Bestreben, eine unziemliche und fatale Liebschaft zu unterbinden«. In diesem Fall »treiben sie aber ihre Rachegefühle zu weit«, empört er sich, »denn ich habe unmißverständlich erklärt, daß ich verzichte, ich erkläre es jeden Tag von neuem, und ich tue es hiermit wieder in aller Form [...] Monsieur, was soll ich noch tun, damit man mir glaubt? Ich wage Sie anzuflehen, mir doch einen Rat in dieser Angelegenheit zu geben. Ich breche jegliche Verbindung ab, ich biete die Rückgabe aller Briefe an, ich schwöre, mich Paris auf nicht mehr als hundert Meilen zu nähern, solange man es von mir verlangt, ich unterlasse fortan alle Eingaben, alle Bittschreiben, jegliche beleidigende Äußerung, die einer Verbindung schaden oder ihr Hindernisse in den Weg legen könnte, um deretwegen man mich fürchtet und die ich vielleicht mehr herbeiwünsche als sie. Man glaubt mir immer noch nicht. Wie soll ich es anstellen?«[11]

Obwohl kein Name genannt wird, besagen diese letzten Zeilen ziemlich eindeutig, daß sich für Anne-Prospère eine Heiratsperspektive eröffnet hat. Der Bräutigam in spe heißt Antoine-François Vicomte de Beaumont. Eine bessere Partie kann man sich gar nicht vorstellen: Der junge Mann entstammt sehr altem Adel, und sein Onkel ist niemand anderer als der Erzbischof von Paris, Christophe de Beaumont, derselbe, der den *Émile* verurteilt hat und an den Jean-Jacques Rousseau seinerzeit seinen berühmten Brief gerichtet hat. Dieser unbeugsame und gestrenge Prälat, ein entschiedener Gegner der Aufklärung, hat sich als unermüdlicher Kämpfer gegen die Philosophen und Libertins hervorgetan. Man kann sich den Skandal vorstellen, wenn sein eigener Neffe die Schwägerin und Mätresse eines wegen Mordversuchs und Sodomie zum Tode verurteilten Wüstlings heiraten würde! Die Familie würde, so heißt es, in diese Heirat nur gegen die formelle Zusage einwilligen, daß Sade bis zum Ende seiner Tage eingekerkert bleibt.[12]

Madame de Montreuil bittet kurz darauf Graf de La Marmora, den zuständigen Stellen ihren Dank für die »Entschiedenheit und Höflichkeit« zu übermitteln, mit der sie ihrer Tochter bei deren Savoyen-Abenteuer begegnet seien, erneuert aber ihre Anweisungen, nach denen Monsieur de Sade nicht »die Öffentlichkeit mit seinen entsetzlichen Schriften und Briefen überschütten« dürfe, da diese »seine Verfehlungen nur noch schwerer wiegen lassen«. Das liege in seinem wohlverstandenen Eigeninteresse. Andererseits scheint aber auch die Präsidentin nun eher zur Versöhnlichkeit zu neigen, so daß sie sich sogar für Leutnant Duclos verwendet, da sie, wie sie sagt, nicht möchte, daß er ihrer Familie wegen seine Stellung verliert[13]. Der Ton ist eindeutig milder geworden. Hat der Gesinnungswandel ihres Schwiegersohns sie ruhiger werden lassen? Glaubt sie, ihn nun fest genug im Griff zu haben? Oder liegt es daran, daß sich Anne-Prospère mit Heiratsabsichten trägt und sie dadurch ihrer schlimmsten Angst entledigt?

DIE GNADE DES SAKRAMENTS

Monsieur de Sade »beginnt, menschlicher zu werden«, vermerkt de Launay. Er sehe endlich ein, daß seine Schmähschriften gegen die Präsidentin und seine Widerborstigkeit die Freilassung nur weiter verzögern. »Ich kann mitnichten feststellen, daß er einen Fluchtversuch unternehmen möchte«, fügt der Kommandant hinzu, »obwohl ich an meinen Vorsichtsmaßnahmen festhalte.«

Es spielt sich eine regelrechte Verwandlung ab: Der polternde Grobian ist plötzlich zum reumütigen Sünder geworden, ängstlich auf den Lohn der Vergebung bedacht. In unterwürfigstem Ton schreibt er am 1. April an Graf de La Tour, man möge ihn doch bitte aus dieser Burg freilassen, in der er ernstlich zu erkranken befürchte; er sei sogar bereit, sich im Exil Tag und Nacht bewachen zu lassen und dafür auch die Kosten zu tragen. Am selben Tag teilt Monsieur de Launay dem Gouverneur mit, Monsieur de Sade beweise ein täglich größer werdendes Vertrauen zu ihm, obwohl er »sehr besorgt und melancholisch seiner Haft wegen« wirke.

Ostern ist da. Monsieur de Sade hat seine christliche Osterpflicht erfüllt und »zeigt plötzlich eine ganz andere Gemütsart und ein anderes Verhalten, wie Monsieur de La Tour berichtet«. Er bittet nicht nur Kommandant de Launay um Vergebung für alles, was er gegen ihn geschrieben und gesagt habe, »er bittet ihn flehentlich, ihm zu gestatten, daß er in seiner Gegenwart einigen Offizieren und Unteroffizieren der Garnison, die er hin und wieder mit seiner auffahrenden Art erschreckt hat, Abbitte leisten dürfe.« Der Gouverneur meint dazu: »Diese Veränderung zum Guten scheint mir eine deutliche Wirkung der Gnade des Sakraments zu sein.«[14]

DIE FLUCHT

Die Abendmahlzeiten nimmt der Marquis in seinem Zimmer ein, wobei ihm seit einiger Zeit der Baron de L'Allée, ein zu zehn Jahren Festungshaft verurteilter Adeliger aus Annecy, Gesellschaft leistet. Da das Essen aus der Festungskantine kommt, ist es auf dem Wege meist kalt geworden, und so bittet Sade um die Erlaubnis, zusammen mit dem Baron in der Kantine selbst essen zu dürfen. Der Kommandant sieht keinerlei Schwierigkeiten und weist den beiden als Eßzimmer einen an die Kantine angrenzenden Raum an, der zur Wohnung von Leutnant Duclos gehörte. Von diesem Raum führt eine Tür zu einer kleinen Kammer, die fast immer abgesperrt ist: Es ist die Vorratskammer der Kantinenwirtin. In einer Ecke dieser Kammer befinden sich Latrinen. Monsieur de Sade kennt diese noch nicht sehr alten Gebäudeteile, da er hier oft seinen Freund Duclos besucht hat. Dabei hat er bemerkt, daß das Fenster der Latrine als einziges der ganzen Festung nicht vergittert ist; seine Öffnung ist überdies groß genug, um auch einen sehr korpulenten Mann wie den Baron durchzulassen. Dieses Fenster liegt an der Rückseite der Burg, gegen die Berge hin, auf einer Höhe von etwa 4,40 Metern.

Am Abend des 29. April findet ein junger Bauer aus der Gegend namens Violon, der ihm seit einiger Zeit als Bote dient und jetzt um den Bergfried in den Gärten herumstreicht, die Gelegenheit zu einer unbemerkten kurzen Unterredung mit dem Marquis. Am nächsten Tag kommt er wieder zur Burg und postiert sich direkt unter dem Latrinenfenster.

Auch diesen Abend kommt der Marquis gegen 19 Uhr mit dem Baron zum Essen in den Kantinentrakt. Die beiden werden von Latour bedient.

Dieser vergewissert sich erst, daß die Kantinenwirtin mit ihren Leuten beim Essen sitzt und nichts mehr aus der Vorratskammer holen muß, dann nimmt er den Schlüssel an sich und huscht in die Zelle seines Herrn, wo er die Kerzen anzündet und zwei versiegelte Briefe an den Kommandanten de Launay auf den Tisch legt. Seelenruhig begibt er sich dann wieder zu den beiden Freunden, die gemütlich ihre Mahlzeit beenden. Um 20.30 Uhr betreten die drei Häftlinge die Vorratskammer und von dort aus die Latrinen. Monsieur de Sade faltet sorgfältig seinen Gehrock und legt ihn zusammen mit dem Hut auf den Sitz, dann klettert er durchs Fenster, die beiden anderen folgen ihm. Violon hat eine Leiter angelehnt, um ihnen den Abstieg zu erleichtern. Vom jungen Savoyarden angeführt, verschwinden die Ausbrecher eilig in der Nacht in Richtung französische Grenze.

Um 21 Uhr nimmt der Wachsoldat nach beendeter Mahlzeit wieder seinen Posten vor der Tür des Marquis ein. Da er durchs Schlüsselloch Licht brennen sieht, sagt er sich, die beiden säßen wohl beim Brettspiel. Statt den Baron in sein Zimmer zu führen, wie es Vorschrift gewesen wäre, läßt er die Männer noch eine Weile spielen. Monsieur de Sade kann es nämlich nicht ausstehen, wenn er mitten im Spiel unterbrochen wird, und erst am Vorabend mußte der Wachsoldat sich Schlimmes anhören, als er den Baron wegholte. Da alles in bester Ordnung zu sein scheint, genehmigt er sich ein Schläfchen und legt sich in den Kleidern aufs Bett (sein Zimmer grenzt ja an das des Marquis an), worauf er in tiefen Schlaf verfällt. Um drei Uhr morgens schreckt er auf und blickt wieder durchs Schlüsselloch: Die Kerzen brennen noch immer. Da ihm Böses schwant, weckt er Monsieur de Launay. Dieser springt auf, rennt zum Zimmer des Gefangenen, läßt die Tür aufsperren, tritt ein ... niemand. Neben den Kerzen, die in ihren Silberleuchtern langsam erlöschen, liegen zwei versiegelte Briefe an ihn. Er öffnet hastig einen von ihnen und liest mit Entsetzen:

»Monsieur,

Wenn etwas meine Freude über die Befreiung von meinen Ketten trübt, so ist es die Besorgnis, man könnte Sie für meine Flucht verantwortlich machen. Nach so viel Anständigkeit und Höflichkeit von Ihrer Seite kann ich nicht verbergen, daß mich dieser Gedanke betrübt ...« Die Persiflage geht weiter im gleichen Jubelton: Nein, nein, der Kommandant habe seiner Flucht keineswegs Vorschub geleistet, da gebe er sein Ehrenwort:

»Ihre Gewissenhaftigkeit hat sie sogar um mehrere Tage verzögert«, »ich verdanke sie allein meinen Umtrieben«. Nach ironischen Bemerkungen über die »guten Dienste« und die »erwiesenen Aufmerksamkeiten« wird er drohend. Man solle ja nicht versuchen, ihm nachzustellen: »Fünfzehn gut bewaffnete Mann zu Pferde erwarten mich am Fuß der Burg«, warnt er, »und alle sind entschlossen, eher ihr Leben zu opfern, denn mich wieder ergreifen zu lassen«. Diese zu allem bereiten, von seiner Frau rekrutierten und bewaffneten Söldner sind zwar reine Erfindung, aber so hätte er sich wohl seine Befreiung erwünscht: als Romanheld. Doch jetzt geht es darum, Monsieur de Launay einzuschüchtern. Sollte ihn dieser wirklich einfangen wollen und seine Garnison gegen die Eskorte des Marquis ausschicken, riskiere er, daß »etliche hingeschlachtet« und »noch mehr grausam verwundet« würden, und er könne ihn nur tot oder so gut wie tot haben, denn »ich werde meine Freiheit um den Preis meines Lebens verteidigen«. Romanhaft bis ins Detail!

Am Schluß des Briefes drückt der Marquis spöttisch seine Dankbarkeit aus: »Schließlich möchte ich Ihnen, verehrter Herr Kommandant, für Ihre Wohltaten danken. Ich werde sie mein Lebtag nicht vergessen und wünsche nur, daß sich die Gelegenheit bietet, Sie davon zu überzeugen. Eines Tages, so hoffe ich wenigstens, wird es mir möglich sein, mich völlig dem Gefühl der Dankbarkeit hinzugeben, das Sie mir eingeflößt haben und mit dem ich die Ehre habe, sehr verehrter Herr Kommandant, Ihr untertänigster und gehorsamster Diener zu sein.

Marquis de Sade.«[15]

Der Ausbrecher hat es nicht verabsäumt, säuberlich die Gegenstände aufzulisten, die er in seinem Zimmer zurückläßt. Ein Teil dieser Liste ist wohl auch ironisch gemeint. Außer einem Bettgestell, einem Nachtstuhl, Matratzen, Wäsche, Silberbesteck mit seinem Wappen, sechs als Wandschmuck dienenden Landkarten und anderem mehr wird aufgezählt: ein Bidet, ein Napf aus Porzellan, eine Tasse mit Untertasse, ein Glas, zwei Geschirrtücher, ein Nachttopf. Bei der Kantinenwirtin lägen außerdem sein »nagelneuer« blauer Gehrock und ein paar Garnstrümpfe, die er bei der Flucht liegenlassen habe. Vor allem seien da noch seine beiden Vorstehhunde, »der eine ganz schwarz, der andere schwarz mit weißen Flecken«, die ihm »sehr teuer« seien.[16]

KAPITEL 12

Der Flüchtige

ÜBERFALL IM SCHLOSS

Es ist Nacht geworden über dem Dorf La Coste, das sich in der Winterkälte am Fuß seines Schlosses zusammenkauert. Von einem Mondstrahl schwach erleuchtet, reckt der Hauptturm seine hohe Gestalt in den Winterhimmel. Tiefes Schweigen liegt über der Landschaft. Doch da dringt ein undeutliches Geräusch von der Landstraße her, etwas später unterscheidet man das Getrappel von Pferdehufen und das Klirren von Sporen. Schließlich passiert im Schein von Fackeln ein Reiterhaufen das untere Tor und strebt dem Schloß zu. Der Anführer trägt die Uniform eines Polizeioffiziers; sieben Polizisten, leicht erkennbar an ihrer Kleidung, gehen hinter ihm, gefolgt von drei berittenen Brigaden der Polizei von Marseille.

Die Männer lehnen Leitern an die Burgmauer und klettern hinüber, dann schlagen sie Türen ein und stürzen ins Innere. Madame de Sade läuft entsetzt herbei und stellt sich ihnen entgegen. Mit vorgehaltener Pistole und blankem Säbel, »die Zerstörungswut ins Gesicht geschrieben«, fragt der Offizier »unter schrecklichsten Flüchen« und »unanständigsten Ausdrücken«, wo ihr Mann sei. »Ich muß ihn haben, tot oder lebendig«, brüllt er. Die verängstigte Frau »sieht die Barbarei vor ihren Augen; Abscheu und Entsetzen durchfahren sie abwechselnd«. Sie antwortet, Monsieur de Sade sei nicht da. »Dieses Wort ist das Signal für die fürchterlichste Entfesselung von Gewalt.« Die Männer laufen auseinander, die einen sichern die Ausgänge, die anderen durchsuchen mit gezogener Waffe die Räume, bereit, beim geringsten Widerstand alles kurz und klein zu schlagen. Einer der Schergen schwingt eine in Bonnieux geschmiedete Eisenstange, um notfalls Türen oder Möbel aufzubrechen. Daß der Marquis unauffindbar ist, steigert nur noch die Raserei der Angreifer; sie stürmen in sein Arbeitszimmer, verwüsten es in Sekundenschnelle, holen die Familienporträts von der Wand und zerschneiden sie, während der Offizier, der noch blindwütiger ist als seine Gendarmen, Kommoden und Schränke aufreißt und alles beschriebene Papier zusammenrafft. In Sekundenschnelle hat er seine Auswahl getroffen, ganze Bündel wandern ins Kaminfeuer, anderes steckt er ein. Madame de Sade, die ohnmächtig alles mitansehen muß, hält ein goldgerahmtes Schildpattdöschen mit einer Miniatur – wohl das Bildnis ihres Mannes – in der Hand, das sie vor der Zerstörungswut retten will. Der Offizier bemerkt es und reißt es ihr aus der Hand, wobei er wüste Beschimpfungen über den Marquis ausstößt, was seine Männer von neuem anfeuert. Einige drohen, sie abzuschlachten und ihre Leiche Madame de Montreuil zu bringen.

Endlich zieht die Horde ab, »nachdem sie sich mit Grausamkeit und Niedertracht gesättigt« und das Schloß geplündert hat. Auf dem Weg ins Dorf hinunter schreien einige Landser aus voller Kehle: »Wir haben ihn, wir haben den Hundsfott!« Womit wohl einem (höchst unwahrscheinlichen) Aufruhr im Dorf vorgebeugt werden sollte.

So geschehen in der Nacht vom 6. auf den 7. Januar 1774.

Aber wo steckt Donatien bloß?

Im Morgengrauen des 1. Mai 1773 gelangen der Marquis de Sade und der Baron de L'Allée mit ihrem jungen Führer in Sichtweite der französischen Grenze. Erschöpft vom anstrengenden Nachtmarsch, beschließen sie, im kleinen Dorf Chapareillant eine Pause einzulegen. Ab da verliert sich seine Spur. Während Madame de Montreuil und ihre Tochter, jede von ihrer Seite, mit großem Getöse die in Miolans zurückgelassenen Sachen des Marquis, vor allem die Briefe, beanspruchen, führt der Flüchtige ein Nomadenleben. Wir wissen lediglich, daß er in Bordeaux gewesen ist, denn von dort aus fleht er seine Schwiegermutter an, ihm das nötige Geld für eine Flucht nach Spanien zu schicken. War er im Juli 1773 wirklich in Cadix, wie Madame de Sade gegenüber Graf de La Tour versichert, oder wollte sie mit dieser Angabe nur Spuren verwischen? Sicher ist jedenfalls, daß er ab Herbst desselben Jahres wieder in La Coste ist, wo er sich kaum außerhalb des Schlosses blicken läßt und viel Zeit im Garten und in seinem Arbeitszimmer verbringt, ständig bereit, bei Gefahr sofort unterzutauchen. In der Nacht des 6. Januar 1774 hat ihn jemand eine halbe Stunde vor dem Eindringen der Polizei gewarnt, er kann rechtzeitig fliehen.[1] In den darauffolgenden Wochen versteckt er sich bald in Riperts »Scheune«, bald bei einem Bauer der Gegend.[2]

Hinter der Polizeioperation hat Renée-Pélagie sofort die Hand ihrer Mutter erkannt. In der Tat hatte diese die Sache angezettelt. Nicht ganz allein, denn die Familie von Monsignore de Beaumont, dessen Neffe Anne-Prospère heiraten sollte, war mitbeteiligt. Nach langwierigen Bemühungen hatte die Präsidentin erreicht, daß am 16. Dezember 1773 gleich zwei geheime Befehle des Königs an den Polizeichef Sartine unterschrieben wurden: Der eine ordnete eine Haussuchung und Beschlagnahmung sämtlicher Papiere des Marquis an, der andere dessen Festnahme und, gestützt auf den von Ludwig XV. nach der Affäre von Arcueil ausgestellten Haftbefehl, seine Einlieferung in die Feste Pierre-Encize. Die Präsidentin setzte sich sofort mit Inspektor Goupil von der Pariser Polizei in Verbindung, den sie mehrere Male bei sich empfing, um die für den 6. Januar angesetzte Razzia zu besprechen. Es sollten nur der Ausbrecher gefaßt und die in seinem Besitz befindlichen Papiere beschlagnahmt werden, mehr war nicht vorgesehen. Vor allem keine Tätlichkeiten. Die Gewaltszenen jener Nacht waren von der Präsidentin nie beabsichtigt (es wäre nicht ihr Stil gewesen); sie waren schlichte polizeiliche Willkür, wie es sie zu allen Zeiten gegeben hat.

Das blamable Unternehmen hat Madame de Montreuil gleichwohl ein kleines Vermögen gekostet, denn Goupils Rechnung beläuft sich auf 8235 Livres und 12 Sous.[3] Nach allem, was sie sonst noch für ihre Tochter und den Unterhalt ihrer Enkel zu berappen hat, bedroht diese Ausgabe die ansonsten solide Finanzgrundlage der Montreuil: »Jetzt befinde ich mich selbst in peinlichster Verlegenheit Madame de Sade gegenüber«, gesteht sie ihrer Freundin Madame Necker. »Sie wissen, in welcher Unordnung ihr Mann seine Geschäfte hinterlassen hat, unabhängig vom großen Unglück: Die Einkünfte aus der Pacht sind für mehrere Jahre abgetreten, die Gläubiger, in Paris wie in der Provence, warten nicht länger und prozessieren. Darüber hinaus muß ich diese ganze Familie unterhalten. Ich habe alles auf mich genommen, solange ich konnte, aber meine Mittel sind erschöpft. Die Sache von vergangenem Januar hat mich mehr als 8 000 Livres gekostet, völlig unnützerweise, wie Sie wissen, und diese Ausgabe wird mir nie jemand erstatten.«[4]

Wir wissen, daß Madame de Montreuil mehrere heimliche Helfer in der Provence hatte, namentlich Notar Fage, dessen Mittäterschaft unstreitig scheint. Es fanden sich ein knappes Dutzend Briefe von ihm an die Präsidentin, die ihn erheblich belasten. Man muß ihm allerdings zugute halten, daß er sein möglichstes getan hat, um Madame de Montreuil von der Unternehmung abzuhalten, bevor er sich dann doch, wie man sehen wird, daran beteiligte. Seine mitunter zwiespältigen Verhaltensweisen werden verständlicher, wenn man weiß, daß sich sein Verhältnis zum Ehepaar Sade im Verlauf des Winters 1773 ständig verschlechterte. Fage war es leid, die Ruppigkeit des Schloßherrn von La Coste zu ertragen, der ständig neue Forderungen stellte, ihn mit Kraftausdrücken und Flüchen statt mit Geld entlohnte und auch nie daran dachte, die Schulden zurückzuzahlen, die er bei ihm hatte. Ende 1773 war Fage so gut wie entschlossen, dem Marquis seine Dienste aufzukündigen. Renée-Pélagie und Donatien herrschten ihn an, als gehöre er zu ihrem Gesinde, andererseits verlangten sie von ihm ständig, ihnen neue Kredite zu beschaffen. Sie behandelten ihn um so herablassender, als sie von seinem brieflichen Kontakt mit der Präsidentin wußten und ihn verdächtigten, für die Dame zu spionieren. Sie täuschten sich hierin nicht. Diese Briefe, die wir hier erstmalig in Auszügen veröffentlichen, belegen eindeutig, daß er in Madame de Montreuils Diensten stand. Er fand bei ihr ein offenes Ohr für seine Beschwerden und seine eigenen finanziellen Forderungen. Als Gegenleistung hielt er sie regelmäßig auf dem laufenden über das, was sich bei der Tochter und dem Schwiegersohn tat.

»[...] Obwohl mein größtes Verbrechen darin besteht, mit Ihnen in Verbindung zu stehen, und Sie nur von mir über alles informiert werden, was geschieht, stehe ich Ihnen hier nicht weniger zur Verfügung«, schreibt er ihr am 9. Dezember 1773. »Sollte ich das Glück haben und eine Gelegenheit finden, Ihnen in irgendeiner Weise nützlich zu sein, so täte ich dies mit größter Bereitwilligkeit.«[5]

Wie gespannt das Verhältnis zwischen dem Notar und dem Ehepaar Sade im Winter 1773 bereits war, zeigt folgende Briefstelle: »Ich befinde mich mitten in der schlimmsten Krise«, schreibt Monsieur Fage am 21. Dezember seiner Beschützerin. »Die Art und Weise, wie ich in La Coste behandelt werde, kann ich nur als äußerst heftig bezeichnen, während ich mich der größten Höflichkeit befleißige, das wissen Sie,

Madame. Und das nun ist der Lohn meiner Mühe: Die Abschrift des Briefes, den ich eben erhalte, wird Sie von meiner traurigen Lage überzeugen.«

Es folgt der Brief des Marquis, der ankündigt, er werde herkommen und dem Notar gehörig seine Meinung sagen: »Ich bitte Sie, Monsieur, setzen Sie mich nicht einer Szene aus; Sie werden mit Sicherheit eine sehr unangenehme erleben, wenn Sie mir den schuldigen Respekt versagen, denn ich besteige im Augenblick mein Pferd, um Ihnen auf fürchterliche Art zu beweisen, daß man meiner nicht ungestraft spottet. Herrgott! Ersparen wir doch uns beiden Unheil und Verderben: Rücksichten habe ich für mein Teil keine mehr zu nehmen! Das Vergnügen der Rache ist das einzige, das ich heute noch kenne, und ich warne Sie, Sie bescheren es mir auf tragische Weise, wenn Sie mich nötigen, gegen Abmachungen zu verstoßen, die, das schwöre ich Ihnen, unwiderruflich sein müssen.«

»Lassen Sie mich nicht in dieser traurigen Lage, Madame«, bettelt Monsieur Fage, »Sie sind meine ganze Hoffnung. Sie sehen, daß man in Wut über mich entbrannt ist. Zweifellos sind wohl einige meiner Briefe in ihre Hände gelangt.«[6]

Was diese Furcht angeht, die ihn offenbar mehr quält, als er eingesteht, kann Madame de Montreuil ihn beruhigen: »Seien Sie ganz sicher, Monsieur, daß keiner der Briefe, die Sie mir geschrieben haben, von meiner Seite aus in fremde Hand gelangen konnte oder gelangt ist, und daß ich sie alle noch habe. Wenn welche abgefangen worden sind, dann könnte es nur bei Ihrer Post geschehen sein.«[7] An den Rand dieses Briefes hat Fage die Worte gekritzelt: »Geheim. Aufbewahren.«

MONSIEUR FAGES VERRAT

Eine gute Woche später, niemand weiß warum, herrscht plötzlich wieder eitel Sonnenschein zwischen den Sades und Monsieur Fage. Da kommt ein anonymer Brief, Madame de Montreuil habe gegen ihren Schwiegersohn einen Haftbefehl erwirkt. Weder Donatien noch Renée-Pélagie nehmen ihn ernst. Monsieur Fage ist Zeuge der Szene, die er getreu der Präsidentin schildert. Allerdings versucht er, sie von ihrem Vorhaben abzubringen:

»Wenn Sie mir zu sagen erlauben, Madame, was ich darüber denke und was mich die Anhänglichkeit an die Person empfinden läßt, so möchte ich zu bedenken geben, daß, sollte dieser Befehl ebenso wirklich sein, wie er für falsch gehalten wird, in diesem Haus noch mehr Ungelegenheiten entstehen werden und der Haß in sein höchstes Stadium treten wird. […] Andererseits bezweifle ich sehr, daß es je gelingen wird, ihn zu ergreifen. In Minutenschnelle ist er sozusagen am Mittelpunkt der Erde, und will man nicht das Schloß bis auf die Grundmauern zerstören und ihn in den Ruinen begraben, so wird es, wie mir scheinen will, höchst schwierig sein, diesen Befehl auszuführen. Sollte er von jemandem aus Paris ausgeführt werden, so müßte derjenige sich auf einen langen Aufenthalt hier gefaßt machen, um ihn ergreifen zu können.

Wozu auch zu diesem äußersten Mittel greifen? Mir scheint, es wäre viel passender und nützlicher, wenn man seine Angelegenheiten ordnete und dann Mittel und Wege fände, seine Ausgaben zu begrenzen und jeglicher Verschwendung vorzubeugen. Es stand übrigens nicht zu befürchten, daß er sich von La Coste entfernte: Seine einzige Beschäftigung ist, im Park spazierenzugehen, sich mit irgendwelchen Arbeitern zu unterhalten und sich dann in sein Studierzimmer einzuschließen und zu lesen. Hätte man einmal festgelegt, was er auszugeben habe, so wäre alles gesagt. Was seine Anhänglichkeit an Madame de Sade betrifft, so erschien sie mir nie beständiger; es gab sogar Anlaß zur Hoffnung, daß er sich ziemlich lange ruhig verhalten würde.«[8]

Madame de Montreuil hält nichts von diesen Ratschlägen und bereitet weiterhin mit Inspektor Goupil den 6. Januar vor. Sie schreibt indessen an Fage, um seine Mitwirkung zu erbitten, denn ohne ihn geht es nicht. Nach langem Hin und Her findet er sich schließlich bereit, nicht ohne der Präsidentin seine Nöte zu schildern:

»Ach! Welch grausamer Auftrag, Madame! Ich werde mich nie dazu entschließen können, das Werkzeug für die Ergreifung eines Menschen zu sein, von dem ich mich, trotz allem, was er mir angetan hat, nicht loslösen kann. Was wird aus dieser ehrbaren Dame [Madame de Sade] werden? Welch entsetzliche Wirrsale sehe ich kommen! Und welche Mühe wird es kosten, alles zu einem Ende zu führen! Sie können nicht ermessen, wie sehr es mich bedrückt und wie sehr mich das beiderseitige Interesse in Verlegenheit bringt. […] Ich sage es noch einmal – ich werde es nicht oft genug wiederholen können –, welch grausamer Auftrag für mich! Nein, ich werde mich nie dafür hergeben; es muß Ihnen genügen, daß ich nichts tue, was Ihren Interessen zuwiderläuft. […] Im übrigen bitte ich Sie, mir einen Brief zu schreiben, den ich vorweisen kann und aus dem hervorgeht, daß ich den erhaltenen Befehl mißbillige und daß ich

Ihnen dazu geschrieben habe, nachdem ich durch den anonymen Brief Kenntnis davon erhalten, und der außerdem die Gründe enthält, deretwegen der Befehl erwirkt wurde; ich werde ihnen damit beweisen können, daß sie die Ursache bei sich selbst zu suchen haben; und er wird mir von großem Nutzen Madame de Sade gegenüber sein.«[9]

Bleiben wir skeptisch: Daß der Advokat so heftig protestiert, heißt vielleicht nur, daß er sich als kluger Mann vorsieht. Man kann ja nie wissen, seine Briefe könnten Madame de Sade in die Hände geraten. Da ist es besser, man beteuert seine Entrüstung über das Vorhaben der Mutter. Und weil doppelt genäht besser hält, schreibt Madame de Montreuil einen Brief, der ihn von jeglicher Mittäterschaft entlastet. Wir haben den Entwurf aus der Hand der Präsidentin aufgefunden:

»[...] Ich kann meine Verwunderung über den Eifer nicht verhehlen, mit dem Sie den Befehl mißbilligen, von welchem Sie der anonyme Brief [...] in Kenntnis setzt. Ich leugne nicht, davon zu wissen und daß ich es für den größten Dienst halte, den das Ministerium unter den gegebenen Umständen den beiden Familien und Monsieur de S.[ade] selbst erweisen konnte [...]«[10]

Schließlich geht am 6. Januar die polizeiliche Durchsuchung in La Coste in der geschilderten Weise über die Bühne. Als Maître Fage erfährt, daß sie mißlungen ist, bekommt er Angst. Er merkt, daß er betrogen wurde, und tut der Wohltäterin seine Bitterkeit kund:

»Sie haben mich in höchstem Maße kompromittiert«, schreibt er am Tag danach, »indem Sie mich an der besagten Operation beteiligen wollten. Ich fand mich nur widerwillig dazu bereit, und es wäre der Sache dienlicher gewesen, wenn ich überhaupt nicht beteiligt gewesen wäre. Sie ist für einen Teil mißlungen, trotz aller Umsicht, Tatkraft, Klugheit und Entschiedenheit, welche Monsieur Goupil bewiesen hat; richtiger und erfolgversprechender hätten seine Vorkehrungen nicht sein können. Doch der Ihnen bekannte anonyme Brief aus Paris und eine Warnung eine halbe Stunde vor der Ankunft im Schloß haben das Unternehmen scheitern lassen. Was die Papiere betrifft, so muß ich Monsieur Goupil diese Gerechtigkeit widerfahren lassen, daß er den Auftrag mit größter Genauigkeit und Aufmerksamkeit ausgeführt hat. [...] Ich fürchte allerdings, daß noch einige Papiere fehlen und andere beiseite geschafft worden sind. Ich könnte versuchen, sie geduldig zusammenzutragen; seien Sie meines Eifers hierin versichert, und wenn Sie diejenigen überprüft haben, die Ihnen zugehen werden, geben Sie mir die an, die noch fehlen möchten.

In solchen Angelegenheiten muß man Vertrauen haben. Hätten Sie mich Ihre Absichten wissen lassen, so hätten Sie sich große Auslagen und viel Aufwand sparen können.«[11]

Es wird immer besser! Erst spielt er den Spion und nimmt an Überfällen teil, dann bietet er sogar an, die Papiere seiner Klienten verschwinden zu lassen! Verrat, Niedertracht und Intrigantentum sind die vorherrschenden Charakterzüge dieser alles in allem ziemlich unsympathischen Gestalt. Wir können dem noch Gebührenbetrug hinzufügen, denn darüber bestehen kaum Zweifel. Die prekären Finanzverhältnisse, die der Marquis zurückließ, hat Maître Fage zu seinen eigenen Gunsten zu wenden gewußt. Sein Klient ist bürgerlich tot, Madame de Sade kümmert sich um nichts, und Madame de Montreuil ist weit weg: Niemand kontrolliert ihn. Es sei denn, er kündigt und ein anderer nimmt seine Verwalterstelle ein. In diesem Fall müßte er natürlich die Bücher aushändigen und Rechenschaft ablegen. Darum auch sein beständiges Schwanken und Lavieren zwischen (geheuchelter oder wirklicher) Entrüstung und Beteuerungen der Anhänglichkeit, die er, wie er schwört, nicht abschütteln kann. Einmal verkündet er, er werde alles liegen und stehen lassen, er sei am Ende, man verhöhne und mißhandle ihn nur noch, dann überlegt er es sich wieder und bleibt, aus reiner »Anhänglichkeit« gegenüber Madame de Sade, dieser »ehrbaren Dame«, gegenüber diesem »Unglücklichen«, mit dem sie verbunden sei, gegenüber diesem ganzen Haus, das er, wie er sagt, nicht ohne Bedauern verlassen könne.

Doch der Krug geht zum Brunnen, bis er bricht. Überzeugt, von ihm verraten worden zu sein, beschließt das Ehepaar Sade, sich definitiv von ihm zu trennen. Madame de Montreuil unternimmt auch nichts zu seiner Rettung, da sie selbst gewisse Zweifel an seiner Ehrlichkeit nährt. Sie hat übrigens einen vom 21. Februar 1774 datierten anonymen Brief erhalten, der sie auf Unterschlagungen des Notars hinweist: »Madame la Présidente de Montreuil wird gebeten, die Sendung von 4500 Livres zurückzuhalten, um die Monsieur Fage sie so dringend zugunsten von Monsieur Boze gebeten hat, denn man ist sicher, daß die Summe doppelt entrichtet wird, daß er Madame de Gadagne zweimal bezahlt und es gewagt hat, in seinen Büchern vier Wechsel von 4500 Livres für zwei aufzuführen, was auf eine Betrügerei von 9000 Livres hinausliefe. Monsieur Fage ist anerkanntermaßen ein Betrüger, dessen man sich dringend entledigen muß.«[12]

Am 3. Februar läßt Madame de Sade ihrem örtlichen Verwalter in Mazan, Ripert, bestellen, sie habe sich infolge »sehr schwerwiegender

Gründe zur Unzufriedenheit« entschlossen, sich von Monsieur Fage zu trennen; dem Notar habe er also keine Rechenschaft mehr abzulegen, sondern nur noch ihr selbst, und zwar von der letzten Pacht an[13]. Zum Nachfolger hat sie einen Kollegen von Fage bestimmt, der ebenfalls in Apt Notar und Sachwalter ist und gewöhnlich »Monsieur l'avocat« genannt wird. Es handelt sich um Gaspard François Xavier Gaufridy, »Anwalt am Gericht und königlicher Notar der Stadt Apt«. Wir haben ihn schon kennengelernt: Er war jener gleichaltrige Spielgefährte, der Donatien auf den Ausflügen zur Großmutter d'Astouaud zusammen mit der kleinen Cousine Pauline begleitete. Die beiden haben seither nie den Kontakt verloren. Einen geeigneteren Mann konnte man kaum finden, um die Geschäfte des Marquis zu führen, zumal schon der Vater, Marcian Gaufridy, die Geschäfte des Grafen de Sade geführt hat.

EMIGRANT UND PFARRER

Seit der Razzia in La Coste ist Marquis de Sade wie ein gehetztes Wild ständig auf der Flucht, jeden Tag wechselt er den Unterschlupf, zu Recht überzeugt, daß die Schwiegermutter nicht von ihm ablassen und ihn, koste, was es wolle, bis zum Ende verfolgen wird. Solange er sich auf französischem Boden aufhält, riskiert er die Gefangennahme. So entschließt er sich in den ersten Märztagen 1774 zur Flucht nach Italien. Ripert, der Verwalter von Mazan, soll ihm das nötige Geld auftreiben.

Am Freitag, den 11. März fährt ein Wagen von Mazan nach Pont-Saint-Esprit, in ihm sitzt Marquis de Sade, respektive der »Herr Pfarrer«. Donatien hat die Soutane von Riperts Bruders, der Pfarrer ist, übergestreift. In dieser Verkleidung fährt er die Rhone hinunter bis nach Marseille. Alles geht glatt, bis auf einen kleinen Zwischenfall, der unseren Helden sehr gefreut haben muß. Bei der Überfahrt über die Durance reißt das Fährseil, und der Kahn treibt eine Weile den Fluß hinab. Im Glauben, ihr letztes Stündchen habe geschlagen, werfen sich die Fahrgäste dem »Herrn Pfarrer« zu Füßen, um die Beichte abzulegen ...[14]

Über seinen Italien-Aufenthalt ist wenig bekannt; man weiß nicht einmal, welche Stadt oder Städte er aufgesucht hat. Sicher ist nur, daß er ziemlich schnell in Geldnöte kommt, da Madame de Sade schon am 12. Mai 1774 dem Verwalter von Mazan mitteilt, er brauche 1500 Livres zusätzlich: »Was ich Ihnen jetzt noch über Monsieur de Sade mitteilen werde, ist strengstes Geheimnis, reden Sie mit niemandem darüber.

Nachdem er wohlbehalten angekommen ist, Miete, Möbel usw. im voraus bezahlt hat, denn in der Fremde hat man ja nur Geld in der Hand, wurde er von jemandem erkannt. Da er auf die Verschwiegenheit dieser Person keine großen Stücke hielt, ist er nachts eiligst an einen anderen Ort gereist, was, zusätzlich zum Geldwechsel, doppelte Kosten verursacht hat, weswegen ihm jetzt 1 500 Livres fehlen, um seinen Aufenthalt bis zum Ende zu bestreiten. Er wird sie erst im August brauchen, aber ich muß das Geld schon Anfang Juli abschicken, damit es ihn rechtzeitig erreicht […]«[15] Um den Kredit zu bekommen, bietet Renée-Pélagie als Pfand an: »Eine Schale aus vergoldetem Silber, eine silberne Kaffeekanne; wenn dies nicht genehm ist, biete ich ein Kästchen mit Edelsteinen oder eine Silbermedaille an: all das ist unendlich mehr wert als das, was ich verlange«[16], fügt sie hinzu. Über ihren Bemühungen, für Donatien Geld aufzutreiben, vergißt sie die Gläubiger, welche die Geduld verlieren: Am 29. Mai, so klagt sie, habe der Jude Beaucaire die ihm geschuldeten Beträge nicht nur schriftlich eingefordert, sondern auch »einen furchtbaren Auftritt im Schloß gemacht«. Da er sie nicht angetroffen habe, habe er sich im Dorf in Drohungen ergangen.[17]

MADAME DE SADE GEHT VOR GERICHT

Kurz vor der Abreise ihres Mannes nach Italien stellt Madame de Sade die Schrift fertig, mit der sie ihre Mutter wegen des Überfalls vom 6. Januar verklagt. Sie läßt sie von Gaufridy beglaubigen und schickt sie ans Gericht im Châtelet. Aller Wahrscheinlichkeit nach war der Verfasser Donatien selbst, denn der Stil entspricht nicht dem seiner Frau und noch viel weniger dem gestelzten Kauderwelsch des Notars. Bevor er abreist, drängt der Marquis noch zur Eile. Doch seinen schlechten Gewohnheiten entsprechend läßt Gaufridy sich Zeit, was ihm folgende Rüge (die erste einer langen Reihe!) aus Italien einträgt: »Ich kann Ihnen nicht sagen, sehr verehrter Herr, wie sehr es mich betrübt, meine Angelegenheiten bei Ihnen so schleppend behandelt zu sehen. Sie haben es mir anders versprochen; meine Schwiegermutter sollte in der Woche nach meiner Abreise die Vorladung erhalten, und jetzt erst macht der Staatsanwalt seine Einwendungen; das geht ja gut an. Ich glaube, die ganze Welt hat sich gegen mich verschworen und es ist beschlossene Sache, daß ich nirgends je einen Freund oder Beschützer finden werde. Es wäre höchst gefährlich, sollte ich zu dieser Überzeugung gelangen; es würde mich bis zum Äußersten treiben. Wenn die Gerichte mir mein Recht versagen, werde ich es mir selbst nehmen, und, anstatt mir mit dieser Gemächlichkeit zu nützen, wird man mich in ein Unglück stürzen, das nicht wieder gutzumachen ist: Solches, verehrter Herr, werden Sie mir durch Ihre Nachlässigkeit bescheren, und das werde ich davon haben, Ihnen mein ganzes Vertrauen geschenkt zu haben!«[18]

Die Klageschrift von Madame de Sade zählt im Detail sämtliche »Unglücksfälle« auf, die ihrem Mann seit Anfang 1772 zugestoßen sind, wobei jedesmal die Schuld einzig und allein der Präsidentin von Montreuil zugeschoben wird. Die Heftigkeit der Angriffe, die flammende Rhetorik, der haßerfüllte Stil, ja selbst der Satzrhythmus verraten die Handschrift des Marquis. Madame de Sade beteuert zunächst, gezwungen zu sein, »den Schutz der Gesetze zu suchen, um dem schreiendsten Unrecht zu begegnen.« Als unschuldiges Opfer der heiligsten Familienbande fordert sie für sich die Rechte der Menschlichkeit. »Ihr Töchter des Himmels, Gerechtigkeit, Wahrheit, Milde und Barmherzigkeit! Ihr allein könnt uns darüber aufklären, durch welches Verhängnis ihr nicht mehr das Fühlen, Handeln und Wollen der Dame de Montreuil regiert, durch welchen bösen Zauber Ungerechtigkeit, Verleumdung, Raserei und Härte an eurer Stelle Macht über ihr Herz ausüben! [...] Sie verfolgt nicht einen Verbrecher, sondern einen Mann, den sie der Unbotmäßigkeit gegen ihre Befehle und Absichten bezichtigt. Aber dürfen solche Beweggründe die Rechtfertigung für die schlimmste Mißachtung der Menschlichkeit sein, für das Vergessen jeglicher Rücksichten, für das Unglück einer Tochter und liebenden Gattin, für die Schande, die auf ehrenwerte Eltern zurückfällt, für die Scham, die, als betrübliche Frucht eines Bündnisses, das ihre Mutter besiegelte, eine unglückliche Familie ständig empfinden muß?«[19]

Die Eingabe landet bei einem Richter namens Chapote, »einem sanften und wohlanständigen jungen Mann voller Geist«, wo er zunächst einmal liegenzubleiben scheint: Nach vier Monaten hat Madame de Montreuil immer noch keine Vorladung erhalten. Im Gegensatz zu den geheimen königlichen Befehlen, die zwar am 6. Januar nicht ausgeführt werden konnten, aber weiterhin betrieben werden. Der Herzog von La Vrillière schickt sie am 25. März dem Intendanten der Provence, Sénac de Meilhand, mit der Bitte, für die Vollstreckung zu sorgen, dabei aber »alle erforderliche Wachsamkeit und Umsicht« walten zu lassen. Vor allem soll der mit der Ausführung beauftragte Polizeioffizier strengste Verschwiegenheit wahren, denn wenn der Betroffene Verdacht schöpfe,

»würde er sich in sein Schloß einschließen, wo es nicht möglich ist, ihn zu ergreifen; nur wenn er in der Gegend umherstreift, kann man hoffen, ihn verhaften zu können«.[20]

EINE ENTTÄUSCHTE HOFFNUNG UND NEUE ZUVERSICHT

Am 10. Mai 1774, um halb vier Uhr nachmittags, erlischt die Kerze, die am Fenster des Königs gebrannt hat: Ludwig XV. ist im Alter von vierundsechzig Jahren gestorben. An seinem Todeskampf wurde wenig Anteil genommen und sein Ende ungeduldig erwartet, denn ganz Frankreich knüpft tausenderlei Hoffnungen an die Regentschaft des neuen Königs.

Ganz Frankreich – und der Marquis de Sade im besonderen. Verliert nicht der vom verstorbenen König unterzeichnete geheime Haftbefehl unter dem neuen König seine Gültigkeit? Verfolgung, Flucht, Angst und Wanderleben hätten auf einmal ein Ende, Monsieur de Sade wäre plötzlich ein (fast) freier Mann. Doch diese Rechnung läßt den Eifer der Präsidentin außer acht: Sie wendet sich sogleich an den Herzog von La Vrillière, welcher als einziger Minister der früheren Regierung im Amt geblieben ist, und ersucht um neue Geheimbefehle mit der Unterschrift des jungen Königs. Der Herzog erhält sie ohne Schwierigkeiten (Ludwig XVI. ist zu fromm, um einen Wüstling vom Kaliber eines Sade frei herumlaufen zu lassen); am 21. Oktober 1774 schickt er sie an Sénac de Meilhan mit folgendem bislang unveröffentlichten Begleitbrief:

»Monsieur, ich habe Ihnen am 25. März die königlichen Befehle zur Verhaftung des Marquis de Sade und zu seiner Festsetzung in Pierre-Encize zugeschickt. Da sie natürlich etwas älteren Datums sind und vom verstorbenen König unterzeichnet waren, glaubte ich, da sie noch nicht ausgeführt sind, sie beim König von neuem einholen zu müssen, und Seine Majestät geruhte sie auszustellen. Sie finden Sie anbei. Seine Majestät wünscht, daß sie so zuverlässig und so unverzüglich, als es Ihnen möglich ist, ausgeführt werden. Da die vormaligen hinfällig sind, bitte ich darum, sie zurückzuverlangen und mir zuzusenden. Es will mir übrigens scheinen, als habe der Polizeihauptmann, den Sie mit der Ausführung beauftragt haben, nicht allen versprochenen Eifer an den Tag gelegt. Man versichert mir, daß der Marquis de Sade häuftig seinen Zufluchtsort verlassen hat, daß er in Marseille aufgetaucht und dort mehrere Tage geblieben ist, und man fügt sogar hinzu, er sei in aller Öffentlichkeit im Schauspiel gewesen.«[21]

Drei Tage später teilt La Vrillière der Präsidentin mit, er habe ihrem Willen entsprechend dem Intendanten der Provence den Befehl zur Verhaftung ihres Schwiegersohns übersandt. Der Intendant sieht allerdings erhebliche Schwierigkeiten und unterbreitet seinerseits einen Plan, der größere Erfolgsaussichten hätte. Wir kennen ihn nicht, doch durch einen Brief des Ministers des Königshauses wissen wir, daß die Sache für die Montreuil teuer werden könnte.

Der Tod Ludwigs XV. hatte noch weitere, für den Marquis wesentlich günstigere Folgen. Auf Anraten seines Mentors, des Grafen von Maurepas, entschloß sich Ludwig XVI. im Sommer 1774 zu einer umfangreichen Regierungsumbildung. Am 2. Juni reichte der Außenminister, Herzog von Aiguillon, seinen Rücktritt ein; an seine Stelle trat der Graf von Vergennes. Am 19. Juli ernannte der junge König, dem allgemeinen Wunsch – und insbesondere dem der Philosophenpartei – entgegenkommend, Turgot zum Marineminister, der Bourgeois de Boynes ablöste. Einen Monat später, am 24. August, holte er zum großen Schlag aus, indem er Maupeou und Terray entließ und Turgot zum obersten Kontrolleur der Finanzen ernannte. So fand sich nun Sades ärgster Feind, derselbe, der zwei Jahre zuvor seinen Kopf gefordert hatte, selbst im Exil wieder. Um das Maß voll zu machen, knüpfte die jubelnde Menge in Paris eine Strohpuppe des geschaßten Kanzlers am Laternenpfahl auf!

Maupeous Entfernung wurde als untrügliches Vorzeichen einer baldigen Wiedereinsetzung der *Parlements* verstanden. Seit dem Tod Ludwigs XV. beherrschte diese Frage die politische Diskussion im Königreich. Die Partei der »Patrioten«, die dem Kanzler Maupeou feindlich gesinnt war, begriff die *Parlements* als die natürliche Verteidigungsinstanz des Volkes gegen königliche Willkür; der König habe lediglich ein Mandat erhalten, betonten sie, er sei nicht Herr von Gottes Gnaden. Sie verstanden sich als Verteidiger der Grundrechte, gegen die der Kanzler verstoßen habe. Gegen sie opponierten die religiöse Partei und die Anhänger des Absolutismus. Obwohl ihm bewußt war, daß die Wiedereinsetzung der *Parlements* seine Autorität schwächen konnte, gestand der König schließlich ein, daß die Monarchie nicht ohne unabhängige Gerichtshöfe existieren könne und er Maupeou opfern müsse. Dessen Nachfolger Miromesnil, ein Verwandter Maurepas', legte sofort einen Plan zur Rehabilitierung der Justizbeamten vor, was ihn bei der Bevölkerung und den »Patrioten« zum »Mann des Tages« und »Wiederhersteller der Gesetze«

werden ließ. Am 12. November 1774 setzte Ludwig XVI. nach langem Zögern die vertriebenen Richter feierlich wieder in ihre Funktionen ein.

Diese Maßnahme eröffnete für Donatien die unverhoffte Aussicht, seinen Prozeß durch den alten Gerichtshof von Aix wieder aufgerollt und das von Maupeous Leuten gefällte Urteil revidiert zu sehen. Das würde bedeuten, daß er seine Freiheit und seine bürgerlichen Rechte wiedererlangte und der Skandal ein Ende hätte. Ohne die königliche Entscheidung abzuwarten, aber wie jedermann in Frankreich wissend, daß das alte *Parlement* bald wieder im Amt sein würde, verläßt Renée-Pélagie schon am 14. Juli La Coste, um in Begleitung ihrer Schwester nach Paris zu reisen, wie ihr Mann ihr geraten hat. Sie steigt im Hôtel de Bourgogne im Faubourg Saint-Germain ab, bittet aber Gaufridy, ihr nur »an die Adresse Carlier, Schneider in der Rue Saint-Nicaise zu Paris« zu schreiben. »Dieser Mann ist sicher«, fügt sie hinzu, »und die kleinen Hotels sind es nicht, sie antworten alle der Polizei.« Ihr doppeltes Ziel ist, sowohl die Klage gegen ihre Mutter als auch die Urteilsrevision zu betreiben. Die beiden Verfahren stehen ohnehin in engem Zusammenhang, denn der Erfolg des zweiten wird davon abhängen, wieviel Eindruck der erste gemacht hat. Doch es zieht sich alles in die Länge. Der königliche Richter Chapote erzählt überall herum, sie sei verrückt, und läßt ihre Klage gegen die Präsidentin weiterhin liegen. Und das Berufungsverfahren wird erst in mehreren Wochen anlaufen. Inzwischen summieren sich die Kosten, die Gläubiger drohen, und die Präsidentin jagt weiterhin ihren Schwiegersohn. Etwas sehr Erstaunliches kommt Madame de Sade zu Ohren. »Man versichert mir«, schreibt sie an Gaufridy, »meine Mutter sei in Monsieur de Sade bis zum Wahnsinn verliebt gewesen und ihr Zorn habe sich sehr viel mehr gegen mich gewandt als gegen ihn. Ich habe geantwortet: ›Gut so!‹« Es bestätigt sich auch, daß die Familie des Marquis de Beaumont einer Ehe mit Mademoiselle de Launay nur unter der Bedingung zustimmen will, daß der Marquis »für immer eingesperrt wird, und sie wollen das Wort des Ministers darauf. Diese Haltung ist schändlich«[22], empört sich Madame de Sade.

Von Italien aus, wo er sich zu Tode langweilt, verfolgt Donatien die Bemühungen seiner Frau und die Schwierigkeiten, die ihr bereitet werden, insbesondere von seiten der Mutter, die jede gütliche Einigung strikt ablehnt. Der Marquis wird allerdings auch ungeduldig: »Ich flehe Sie an«, schreibt er an Gaufridy, »ermutigen Sie Madame, geben Sie ihr gute Ratschläge, und sie soll ihr möglichstes tun, um die Sache in den vier Monaten, die ich ihr noch gebe, zu einem Ende zu bringen. Mein Gott, sie soll zusehen, daß ich nicht mehr dieses ständige Vagabundenleben führen muß! Ich spüre, daß ich nicht zum Abenteurer geboren bin, und die gegenwärtige Notwendigkeit, diese Rolle zu spielen, gehört zu den schlimmsten Martern meiner jetzigen Lage [...]«[23]

Renée-Pélagie, die immer neue Gespräche führt, wird indessen etwas zuversichtlicher: Die Wiedereinsetzung der *Parlements* scheint unmittelbar bevorzustehen, und die Richter, mit denen sie sich beraten hat, haben ihr große Hoffnungen gemacht. Sogar was ihre Mutter betrifft, kommt ihr nicht mehr alles verloren vor: »Meine Mutter ist eine Löwin, sie hat allerdings Verhaltensweisen, die nicht konsequent sind. Was auch immer sie behauptet, ich glaube, daß sie einer Einigung zustimmen wird.«[24] Was die Urteilsrevision angeht, denkt sie, daß man sie nur durch Leugnen des ganzen Tatbestands erreichen könne: »Was die große Angelegenheit betrifft, werden wir die Revision anstreben und alles Leugnen: die Fliegen [die Kantharidinpastillen] sind nicht bewiesen, und in der Revision kann der zweite Punkt [die Sodomie] fallengelassen werden.«[25]

Anfang September schöpft sie Hoffnung: Der Revisionsantrag wird in etwa sechs Wochen dem alten *Parlement* in Aix vorgelegt werden. Den Haftbefehl will man erst nach der Urteilsrevision aufheben lassen. Deshalb sei es besser, wenn ihr Mann jetzt nach Hause komme, »anstatt im Ausland zu bleiben und viel auszugeben«, wie die praktisch denkende Frau anmerkt. Beim Gericht im Pariser Châtelet tut sich nach wie vor nichts, die Klage gegen ihre Mutter verstaubt in den Schubladen: »Der Herr Staatsanwalt ist ein sehr geistvoller Mann, der von diesem zu jenem springt und voller Sophismen steckt; so etwas ist unerträglich, wenn man einen Gedankengang entwickeln will, und ich glaube, es gibt nur eine Möglichkeit, bei ihm etwas zu erreichen, nämlich bestimmt zu bleiben und ihn reden zu lassen.«[26] Sie sucht also lieber Sartine auf, den obersten Polizeichef von Paris: »Er ist verbindlicher und konsequenter.«

ZARTE BEUTE

Wann genau Donatien aus Italien zurückkehrt, ist nicht bekannt, es wird in der zweiten Septemberhälfte gewesen sein. Er begibt sich übrigens nicht direkt nach La Coste, sondern macht einen Umweg über Lyon, wohin auch seine Frau gekommen ist. Das Ehepaar nutzt den Aufenthalt in der Stadt, um Dienstpersonal anzuwerben. Zunächst einen fünfzehnjährigen Jungen, fast ein Kind noch, als »Sekretär« für den Marquis. Natürlich verrät man den Eltern nicht, daß sein zukünftiger Herr der Verurteilte von Aix ist. Der Betrug ist leicht, denn in der Provence gibt es eine ganze Reihe von Adeligen mit dem Namen Sade: die Sade von Eyguières, die von Mazan, von Tarascon, von Saumane … Im Zuge desselben Aufenthalts stellt das Ehepaar eine vierundzwanzigjährige Kammerzofe namens Anne Sablonnière, Nanon genannt, ein sowie fünf halbwüchsige Mädchen, zum Teil aus Lyon, zum Teil aus Vienne stammend, alle in etwa demselben Alter wie der kleine Sekretär. Bei den Mädchen ist nicht sicher, daß die Eltern ihre Einwilligung gegeben haben, ja nicht einmal, daß sie informiert wurden. Sade wird später behaupten, Nanon als »stadtbekannte Zuhälterin« von Lyon habe den Fang getan.

Sieben neue Dienstboten zu einem Zeitpunkt einstellen, an dem die finanzielle Lage der Familie Sade katastrophal, jegliches Einkommen des Marquis unter Sequester und das Familiensilber bei den Juden von Mazan verpfändet ist, zeugt schon von Leichtsinn. Völlig rätselhaft aber ist die Haltung von Madame de Sade in dieser Affäre. Sie kannte ihren Mann und mußte genau wissen, daß der als Schreibkraft eingestellte Ganymed und die zierlichen Nymphchen zu ganz besonderen Diensten bestimmt waren. Dennoch läßt sie alle nach La Coste kommen und wirft sie dem Marquis zum Fraße vor. Was ist daraus zu schließen? Zunächst, daß Madame de Sade, die von ihrer Mutter einen ausgeprägten Pragmatismus geerbt hat, den Skandal lieber zu Hause hat als irgendwo draußen: Besser, sie liefert ihrem Mann das frische Fleisch ins Haus, als daß sie das Raubtier draußen die Beute erjagen läßt. Sie sorgt für ihren Mann, sperrt, halb Kerkermeisterin, halb Zuhälterin, seine Phantasmen in den Käfig und läßt sich mit dem »Ungeheuer« auf einen langen, verständnisinnigen Dialog ein, in dem sie sicherlich seine geheimsten Perversionen befriedigt, aber auch ihre besondere Fähigkeit entfaltet, überlegt und bewußt mit dem »Bösen« zu spielen, die Codes umzukehren, das Unmögliche herbeizuführen und schließlich die traditionellen Werte zu untergraben. Nicht aus Resignation, sondern in der fröhlichen Aufbruchstimmung einer jungen Frau, die das Revoltieren erlernt.

Inzwischen ist es November geworden, die unwirklich anmutende Festung von La Coste versinkt langsam in der langen Winternacht; sie gleicht einem Geisterschiff, das steuerlos im Nebel mit seiner wunderlichen Besatzung ins Ungewisse treibt.

KAPITEL 13

»Meine albernen, kindischen Vergnügungen«

GESCHLOSSENE GESELLSCHAFT

Was sich im Winter 1774–1775 hinter den hohen Mauern des Schlosses von La Coste abgespielt hat, wissen wir nur gerüchteweise, doch es ist unschwer vorzustellen. Noch ist es nicht das große phantasmatische Oratorium von Schloß Silling, aber als lebendige Skizze kündigt es gleichsam das fertige Werk an. Im Innern des Schlosses sind die Rollen nach einer strikt hierarchischen Unterwerfungsordnung verteilt, die von der erotischen Funktion ritualisiert und kodifiziert wird. In diesem Theater der Wollust sind alle Personen Darsteller und Zuschauer zugleich. Ganz oben stehen der Herr und seine Gemahlin, um sie herum wirkt eine junge und kompetente Dienerschaft, bestens eingeweiht in die Launen des Herrn und höchst dienstbeflissen. Da ist zunächst die Kammerzofe Gothon Duffé, Schweizer Staatsbürgerin, eine Dorfschönheit mit markantem Hinterteil, die Zuchtstute im Stall des Marquis; außerdem ihr Geliebter Carteron, genannt *La Jeunesse* (»die Jugend«), der Frau und Kinder verläßt um des besagten Hinterteils willen, des schönsten, das »den Schweizer Bergen seit einem Jahrhundert entflohen ist«; des weiteren der geheimnisvolle und unheimliche Jean, genannt »Saint-Louis«, ein fluchender und polternder Trunkenbold, der »Herr wie Knecht gleichermaßen zum Teufel wünscht«; schließlich Nanon, die Neue, von Saint-Louis sehr schnell zum Schützling erwählt. Ganz unten stehen der kleine Sekretär und die fünf halbwüchsigen Mädchen. Erwähnt seien noch zwei andere Mädchen »in einem Alter und Zustand, daß ihre Eltern sie nicht zurückhaben möchten«. Die erste ist Mademoiselle Du Plan, eine Tänzerin aus Marseille, die das Schloß »öffentlich und ohne Inkognito« als Gouvernante bewohnt. Die zweite kommt aus Montpellier und nennt sich Rosette; sie wird nur zwei Monate im Dienste der Sade bleiben und dann in ihre Heimatstadt zurückkehren. Zwei oder drei Köchinnen oder

Küchenhelferinnen, eine davon eine Nichte der Nanon, vervollständigen die galante Wohngemeinschaft. Insgesamt an die zwanzig Personen, die den ganzen Winter in diesem einsamen Schloß hinter Mauern verbringen, die der Marquis neu hat aufziehen lassen, und alle sind dem Hausherrn als gefügige Werkzeuge seiner Lüste untertan. Im Mittelpunkt des Serails: Sade, der Zeremonienmeister, der Regie führt, indem er die Diener seiner Exzesse ebenso streng überwacht wie die Darsteller seiner Stücke, denn die Ausschweifungen der Sinne verlangen nach einer strikten Ordnung. Sade gibt genaue Anweisungen für das Spiel der Positionen oder die Verlagerung der Lust auf diesen oder jenen Teil des Körpers; er stellt die Gruppen zusammen, komponiert die Szenen als lebende Bilder, er variiert die Haltungen, stellt die Partner hierhin oder dorthin, er bestimmt die Perspektiven, wünscht da eine Geste, dort eine Annäherung oder eine kleine Korrektur, er bestimmt den Zeitpunkt des Abgangs, mit einem Wort, er legt das »Protokoll« der Zeremonie fest.

Diese Ordnung, die nach Roland Barthes »unabdingbar für die ausschweifende, das heißt gesetzübertretende Lust« ist, herrscht auch im Tagesablauf des Herrn von La Coste. Wenn er Gaufridy gegenüber das Bild einer quasi klösterlichen Disziplin entwirft, so ist das keine simple List des Libertins; er braucht nicht zu lügen, er sagt nur gewisse Dinge nicht:

»Wir erwarten Sie also Dienstag, wertester Advokat … Ich bitte Sie, früh zu kommen, mindestens zum Essen, das heißt um drei Uhr; tun Sie mir den Gefallen, diese Gewohnheit jedesmal zu beachten, wenn Sie diesen Winter zu uns kommen. Die Gründe sind folgende: Aus tausenderlei Gründen haben wir beschlossen, diesen Winter sehr wenig Gesellschaft zu empfangen. Es folgt daraus, daß ich den Abend in meinem Arbeitszimmer verbringe und Madame mit ihren Frauen bis zur Schlafenszeit im benachbarten Zimmer beschäftigt ist. Womit ab Einbruch der Dunkelheit das Schloß unwiderruflich verriegelt, die Lichter gelöscht, die Küche zu und oft auch keine Vorräte verfügbar sind …«[1]

Das ist die Stunde, wo in aller Stille und Heimlichkeit die Feiern der Sadeschen Liturgie beginnen: Wirkliches Leben und Phantasmen begegnen sich; La Coste und Silling werden eins.

ENDSPIEL

Der Hexensabbat währt nicht länger als eineinhalb Monate. Anfang Januar 1775 erstatten die Familien der Kinder Anzeige »wegen Entführung ohne ihr Wissen und durch Verführung«; in Lyon wird ein Strafverfahren eingeleitet. Madame de Sade wird von den Mädchen nicht belastet, im Gegenteil: »Sie reden so, als sei sie selbst eine Betroffene und das erste Opfer einer Raserei, die man nur als Irrsinn betrachten kann.« Aber sie beschuldigen »aufs heftigste« den Marquis.[2] Für eine Anklage braucht es allerdings Beweise. Die jungen Leute könnten ja fabuliert haben, der Ruf des Schloßherrn von La Coste böte genug Material dazu, und man könnte sich das Schweigen bezahlen lassen. Unglücklicherweise sind aber Beweise vorhanden; die Kinder tragen auf den Armen und auf dem Körper die Bestätigung ihrer Aussagen. Und der kleine Sekretär mit dem Vornamen André hat die Syphilis, für die der Marquis wiederum jegliche Verantwortung ablehnt. »Ich habe dieses Luder von Madelon kommen lassen«, schreibt er an Gaufridy, »und ich habe ihr deutlich erklärt, daß André die Syphilis von ihr hat und daß, wenn sie sich nicht sofort bereiterklärt, die Kosten für seine Heilung zu tragen, ich sie als Hure aus dem Dorf verjagen lasse, und das tue ich. Sie kommt nach Apt; bleiben Sie also hart, ich gedenke nicht, diese Krankheit zu bezahlen [...]«[3]

Daß Madame de Sade an den »Veranstaltungen« teilgenommen hat, ist alles andere als gewiß: Zwar gestattete sie den Analverkehr, doch weiter kam sie den Wünschen ihres Mannes sicherlich nicht entgegen. Auch der Marquis übte nicht alle seine Praktiken unterschiedslos mit allen Partnerinnen aus, selbst bei Zufallsbegegnungen nicht. Selbstverständlich – und das gilt für alle Libertins dieser Zeit – war die Flagellation den Prostituierten der öffentlichen Häuser, also der verachteten untersten Kategorie, vorbehalten; er hätte sie nie einer Schauspielerin zugemutet oder einer bezahlten Kurtisane wie der Beauvoisin oder Mademoiselle Colet. Und noch weniger seiner Frau oder Mätressen wie Madame Moldetti oder Sarah Goudar, von denen noch die Rede sein wird. Keine dieser Frauen hat sich je über körperliche Mißhandlungen beklagt. Die Mädchen aus Lyon oder Valence hingegen waren anonymes, seinen Bedürfnissen bestens angepaßtes Freiwild.

ERPRESSUNG

Als das Strafverfahren eröffnet wird, fährt Madame de Sade sofort mit Gothon nach Lyon, wo sie wieder einmal versucht, die Affäre im Keim zu ersticken. Daß man die »Küken« ihren Eltern zurückgibt, kommt solange nicht in Frage, wie sie noch Spuren der Mißhandlungen (Auspeitschung oder Hauteinschnitte) tragen. Bis die Wunden vernarbt sind, werden sie mal hier, mal dort untergebracht, vor allem sollen sie möglichst nicht reden. Drei der Töchter werden den Klöstern von Caderousse und Jumiège anvertraut, wo man die Nonnen warnt, sie könnten phantasieren. Eine andere bleibt bei der Marquise, reißt aber schon bald aus, wodurch sie der Herrin große Sorgen bereitet. Die am schlimmsten Mißhandelte bringt man unter größter Geheimhaltung zum Abbé de Sade, dem sie ihre grauenvollen Erlebnisse erzählt. Als dieser sie nicht länger behalten und nach Vienne schicken will, hält ihm die Marquise, nach Diktat ihres Mannes, unverblümt gewisse Dinge vor, deretwegen er selbst etliche Skrupel haben müßte. Man ersieht daraus, daß der Einsiedler von Saumane nicht weiser geworden ist mit dem Alter:

»Als voriges Jahr die ganze Provence von einem Mädchen widerhallte, das Sie in Ihrem Schloß Saumane versteckt hielten, ein den Eltern entführtes Kind, wie es hieß, dessen Abholung sich Ihr Sekretär auf Ihren Befehl hin mit vorgehaltener Pistole widersetzte; als neulich auch zwei Lyonerinnen mich in Lyon aufsuchten, um sich über die üble Behandlung zu beklagen, die ihnen, wie sie sagten, im Schloß Saumane zuteil geworden, da habe ich nur immer beschwichtigt, zum Schweigen gebracht und mit meiner ganzen Kraft diese niederträchtigen Verleumdungen vernichtet. Ich will hoffen, daß Sie nun ebenso verfahren werden und die Behauptungen dieses Mädchens aus der Welt schaffen, vor allem aber eine Rückkehr nach Vienne verhindern, anstatt, wie Sie angeblich beabsichtigen, sie dorthin bringen zu lassen, was gefährlich wäre, weil sie überall Greuelgeschichten erzählt, und daß Sie sie bei sich behalten, wo sie glücklicher, weil in Freiheit sein wird, was ich ihr hier zu verweigern gezwungen war, weil politische Gründe mein Haus zu einer Art Gefängnis machen, die Gründe also sehr verschieden sind von dem, was Sie anzunehmen scheinen, und woran dieser Neffe, den Sie so zu schmähen und als Verrückten hinzustellen belieben, keinerlei Anteil hat. [...]«[4]

So wird der Abbé zum Schweigen gebracht, zumindest für eine Zeit. Doch schon einen Monat später will er das Mädchen endgültig loswerden, auch weil es eine Gefahr für ihn bedeutet, er ersucht Gaufridy dringend, es wegzuschaffen, er behalte es nur aus Gefälligkeit »für Leute, die solche von meiner Seite nicht verdienen und mit denen ich nichts zu tun haben will«.[5] Doch seine Bitte wird nicht erhört, die Kleine bleibt bei ihm, solange sie nicht völlig wiederhergestellt ist. Madame de Sade bittet ihn inständig, sie nicht von einem Arzt untersuchen zu lassen.

Bei diesem Ernst der Lage hält Renée-Pélagie es für nötig, sich an ihre Mutter zu wenden. Madame de Montreuil wird nicht untätig bleiben können, wo die Familienehre abermals bedroht ist, diesmal sogar schlimmer als bei den vergangenen Affären, zumal die Urteilsrevision gefährdet ist. Die Präsidentin reagiert tatsächlich schnell. Sie setzt sich direkt mit dem königlichen Ankläger in Lyon in Verbindung und schreibt schon am 11. Februar an Gaufridy, den sie noch nicht kennt, in den sie aber bereits ihr ganzes Vertrauen setzt. Ihre Position ist klar: Die Kinder müssen unverzüglich zurückgeschickt werden, »doch mit gebotener Vorsicht«, fügt sie hinzu, um späteren Ärger zu vermeiden. Anders gesagt: Die Mädchen sollen vollständig geheilt sein, bevor sie zurückgegeben werden. Dafür sorgt aber, wie wir wissen, bereits Madame de Sade, die behauptet, sie habe schon entsprechende Bescheinigungen. Monsieur Gaufridy möge es also bitte übernehmen, sie selbst zu ihren Eltern zurückzubringen, und bei diesen solle er »gute, gültige und ausreichende Entlastungen, um nie mehr mit dieser Sache behelligt zu werden« erwirken. Noch mehr: Er solle die Mädchen in Gegenwart des königlichen Anklägers zurückgeben und vor den Augen der Pfarrer, die sich mit Briefen an Madame de Sade für die Rückgabe eingesetzt hätten. »Es ist eine heikle Mission«, schließt die Präsidentin, »die Sie nur selbst oder mit einer einzigen Person, derer Sie sicher sind, ausführen dürfen […] Es ist an Ihnen, Monsieur, dies alles mit Umsicht zu erledigen, entsprechend der Kenntnisse, über die Sie verfügen.«[6]

Der Notar sträubt sich gegen das Ansinnen und läßt die Dinge erst einmal treiben. Bis eine gewisse Madame Lagrange in La Coste vorspricht, sie wolle ihr Kind wiederhaben. Gaufridy nimmt sie mit nach Apt, wo es ihm gelingt, sie »mit Schmeicheleien und allerlei Tand« zu besänftigen. Inzwischen trägt der Vorstoß der Präsidentin beim Richter in Lyon Früchte, das Verfahren köchelt nur noch auf kleinem Feuer. Große Sorgen macht Madame de Montreuil allerdings die Kleine in Saumane, »weil sie so plappert«. Sie vom Abbé wegzunehmen erscheint ihr gefährlich und »könnte sehr ernste Folgen haben«. Sie dort zu lassen hat andere Nachteile. Man bräuchte »ein gut ausgewähltes Kloster oder eine sichere Person an einem einsamen Ort, wo man für sie sorgen kann und sie gut behandelt wird, wenn sie nicht gackert, indem man sie überzeugt, daß sie selbst das größte Interesse daran hat, nichts zu sagen […]«[7]

Bei alledem verliert die Präsidentin nicht das Hauptziel aus den Augen, nämlich die Revision des Urteils von 1772. Sie ereifert sich über den Abbé de Sade, der keine Lust hat, deswegen nach Aix zu reisen. Doch während sie energisch die Rehabilitierung ihres Schwiegersohns betreibt, lebt sie in ständiger Angst, er könnte mit neuen Torheiten alles in Frage stellen. Außerdem ist ihr der Einfluß unheimlich, den Donatien auf ihre Tochter ausübt. »Wenn alles wahr ist, was man erzählt«, klagt sie dem Notar, »kann jeden Augenblick etwas passieren! Ach, ich habe zu viele Gründe, es zu glauben! Aber denken Sie nicht, es entfahre ihr je eine Klage, was immer geschehen mag. Sie ließe sich eher zerstückeln, als irgend etwas zuzulassen, von dem sie glaubt, es könne ihm schaden.«

Keinerlei Gesinnungswandel also bei Madame de Montreuil. Die Urteilsrevision will sie, ja, und sie ist zu allem bereit, um die Familienehre endgültig reinzuwaschen und ihren Enkelkindern die Zukunft zu sichern. Doch nur unter der ausdrücklichen Bedingung, daß der Marquis hinter Schloß und Riegel kommt, und zwar durch königlichen Brief und Siegel. Da sie weiß, daß Renée-Pélagie sich mit aller Kraft einer Verhaftung ihres Mannes widersetzen würde, auch wenn diese in ihrem Interesse wäre, ihr aber andererseits jeglicher Sinn fehlt für diese Leidenschaft, die ihre Tochter an den Rand des Abgrunds bringt, sucht sie Mittel und Wege, Renée-Pélagie gegen die eigene Schwäche zu schützen, und hegt immer noch die Hoffnung, sie dem Bann, dem sie sie ausgesetzt wähnt, entreißen zu können. Andererseits analysiert sie sehr klarsichtig das Verhältnis der Eheleute zueinander: Je mehr die Marquise seinen Launen nachgibt und seine Verbrechen erleichtert, desto mehr betreibt sie das Verderben des Mannes, den sie liebt; ohne sie würde er weniger wagen, sich weniger in Gefahr begeben: »In seinem Schloß mit ihr glaubt er sich zu stark, zu sicher, und erlaubt sich alles. Woanders hält er sich eher zurück.«[8]

BÜCHER, EIN CEMBALO UND EIN KOHLKOPF ...

Monsieur de Sade selbst scheint sich keine größeren Sorgen um seine Zukunft zu machen. Die Schließung seines erotischen Theaters hat ihn natürlich betrübt, aber es bleiben ihm Gothon und Nanon sowie der kleine Sekretär, außerdem das Mädchen, um das Madame de Sade sich bemüht; das ist, in Erwartung besserer Tage, ausreichend, um sich die Zeit zu vertreiben. In seinem Schloß verschanzt, liest er stundenlang in seinem Zimmer, vor allem Geschichten aus der Provence. Gaufridy hat ihm eben eine geliehen, die er »ein wenig derb im Stil« findet, die ihm aber »großes Vergnügen« bereitet. Er sucht ein 1655 erschienenes Werk von Antoine de Ruffi über Gaspard de Simiane, Herr von La Coste, und bittet den Notar, ihm eine neue Geschichte aus der Provence zu kaufen, die in Paris im Druck ist. Dann erfährt er von einer Versteigerung bei den Sablières; wenn sich da ein Cembalo, groß oder klein, fände, solle man es für ihn erstehen. Ein Cembalo? Für wen? Soviel wir wissen, spielte er kein Instrument und interessierte sich wenig für Musik. Vielleicht für Madame de Sade? »Wenn sich dort auch einige Bücher finden«, fährt er fort, »lassen Sie mich bitte wissen, was man sich da etwa beschaffen kann ...« Über den Ruf, den er in der Gegend hat, lacht er nur: »Ich gelte hier als der *Werwolf.* Die armen kleinen Küken mit ihren Ausdrücken des *Entsetzens!*«

Die Hauptsorge der Schloßleute von La Coste aber bleibt das Essen. Normalerweise kümmert sich die Marquise um die Hauswirtschaft, ihre Zettel an den Notar Fage, später an Gaufridy – beide besorgen alles für Madame, sogar das Einkaufen – enthalten umfangreiche Bestellungen für Lebensmittel. Man kennt dadurch die Küche im Schloß (meist typisch provenzalisch) und die Gerichte, die aufgetischt wurden. Manchmal herrscht auch Mangel, dann greift Monsieur zur Feder, um sich zu beklagen:

»Mein Herr! Monsieur Perrotet läßt mich wissen, daß Sie einen glänzenden Markt hatten. Ich beglückwünsche Sie dazu. Und wir armen Unglücksraben, fern der großen Städte, wir haben nicht einmal einen elenden Kohl, und die arme Gothon, die sagt, daß Apt voller ausgezeichneter Dinge sei, von denen Sie uns nichts gönnen, wird Ihnen einen Sturmangriff nach allen Regeln liefern, wenn Sie morgen nicht ein wenig Mitleid mit ihr haben und ihr Mangoldstiele, Blumenkohl, Spargel, Bohnen, Erbsen, Karotten, Pastinaken, Artischocken, Trüffeln, Kartoffeln, Spinat, Rüben, Radieschen, Endivie, Kopfsalat, Sellerie, Kerbel, Kresse, rote Bete und anderes Gemüse schicken.«[9]

DUNKLE WOLKEN

Während sich Monsieur de Sade einem liebenswürdigen Schlendrian überläßt, arbeitet Madame de Montreuil weiterhin hart für die Kassation des Urteils. Die Hauptschwierigkeit besteht darin, sie zu erreichen, ohne daß ihr Schwiegersohn sich stellt; dafür muß man juristische Präzedenzfälle finden. »Sagen Sie noch Madame de Sade«, schreibt sie an Gaufridy,

»sie sollen nicht glauben, die Sache sei so leicht und sie würden etwas beschleunigen, wenn sie mich auf so niederträchtige Art verfolgen, wie sie es bisher getan haben.« Die Richter von Aix scheinen ihr geneigt zu sein, möchten aber Befehle vom Hof haben, bevor sie etwas unternehmen. Die Präsidentin hat sich in Paris mit Miromesnil, dem neuen Justizminister, besprochen; dieser hat sie seines Wohlwollens versichert, will aber auch nicht an die königliche Autorität appellieren, »weil man glaubt, das Vorstellungsvermögen des jungen Prinzen nicht mit detaillierten Schilderungen dieses Vorgangs beschmutzen zu sollen, die ihn im übrigen auch allzusehr gegen den Betroffenen aufbringen würden. Man vermeidet es besser, ihn darauf anzusprechen, so es geht.«[10]

Mittlerweile hat am 3. Mai 1775 der Erste Präsident des *Parlement* von Aix, Bruny d'Entrecasteaux, die Oberhäupter der beiden jüngeren Familienzweige, Sade-Eyguières und Sade-Vauredone, in Kenntnis gesetzt, daß ihr Verwandter sich in La Coste aufhalte, »wo er sich Exzessen aller Art hingibt, mit jungen Leuten beiderlei Geschlechts, die er vor allem in Lyon entführen läßt, wo Anzeigen gegen ihn erstattet worden sind«.[11] Diese Reaktion des frisch wiedereingesetzten *Parlement* mag überraschen. Es kann sich aber auch um ein Manöver handeln, mit dem die Familie den Marquis ins Exil drängen will. Im Grunde wäre Madame de Montreuil schon zufrieden, wenn ihr Schwiegersohn einfach weit weg wäre, sogar in Freiheit, wenn er nur unauffällig blieb. Doch das wagt sie nicht zu hoffen: »Würde er sich ruhig verhalten und würde seine Frau sich nicht mehr kompromittieren und ihm Dinge ermöglichen, die ihrer und seiner unwürdig sind, so würde man nach einiger Zeit nicht mehr daran denken. Aber sind sie beide vernünftig genug für ein solches Verhalten? Ich bezweifle es. Und wenn sie beisammen sind, wird man wohl immer dasselbe befürchten müssen.«[12] Auch der Abbé de Sade wünscht sich eine andere Lösung, denn er wendet sich am 18. Mai 1775 selbst an den Minister des Königshauses, um die Verhaftung seines Neffen zu veranlassen, mit der Begründung, daß dessen Wahnsinnstaten eine gesellschaftliche Belastung darstellten und seiner Familie ständige Aufregungen verursachten.[13]

Es kommt aber noch schlimmer. Am 11. Mai bringt die vom Marquis geschwängerte Anne Sablonnière, Nanon genannt, ein Mädchen zur Welt, dessen Vaterschaft sie ihrem Ehemann aufbürdet. Vierundzwanzig Jahre alt und »bestens geeignet, ein Bett zu bestücken«, hat Nanon sehr bereitwillig ihren Part in den Sadeschen Nächten von La Coste gespielt;

»das Luder tischte das Hauptgericht auf, wenn die kleinen Mädchen die Gewürze gebracht hatten«, sagt Paul Bourdin.[14] Das Neugeborene wird einer Amme von La Coste übergeben, während die Mutter bei den Sade wohnt. Doch am 20. Juni kommt es zu einer heftigen Auseinandersetzung mit der Marquise, worauf Nanon, »eine Million Unverschämtheiten« brüllend, wie hysterisch davonrennt und sich in Maison-Basse verbarrikadiert. Madame de Sade ist entsetzt, denn so jemand ist gefährlich, diese Frau kann mit Worten wie mit Taten Schlimmes anrichten und ist zu jeder Gemeinheit fähig. Ohne sie, das weiß man, wäre der Skandal mit den jungen Mädchen nie geplatzt. Was, wenn sie jetzt in der »Kabale von Lyon« mitmischt, die einen ungeheuren Trubel verursacht? Die Präsidentin will sie schon seit einiger Zeit festsetzen; es sei »eine Sache von höchstens vierzehn Tagen«, meinte sie noch in einem Brief, den ihre Tochter am Tag zuvor erhielt und in dem sie diese ermahnte, die Frau inzwischen nicht aus den Augen zu lassen. Jetzt, wo sie frei herumläuft, bedeutet sie eine ständige Bedrohung. Wie kann sie neutralisiert werden, bis der von Madame de Montreuil angekündigte geheime Haftbefehl kommt? In ihrer Panik greift die Marquise zu einem ziemlich unwürdigen Mittel: Sie beschuldigt Nanon, drei Silberbestecke gestohlen zu haben, und erstattet Anzeige gegen sie. Nanon, die sich selbst bedroht fühlt, sucht Zuflucht beim Prior des Klosters von Jumiège, der sie aufnimmt. Einige Tage später schickt der Marquis drei seiner Bediensteten zum Kloster mit dem Auftrag, die Frau zu entführen, unter dem Vorwand, sie habe ihm 40 Livres gestohlen. Doch der Coup mißlingt, und der Prior beklagt sich beim Abbé de Sade, dem er rät, seinen Neffen für den Rest seiner Tage einsperren zu lassen. Im übrigen versichert er aber dem Abbé, er meine, das Gerede im Keim erstickt zu haben.

Jetzt scheint sich wirklich alles gegen Donatien verschworen zu haben. Nur wenige Tage nach der Geschichte mit Nanon erscheint die Mutter des jungen »Sekretärs« in Aix, um »mit Höllengetöse« ihren Sohn zurückzufordern. Das kommt überraschend, denn bisher hatte diese Frau das Kind stets ermahnt, seinem Herrn treu zu dienen. »Es ist offensichtlich, daß man insgeheim gegen mich arbeitet«, folgert der Marquis. »[...] Man will auch dieses Kind noch, um es wahrscheinlich weitere Lügengeschichten zu Protokoll geben zu lassen.« Er ist überzeugt, daß es sich um eine Gemeinheit des königlichen Anklägers in Lyon handelt, der seine Schwiegermutter mit schönen Versprechungen hinhält, aber insgeheim gegen ihn arbeitet. Zum Glück sitzen in Aix nicht mehr Maupeous

Gefolgsleute. Und mit einem Staatsanwalt wie Monsieur de Castillon, der »sehr besonnen, sehr anständig und sehr vernünftig« ist, hat er nichts mehr zu befürchten. Zumindest glaubt er das. Einige Jahre später wird er Hintergründe dieser Affäre erfahren, die sehr viel weniger erbaulich sind. In Wirklichkeit hat dieser Monsieur Castillon der Mutter und ihrem Jungen »ein Gespinst von Greuelgeschichten« eingeschärft und diktiert, und »sie haben gesagt und geschrieben, was man wollte«. Außerdem habe der Junge einer »sehr eigennützigen Mutter« gehorcht, fügt der Marquis hinzu, die »glaubte, wenn sie ihn tausend Greuel erzählen lasse, daß sie sich damit Pensionen verschaffen würde; sie wußte von den hundert Louisdor von Arcueil«.[15] Kann man diesen sechs Jahre später im »Großen Brief« an Madame de Sade (1781) aufgestellten Behauptungen Glauben schenken? Dichtung und Wahrheit sind außerordentlich schwer zu trennen in dieser langen und dürftigen Rechtfertigung, die er seine »Generalbeichte« nennt und in der er sorgfältig alle Umstände verheimlicht, die gegen ihn verwendet werden könnten. Die körperlichen Mißhandlungen streitet er wütend ab, auch wenn es noch so viele Beweise dafür gibt. Und die Zeugenaussagen versucht er eine nach der anderen zu entkräften: Nanon? Diese »Puffmutter« wollte sich natürlich selbst reinwaschen und belastete deshalb nach Kräften den Mann, den sie für ihren Komplizen hielt. Die Gebeine, die man im Garten fand? Mademoiselle Du Plan hatte zum Spaß einen kleinen Raum damit geschmückt und sie danach im Garten verscharrt. Hier lügt der Marquis nur zur Hälfte; diese Knochen gehörten wahrscheinlich zur Bühnenausstattung der nächtlichen Szenen in La Coste, wohl um die jungen Mädchen einzuschüchtern: Sade schätzt diese Mischung von Makabrem und Erotischem und hat nichts dagegen, wenn seinen jungen Gefährtinnen der Schreck in die Glieder fährt. Die Aussage des jungen Sekretärs? Dieses Kind gehörte zum Gesinde; »als Kind und Dienstbote kann er nichts glaubhaft versichern«.

Am 5. Juli 1775 seufzt Renée-Pélagie erleichtert auf: Aus Versailles ist endlich der Haftbefehl gekommen, der Nanon Sablonnière ins Zuchthaus von Arles verbannt. Die Präsidentin, die dieses Gefängnis selbst ausgesucht hat, hofft, daß die königlichen Geheimbefehle das bewirken, »was sich ziemt: *Menschlichkeit, aber Verschwiegenheit und Sicherheit* ...« Diese Furie ist sie endlich los. Nanons kleine Tochter kümmert immer mehr dahin, weil sie keine Milch bekommt: Die Amme »vergaß« ganz einfach zu sagen, daß sie selbst im vierten Monat schwanger war. Am 30. Juli stirbt das Mädchen in La Coste im Alter von zehn Wochen.

Donatien fühlt sich zunehmend in die Zange genommen. Sogar im Schloß ist er nicht mehr sicher. Dieses ganze Aufsehen um die »kleinen Mädchen« hat ihm ungeheuer geschadet und wird ihm womöglich in Kürze eine neue Polizeiaktion bescheren, die ihn diesmal teuer zu stehen käme. Da sucht er lieber das Weite. Auch diesmal ist Italien das Ziel, dort sucht er Zuflucht, Freiheit … und Wollust.

REISE NACH FLORENZ

Am Nachmittag des 17. Juli 1775 reist er ab, es begleiten ihn La Jeunesse und der Postmeister von Courthézon, Louis Charvin. Nach einer abenteuerlichen Alpenüberquerung kommt er am frühen Morgen des 25. Juli in Turin an, wo er im Hôtel d'Angleterre, der besten Herberge am Ort, absteigt. Er reist dann weiter über Alessandria, Tortone, Voghera, Piacenza, Borgo San-Donnino, Parma, Reggio, Modena; in Bologna besichtigt er den Vulkan Pietramala, dessen heiße Quellen (*fuochi*) ihn stark beeindrucken.

Am 3. August gegen vier Uhr nachmittags betritt der Marquis de Sade alias »Graf von Mazan« die Stadt Florenz, die erste wichtige Station seiner Reise. Hier ist er endlich ein freier französischer Edelmann – glaubt er, denn trotz seines Pseudonyms hat ihn die französische Polizei nicht aus den Augen verloren. Inspektor Marais verfügt in Italien über ein Netz von Informanten, die ihm jeden Aufenthalt des Flüchtigen anzeigen. Ein gewisser Pitrot, Tänzer der Comédie-Italienne, meldet die Ankunft des »Grafen von Mazan« in Florenz nach Paris und verzeichnet dessen Auftritte an den italienischen Höfen. In Rom ist es ein französischer Schauspieler, der ihn beobachten soll. Donatien wird es merken und dem Beschatter eine Abreibung verpassen, was diesen aber nicht hindern wird, ihm nach Neapel zu folgen. Bei Sades Rückkehr wird in Grenoble der Sohn eines Kaminkehrers, der sich als savoyischer Beamter ausgibt und Sade von Miolans her kennt, jede Kleinigkeit nach Paris melden.[16]

DOKTOR MESNY

Als seriöser und gebildeter Tourist hat Monsieur de Mazan fleißig Reiseberichte studiert, namentlich die von Cochin, Lanlande und Abbé Richard; in seiner eigenen *Voyage d'Italie* (Italienreise) wird er sich ganz selbstverständlich bei diesen Autoren bedienen (auch Stendhal wird das tun), dabei aber jeden kleinen Fehler aufspießen. Undankbar und kleinkrämerisch wie er ist, entrüstet er sich über die Unfähigkeit und Unwissenheit dieser Leute und wirft ihnen Lügen und schlechten Geschmack vor. Auf Abbé Richard hat er es besonders abgesehen. Was, der Mann bezeichnet den Brückenkopf von Bologna als Eingang der Stadt? Monsieur de Sades Urteil ist vernichtend. »Alle Einzelheiten dieses Reisenden sind in etwa im selben Geschmack«, schreibt er, »ich stelle Ihnen anheim, wieviel Glauben Sie ihm schenken wollen.« Anderswo beschuldigt er ihn, von anderen Reisebüchern abgeschrieben zu haben, was der Gipfel der Frechheit sei. Er wirft ihm auch vor, Dinge einfach zu erfinden: »Man sieht mit Betrübnis, wenn man diesem Autor folgt, wie sehr er täglich die Wahrheit durch Fiktionen ersetzte und wie sehr er vor allem ein Buch machen wollte statt einer Reise.«[17] Er beschimpft ihn als »Lügner« und »Betrüger« und schmäht ihn auf jeder Seite mit sarkastischem Vergnügen. Man muß dazu sagen, daß der Abbé aus seiner heftigen Aversion gegen die »Philosophensekte« auch kein Geheimnis gemacht hat.

Schon am Tag nach seiner Ankunft in Florenz sucht Donatien Doktor Mesny auf, für den ihm der Marquis Pietrobono de Donis, ein entfernter Verwandter und Vater einer in Mazan lebenden Dame, ein Empfehlungsschreiben mitgegeben hat. Aus Lothringen stammend, gilt der sechzigjährige Barthélemy Mesny zu Recht als einer der gebildetsten Männer der Stadt. Er ist nicht nur Leibarzt des Großherzogs der Toskana, sondern auch Naturforscher, Archäologe und Sammler. Er bietet sich unserem Reisenden gleich als Führer an. Dieser wird ihm ein sehr dankbares Andenken bewahren, wie die lobende Beschreibung seines *Cicerone* bezeugt: »Vergessen wir nicht, Madame la Comtesse, in unserer Sammlung von Sehenswürdigkeiten in Florenz das einzigartige Naturalienkabinett des Doktor Mesny, Arzt im allgemeinen Militärkrankenhaus. Dieser Gelehrte hat zusammengetragen, was immer sein Vermögen und verschiedentlich erhaltene Geschenke ihm zu sammeln erlaubten. Man sieht dort [insbesondere] Muscheln, Fossilien, Versteinerungen, Minerale und antike und neuzeitliche Münzen, wirklich sehenswerte Dinge.«[18]

VERFÜHRT UND SITZENGELASSEN

Donatien, der nie Italienisch gelernt hat, empfindet schmerzlich die Sprachbarriere. »Es ist hier des Teufels mit der Verständigung«, gesteht er Gaufridy. »Keine Menschenseele spricht Französisch, und ich bin noch weit davon entfernt, Italienisch zu sprechen. Ich arbeite aber daran wie der Teufel. Der Chevalier von Doni behauptet, ich schaffe es nicht ohne italienische Lehrerin, worauf ich ihm [und Ihnen] versichere, daß das ein Mittel ist, dessen ich mich gewiß nie bedienen werde.«[19] Natürlich ist dies im Spaß gemeint, denn von nichts träumt er mehr als von hübschen Sprachlehrerinnen. Beim gelehrten Arzt und dessen Töchtern wird er fündig.

Doktor Mesny hat fünf Töchter: Die älteste ist mit einem toskanischen Podesta verheiratet, die zweite ist im Kloster, die dritte, von der wir noch sprechen werden, die Gattin eines französischen Malers; Signora Moldetti, die vierte, ist die Frau eines Zollbeamten, die jüngste, Françoise, wohnt noch bei den Eltern.

Unser Lüstling verführte nicht letztere, sondern die schöne Chiara Moldetti, die mit ihren dreißig Jahren schon fünffache Mutter ist und ein sechstes Kind erwartet. »Sie wohnte an der Piazza di Santo Spirito in Florenz«, wird er später erzählen, »die vorletzte Tür linkerhand, wenn man zur Kirche blickt. Sie hatte vier Knaben und ein Mädchen und war mit einem sechsten Kind schwanger. Ihr Ältester war häßlich, der Jüngere sah ziemlich gut aus, er erinnerte ein wenig an Latour. Die beiden Kleinen versprachen hübsch zu werden; das kleine Mädchen war bei einer Amme, von wo man es nächstens holen wollte. Das Landhaus der Moldetti war auf einer Anhöhe gelegen, eine halbe Meile von Poggio a Caïano entfernt, ein königliches Haus.«[20]

Chiara entbrennt gleich in heftiger Leidenschaft für den französischen Edelmann. Dieser scheint ihre Zuneigung zu erwidern und schwört ihr ewige Liebe, bis sie seine Mätresse werde, was nicht lange auf sich warten läßt; doch schon bald erlahmt sein Interesse, und er versucht sie abzuschütteln. Es läuft dann nach dem klassischen Schema ab: Je mehr sie sich an den Treulosen hängt, desto mehr flieht er sie, manchmal vergehen Tage, ohne daß er sie besucht oder ihr schreibt. Die Ärmste seufzt, fleht, bettelt um eine Geste, ein Wort, das sie wieder hoffen ließe. Umsonst.

Von diesem Abenteuer besitzen wir ein anrührendes Zeugnis in Form eines Dutzends leidenschaftlicher Briefe dieser verführten und im Stich gelassenen Frau; sie sind alle italienisch, ein Beweis, daß Donatiens Sprachkenntnisse rasche Fortschritte gemacht haben. Einige Zeilen dieser unveröffentlichten Dokumente seien hier zitiert: »Ich liebe Sie, mein Geliebter, und ich schwöre, daß ich in Zukunft alles tun werde, was Sie wünschen.« – » Verzeihe der Frau, die Dich mit den tiefsten Gefühlen eines aufrichtigen Herzens liebt.« – »Ich erwarte nächsten Dienstag wie vereinbart einen lieben Brief von Dir; ich habe nicht vergessen, meiner Schwester zu sagen, sie solle pünktlich jemanden zur Post schicken, diesen Brief abzuholen. [...] Ich bitte Dich, Geliebtester, denk an die, die Dich anbetet. Sei versichert, daß mein einziges Vergnügen darin besteht, meine Gedanken Dir zuzuwenden und mich an die glücklichen Augenblicke zu erinnern, die wir zusammen verbracht haben.« – »Ich sehe ein, daß das Unglück alles ist, was mir bleibt, und daß es mich in allem verfolgen will. Ach, verwünschtes Neapel! Und Rom, das ich auch nicht mehr glücklich preisen kann! Diese beiden Städte sind zu meinem Verderben geworden. Ich, die ich diesmal einen zärtlichen Brief erwartete, voll der Gefühle, die ich bei Dir erlebt und die ich, wie ich wohl sehe, verloren habe! Ich kann dies alles nur meinem Unglück zuschreiben. Oh, wie Du Dich täuschst, Geliebter! Und wie Du mich zittern machst vor Wut und Schmerz, unverdient einen so kalten Brief erhalten zu haben, wo ich ganz das Gegenteil erwartete.«

Immerhin wird Donatien über den Umweg einer schriftlichen Vollmacht Pate des Kindes sein, das im Dezember 1775 geboren wird. Doktor Mesny wußte von der Liaison seiner Tochter; er verstand sie um so besser, als er seinen Schwiegersohn nie sehr geschätzt hatte.

SARAH GOUDAR

Um dieselbe Zeit schließt Donatien Freundschaft mit einer sonderbaren Gestalt, einem dieser Abenteurer, die sich in den Vorzimmern der Minister und hinter den Kulissen der Botschaften herumtreiben. Es ist ein Franzose namens Ange Goudar. Casanova, der solche Füchse in allen Schattierungen erlebt hat, meint, er sei ein »famos gerissener Bursche« und »Teufelssack«, ansonsten aber ein »Mann von Geist, Zuhälter, Falschspieler, Polizeispion, falscher Zeuge, arglistig, verwegen und häßlich«. Casanova und Goudar kennen sich seit langem und haben einander schon einige Dienste erwiesen. Die Vergangenheit des Pierre Ange Goudar liegt völlig im dunkeln, wie übrigens alles, was ihn betrifft. Konversationslexika geben 1720 als sein Geburtsjahr an, tatsächlich ist er 1708, also zwölf Jahre früher, in Montpellier geboren. Über seine Kindheit und Jugend weiß man fast nichts, wenigstens nichts Sicheres. Es gibt nur verstreute Daten: 1744 war er in Reggio, dann in Parma, wo sich seine Spur wieder verliert. Etwas später taucht er in Konstantinopel auf, dann in

Isfahan. Wovon lebt er? Geheimnis. 1746 ist er in Venedig. Nach der Veröffentlichung einiger Schriften, wie dem autobiographischen *L'Aventurier français* (Der französische Abenteurer, 1746), der satirischen und zynischen *Histoire des Grecs* (Geschichte der Griechen, 1757), dem politisch-historischen *La Paix de l'Europe* (Der europäische Friede, 1757) oder *Charles Ier, roi d'Angleterre* (Karl I., König von England) oder der Polemik *L'Anti-Babylone* (Das Anti-Babylon), findet man ihn 1761 in London, wo er Sarah kennenlernt, eine sechzehnjährige Kellnerin von sehr großer Schönheit. Casanova war Zeuge ihrer Begegnung, die er folgendermaßen schildert:

»Da ich den Müßiggang in einem Land pflegte, dessen Sprache ich nicht verstand, war ich fast glücklich, Goudar zu haben, welcher mich mit den berühmtesten Kurtisanen Londons bekannt machte, vor allem mit der illustren Kitty Fisher, deren Stern im Sinken begriffen war. In einem Gasthaus, in dem wir eine Flasche *strong-beer*, besser als Wein, tranken, machte er mich mit einer sechzehnjährigen Kellnerin bekannt, einem wahren Wunder an Schönheit. Sie war Irin und Katholikin, ihr Name war Sarah. Ich wollte sie erobern oder erwerben, doch Goudar hatte schon ein Auge auf sie geworfen, und im Jahr darauf entführte er sie tatsächlich. Er heiratete sie schließlich, und es ist diese Sarah Goudar, die in Neapel, Florenz, Venedig und anderswo brillierte und der wir vier oder fünf Jahre später wieder begegnen werden, immer noch mit ihrem Gatten. Dieser Goudar hatte den Plan, sie an die Stelle der Du Barry, der Mätresse Ludwigs XV., zu setzen, doch ein Haftbefehl zwang ihn, sein Glück anderswo zu versuchen. Glückliche Zeiten der geheimen königlichen Haftbefehle, ihr seid vergangen!«[21]

Um 1767 nimmt das Ehepaar seinen Wohnsitz in Neapel, wo Ange Goudar Sprachunterricht erteilt und sich als Literat ausgibt. In Wirklichkeit lebt er vom Glücksspiel, von der geschickten Vermarktung der Reize seiner Frau und von seiner Tätigkeit als Geheimagent, die ihm überdies hohe Protektionen beschert. Von Spionen wimmelt es zu dieser Zeit an den kleinen italienischen Höfen, wo der französische Einfluß hart mit dem habsburgischen ringt. Unserem Mann gelingt es, sich durch Intrigen Zugang zum König von Neapel zu verschaffen, und er spekuliert darauf, Ferdinand IV. werde den schönen Augen, die Sarah ihm macht, nicht lange widerstehen. Die Wirklichkeit übertrifft alle Erwartungen, denn bald schon liegt seine Frau im königlichen Bett, und er wird mit Gunstbeweisen überhäuft.

Doch die Herrlichkeit währt nicht lange. Im September 1774 fällt das Ehepaar Goudar ganz plötzlich in Ungnade. Ferdinand IV., König beider Sizilien, verjagt sie von seinem Hof. Was ist passiert? Hatte die Königin einen Eifersuchtsanfall, wie Casanova behauptet? War Sarah das Opfer der Rivalität zwischen Ferdinand und seiner Frau? Wie auch immer, jedenfalls nutzt der Monarch den erstbesten Vorwand, um den Abenteurer loszuwerden. Noch 1769 hatte Goudar eine freche Streitschrift mit dem Titel *Naples. Ce qu'il faut faire pour rendre ce royaume florissant* (Neapel. Was zu tun ist, um dieses Königreich erblühen zu lassen) veröffentlicht, ohne daß ihm daraus die geringsten Schwierigkeiten erwuchsen. Doch vier Jahre später wird dasselbe Werk als lästerlich verurteilt und öffentlich vom Henker verbrannt, während seinem Autor bedeutet wird, er habe samt seiner Frau innerhalb von vierundzwanzig Stunden zu verschwinden. Ange und Sarah weichen zunächst nach Florenz aus und vagabundieren dann von Stadt zu Stadt, sie schlagen sich durch, so gut es geht, werden aber immer wieder wegen erotischer Exzesse ausgewiesen.

Sade lernt Ange Goudar schon kurze Zeit nach seiner Ankunft in Florenz kennen, vielleicht durch Doktor Mesny. Ihre Bekanntschaft währt nur kurz, da der Marquis die Hauptstadt der Toskana am 21. Oktober bereits wieder in Richtung Rom verläßt. Die wenigen Wochen genügen aber für Sade, Sarahs Geliebter zu werden.[22] Er nennt sie später eine der drei hübschesten Frauen von Florenz, neben der Gräfin Albany, der Frau des englischen Thronprätendenten Karl Eduard Stuart, und Lady Cooper, einer achtzehnjährigen Engländerin. In seinen Augen überragt Sarah die beiden noch, »sowohl durch die Schönheit des Gesichtes als auch durch ihre grandiose Gestalt und Geisteskultur«.[23]

DOLCE VITA

Am Samstag, den 21. Oktober 1775, um drei Uhr nachmittags verläßt der Marquis Florenz; am 27. Oktober um 11 Uhr vormittag betritt er die Ewige Stadt. Ein Empfehlungsschreiben von Doktor Mesny führt ihn bei Signor Lucattini ein, der sich Donatien als Führer anbietet und ihn zu den Antiquaren der Stadt begleitet. Unser Reisender ruiniert sich mit Kunstgegenständen, vergißt dabei aber nie, für seinen Freund Mesny die eine oder andere antike Medaille zu kaufen. Er lernt auch den hochgelehrten Cosimo Alessandro Collini kennen. Der etwa fünfzig Jahre alte Mann hat früher in Voltaires Diensten gestanden und war diesem bei der Abfassung so manchen Werkes behilflich. Der große Mann korrespondierte auch später noch regelmäßig mit ihm und bewahrte ihm eine hohe Wertschätzung. Er wurde dann zunächst Gouverneur des Grafen Sauer in Straßburg, im Jahre 1759 Historiograph des Kurfürsten der Pfalz Karl-Theodor und schließlich Direktor des naturhistorischen Kabinetts von Mannheim.

Im November 1775 wird Donatien durch die Vermittlung Pierre-Ange Goudars vom französischen Botschafter, Kardinal de Bernis, empfangen. Mangels Quellen können wir uns das Gespräch zwischen Sade und dem den Sinnenfreuden sehr zugetanen Prälaten nur vorstellen. De Bernis hatte sich seinerzeit mit seinem Busenfreund Casanova zwei venezianische Nonnen geteilt und eine Prinzessin in einem Verlies des Vatikans beehrt. Welch schönes Material für den zukünftigen Verfasser der *Justine*! Vielleicht beschränkte sich das Gespräch auch auf den Austausch von Höflichkeiten. Doch wozu dann der Aufwand? Der Graf von Mazan hatte, so mag es zunächst scheinen, keinerlei triftigen Grund, den französischen Botschafter aufzusuchen.

Wirklich? In *Juliette oder Die Vorteile des Lasters*, deren Held bekanntlich niemand anders ist als Donatien selbst in weiblicher Verkleidung, spielt Kardinal Bernis eine entscheidende Rolle. Zu ihm läßt sich nämlich Juliette bringen, als sie nach Rom kommt: »Ich hatte Empfehlungsschreiben für den Kardinal de Bernis, unseren Botschafter an diesem Hof, der mich mit aller Galanterie des charmanten Petrarca-Jüngers empfing.« Fünf Monate später stellt Bernis sie Papst Pius VI. Braschi vor, der Klemens XIV. auf den Stuhl Petri gefolgt war.

Wie wir ihn kennen, hat Donatien sicherlich alles versucht, um vom Papst empfangen zu werden. Einfach so, um der Ironie der Situation willen! Der unversöhnliche Feind der Kirche und das Oberhaupt der Christenheit in trautem Zwiegespräch: Wie hätte er darüber gelacht! Es wäre wirklich eine Art Eulenspiegelei gewesen. Und weniger unwahrscheinlich, als man glauben möchte. Denn liest man *Juliette* und *Voyage d'Italie* parallel, ist man versucht, die jeweilige Funktion der beiden Werke umzudrehen. Wenn der Reisebericht den italienischen Schauplatz von *Juliette* illustrieren soll, so könnte umgekehrt *Juliette* durchaus bestimmte (beabsichtigte oder unbeabsichtigte) Lücken ausfüllen, die in *Voyage d'Italie* bestehen. Mit anderen Worten: Wer weiß, ob der Roman nicht in fiktivem Gewand das sagt, was der authentische oder für authentisch gehaltene Reisebericht verschweigt?

Wenn Donatien nicht in Privataudienz von Pius VI. empfangen wurde, so wissen wir zumindest, daß er in der Menge war, die seiner Inthronisierung beiwohnte. Er verfaßte gleich danach einen ausführlichen Bericht für Doktor Mesny. Als Madame de Sade die Neuigkeit erfuhr, verbreitete sie sie eifrig in der ganzen Provence: Ihr Mann hat den Papst gesehen, mit eigenen Augen! Die Bekehrung konnte nicht mehr lange auf sich warten lassen![24]

Monsieur de Sade jedoch war weit entfernt von Bekehrungsgedanken und genehmigte sich sämtliche Genüsse, die Rom für den Kundigen bereithielt – und das waren nicht wenige; hinter den frommen Fassaden verbarg diese Stadt mehr Perversionen als jede andere Stadt Italiens. Aus einem durch sparsame Andeutungen vielsagenden Brief von Ange Goudar zu schließen, genoß unser Katechumene im Schatten des Petersdoms das Leben in vollen Zügen. »Wie ich sehe, amüsieren Sie sich in Rom sehr«, schreibt er ihm am 5. Dezember 1775, »und Sie finden da reichlich Gelegenheit, sich zu amüsieren, aber man muß Vergnügen finden an dieser Art Amüsement.«[25] Wenn man weiß, welche Bedeutung das Wort »sich amüsieren« in der Sprache der Libertins hat, und dieses Wort so nachdrücklich verwendet wird, kann man sicher sein, daß sich Donatien nicht gelangweilt hat ...

Das Kapitel »Rom« wäre unvollständig ohne eine Erwähnung des jungen Giuseppe Iberti, der bei Sade zärtlich »der kleine Doktor von Rom« heißt und eindeutig der teuerste und vertrauteste unter seinen italienischen Freunden war. Doktor Mesny hatte ihm diesen jungen Arzt wärmstens empfohlen, »der, wie Sie sagen, angenehm und unterhaltend zu sein versteht«.

Der in die römische Gesellschaft gut eingeführte Iberti ließ seinen französischen Freund an seinen guten Beziehungen großzügig teilhaben. Durch ihn lernte Sade unter anderen die kaum zwanzigjährige Herzogin Honorine de Grillo kennen, die mit einem Sechzigjährigen verheiratet war und »mit diesem alten Faun ebenso jungfräulich blieb, wie sie gewesen war, als ihre Mutter sie aus dem Ursulinenkloster von Bologna holte, um sie ihm auszuliefern«.[26]

Iberti zeigte dem Marquis nicht nur die Baudenkmäler und Galerien, er übernahm für ihn auch heiklere Aufträge, wie zum Beispiel Recherchen über die Liebesaffären der römischen Gesellschaft oder das skandalöse Leben der Prälaten. Die Archive des Vatikans, zu denen er Zugang hatte, lieferten ihm einen reichen Schatz an Geschichten und Geschichtchen, die er unverzüglich an Donatien weitergab, wobei er seinem Freund zu Gefallen auch erhebliche Risiken nicht scheute. Eines Tages geriet ein Brief des Marquis an seinen kleinen Äskulapjünger in die Fänge der Inquisition; der Pechvogel wurde festgenommen, als er aus dem Haus des Fürsten de Grillo trat, und in ein Verlies des Heiligen Offiziums geworfen. Nur der Protektion des Botschafters von Venedig hatte er es zu verdanken, daß er nach vier Monaten wieder freikam, wobei ihm unter Androhung der Todesstrafe untersagt wurde, über das in dieser Zeit Erlebte zu sprechen. Der junge Mann belieferte jedoch Sade weiterhin mit Informationen, gewisse Dinge allerdings ausgenommen: »[...] was bestimmte galante Einzelheiten betrifft, so müssen Sie mich entschuldigen; ich bin von Spionen umgeben. Und meine Briefe, so fürchte ich, könnten auf der Post aufrissen werden. Achten Sie darauf, daß Sie mir nur dies antworten: Daß Sie von meinem empfindlichen Ungemach gehört haben. Mein Gott, welchem Abgrund von Elend war ich geweiht! Je zurückhaltender Ihre Briefe sind, desto besser wird es sein. Auch Sie waren, ohne es zu wissen, Ursache meines Unglücks.«[27]

Zwanzig Jahre später wird der Marquis de Sade die Erinnerung an den »kleinen Doktor von Rom« hochhalten, indem er ihn in der *Juliette* auftreten läßt. Er legt ihm ein leidenschaftliches Plädoyer zugunsten jener Ärzte in den Mund, die gegen entsprechendes Entgelt nicht zögern, einen allzu hartnäckig am Leben festhaltenden Kranken auf Wunsch der Ehefrau oder des Sohnes ins Jenseits zu befördern, und fügt dann hinzu: »So redete Iberti, der hübscheste, geistvollste und liebenswürdigste Doktor von Rom.« In einer Fußnote merkt er an: »Laß mich Dir diese Ehre erweisen, liebenswürdiger Freund, den ich nie vergessen werde. Du bist der einzige, dessen Namen ich in diesen Erinnerungen nicht verhüllen mag. Die Rolle des Philosophen, die ich Dich darin spielen lasse, paßt zu gut zu Dir, als daß Du mir nicht verzeihen würdest, Dich der ganzen Welt kenntlich zu machen.«[28]

DER AUFENTHALT IN NEAPEL

Gegen Ende Dezember verläßt Donatien Rom, um nach Neapel zu reisen, wo er in den ersten Januartagen des Jahres 1776 ankommt. Er findet zunächst Aufnahme beim französischen Maler Jean-Baptiste Tierce, einem Schwiegersohn von Doktor Mesny, der ihm ein annehmliches

Quartier besorgt und sich um alles kümmert, was er für sein Wohlergehen benötigt.

In Neapel betreibt der Marquis seine Erkundungen mit derselben Gier wie in Florenz und Rom. Er will alles sehen, alles studieren, beurteilen, bewundern, kritisieren, mögen, hassen, kurz, schrankenlos seiner unersättlichen und leidenschaftlichen Wißbegierde frönen, die ihn in die Museen, Galerien, Kirchen, Paläste und Bibliotheken treibt, aber ebenso auch in die Grotten, Höhlen, Katakomben, ja bis ins Innere des Vulkans. Und er beschränkt sich nicht darauf, die Kunstwerke oder die antiken und zeitgenössischen Bauten zu betrachten, er beobachtet auch die Sitten, die Politik, die Religion, die Verwaltung, das gesellschaftliche Leben. Die Schönheit der Frauen, die Sitten und Gebräuche der feinen Welt, die Qualität der Bühnen, die Eß- und Trinksitten, die Art und Weise, wie die Leute sich kleiden, wie sie beten, sich in der Öffentlichkeit verhalten – nichts läßt ihn gleichgültig. Er möchte die ganze Gegenwart und die ganze Vergangenheit dieser Zivilisation kennenlernen, sie in einer einheitlichen und umfassenden Vision darstellen. Ein gewaltiger Anspruch nach dem Maße seiner außerordentlichen Einbildungskraft, den er aber nicht einlösen kann, nicht einzulösen vermag.

Seine ersten literarischen Ambitionen haben in der Tat ins Grandiose, Übermäßige gezielt. Dieses »große Werk« vor Augen, macht Sade am Wegrand oder in Herbergen hastig Aufzeichnungen, danach ergänzt er sie durch die Mitteilungen seiner Briefpartner Mesny und Iberti. So wächst das Riesengebäude, das für die Öffentlichkeit bestimmt ist, jedoch erst im 20. Jahrhundert tatsächlich erscheint. Tiercy assistiert ihm in enger Zusammenarbeit: Er liest die Notizen und trägt seine Beobachtungen in kleine Hefte ein, wobei er mit Nummern auf die beschriebenen Werke verweist. Sade schenkt seinen Anmerkungen höchste Beachtung. Oft begleitet ihn der Maler auf seinen Streifzügen, das Skizzenbuch ständig griffbereit und die Gebäude und Landschaften zeichnend, die sich ihnen darbieten. Etwa hundert dieser Zeichnungen und Aquarelle wurden vor kurzem in den Archiven der Familie Sade wiederentdeckt. Sie machen die *Voyage d'Italie* zur regelrechten Reportage.

ZWEI RICHTIGE NAMEN STATT EINEM FALSCHEN

Im Januar 1776 ereignet sich ein Zwischenfall, den man als burlesk bezeichnen könnte, hätte er für den Marquis nicht schwerwiegende Folgen gehabt und schließlich seine Rückkehr nach Frankreich erzwungen. Gemeint ist die Affäre Teissier.

Es ging das Gerücht, ein gewisser Teissier, Kassierer des Salzspeichers von Lyon, sei mit 80 000 Livres nach Italien verschwunden und halte sich jetzt in Neapel unter falschem Namen auf. Der französische Geschäftsträger in Neapel, Monsieur Bérenger, der überzeugt ist, daß dieser Teissier niemand anders sei als der Graf von Mazan, ordnet eine Untersuchung an. Ein schweres Dilemma für Donatien, der seine Identität nicht preiszugeben wagt. Da er sich Oberst nennt, erkundigt man sich bei einem Monsieur de La Bourdonnaye, der ebenfalls französischer Offizier ist und die höheren Chargen bestens kennt. Er behauptet, nie von einem Mazan im Offizierskorps gehört zu haben. Der Marquis sieht sich dadurch gezwungen, seinen richtigen Namen zu nennen. Er zeigt die Empfehlungsschreiben seines Cousins de Donis und einiger anderer vor, doch man glaubt ihm nicht; man verlangt von ihm andere Identitätsnachweise und droht ihm mit Haft, wenn er nicht schnellstens welche aus Frankreich besorge. Inzwischen nimmt ihn die Polizei des Königs von Neapel in Arrest, und seine Post wird genauestens kontrolliert. Auf diese Weise wird das Porträt, das er Madame de Sade schicken wollte, abgefangen und nach Lyon geschickt, damit man dort überprüfe, ob es sich um Teissier handle oder nicht. Man hat ihn um so mehr in Verdacht, als er es immer abgelehnt hat, bei Hof zu erscheinen. Kurz, das Verwechslungsspiel ist perfekt und die Lage so verfahren, daß Madame de Sade, die von der Sache erfahren hat, sogar in Erwägung zieht, persönlich ihren Mann aus der Klemme zu ziehen; sie erkundigt sich bei ihm, wie lange die Reise nach Neapel auf dem Seeweg dauere, wie hoch die Kosten zu veranschlagen seien und ob man Pferde mitnehmen könne. Einstweilen leiht sie sich von der Mutter Geld und schickt ihm ein Mandat über 1200 Francs, das er aber nicht einlösen kann, weil er sich als unverheiratet ausgegeben hat. Er selbst versucht, seine Beziehungen spielen zu lassen.

Interessanterweise kommt Hilfe vom Oberhofmarschall von Neapel, dem Prinzen von San Nicandro. Mit dessen Empfehlungsschreiben in der Tasche begibt sich Donatien zum französischen Geschäftsträger, der ihn kühl empfängt und behauptet, er kenne weder diese Schrift noch den Namen des Unterzeichners. Genau darauf hatte der Besucher gewartet. »Sehr gut, Monsieur«, antwortet ihm der Marquis, »ich werde unverzüglich dem Herrn Oberhofmarschall berichten, daß Sie den, den er zu Ihnen schickt, so empfangen und einen Brief, der von seinem eigenen

Neffen in Florenz kommt, so behandeln.« Auf die Verlegenheit des Geschäftsträgers, der zu spät merkt, daß er vielleicht einen Fehler begangen hat, reagiert Sade, indem er ihm sarkastisch vorhält, er erfülle seine Aufgabe ja wirklich hervorragend und in einer Stellung wie der seinigen könne man nie vorsichtig genug sein. Dann marschiert er zur Tür und sagt, er gehe jetzt schnurstracks zum Oberhofmarschall, um Bericht zu erstatten.

»Was ist das für ein Flegel?« ruft der Prinz von San Nicandro aus, als ihm Sade den Verlauf des Gesprächs schildert. »Ich werde ihn mir heute am Hof vorknöpfen und ihn Mores lehren!« Das Ergebnis läßt nicht auf sich warten. Einige Stunden später steht Monsieur Bérenger persönlich vor Sades Tür, der dem Lakaien, der heraufgekommen ist, um zu sehen, ob er da sei, folgenden Bescheid gibt: »Sagen Sie Ihrem Herrn, ich sei nicht da und ich werde ihn holen, um mich am ersten Tag, an dem der König nicht jagt, von ihm an den Hof begleiten zu lassen.« So hat er sich also nach langem Schwanken durchgerungen, am Hof von Neapel zu erscheinen. In der Uniform eines Obersten.

Doch kaum ist die Entscheidung gefallen, packt ihn das Grausen: Welche Schmach, wenn er dabei öffentlich entlarvt würde! Man könnte ihn wie einen gemeinen Dieb davonjagen! »Ich sterbe vor Angst, bei dieser Vorstellung eine Dummheit zu machen«, gesteht er seiner Frau. »Ich ließ mich dazu hinreißen und zwingen durch Leute, die die Hintergründe nicht kennen, und ich hätte nicht so schwach sein sollen. Teilen Sie mir mindestens durch den Advokaten mit, was Sie von diesem Schritt halten und wie ich mich verhalten soll, wenn man mich erkennt und mich maßregelt.«[29]

Anscheinend hat die Vorstellung bei Hof tatsächlich stattgefunden. Sonst hätte der Marquis nicht Doktor Mesny gegenüber davon gesprochen und auch vom betagten Gelehrten nicht die mit etwas Ironie gewürzte Antwort erhalten: »Für einen, der reist, um ein Philosoph zu werden und sich an den Wundern der Natur zu erfreuen, hat es keine Wichtigkeit, einem König vorgestellt zu werden ...«[30]

Nach glücklichem Ausgang der Affäre verläßt der Marquis am Sonntag, den 5. Mai 1776 Neapel auf dem Landweg, wiederum in Begleitung von Charvin und La Jeunesse, den ihm seine Frau entgegengeschickt hat. Nach einwöchigem Aufenthalt in Rom (12. bis 18. Mai) tritt die kleine Gruppe die Reise über Velletri, Loretto, Bologna und Mailand nach Grenoble an.

KAPITEL 14

Das Attentat

DIE SORGEN DER MADAME DE SADE

Während der Marquis über ein Jahr lang abwesend ist, hat Madame de Sade mit schlimmsten Widerwärtigkeiten zu kämpfen; sie begegnet ihnen mit einer Willenskraft, die man bei dieser als schwach und zaghaft geltenden Frau nicht vermutet hätte. Die Schulden drücken, die Sorgen hören nicht auf, Nanon bleibt eine Bedrohung, die Mädchen reißen aus, die Urteilsrevision ist zu betreiben, doch die Verfahren ziehen sich in die Länge, Abbé de Sade will von nichts wissen, ihre Mutter ist gegen sie, und nebenbei muß sie sich um ihren lieben Gatten kümmern, ihm Batist für vierundzwanzig Hemden schicken und das Geld auftreiben, das er braucht, und wenn sie dafür ihr Tafelsilber verpfänden muß.

Vor allem Nanon sorgt vom Zuchthaus in Arles aus, wo sie eingesperrt ist, für Aufregung. Antoine Lions, der Verwalter des Mas de Cabannes, der die Gefangene besucht und sie überzeugen will, daß ihr ja nur recht geschehen sei und ihm die Anstalt im übrigen sehr »redlich« vorkomme, muß einen Schwall übelster Beschimpfungen über sich ergehen lassen. Die Frau droht, sich umzubringen, um damit auf ihr ungerechtes Los aufmerksam zu machen. Einige Tage später ordnet der Intendant der Provence, der gleichzeitig Präsident des *Parlement* von Aix ist, eine Untersuchung über die Insassen des Zuchthauses an. Ist der Hilfeschrei der Unglücklichen durch die Gefängnismauern gedrungen? Lions verständigt sich sofort mit der Oberin, wie man sich zu verhalten habe. Und Madame de Montreuil wendet sich direkt an den Minister und an den Intendanten, um jeglichem Aufsehen vorzubeugen. Innerhalb einer Woche ist die Sache zur Zufriedenheit der Familie geregelt: Nanon bleibt hinter Gittern, solange Monsieur de Sade nicht rehabilitiert ist. Einstweilen hält man ihr Moralpredigten und rät ihr, zu beichten. Zwischen zwei Wutanfällen will sie wissen, wie es ihrer Tochter Anne-Elisabeth geht – noch niemand hat den Mut gefunden, ihr deren Tod mitzuteilen.

Kummer und Sorgen machen auch die »kleinen Mädchen«, die man an diversen Orten untergebracht hat. Der Abbé ist das seine losgeworden, indem er es ins Krankenhaus von L'Isle-sur-la-Sorgue brachte. Die Marquise kommt für die Kosten auf. Innerhalb weniger Wochen ist das Kind völlig gesund; der Abbé holt es wieder und gibt es Ripert in Pension. Doch jetzt reißt ein anderes Mädchen aus dem Kloster Caderousse aus und macht sich auf den Weg nach Lyon. Am 26. Juli läuft auch die Kleine, die bei Ripert ist, davon. Bevor sie sich in ihre Heimat aufmacht, »plaudert« sie eine Woche lang in Orange und gibt dem Richter umfangreiche Aussagen zu Protokoll. Madame de Sade verdächtigt Ripert, die Sache angezettelt zu haben. Ein drittes Mädchen, die kleine Marie, die noch bei der Marquise als Küchenhilfe in Stellung ist, bekommt die Masern. Wegen der Ansteckungsgefahr bringt man sie, ungeachtet ihrer Tränen, außerhalb des Schlosses unter. Zwei Tage später findet der Arzt sie tot auf. Auch sonst geht es schlecht, die Marquise hat Ärger über Ärger: Die Auseinandersetzung mit dem Pfarrer und dem Bischof wird giftiger,[1] Gothon erkrankt, ein rachsüchtiger Nachbar tötet sechs ihrer Puten, die er auf seinem Feld überrascht hat, im Schloß gibt es keinen einzigen Sou mehr, und am Tor kläfft die Meute der Gläubiger. Renée-Pélagie weiß nicht mehr, wo ihr der Kopf steht.

Wenn wenigstens das Revisionsverfahren vorangehen würde! Aber das schleppt sich jämmerlich dahin. Die häufigen Fahrten nach Aix bringen kaum etwas voran. Die Richter wären einer Revision nicht abgeneigt, aber sie wollen Befehle aus Versailles. Miromesnil will sich in einem so heiklen Verfahren nicht engagieren, und niemand getraut sich, den König darauf anzusprechen, aus Furcht, sein Schamgefühl zu verletzen. Es ist hoffnungslos. Der Abbé reibt sich die Hände; er habe schon immer gesagt, daß nichts zu machen sei, solange sich sein Neffe nicht stelle. Jetzt geben ihm Monsieur de Castillon und der Richter Siméon recht: Das Verfahren ist zwar »voller Nichtigkeitsmängel«, das Urteil ungerecht, der Haftbefehl ebenso, aber der Widerstand gegen die Verhaftung ist illegal. Und die Revision oder Kassation sind an eine eherne Vorbedingung geknüpft, nämlich »die Stellung oder Ergreifung des Verurteilten zwecks Tilgung der Kontumaz«.

Danach steht aber dem Marquis de Sade nicht der Sinn. Er hat gerade französischen Boden betreten und gedenkt, sich als freier Mann auf seine Güter zu begeben. Er ist am 18. Juni 1776 in Grenoble angekommen, wo er einige Tage bleibt, um einen jungen »Sekretär« namens Raillanne anzuwerben, der den ersetzen soll, den man zurückgeben mußte. Von Grenoble aus begibt er sich nach Courthézon, wo er den Postmeister Charvin absetzt. Am 26. oder 27. Juni kommt er in La Coste an. Hier bleibt er nur wenige Tage, dann fährt er wieder nach Grenoble, wo er sich von Raillanne trennt, der ihn nicht befriedigt (in welchem Sinn, ist nicht bekannt ...), und einen anderen Jungen namens Malatié oder Lamalatié einstellt, den ihm eine Buchhändlerin empfohlen hat.

ARBEITSAME TAGE

Ins häusliche Dasein zurückgekehrt, nimmt der Marquis de Sade seelenruhig, als wäre nichts gewesen und als wäre er völlig außer Gefahr, seinen gewohnten Tagesrhythmus wieder auf. Er war immer der Meinung, es könne ihm nichts passieren, solange er auf seinem Gut lebte. In seinem Schloß, diesem magischen Bannkreis, in dem er sich unangreifbar wähnt, verbringt er seinen Tag mit Lesen und Schreiben. Er kauft die Bücher, die er braucht – eine Kirchengeschichte, eine lateinische Ausgabe des Vergil mit französischer Übersetzung –, gibt einige Bände zum Binden und Stiche zum Einrahmen ... Vor allem aber arbeitet er an seinem großen Werk, für das er immer noch Informationen von seinen italienischen Freunden erhält, insbesondere von Doktor Mesny, der sich mit diesem kleinen Nebenerwerb sein Salär aufbessert. Er plant, die Arbeit zu veröffentlichen und damit seine Karriere als Literat oder vielmehr Philosoph zu begründen, denn was er dem Publikum vorlegen will, ist nicht ein gewöhnlicher Reisebericht, sondern eine philosophische Abhandlung.

Den ganzen Sommer verbringt Donatien hinter halbgeschlossenen Fensterläden an seinem Schreibtisch, von Büchern und Manuskripten umgeben. In träger Lautlosigkeit schleppen sich die Tage dahin, Neuigkeiten sind spärlich, häusliche Verrichtungen und seltene Besuche bringen wenig Abwechslung. Als der Herbst kommt, empfindet er die Eintönigkeit als Last, er beginnt sich zu langweilen. Am 15. Oktober läßt er einspannen und flieht gen Montpellier, wo er bis Allerheiligen bleibt.

MADEMOISELLE JUSTINE

In Montpellier besucht er Rosette, die zwei Monate lang auf dem Schloß war. Rosette stellt ihm eine gewisse Adélaïde vor und überredet diese, mit dem Marquis zu gehen; sie habe es dort wirklich gut, »abgesehen von der

Einsamkeit«. Man wird handelseinig, und der Marquis macht sich auf die Suche nach einem zweiten Mädchen als Köchin. Er wendet sich mit seinem Anliegen an den ihm bekannten Franziskanerpater Durand, der mit den beiden Töchtern des Stadtgärtners spricht. Diese empfehlen ihm die zweiundzwanzigjährige Catherine Treillet, die als sehr hübsch gerühmte Tochter eines Webers. Sie hat in Montpellier 40 Taler verdient und will 50, wenn sie in La Coste arbeiten soll. Der Marquis verspricht ihr das, sogar mehr, wenn er mit ihr zufrieden sei. Es fehlt nur noch die Zustimmung des Vaters. Dieser berät sich mit Pater Durand, der ihm eifrig versichert, seine Tochter könne keine bessere Stellung finden. Was die Sittlichkeit betreffe, so könne er garantieren, daß das Schloß ein wahres Kloster sei ... Abgemacht. Am nächsten Morgen beginnt Catherine ihren Dienst beim Marquis. Pater Durand begleitet sie persönlich nach La Coste. Nach seiner Rückkehr zerstreut der Mönch die letzten Bedenken des Vaters: Es habe zwar Tränen gegeben, als sie zum Schloß kam, aber Madame de Sade habe das Töchterchen schnell getröstet. Als zwei oder drei Tage danach der Marquis nach Hause kommt, scheint das Mädchen sich bereits eingewöhnt zu haben; sie wird sich noch schneller an ihn gewöhnen. Sie scheint ihren Dienst sehr ernst zu nehmen, denn der Marquis wird sie schon bald umtaufen und ihr einen Namen geben, der ihrer Stellung als Kammerzofen-Mätresse besser entspricht: Justine!

Madame de Sade scheint diese neue »Kraft« so gelassen hinzunehmen wie sie es bisher getan hat und auch künftig tun wird. Es waren schon so viele da! Wie ein verhärmtes Opfer wirkt sie allerdings nicht, diese Rolle hat sie längst aufgegeben, wenn sie sie je gespielt hat. Was ihr echten Kummer bereitet, sind die aberwitzigen Kosten, die der Marquis mit seinem »Gesinde« verursacht. Als er nach zweiwöchiger Abwesenheit zurückkommt, hat sich die Lage erneut verschlechtert. Renée-Pélagie weiß nicht mehr, wie sie über den Winter kommen soll. Es fehlt ihr an Brennholz und Kleidern, die Fenster haben keine Scheiben mehr, so daß sie sich erkältet und das Bett hüten muß. Bald fehlen auch die Lebensmittel: Brot, Fleisch, Gewürze. Und die Gläubiger werden immer bedrohlicher. Madame de Montreuil läßt sich von der Not ihrer Tochter erweichen und schickt schließlich 1200 Livres – an Gaufridy, »mit der Auflage eines Verwendungsnachweises« und unter der ausdrücklichen Bedingung, daß das Geld nur für das Lebensnotwendigste ausgegeben und jede Ausgabe nachgewiesen wird. Madame de Sade erkennt darin die Kleinlichkeit ihrer Mutter: Wenn sie ihr schon helfen will, warum schickt sie ihr dann das Geld nicht direkt? Was bedeutet der Umweg über den Notar? Hält sie sie für eine Bettlerin, die man mit Almosen abspeist? Der Marquis hingegen wendet dem Notar gegenüber die emotionale Erpressung an, die er so gut beherrscht: »Mir scheint auch, daß Sie viel mehr Lust haben, sich mit ihr gutzustellen, als mir nützlich zu sein. So einfach ist das; das System ist in Mode; man muß es befolgen, und ich will mich nicht beklagen, denn ich habe nichts anderes erwartet.«[2]

AUFREGUNG IM HÜHNERSTALL

Mitte Dezember erhält Pater Durand von Monsieur de Sade einen neuen Auftrag in Sachen Dienstpersonal: In La Coste bräuchte man noch ein Zimmermädchen, eine Küchenhilfe, einen Perückenmacher und einen Sekretär. Der Mönch begibt sich sofort auf die Jagd.

In wenigen Tagen hat er einen Sekretär mit Namen Rolland, einen Perückenmacher aus Paris, ein Zimmermädchen namens Cavanis sowie eine Ausländerin als Küchenhilfe angeworben. Er läßt das Völkchen einen Wagen besteigen und fährt mit ihm nach La Coste. Der Marquis bietet den Leuten ein Abendbrot an und schließt dann jeden einzelnen in ein Zimmer ein. Im Lauf der Nacht besucht er einen nach dem anderen und versucht, mit einer Geldbörse ihre Gunst zu erkaufen, ohne Erfolg, wie es scheint. Am nächsten Morgen erklären die jungen Leute, keinen Tag länger bleiben zu wollen. Der Pater verfrachtet also alle wieder in denselben Wagen, mit Ausnahme der Küchenhilfe, die im Dienst des Marquis verbleiben will.

In Montpellier erzählen die Leute sogleich dem Weber Treillet, was sie im Schloß erlebt haben. Dieser rennt wutentbrannt zu Pater Durand und überhäuft ihn mit Vorwürfen. Der Mönch gibt zu, irgendwann mal davon gehört zu haben, daß der Marquis gelegentlich über die Stränge schlage, doch er schwört bei allen Heiligen, er habe ihn für bekehrt gehalten, es heiße doch, er sei in Rom sogar beim Papst gewesen. Als der Weber ankündigt, er wolle seine Tochter holen, bittet ihn der Pater händeringend, dies zu unterlassen; als er merkt, daß der Mann sich nicht umstimmen läßt, gibt er ihm einen Brief an den Marquis de Sade mit. Der Weber geht damit schnurstracks zum Franziskanerprior, dem er die Geschichte erzählt. Dieser erbricht Pater Durands Brief und stellt fest, daß er das Gegenteil von dem enthält, was der Weber will. Er verdonnert den Mönch dazu, ihn neu zu schreiben, und jagt ihn dann aus dem Kloster.

»Justines« Vater jedoch macht sich mit dem neuen Brief nach La Coste auf, wo er sich am 17. Januar 1777 am Schloßtor präsentiert.

Unterbrechen wir hier den Bericht, der bisher ausschließlich der Aussage des Webers Treillet gefolgt ist, um dem Marquis das Wort zu erteilen. Dieser erklärt einleitend, die Angaben des Webers seien »falsch und voller Verleumdungen« und der Mann sei »ganz offensichtlich ein Schuft und Lügner.« Dann widerlegt er die Behauptungen Punkt für Punkt:

- Treillet bezeichnet seine Tochter als »sehr hübsch«: Dieses Attribut sei durch nichts gerechtfertigt, entgegnet Sade.
- Zum Brief des Mönchs: »Dieser Brief ist falsch, der Pater hat ihn nie vorlegen können; im übrigen konnte Treillet ihn nicht zur Kenntnis nehmen, weil er nicht lesen kann.«
- Zu den jungen Dienstboten in der besagten Nacht: »Ein Hausdiener brachte sie zu Bett. Monsieur de Sade hat sie nicht einmal begleitet. Er blieb bei Madame de Sade und Pater Durand sitzen und plauderte mit ihnen, und sie haben sich selbst in ihre Zimmer eingeschlossen, bis am nächsten Morgen um vier Uhr früh derselbe Diener sie für die Rückreise weckte.«
- Zu den unzüchtigen Anträgen: »Dazu habe ich nur eines zu sagen: Angenommen, ich hätte diese Leute aufgesucht (die ein Greuel vor dem Angesicht der Natur waren, was Alter und Aussehen betraf), doch angenommen, ich hätte sie der Befriedigung meiner Wünsche für würdig befunden, so hätte ich sie, da sie mir ihren Dienst anbieten kamen, sicherlich behalten; und hätte ich sie behalten wollen, so hätte ich ihnen nicht in der Nacht unzüchtige Anträge gemacht. Während ihres Aufenthalts hier wäre reichlich Zeit dazu gewesen. Wenn ich also, was so gewiß ist wie nur etwas, noch am selben Abend beschlossen habe, sie wegzuschicken, indem kaum Bedarf bestand und ich sie auch niemals bestellt hatte, so wäre ich wohl nicht so unvernünftig gewesen, Leute zu beleidigen, von denen ich wußte, daß sie am nächsten Morgen wieder abreisten und sich gleich beklagen gehen konnten. Konnte ich nicht voraussehen, daß diese Leute ärgerlich sein würden über die vertane Fahrt? Sollte ich ihren Ärger durch nächtliche Anschläge noch steigern? Ich hätte doppelt und dreifach verrückt sein müssen, um einen solchen Fehler zu begehen, und ich habe ihn gewiß nicht begangen! Und was die Geldbörse betrifft, so weiß niemand besser als Monsieur Gaufridy, daß ich zu jener Zeit keinen roten Heller besaß.«[3]

Wem soll man glauben? Wir wissen aus Erfahrung, mit welcher Dreistigkeit Sade das Gegenteil der Wahrheit behaupten kann. Wir haben ihn so oft beim Lügen ertappt und mit gespielter Entrüstung seine Unschuld beteuern hören, obwohl über seine Schuld kein Zweifel bestand, daß wir ihm hier nicht so recht glauben mögen. Und für den, der ihn kennt, sind seine Argumente auch nicht überzeugend. Die nächtlichen Verführungsversuche wären unvernünftig gewesen? Das wird ihm erst hinterher bewußt, und wir wissen ja, daß er jede Vorsicht vergißt, wenn ihn die Lust packt.

Die Häßlichkeit der Dienstboten ist sicher auch kräftig übertrieben. Und selbst wenn: Gilbert Lely weist darauf hin, daß Häßlichkeit bei Monsieur de Sade auch ein Element der Verführung sein konnte, sollte er je die bizarren Ansichten geteilt haben, die er den Libertins der *Hundertzwanzig Tage von Sodom* unterstellt: »Die Schönheit ist etwas Einfaches, die Häßlichkeit etwas Außerordentliches, und alle feurigen Gemüter ziehen wohl das Außerordentliche in der Lüsternheit dem Einfachen vor. Schönheit und Frische beeindrucken immer nur im einfachen Sinne; Häßlichkeit und Verkommenheit versetzen einen kräftigeren Schlag, die innere Erschütterung ist stärker, die Aufwallung muß also heftiger sein. Man braucht sich demnach nicht zu wundern, wenn so viele Leute für ihre Lust eine alte, häßliche, sogar stinkende Frau einem frischen und hübschen Mädchen vorziehen, genausowenig wie es verwunderlich ist, daß ein Mann bei seinen Wanderungen den steinigen und rauhen Boden des Gebirges den eintönigen Pfaden der Ebene vorzieht.«[4]

EIN SCHUSS AUS NÄCHSTER NÄHE

Fahren wir in unserem Bericht fort. Am 17. Januar 1777 also, zwischen Mittag und ein Uhr, präsentiert sich der Weber Treillet (wir halten uns an seine Version) mit einem Brief am Schloßtor und verlangt den Hausherrn. Ein Diener antwortet ihm, Monsieur sei nicht da. Dann will der Weber eben Madame sprechen. Diese erscheint; Treillet gibt sich als Vater ihrer Köchin zu erkennen. Madame de Sade flüstert dem Diener etwas ins Ohr, worauf sich beide zurückziehen und den Besucher bitten, sich etwas zu gedulden. Kurz darauf erscheint Monsieur de Sade, der gleich zu wüten und zu drohen anfängt und behauptet, die Tochter des Webers könne froh sein, bei ihm arbeiten zu dürfen; schließlich ruft er aber »Justine«. Diese läuft herbei und umarmt ihren Vater unter Tränen. Doch der Marquis reißt sie brutal weg und stößt sie in einen Verschlag, den er absperrt, noch bevor der Vater ein Wort zu ihr sagen konnte. Dann packt er den Weber und bugsiert ihn mit Gewalt hinaus; er werde ihn ins Gefängnis werfen lassen, wenn er nicht sofort seine Ländereien verlasse, schwört er. Im übrigen habe sich seine Tochter für ein Jahr verpflichtet, und diese vertragliche Verpflichtung sei noch nicht erfüllt.

Als Zeugen dieser Szene benennt Treillet drei Maurer, die zu dieser Zeit im Schloß arbeiteten: Bontemps aus Roussillon, Perrin aus La Coste, außerdem ein Lehrling. Am nächsten Tag schickt Sade einen Bürger von La Coste, Monsieur Paulet, zum Weber und läßt ihm ausrichten, daß er, wenn er seine Tochter bei ihm lasse, auch seinen vierzehnjährigen Sohn holen und beide im Schloß als Wächter arbeiten könnten. Ebenfalls über Paulet schickt »Justine« ihrem Vater 12 Livres. Sie hat ihm bereits dieselbe Summe zugesteckt, als sie sich von ihm trennte.[5]

Treillet sagt vielleicht die Wahrheit, doch er verschweigt ein kleines Detail, nämlich den Schuß, den er aus nächster Nähe auf den Marquis abfeuerte. Was diese Einzelheit betrifft, müssen wir letzterem glauben. Und dessen Darstellung sieht so aus: »Hier hat sich eben ein entsetzlicher Zwischenfall ereignet«, schreibt er dem Notar. »[...] Am Freitag klingelt es gegen Mittag an der Tür; man meldet uns den Vater von Justine, meiner Köchin. Dieser Mann begegnet mir ganz unverschämt und sagt, er komme seine Tochter holen, nachdem er gehört habe ... an dieser Stelle läßt er die bekannten üblen Nachreden folgen. Seine freche Art hatte mich schon etwas gegen ihn aufgebracht, nachdem ich ihn gleichwohl aufmerksam angehört: ›Wenn Sie Ihre Tochter sehen wollen, bitte, hier ist sie, sprechen Sie mit ihr, so lange Sie wollen, aber keine Beschimpfungen bitte. Wenn Sie sie holen wollen, so werden wir Sie Ihnen nicht verweigern, doch Sie werden die Güte haben zu warten, bis ich eine andere gefunden habe.‹ Darauf hat unser Mann seine Tochter am Arm gepackt und zur Tür gezerrt. Da packte ich ihn selbst, ohne Zorn, ohne jede Gewaltanwendung (da ich von meinem Arbeitszimmer kam, hatte ich weder Stock noch Hut, noch irgend etwas zur Hand), und führte ihn zum Eingangstor, wobei ich ihm zu verstehen gab, so gehe das nicht, er solle bitte ins Dorf gehen und man würde ihn wissen lassen, wie man seine Forderung bescheiden wolle; ich sprach eben diese Worte aus, als der Schuft den Fuß auf die Schwelle des Eingangstors setzte. Da, ganz plötzlich, ohne etwas zu erwidern oder sich erregt zu zeigen, drückt er mir die Pistole zwei Finger breit vor der Brust ab, wobei zu meinem Glück nur der Zünder anging, dann floh er sogleich. Sie ermessen den Schrecken, den ich und das ganze Haus davontrugen.«[6]

Danach, so fährt der Marquis fort, habe Treillet im ganzen Dorf über ihn »gelästert«, während Justine versucht habe, ihren Vater nochmals zu treffen, um ihm »den Kopf zurechtzusetzen«. Erst habe er sie nicht sehen wollen, weil er eine Falle vermutet habe, doch dann sei er schließlich in Begleitung seiner zwei Zeugen Perrin und Bontemps ans Schloßtor gekommen. »Die Unterredung, die ich nicht wiedergeben will, war äußerst heftig«, fährt der Marquis fort, »indem der Mann weiterhin seine Beleidigungen ausgestoßen und die Tochter versucht habe, ihren Vater zu beruhigen und von seinem Vorhaben abzubringen.« Schließlich habe dieser einen zweiten Schuß in den Hof abgefeuert, weil er seine Stimme zu hören glaubte.

Donatien wird später die Anwesenheit von Zeugen abstreiten. »Ich wünschte mir, es hätte welche gegeben!« ruft er aus. Und daß er Vater und Sohn als Wächter habe einstellen wollen, sei pure Erfindung. »Er als mein Feldhüter? Um ihn zu beruhigen, mögen seine Tochter und Monsieur Paulet ihm so etwas vorgeschlagen haben, doch der Rest ist falsch.«

Am 18. Januar, dem Tag nach dem Anschlag, eröffnet der stellvertretende Richter von La Coste eine Untersuchung wegen Verstoßes gegen eine Verordnung des *Parlement* der Provence, die »allen Handwerkern, Bauern und anderen Personen des Volkes« das Waffentragen verbietet. Zwei Tage später geht Treillet nach Aix, um dort eine Klage einzureichen. Der Marquis betrachtet seine Abreise aus La Coste als Sieg.

»DIE AUFREGUNG BEIM DERZEITIGEN STAND DER DINGE«

In Aix will Treillet allerdings den Marquis als seinen Angreifer verklagen. Sade ist sich der Gefahr bewußt und schaltet Gaufridy ein: Er solle dem Mann zuvorkommen und sofort etwas gegen ihn unternehmen. Doch der Notar tut nichts; die Idee seines Klienten scheint ihm schlecht, ja gefährlich zu sein. Jeder Schritt gegen Treillet biete nur weitere Angriffsflächen und zeige, daß man Angst vor ihm habe. Die beste Strategie bestehe darin, nichts zu tun, jegliches Aufsehen zu vermeiden und das Mädchen nach Hause zu schicken. Seine Köchin nach Hause schicken? Das kommt für den Marquis gar nicht in Frage. Soll er etwa sein Essen selbst kochen, nur um Ordnung in seinem Hause zu schaffen? »Heute kommt ein Fremder daher und fordert seine Tochter mit Pistolenschüssen, übermorgen kommt vielleicht ein Bauer und holt seinen Tageslohn mit vorgehaltenem Gewehr!« Einen Mörder nicht anzeigen? Auf sich schießen lassen und den Mund halten? Da könne er sich gleich schuldig bekennen! Treillet müsse ohne Verzug und »mit größter Entschiedenheit« verfolgt werden.[7]

Doch es ist zu spät. Der Weber hat bereits Anzeige erstattet und beim Oberstaatsanwalt Castillon eine Klageschrift eingereicht, die den Marquis der Entführung seiner Tochter bezichtigt, wobei allerdings der Pistolenschuß mit keinem Wort erwähnt wird. Als Sade das erfährt, liest er seinem Notar die Leviten: Dieser Treillet müsse unbedingt verhaftet werden, »andernfalls werte ich dies als Beweis, daß man hier nur mein Verderben will«. Gaufridy entschließt sich endlich zum Handeln, doch der Rechtsanwalt Mouret aus Aix, den er kontaktiert, antwortet ihm, der Staatsanwalt sei sehr schlecht auf den Marquis de Sade zu sprechen und die Sache drohe sich gegen ihn zu wenden: »Selbst wenn es wahr wäre, daß dieser Herr in der von ihm behaupteten Weise völlig gleichgültig besagter Tochter gegenüberstehe und diese ebenso keusch wäre, wie ihre Häßlichkeit Sie überzeugt sein läßt, die Beweggründe des Vaters, sie zurückzufordern, sind für sich allein ausreichend, so daß sie unverzüglich zurückzugeben ist [...] Keine Monats- und keine Jahresanstellung kann einen Vater davon abhalten, seine Tochter zurückzufordern; er allein hat die Verfügungsgewalt über sie; der um ihre Dienste gebrachte Herr kann lediglich Schadenersatz beanspruchen; aber wenn die Zurückforderung sich auf so erhebliche Beweggründe wie die Entehrung der Tochter durch den eigenen Herrn beruft, so verfallen alle Ansprüche, und der Vater hat das Recht, seine Tochter zu nehmen, wo immer sie sei, sogar mit Gewalt. Er braucht nicht einmal überzeugt zu sein von dieser Entehrung, die bloße Befürchtung genügt, und a fortiori bei Monsieur le Marquis de Sade, bei dem ein solcher Verdacht und solche Befürchtungen nicht völlig haltlos sein können. Der unglückliche Ruf, den er sich erworben, und der Stand der Dinge verschlimmern seine Weigerung [...] Diese Sache, die man vertuschen möchte, erregt schon größtes Aufsehen und kann die schwerwiegendsten Folgen haben. Ich bitte Sie deshalb, mir in Ihrer Antwort zu versichern, daß dieses Mädchen durch vertrauenswürdige Personen zu seinem Vater in Montpellier gebracht worden ist, denn nur noch darin, sofern es *zuverlässig ausgeführt wird*, sehe ich wirksame Abhilfe, um die Aufregung zu dämpfen, die beim derzeitigen Stand der Dinge bereits herrscht.«[8]

In Sachen Abhilfe vertraut Monsieur de Sade nur auf sein eigenes Gespür. Und das sagt ihm jetzt: auf nach Paris! Er läßt also zwei Wagen anspannen, einen für ihn und La Jeunesse, den anderen für Madame de Sade und »Justine«. Angeblich hat diese ihre Herrin auf Knien angefleht, sie mitzunehmen. Als er nach einer strapaziösen Reise bei schlechtestem Wetter und auf miserablen Wegen am 8. Februar in der Hauptstadt anlangt, erfährt Donatien, daß seine Mutter vor drei Wochen, am 14. Januar, gestorben ist, ohne daß man ihn benachrichtigt hätte.

In Paris wohnt er in der Rue des Fossés-Monsieur-le-Prince bei seinem ehemaligen Lehrer, dem Abbé Amblet, der ihn sehr freundlich aufnimmt, während Renée-Pélagie die erste Nacht in der Wohnung der Verstorbenen verbringt und dann in ein Hotel in der Rue Jacob zieht.

Am 13. Februar 1777 gegen neun Uhr abends, als Donatien sich in diesem Hotel im Zimmer seiner Frau befindet, erscheint Inspektor Marais (ein alter Bekannter!) mit einem geheimen königlichen Haftbefehl in der Hand. Eine Stunde später sitzt der Marquis im Bergfried von Vincennes. Am Morgen des 15. wird er ins Zimmer Nummer 11 verlegt, genannt »mit der Aussicht«, weil es die Schloßmauern überragt.

Sade muß gewußt haben, daß er in Paris Madame de Montreuil völlig wehrlos ausgeliefert war und daß diese ihn nicht schonen würde. Er wußte, daß die Stadt eine riesige Falle bedeutete, die jeden Moment zuschnappen konnte. Reinaud und Gaufridy sahen das ganz klar, und selbst Gothon hatte versucht, ihn in La Coste zurückzuhalten. Wie erklärt sich diese Versessenheit, ins eigene Verderben zu laufen? Wir stehen abermals vor diesem irritierend rätselhaften Verhalten, das wir schon einmal als Zeichen einer suizidären Tendenz gedeutet haben. Sade wird später behaupten, er habe diese Reise nur unternommen, um die im Sterben liegende Mutter zu besuchen, und er wird Madame de Montreuil vorwerfen, dies ausgenützt zu haben, um ihn gefangenzusetzen. Die Präsidentin hingegen schwört bei allen Heiligen, an der Verhaftung ihres Schwiegersohns vollkommen unbeteiligt zu sein: »Er wirft mir vor, ihn verraten zu haben! Ich ihn verraten! Ich, die ich ahnungslos war, als der Minister es schon sechs Tage lang wußte und man mich selbst deswegen ausspionierte.«[9] Einen Freudenschrei kann sie gleichwohl nicht unterdrücken, als sie ihn hinter Gittern weiß. Renée-Pélagie gegenüber erklärt sie, die Inhaftierung ihres Mannes sei unabdingbar, um die Urteilsrevision zu beschleunigen. Das hatte auch Marais seinem Gefangenen beizubringen versucht, als er ihn nach Vincennes führte. Dieser Haftbefehl sei doch ein Geschenk des Himmels, das im richtigen Augenblick komme, um die Angelegenheiten des Marquis zu bereinigen, ohne daß jemand darum nachgesucht habe. Der Hauptbetroffene glaubt nichts von alledem – verständlicherweise. Sein Verhältnis zur Schwiegermutter war noch nie so schlecht gewesen. Einen knappen Monat zuvor, am 17. Januar, hatte Madame de Montreuil von ihrer Tochter »zehn lange Seiten Drohungen und Beschimpfungen« erhalten (natürlich vom Marquis diktiert). »Wollte ich mich rächen oder ihn dafür bestrafen«, schreibt sie an Gaufridy, »würde ich sie den Ministern bringen, die ihr und mein Benehmen und die Stichhaltigkeit seiner Beschwerden und Vorwürfe besser beurteilen können als ich.« Erläuternd fügt sie hinzu: »Wenn man mich so angreifen will, wie man mir droht, so weiß ich zu antworten.«[10]

Doch so abwegig ist der Gedanke, die Präsidentin habe ihrem Opfer aufgelauert, auch wieder nicht; in einem hellseherischen Brief an seinen Amtskollegen und Verwandten Gaufridy spricht Rechtsanwalt Reinaud nur fünf Tage vor Sades Verhaftung diesen Gedanken offen aus: »Der Marquis läuft wie ein Narr in die Falle. Mir will scheinen, seine Schwiegermutter, die es überdrüssig ist, ihre Anschläge immer vereitelt zu sehen, heckt ein spitzfindiges Unternehmen aus und will mit Schläue erlangen, was die Gewalt ihr verweigert. Auf mein Wort, der Monat geht nicht vorbei, ohne daß unser Held in Paris einsitzt.«[11]

Trotz der entrüsteten Dementis der Präsidentin deutet in der Tat alles darauf hin, daß sehr wohl sie es war, die ihren Schwiegersohn der Polizei auslieferte. Madame de Sade zweifelt auch nicht am Verrat ihrer Mutter. »Ich kann ihr nicht verzeihen, weder daß sie ihn verhaften ließ noch daß sie mir Dinge verheimlicht, bei denen es zumindest angebracht wäre, daß ich in Kenntnis gesetzt werde«[12], klagt sie Gaufridy. Dem Abbé de Sade, der gerade eine schlimme Grippe überstanden hat, flößt die Nachricht neuen Lebensmut ein: »Der Mann ist verhaftet und in einer Festung bei Paris eingesperrt. Jetzt habe ich endlich Ruhe, und ich glaube, jeder ist froh darüber!«[13]

MIT BLUT GESCHRIEBEN

»Der Schlag hat mich so betäubt und so benommen gemacht, daß ich noch gar nicht richtig weiß, wie mir geschieht.« Gelähmt vor Schrecken mußte Madame de Sade zusehen, wie ihr Mann abgeführt wurde. Zunächst sucht sie Hilfe bei ihrer Mutter. »Ohne Zorn und ohne jede Erregung« wiederholt diese nur, sie sei es nicht gewesen, sie sei nicht fähig zu einem Verrat. Insgeheim wundert sich die Präsidentin aber über die Verblendung ihrer Tochter: »Wie kann sie nur so blind sein, wie sie zu sein scheint? Ich verstehe das nicht. Sie hat doch sehen, wissen, selbst *überzeugt* sein müssen, daß nicht alles nur Verleumdung ist!«[14] Dann wendet sich Renée-Pélagie an den Justizminister. Doch dieser hat nur den Revisionsprozeß vor Augen und bescheidet sie mit etwas zynischem Unterton: »Jetzt kann ich endlich arbeiten, und ich werde arbeiten.« Insgeheim rät man ihr, die Sache nicht aufzubauschen und sich ruhig zu verhalten; ihren Wünschen werde bald entsprochen, sogar mehr, als sie hoffe, und man werde ihr sagen, wo sich ihr Mann befindet. Zur Zeit weiß sie dies nicht, sie glaubt ihn in der Bastille und streicht um die Festung herum. Doch die Zugbrücken sind immer hochgezogen, und die Wachen dulden keinen längeren Aufenthalt vor den Toren! Vom Gefangenen hört sie nichts; der Minister versichert ihr, es gehe ihm gut und es fehle ihm an nichts, er habe sogar einen Diener. Drei Monate lang geht das so, nur Angst und Unsicherheit, doch sie hat den eisernen Willen, Donatien freizubekommen. »Nichts kann mich umstimmen als allein das Wohl meines Mannes«, versichert sie Gaufridy. »Das ist mein einziges Ziel, die Welt gilt mir nichts ohne das.«[15] Immerhin darf sie ihm schreiben; die Polizei überbringt ihre Briefe. Am zweiten Tag nach der Verhaftung läßt sie ihm diese Worte zukommen: »Wie hast Du die Nacht verbracht, mein geliebter Freund? Ich mache mir Kummer und Sorgen, obwohl man mir sagt, es gehe Dir gut. Ich werde erst zufrieden sein, wenn ich Dich gesehen habe. Beruhige Dich, ich beschwöre Dich [...]«[16]

Am 8. März kommt der erste Brief des Gefangenen:

»Seit dem entsetzlichen Augenblick, in dem man mich Dir, meine teure Freundin, so schändlich entriß, habe unaufhörlich grausamst gelitten. Es ist mir verboten, Dir irgendwelche Einzelheiten mitzuteilen, und alles, was ich Dir sagen kann, ist, daß man nicht unglücklicher sein kann, als ich es bin. Ich habe nun schon siebzehn Tage in diesem schrecklichen Haus verlebt. Ich fühle, daß ich ganz unmöglich einen so grausamen Zustand länger werde ertragen können. Verzweiflung überkommt mich. Es gibt Augenblicke, in denen ich mich selbst nicht mehr wiedererkenne. Ich fühle, daß sich mein Geist verwirrt. Mein Blut ist zu hitzig, um so schrecklichen Zwang zu ertragen. Ich werde die Auswirkungen meines

Zorns gegen mich selbst richten, und wenn ich in vier Tagen nicht draußen bin, so ist nichts gewisser, als daß ich mir den Kopf an der Wand einschlage. Mein Entschluß steht fest, und insofern werde ich es Deiner Mutter recht machen, die zu Amblet sagte, mein Tod sei das allerbeste Mittel, um meine Angelegenheit zu beenden. Es verdrießt mich, so zu Dir reden zu müssen, meine teure Freundin. Ich weiß, wieviel Kummer Dir ein solcher Entschluß bereiten wird, aber er steht wirklich fest, und Du darfst mich einen Feigling nennen, wenn ich nicht Wort halte. Wenn Dir mein Leben noch etwas wert ist, so wirf Dich dem Minister zu Füßen, wenn nötig dem König, und fordere von ihnen Deinen Mann zurück. Können sie es Dir abschlagen? Indem man mich auf diese Weise quält, folgt man nur den grausamen Ansichten Deiner Mutter. Indem Du sie nachdenken machst und sie fragst, welches Verbrechen ich denn gegen den König begangen habe, um so von ihm bestraft zu werden, so wird man Dir, da man nichts Wohlbegründetes zu antworten weiß, meine Freilassung nicht verweigern können. So rettest Du mir ein Leben, das ich mir sonst ganz gewiß gewaltsam nehmen werde. Um Deine Bitten zu entkräften, wird man Dir sagen, diese Haft sei notwendig zur Regelung meiner Angelegenheit, doch ich hoffe, Du wirst nicht auf den eitlen Vorwand hereinfallen, mit dem Deine grausame Mutter ihre Rache schönzufärben versucht. Am Ende werden wir arbeiten, wie wir es getan, als ich in Savoyen war! Wenn ein Haftbefehl nötig wäre, so hätte man bloß einen auszustellen brauchen, der mich außerhalb des Königreichs verweist. Ich wär's zufrieden, und man hätte dasselbe erreicht, ohne so grausame Methoden anzuwenden […]«[17]

Dieser Briefwechsel wird sich während der sechzehnmonatigen Kerkerhaft des Marquis ununterbrochen fortsetzen. Madame de Sade darf nur »offene«, das heißt unversiegelte Briefe schicken. Wenn der Inhalt den Behörden nicht paßt, kommen sie postwendend zurück. Dasselbe beim Marquis. »In dem, was er mir schreibt, wird herausgeschnitten, getilgt und geändert«, beklagt sich die Marquise. Erst mittels unsichtbarer Tinte können sich die Eheleute annähernd frei unterhalten. Renée-Pélagie unterrichtet ihren Mann ständig, was sie in der »großen Angelegenheit« unternimmt (in ihrer Geheimsprache heißt sie *die Schuhe von Konstantinopel*); sie macht ihm Hoffnung auf baldigen Erfolg. Einstweilen mahnt sie ihn zur Geduld, doch das ist ein »Stil, der nicht nach dem Geschmack von Monsieur de Sade ist«, bemerkt sie, »und ich fühle, wie hart es ihn ankommt, nach sieben Monaten immer noch solche Reden zu hören«.[18] Worunter er am meisten leidet, ist die Unkenntnis der Dauer seiner Inhaftierung: »Nennen Sie mir doch irgendeine Dauer, denn keine Grenze zu setzen heißt, mich zur letzten Verzweiflung zu treiben. [...] Was habe ich denn getan, um so barbarische Behandlung zu verdienen? Warum mich bestrafen, ohne mich anzuhören? Warum mich verzweifeln lassen und mich soweit bringen, daß mein einziges Ziel und Begehren nur noch der Tod ist?«[19] – »Wie lange diese Dauer auch sei«, seufzt er anderswo, »es wird immer weniger grausam sein für mich, sie zu kennen, als in einem Meer von Kummer und Ungewißheit zu treiben, als deren Folge sich der Geist tatsächlich völlig verwirren kann.«[20]

Thibault de Sade hat uns sechsunddreißig unveröffentlichte Briefe übermittelt, die Sade während dieser Zeit an seine Frau und an die Präsidentin schrieb.[21] Ihr Inhalt variiert kaum: immer nur Bitten, Haß- und Schmerzensschreie, pathetische Appelle an das Mitleid, Drohungen, sich umzubringen, wenn er nicht freigelassen werde, Verwünschungen gegen Madame de Montreuil, die netterweise als »Höllenmonster«, »Giftschlange«, »vermaledeite Hurenmutter« usw. bezeichnet wird. Natürlich bedroht ihn ständig der Irrsinn, auf den sich sein Gehirn, »vom immer gleichen Gegenstand zermürbt, in großen Schritten zubewegt«. Im Januar 1778 entbietet er der Präsidentin gleichwohl seine besten Wünsche und beschwört sie, seiner Qual ein Ende zu machen. Der Brief hätte überhaupt nichts Ungewöhnliches, wäre er nicht mit Blut geschrieben; dieser Besonderheit wegen (die einen eigentümlichen Fetischismus andeutet: Blut lügt nicht) sei er hier teilweise abgedruckt:

»5. Januar 1778

Ja, Madame, ja, es ist ein Herz, das Sie zur Verzweiflung treiben, das Sie zu betrüben belieben, indem Sie mir hartnäckig meine Haft verheimlichen, es ist, sage ich, dieses selbe Herz, das bei aller Betrübtheit Ihnen gleichwohl noch Wünsche entbietet, die so ehrlich sind wie das Unglück, mit dem Sie es zerreißen. Madame, im Namen all dessen, was Ihnen am teuersten ist, befreien Sie mich aus meiner entsetzlichen Lage. Ich verlange von Ihnen nicht das Ende allen Ungemachs. Solches liegt leider nicht in Ihrer Macht, ich weiß das nur zu gut. Ich bitte Sie nur, mir meine Haft zu nennen; mich mein Schicksal wissen zu lassen, das beschwöre ich Sie [...] Oh, Sie, die ich einst mit solchem Vergnügen meine Mutter nannte, Sie, die ich zur Mutter begehrte und die Sie nur Ketten für mich hatten statt des Trostes, den ich erwartete, lassen Sie sich erweichen durch diese Tränen und diese blutigen Zeichen, mit denen ich diesen Brief zu schreiben beschloß. Bedenken Sie, daß dieses Blut das Ihre ist, weil es heute in Geschöpfen fließt, die Ihnen teuer sind und in deren Namen ich Sie anflehe. Ich werde es nötigenfalls bis zum letzten Tropfen aufbrauchen und bis daß Sie mir gewähren, worum ich Sie bitte, und ich werde es fortan benutzen, um ihre Gunst zu erbitten [...]«[22]

Derweil richtet Renée-Pélagie unermüdlich Gesuche an den Minister, ihren Mann besuchen zu dürfen; ihre Anwesenheit würde ihm die Gefangenschaft zumindest versüßen. Doch die Antwort ist stets ein unnachsichtiges Nein. Deshalb spielt sie nun mit dem Gedanken an eine Befreiung und zieht Gaufridy ins Vertrauen: Wenn die Revision des Prozesses Donatiens Anwesenheit in Aix erfordert, wäre der Moment günstig. Für den Fall, daß sie selbst nicht handeln kann, bittet Sie den Advokaten, es für sie zu tun und den Flüchtigen dann an einem »sicheren Ort« zu verbergen. Doch wieviel Vertrauen kann man in den Notar haben? Steht er nicht immer noch mit Madame de Montreuil in Verbindung? Hat er nicht Weisung von ihr, sie über alles zu informieren, was in La Coste geschieht? Um sein Vertrauen zu gewinnen, hat ihm die Präsidentin sogar versprochen, alle seine Briefe sofort nach Erhalt zu verbrennen. Sade wird ihm später sehr zu Unrecht Verrat vorwerfen; er wird seinen gesamten Sarkasmus aufbieten, um ihn zu verunglimpfen, wobei er geflissentlich übersieht, daß Gaufridy ihm die Briefe gezeigt hat, die er von der Präsidentin erhielt, und auch sonst nie gegen seine Interessen handelte.

IM MINISTERRAT

Nach unzähligen Schritten und Ansuchen, deren detaillierte Auflistung wir dem Leser ersparen wollen, erreicht die Präsidentin, daß die Prozeßrevision am 26. September 1777 im *Conseil des dépêches* behandelt wird; von den wichtigsten Ministern, die hier sitzen, erhält sie positive Stellungnahmen. Joseph Jérôme Siméon, Anwalt am *Parlement* von Aix-en-Provence, verfaßt die Eingabe, die bei dieser Sitzung dem König vorgelegt werden soll. Nach einer kurzen Darstellung des Sachverhalts kommt der Anwalt zur eigentlichen Anklage; er bezeichnet sie als »bar jeglicher Art von Wahrscheinlichkeit«, zudem eingebracht von »einer Person ehrlosen Standes, Magd einer Prostituierten und Komplizin ihres unsittlichen Lebenswandels«. Er erinnert dann daran, daß die Chemiker keine Spur von Gift in den Pastillen gefunden und die beiden Mädchen die

Unschuld des Marquis anerkannt hätten, indem sie von »allen Verfolgungen und Schadensersatzansprüchen« Abstand genommen, und zwar am 8. August 1772 vor Maître de Carmis.

Was das andere, »gleichfalls gegen die Natur und die Sitten« verstoßende Verbrechen betrifft, so bezeichnet der Anwalt die Klage als unzulässig, denn dies sei ein neuer Anklagepunkt, der »nichts mit dem zu tun [habe], was einzig und allein Gegenstand der Ermittlungen und gerichtlichen Verfolgung war«. Zwei Verordnungen des *Parlement* der Provence aus den Jahren 1677 und 1766 untersagen aber den Richtern, Zeugen über andere als die in der Klage enthaltenen Punkte zu verhören, andernfalls das Urteil nichtig und das Verfahren neu aufzurollen ist. Trotzdem habe besagtes *Parlement* jene Leute als Zeugen gehört, »die nacheinander gegen den Abwesenden Klage erhoben haben: Gefallene Mädchen, die aus ihrer Liederlichkeit schändlichen Gewinn ziehen, vervielfachen, auf ruchlose Bereicherung hoffend, die böswilligen Unterstellungen gegen einen Mann von Stand und können niemals das Vertrauen der Gerichte besitzen«.[23] Marquis de Sade ersucht deshalb um Kassation wegen Nichtigkeit sowohl der »Ermittlungserlaubnis« und des Untersuchungsverfahrens in Marseille als auch des Dekrets, des Urteils und seiner Bestätigung, mit dem Ziel, beim Kassationsgerichtshof gegen die im Jahre 1772 erhobene Anklage Berufung einzulegen.

Trotz dieses Aufwands an Beredsamkeit und gegen alle dem Marquis gemachten Hoffnungen lehnt der Ministerrat eine Kassation des Urteils von Marseille ab, und zwar mit der Begründung, daß er nur über Verwaltungsangelegenheiten zu befinden habe; die Kassation von strafrechtlichen Verfahren sei ausschließlich Sache des *Conseil privé* oder des *Bureau des cassations*.

So ist die Sache nun entschieden: Monsieur de Sade wird persönlich vor dem *Parlement* von Aix erscheinen müssen. Während seine Frau darin die Chance für eine Flucht wittert und sogar einen Fluchtplan auszuarbeiten beginnt,[24] versucht Madame de Montreuil im Gegenteil, dies zu verhindern, um die Gegenüberstellung mit den Mädchen von Marseille zu vermeiden, was »immer eine mißliche und lästige Angelegenheit ist«, und um einer Flucht vorzubeugen. Die einzige Möglichkeit dazu besteht darin, den Marquis für verrückt zu erklären und ihn auf dem Weg der Rechtshilfe befragen zu lassen. Das ist der Sinn der Instruktionen, die Gaufridy im Februar 1778 von der Präsidentin erhält: »De S[ade], der schon zeitweilig geistesgestört war, als man dies vor etwa einem Jahr überprüfte, ist es heute vollständig. In diesem üblen Zustand kann er weder freiwillig noch gezwungenermaßen vor Gericht erscheinen. Welche Aufklärung kann man auch von einem Geistesgestörten erwarten? Es handelt sich also darum, daß [die Geisteskrankheit] festgestellt werden muß und daß ein Vormund, dem an einer Rechtfertigung wegen seines Ruhms, wegen der minderjährigen Kinder oder der Familie, kurz, der Betroffenen, gelegen ist, an seiner Stelle vor Gericht erscheinen und verlangen kann, daß ein mit Formfehlern behaftetes und im Grunde ungerechtes Verfahrens für nichtig erklärt und neu aufgerollt wird.«[25]

DIE HINTERLASSENSCHAFT DES ABBÉ

Inzwischen ist die Nachricht eingetroffen, daß der Abbé de Sade in seinem Haus in La Vignerme am 31. Dezember 1777 im Alter von zweiundsiebzig Jahren verstorben ist. Ohne auf seinen Tod zu warten, hatte Madame de Sade Gaufridy beauftragt, das Schloß amtlich zu versiegeln, um jeglicher Unterschlagung der Besitztümer vorzubeugen. Die Nachlaßverhältnisse waren in der Tat ziemlich verworren, und der Abbé hinterließ nicht nur hohe Schulden, sondern auch eine spanische Dame, die mit ihrer Tochter bei ihm gewohnt und der er eben noch La Vignerme verkauft hatte.

Kurz vor seinem Tod hatte er seinen Bruder, den Großprior von Toulouse, testamentarisch bedacht. Da dieser die finanzielle Situation des Abbé kannte, nahm er das Erbe nur mit dem Vorbehalt an, dessen Schulden höchstens bis zur Höhe des vorhandenen Inventars zurückzahlen zu müssen. Dieses bestand im wesentlichen aus einer Bibliothek, einigen Bronzemedaillen und einem Naturalienkabinett. Der Prior witterte ein Geschäft und veranlaßte im März 1777 eine Bestandsaufnahme aller beweglichen Güter, die sich in Saumane und La Vignerme befanden. Alle oder fast alle Möbel gehörten aber dem Marquis, das Schloß selbst ebenso, der Abbé hatte darin nur zur Miete gewohnt. Der Prior tat, als glaube er, dieses Mobiliar sei Bestandteil des Erbes, und ließ alles, was ihm von einigem Wert erschien, in sein eigenes Haus von Saint-Clou bei Mazan abtransportieren; er riß Bäume aus und verpflanzte sie in seinen Park, er eignete sich das Silbergeschirr an, verkaufte die Wagen samt Pferden und kassierte sogar Pachten von den Bauern des Priorats Bonnieux, die diese ihrem verstorbenen Prior schuldeten. Ein regelrechter Raubzug. Dabei zahlte er nie einen Heller von den Schulden seines

Bruders zurück, die sich auf 6087 Livres und 14 Sous beliefen – die Forderungen des Marquis (6000 Livres) nicht mitgerechnet –, und vergaß auch, die Beerdigung des Verstorbenen zu bezahlen.

Übrig blieben die Pfründe, die der Abbé in Ébreuil besessen hatte. Madame de Sade befand, das wäre doch etwas für ihren Sohn Claude-Armand, der Anwärter auf den Rang eines Ritters des Malteserordens war, allerdings seine Adelsprobe noch nicht abgelegt hatte. Sie zog sofort Erkundigungen ein: Könnte er die Pfründe behalten, wenn er Ritter würde? Müßte er für den entsprechenden Kirchendienst sorgen? Was würde das kosten? Was wären die Kosten für die Übertragung und die von Rom zu erteilende Erlaubnis? Auf alle Fragen erhielt sie so entmutigende Antworten, daß sie die Pfründe doch lieber an Abbé Charles de Sade-Vauredone, Probst von Saint-Victor zu Marseille, abtrat.

»WANN KOMME ICH HIER HERAUS?«

»Sagen Sie es mir, sagen Sie es mir doch, oder ich renne mit dem Kopf gegen die Mauern, die mich gefangenhalten! Sagen Sie es mir, reißen Sie mir nicht die Seele aus dem Leib, reißen Sie sie doch nicht so in Stücke, wie Sie es tun [...] Meine Verzweiflung explodiert. Sie ist rasend, meine Ausdrücke malen sie Dir, Du siehst es. Aber ich gehöre mir nicht mehr, teure Freundin. Die Schrecken eines Schicksals, dessen Ende man mich nicht absehen läßt, ist ein zu erdrückendes Gewicht für mich, ich halte ihm nicht stand ...«[26]

Tag für Tag, Monat für Monat wiederholen sich bis zum Überdruß diese Litaneien, diese Wut- und Verzweiflungsschreie, dieses unvermittelte Umschlagen von Zärtlichkeit in Haß, von Beschimpfung in Bettelei. Dabei sind diese verbalen Tobsuchtsanfälle nur ein Vorgeschmack auf das umfangreiche Ein-Mann-Melodrama, das dreizehn Jahre lang in den Sadeschen Verliesen spielen wird und zu den erschütterndsten Monologen der Weltliteratur gehört. Von Februar 1777 bis Juni 1778 macht er gewissermaßen seine Gefängnislehre; er lernt die Qualen und Ängste kennen, aber auch die produktiven Seiten, insbesondere die Entbehrung, aus der sich sein schriftstellerisches Werk nährt: Im Grauen des Eingesperrtseins, aus diesem Grauen selbst, entsteht das freieste Werk, das es je gab.

Neben seinem körperlichen und seelischen Ungemach, über das er mit unübersehbarer Selbstgefälligkeit Seite um Seite vollschreibt, beschäftigt ihn zur Zeit vor allem die »große Angelegenheit«, deren Ende, wie er meint, zu seiner Freilassung führen müßte, das sich aber jedesmal, wenn es zu nahen scheint, weiter hinausschiebt. »Ich weiß, ich weiß, es braucht Geduld«, schreibt er seiner Frau, »und genau deswegen beklage ich mich, hingehalten zu werden, beklage ich mich über die lächerlichen Briefe, die Du mir geschrieben hast; eines Tages werde ich Dir welche zeigen, bei denen der argwöhnischste und trübsinnigste Geist hundert gegen eins gewettet hätte, morgen sei der Tag der Entlassung.«[27]

In der Erwartung dieses glücklichen Tages bereitet er seine Verteidigung vor. Er ist sich seines Rechts gewiß, zumindest bemüht er sich um diesen Anschein, denn er weiß, daß seine Briefe vom Gefängniszensor gelesen werden. Wiederum an seine Frau schreibt er: »Ich biete an, auf *wahrhaftigste* und *unwiderlegbarste* Art zu beweisen, daß nur oberflächlichster Schein gegen mich spricht und nicht ein einziger ernsthafter Klagegrund.«[28]

REISEVORBEREITUNGEN

Am 18. Mai 1778 erhält er endlich den Besuch eines Abgesandten von Madame de Montreuil namens Bontoux, der ein Empfehlungsschreiben der Präsidentin und eine von den Rechtsbeiständen in der Sache, Siméon und Pazery, verfaßte Denkschrift mitbringt. Diese Denkschrift stellt ihm zwei Möglichkeiten zur Auswahl: Entweder er erscheint vor Gericht, oder er wird für geisteskrank erklärt. Donatien weist das Ansinnen, ihn für wahnsinnig zu erklären, entrüstet zurück, doch Monsieur Bontoux macht ihm klar, daß es das einzige Mittel sei, den Gang nach Aix zu vermeiden. Der Marquis antwortet, er habe überhaupt nichts gegen diesen Gang, sofern man ihn ohne Eskorte reisen lasse.

Es müssen demnach nur noch die Modalitäten seiner Überführung geregelt und die erforderlichen königlichen Briefe besorgt werden, mit denen er Nichtigkeitsbeschwerde gegen die Urteile des *Parlement* von Aix einlegen kann, obwohl die gesetzliche Frist von fünf Jahren verstrichen ist. Die Präsidentin läßt ihn allerdings durch Monsieur Bontoux vorwarnen: Nach allem, was inzwischen geschehen und dem Minister durch diverse Klagen gegen ihn bekannt geworden sei, dürfe er nicht damit rechnen, daß auf die Kassation des Urteils, sofern sie erreicht werde, die Freilassung folge.

Kaum ist der Abgesandte der Präsidentin aus der Tür, greift der Marquis zur Feder und verfaßt eine lange, 27 Artikel umfassende Liste von

Widerlegungen, Erwägungen und Forderungen, die sich alle auf die bevorstehende Reise beziehen und die er am 20. Mai seiner Frau schickt: Ist diese Reise klug? Ist es nicht riskant, seinen Kopf hinzuhalten, wenn man dazu verurteilt wurde, ihn zu verlieren? Kann er nicht geheimen Feinden in die Arme laufen? Er verlangt, seine Frau müsse mitkommen, andernfalls würde er nicht reisen. Auch den Diener will er dabeihaben und vorher die Kinder sehen und umarmen. Und Gaufridy soll in Aix bereitstehen, wenn er ankommt. Vor allem aber will er die Gewißheit, daß »es keine Minute Gefängnis mehr gibt nach dem Urteilsspruch des *Parlement*, sofern er zu meinen Gunsten ausfällt«.[29]

DIE REISE NACH AIX

Madame de Sade darf nicht nur nicht mitreisen, sie erfährt nicht einmal den Tag seiner Abreise. Madame de Montreuil zieht es vor, ihr nichts zu sagen, um jegliche überraschende Aktion von ihr zu unterbinden. Am 22. Juni, als der Marquis schon unterwegs ist, glaubt sie ihn noch in Vincennes und ist beunruhigt, daß er nicht schreibt.

»Seit Du mir geschrieben hast, bester Freund, Deine Beschäftigungen hätten Dich gehindert, mir zu antworten, habe ich keine Nachricht von Dir; ich weiß also nicht, ob Du meine letzte Sendung erhalten hast und ob sie in Deinem Sinne ist. Auch fürchte ich, Du könntest krank sein.«[30] Am 30. Juni schreibt sie wieder: »Immer noch keine Nachricht von Dir, bester Freund. Ich brauche Dir nicht zu sagen, wie sehr ich mich gräme ...«[31]

Sades Wunsch entsprechend wird Inspektor Marais beauftragt, den Gefangenen zu begleiten. Die Reisegesellschaft verläßt das Schloß Vincennes am 14. Juni und trifft in Aix am 20. Juni kurz nach Einbruch der Dunkelheit ein. Da es für die Gefängnisformalitäten zu spät ist, verbringen der Polizist und sein Häftling die Nacht in einer Herberge. Am Nachmittag des darauffolgenden Tages präsentiert sich der Marquis im königlichen Gefängnis, »um der richterlichen Anweisung zu folgen und seine Kontumaz zu verbüßen«, während der Inspektor dem Kerkermeister den am 11. Juni in Versailles ausgestellten königlichen Befehl übergibt.[32]

KAPITEL 15

Auf der Flucht

DER PROZESS

Während der dreiundzwanzig Tage seines Aufenthalts im Gefängnis von Aix bedrängt der Marquis Inspektor Marais »mit tausend Wünschen seine Person betreffend, obwohl er so gut behandelt wird, wie ein Mann von Stand im Gefängnis nur behandelt werden kann«. Er möchte sich allen seinen Mithäftlingen gegenüber großzügig erweisen, ihnen »sein gutes Herz beweisen«. Der Inspektor ignoriert seine Launen, so weit es geht, »aber ab und zu muß man ihm nachgeben«.[1] Im übrigen lebt er ganz gut, gibt zwölf Livres beim Gefängniskoch aus und schafft es sogar, mit einer jungen Insassin, Madame Doyen de Baudoin, anzubandeln, die er seine »Dulcinea im Spiegel« nennt und der er von Rechtsanwalt Reinaud Liebesbriefchen überbringen läßt, was diesem den Spitznamen »der Götterbote« einträgt.

Der Prozeß beginnt am 22. Juni mit der Verlesung von Sades Eingabe an das *Parlement* der Provence, die sich im großen und ganzen an das Plädoyer von Siméon im Ministerrat hält. Die ungewöhnlich zügigen Verhandlungen dauern nur drei Wochen. Allerdings ist zwischen den Parteien schon alles abgesprochen, und die Familie setzt den Gerichtshof zunehmend unter Druck. Der geistliche Onkel von Toulouse, Richard Jean-Louis de Sade, schreibt zunächst einen Brief an den Ersten Präsidenten des *Parlement*, in dem er unter anderem meint: »Die Ausschweifung verdient bestraft zu werden, aber nicht in der Art eines Verbrechens.«[2] Dann schickt er einen Rundbrief an die Richter des *Parlement*: »Die Familie hat den Libertin so schnell bestraft, wie sie es konnte […] Der König und die Regierung haben die Maßnahmen gebilligt, die zu treffen waren, um die Ehre der Familie, die sich nie etwas zuschulden kommen ließ, zu wahren. Ich hoffe, Sie werden dazu beitragen wollen […]«[3]

Am 30. Juni um acht Uhr früh holt Inspektor Marais Donatien im Gefängnis ab und führt ihn in einer Sänfte mit geschlossenen Vorhängen zum Jakobinerkloster, in dem das *Parlement* tagt. Da die Kammer zugleich eine Versammlung des *Parlement* ist, ist der Gefangene zur Sitzung zugelassen. Als er hereinkommt, will er sich auf die Knie werfen, doch der Präsident bedeutet ihm aufzustehen. Anwalt Siméon hält nun ein feuriges Plädoyer, danach spricht auch der königliche Staatsanwalt, Monsieur d'Eymar de Montmeyan, sehr entschieden zugunsten des Marquis. Nach einer Beratung kassiert das *Parlement* das Verfahren von Marseille »wegen Fehlens des vermuteten Verbrechens des Giftmords« und ordnet neue Ermittlungen über den Tatbestand der Ausschweifung und der Sodomie an. Am Schluß der Sitzung, die etwa zwei Stunden gedauert hat, führt Marais den Marquis ins Gefängnis zurück. »Mindestens zweihundert Personen drängten sich zusammen, sowohl beim Hinweg als auch beim Rückweg, um Monsieur de Sade zu sehen, doch sie wurden durch die Vorsichtsmaßnahme der Vorhänge an der Sänfte enttäuscht. Der Marquis schien mir nach dieser ersten Sitzung nicht sehr bewegt zu sein«, notiert Marais.

Unmittelbar nach der Sitzung wird Gaufridy vom Präsidenten und vom Staatsanwalt empfangen, die ihm inoffiziell empfehlen, noch am selben Tag nach Marseille zu gehen, um dort die Mädchen aufzusuchen und sie »dazu zu bewegen, in ihrer Aussage alles zu unterdrücken, was mit Sodomie zu tun haben könnte«. Inspektor Marais, dem wir diese Information verdanken, meint dazu: »Dieser Monsieur Gaufridy ist ein geschickter Mann, dem Hause de Sade sehr verbunden, und als Anwalt besitzt er in dieser Angelegenheit das volle Vertrauen der Madame de Montreuil; dieser geheime Handel könnte nicht in besseren Händen sein. Ich werde selbst heute nach Marseille reisen, um ihn nötigenfalls unauffällig zu unterstützen.« Gaufridy begibt sich also in die Phönizierstadt, wo er großzügig das Geld ausgibt, das ihm die Präsidentin durch die Familie Sade d'Eygières erstatten läßt; er tafelt mit den Mädchen und läßt sich auch gegenüber den Ärzten und Apothekern der Stadt nicht lumpen, welche sich über diese Verhandlungsführung »hoch erfreut« zeigen.[4]

Während die Zeugen vernommen und dem Angeklagten gegenübergestellt werden, wirkt Madame de Montreuil auf die Mitglieder des *Parlement* ein. »Ich erwarte ungeduldig das Ende«, schreibt sie Gaufridy, »[...] aber ich möchte, daß kein Makel bleibt. Vor sechs Wochen habe ich diesbezüglich mit größter Eindringlichkeit an die leitenden Herren des *Parlement* geschrieben. Diejenigen, die mir antworten konnten, haben es auf das anständigste und schmeichelhafteste getan [...]«[5]

Am 14. Juli 1778 vormittags wird nach der öffentlichen Befragung des Angeklagten das endgültige Urteil des *Parlement* verkündet. Das Gericht, das nur die Tatbestände der »Ausschweifung und übermäßigen Libertinage« berücksichtigt, ordnet an, daß Monsieur Louis Aldonse Donatien de Sade »vor diesem Richtertisch, in Anwesenheit des königlichen Anklägers, ermahnt werde, in Zukunft mehr Schicklichkeit in sein Benehmen zu legen«, es verbietet ihm für drei Jahre, »die Stadt Marseille aufzusuchen oder in ihr zu wohnen«, und verurteilt ihn zu einem Almosen von fünfzig Livres, »anwendbar auf die Wohltätigkeit in Gefängnissen und die Gerichtskosten«. Nach Bezahlung dieses Almosens wird er aus dem Gefängnis entlassen und der Haftbefehl aufgehoben.

Diesem Urteil entnimmt Sade nur eines: Er ist frei! Der böse Traum hat ein Ende. Schon morgen wird er nach La Coste zurückkehren können und wie zuvor seinen unersättlichen Lebenshunger stillen können; er ist eben achtunddreißig geworden: das beste Mannesalter!

Doch um drei Uhr morgens wird er in seiner Zelle geweckt und von Inspektor Marais aufgefordert, mit ihm die Rückreise nach Vincennes anzutreten. Grenzenlose Verblüffung des Marquis: Hat ihm das Urteil vom Vortag nicht die Freiheit wiedergegeben? Doch er hat nicht mit dem geheimen Haftbefehl vom 13. Februar des Vorjahres gerechnet, der durch einen königlichen Befehl vom 5. Juli wieder in Kraft gesetzt wurde und den Marais seit vierundzwanzig Stunden in der Tasche hat.

Die Ehre des Hauses Sade ist reingewaschen. Der Marquis kehrt in seine Zelle zurück. Alles hat wieder seine Ordnung.

Gut gespielt, Madame de Montreuil!

DIE TOLLKÜHNHEIT VON VALENCE

Am frühen Morgen des 15. Juli rumpelt ein Reisewagen durch das Gefängnistor von Aix, in dem außer Donatien der Inspektor Marais, dessen Bruder Antoine-Thomas sowie zwei Polizisten sitzen. Weil man um die Ländereien des Marquis einen Bogen machen will, nimmt man den Weg über Tarascon. In Valliguières beschließt man, die Nacht in einer Herberge zu verbringen. Hier macht Donatien einen ersten Fluchtversuch, den er sich während der Fahrt zurechtgelegt hat, der aber mißlingt.

Am nächsten Tag, abends um halb zehn, rollt der Wagen in den Hof einer Herberge der Vorstadt von Valence. Donatien wird in das Zimmer geführt, das man ihm zugewiesen hat, dort bleibt er am Fenster stehen und blickt auf die Landstraße hinab, bis Louis Marais ihn zum Essen bittet, für das im Zimmer des Gefangenen gedeckt wurde. Doch der Marquis lehnt ab, er habe keinen Appetit und verzichte aufs Abendbrot. Während seine vier Gefährten essen, geht er im Raum auf und ab. Nach einer Weile wendet er sich an den Bruder des Inspektors und meldet »ein dringendes Bedürfnis« an. Thomas Marais begleitet ihn zur Toilette im Gang und wartet vor der Treppe. Nach fünf oder sechs Minuten kommt der Marquis heraus, er schleicht zu seinem Bewacher, tut, als würde er stolpern, entwindet sich dem Polizisten, jagt die Treppe hinunter und ist in drei Sätzen durchs Tor auf der Straße. Da sie ihn noch in der Herberge glauben, suchen die vier Männer das Gebäude von oben bis unten ab, sie inspizieren die Nachbarhäuser, die Schuppen, Ställe, Scheunen, Keller, jeden Winkel, sogar die Dächer. Der Marquis ist unauffindbar. Louis Marais befiehlt daraufhin dem Postmeister, die Polizei von Valence zu holen, doch der gute Mann antwortet, das sei unmöglich, da die Stadttore zu so später Stunde geschlossen seien. Schließlich schickt der Inspektor seinen Bruder mit einem Polizisten auf die Straße nach Montélimar, den anderen auf die Straße nach Tain.[6]

Am nächsten Morgen begibt sich der Inspektor sofort zum Polizeichef von Valence, dem er den Flüchtigen beschreibt. Unverzüglich veranstalten ein Dutzend Personen eine Treibjagd in den Häusern im Umkreis von zwei Meilen, während eine Abteilung Berittene die Zugangswege zur Rhone überwacht. Die Suche dauert den ganzen Tag bis zum Einbruch der Dunkelheit. Von Monsieur de Sade keine Spur.

Der hatte, nachdem er seiner Eskorte entwischt war, sich zunächst in einem Holzschuppen bei den Dreschtennen, eine Viertelmeile vor der Stadt, versteckt. Von dort aus führten ihn zwei Bauern in Richtung Montélimar. »Nach einer Meile«, so erzählt er, »besannen wir uns anders und gingen wieder rhoneaufwärts, um ein Schiff zu nehmen; wir fanden keines. Kurz vor Tagesanbruch ging dann einer von uns in den Vivarais, wo wir ein kleines Ruderboot fanden, das mich für einen Louisdor nach Avignon brachte.«[7]

Gegen sechs Uhr abends in der Päpstestadt angelangt, begibt sich Donatien zu seinem Freund Quinault. Er speist mit ihm und seiner Frau, dann läßt er sich einen Wagen herrichten, fährt noch am selben Abend ab, reist die Nacht durch und erreicht um neun Uhr morgens La Coste, übernächtigt, doch überglücklich. Kaum ist er im Haus, kritzelt er eine Nachricht für Gaufridy: »Ich komme eben an, bin erschöpft und sterbe vor Müdigkeit und Hunger; Gothon habe ich einen heillosen Schrecken eingejagt. Ich werde Ihnen alles erzählen; es ist ein Roman. Bitte, kommen Sie mich so schnell wie möglich besuchen.

Schicken Sie bitte per Eilboten Zitronen und alle Schlüssel. Und bringen Sie bitte die beiden Bündel Papiere mit, die ich Ihnen zur Verwahrung gegeben habe, vor allem das dickere. Ich esse jetzt und gehe schlafen und umarme Sie von ganzem Herzen [...]«[8]

»DAS ENDE UNSERES UNGEMACHS«

Während Donatien seine ersten Tage in Freiheit genießt, freuen sich seine Angehörigen, die Schande ordnungsgemäß und definitiv von ihrem Haus genommen zu sehen. Seine Frau, die erst jetzt erfahren hat, daß er in Aix ist und freigesprochen wurde, doch von seiner Flucht nichts weiß, schreibt ihm am 18. Juli: »Man versichert mir, teurer Freund, daß Du befriedigt seiest über den Ausgang Deiner Sache. Wenn dem so ist, warum es mir nicht selbst schreiben? Du bezweifelst nicht, daß ich dem Ende unseres Ungemachs mit Erleichterung entgegensehe.«[9]

Kaum hat Rechtsanwalt Reinaud erfahren, daß der Marquis entkommen ist, schreibt er ihm herzliche Glückwünsche:

»Ich war auf eine Tollkühnheit von Ihnen gefaßt, und Sie werden mit mir einer Meinung sein, daß die beiden Beutelchen an Ihrem Gürtel ihren Zweck nicht übel erfüllt haben. Mit welchem Vergnügen gratuliere ich Ihnen! [...] Oh, was muß der Major für ein köstliches Gesicht gemacht haben! Ich sehe ihn förmlich, wie er den Kopf hängen läßt [...]«[10]

EINE »REINE FREUNDSCHAFT«

In einer Art Rausch ob seiner neuen Freiheit ist Donatien voller Ungeduld, er will alles sehen, alles wissen und alles immer sofort. Als müßte er in wenigen Stunden nachholen, was ihm in sechzehn Monaten Abwesenheit entgangen ist. Er kann nicht stillsitzen, er hüpft umher wie Quecksilber und freut sich kindlich über alles, dann wieder kritzelt er unzusammenhängende Worte auf ein Stück Papier, das er Gaufridy schickt: »Ich sage Ihnen nichts, weil ich zuviel zu sagen habe. Wir müssen unbedingt ein paar Tage zusammen verbringen. Wenn ich etwas suchen will, kommen mir fünfzig andere Dinge in den Sinn, und ich weiß nicht, womit anfangen. Schreiben Sie mir, was die Leute sagen; ich glaube, meine Ankunft hat so viel Klatsch wie noch nie verursacht. Wann kommen Sie? Ich habe alle gesehen. Zum Pfarrer sind wir sehr artig; ich glaube, er ist verliebt in mich.«

In seinem Freudentaumel spielt er sogar den Moralapostel. Sein Pächter Chauvin hat angeblich mit Jeanneton, der Tochter des Gendarmen Sambuc, geschlafen: »Die Affäre Chauvin scheint mir eine Schweinerei zu sein; die Stimmung gegen ihn ist äußerst gereizt; ich habe mit Ihnen viel zu bereden in dieser Sache.«[11]

Um das Maß seiner Glückseligkeit voll zu machen, ist eine neue Gouvernante da: Marie-Dorothée de Rousset, eine wunderbare Frau. Sie ist die Tochter des Notars von Saint-Saturnin d'Apt und soll, obwohl vier Jahre jünger, eine Spielgefährtin des jungen Donatien in Saumane gewesen sein. Die Idee, sie im Schloß als Hauslehrerin anzustellen, stammte von Madame de Sade. Marie-Dorothée verzaubert den Marquis auf den ersten Blick. Weniger durch ihre Aussehen, das eher unvorteilhaft ist im Vergleich zu dem seiner Frau, als vielmehr durch ihren Geist. Lebhaften Wesens, fröhlich, oft neckisch, nie um eine Erwiderung verlegen und seine Attacken immer geschickt parierend, bietet sie ihm mit einer Schlagfertigkeit Paroli, die ihn erstaunt. Man sieht die beiden oft auf einer Steinbank sitzen und miteinander reden. Ihre Gespräche gemahnen an kunstvolle Dispute zwischen Leuten, die das Spiel der Liebe ebenso virtuos handhaben wie das Spiel mit der Sprache. Doch den Avancen des Libertins setzt Mademoiselle de Rousset lächelnd den Reiz der Freundschaft entgegen. Der Marquis, den sonst spröde Tugendhaftigkeit in Rage bringt, läßt sich willig ein auf die verschlungene Dialektik dieser Frau mit Herz und Verstand. Sie selbst ist keineswegs unempfänglich für die erotische Anziehung ihres Gesprächspartners, doch sie weiß sie umzulenken in ein tieferes und leichteres Gefühl, das wie Liebe aussieht, aber nicht deren Ernst hat, und das vor allem die körperlichen Triebe schweigen läßt, um den Freuden des Gesprächs allen Raum zu geben. Die Gespräche an den Schattenplätzen des Schloßparks nehmen den künftigen Briefwechsel vorweg, der eine Mischung aus verliebtem Geplänkel, Philosophie und zärtlich-innigem Verstehen ist und wo die gewagtesten Anspielungen des einen an der lächelnden Sanftmut der anderen abprallen. Was Donatien für diese junge und begehrenswerte Frau, der er den zärtlichen Kosenamen »Milli« Rousset gibt, empfindet, gleicht nichts Dagewesenem: Der grenzenlose Zauber, der von ihr ausgeht und ihm wie frischer, kühler Champagner zu Kopf steigt, erschöpft sich vollständig in der Wollust der Worte. »Sie ist eine sehr teure und sehr verehrenswürdige Freundin; man kann unmöglich mehr Dankbarkeit ihr gegenüber empfinden, als ich es tue. Ihre wahrhaftiges und empfindsames Gemüt ist dazu angetan, den ganzen Reiz des Gefühls reiner Freundschaft zu kosten. Ich bin ihr sehr zugetan und werde es mein Lebtag sein. Sie hat sich in allem wie eine gute und ehrliche Freundin verhalten, und die Dankbarkeit hatte immer große Rechte über mein Gemüt.«[12]

Nur wenige Frauen wurden von Sade mit solchen Lobreden bedacht.

DIE »DULCINEA IM SPIEGEL«

Die trauten Zwiegespräche mit Mademoiselle de Rousset lassen ihn allerdings nicht das Gesicht vergessen, das er im Gefängnis von Aix in einem Spiegel erblickt hatte. Rechtsanwalt Reinaud übermittelt der Gefangenen die Botschaften, die ihm der Marquis zuschickt, und unterrichtet diesen über das Befinden seiner »Dulcinea«. Am 23. Juli kommt ein erster Brief, die Dame Doyen de Baudoin betreffend: »Die schöne Gefangene schickte mir dieser Tage einen Botschafter und einen Brief, den Sie bitte zur Kenntnis nehmen wollen: Monsieur de Sade ist ihr Schutzengel, mithin ihr Wahlspruch. Was für einen teuflischen Eindruck müssen Sie auf diese Frau über ein Spiegelbild gemacht haben, und welche Wirkung hätten Sie auf direktem Wege auf sie ausgeübt! [...] Aber sie ist nicht hübsch, glauben Sie mir, sie ist es nicht! Ihre Vertraute hat es mir gesagt. Der Ball ist freilich geworfen, man muß ihn zurückspielen.«[13]

Einige Tage später schickt ihr der Marquis ein wenig Geld und einen Brief, wobei er Reinaud versichert, sie werde »keineswegs behindert in ihrer Korrespondenz und empfängt frei jeden Brief, den man ihr schreibt«. Antwort des Botschafters:

»Ihr Brief, Monsieur le Marquis, den Sie geschickt und durch meinen Sekretär haben überbringen lassen, wurde abgefangen, erbrochen und in der Gefängnisverwaltung gelesen. Das Geld hat man der Dame Baudoin zwar gegeben, aber man bedeutete ihr auch, es sei ein Brief von Monsieur de Sade dabeigewesen, den sie nie sehen werde. Diese Frau hat sich sofort entschuldigt und behauptet, sie habe Ihnen nicht geschrieben. Sie ahnen, daß der Inhalt eine gewisse Aufmerksamkeit hervorrief. Als ich am wenigsten daran dachte, kam einer der Kerkermeister, mir Anzeige zu erstatten. Er hielt mir diesen erbrochenen Brief hin und zwang mich zu einer letzten Lektüre. Ich fragte, ob er herumgereicht worden sei, er behauptete, nein. […] Ich habe geredet, gebettelt, gedroht, ersucht, ohne Erfolg: Diesen Brief bekam ich nicht zurück. Meine Verzweiflung stieg zusehends. Indem ich hartnäckig immer wieder darauf bestand, erreichte ich schließlich, daß er in meiner Gegenwart zerrissen wurde. Er wurde tatsächlich in tausend Stücke zerlegt. […] Ich darf Ihnen nicht verheimlichen, daß strengste Befehle erteilt wurden, daß nicht einmal ein Billet zu der Dame Baudoin gelangen darf, ohne daß es von der Verwaltung gelesen wird, bei Androhung schwerster Strafe. Verzichten Sie deshalb auf diesen Briefwechsel, den ich, auch wenn ich den entschiedensten Wunsch hätte, nicht durchsetzen kann.«[14]

Der Marquis befolgte wahrscheinlich den Rat des Anwalts und verzichtete auf eine Fortführung dieses Abenteuers, das für die junge Frau zu gefährlich geworden war.

EINE INTRIGE

Doch bald kommen dem Marquis de Sade sonderbare Gerüchte über Gaufridy zu Ohren. Mademoiselle de Rousset, der Kanonikus Vidal von Oppède und mehrere Einwohner von La Coste hinterbringen ihm, daß auf seinem Vertrauensmann ein schwerer Verdacht laste. Sade schenkt den Verleumdungen leichtfertig Gehör, da er auf den Notar wegen dessen geheimer Korrespondenz mit Madame de Montreuil ohnehin nicht mehr gut zu sprechen ist. Anmerken läßt er sich allerdings nichts, weil er den Mann noch braucht; Mademoiselle de Rousset und Vidal können ihn auch zu Geduld überreden. Dem Betroffenen gegenüber kann er freilich eine Persiflage nicht unterdrücken. »*Ich habe Ihr höchstes Taktgefühl immer zu schätzen gewußt, mit dem Sie mich über Ihre Korresponenz mit Madame de Montreuil unterrichteten*«, schreibt er ihm und fügt mit beißender Ironie hinzu, die Schwiegermutter werde ihm eines Tages alle Briefe seines Sachwalters zeigen und er werde darin mit Freude »die liebevollen Aufmerksamkeiten der Freundschaft und die beständigen Beweise der aufrichtigen Treue« erkennen.[15]

Etwas später wird der Marquis in den Briefen an seine Frau sehr viel strenger über den Anwalt urteilen, den er sogar, Klatsch und Verleumdung für bare Münze nehmend, verdächtigt, Nanon zur Aussage gegen ihn gedrängt zu haben: »Hier kann man sich wohl nicht abscheulicher betragen, als Gaufridy es tut. Ich habe es Ihnen mitgeteilt, aber Sie haben es keiner Antwort würdig befunden, weil Sie und Ihre Mutter von diesem Schuft geblendet sind. [...] So hat dieses Scheusal gehandelt!«[16]

»WIE EINE LÖWIN«

Als sie endlich von Madame de Montreuil erfährt, daß die »große Angelegenheit« glücklich ausgegangen, ihr Mann aber weiterhin eingekerkert ist (von seiner Flucht weiß sie immer noch nichts), kommt es zu einer »fürchterlichen Szene« zwischen Madame de Sade und ihrer Mutter, die sie Gaufridy schildert: »Was die Haft betrifft, so hat sie mir ihre Absichten mit so empörender Herablassung und Selbstherrlichkeit kundgetan, daß ich völlig außer mich geriet. Ich bin nun so wenig guter Dinge, als wenn nichts Glückliches eingetreten wäre. Sie hat mir indessen zu verstehen gegeben, Monsieur de S[ade] komme frei, aber nicht sofort. Und vor dem Ende der Angelegenheit, hat sie gesagt, würden die *Familien* (mit diesem Wort ist sie stark) niemals zulassen, daß er herauskommt. Am meisten ärgert sie, sehen zu müssen, daß das, was ich denke und rede, von mir kommt und nicht von Monsieur de S[ade], von dem sie glaubte, er sage mir alles ein wie einem Papagei.«[17]

Am selben Tag vertraut sie Reinaud an, daß sie beabsichtige, ihrem Mann entgegenzufahren, allerdings fürchte sie, daß es zu spät sei. Als sie kurz danach von seiner Flucht erfährt, schreibt sie ihm ein außerordentlich zärtliches Billet: »Glaubst Du jetzt, daß ich Dich liebe, mein treuer kleiner Freund, den ich tausendfach anbete? Trage Sorge für Deine Gesundheit, laß es Dir an nichts fehlen; laß mir Briefe schreiben, die nicht in Deiner Schrift sind, und zwischen den Zeilen und auf den weißen Stellen schreibst Du mir mit unsichtbarer Tinte. Ich tue dasselbe.«[18]

Madame de Montreuil, schon wütend genug, daß der Schwiegersohn wieder in La Coste ist, tobt vollends, als die Tochter ihr ankündigt, sie wolle zu ihm reisen. Sie schnaubt vor Wut und droht allen Ernstes, Renée-Pélagie verhaften zu lassen, wenn sie sich nicht besinne. »Sie ist wie eine Löwin in dieser Sache«, erklärt Madame de Sade. Da sie ihrer Mutter durchaus zutraut, die Staatsgewalt einzuschalten, um sie an der Reise zu hindern, beschließt sie, im Karmeliterkloster in der Rue d'Enfer zu bleiben, wo sie die Wohnung der verstorbenen Gräfin de Sade belegt und von wo aus sie unermüdlich Schritte unternimmt, um den Widerruf des Haftbefehls zu erreichen. Nachdem auch Donatien seine Frau anfleht, so schnell wie möglich zu ihm zu kommen, weil »ihre Anwesenheit aus tausenderlei Gründen wesentlich« sei, glaubt Madame de Montreuil ihre Tochter von neuem warnen zu müssen: »Ihre Ehre gehört der Familie; als Mutter obliegt mir die Sorge, daß Sie nicht in die uns wohlbekannten Gefahren zurückfallen. [...] Sie müssen mir gehorchen, und die Beweise für meine Behauptung sind so leicht zu erbringen, wie sie für Monsieur de S[ade] gefährlich sind, wenn man uns dazu zwingt.«[19]

»DUMMES ZEUG, GEWÄSCH«

Inzwischen ziehen in La Coste düstere Wolken auf; der Marquis erhält Warnungen. Aus Paris kommt ein anonymer Brief, der ihm rät, auf der Hut zu sein: »Ach was!« befindet Donatien. »Dummes Zeug, Gewäsch, wie üblich!«[20]

Am Abend des 19. August macht er mit Milli Rousset und Monsieur Testanière, dem Pfarrer von La Coste, in seinem Park einen Spaziergang, als er plötzlich im Wäldchen »aufgeregt wirkende« Schritte bemerkt. Auf sein mehrmaliges »Wer da?« erhält er keine Antwort. Als er sich nähert, kommt ihm sein Wächter, Sambuc der Ältere, »mit etwas weinschwerem Kopf« entgegen und sagt ihm »mit verwirrtem und entsetztem Gesichtsausdruck«, er solle sofort fliehen, denn die Schenke beginne sich mit Leuten mit »sehr verdächtigem Aussehen« zu füllen. Milli Rousset geht sofort ins Dorf hinunter, um nachzusehen; nach einer Stunde kommt sie wieder ins Schloß herauf und schwört dem Marquis, es seien nur Seidenhändler auf der Durchreise, er habe nichts zu befürchten.[21] Ihm ist die Sache dennoch nicht geheuer, und er beschließt, noch in der Nacht nach Oppède zum Kanonikus Vidal zu fliehen; Milli Rousset solle ihm seine Post nachsenden und täglich zwei Eilboten schicken, um ihn auf dem laufenden zu halten. Als die Nachrichten sehr beunruhigend werden, verläßt er Oppède und sucht Zuflucht in einer verlassenen Scheune, eine knappe Meile vom Dorf entfernt. Halb verrückt vor Angst und jeden Augenblick die Häscher erwartend, hält er es bald nicht mehr aus. Lieber lasse er sich fassen, als in diesem Loch zu bleiben. Als Vidal ihn am Sonntag, den 23. August abends besucht, findet er ihn in einem Zustand höchster Erregung.

»Was haben Sie denn?« schreit er ihn an.

»Nichts, ich will hier raus.«

»Ist Ihnen unbehaglich hier?«

»Nein, aber ich will raus.«

»Und wohin wollen Sie?«

»Nach Hause.«

»Sind Sie verrückt? Ich begleite Sie gewiß nicht!«

»Das verlange ich nicht; ich kann sehr wohl allein gehen.«

»Besinnen Sie sich, ich flehe Sie an.«

»Es ist alles bedacht, ich will nach Hause.«

»Sehen Sie denn nicht die Gefahr, nach allem, was man Ihnen schreibt?«

»Ach was, alles Märchen; es gibt keine Gefahr. Gehen wir.«

»Warten wir doch vier Tage!«

»Ich will nicht, sage ich; ich will weg!«[22]

Da der Kanonikus einsieht, daß er Sade nicht zurückhalten kann, begleitet er ihn nach La Coste. Der Marquis ist völlig entkräftet, und damit er sich erst einmal erholen kann, wagt niemand, ihn seine Unvorsichtigkeit spüren zu lassen, doch am nächsten Tag drängt man ihn, wieder zu fliehen. Er weigert sich.

»WIE SAH DAS AUS, GROSSER GOTT! WIE SAH DAS AUS!«

Am Mittwoch, den 26. August, um vier Uhr früh, kommt Gothon ins Zimmer ihres Herrn gestürzt, »nackt und völlig aufgeregt«. »Fliehen Sie!« ruft sie ihm zu. Donatien springt auf, stürzt im Hemd zur Tür hinaus und in den zweiten Stock hinauf, wo er sich in eine Rumpelkammer einsperrt, überzeugt, daß Räuber ihm an die Gurgel wollen. Plötzlich hört er Stimmen im Treppenhaus, Schritte nähern sich, jemand schreit: »Mörder! Feuer! Dieb!« Die Tür wird eingeschlagen, und Inspektor Marais stürmt herein, hinter ihm vier Polizisten aus Paris und sechs zur Verstärkung herbeigeholte Gendarmen aus der Provence. Sade wird sogleich vom Trupp umstellt, eine Säbelspitze zielt auf seine Brust, und ein Pistolenlauf berührt seine Schläfe, während Marais ihn wegen seiner Flucht in Valence grob beschimpft. Wie er ihnen habe entweichen können, will er wissen: »So rede schon, sprich! Sprich, du wirst sowieso für den Rest deiner Tage eingesperrt, weil du in einem Raum hier drüber … dies … und jenes … gemacht hast, einem Raum, wo Tote lagen.«[23] Man fesselt ihn und zerrt ihn zum Polizeiwagen, der sogleich losfährt; Sambuc und Pfarrer Testanière, die man aus dem Bett geholt hat, blicken ihm entsetzt nach. Die Reise dauert dreizehn Tage. Als der Wagen durch Cavaillon fährt, sieht die ganze Stadt den Herrn von La Coste in Polizeibegleitung; in Avignon, wo er zahlreiche Verwandte hat, stehen mehr als dreihundert Personen in der Tür und werden Zeugen seiner Schande. »Wie sah das aus, großer Gott! Wie sah das aus!« wird er ausrufen, als er die Sache seiner Frau schildert. »Nach all den Komplimenten von meinen Verwandten und den Einladungen, sie zu besuchen, damit sie mich umarmen und beglückwünschen können [...], gefesselt und geknebelt mitten durch seine ganze Provinz geschleppt zu werden, durch dieselben Orte, in denen man eben noch seine Unschuld kundgemacht hatte und das Urteil, das sie bestätigte!«[24]

Ein zweitägiger Halt in Lyon gibt dem Marquis die Gelegenheit, Gaufridy Anweisungen für die Geschäftsführung in La Coste zu erteilen. Er solle sich auch mit Mademoiselle de Rousset verständigen, um all das auszuführen, womit er sie beauftragt habe. Wenn er in seinem Arbeitszimmer die nötigen Papiere geholt habe, solle Mademoiselle de Rousset »besagtes Arbeitszimmer wieder abschließen und den Schlüssel meiner Frau schicken, da ich nicht will, daß es fürderhin unter irgendwelchen Vorwänden geöffnet wird«. Gothon solle für die Pflege des Parks und der Terrassen sechs Livres Lohnerhöhung erhalten, und er selbst solle ein vollständiges Inventar der Möbel im ganzen Schloß anfertigen.[25]

Am 7. September 1778, abends um halb neun, betritt der Marquis den Schloßturm von Vincennes, immer noch von Inspektor Marais begleitet. Nach Erledigung der Gefängnisformalitäten schließt sich hinter dem Marquis die Tür der Zelle Nummer 6.

Madame de Sade, die erst jetzt von der Verhaftung ihres Mannes erfährt, fühlt sich von allen verraten, vor allem von ihrer Mutter. Allein und hilflos, ohne einen Menschen, dem sie vertrauen kann, bittet sie Mademoiselle de Rousset, zu ihr nach Paris zu kommen. Sie weiß zwar nicht, ob ihre Freundin möglicherweise schon unterwegs ist, schreibt ihr aber dennoch einen langen Brief, in dem sie ihrer Bestürzung, ihrem Ekel und ihrem Rachedurst hemmungslos Ausdruck verleiht:

»Mein Gott! Welcher Schlag! In welchem Abgrund des Schmerzes versinke ich wieder! Wie damit fertigwerden, wem vertrauen, was glauben? Ich bin ganz und gar außerstande, auf all das, was ich gehört habe, und all das, was man getan hat, eine Antwort und eine Lösung zu finden. Die Widerwärtigkeiten, die Falschheit, der Anschein von Aufrichtigkeit in gewissen wichtigen Dingen, den zu heucheln widernatürlich ist, all dies verschlingt mich, ohne daß ich wüßte, wie ich damit fertigwerden soll. Wenn Sie meiner Mutter die Einzelheiten geschrieben haben, war das sehr gut, aber wenn Sie unterwegs sind, ist das noch besser. Seit diesem Ereignis sehe ich sie nicht mehr, und ich habe ihr schriftlich ewigen Haß und Rache geschworen, wenn sie nicht innerhalb von drei Tagen erreicht, daß ich zu meinem Mann gehen kann, wo auch immer sie ihn hat hinbringen lassen. [...] Ich bin es müde, seit achtzehn Monaten von allen betrogen zu werden. Die Minister sind wahre Mauern. Will man vielleicht, daß ich mich damit bescheide, ihm elende Billetts zu schicken, die von der Polizei geöffnet werden? Ich will nicht mehr in dieselben Unannehmlichkeiten zurückfallen wie in der Vergangenheit: Ich habe zu sehr gelitten.«[26]

Genauso erschüttert vom Vorgefallenen – »ich bin richtig krank«, gesteht sie – ist Mademoiselle de Rousset; sie fleht Gaufridy an, sich für den Marquis bei der Präsidentin einzusetzen: »Denken Sie an den Unglücklichen in seiner Betrübnis, um ihm bei Madame de Montreuil nützlich zu sein, und vergeben Sie ihm seine Fehler. Er ist Ihr Freund, er liebt Sie aufrichtig, Sie können ihm sehr helfen, seine Strafe zu verkürzen. Tun Sie es, ich beschwöre Sie, und vergessen Sie nicht, mir von ihm Nachricht zu geben, sobald Sie etwas wissen.«[27]

KAMPF ZWISCHEN ZWEI KATZEN

Marie-Dorothée de Rousset kommt in den ersten Novembertagen in Paris an und wohnt im Karmeliterkloster bei Madame de Sade, die sie mit Aufmerksamkeiten überschüttet (»Ich bin wirklich ein verwöhntes Kind, das es sich gefallen läßt«, sagt sie). Sie verliert jedoch nicht ihr Ziel, die Befreiung des Marquis, aus den Augen und ersucht um eine Unterredung mit der Präsidentin. Diese empfängt sie mit »soviel Höflichkeit, Ehrlichkeit und Vertrauen, wie es nur möglich ist«, doch ihr Gespräch gleicht, um das Wort der herrlichen Erzählerin Mademoiselle de Rousset aufzunehmen, dem Gegenübertreten von »zwei Katzen, die sich einen Kampf liefern wollen, wobei die angreifende mit weicher Pfote vorgeht, von Zeit zu Zeit aber mit der Kralle zustößt, um die Gegnerin zu reizen. Als der Kampf entbrannt war, ohne daß es danach aussah, kämpften wir miteinander, bis ich zum Sturmangriff übergehen wollte. Da, plötzlich, im Getümmel der Gedanken und in der Hitze des Gefechts, sah ich ganz wirklich, daß Monsieur de S[ade] geliebt wird und daß das Herz nur daran gehindert ist, es zu spüren.«

Mademoiselle de Rousset beginnt mit einer »ein wenig übertriebenen« Schilderung der Leiden des Gefangenen von Vincennes in den vergangenen achtzehn Monaten.

»Er hat es viel besser als das erste Mal«, entgegnet die Präsidentin. »Er hat Gesellschaft, größte Erleichterung für den Schriftverkehr und alle denkbaren Annehmlichkeiten. Aber was kann man tun? Ich entscheide nicht darüber.«

»Das weiß ich. Ich wende mich an Sie nur, um Mittel und Wege zu finden. Ich habe mein Paris aus den Augen verloren, Sie kennen es besser als ich; ich brauche etwas Trost; wo findet man ihn besser als bei einer liebevollen Mutter?«

Dann kommen die beiden Frauen zum heiklen Kapitel von Donatiens »Verfehlungen«.

»Er gibt sie zu«, meint Mademoiselle de Rousset, »aber da, wo er ist, wird er sie nicht wiedergutmachen können.«

»Oh, Mademoiselle, wenn Sie wüßten, was er mir einst alles versprochen hat! Was hat er nicht hier, in diesem Zimmer, für Schwüre getan!«

»Ich glaube es; er hatte den Willen, seine Versprechen zu halten. Der Mensch ist schwach, Madame, das wissen Sie; das Alter und das erlebte Unglück haben große Veränderungen bewirkt.«

»Ich wünschte es! Aber sagen Sie, Mademoiselle, würden Sie für ihn bürgen?«

Nach kurzer Überlegung, »nicht zu hastig und nicht zu langsam«, antwortete Mademoiselle de Rousset, die Augen senkend:

»Ja, Madame.«

»Aber seine ganze Verwandtschaft ist gegen ihn; niemand hat bisher das Geringste unternommen, um für ihn die Erlaubnis zur Rückkehr zu erwirken.«[28]

DIE ÄBTISSIN UND DER STRÄFLING

Kaum vom Besuch bei der Präsidentin zurückgekehrt, bittet Mademoiselle de Rousset Gaufridy flehentlich, er möge die Verwandtschaft für die Freilassung des Gefangenen mobilisieren: »Sie, Herr Advokat, schreiben, daß die Geschäfte ohne ihn nicht zu ordnen seien. Ich werde die Tanten und Cousinen in Avignon und andere Personen zum Handeln veranlassen.«[29] Aber sie macht sich viele Illusionen über die Absichten der Verwandten in der Provence. Außer der Äbtissin von Saint-Laurent und der Cousine Henriette stehen die Ordensschwestern geschlossen hinter der Präsidentin, deren Entschiedenheit sie bewundern und der sie unendlich dankbar sind für den Eifer, mit dem sie sich für die Ehre ihres Hauses einsetzt. Auch der Onkel in Toulouse denkt nicht anders. So schreibt beispielsweise Gabrielle-Éléonore de Sade, Äbtissin von Saint-Benoît von Cavaillon, am 29. April 1779 an die Präsidentin:

»Ich bin wahrlich betrübt über den Starrsinn der Madame de Sade. Sie verlangt womöglich das Unglück ihres Lebens, indem sie mit ebensoviel Unvernunft wie Aufsässigkeit um die Freiheit ihres Mannes bittet. Daß sie seine Ausschweifungen in den Augen der Öffentlichkeit zu entschuldigen versucht, mag angehen; darin tut sie nur ihre Pflicht. Aber ich wünschte mir, daß sie alle Auswirkungen begreift und daß sie an den Folgen in der Vergangenheit erkennt, was in der Zukunft zu erwarten wäre. Unangebrachtes Mitleid darf nicht unsere Vorhaben stören, über die Klugheit und Notwendigkeit gebieten. Die Freiheit meines Neffen kann und darf stets nur der Preis seines Wohlverhaltens sein. Nach seinen mehrmaligen Rückfällen brauchen wir eine moralische Gewißheit, bevor wir ihn der Gesellschaft zurückgeben, um uns nicht die Verantwortung für neue Verfehlungen aufzubürden, die er begehen könnte und die nicht wiedergutzumachen wären und dadurch das Maß unserer Verzweiflung vollmachen könnten.«[30]

KAPITEL 16

Die Zeit steht still:
1778–1790

»MONSIEUR LE 6«

Es ist immer und überall dasselbe, es gilt auf der ganzen Welt und für alle Gefangenen: Sobald die Gefängnisschwelle überschritten ist, hört die Geschichte auf zu existieren, und die Zeit gerät völlig aus dem Takt – der Mensch versinkt in der Zeitlosigkeit oder vielmehr in der Nichtzeit. Die Welt der Gefängnisse ist eine »andere Welt«, sie gehorcht einer anderen Ordnung, anderen Gesetzen, und ihre Zyklen bleiben dem Außenstehenden unverständlich. Sie hat ihre eigenen Werte und Gesetze, ihr eigenes Herrschaftssystem, sogar ihre eigene Mathematik, wodurch sich die Logik der Abgeschiedenheit endlos reproduziert. Während der zwölf langen Jahre seiner Inhaftierung – erst in Vincennes, dann in der Bastille – ist Sades Leben ein einziges perverses Spiel zwischen tatsächlicher oder geheuchelter (bisweilen akzeptierter) Unterwerfung unter den Despotismus des Ortes und einer permanenten Revolte, bei der man sich allerdings fragt, je mehr man den Briefwechsel studiert, ob sie nicht vollständig in den Stereotypen der Gefangenenliteratur aufgeht. Hinzu kommen die Trugbilder einer wild wuchernden Phantasie, die den Stoff für die reichste je in einer Zelle entstandene literarische Produktion liefern. Im Gefängnis identifiziert sich der Marquis nur noch mit dem Geschriebenen; er existiert nur noch durch das Wort; an die Stelle des Erlebens tritt das *Zeichen*. Seine Briefe berichten nur noch von dem, was in seinen Gedanken geschieht; und ausschließlich damit werden wir uns befassen.

Die Gefängnisexistenz beginnt mit einem Identitätswechsel: Für eine (ihm unbekannte) Zeitspanne vertauscht Donatien seine Eigenschaft als Adliger mit einer Matrikelnummer, die er sich in einem Brief an Mademoiselle de Rousset selbst anheftet: Er wird zu *Monsieur le 6*. Dieser »Herr von Zelle 6« beklagt sich bitter über seine neuen Lebensumstände. Obwohl man ihn rasiert und ihm einen Teil seiner Wäsche, einige Bücher und einen Brief seiner Frau ausgehändigt hat, fühlt er sich in der Nummer 6 wesentlich schlechter untergebracht als in der Nummer 11, die er vordem bewohnte: Erstens kann er hier im Winter nicht heizen, und zweitens wird er von Ratten und Mäusen heimgesucht, die ihn keinen Augenblick in Ruhe lassen. Er will eine Katze, um sie loszuwerden, doch man antwortet ihm, Tiere seien verboten. »Ihr seid so dumm!« ruft er aus. »Wenn Tiere verboten sind, dann muß das auch für Ratten und Mäuse gelten!« 1783 wird er auch um einen Hund bitten, um ein wenig Gesellschaft zu haben, wenn möglich »ein sehr junges Hündchen, um das Vergnügen zu haben, ihn zu erziehen, entweder einen Pudel oder einen Hühnerhund«. Er beschwert sich auch, daß sein Zimmer »äußerst feucht und ungesund ist, man kaum den Himmel sieht und alle Lufteinlässe verstopft sind aus Angst, man könnte davonfliegen«. Er will ein Zimmer in den oberen Etagen, »gleichgültig welches, sofern man nur im Winter heizen kann, was in diesem hier nicht möglich ist, und daß man Luft hat und hinaussehen kann. Das ist alles, was ich verlange.«[1] Eine andere Unannehmlichkeit, die für den unverbesserlichen Langschläfer ins Gewicht fällt: Jeden Morgen um sechs Uhr kommt jemand in die Zelle. Mit vielen Beschwerden erreicht er, daß dieses zeitige Wecken entfällt. Schließlich und vor allem will er im Hof spazierengehen dürfen, das ist sein inständigstes und hartnäckigstes Begehren.

Ach, dieser Hofgang! Hundertmal entzogen, wieder gewährt und abermals entzogen, je nachdem, ob sich der Gefangene gut oder schlecht benommen hat. Es ist für die Kerkermeister das ideale Erpressungsmittel und wird schon bald zum ständig wiederkehrenden Thema, zur fixen Idee. Entzieht man ihm den Spaziergang, brüllt er wie ein Gefolterter und verflucht die Henkersknechte, die Freude daran haben, ihn zu quälen (der *Sadist* ist immer der andere), er droht, wettert, jammert, bis er ihn wieder bekommt. Doch bald wird die Strafe (unter oft wirklich nichtigen Vorwänden) abermals verhängt, und die Hysterie beginnt von neuem. Der Hofgang und das Datum der Freilassung sind die ganzen zwölf Jahre lang *das* Dauerthema. Erst vom 7. Dezember 1778 an, also nach drei Monaten völligen Eingesperrtseins, erhält er die Erlaubnis, zweimal pro Woche an die Luft zu gehen, sowie unbegrenztes Anrecht auf Papier und Federn. Im Jahr darauf erhöht sich die Zahl der Hofgänge auf wöchentlich drei, dann auf vier. Doch dieses schon nicht unerhebliche Privileg ist ihm nicht genug: »Für meine Gesundheit muß ich unbedingt mindestens eine Stunde am Tag an der frischen Luft sein, und genau das verlange ich«, schreibt er seiner Frau.[2] Sein Wunsch wird ihm schließlich auf Befehl des Polizeidirektors von Paris, Le Noir, am 25. April 1780 gewährt.

Im großen und ganzen lebt Monsieur de Sade in Vincennes nicht allzu schlecht – besser jedenfalls, als er es wahrhaben will. Seine Frau besorgt ihm alles, was er zu seinem Wohlergehen braucht; seine Kleidung läßt sie beim gewohnten Schneider anfertigen, sie kümmert sich um ausreichende Leib- und Hauswäsche, sie schickt ihm die tausenderlei Gebrauchsgegenstände, die er wünscht (oder vielmehr fordert, meist sehr herrisch, und wehe, es kommt etwas nicht rechtzeitig): Kerzen, Schwämme, »Brustlätze« (auch so eine fixe Idee), »Kopfbänder«, Kölnischwasser, »Brennpastillen«, »Becher im Etui«, »Indiennemütze«, »Sitzkissen, das so gemacht ist, daß das Steißbein nicht aufliegt« (wegen der Hämorrhoiden), Halbstunden-Sanduhr, Papier, Schreibfedern usw. Notfalls schickt er seinen Wärter, einen braven Burschen namens Lavisé, zum Einkaufen. Madame de Sade erstattet regelmäßig alle Auslagen, sowohl in Vincennes als auch in der Bastille.

MONSIEUR DE SADES SPEISEZETTEL

Graf Mirabeau, der für einige Monate Sades Mitbewohner im Turm von Vincennes war, berichtet über das Essen der Gefangenen: »Jahraus, jahrein bekommen sie folgendes vorgesetzt: Tellerfleisch und eine Vorspeise zum Mittagessen; donnerstags besteht die Vorspeise aus Gebackenem; Braten und eine Vorspeise zum Abendessen; ein Pfund Brot und eine Flasche Wein am Tag und zwei Äpfel zu einer der Mahlzeiten am Donnerstag und am Sonntag [...]. Meistens finden sie wahre Scheußlichkeiten auf ihrem Teller. Um elf Uhr essen sie zu Mittag und um fünf Uhr zu Abend. Diese Regelung ist lächerlich und schädlich, denn sie läßt achtzehn Stunden zwischen zwei Mahlzeiten und nur fünf zwischen den beiden anderen.«[3]

Donatien indessen genießt eine ganz andere Diät. Dank der Lebensmittel, die von seiner Frau gebracht oder von Lavisé eingekauft werden, kann er sich sein Menü selbst zusammenstellen. Ein dem Küchenchef übermittelter Wochenplan in der Bastille enthält unter anderem folgendes:

MONTAG

Mittagessen:
Eine ausgezeichnete Suppe
(Ich werde dies nicht mehr eigens erwähnen: mittags und abends müssen die Suppen immer ausgezeichnet sein).
Zwei sehr schmackhafte und zarte panierte Kalbskoteletts.
Ein Mus.
Zwei gekochte Äpfel.

Abendessen:
Suppe
Vier rohe Eier.

DONNERSTAG

Mittagessen:
Suppe.
Zwei gespickte Rebhuhnflügel.
Spinat in Fleischsaft.
Zwei gekochte Birnen.

Abendessen:
Suppe.
Gehacktes mit den Rebhuhnresten.

SONNTAG

Mittagessen:
Suppe.
Schlachtschüssel.
Zwei sehr zarte Artischockenherzen im Saft.
Zwei gekochte Birnen.

Abendessen:
Suppe.
Apfelküchlein.

Ein maßvoller Speisezettel, wie man sieht: ausgewogen, harmonisch, mehr auf Qualität als auf Quantität ausgerichtet. Das Abendessen ist sogar außerordentlich leicht, wohl um Verdauungsstörungen und Schlaflosigkeit vorzubeugen. Die täglichen gekochten Äpfel oder Birnen sollen dem durch Bewegungsmangel träge gewordenen Verdauungsapparat die Arbeit erleichtern. Diese Küche ist außerdem einfach (weder Saucen noch Ragouts) und kostengünstig (nie über acht Sous pro Mahlzeit). Alkohol trinkt Monsieur de Sade nur in Maßen, eine gute Flasche alten Weines ist ihm allemal lieber als jeder Schnaps.

Außer den Mahlzeiten, die ihm in seinem Zimmer serviert werden, empfängt er zahlreiche Eßpakete. Es sind kleine Lieblingsspeisen, die ihm seine Frau liefern läßt: Aalpastete, fette Drosseln am Spieß oder Feigenfresser in Speckscheiben und Weinblättern, beides bratfertig, marinierte Thunfischpastete, Schinken usw. Als Butter akzeptiert er nur die bretonische »Butter vom Kinde Jesu«.

NASCHSUCHT

Nach Kuchen und Süßigkeiten gelüstet es den Marquis am öftesten; er kann rauhe Mengen davon verzehren und gibt sich in der Einsamkeit seiner Zelle wahren Süßigkeitsorgien hin: Meringen, Kekse, Makronen, Konfitüren, Marmeladen, Gelees, Sirup, Eibischteig, frisches und eingemachtes Obst, kandierte Kastanien … Nach Schokolade giert er geradezu, er liebt sie in allen Formen: als Creme, als Kuchen, als Eis, als Tafel. »Ich habe mir […] einen glasierten Kuchen gewünscht«, teilt er seiner Frau mit, »aber ich möchte ihn mit Schokolade und im Innern vor lauter Schokolade so schwarz, wie es des Teufels Hintern vom Rauch ist. Aber die Glasur ebenso.«[4]

Es erstaunt kaum, daß diese Süßigkeiten-Schlemmereien in Verbindung mit dem Bewegungsmangel sich bald in einer Gewichtszunahme äußern. In wenigen Jahren gelangt er an die Grenze zur Fettleibigkeit, was seine Frau mit Sorge zur Kenntnis nimmt. »Es geht ihm gut, aber er nimmt sehr zu«, schreibt sie an Gaufridy.

»ICH LEIDE …«

Das beteuert er unablässig jedem, der es hören will. Nur will, meint er, niemand seine Klagen ernst nehmen. Nicht einmal seine Frau, der er pausenlos versichert, er leide *wirklich* und man wolle das überhaupt nicht zur Kenntnis nehmen. »Wahrhaftig, Madame, ich glaube, Sie bilden sich ein, ich würde mich grundlos beklagen ... nur um mich interessant zu machen [...] Ja, Madame, ich leide und, was noch schlimmer ist, mehr denn je.« Ob sie ein Beispiel für die Unmenschlichkeit seiner Kerkermeister möchte? Seit einigen Tagen quält ihn ein schlimmer Husten. »Gestern abend, als ich mich sehr viel schlechter fühlte als seit einigen Tagen, wollte ich dem Medikus ein kleines Billett schicken und ihn um eine neue Arznei bitten, von der ich mir Erleichterung versprach. Ich lege mich zu Bette und schlafe ein wenig ruhiger in der Hoffnung, daß man mir das Gewünschte bringe ... ›Nun!‹ sage ich, als ich am nächsten Morgen erwache, ›bringen Sie mir das Erbetene?‹ – ›Kein Wort davon‹, antwortet man mir, ›ich bringe Ihnen Ihr Billett zurück.‹ – ›Mein Billett?‹ – ›Ja, Monsieur, Ihr Billett, Sie haben es an den Medikus adressiert, und das ist ein Verbrechen ... man muß es an den Kommandanten adressieren.‹ – ›Und die Arznei?‹ – ›Oh! Die Arznei, wenn Ihr Billett richtig adressiert ist ...‹ Na, was sagen Sie zu diesem Streich? Ist er nicht hübsch, nicht süß, nicht allerliebst? Aber man ist gerecht, man spürt, daß es nicht die Schuld derer ist, die einem die Befehle weitergeben, und verflucht eben die gewaltige Dummheit jener, die sie erteilen. [...] Und die Regierung hat keine Augen für solche Abscheulichkeiten? Und es gibt keine saftige Rüge für einen solchen Wicht, der Leute von Stand nach Belieben tyrannisieren und sie sämtlichen Launen seiner schwachsinnigen Phantasie aussetzen kann? [...] Lieber lasse ich mir beide Fäuste abhacken, als daß ich der Nation nicht den Dienst erweise, sie über solche Mißbräuche aufzuklären. [...] Oh! Ich werde sie enthüllen, diese Greuel, diese widerlichen Winkelzüge, diese von Geiz und Raffgier geschmiedeten Komplotte! Ich kenne sie jetzt alle, ich habe sie am eigenen Leibe erfahren – ganz Frankreich muß sie jetzt auch kennen.«[5]

Der Marquis de Sade hatte schon immer unter Hämorrhoiden gelitten. Die erzwungene Untätigkeit verschlimmert das Leiden, das er mit Kakaobuttersalbe und Terebinthenessenzen etwas lindern kann. »Wenn ich sitze, kann ich mich überhaupt nicht erheben, ohne zu schreien«, gesteht er seiner Frau. Um ihm die ärgsten Schmerzen zu ersparen, läßt sie ein Lederkissen mit einem Loch in der Mitte anfertigen; »indem es nicht auf Deinen Steiß drückt, wird es Dir Erleichterung bringen«, schreibt sie ihm.

Am meisten klagt er über die Augen. Die langen mit Lesen und

Schreiben zugebrachten Abende können seinem zuvor schon nachlassenden Augenlicht nur abträglich sein. Um seine Augen vor Staub zu schützen, bestellt er bei seiner Frau eine lederne Halbmaske mit einem Glasvisier. Sowohl in Vincennes als auch in der Bastille wird Sade von den berühmtesten Augenärzten der Zeit, den Brüdern Grandjean und Doktor Demours junior, behandelt. Doch deren Kunst kann die häufigen Entzündungen nicht verhindern, die den Marquis äußerst beunruhigen; er fürchtet ernsthaft, das Augenlicht ganz zu verlieren. Sollte er das Unglück haben, im Gefängnis operiert werden zu müssen, will er unbedingt eine Krankenpflegerin an seiner Seite wissen. »Ich müßte aus lauter Verdruß sterben, würde ich von einem Mann gepflegt«, warnt er. Um so mehr, als er es mit einem dieser Landser zu tun hätte, die in den Militärhospitälern Krankenpfleger spielen: »Bei meiner Empfindlichkeit, meinen Launen und meinen Ängsten, wenn ich krank bin! Mehr bräuchte es nicht, um mich am dritten Tag krepieren zu lassen.«[6] Doktor Demours gibt ihm den sehr vernünftigen Rat, nicht übermäßig zu lesen und zu arbeiten, und verordnet ihm als Beschäftigung das Stricken, »so daß Sie sich ohne Anstrengung ablenken können«. Daß der Marquis tatsächlich die Feder mit der Stricknadel vertauschte, darf bezweifelt werden.

MONSIEUR DORNENBÜNDEL

»Herrisch, jähzornig, aufbrausend, extrem in allem, von einer ausschweifenden Phantasie in den Sitten, wie sie das Leben noch nicht gesehen, mit zwei Worten: das bin ich – und noch einmal, bringt mich um oder nehmt mich so, denn ich werde mich nicht ändern.« Dieses treffende Selbstporträt zeichnet Donatien in einem Brief an seine Frau. Aufgrund der uns wohlbekannten Erregbarkeit, Ungeduld und Aufsässigkeit können wir uns ausrechnen, daß er der unbequemste Gefangene ist, den man sich denken kann; der Freiheitsentzug steigert seine Unarten ins Maßlose und verstärkt zugleich seinen Verfolgungswahn. Mademoiselle de Rousset hat ihn spaßhaft »Monsieur Dornenbündel« getauft. In der Tat findet er permanent Anlässe zu Querelen; in Vincennes und in der Bastille vergeht kein Tag, ohne daß er eine Szene macht, oft aus nichtigstem Anlaß. So am 26. Juni 1780, wo er der Meinung ist, ein Aufseher habe sich ihm gegenüber frech benommen: Er gerät in eine solche Wut, daß er auf der Stelle in Ohnmacht fällt, eine ganze Weile bewußtlos liegenbleibt und dann bis zum nächsten Tag Blut spuckt. Der Wärter behauptet, der Gefangene habe ihn geschlagen, was dieser abstreitet, er will nur die Hand gehoben haben. Wie auch immer, jedenfalls streicht ihm der Festungskommandant den Hofgang und andere kleine Zugeständnisse. Sofort geht ein Brief an Madame de Sade, sie solle »beim Minister Klage führen über die niederträchtige Behandlung, die man ihm im Turm angedeihen läßt«.[7]

DIE SCHULE DES HASSES

Schon in den ersten Monaten in Vincennes zeigen sich bei Sade die üblichen Auswirkungen des Freiheitsentzugs: übersteigerte Phantasie, Verlassenheitsgefühl, wahnhaftes Freund-Feind-Denken. Unter der verengenden Perspektive der Haft kultiviert er ein Weltbild, das jedem, der die Gefängniserfahrung gemacht hat, wohlbekannt ist; er lernt vor allem, alles der Kategorie des Bösen zuzuordnen, was von nah oder fern der Welt der Freiheit angehört oder auch nur an sie erinnert. Seine verbalen Ausfälle kennen wir bereits, ebenso seine Gewalttätigkeit. Doch sie sind geradezu harmlos im Vergleich zu seinen Briefen aus dem Gefängnis: Sie geraten oft zu wahren Tiraden, in denen sich der Haß zur Wortgewaltigkeit aufschwingt und der Abscheu tragische Größe erreicht. Lüge und Wahrheit, Verleumdung und Gerüchte, Empörung und Hinterlist vermischend, stürzt sich Sade in rasender Angriffslust auf den Gegner und überschüttet ihn mit Häme und Beleidigungen, bevor er ihm laut aufjubelnd den Todesstoß versetzt. Wir beschränken uns auf ein einziges Beispiel, das uns repräsentativ erscheint für seine Kunst der Schmährede und außerdem in einem einzigen Brief alle bevorzugten Ziele seiner Aversionen vereint: Madame de Montreuil, Monsieur de Sartine, ehemaliger Polizeidirektor von Paris (Marineminister ab 1774), sowie Festungskommandant Rougemont. Hundert andere Briefe könnten ebensogut angeführt werden, um die Sadesche Misanthropie zu illustrieren!

»Es gebührt nicht dem Laster und den ausgeprägtesten Abscheulichkeiten des Lasters, das Laster bekämpfen oder bestrafen zu wollen; es ist allein Sache der Tugend, und der reinsten Tugend.

Es gebührt nicht der Präsidentin von Montreuil, *Cousine, Nichte, Verwandte, Mündel und Gevatterin* des gesamten Bankrotteurspacks von Cadix und Paris, der Präsidentin von Montreuil, Nichte eines von Monsieur de Choiseul wegen Diebstahls und Unterschlagung aus dem Hôtel des Invalides gejagten Schurken, der Präsidentin von Montreuil, die in der Familie ihres Mannes einen auf der Place de Grève gehängten Großvater hat, der Präsidentin von Montreuil, die ihrem Gemahl sieben oder acht Wechselbälger beschert und alle ihre Töchter als Hetären verkuppelt hat; es gebührt ihr nicht, die Charakterschwächen zu richten, zu verdammen oder zu bestrafen, über die man keine Macht hat und die nie jemandem geschadet haben.

Es gebührt nicht Dom S[arti]nos[8], der eines schönen Morgens in Paris aufgefunden wurde, ohne daß man wußte, woher er kam und stammte, ähnlich jenen Giftpilzen, die im Gehölz ganz plötzlich sprießen, diesem Dom S[arti]nos, von dem man schließlich herausfand, daß er der Verbindung des ehrwürdigen Paters Torquemada mit einer Jüdin entsprang, die er in den Gefängnissen der Inquisition von Madrid, denen er vorstand, verführt hatte, diesem Dom S[arti]nos, der in Frankreich nur zu Vermögen kam, indem er Menschen opferte wie die Kannibalen, der als Vortragender Staatsrat besagten Unglücklichen aufs Rad flechten ließ, nur um des Ruhmes willen darzutun, daß er ohne Tadel und zu falschem Urteil nicht imstande sei, dem Dom S[arti]nos, der, auf etwas höherem Posten, die Lustbarkeiten der Allgemeinheit mit allerlei Schikanen und Tyranneien bedachte, um die *lasziven Listen* zu liefern, an denen sich dann die kleinen Tafelgesellschaften des Parc-aux-Cerfs ergötzen konnten[9], der, um sich den Regierenden anzudienen, auf dem Richtplatz oder in Gefängnissen über zweihundert Unschuldige umbringen ließ, und zwar nach Zählung derer, die seine Schandtaten unterstützten, diesem Dom S[arti]nos schließlich, dem größten politischen Schurken und bemerkenswertesten Spitzbuben, den die Sonne je beschienen, und, seitdem Mißbräuche gestattet sind, wohl der erste, der jenen erdacht, eine Hure mit Gefangenen auszuhalten – nein, einem so abscheulichen Götzenbild des Verbrechens gebührt es nicht, Irrtümer zu verurteilen, zu bestrafen oder vor Gericht zu zerren, die ihm selbst die höchsten Genüsse bereiteten, derweil er dem König jährlich fünfhunderttausend Francs von dem Geld stahl, das er für die Belieferung des Hofs mit *schlüpfrigen Details* erhielt, und der zu jener Zeit nicht nur ungestraft stahl, sondern sogar schändlich seine Stellung mißbrauchte, um unglückliche Geschöpfe zum Laster zu drängen, die er heute vor Gericht zerren will.

Es ist, mit einem Wort, nicht Sache des kleinen Bastards Rougemont, dem Lasterhasser in Person, dem Hundsfott in Hose und Wams, der auf der einen Seite seine Frau prostituiert, um Gefangene zu bekommen, auf der anderen diese verhungern läßt, um ein paar Taler mehr zu haben und die ehrlosen Helfershelfer seiner Ausschweifungen bezahlen zu können, einem Gesellen also, der ohne die Launen des Glücks und das Vergnügen, das Fortuna daran findet, die zu erniedrigen, die erhöht werden sollten, und die zu erhöhen, die nur zum Kriechen bestimmt sind, der ohne das, sage ich, sich vielleicht glücklich preisen würde, mein Küchenjunge zu sein, wenn wir beide an dem Platz geblieben wären, an den uns der Himmel von Geburt an gestellt hat; es ist nicht Sache eines solchen Lumpen, sich zum Richter der Laster aufzuwerfen, noch dazu derselben Laster, die er in weit abscheulicherem Maße selbst hat, denn, wie gesagt, man gibt sich noch mehr der Verachtung und Lächerlichkeit preis, wenn man bei anderen unterdrücken will, was man selbst tausendmal mehr hat, weil ein Krummbeiniger nicht den Hinkenden verlachen und ein Blinder nicht den Einäugigen führen soll.

So sei es. Seid gegrüßt.«[10]

Man kann sich denken, daß die wüstesten Beschimpfungen der Schwiegermutter, der Präsidentin, gelten. »Nein, ich halte es nicht für möglich, in der Welt eine abscheulichere Kreatur zu finden als Ihre niederträchtige Mutter«, schreibt er seiner Frau. »Die Hölle hat nie Vergleichbares ausgespien, und ich bin überzeugt, daß es Frauen von diesem Charakter waren, die der Einbildungskraft der Priester die Furien entspringen ließen.«[11]

Die arme Renée-Pélagie tut, was sie kann, um die brieflichen Haßtiraden ihres Mannes einzudämmen, und sie warnt ihn vor den Sanktionen, die ihn jederzeit treffen können, denn seine Post wird von einem Polizeischreiber gelesen, bevor sie ihr zugestellt wird. »Was bist Du erfinderisch, geliebter Freund, um Dich selbst zu quälen! Beruhige Dich doch, und vor allem schreibe nichts, was Dir schaden kann. Ich verheimliche Dir nicht, daß die Briefe, in denen Du Bitterkeit und Hitze beweist und wo Du lauter Dinge sagst, die Du nicht denkst, Auswirkungen haben, die Deinen Interessen sehr zuwiderlaufen, indem sie den Minister gegen Dich einnehmen und verhindern, daß meine Ansuchen gehört werden. Es nützt nichts, wenn ich die Wahrheit sage, nämlich daß Du nicht denkst, was Du schreibst, daß Schmerz und Verzweiflung Dich manchmal aufbrausen lassen, man antwortet mir, daß man dich nur nach dem beurteilen könne, was Du schreibst, und daß man, solange Du in diesem Ton schriebest, eine sehr schlechte Meinung von Dir habe. So schreibe also, teurer Freund, nicht mehr diese Dir schädlichen Sätze. Folge meinem Rat; es ist der glühende Wunsch, baldigst mit Dir vereint zu sein, der mich dazu bewegt.«[12]

Die Annahme, der Gefangene Sade würde in einem Meer von Griesgrämigkeit versinken, wäre indessen verfehlt. Er hat auch seine Momente der Ausgelassenheit und des Übermuts, die ebenso unvorhersehbar sind wie seine Wutanfälle und manchen Briefen einen Tonfall ungewöhnlicher Fröhlichkeit verleihen. Die derben Späße sind weniger für Madame de Sade gedacht, sie richten sich an jene, die Sinn dafür haben und darüber lachen können. Hauptadressat ist Carteron, La Jeunesse genannt, den der Marquis durch den Spitznamen »Martin Quiros« die Rolle des Dieners im Schelmenroman spielen läßt. Dem fidelen Gesellen mangelt es weder an Geist noch an Bildung; er zitiert Cäsar, Herkules, Varius und Don Quichotte kunterbunt durcheinander und bemüht sich nach Kräften – und nicht ohne Erfolg –, seinen eingekerkerten Herrn zum Lachen zu bringen. Nichts kann den Marquis so erheitern wie die Possen seines Kammerdieners. Die Epistel, in dem dieser den Ausbruch des Vesuvs am 8. August 1779 schildert, versetzt ihn in ausgelassene Stimmung. Er erinnert ihn an die pikante Geschichte mit dem Einsiedler, dem sie seinerzeit an den Hängen des Vulkans begegneten, und an eine gewisse Wurst … von reichlich obszönem Geschmack. Auch das Erdbeben selbst ist in der Sadeschen Symbolik stark mit erotischer Bedeutung aufgeladen: »Es ist wirklich ein Unglück, und wir haben Glück, daß es nicht passiert ist, als wir dort waren. Die armen Nonnen! Oh, einige von ihnen waren gar nicht so unglücklich über den Zwischenfall! Ah! Ich bedaure auch meinen armen Einsiedler, der auf halber Höhe war, Sie wissen doch, Monsieur, dort, wo wir diese gewisse Wurst aßen, die Sie so lange aufbewahrt hatten und von der Sie nicht wollten, daß wir sie ganz aufaßen. Erinnern Sie sich, erinnern Sie sich an diese Teufelswurst!« Im selben Brief klagt der brave Carteron über Arbeitsmangel; sein Herr solle an ihn denken und ihm ein Manuskript zum Abschreiben geben: »Schicken Sie mir doch bitte Arbeit, denn ich verblöde; ich habe weder Bücher noch etwas zu schreiben. Dumm haben Sie mich zurückgelassen, und dumm werden Sie mich wieder bekommen.«[13]

Leider können wir aus Platzgründen die anderen Carteron-Briefe nicht abdrucken; sie sind alle so voller Komik, Naivität, Possen und Eulenspiegelei und geben ein so vollkommen komödienhaftes Bild vom Verhältnis des Dieners zu seinem Herrn, daß man sich im Theater wähnt. Die Antworten des Marquis sind noch wertvoller, denn sie zeigen uns einen wenig bekannten – und nicht den mindesten – Aspekt seiner Schreibkunst: die Groteske, die Parodie. Sehen wir uns seine Antwort an den »Ritter Quiros« an, eine umwerfende Blödelei von rasantem Schwung, in der der Autor zu seinem eigenen Vergnügen ein Wortfeuerwerk abzubrennen scheint.

»Martin Quiros … du wirst frech, mein Sohn! Wäre ich da, ich würde dich windelweich prügeln … Ich würde dir dein falsches Sch…toupet herunterreißen, das du jedes Jahr mit den Schwanzhaaren aus den Bidets der Straße von Courthézon nach Paris neu ausstaffierst. Was würdest du tun, alter Schelm, um ein neues zu kriegen? Sag, was würdest du tun? […] Komm, versuch … versuch ein bißchen still zu sein, bitte, denn allmählich bin ich es satt, so lange von einer Kanaille beschimpft zu werden. Ich halte es allerdings mit den Doggen, und wenn ich sehe, daß diese ganze Meute von Kläffern und Dogginnen mir hinterherbellt, hebe ich das Bein und pisse ihnen eins auf die Nase. […]

Wie? Du alter Affe, du mit Brombeersaft verschmiertes Queckengesicht, du Noah-Rebenstange, Jonas-Walfischgräte, altes Bordell-Feuerzeug, ranziges Talglicht um vierundzwanzig das Pfund, verfaulter Tragriemen des Esels meiner Frau. […] Ach, du alter Kürbis in Wanzensaft, drittes Horn auf dem Kopf des Teufels, Kabeljaugesicht mit langgezogenen Austernohren, Puffmutterpantoffel, Schmutzwäsche mit den *roten Sachen* von Milli Printemps [Mademoiselle de Rousset], wenn ich dich erwische, ich werde dir deinen dreckigen Bratäpfel- und Röstkastanien-Rüssel vermöbeln, um dich zu lehren, wie man lügt.«[14]

»MEINE DENKWEISE«

Zwischen zwei Wut- und Verzweiflungsanfällen denkt Monsieur de Sade bisweilen über sich selbst nach und teilt dann die Ergebnisse seiner Frau mit. In solchen Augenblicken müssen wir besonders aufmerksam hinhören, wenn er plötzlich das Anprangern und Wehklagen sein läßt, um entweder über sein eigenes Schicksal zu philosophieren oder um, wie in der folgenden Passage, zu unterscheiden zwischen unserem Verhalten, das nur von uns abhängt, und unseren Wünschen, über die wir keine Macht haben.

»[…] Die Sitten hängen nicht von uns ab, sie sind in unserer Anlage, unserer Organisation begründet. Uns obliegt es, unser Gift nicht nach außen zu verbreiten, nicht nur zu vermeiden, daß unsere Umgebung darunter leidet, sondern auch, daß sie es überhaupt bemerkt [...], es liegt so wenig in unserer Macht, *in jenen Dingen* diese oder jene Neigung zu haben, als es in unserer Macht liegt, bei Lehrsätzen dieses oder jenes zu glauben oder braunes Haar zu bekommen, wenn man mit rotem geboren wurde. So lautet meine ewige Philosophie, und ich werde sie nie aufgeben [...]«[15]

»Ich respektiere die *Neigungen, die Launen*«, sagt er anderswo. »So barock sie sein mögen, ich finde sie alle achtenswert, und weil man keine Macht über sie hat und weil die sonderbarste und die wunderlichste von allen, genau betrachtet, immer auf einen Ursprung von Zartgefühl zurückgeht. Ich nehme es auf mich, dies zu beweisen, wenn es verlangt wird: Sie wissen, daß niemand die Dinge betrachtet wie ich.«[16]

In einem anderen Brief an seine Frau schleudert er erneut der Welt diesen stolzen Anspruch auf Einzigartigkeit entgegen: »Meine Denkweise, sagen Sie, kann nicht gebilligt werden. Und was kümmert's mich? Es muß einer wirklich verrückt sein, um eine Denkweise für die anderen anzunehmen! Meine Denkweise ist das Ergebnis meiner Überlegungen; sie gehört zu meinem Leben, zu meiner Wesensanlage. Es liegt nicht in meiner Macht, sie zu ändern; und läge es in meiner Macht, ich änderte sie nicht. Diese Denkweise, die Sie tadeln, ist der einzige Trost meines Lebens; sie lindert alle meine Pein im Gefängnis, sie macht meine ganze Lust in der Welt aus, und ich hänge an ihr mehr als am Leben. Nicht meine Denkweise hat mein Unglück verursacht, sondern die der andern.«[17]

ZITRONENSAFT UND SIGNALE

Erst nach einer Trennung von vier Jahren und fünf Monaten, am 13. Juli 1781, darf der Marquis Besuch von seiner Frau erhalten. Und auch nicht in trauter Zweisamkeit, wie er gehofft hatte, sondern unter Aufsicht des Polizeischreibers Boucher im Ratssaal, in den man den Gefangenen gebracht hat. Mit dieser Besuchserlaubnis wird es bald so gehen wie mit dem Hofgang. Beim geringsten Verstoß gegen die Disziplin, bei der ersten unpassenden Briefstelle wird sie ihm entzogen. Ab dem Frühsommer 1783 werden die Polizeibehörden dem Gefangenen gegenüber zusehends schikanöser. Erst ab Anfang 1784 darf Madame de Sade ihren Mann häufiger besuchen, nachdem sich der Baron von Breteuil, der zwei Monate zuvor zum königlichen Minister für das Département Paris ernannt wurde, die Verbesserung der Zustände in den Gefängnissen zum Anliegen gemacht hat. Donatien würdigt dies, indem er seine »äußerste Ehrerbietung« für diesen »in tausenderlei Hinsicht ehrenwerten« Minister ausspricht.[18]

Doch die Besuche sind nicht alles. Da ist auch – in erster Linie sogar – der Briefwechsel: Hunderte von Briefen, ein in seiner Art in der ganzen Literaturgeschichte einzigartiges briefliches Selbstgespräch erstreckt sich über die ganzen zwölf Jahre der Gefangenschaft. Allerdings darf der Marquis nur an seine Frau schreiben, und die Kontrolle ist streng: Jeder Brief muß unversiegelt dem Polizeischreiber Boucher vorgelegt werden, und dieser schwärzt die nicht genehmen Passagen. Wenn ihm ein Text insgesamt inakzeptabel scheint, schreibt er ihn einfach eigenhändig um, wobei er nur die sachbezogenen Stellen aus dem Original übernimmt, Wäsche- oder Kerzenbestellungen zum Beispiel. Donatien attackiert ihn deshalb häufig. Einmal wendet er sich mitten in einem an Madame de Sade gerichteten Brief an den Zensor: »Herr Überkritzler, wer immer Sie sind [...], wenn Ihnen die vorangegangene Verteidigungsrede mißfällt, so lesen Sie sie zum eigenen Nutzen, schneiden Sie sie heraus oder überkritzeln Sie sie, doch übermitteln Sie bitte die untere Blatthälfte meiner Frau, damit ich wenigstens bekomme, was ich brauche.«[19] Manchmal schreibt er auch zwei Briefe gleichzeitig, »um die gelehrte Operation der *Erforscher, Abkürzer, Kommentatoren und Korrektoren* seines Stils zu erleichtern«.[20] Direkte Folge dieser doppelten Lektüre: Er schreibt im Doppelsinn, immer mit dem indiskreten Dritten vor Augen, der sich zwischen seine Frau und ihn einschleicht. »Erster Adressat«, schreibt Philippe Roger, »ist also [...] der ungeliebte Apparat der Überwachung: Gouverneur, Minister, Büttel, Kopisten – kurz: ›der Kerker‹. [...] Man muß, oder müßte vielmehr, also auch (zuerst?) für die Kerkermeister schreiben, ebensosehr oder noch mehr als für den wirklichen Adressaten.«[21]

Die Zensur zwingt die Ehegatten zu allerlei Schlichen und geheimen Verständigungsmitteln. Die unsichtbare Tinte aus Zitronensaft ist ihnen zur Gewohnheit geworden. Sie schreiben damit in den Zwischenraum zwischen den Zeilen oder am Ende des Briefes. Eine andere Möglichkeit sind winzige Billetts, die Madame de Sade bei ihren Besuchen ihrem Mann blitzschnell in den Ärmel steckt. Außerdem werden Hintersinn, doppeldeutige Sätze und metaphorische Anspielungen verwendet, am häufigsten jedoch Codewörter: Der Marquis läßt sich *Moses* oder *Orest* nennen, Monsieur de Sartine heißt *der Bär* und La Jeunesse *Jacques*; der in den Dienst von Madame de Montreuil übergetretene Albaret, diese »erbärmliche Kanaille«, wird zum *Gerichtsschreiberkadetten*, während Milli Rousset als *Monsieur Hélène* das Geschlecht wechselt und La Coste in *Nérac* umbenannt wird.

Doch Sade treibt seine Kryptomanie noch sehr viel weiter, indem er ein sonderbares System von »Signalen« gebraucht. Während der ganzen Dauer seiner Einkerkerung – und nur in dieser Zeit – sind seine Briefe voller Zahlen und Ziffern, denen er eine geheimnisvolle Bedeutung zuschreibt. Mit der Freilassung verschwindet das Phänomen sofort. Während der elf Jahre, die er zwischen 1790 und 1801 in Freiheit verlebt, findet man kein einziges dieser »Signale« in seiner Korrespondenz. Erst in Charenton, ab 1803, sind sie ganz plötzlich wieder da. Über die Herkunft dieser obskuren Arithmetik ist viel gerätselt worden. Bezog Sade sie aus einer kabbalistischen Abhandlung, oder hat er sie selbst erfunden? Beim heutigen Stand der Forschung läßt sich nichts Sicheres sagen. Man kann lediglich die Vermutung aussprechen, er habe in einem Buch über das Geheimnis der Templer oder der Rosenkreuzer, das ihn sehr interessierte, irgendein System gefunden und es für seinen eigenen Bedarf umgestaltet.[22] Das ist die zur Zeit wahrscheinlichste Hypothese.

Anfänglich, bevor die Sache zur regelrechten Obsession wird, geht es dem Marquis hauptsächlich um das Datum seiner Freilassung, das er anhand von Ziffern, die die eintreffenden Briefe enthalten, zu erraten versucht. »Die Unmöglichkeit, den *gnädigsten Willen* [des Königs] zu beziffern«, schreibt Maurice Heine, »führt Sade dazu, seine Berechnungen auf die zufälligsten Ausgangsdaten aufzubauen. In allem sieht er einen Fingerzeig des Schicksals oder eine von der Zensur nicht bemerkte geheime Nachricht. So klammert er sich verzweifelt an die Zeilenzahl eines Briefes oder an Wortwiederholungen, sogar an die klangliche Ähnlichkeit von Wörtern und Ziffern.«[23] Bald wird diese Wahrsagemethode auf die kleinste Begebenheit seines Gefangenenlebens ausgedehnt; so errechnet er den Tag, an dem er wieder Hofgang erhält oder seine Frau ihn besuchen kommt.

Renée-Pélagie als mehr oder weniger einzige Briefpartnerin genießt das fragwürdige Privileg, unbeabsichtigt die meisten »Signale« auszusenden. Doch die Ärmste, die von den obskuren Spekulationen ihres Mannes keine blasse Ahnung hat, wird mit Beschimpfungen überhäuft, wenn ihre Signale Schlechtes bedeuten. In solchen Fällen (das heißt meistens) bekommen auch Madame de Montreuil und deren »Ausgeburten« ihr

Fett ab, und der Ehefrau wird Schlimmes angedeutet: »Deine Mutter muß so betrunken oder verrückt sein, daß sie in Ketten gehört, um das Leben ihrer Tochter mit einer 19 und einer 4 oder einer 16 und einer 9 aufs Spiel zu setzen und um dies unermüdlich seit zwölf Jahren zu tun.«[24] Selbst das, was seine Gefängniswärter tun oder sagen, hat seine Bedeutung: »Am 26. März schickte [der Kommandant] zu mir, um 6 Nachtkerzen zu borgen; am 6. April borgte er nochmals 6, doch ich gab nur 4. Am Donnerstag, 6. Januar, auf den Tag genau 9 Monate später, gibt man mir 25 statt der 10 geborgten zurück, was in der Tat noch 9 Monate Gefängnis zu bedeuten scheint, im ganzen also 25.«[25]

Im Brief vom 15. Dezember 1781 erkennt er selbst den pathologischen Charakter seiner Manie: »Es kommt mir vor wie ein Anfall von Verrücktheit, und sollte ich mit dieser Dummheit wieder anfangen, würde ich glauben, vollends wahnsinnig zu sein.«[26] Doch auch nach diesem lichten Augenblick gibt er sein virtuoses Jonglieren mit Zahlen nicht auf. Man hat daraus oft auf eine »Psychose« geschlossen, doch handelt sich im Gegenteil um eine »Verteidigungsreaktion seiner Psyche, einen unbewußten Kampf gegen die Verzweiflung, bei dem er ohne diese Ablenkungsmöglichkeit wirklich den Verstand hätte einbüßen können«.[27]

DER »LIEBE KLEINE«

So ungerecht und beleidigend der Marquis vielfach ist, so beständig liebevoll und mitfühlend versucht Renée-Pélagie, ihn zur Geduld zu bewegen und ihm zu beweisen, daß sie nach wie vor ganz ihm gehört. »[...] Du bist verzweifelt über Deine Lage, bester Freund«, schreibt sie ihm Anfang 1779. »Ich flehe Dich an, glaube mir, daß ich deren ganze Entsetzlichkeit mitfühle. Ach, stünde es doch in meiner Macht, sie zu ändern! Ich bin durchdrungen von allem, was Du mir schreibst, doch die anderen haben eine absonderliche Denkweise, deren Opfer wir sind. Sie denken, wenn sie Dich eine Weile im Gefängnis eingesperrt haben, so wärst Du danach ganz brav und artig. Sie sehen überhaupt nicht, was sie Dir, Deinem Glück und Deinen Kindern antun. Aber wenn man mir diese dummen Antworten gibt, werde ich so zornig, daß ich sie alle am Kopf packen möchte und so lange mit dem Kopf gegen die Wand stoßen, bis sie anders denken! Du siehst, ich bin nicht so sanft wie Du in meinen Wünschen nach Vergeltung [...]«[28]

Ihrem Donatien verzeiht sie alles, selbst die verletzendsten Bemerkungen, mit denen er auf ihre Liebesbeteuerungen antwortet. Hat er sie wieder einmal mit einer Kostprobe des Sadeschen Sarkasmus bedacht, so schreibt sie ihm sogleich: »Ich kenne sehr wenige, wirklich sehr wenige, im ganzen Sinne des Wortes, Gemüter und Herzen wie das Deine. Würde sich Dein armer Kopf nicht manchmal verirren, um unziemliche Dinge zu schreiben, so wärest Du das vollkommene Wesen; aber für mich wirst Du es immer sein. Es ist ganz und gar unmöglich, daß ich aufhöre, Dich innigst zu lieben, und schriebest Du mir haufenweise Beleidigungen; ich weiß zu gewiß, daß Dein Herz nie einverstanden ist damit.«[29] Was in Madame de Sades Briefen vor allem auffällt, ist die mütterliche Färbung ihrer Zuneigung, ihr Bedürfnis, ihm Sicherheit zu geben, ihn zu trösten, ihren »lieben Kleinen«, wie sie ihn gerne nennt, zu verwöhnen.

ETUIS UND FLAKONS

Renée-Pélagie versorgt ihren Gatten nicht nur aufopfernd mit allem, was er zum Leben braucht, wie Kleidung, Wäsche, Kissen, Süßigkeiten, Kerzen, Büchern usw. Ihr gegenseitiges Einverständnis geht so weit, daß sich Donatien ohne weiteres von ihr Gegenstände besorgen lassen kann, die der erotischen Befriedigung in der Einsamkeit der Gefängniszelle dienen. Immerhin ist er mit siebenunddreißig eingesperrt worden, und bei seiner Entlassung wird er fünfzig sein; das beste Mannesalter verbringt er hinter Gittern ohne jeden sexuellen Kontakt; es bleibt ihm nur die Masturbation. Er muß also den Trieb mit diversen Hilfsmitteln betrügen.

Einmal schickt ihm die Marquise den erbetenen Ärmel ihres Kleides, ein andermal das Bild eines hübschen jungen Mannes. Er äußert sich erst hoch erfreut darüber, schreibt dann aber: »[...] leider ist er nur gemalt ... Also bitte wenigstens das Etui, wenn Sie mich schon mit Illusionen abspeisen!«

Diese *Etuis* und *Flakons*, auf die der Gefangene so ungeduldig wartet, sind nichts anderes als künstliche Ersatzorgane für die Simulierung des Analverkehrs. Die Marquise wird beauftragt, die Gegenstände nach den angegebenen Maßen bei den Tischlern des Faubourg Saint-Antoine anfertigen zu lassen. Diese grinsen natürlich, wenn sie damit kommt: »Wegen des Etuis weiß ich überhaupt nicht, wo ich es bestellen soll«, beklagt sie sich, »denn die Handwerker halten mich für verrückt, wenn ich von Etuis in dieser Größe rede; man lacht mich aus und macht es nicht. Sie wollen im voraus bezahlt werden, weil sie Angst haben, daß man es nicht abholt, und dann, wenn es gemacht ist, muß man es nehmen, oder das Geld ist verloren.«[30] Zwei Monate später kommt sie auf das verwünschte Etui zurück: »Glaub mir, ich hatte wirklich alle Mühe, das anfertigen zu lassen, das Du schon hast, das kleiner ist; kein Handwerker will es machen, alle halten mich für verrückt und lachen mich aus. Tue mir den Gefallen und beauftrage eine andere, oder laß von einem Drechsler ein Modell in Tannenholz machen. Sie behaupten, keine so großen Rosen- oder Ebenholzstücke zu haben, um das zu bohren und zu drechseln.«[31] »Erspare mir diesen Gang, Du tust mir wirklich einen Gefallen damit«[32], fleht sie ihn an. Ihre Bitte ist um so verständlicher, als Monsieur de Sade wirklich nicht leicht zufriedenzustellen ist, sehr genau weiß, was er will, und das auch unnachsichtig fordert: »Sie sehen doch, daß dieser Flakon nicht als Taschenflakon taugt. Weswegen ich ihn zurückgehen lasse. Er soll Ihnen als Maß dienen für die, welche ich schon vor langem bei Abraham in seiner Kristallmanufaktur in Auftrag gegeben habe, wobei oben das Maß zu nehmen ist, nicht unten; das wäre viel zu klein; aber oben, das wäre richtig für mein Necessaire. Ich habe genau am Loch Maß genommen, und das stimmt. Aber es müßte mindestens drei Zoll höher sein, obwohl im Grunde der Umfang das Wesentliche ist und das, worauf er besonders achten soll. […] Er hat mir versichert, er habe einen von dieser Größe an den Erzbischof von Lyon geliefert; erinnern Sie ihn daran. Zahlen Sie ihm den geschuldeten Betrag, und bestehen Sie darauf, daß er Sie korrekt bedient. Dieselben Flakons können dann auch auf Deinem Toilettentisch stehen, wenn Du willst; morgens auf Deinem Toilettentisch und abends auf meinem Nachttisch. Darum sollen es zwei sein. Einstweilen schicke mir einen Taschenflakon, der, weil er nur für die Tasche und nicht für mein Necessaire bestimmt ist, nur die Maße haben darf, die es für meine Tasche braucht. Ich habe sie Dir geschickt: sechs Zoll Umfang und acht oder neun hoch.«[33] Anfang März 1783 schreibt er seiner Frau: »Der Flakon, den ich zerbrochen habe, war gut. Ich brauche wieder denselben, aber damit er nicht mehr zerbricht, muß er in einem Rosenholzetui liegen, und da ich will, daß dieses Etui nicht nur diesen Flakon aufnehmen kann, muß man es mit einem Umfang machen, der größer ist als der des Flakons; darum habe ich gesagt, 6 Zoll Umfang beim Etui und die Höhe entsprechend der des Flakons, der richtig ist, wenn er so ist wie der letzte.« Am 18. März antwortet ihm Madame de Sade: »Der Flakon in seinem Etui ist gemacht, ich schicke ihn Dir, Du kannst bequem noch etwas anderes als den Flakon hineintun.« Am Rand von der Hand des

Marquis die Bemerkung: »Und das Ganze in deinen Arsch, leicht, zu leicht, leider.«[34] Anderswo weist Renée-Pélagie ihn darauf hin, daß ein Flakon von sechs Zoll viel zu lang sei für die Tasche; er merkt an: »Ich stecke ihn ja nicht in die Tasche, sondern woandershin, wofür er noch viel zu klein ist.«[35]

Seine Zahlenmanie auch auf diesen Bereich ausdehnend, führt er exakt Buch über seine *prestiges*, wie er seine Masturbationen mit oder ohne Hilfsmittel nennt; er verzeichnet sie in seinem *Almanach illusoire* (Trugkalender).[36] Am 1. Dezember 1780, also nur zwei Jahre und drei Monate nach seiner Rückkehr nach Vincennes, hat er es schon auf eine phänomenale Summe gebracht: »3268 + 3268 = 6536, fast sechstausendsechshundert Einführungen«![37]

»MEIN AUGENSTERN«

Unkompliziert ist wahrhaftig nichts bei diesem seltsamen Paar. Am wenigsten der Gefühlshaushalt. Bei Donatien, der auch hier von einem Extrem ins andere fällt, können die Gefühle ohne Vorwarnung umschlagen: von eifersüchtigster Verliebtheit in zynische Verachtung, vom Rasen und Toben in Liebesgeplänkel, vom Vertrauen in Abneigung, von erotischem Werben in tiefen Abscheu. Am 14. Dezember 1780 schreibt er seiner Frau: »Nun bin ich wieder ganz bei Dir, meine teure Freundin, bei Dir, die ich trotz allem immer lieben werde als die beste und teuerste Freundin, die es für mich je in der Welt gegeben hat [...] Glaube mir, ich kenne keinen fröhlicheren Augenblick als den, wo ich an unsere Wiedervereinigung denke.« Eine knappe Woche nach solcher Traulichkeit wirft er Renée-Pélagie »widerwärtige Lügen« vor und bedenkt sie mit Nettigkeiten wie der folgenden: »Sie sind eine Idiotin, daß Sie sich so an der Nase herumführen lassen [...] Ich wünschte mir, Sie und ihre verabscheuungswürdige Familie würden samt ihrem Gesinde alle in einen Sack gesteckt und ins tiefste Wasser geworfen. Dann soll man es mir schnell melden, und ich schwöre beim Himmel, daß es der glücklichste Augenblick sein wird, den ich mein Lebtag genossen habe.«[38]

Donatien muß einsehen, daß er die Bande, die zwischen seiner Frau und dem Montreuil-Clan existieren, nicht mehr zerreißen kann. Er muß feststellen, daß sich die Marquise im Laufe der Jahre mehr und mehr ihrer Mutter annähert, die jetzt schon ihre Kinder aufzieht, ihre Geschäfte führt und sie auch moralisch leitet; es steht zu befürchten, daß sie bald ganz unter ihrem Einfluß stehen wird. Er ahnt, daß Madame de Montreuil in diesem erbarmungslosen Kampf um seine Frau letztendlich obsiegen wird. Er unternimmt also verzweifelte Anstrengungen, um Renée-Pélagie dem verwünschten Bannkreis zu entziehen; deshalb beschimpft und beleidigt er sie, droht ihr sogar mit Liebesentzug. »Ich flehe Dich an, mich zu besuchen«, schreibt er ihr im Dezember 1781, »denn trotz allem liebe ich Dich. Ich denke an Deine frühere Seele zurück, und diese liebe ich; die andere ist unecht, ich hoffe, Du wirst sie aufgeben, wenn wir zusammen sind. Denn des sollst Du gewiß sein, ich liebe Dich und wünsche, mit Dir vereinigt zu sein, wahrscheinlich mehr denn je, aber ich werde nie mit einer unehrlichen Frau zusammenleben. Es gibt einige auf der Welt, in die man mich sehr verliebt glaubte und die ich nur verraten und getäuscht habe, weil ich in ihnen dieses verabscheuungswürdige Laster feststellte.«[39]

Es kommt auch vor, daß er ihr ganz spontan eine schlichte Liebeserklärung schickt, mit dem folgenden Billett zum Beispiel: »Ich küsse Dich von ganzem Herzen, meine teure Freundin, und schreibe Dir aus heiterer Anwandlung, einfach um Dir zu sagen, daß es mir gut geht, und um Dich zu bitten, mich bald besuchen zu kommen, denn es verdrießt mich, Dich so lange nicht küssen zu können.«[40]

Im berühmten Brief vom 23./24. November 1783, den Gilbert Lely mit Mozarts Musik verglichen hat, gibt Donatien das schönste Beispiel für diese »heiteren Anwandlungen«, die ihn manchmal ergreifen, wenn er an seine Frau denkt. Wir beschränken uns auf die Kose- und Spitznamen, mit der er die geliebte Pélagie überhäuft: *Bezauberndes Geschöpf, mein Engel, mein Häschen, mein Fischlein, mein kleiner Wauwau, Mohammeds Genuß, geliebtes Täubchen, Mütterchen, Ferkelchen meiner Gedanken, süße Zierde meiner Augen, Blutgefäße meines Herzens, Venusstern, Seele meiner Seele, Spiegel der Schönheit, Stachel meiner Nerven, Bild der Gottheit, siebzehnter Planet des Weltalls, Quintessenz der Jungfräulichkeit, Ausfluß der Engelsgeister, Symbol der Keuschheit, Naturwunder, Taube der Venus, Rose aus dem Schoß der Grazien, mein Kindchen, Liebling Minervas, Götterspeise des Olymp, Augenstern, Flamme meines Lebens.*[41]

DIE ROLLE DES EIFERSÜCHTIGEN

Unter dieser Maske hätte man Marquis de Sade wohl zuletzt vermutet. Gleichwohl hat er sie getragen und so ernst genommen, wie er alles ernst nahm, und er hat die Rolle mit der ganzen kämpferischen Energie, derer er fähig ist, gespielt. Die erste Krise bricht schon am 13. Juli 1781 aus, am Tag des ersten Besuchs von Madame de Sade im Gefängnis. Was ist geschehen? Erscheint Donatien nach mehreren Jahren der Trennung seine Renée-Pélagie begehrenswerter als früher? Verdächtigt er sie einer Liebelei? Oder spielt er den Eifersüchtigen nur, weil er nicht ausgelastet ist, zum Zeitvertreib sozusagen? Das jedenfalls vermutet die Marquise, als sie einige Tage später Mademoiselle de Rousset schreibt: »Seit ich ihn besucht habe, betrübt er mich mit tausend Schimären, die er sich in den Kopf setzt; weil er nicht mehr weiß, was er tun soll, ist er eifersüchtig. Ich sehe Sie von hier aus lachen. – Und auf wen, werden Sie mich fragen? – Auf Lefèvre (er erweist mir große Ehren, nicht wahr?), weil ich ihm sagte, daß Lefèvre mir einige Bücher für ihn besorgt habe. Er ist eifersüchtig auf Madame de Villette, weil ich ihm schrieb, sie habe mir angeboten, bei ihr zu wohnen […]«[42]

Dieser Lefèvre war als kleiner provenzalischer Bauernbursche Knecht beim Abbé de Sade gewesen, der ihn lesen und schreiben lehrte. Er arbeitete dann in der Kanzlei des Marquis d'Albertas in Aix und kam schließlich in die Hauptstadt, wo Madame de Sade ihn engagierte. Und Madame de Villette war eine angeheiratete Cousine von Renée-Pélagie, von Voltaire mit dem Spitznamen »Schön und gut« bedacht, von Sade hingegen – obwohl ihr Ruf wesentlich besser war als der ihres Mannes – als »große Fickerin und sogar ein wenig *Sappho*« apostrophiert.[43]

Natürlich bestreitet die Marquise jede schuldhafte Beziehung zu ihrem Diener und betont die Tugendhaftigkeit der Madame de Villette: »Oh, mein geliebter Freund, wie schlecht Du mich kennst, daß du mich einer solchen Schandtat verdächtigen kannst. […] Verzeih mir, aber ich kann, während ich Dir schreibe, nicht anders als lachen über Deine ausgefallenen Verdächtigungen, andererseits bin ich wirklich betrübt, daß Du mich solcher Dinge verdächtigst und Dich wegen solcher Hirngespinste grämst.«[44]

Drei Tage danach schwört sie ihm, die Einladung ihrer Cousine nicht anzunehmen: »Ich erneuere mein Ehrenwort, daß ich nicht zu Madame de Villette ziehe. Ich werde ein Kloster suchen, um Dir die Möglichkeit zu nehmen, Dich zu grämen, wie Du es tust.«[45]

Auf der Suche nach einem Ort, »der nicht zu kostspielig ist und wo es sehr wenige Frauen gibt«, fällt ihre Wahl nach einigem Zögern auf das Kloster Sainte-Aure, wo auch Mademoiselle de Rousset schon gewohnt hat. Ihre neue Wohnung befriedigt sie nicht ganz, auch die Gesellschaft nicht, doch sie findet sich damit ab: »Ich habe die Wohnung im ersten Stock, bei der Bäckerei. Es ist die beste im ganzen Haus: ein großes Zimmer, ein kleines Vorzimmerchen und ein Kabinett. Meine Gesellschaft, der ich mich nicht anvertraue, ist eine Kaufmannswitwe, die drei Jahre älter ist als ich und ihr Leben im Kloster verbracht hat. [...] Die andere ist eine Notarstochter von zwanzig Jahren, ein gutes Kind, aber nicht für das Kloster geeignet und für das Gute wie für das Böse empfänglich. An Brot mangelt es nicht, doch das Essen reicht gerade, um nicht Hungers zu sterben.«[46]

»Ich fühle mich sehr wohl in Sainte-Aure. Das Klosterleben folgt einer strengen Regel und verlangt viel Anwesenheit im Chor. Nicht jede Frau würde hier eintreten,.und nicht jede wäre glücklich; doch ich, die ich mich weder vor Regelmäßigkeit scheue noch davor, daß man weiß, was ich tue, ich lächle über alle diese Kindereien und bin ohne Bange.«[47]

Drei Jahre später wird die arme Marquise auch die letzten Ansprüche in Sachen Wohnung aufgeben. Nachdem die Nonnen von Sainte-Aure beschlossen haben, die Wohnungen in Zellen umzuwandeln, muß sie in ein »Loch« in einem Dachboden umziehen. Wo sie drei Schlösser besitzt, die verfallen, weil sie nicht bewohnt werden! »Von meinem Wohnungswechsel wissen nur Sie«, schreibt sie an Gaufridy, »weil meine Mutter möchte, daß ich eine teurere nehme. Abgesehen von der Ersparnis gefällt mir dieses Haus, weil ich allein bin. Ich bin weitab von allem Gerede, das mir nicht behagt und nichts voranbringt. Ich empfange meine Leute im Sprechzimmer; so sieht niemand meine Wohnung. Es ist eine Unannehmlichkeit, aber ich würde tausend solche ertragen, würde man meinem Mann Gerechtigkeit widerfahren lassen.«[48]

So nebensächlich der Umzug von Madame de Sade ins Kloster Sainte-Aure scheinen mag, auf das zukünftige Verhältnis zu Donatien wird er sich noch folgenschwer auswirken. Während er glaubt, sie dem schädlichen Einfluß der Marquise de Villette zu entziehen, liefert er sie einem Feind aus, der weit gefährlicher ist als seine vermeintlichen Rivalen ...

»MEIN KLEINES TIERCHEN«

So lautet einer der Kosenamen des Marquis für Milli Rousset, die bei ihm auch die *Sainte* (Heilige), *Milli Printemps* (Fräulein Frühling) oder *Fanny* heißt. Seit damals, als sie ihm bei ihren Gesprächen in La Coste Paroli bot, hat er diese selbstbewußte und sensible Frau nie vergessen; er denkt oft an sie, nicht ohne Wehmut, und bemüht sich, den abgebrochenen Dialog über Renée-Pélagie, die seine Briefe weiterleitet, wieder aufzunehmen. Diese sieht darin nicht mehr als ein harmloses Geplänkel und zeigt darum keinerlei Eifersucht. Dennoch ist, was sich da im Laufe dieses Briefwechsels abzeichnet, ein richtiger kleiner Liebesroman. »Fräulein Frühling« ist eine der wenigen Personen, die sich von den Abenteuern des Marquis, obwohl sie ihr bekannt sind, nicht abschrecken läßt. Statt sein Verhalten moralisch zu verurteilen, empfindet sie nur Sympathie und Mitleid.

Mit Madame de Sade in enger Freundschaft verbunden und zu ihrer Vertrauten geworden, begnügt sich Mademoiselle de Rousset nicht damit, ihr gut zuzureden und sie zu belehren; bisweilen rüttelt sie die Marquise auch auf, sie rügt ihr ständiges Jammern und gibt ihr dadurch wieder Mut und neue Willenskraft. Doch sie weiß ihr auch mit Rat und Tat beizustehen, angefangen mit den Bittschriften an die Minister bis hin zu den Kleinigkeiten des Alltags. Oft schaltet sie sich vermittelnd zwischen die Ehegatten ein. Ihre Gelassenheit und ihr Humor wirken dabei Wunder, denn sie ist nicht die Frau, die sich von den Wutanfällen und Jeremiaden des Marquis beeindrucken ließe. Sie reagiert auf sie mit einer Mischung aus Distanz, Takt, Charme und Heiterkeit, und es gelingt ihr, seine Wut ins Leere laufen zu lassen, ohne sich deswegen seinen Haß zuzuziehen. »Sie könnten einen hölzernen Kapuziner in Rage bringen mit Ihren schlechten Scherzen und Ihrer üblen Laune!« schreibt sie ihm einmal. »Die Frauen müssen verrückt sein, um sich an einen Griesgram wie Sie zu hängen! Wir rennen auf den ersten Wink herbei und erfüllen Ihnen jeden Wunsch. Wir tun alles nach bestem Vermögen. Monsieur ist nie zufrieden.«[49] Das ist für gewöhnlich der Tonfall der »Heiligen«, die es strikt ablehnt, sich der mitleidigen Haltung von Madame de Sade anzuschließen. »Madame sagt zu mir: ›Nein, schimpfen Sie ihn bitte nicht, er ist unglücklich; sagen Sie ihm etwas, worüber er lachen muß, irgendwelche Faxen, Krimskrams, was Sie wollen.‹ Mir ist zuwenig fröhlich zumute, um heute diesen Ton anzuschlagen. Ihr vermaledeiter Brief hat mich mit seiner ganzen Traurigkeit angesteckt.« – »Zwei Tage Ruhe haben meine Galle und meine schlechte Laune verfliegen lassen. Es wäre grausam, Sie Ihnen zuzumuten, obwohl Sie uns die Ihre in großen Mengen verabreichen.«[50]

Das Eigenartigste ist, daß Donatien, der sonst nicht die geringste Unehrerbietigkeit verträgt (einen humorloseren Menschen kann man sich nicht denken), widerspruchslos die Sticheleien seiner Freundin hinnimmt, sich sogar darüber freut und sie manchmal regelrecht zu provozieren scheint. Nur sie kann ihn als »Dornenbündel« bezeichnen und über seine Griesgrämigkeit spotten, ohne daß er auch nur die Stirn runzelte. Er nimmt die Späße seines »kleinen Tierchens« um so leichter hin, als er sowohl ihre nicht alltäglichen menschlichen und geistigen Qualitäten anerkennt als auch den außergewöhnlichen Charme ihrer Briefe. »Ja, mein kleines Tierchen«, schreibt er ihr, »wie ein neuer Don Quichotte will ich Lanzen brechen, um in die vier Himmelsrichtungen kundzutun, daß von allen weiblichen Tierchen, die zwischen den beiden Polen leben, mein kleines Tierchen am besten schreibt und am liebenswürdigsten ist.«[51] Madame de Sade kann ihrer Freundin bedenkenlos vertrauen: Wenn die *Sainte* ihren Mann umgarnt, so nicht, um ihn zu verführen, sondern einzig und allein, um ihn auf seinen Undank und auf das Schicksal seiner Frau aufmerksam zu machen, ihm seine Schroffheit vorzuwerfen und ihm, zwischen zwei unterhaltsamen Geschichtchen, den Kopf zurechtzusetzen: »Die Frauen sind im allgemeinen ehrlich. Alle Männer haben eine? Wer von ihnen beklagt sich darüber? Nur Monsieur le Marquis de Sade will nicht, daß ihm die Seine sagt: ›Ich bin Dein zweites Selbst.‹ Dabei ist das doch hübsch und allerliebst. Hätte ich einen Geliebten oder einen Ehemann, müßte er mir das hundertmal am Tag sagen. Sie werden niemals weder das eine noch das andere sein, Gott sei Dank!«[52]

Als Donatien erfährt, daß die Marquise Gitarrestunden nimmt, schäumt er vor Wut. Antwort von Milli Rousset: »Meine Späße haben Ihnen nicht gefallen! Sie antworten nicht darauf. Aber erweisen Sie mir die Ehre, Monsieur Dornenbündel, mir zu sagen, ob das Urteil den gesamten Brief betrifft [...] Ganz im Ernst, Sie können keinerlei Anlaß zur Eifersucht gegen den Gitarrelehrer haben. Er ist ein anständiger Mann, rechtschaffen, tugendhaft, eher durchs Herz als mit Geist glänzend, ein guter Freund, unterhaltsam; wir sehen ihn selten, weil seine Geschäfte ihm nicht erlauben, uns zu besuchen. Ich habe ihn gebeten, einige Stunden zu geben, zum Zeitvertreib. Wenn ich schreibe oder anderweitig beschäftigt bin, höre ich Madame gerne Tonleitern üben; da weiß ich wenigstens, daß sie sich nicht grämt.«[53]

VERLIEBTE STICHELEI

Indessen verschiebt sich der Ton unmerklich zur Galanterie hin. Die Briefe bleiben zwar zwanglos-scherzhaft, verraten aber etwas, was zarter ist, ein innigeres Einvernehmen, eine deutlichere Tendenz zur verliebten Stichelei. In diesem Spiel des Libertins gegen den Schalk ist die *Sainte* ihrem Gegner ebenbürtig: Sie versteht es meisterlich, ihn aus der Reserve zu locken, zu überraschen und neugierig zu machen, um ihm schließlich einen Nasenstüber zu versetzen. Wo der Marquis mit Kühnheit auftrumpft, pariert sie mit Witz: Das »kleine Tierchen« kann wunderbar sticheln, necken und animieren, das Ganze immer mit einer Dosis Koketterie und gespielter Unnahbarkeit gewürzt.

Ist es nicht sie, die ihn in die Falle lockt? »Ich wollte erproben, ob Sie von eifersüchtiger Natur sind. Da Sie es sind, werde ich mich hierin in acht nehmen. Aber der Himmel bewahre Sie, je die kleinste Grille für mich zu haben. Ich werde Sie zu allen Teufeln schicken! [...] Sie haben mich immer scheltend und endlos moralisierend erlebt und nur in Ihrer Abwesenheit lachend. Würden Sie das Bild wenden, so sähen sie ein sanfteres Gesicht, nicht ohne Anmut, und einen gewissen spitzbübischen Starrsinn, der die Männer zu Fall bringt, ohne daß sie es ahnen. Sie werden mir schon noch ins Garn gehen!«[54]

Bald spielt Monsieur de Sade den Charmeur und macht seitenlange Komplimente, um die junge Provenzalin zu blenden. Doch diese ist gewitzt genug und bleibt auf der Hut: »Zu viel reden schadet. Wie ungeschickt von Ihnen, alles Pulver auf einmal zu verschießen ... Oh, Pardon! Ich täusche mich, Sie sind konsequent. ›Ich habe genug Frauen gehabt, von jeder Sorte‹, sagen Sie, ›um keine mehr zu begehren.‹ Ein wenig später sagen Sie: ›Überlegen Sie sich, ob Sie bei dieser Auffassung mit mir spielen wollen. Sie können gewiß sein, enttäuscht zu werden ...‹ Enttäuscht, das glaube ich, aber nicht besiegt, und wenn Sie mich an der Nase herumführen wollen, könnte es sein, daß Sie sich selbst die Ihre blutig schlagen [...]«[55]

Der Marquis träumt allerdings nicht nur von galanten Komplimenten, zum Beispiel, wenn er sich Milli Rousset im Bett vorstellt: »Denken Sie manchmal an mich, wenn Sie zwischen zwei Laken liegen, die Schenkel geöffnet, die rechte Hand damit beschäftigt ... Läuse zu suchen. Erinnern Sie sich daran, daß in diesem Fall auch der andere handeln muß, sonst hat man nur die Hälfte des Vergnügens.«[56]

Ihr brieflicher Verkehr hat noch andere Seiten: Halb ernste, halb spaßhafte Dispute und philosophische Überlegungen, Urteile über Bücher, frivole Spekulationen, Witze, Nonsens und andere Späße wirbeln durcheinander. Es gibt auch kleine Geschenke, wie an jenem Neujahrstag, als die *Sainte* Zahnstocher bekommt: »Oh, Gott! Warum berauben Sie sich Ihrer Zahnstocher? Dieses Schmuckstück ist mir mehr wert als ein Geschenk von fünfzig Louisdor. Sie rühren mein Gemüt auf sonderbare Weise an. Wer hätte je gedacht, daß Zahnstocher eine solche Wirkung haben können?«[57] Manchmal läßt Mademoiselle de Rousset durchblicken, daß sie sich sehr wohl verführen ließe, wenn sie wollte, daß sie es aber nicht will und daß es bei ihrem Willen bleiben wird. Es gehört auch zu den kleinen Sticheleien, wenn sie ihm klipp und klar sagt: »Sie haben mir immer viel Empfindsamkeit zuerkannt: Sie werden sie nie ganz kennenlernen! Meine Hitzigkeit wäre ebenso toll wie die Ihre, würde ich sie nicht bändigen, aber da ich mir ein für allemal gesagt habe, daß die Vernunft über allem stehen muß, habe ich mich wenig darum gekümmert, ob ich hübsch oder häßlich bin.«[58]

Aus Spaß an der Sache, aber wohl auch aus einer beiderseitigen Neigung zum verschlüsselten Wort, sind einige ihrer Briefe provenzalisch geschrieben. In dieser Sprache läßt Mademoiselle de Rousset ihrer Zärtlichkeit freieren Lauf, als ob der Gebrauch dieser Sprache, die nur sie beide verstehen, eine besondere Offenheit und Intimität herstellen würde.

»NEIN, ICH WEINE NICHT ...«

Selbst wenn Donatien diese Idylle ernst genommen hätte, sie wäre nicht von langer Dauer gewesen: Ein so sanftes, heiteres (und unschuldiges) Gespräch konnte er nicht weiterführen, ohne irgendwann von einem dieser heftigen Stimmungsumschwünge gepackt zu werden, die für ihn so typisch sind. Einen Monat nach dem Brief in provenzalischer Sprache kündigt Mademoiselle de Rousset ihrem *poulido caro* (geliebtes Hühnchen) an, sie wolle geschäftlich in die Provence reisen. Was? Ihn so im Stich lassen? Nachdem sie ihm die Befreiung versprochen hat? »Wenn Sie abreisen, bevor ich frei bin, *werde ich Sie mein Lebtag nie mehr sehen* [...]«, entrüstet er sich sofort. »*Eine Freundin verläßt mich, sie wird zum Echo und zur Marionette meiner Unterdrücker, und so offen und ehrlich sie vordem war, so schwarz und so arglistig wird sie sein* [...]«[59]

Milli Rousset verzichtet einstweilen auf die Reise, doch ihr Verhältnis zum Marquis wird deshalb nicht besser. Es verschlechtert sich zusehends während der Wochen, die auf diesen Abschiedsbrief folgen. Gaufridy gegenüber beklagt sich die *Sainte*, von ihrem Freund verraten worden zu sein: »Nachdem er mir viel Unfug geschrieben hat (von dem, den er seiner Frau schreibt, und zwar täglich, will ich nicht reden), wollte er mich höchst unangebracht kompromittieren, indem er bei den Ministern verbreitete, ich würde ihm schreiben und ihm geheime Nachrichten zuspielen. Ich habe deswegen Vorwürfe erhalten. Ich konnte es nicht leugnen, weil die Antworten, die er durch ihre Hände gehen ließ, voller Schmähungen waren. Man hat mich entschuldigt und mir vergeben wegen der Redlichkeit und den wahren Absichten meines Herzens.[60] [...] Die Stimmung ist so gegen ihn, daß wir uns bald nicht mehr getrauen, den Mund aufzumachen. [...] Man kann nicht von ihm reden, ohne gewärtigen zu müssen, von Pflastersteinen zerschmettert zu werden.«[61]

Die ständig wachsende Bitterkeit zwischen ihnen führt bald dazu, daß beide beschließen, den Briefverkehr zu beenden. Mademoiselle de Rousset ergreift die Initiative: »Bitte, Monsieur, schreiben wir uns nicht mehr. Es hat keinen Sinn, sich gegenseitig weh zu tun; das verbittert das Herz zu sehr. Ich will niemanden hassen [...]«[62] Daraufhin verzichtet auch Donatien. »Nachdem er mir Beleidigungen und Grobheiten gesagt hat, bat er mich, ihm nicht mehr zu schreiben«, berichtet Milli Rousset an Gaufridy. »Sie können sich denken, daß ich nach einer so schönen Bitte dagegen gefeit war, rückfällig zu werden. Es ist wohl sechs Monate her, daß er sich nicht mehr erkundigt, ob ich noch zu den Lebenden zähle oder schon zu den Toten [...]«[63]

Es folgt ein monatelanges Schweigen. Trotz der verletzenden, bisweilen grausamen Bemerkungen, zu denen ihn der Zorn gegen die ehemalige Freundin verleitete, bewahrte er ihr bis zuletzt ein zärtliches Andenken. Zeuge seiner Wertschätzung: *Der Adler, Mademoiselle* ..., dieser zu Recht berühmte Brief, mit dem er Mademoiselle de Rousset am 17. April 1782 seiner Dankbarkeit versicherte und dessen heraldische Bedeutung symbolisch mit seinem Schicksal zusammenfällt. »Der Adler, Mademoiselle, muß manchmal die siebente Region des Himmels verlassen, um sich auf dem Gipfel des Berges Olymp niederzulassen, auf den uralten Pinien des Kaukasus, auf den kalten Lärchen des Jura, auf dem weißen Rücken des Taurus und bisweilen gar bei den Steinbrüchen des Montmartre [...]«[64]

Am 25. Januar 1784 starb Marie-Dorothée de Rousset im Schloß von La Coste. Fünf Jahre zuvor hatte sie die ersten Anzeichen eines tödlichen Leidens verspürt. Als sie noch bei Madame de Sade in Paris wohnte, hatte sie zum ersten Mal Blut gespuckt und gleichzeitig einen Schwächeanfall erlitten. Gleichwohl hatte sie weiterhin gemeinsam mit Madame de Sade die Freilassung des Marquis betrieben, Bittschriften und Empfehlungsschreiben an die wichtigsten Minister veranlaßt. Und dies, obwohl sich der Hauptbetroffene aufs übelste benahm, seine Frau mit Beleidigungen überschüttete und die *Sainte* als Hure beschimpfte. »Man muß sehr viel Mut haben, um die Sache mit Ausdauer zu betreiben«, seufzte sie, am Ende ihrer Geduld angelangt. Sie wagte auch kaum mehr, an einen Erfolg zu glauben. »Es gibt schwerwiegende, sehr schwerwiegende Gründe«, schrieb sie einmal an Gaufridy, »die mich eine lange Gefangenschaft befürchten lassen. Sie mögen wahr oder falsch sein, jedenfalls sind sie das, womit der Minister alle redlichen Leute zum Schweigen bringt. Monsieur und Madame Maurepas, zwei Prinzessinnen und noch einige andere sagten, nachdem sie die Gründe gesehen und gelesen hatten: ›Er gehört dorthin, wo er ist; seine Frau muß verrückt oder genauso schuldig sein wie er, daß sie es wagt, seine Freiheit zu fordern. Wir wollen sie nicht sehen.‹

Die verschiedenen Polizisten, die im Schloß waren, haben abscheuliche Aussagen gemacht. Diesen Leuten glaubt man. Das ganze Leben von Monsieur de S. ist in einem großen Buch aufgezeichnet; (nennen wir keinen Namen) der Mann gehört aufgehängt! Einige Details, die ich nur wenigen Personen bekannt glaubte, werden an die große Öffentlichkeit gezerrt, und vieles andere, das bei Gott das tiefste Stillschweigen erforderte, läßt mich an eine lange Gefangenschaft glauben [...]«[65]

Am 19. Mai nahm Mademoiselle de Rousset den Reisewagen nach Avignon, wo sie am 28. völlig entkräftet ankam. Sie hoffte, nach einigen Tagen der Ruhe »die Felsen von La Coste wiedersehen« zu können.[66] Doch es verging ein Jahr bis dahin. Sie fand das Schloß in einem vorgerückten Stadium des Verfalls, zog gleichwohl ein und verbrachte den Winter 1782 unter entsetzlichen Bedingungen: Durch Mauerritzen und herausgerissene Fenster blies der Sturmwind, durch das beschädigte Dach regnete es in die Zimmer, »das Rieseln und Poltern wird viertelstündlich stärker«, Ziegel und Verputz »fallen mit Getöse herunter«, schrieb sie an Gaufridy. Die völlig verängstigte Frau getraute sich nicht mehr, in ihrem Zimmer zu schlafen, nachdem der Kamin eingestürzt war, und legte ihre Matratze auf den Steinboden der Küche; diese war zwar nicht vertrauenerweckender, aber wenigstens blies der Wind nicht so herein. Während des darauffolgenden Sommers spuckte Mademoiselle de Rousset wieder Blut. Sechs Monate später erlag sie ihrer Krankheit, sie war genau vierzig Jahre alt.

Nur wenige Tage später schrieb der Marquis, der vom Tod seines

»kleinen Tierchens« noch nichts wußte, an seine Frau: »Wenn Sie in die Provence schreiben, grüßen Sie Milli Rousset von mir, und wenn ich ihr nicht schreibe, so soll sie mir nicht böse sein; sie kennt den Grund.«[67]

TRAURIGE NACHRICHTEN

Einige Jahre zuvor hatte ihn eine andere traurige Nachricht erreicht: Gothon war am 27. Oktober 1781 am Kindbettfieber gestorben, eine Woche, nachdem sie einem Jungen das Leben geschenkt hatte. Sade übermittelt Mademoiselle de Rousset sofort Anweisungen: Wenn Gothon ein Testament gemacht habe, solle man es genauestens vollstrecken, und wenn das Kind noch lebe, solle man sich seiner annehmen. Er übernimmt ihre Schulden und bittet Gaufridy, für einen Louisdor eine Totenmesse zu stiften.[68]

Einen anderen Tod wagt niemand ihm mitzuteilen. Am 13. Mai 1781, um ein Uhr nachmittags, stirbt in Paris plötzlich Anne-Prospère, dahingerafft von einer Pockeninfektion mit Unterleibskomplikationen. Madame de Montreuil soll ganz und gar untröstlich gewesen sein über den Verlust ihrer Lieblingstochter, und Madame de Sade vermeidet es, ihren Mann davon in Kenntnis zu setzen. Sie immer noch am Leben glaubend, erkundigt er sich sechs Jahre später nach ihr. Renée-Pélagie gibt ihm folgende Antwort:

»Daß ich über meine Schwester Schweigen bewahrte, liebster Freund, war sehr vernünftig, denn würde ich es Dir zu Gefallen gebrochen haben, hättest Du nur falsche Schlüsse daraus gezogen und Dich gegrämt. Ich rede zum letzten Mal über sie. Du verlangst, daß ich auf diese Fragen hier antworte, und Du schwörst mir, daß Du kein Wort mehr über sie sagst und Dich beruhigst? Ja, um Dich zu beruhigen, will ich Dir antworten:

Was der Grund sei, daß sie nicht mehr bei meiner Mutter wohnt?

Nichts, was Dich beträfe, und nichts, was Dich entehrte.

Ist sie mir feindlich gesinnt? – Nein.

In welcher Art Wohnung ist sie, ohne die Straße oder das Viertel zu nennen?

Was immer diese sei, es kann Dir nicht schaden. Dir diese Antwort zu geben ist schon unnütz.«[69]

Schließlich stirbt am 24. Mai 1785 nach sechswöchiger Krankheit der gute La Jeunesse. Madame de Sade teilt es Gaufridy mit folgenden Worten mit: »Er ist bei vollem Bewußtsein und im Frieden mit der Religion von uns gegangen. […] Trotz seiner Fehler vermisse ich ihn schmerzlich, denn er war eine treue Seele. Ich konnte mich noch nicht dazu entschließen, ihn zu ersetzen, und es wird mir auch nicht leichtfallen.«[70]

»DIESE ELENDEN BENGEL«

Väterliche Gefühle haben den Marquis de Sade nie sonderlich beseelt, doch völliges Desinteresse oder Gleichgültigkeit seinen Kindern gegenüber kann man ihm auch nicht nachsagen. Im Gegenteil, in all den Jahren seiner Gefangenschaft erkundigt er sich immer wieder nach ihnen. Doch nicht nur die Art, wie er sie behandelt, ist äußerst unterschiedlich, je nachdem, ob es sich um Louis-Marie, Claude-Armand oder Madeleine-Laure handelt – und ob seine Laune gerade gut oder schlecht ist –, auch seine eigenen Gefühle sind einem extremen Wechsel unterworfen: mal sind sie fürsorglich, mal verächtlich, jedenfalls nie die Gefühle eines normalen Vaters.

Das Naturell der drei »elenden Bengel« könnte man nicht treffender schildern, als es Madame de Sade selbst 1777 getan hat, als der Älteste zehn, der Zweite acht und die Kleinste sechs Jahre alt waren. In drei Sätzen zeichnet sie von jedem ein so wirklichkeitsgetreues Porträt, daß man ihre Züge noch zwanzig Jahre später, als sie längst erwachsen sind, erkennen kann. Dem kleinen Malteserritter sagt sie voraus, daß er seinem Großonkel nachschlagen werde: »Wenn er so bleibt, wie er jetzt ist, wird er ein sehr vernünftiger Kommandeur sein, dessen Handlungen immer Maß und Ziel haben werden.« Donatien-Claude Armand wird die Prophetie seiner Mutter nur allzu getreulich erfüllen. Louis-Marie schildert sie folgendermaßen: »Der Älteste ist schmächtig; er ist gesund, aber von einer Lebhaftigkeit und einem Ungestüm ohnegleichen.« Genau so wird uns der Lieblingssohn des Marquis später wiederbegegnen, mit diesem unruhigen und fieberhaften Gemüt. »Meine Tochter ist wohlauf. Sie beteuert aus Höflichkeit, sie freue sich sehr, mich zu sehen, aber glauben Sie mir, sie liebt die Nonnen unendlich mehr als mich.«[71] Madeleine-Laure wird bis zum Ende ihrer Tage diese engstirnige Frömmlerin bleiben, die sie schon damals zu werden versprach.

Für Sade sind die Kinder die Hauptschuldigen an seinem Unglück. Seiner Frau schreibt er: »Sie werden noch bereuen, was Sie mich hier leiden lassen für diese elenden Bengel, die ich ebenso wie Sie und alles, was Ihnen angehört, verabscheue. Das sind meine letzten Gefühle und die

Auswirkungen des Gefängnisses auf mich.«[72] Es legt wenig Wert darauf, Briefe von ihnen zu bekommen, die von ihrer Mutter diktiert oder geschrieben werden, erkundigt sich aber regelmäßig nach ihren Fortschritten, nach ihrer Gesundheit und ihrem Charakter.

Natürlich wissen die Kinder nicht, wo sich ihr Vater befindet. Auf ihre Fragen hat Madame de Sade ein für allemal geantwortet, er sei verreist. Damit sie ihren Vater nicht vergessen, zeigt sie ihnen sein Bild. 1780 erbittet der Marquis seinerseits Porträts von ihnen. Mehrmals will er Proben ihrer Handschrift sehen, um ihre Fortschritte zu begutachten. Im Glauben an seine baldige Freilassung fordert er, ein Jahr mit seiner Frau und seinen Kindern zu verbringen, »bevor irgendein Vorhaben oder ein Beschluß sie von mir entfernen kann, und ich werde keine Mühe scheuen, *um alles zu verhindern, was Sie Gegenteiliges zu diesem meinem Wunsch beschlossen hätten*. Niemand wird sagen können, man habe das Recht, mir meine Kinder wegzunehmen, ohne daß ich sie kennengelernt hätte, und ich schwöre Ihnen, daß es nicht so sein wird.«[73] Gewisse Anwandlungen von Zärtlichkeit – die allerdings ziemlich selten sind – stürzen ihn in schwärzeste Verzweiflung, wenn er an sie denkt. »Ich komme mir vor wie ein Verrückter«, bekennt er seiner Frau einmal. »Könntest Du mich hören, wie ich mit ihnen spreche, wenn ich allein bin ... Du hieltest mich für völlig verwirrt. Es vergeht keine Nacht, ohne daß ich von ihnen träume.«[74]

DIE IDEALE BIBLIOTHEK DES MARQUIS

Die ersten Maßnahmen, die Malesherbes als königlicher Minister ergriff, waren zugunsten der Staatsgefangenen. Am 27. August 1775, nur einen Monat nach seiner Ernennung, befreite er die meisten Opfer der königlichen Geheimbefehle, von denen sein Vorgänger, der Herzog von La Vrillière, übermäßig Gebrauch gemacht hatte. Kurz danach erteilte er dem Gouverneur von Vincennes folgende Anweisung: »Keinem Gefangenen darf Lesestoff und Schreibmaterial verweigert werden. Der angebliche Mißbrauch, den sie damit treiben möchten, kann bei der strengen Verwahrung, in der sie gehalten werden, nicht gefährlich sein.«[75] Von diesem Recht wird Donatien de Sade ausgiebig und ohne größere Behinderungen Gebrauch machen, denn auch nach Malesherbes' Abschied wird die Liberalisierung der Vorschriften fortgesetzt, von der Abschaffung des verschärften Arrests bis hin zur Erlaubnis, Zeitungen und persönliche (das heißt nicht zur Gefängnisbibliothek gehörende) Bücher zu empfangen. Unter Ludwig XVI. kommt niemand mehr auf die Idee, den Gefangenen Voltaire vorenthalten zu wollen.[76]

Das Lesen war für Sade, im selben Maße wie das Schreiben, die beständigste und befreiendste seiner Beschäftigungen. Die Briefe an seine Frau enthalten ganze Listen von Büchern, die sie kaufen oder in Lesestuben ausleihen soll, und die Ungeduld, mit der er auf sie wartet, ist nicht geringer als bei anderen Dingen. Die Gefängnisverwaltung verweigert ihm praktisch kein Buch und keine Zeitschrift. Einzige nennenswerte Ausnahme: Rousseaus *Bekenntnisse*, deren erster Teil 1782 erscheint und die der Marquis im Verlauf des darauffolgenden Jahres mehrfach anfordert. Ein erstes Mal am 15. Juni 1783, worauf ihm seine Frau einige Tage später mitteilt, die *Bekenntnisse* würden »nicht durchgehen«.[77] Ein zweiter Versuch im Juli. Auch dieser vergebens. Donatien wird wütend: »Mir die *Bekenntnisse* zu verweigern ist auch so eine vorzügliche Sache, vor allem, nachdem man mir den Lukrez und Voltaires Dialoge geschickt hat; das zeugt von hohem Unterscheidungsvermögen, von tiefer Urteilskraft bei Ihren Direktoren. Sie erweisen mir zuviel der Ehre, wenn Sie glauben, daß ein deistischer Autor für mich ein gefährliches Buch sein könnte. [...] Seien Sie doch so vernünftig, meine Herren, und sehen Sie ein, indem Sie mir das erbetene Buch schicken, daß Rousseau für gewichtige Frömmler wie Sie ein gefährlicher Autor sein kann, für mich aber ein ausgezeichnetes Buch ist. Jean-Jacques ist für mich das, was für Sie die *Nachfolge Christi* ist.«[78]

Der Skandal, den die *Bekenntnisse* hervorriefen, würde schon hinreichend erklären, daß Sade sie lesen wollte. Doch es gab noch einen anderen Grund. Zur selben Zeit befaßt sich der Marquis nämlich sehr ernsthaft mit dem Gedanken, seine Memoiren zu schreiben. Er schreibt an seine Frau: »Ich habe Lust zu schreiben, für mich allein, und zwar, das schwöre ich Ihnen, meine *Memoiren*. Weil ich sie aber nur für mich selbst schreiben will, darf niemand sie sehen. Sie müssen mir also von Monsieur Le Noir das Ehrenwort erwirken, daß das versiegelte Manuskript, das ich bei der Entlassung der meine Papiere kontrollierenden Person unter dem Titel *Memoiren* zeigen werde, daß dieses Manuskript, sage ich, weder geöffnet noch einbehalten wird, und als Sicherheit dafür verlange ich von Ihnen das unterschriebene Billett nach dem beiliegenden Muster, ansonsten ich keinesfalls damit beginne.«[79]

Was beim Versuch, Sades Gefängnisbibliothek zu rekonstruieren, vor allem auffällt, ist – außer der beeindruckenden Menge von Büchern, die er zu verschlingen imstande war – die ungeheure Vielfalt seiner Interessen und Beschäftigungen. Seine Wißbegierde in naturwissenschaftlichen Dingen lassen ihn Werke wie die *Allgemeine und besondere Naturgeschichte* von Buffon lesen; durch den *Almanach des spectacles* (Schauspielkalender) und die jeweils neuesten Theaterstücke informiert er sich über die Moden und Tendenzen auf einem Gebiet, in dem er nicht ins Hintertreffen geraten will und das er nie vernachlässigt. Ein Teil der Bücher dient unmittelbar der Dokumentation für seine eigenen Romane, wobei historische Abhandlungen und Reiseberichte vorherrschen. Romane gehören für ihn zu den unterhaltenden Büchern, der Marquis nennt sie »zweite Lektüre«; man findet darunter *Das Leben der Marianne* und *Der emporgekommene Bauer* von Marivaux, *Gefährliche Liebschaften* von Laclos, außerdem so ziemlich alle Neuerscheinungen auf dem Gebiet. Am liebsten liest er Voltaires Erzählungen, obwohl er sie längst auswendig kennt. »Die Werke eines solchen Mannes kann man nicht oft genug lesen. Ich ermahne Sie zu deren Lektüre, und hätten Sie sie schon tausendmal gelesen, denn es ist immer wieder neu und immer ein Genuß«[80], schreibt er seiner Frau. Natürlich fehlt kein einziger der großen Klassiker: Homer, Vergil, Lukrez, Montaigne, Tasso und Ariost haben einen Ehrenplatz. Auch die Philosophie ist gut vertreten, von Pierre Nicoles *Logik* über Holbachs *System der Natur* bis zu dessen Widerlegung durch Abbé Bergier. Immer den Neuerscheinungen hinterher, läßt Monsieur de Sade die zwölf Bände von Merciers *Gemälde von Paris* fortlaufend erwerben, sobald sie die Druckerei verlassen. Ratgeber für alle Bereiche ist Abbé Amblet. »Lassen Sie sich bitte nur von Amblet bei der Wahl der Bücher beraten«, weist er seine Frau an, »und fragen Sie ihn immer, selbst bei dem, was ich bestelle, denn ich bestelle, was ich nicht kenne, und das kann sehr schlecht sein.«[81]

Einige Autoren entlocken ihm Ausrufe der Bewunderung, d'Alembert oder Abbé Prévost zum Beispiel: »Was für ein Mann! Welche Feder! Das sind Leute, die ich zu Kritikern und Richtern haben möchte, nicht dieser Banausenhaufen, der mich regieren will!«[82] Massillon erfüllt ihn mit solcher Begeisterung, daß er den Rhythmus des berühmten Predigers übernimmt, um sein Lob zu singen: »Mein Gott, teure Freundin, was liebe ich die Predigten des Pater Massillon! Sie erheben mich, sie bezaubern mich, sie entzücken mich [...] Welche Reinheit! Welche Moral! Und welch glückliche Mischung von Kraft und Schlichtheit!«[83] Nur Verachtung hat er hingegen für Restif de La Bretonne übrig (der diese von Herzen erwidert). »Kaufen Sie um Himmels willen vor allem nichts von Monsieur Restif«, empfiehlt er seiner Frau. »Er schreibt triviales und seichtes Zeug, und es ist unerhört, daß Sie mir überhaupt etwas von ihm schicken wollten.«[84]

»DIE HÖHERE UNSCHICKLICHKEIT«

Sade hat sich immer als Schriftsteller gesehen. Schon vor den ersten Inhaftierungen. Wahrscheinlich sogar vor den ersten Skandalen. Er *war* Schriftsteller, so, wie es sein Vater, dessen Freunde und sein Onkel, der Abbé, waren. Wie viele Adlige damals betrieb er Literatur, ohne es zu wissen oder wenigstens laut zu sagen, in derselben Art, wie er Salon-Komödien schrieb und in den Gesellschaftstheatern auftrat: aus Spaß an der Sache und zur Freude seiner Angehörigen, deren Beifall für sein schöngeistiges Talent von vornherein feststand. Galante Episteln, Liebesbriefe, Komödchen, Verse, Gelegenheitsgedichte, vom treuen La Jeunesse ins reine geschrieben – für uns sind es wertvolle Zeugnisse jenes Zeitvertreibs. Hat er schon damals versucht, etwas zu veröffentlichen, wie verschiedentlich behauptet wurde? Abgesehen davon, daß dafür keinerlei Beweise existieren, wäre ein solcher Versuch weder mit dem damaligen Zeitgeist noch mit Sades eigenem adeligen Selbstverständnis zu vereinbaren gewesen. Bis zum Ende des 18. Jahrhunderts gilt die Schriftstellertätigkeit als standeswidrig, und es ist kaum denkbar, daß ein Mann, der auf seine Standesprivilegien solchen Wert legt, sich einer Tätigkeit widmet, die in seiner Umgebung als herabwürdigend gilt. »Professionelle« Ambitionen hat er wohl erst ab der Italienreise von 1775/76, als er, inzwischen gesellschaftlich deklassiert und zudem finanziell ruiniert, ernsthaft an eine Veröffentlichung seines Reiseberichts denkt.

Er war also lange vor der großen Haft von 1778 bis 1790 schon Schriftsteller, wenn auch anonym und ohne vorzeigbares Buch. Doch die unverwechselbare Eigenheit des Sadeschen Werks bildet sich erst im Gefängnis heraus. Erst in der Enge des Kerkers (die sich gleichzeitig als Schutz und als Einengung der Freiheit auswirkt) gelangt Sade zur Freiheit des Wortes und zu seiner eigenen Ausdrucksweise. »In diesem völligen Abgeschiedensein, vor dem ihm graute […], wurde das Grauen, das sich in Anziehung verkehrte, zur Quelle und Triebfeder des unbezwingbaren Drangs zu schreiben, zur erschreckenden Wucht des Wortes, die nicht mehr nachließ. Es muß alles gesagt werden. Die erste Freiheit ist die, alles zu sagen.«[85] So trat der Gefangene Sade zusehends in den Bereich dessen ein, was Maurice Blanchot wunderbar treffend als »höhere Unschicklichkeit« bezeichnet hat. Oder wie Simone de Beauvoir es formulierte: »Als Mensch kam er ins Gefängnis, als Schriftsteller kam er wieder heraus.« Entsprechend allgegenwärtig ist das Gefängnis in Sades Werk. Festung, Verlies, Kerker, Kloster, unzugängliche Insel oder belagerte Burg: Endlos reproduziert sich in seiner Imagination die Abgeschlossenheit des Gefangenseins.

Während der ersten zwei Jahre in Vincennes ist Sade hauptsächlich damit beschäftigt, das Manuskript seiner *Voyage d'Italie* zu redigieren. Es wächst zum imposanten Stapel von Seiten heran, die von La Coste ins reine geschrieben werden. Sein Freund Mesny, der ihn noch in Freiheit glaubt, schickt ihm weiterhin Unterlagen, die er für die Dokumentation braucht. Doch mehr und mehr widmet sich Sade jetzt auch dem Theater, seiner absoluten Leidenschaft, die ihn ganz in Anspruch nimmt und nie wieder verlassen wird. Am 24. Dezember 1780 bringt er einen Entwurf für das Lustspiel *L'Inconstant* (Der Unbeständige) zu Papier, am darauffolgenden 8. Januar beginnt er, es in Verse zu setzen. Am 5. April 1781 »überdenkt und korrigiert« er es, worauf er mit der Reinschrift beginnt, die am 14. April vollendet ist. Er schickt sie seiner Frau, die neben Abbé Amblet bis zum Schluß seine beste literarische Beraterin bleibt. »Dein Stück ist ausgezeichnet«, schreibt sie ihm. »Ich stelle es eindeutig über die beiden anderen, die auch ihre Qualitäten haben. Die Charaktere sind gut gezeichnet [...] Der Applaus ist diesem Stück gewiß, und würden die Schauspieler der Comédie Française Änderungen daran vornehmen, so wären sie sehr geringfügig, und ich sehe auch gar nicht, was das wäre.«[86] Ein Jahr später erhält Renée-Pélagie *Le Prévaricateur* (Der Pflichtvergessene) sowie die endgültige Fassung von *Jeanne Laisné*, dazu einen Einakter in freien Versen von *La Folle épreuve ou le Mari crédule* (Die tolle Prüfung oder der leichtgläubige Gatte). Die Liste der Komödien wird zusehends länger. Auf *Deux jumelles* (Zwei Zwillinge), von Madame de Sade als »sehr redlich und in einem Kloster spielbar, ein wenig kalt, aber nicht schlecht« eingeschätzt, folgt *Le Misanthrope par amour, ou Sophie et Desfrancs* (Der Menschenfeind aus Liebe oder Sophie und Desfrancs), das wiederum Abbé Amblet nicht gefallen will: »Er wollte, nachdem er es gelesen, sein Gefühl nicht schriftlich festhalten, weil er ehrlich sagt, daß er nichts Gutes schreiben könnte.«[87] Denen, die ihm vorwerfen, daß er seine unfreiwillige Muße mit solchen »Albernheiten« zubringt, antwortet Sade, daß das Drama immer von jenen gepflegt worden sei, »die zu unseren besten Schriftstellern gehören«, und er habe auch das Genre gewählt, das »am wenigsten Materialaufwand erfordert und am angenehmsten unterhält«. Obwohl hinter Gittern, spielt er sogar mit dem Gedanken, seine Komödien im Théâtre-Français zur Aufführung zu bringen; seiner Frau gegenüber bezeichnet er ihn als »so ausgefallen, daß ich ihn bald bejahe, bald verwerfe«. Natürlich gibt er ihn schlußendlich auf.

Da sein Zimmer häufig durchsucht wird, ergreift er allerlei Vorsichtsmaßnahmen, um seine Manuskripte den Blicken der Bewacher zu entziehen, und nie schickt er eines an seine Frau, ohne es mit einem Begleitschreiben zu versehen, in dem er beteuert, daß es weder Doppelsinn noch Zweideutigkeit enthalte, daß jede Ähnlichkeit seiner Personen mit Freunden oder Verwandten rein zufällig sei und er sich auch nicht selbst unter anderem Namen darstelle. Was ihn zur Verzweiflung bringt, sind die Beschlagnahmungen seiner Entwürfe: »Es ist unnütz, jene zu nehmen, deren Reinschrift durchgegangen ist, und dumm, die zu nehmen, die keinerlei Form haben und von denen man deshalb auch nicht sagen kann, ob sie gut oder schlecht sind, und gerade diese brauche ich am dringendsten. Von alldem, was man mir weggenommen hat, wenn sich abgeschlossen erscheinende Werke, gute oder schlechte, drunter finden, soll man sie einbehalten, soviel man will bis zu meiner Freilassung, aber die Entwürfe möge man mir doch bitte zurückgeben.«[88]

An Ideen und Plänen mangelt es ihm nicht: Erinnerungen, Geschichten, Romane, Reiseberichte – jedes Genre reizt ihn, und sein Schreibhunger wächst in dem Maße, in dem die Hoffnung auf baldige Freilassung schwindet. Mitten in der Arbeit an seinem *Dialogue entre un prêtre et un moribond* (Zwiegespräch eines Priesters und eines Sterbenden, Sommer 1782) wirft er die ersten Entwürfe zu den *Hundertzwanzig Tagen von Sodom* aufs Papier. Daneben denkt er auch, zur großen Verwunderung seiner Frau, an ein Buch über die Seelenwanderung. Überraschender und sehr viel interessanter ist seine große Idee von einem »Haus der Künste«, die er im Mai 1782 entwickelt, zur gleichen Zeit, als Heurtier die neue Comédie-Italienne, *Salle Favart* genannt, erbaut. Sades Traumprojekt ist ein monumentales Theater von etwa achtzig Metern Durchmesser mit zwölf Wandelgängen, an denen entlang Musentempel für die einzelnen Künste angeordnet sind. Obwohl etliche Personen, darunter Reufflet-Duhameau, den Plan bestechend fanden, wurde er nie auch nur im Ansatz realisiert. Wenigstens nicht in dieser architektonischen Form, denn der Marquis gab die Idee der Vereinigung aller Künste an einem einzigen Ort nie auf und verwirklichte sie später in einem Theaterstück, in *La Ruse d'Amour* (Amors List), das dann den Titel *L'Union des Arts* (Die Vereinigung der Künste) erhielt.

IN DER BASTILLE

Anfang 1784 wurde das Gefängnis im Burgfried von Vincennes offiziell aufgelassen. Die Gründe dafür sind nicht bekannt, allerdings wuchs in der Öffentlichkeit der Unmut über die Staatsgefängnisse, und die Bastille reichte für die wenigen Gefangenen, die bisher noch auf die beiden Festungen verteilt waren, völlig aus. Am 29. Februar 1784 wurden die drei letzten Gefangenen von Vincennes weggebracht: Der von seiner Familie internierte Graf von Solages, der geistesverwirrte Graf von Whyte von Malleville und der Marquis de Sade.

In der Bastille erhält Donatien ein Zimmer in der »zweiten Freiheit«, das heißt im zweiten Stock des ironisch *Liberté* genannten Turms, der zusammen mit dem Bertaudière-Turm die Festung Saint-Antoine bildet. Jedes Stockwerk besteht aus einem einzigen achteckigen Zimmer von fünfzehn bis sechzehn Fuß Durchmesser und fünfzehn bis zwanzig Fuß Höhe. Wände und Decke sind weiß gekalkt, der Fußboden ist aus Tonplatten. Über drei Stufen gelangt man zu einem dreifach vergitterten Fenster. Die Einrichtung besteht aus einem Bett mit grünen Vorhängen, einem oder zwei Tischen, mehreren Stühlen, zwei Feuerböcken, einer Aschenschaufel und einer Feuerzange. Doch der Gefangene läßt sich Möbel kommen und den Raum nach seinem Geschmack tapezieren und einrichten. Die Bücher, Bilder und Stiche, die noch in Vincennes sind, erhält er erst am 29. April. Inzwischen beschwert er sich, »gewaltsam« verlegt worden zu sein, »völlig unerwartet, völlig unangekündigt, mit dieser ganzen Geheimnistuerei, diesem ganzen burlesken Inkognito [...] Und wohin werde ich entführt? In ein Gefängnis, wo ich tausendmal schlechter untergebracht und tausendmal eingeschränkter bin als an dem elenden Ort, den ich verlasse [...] Ich bin in einem Zimmer, das halb so groß ist wie das vorige und in dem ich mich nicht umdrehen kann, aus dem ich nur selten für ein paar Minuten herauskomme in einen engen Hof, wo man Garnisons- und Küchenluft einatmet und wohin man mich mit vorgehaltenem Gewehr führt, als hätte ich Ludwig XVI. entthronen wollen!« Er durfte auch weder Kleider noch Kissen mitnehmen, nicht einmal das »Steißkissen«, man verbietet ihm Messer und Schere, und er muß sogar sein Bett selbst machen und sein Zimmer auskehren. »Das erstere mag ja angehen, weil man es sehr schlecht gemacht hat«, schreibt er seiner Frau, »aber vom zweiten verstehe ich leider nichts; es ist die Schuld meiner Eltern, die diese Fähigkeit nicht in meine Erziehung einfließen ließen.«[89] Er wettert gegen das Fleisch, das »so hart ist, daß man absolut kein einziges Stück hinunterbringt«, und gegen den Ofen, der so rauche, daß er ohne Heizung bleiben müsse; bedient werde er »vom frechsten Gesellen, dem man auf der Welt begegnen kann«.[90] Außerdem habe er als Nachbarn einen Mann, der den ganzen Tag schlafe und dafür ab Mitternacht bis acht Uhr früh Radau mache. »Ah, was für ein Unterschied zu Vincennes!« ruft er aus. In Vincennes sei man auch nie ins Zimmer gekommen, nur um ihn zu ärgern, während man sich hier geradezu anstrenge, um ihn mit jeder Kleinigkeit zu reizen.[91] Indessen kann Sade sich schon bald in der Bastille mehr als nur wohnlich einrichten, seine Bibliothek ist wieder vollständig, und die Familienporträts hat er auch zurückerhalten. Kleider und Kissen, Samtmütze, Glasbecher im Etui und zinnene Klistierspritze im Kistchen werden ebenfalls ausgehändigt. In einem eigenen Karton erhält er endlich auch das Wertvollste zurück: seine Papiere und Manuskripte.

Man kann sich denken, daß die Verlegung in ein Gefängnis, das noch düsterer ist als das bisherige, Sades Laune nicht eben günstig beeinflußt. Monsieur de Launay, der Gouverneur der Festung, beklagt sich bitter beim Polizeipräfekten über diesen »äußerst schwierigen und gewalttätigen« Gefangenen, der Szenen mache und beim geringsten Anlaß aufbrause, Briefe »voller Greuel über seine Frau, seine Familie und uns« schreibe, die Schildwachen ständig beschimpfe und seine Ehefrau mit »mit einem Schwall von Flüchen und Grobheiten« empfange.

Am 22. September 1788 wird der Marquis de Sade auf eigenes Verlangen ins sechste Zimmer desselben Turms verlegt, wo er mehr Luft und Licht hat. Man bewilligt ihm auch einen Invaliden, der ihm den Haushalt führt und Besorgungen erledigt und gegebenenfalls Krankenwärter spielt. Er läßt noch einmal neu tapezieren und bestellt bequemere Möbel, die Kosten von über tausend Livres werden von seiner Frau beglichen. Es wäre also alles in Ordnung, wenigstens einigermaßen, würde man ihm nicht als Beschließer »diesen Holzkopf von Lossinotte« zumuten, »den *dümmsten* und *frechsten* Knecht, den ich je gesehen habe, seit ich lebe. […]

Es gibt bestimmt auf der Welt keinen ebenso unaufmerksamen, nachlässigen, dummen und frechen Gesellen, wie dieser Wächter einer ist.«[92]

FAMILIENRAT

Im Auftrag des Kommandeurs de Sade, des Onkels des Marquis, erscheinen am 5. Oktober 1786 um elf Uhr vormittags die Rechtsanwälte Thomas Gibert und Toussaint-Charles Girard im Ratszimmer der Bastille, wo Donatien de Sade sie erwartet. Sie fordern diesen auf, seinem Onkel »oder einer anderen ihm genehmen Person« die Vollmacht zur erteilen, »während der Dauer der Inhaftierung sowohl seine Güter und Geschäfte als auch die der Gräfin de Sade, seiner Gemahlin, zu führen, zu leiten und zu verwalten [...] sowie für den Unterhalt und die Erziehung seiner Kinder zu sorgen, auch für ihre Etablierung, sei es durch Heirat oder anderweitig« usw.

Worauf Monsieur le Comte de Sade antwortet, daß er alle vorgebrachten Argumente bezüglich der Erhaltung seiner Güter höchst stichhaltig finde und er insofern mit seinem Onkel einig gehe, als unbedingt jemand seinen Gütern und Geschäften vorstehe müsse, er meine allerdings, niemand könne das besser als er selbst; er bitte infolgedessen den Herrn Kommandeur de Sade, in einer Eingabe an den Minister alle die Gründe anzuführen, die er jetzt geltend gemacht habe, um diesem darzulegen, daß seine Anwesenheit auf seinen Gütern unbedingt erforderlich und der Haftbefehl deshalb aufzuheben sei. Im übrigen sei dies seine letzte Antwort, und man könne sich die Mühe ersparen, noch einmal mit einer Vollmacht zu kommen, da er nie eine unterschreiben werde.

Sich über diese Weigerung hinwegsetzend, tritt am 21. Juni 1787 auf gerichtliche Anordnung ein Familienrat zusammen, um die Verwaltung der Güter des Marquis und die Erziehung seiner Kinder zu regeln. Das Ergebnis ist, daß Donatien nicht nur die Verwaltung seiner Güter, sondern auch die väterlichen Rechte aberkannt werden.

Dieser offizielle Akt legalisiert lediglich eine bereits bestehende Situation. Es versteht sich von selbst, daß der Kommandeur de Sade mit seinen vierundachtzig Jahren die ihm übertragenen Rechte und Funktionen nicht selbst wahrnahm, sondern alle Verantwortung an Madame de Montreuil abgab. In einem unveröffentlichten Brief vom 7. Juli 1787 sagt er dies der Präsidentin förmlich zu: »Ich werde sehr zurückhaltend von meiner Vollmacht Gebrauch machen, und nie, ohne Sie vorher in Kenntnis zu setzen.« Und er fügt hinzu: »Ich werde so bald wie möglich an Madame de Sade schreiben. Es war an der Zeit, daß sie sich dem Wohl ihrer Kinder fügte.«[93]

ERZÄHLUNGEN UND ROMANE

Nach der Verlegung in die Bastille verlangsamt sich die literarische Produktion des Marquis keineswegs, im Gegenteil: Am 22. Oktober 1785 beginnt er mit der Reinschrift der *Hundertzwanzig Tage von Sodom*. Um einer Beschlagnahmung vorzubeugen, schreibt er den Text mit winziger Schrift auf kleine Blätter von 11 Zentimetern, die er, beidseitig beschriftet, zu einem Streifen von 12,10 Metern Länge aneinanderklebt. Dieses Miniatur-»Buch« kann problemlos in einer Tasche verschwinden oder in einer Mauerritze versteckt werden. Die Arbeit dauert 37 Tage, jeweils von 7 bis 10 Uhr abends, und ist am 27. November morgens abgeschlossen. Dieses Manuskript ist allerdings erst eine unvollständige Version, die Sade wahrscheinlich vollendet hätte, wäre die Rolle 1789 nicht unwiederbringlich verlorengegangen.

Über diesen eigentümlichen Roman, Sades erstes großes Werk, ist viel geschrieben und spekuliert worden. Seit Maurice Heine – der ihn zwischen 1931 und 1935 erstmalig nach dem handschriftlichen Original herausgab[94] und darin die erste *Psychopathia sexualis* sah, betonen die meisten Kommentatoren den psychiatrischen oder psychoanalytischen Charakter des Textes. Jean Paulhan sieht darin einen »gigantischen Katalog der Perversionen«, und Gilbert Lely spricht von einer »medizinischen Abhandlung«. Jacques Lacan widerspricht dieser Einschätzung kategorisch: »Daß Sades Werk Freud vorwegnehme, und sei es nur im Hinblick auf den Katalog der Perversionen, ist schlichter Unsinn.«[95] Und Jean Gillibert schreibt: »So erinnert uns der Sadesche Horror ... an unsere wiedergeträumte Kindheit, an den Mythos unserer sexuellen und verdrängten Kindheit.«[96] Ohne über unsere spezifische Aufgabenstellung mit einer neuen Interpretation hinauszugehen, wollen wir lediglich darauf hinweisen, daß die *Hundertzwanzig Tage von Sodom* nicht unabhängig von Sades sexuellen Praktiken im Gefängnis gesehen werden dürfen, insofern sie sich der Transkription seiner Phantasmen verdanken. Über die ejakulatorische Allegorie hinaus bewerkstelligt das Ritual von Feder und Tinte die Wesensgleichheit von Schreibtätigkeit und Lust.

Im Herbst 1786 arbeitet Sade an *Aline und Valcour*; er befaßt sich mit

Spanien und Portugal, wo einige Episoden dieses Romans spielen. Am 8. Juli 1787 beendet er die 138 Seiten seiner philosophischen Erzählung *Das Mißgeschick der Tugend*; auf der letzten Seite vermerkt er am Rand: »Die Augen taten mir sehr weh bei der Arbeit.« Einige Zeit später lädt er Chevalier du Puget, den königlichen Statthalter der Bastille, zu einer Lesung von *Jeanne Laisné* ein, die vor dem Generalstab im Ratssaal stattfinden soll. Am 1. März 1788 beginnt er die Erzählung *Eugénie de Franval*, die er in sechs Tagen vollendet, und am 1. Oktober 1788 erstellt er sein Werkverzeichnis, das zu dieser Zeit, die geheimen Manuskripte nicht mitgezählt, nicht weniger als fünfzehn Oktavbände umfaßt.[97]

CHARENTON

Am Morgen des 2. Juli 1789 geht Donatien Alphonse François de Sade unruhig in seinem Zimmer auf und ab. Seine Frau hat ihm von den Unruhen und Wirren berichtet, die Paris erschüttern. Seit einigen Tagen beobachtet er im Inneren der Festung Gefechtsvorbereitungen: Die Garnison wurde verstärkt, die Kanonen geladen, Pulverfässer auf die Plattformen geschafft. Offensichtlich erwartet man schwere Zusammenstöße. Gegen Mittag kommt Lossinotte ihm sagen, sein Spaziergang auf den Türmen sei verboten worden: Befehl des Gouverneurs. Das treibt Sade zur Weißglut. Er schickt den Wächter zum Gouverneur zurück und droht, ein Höllenspektakel zu veranstalten, wenn der Befehl aufrechterhalten werde. Der Mann kommt zurück: Nein. Rasend vor Wut packt Sade ein langes Rohr aus Eisenblech mit trichterförmigem Ende, das ihm normalerweise dazu dient, seine Abwässer in den Festungsgraben zu entleeren; er streckt diesen behelfsmäßigen Schalltrichter durchs Fenster und beginnt aus Leibeskräften hinauszuschreien, die Gefangenen der Bastille würden abgeschlachtet und der Gouverneur und seine Leute seien Mörder. Schaulustige sammeln sich an und recken die Hälse, während er Schmähreden hält und die Leute auffordert, die Festung zu stürmen, um ihm zu Hilfe zu kommen. Endlich gelingt es, den Tobenden zu bändigen, und der Gouverneur versucht nun, sich seiner schleunigst und mit allen Mitteln zu entledigen: »Es wäre der Augenblick, uns von diesem starrsinnigen Menschen zu befreien, bei dem kein Stabsoffizier des Gefängnisses etwas ausrichten kann«, schreibt er an den zuständigen Staatsminister.[98]

In der darauffolgenden Nacht um ein Uhr reißen sechs Bewaffnete Donatien aus dem Bett. Ohne ihm Zeit zum Ankleiden oder zum Packen zu lassen, werfen sie ihn in einen Fiaker und fahren ihn »splitterfasernackt« nach Charenton, wo er auf unbestimmte Zeit eingesperrt wird. Inzwischen versiegelt ein Gerichtskommissar Sades Zimmer, während seine Frau friedlich schläft.

Das Haus von Charenton war damals ein von den Barmherzigen Brüdern betriebenes Hospiz für Geisteskranke. Louis-Sébastien Mercier lobt die Wirtschaftsführung der Brüder, ihre Wachsamkeit und ihre Pflege, bedauert aber die Tatsache, daß hier auch Opfer der geheimen königlichen Haftbefehle beherbergt werden. Im Jahre 1788, nur ein Jahr vor Sades Internierung, schreibt er: »Es ist betrüblich, die Barmherzigen Brüder in Kerkermeister und die Hospize in kleine Bastillen verwandelt zu sehen [...].« Er fügt hinzu: »Das Haus von Charenton ist schön gelegen; von seiner Eigenart her ist es keineswegs ein Staatsgefängnis, aber es ist dazu geworden, weil dort kraft geheimer Haftbefehle inhaftiert wird. [...] Die Gefangenen von Charenton sind Verrückte, Schwachsinnige, Libertins, Wüstlinge, Prasser.«[99]

Über die Haftbedingungen in Charenton besitzen wir ein noch wertvolleres Zeugnis, weil es von Sade selbst stammt. Es findet sich in einem bislang unveröffentlichten Brief an den Advokaten Maton de la Varenne, den er einlädt, sich den Ort selbst anzusehen.

»Wenn Sie imstande sind, so mögen Ihre Augen da vielleicht ein finsteres Gebäude entdecken, das bis zum Giebel in der Erde versinkt, eine entsetzliche Behausung, so angelegt, daß niemals Frischluft ins Innere gelangt, daß das Weinen oder Schreien der hier Eingesperrten von niemandem gehört werden kann, nachdem Ihnen sieben oder acht Gefängnisknechte unter der Führung eines wohlbeleibten, hochrotgesichtigen Bruders von gesundem und fröhlichem Aussehen einen kleinen Hof geöffnet haben, dessen faulige Ausdünstungen Sie vielleicht vom Weitergehen abhalten. Sehen Sie dann, wenn Sie imstande sind, mehr als zwanzig Unglückliche, die bei vollem Verstand sind, seit Jahrhunderten vergessen in diesem Asyl des Unglücks, und die man, um die Entsetzlichkeit ihrer Lage zu verdoppeln, mit Verrückten, Wahnsinnigen und Epileptikern zusammenlegt, von denen sie mit Gestank belästigt, verdorben und geschlagen werden, ohne daß sie, wenn sie sich beklagen, je eine andere Genugtuung bekämen, als daß man ihnen sagt, sie könnten sich ja in ihr Verlies verkriechen, wenn ihnen diese Gesellschaft nicht passe. Ob Sie sie betreten werden, diese schmutzigen Verliese? Vier nackte, feuchte Wände voller Ungeziefer umgeben eine an die Wand genagelte Bettstelle, eine

Heimstatt für Wanzen und Spinnen, die hier seit hundert Jahren ungestört leben; daneben ein schlechter Stuhl und ein verrotteter Tisch, das Ganze abgeschlossen durch eine Tür mit einer Durchreiche, durch die man den unglücklichen Insassen füttern kann; eine rechteckige Luke, fast immer ohne Scheiben, läßt auf das sparsamste einige Lichtstrahlen in dieses abscheuliche Loch dringen, das auf allen Seiten von sechzig Fuß hohen Mauern umgeben ist. Solches werden Sie sehen.«[100]

ZERFETZT, VERBRANNT, VERSCHLEPPT, GEPLÜNDERT

Zehn Tage nach Sades Verlegung nach Charenton, am 14. Juli, wird die Bastille gestürmt. Gouverneur de Launay, Major de Losme-Salbray und dessen Ordonnanzoffizier Miray werden auf die Place de Grève gezerrt und umgebracht. Der Küchenjunge Desnot schafft es, dem Gouverneur mit einem kleinen Messer den Kopf abzutrennen, den er auf einer Pike durch die Straßen trägt. Diese Ereignisse sind bekannt. Weniger bekannt ist, daß der Mob, der die Festung überrennt und plündert, auch die Zelle des Marquis nicht verschont. Die sechshundert Bände seiner Bibliothek, darunter mehrere wertvolle Ausgaben, seine Kleider, die Wäsche, die Möbel, die Porträts, die Manuskripte: alles wird »zerfetzt, verbrannt, verschleppt, geplündert«, namentlich auch die Rolle der *Hundertzwanzig Tage von Sodom*, die Sade nie mehr zurückbekommt.

Unglücklicherweise hatte Madame de Sade gerade an diesem 14. Juli die Habseligkeiten ihres Mannes in der Bastille abholen wollen. Der Historiker Robert Darnton entdeckte folgenden detaillierten Bericht aus der Feder von Jean-Charles Pierre Le Noir: »Graf de Sade wurde in den ersten Julitagen dieses Jahres von der Bastille in das geschlossene Haus der Barmherzigen Brüder von Charenton verlegt. Er hatte in der Bastille einige Familienpapiere zurückgelassen und gebeten, man möge sie nur demjenigen aushändigen, dem er eine Vollmacht ausstelle. Am 13. dieses Monats übergab er seiner Frau in Charenton eine Vollmacht, um sie zur Entgegennahme seiner Papiere in der Bastille zu ermächtigen. Mit der Vollmacht ihres Mannes ausgestattet, begab diese sich am Morgen des 14. Juli zu Kommissar Chénon, der vom Polizeipräfekten zum Vorsteher dieses Staatsgefängnisses ernannt worden war. Sie beschlossen, gemeinsam hinzugehen. Der Kommissar sollte das Protokoll der Rückgabe der Papiere erstellen, und Madame de Sade sollte sie in Empfang nehmen, als ein beginnender Aufruhr im Viertel des Kommissars Chénon ihn zwang, vor Ort zu bleiben und den Gang zur Bastille auf den Abend zu verschieben. Dieser Zwischenfall rettete den Kommissar und vielleicht auch Madame de Sade. Als aber der Kommissar am nächsten Tag eine Parkallee des Palais-Royal überquerte, wurde er von [Männern] und Frauen des Pöbels angegriffen, die ihn an einem Baum aufhängen wollten und zu ihm sagten: ›Wir haben dich in der Bastille verfehlt.‹ Er nahm seine Perücke ab und ließ sie seinen kahlen Schädel sehen. ›Was werdet ihr mit meinem alten Kopf tun?‹ sagte er zu ihnen. In diesem Augenblick bemerkte er eine Frau, die sagte: ›Lassen wir ihn, unser Chef ist nicht hier!‹ Nachdem ihn die Frauen mißhandelt und ihm den Strick um den Hals gelegt hatten, küßten sie ihn und gingen davon.«[101]

Am 19. Juli teilt Madame de Sade, die sich nicht aus ihrem Kloster wagt, dem Kommissar Chénon mit, sie lehne nunmehr jegliche Verantwortung für die Habseligkeiten ihres Mannes ab: »Wenn Sie noch nicht von meinem Brief Gebrauch gemacht haben, um die Habe des Monsieur de Sade aus der Bastille abzuholen, ohne die in solchen Fällen üblichen Formalitäten, so bitte ich, über die Dinge so zu verfügen, daß ich für die Papiere und die Habe von Monsieur de Sade nicht mehr verantwortlich gemacht werden kann, indem ich persönliche Gründe dafür habe, die Verantwortung abzulehnen [...]«[102] Auf diesen Akt der Selbständigkeit – es war das erste Mal, daß sie ihrem Mann gegenüber Selbständigkeit bewies – antwortet Chénon: »[...] Ich war gestern in Charenton. [...] Man sagte mir, der Herr Graf sei wohlauf und sei darüber unterrichtet, daß im Verlauf der Katastrophe vom Dienstag, dem 14., die Tür zu dem von mir versiegelten Zimmer eingedrückt und seine Habe geplündert wurde. Er gedenkt, diesbezüglich dem Herrn Präsidenten der Nationalversammlung zu schreiben [...]«[103]

»ICH WÜNSCHE IHM, DASS ER GLÜCKLICH SEI«

Obwohl in der Bevölkerung äußerst unbeliebt und von höchsten Gerichten bereits 1770 scharf kritisiert, bestand der geheime königliche Haftbefehl rechtlich weiter. Doch Ludwig XVI. verwandte ihn nur selten, und das Rundschreiben des Baron von Breteuil vom März 1784 setzte diesem Unwesen de facto ein Ende, zumindest was die von Familien beantragten Haftbefehle betraf, die den größten und ungerechtesten Teil ausmachten. Die Eingaben der Stände an den König verlangten fast alle die Abschaffung, und in der Erklärung vom 23. Juni 1789, die als Testament der

Monarchie gelten kann, sprach sich der König selbst und unaufgefordert für die persönlichen Freiheiten aus, indem er die Generalstände aufforderte, »sie mögen die geeignetsten Mittel suchen und ihm liefern, um die Abschaffung der als *lettres de cachet* bekannten Befehle mit der Aufrechterhaltung der öffentlichen Sicherheit und den erforderlichen Vorsichtsmaßnahmen zu vereinbaren [...]« Doch erst das von der Nationalversammlung am 16. März 1790 verabschiedete und vom König am 26. März unterzeichnete Dekret schaffte die verhaßten Befehle endgültig ab: »Die willkürlichen Befehle der Verbannung und alle übrigen der gleichen Art sowie alle geheimen Haftbefehle sind abgeschafft und werden in Zukunft nicht mehr verhängt. Die von ihnen Betroffenen sind frei, sich dorthin zu begeben, wo es ihnen beliebt.«

In Artikel 1 erläutert der Gesetzgeber: »Im Zeitraum von sechs Wochen nach der Veröffentlichung dieses Dekrets werden alle Personen, die aufgrund von geheimen Haftbefehlen oder von Befehlen von Vertretern der öffentlichen Gewalt in Schlössern, Ordenshäusern, Zuchthäusern, Polizeihäusern oder anderen Gefängnissen festgehalten werden, in die Freiheit entlassen, es sei denn, sie seien rechtlich verurteilt oder in Haft genommen worden, oder es sei gegen sie gerichtlich Klage erhoben worden wegen Verbrechen, die mit Freiheitsstrafe geahndet werden, oder ihre Väter, Mütter, Vorfahren männlichen oder weiblichen Geschlechts oder andere gemeinsam handelnde Verwandte hätten ihre Haft beantragt und erhalten aufgrund von Eingaben, die auf sehr schwere Tatbestände gründen, oder sie seien wegen Verrücktheit eingesperrt.«[104]

Zwei Tage später, am 18. März, überbringen Louis-Marie und Claude-Armand ihrem Vater die gute Nachricht. Ausnahmsweise erlauben die Barmherzigen Brüder dem Marquis, mit seinen Kindern unbeaufsichtigt spazierenzugehen und sie zum Essen einzuladen. »Ich wünsche ihm, daß er glücklich sei, doch ich bezweifle stark, daß er dazu fähig ist«, hat Madame de Montreuil ihren Enkeln geantwortet, als sie den Wunsch äußerten, den Gefangenen persönlich zu benachrichtigen.[105] Sie fragt sich außerdem, ob das Dekret den Familien nicht ein Schlupfloch bietet: »Die Art, wie es abgefaßt ist, kann Ausnahmen bewirken. Die Frage ist, ob nicht die Familien sie unter gewissen Umständen herbeiführen müssen. Es gibt Fälle, wo ich denke, daß sie neutral bleiben und den Behörden oder der Staatsanwaltschaft die Entscheidung überlassen sollen. Das ist das einzige Mittel, um sich nie etwas vorwerfen zu müssen oder vorwerfen zu lassen [...]«[106]

Zehn Tage später, am Freitag, den 2. April 1790, verläßt Donatien Alphonse François de Sade das Hospiz von Charenton.

Frei!

ZWEITER TEIL

Der Schriftsteller und Bürger

KAPITEL 17

Frei! …

»EIN GUTER TAG, EIN GUTES WERK«

Am Karfreitag im Jahr des Herrn 1790 kommt Donatien also nach Paris. Seine ganze Habe besteht aus drei alten Matratzen, einer schwarzen Weste aus Flockseide und einem Louisdor. Er hat nicht die geringste Ahnung, an wen er sich wenden könnte, um Unterkunft, Essen oder Geld zu finden[1]: Seine Bekannten sind zum Großteil emigriert, und diejenigen, die zurückgeblieben sind, haben es nicht sehr eilig, ihm ihre Gastfreundschaft anzubieten. Renée-Pélagie weigert sich, ihn im Kloster Sainte-Aure zu empfangen, in das sie sich vorsichtigerweise zurückgezogen hat. Da denkt er an Monsieur de Milly, den Staatsanwalt am Châtelet, seinen früheren Sachwalter, der nun zurückgezogen inmitten seiner Bücher in einem Haus in der Rue du Bouloir hinter der Place des Victoires wohnt. Der alte Mann nimmt ihn freundlich auf, bietet ihm ein Bett an, lädt ihn an seinen Tisch und streckt ihm einige hundert Francs vor: genug, um ein, zwei Wochen über die Runden zu kommen.

Kaum ist er wieder in Freiheit, beeilt er sich, Gaufridy die gute Nachricht zu verkünden: »Ich habe Charenton (wohin ich von der Bastille verlegt worden war) am Karfreitag verlassen. Ein guter Tag, ein gutes Werk! Ja, mein lieber Advokat, an eben diesem Tag habe ich meine Freiheit wiedererlangt. Deshalb will ich ihn auch mein ganzes Leben lang heiligen … (und) jedes Mal, wenn uns der fünfundvierzigste Tag der Fastenzeit den Karfreitag beschert, werde ich mich hinknien, beten, Dank sagen, den festen Vorsatz fassen, mich zu bessern, und Wort halten!«[2]

Drei Tage darauf bittet er Gaufridy um Geld. Er benötigt auf der Stelle mindestens tausend Taler bis zum nächsten Sommer. Die Sache eilt. Er muß Schulden zurückzahlen und Ausgaben bestreiten – für die Herberge, den Diener, den Schneider, das Essen und alles übrige. Endlich, so jubelt er, könne er wieder über sein Vermögen verfügen: Die Zwangsverwaltung ist aufgehoben. Vorläufig jedoch muß er Geld leihen, bis der Betrag eintrifft. Donatien hat keine Wahl: In Abwesenheit seiner Frau muß er sich an seine Schwiegermutter wenden. Diese leiht ihm 1 200 Livres, die er versprechen muß, rasch zurückzuzahlen. Das reicht knapp, um die Schulden bei den Mönchen von Charenton zu begleichen und den Vorschuß von Monsieur de Milly teilweise zurückzuzahlen. Einige Tage darauf gewährt sie ihm neuerlich zweihundert Livres, die es ihm gestatten, ein möbliertes Zimmer im Hôtel du Bouloir in unmittelbarer Nähe seines Gastgebers Milly zu mieten.

Donatiens Nachbarin im Hôtel du Bouloir ist ein achtundzwanzigjähriges Fräulein mit einer Taille, die so schlank ist, daß sie sich mit zehn Fingern umspannen läßt, einem nicht sehr regelmäßigen, aber um so süßeren Gesichtchen und vor allem einer dieser Stupsnasen, die ganze Reiche zum Einsturz bringen können. Sie heißt Théroigne de Méricourt und ist gerade aus ihrer niederländischen Heimat angekommen. Die frühere Kokotte hat sich zur Sache der Revolution bekehrt und stürzt sich nun mit Feuereifer in das politische Geschehen, läuft als Amazone gekleidet mit den Pistolen im Gürtel durch die Straßen von Paris, nimmt an allen Festen und Versammlungen teil und ergreift sowohl bei den Cordeliers das Wort als auch im Jakobinerklub. Mit ihren Freunden, dem Mathematiker Gilbert Romme (der ebenfalls im Hôtel du Bouloir wohnt), und dem Arzt Lanthenas hat sie vor kurzem den Klub der Gesetzesfreunde gegründet, dessen Ziel es ist, das Volk politisch aufzuklären. Es erscheint zweifelhaft, daß Donatien sie dazu ermuntert hat: Das stand seinen eigenen Anliegen fern, und überdies hat er vorläufig andere Sorgen als die Erziehung der Massen. Einigen Zeugen zufolge soll ihn jedoch eine zarte Freundschaft mit der »schönen Lütticherin« verbunden haben. Zwanzig Jahre später will ihn ein Zeitgenosse, der neben ihm am Tisch Monsieur de Coulmiers, des Direktors des Hauses von Charenton, gespeist hatte, verkünden gehört haben, die einzige Frau, für die er jemals eine echte Leidenschaft empfunden habe, sei keine andere gewesen als eben diese Théroigne de Méricourt, die am Morgen des 10. August 1792 den Journalisten Suleau eigenhändig ermordet hatte. Voller Bewunderung für ihren »stark ausgeprägten Charakter«, konnte er dieses hübsche Flintenweib, das er, so scheint es, mit gewissen Heldinnen der Bibel verglich, nicht genug loben. »Ich versichere Ihnen«, soll er sogar hinzugefügt haben, »in diesem Weib steckte etwas Erhabenes.«[3] Man weiß zwar nicht, wieweit man dieser Anekdote Glauben schenken soll, aber sie verdient es, erwähnt zu werden.

Der Mann, der Charenton verläßt, hat mit dem, den Inspektor Marais am 7. September 1778 nach Vincennes gebracht hatte, nur mehr wenig gemein. Zwölf Jahre Haft haben ihn unkenntlich gemacht. Seine Gestalt ist beträchtlich plumper geworden, das Gesicht aufgedunsen. »Mangels körperlicher Ertüchtigung habe ich eine so gewaltige Korpulenz angenommen, daß ich mich kaum rühren kann«, gibt er zu. Gleichzeitig sind bisher unbekannte Leiden aufgetaucht, andere haben sich verschlimmert. Vor allem sein Augenleiden quält ihn. Trotz der Behandlung durch Grandjean leidet er unter heftigen Schmerzen und zeitweise besorgniserregenden Sehstörungen. Migränen martern seinen Kopf, Rheuma und Gastritis peinigen ihn ohne Unterlaß. Er fühlt sich gebrochen und ausgelaugt.

Die Welt hat sich ebenfalls verändert, und Donatien fragt sich, nicht ohne Angst, ob er imstande sein wird, sich nach einer so langen Abwesenheit wieder in sie einzugewöhnen. Vor allem in den letzten Monaten hat es den Anschein, als hätte sich die Zeit jäh beschleunigt und die Geschichte in eine schwindelerregende Flucht nach vorn getrieben. Die Sitten haben sich rascher weiterentwickelt als die Menschen, neue Werte haben die alten zu Fall gebracht. Tagtäglich werden die Propheten von einer unvorhersehbaren Wirklichkeit genarrt, als käme die Wahrheit der Ereignisse ihren Gedanken zuvor. Wie muß es dann erst jemandem ergehen, der abseits von den Menschen in einer stillstehenden Zeit lebt! Empfindungen, Mode, Ästhetik, ja selbst die Sprache: nichts gleicht mehr dem, was er gekannt hat. In Vincennes wie in der Bastille und später in Charenton hat Donatien von dieser gewaltigen, lärmenden Umwälzung nur ein gedämpftes, unverständliches Raunen vernommen. Von den großen Erschütterungen hat er nur durch die entsetzten Kommentare seiner Frau erfahren oder durch die sorgfältig zensierten Nachrichten, die über die Mauern seiner Einsamkeit bis zu ihm gelangten. Der Kerker, wie auch das Kloster und das Hospiz, besitzt seine eigene Zeit, die stillzustehen scheint, weil sie dem langsamen Takt der Langweile folgt. Donatien hat mehr als zehn Jahre in diesem Takt gelebt und in einer grenzenlosen Dauer dahingedämmert. Mehr als zehn Jahre hat er in dieser Stille der Gefängnisse verbracht, die in regelmäßigen Abständen einzig vom Knarren eines Schlosses oder vom Rasseln eines Schlüsselbunds durchbrochen wird … Eine tote Zeit, Stille, Abgeschiedenheit: Sade bedurfte dieser faktischen Leere, um in sich das Entstehen einer neuen Sprache zu ermöglichen. Er bedurfte dieser unbeschriebenen Seite, um die bis dahin ungeahnten Riten seiner Rhetorik auszuarbeiten. So sind es denn auch uneinnehmbare Orte (im Schloß Silling, im Kloster Sainte-Marie-des-Bois), an denen er die Libertins seiner Romane einschließen und zwischen der Außenwelt und ihnen komplizierte Sperrsysteme anbringen wird, um das Geheimnis ihrer Liturgie sicher zu verwahren.

Nun gilt es, in die Zeit und in das lärmende Treiben der Stadt zurückzukehren. Nun gilt es vor allem, sich wieder im Griff zu haben, in den Alltag einzutauchen und einer Welt ins Gesicht zu sehen, die er, als er von seinen Schimären zehrte, doch unaufhörlich neu erfand. Von einer ausschließlich phantasierten Beziehung zu den Menschen muß er wieder zu einer realen übergehen. Das Erwachen ist schmerzhaft. Um so schmerzhafter, als ihn die intensive Schreibtätigkeit, gleichsam als zusätzlicher Rückzug innerhalb der Abgeschiedenheit, nur noch weiter von der Wirklichkeit entfernt hat. Schlösser und Kerker wurden zu mythischen Orten der Gefangenschaft: Die Triebe und Instinkte leben sich darin in einer neuerfundenen Freiheit aus. Die Bastille hat sich in eine Guckkastenbühne verwandelt. Sie ist nicht mehr ein Asyl der Leiber, sondern ein innerlicher Zufluchtsort, eine schwerelose Zauberfestung, deren Mauern nur eine hemmungslose Sinnlichkeit widerspiegeln.

Kaum ist der erste Rausch der Freiheit verflogen, befällt ihn der tiefe Ekel, wie ihn Sträflinge, Genesende oder Geiseln empfinden, die allzu lange nur von der Hoffnung auf die Freiheit gezehrt haben und nun, wenn sich endlich die Tür vor ihnen öffnet, ihre Kräfte erlahmen fühlen. »Ich finde an nichts mehr Gefallen«, schreibt er, »ich mag nichts mehr; die Welt, der ich in meinem Wahn nachtrauerte, erscheint mir so öde … und trostlos! … Zuweilen verspüre ich den Drang, zu den Trappisten zu gehen, und ich kann mich nicht dafür verbürgen, daß ich nicht eines schönen Tages verschwinde, ohne daß irgend jemand über meinen Verbleib Bescheid wüßte[4]. Nie war ich menschenfeindlicher, als seit ich wieder unter die Menschen zurückgekehrt bin, und wenn ich, da ich wieder vor sie hintrete, ihnen fremd erscheine, so können sie gewiß sein, daß sie bei mir die gleiche Wirkung erzeugen.«

Wenn er vor den Menschen fliehen, sich in ein Trappistenkloster zurückziehen und, mit einem Wort, verschwinden will (natürlich nur eine bloße Anwandlung: er hat nie ernsthaft daran gedacht), so deshalb, weil er sich nach der Leere hinter den Kerkermauern zurücksehnt. Das Trappistenkloster ist nur eine Entsprechung des Gefängnisses: ein begrenzter, organisierter Raum, der für Sade immer gleichbedeutend ist mit einer wollüstigen Phantasie.

EINE TRENNUNG

Er kann seine Klagen nicht einmal mehr Renée-Pélagie vortragen. Sie hat sich geweigert, ihn nach seiner Entlassung aus Charenton zu sehen. Während er gehofft hatte, bei ihr in Sainte-Aure wohnen zu können, hat sie ihm in einem kurzen Brief mitgeteilt, daß sie die Trennung beantragen würde.

Seit langem trug sie sich mit diesem Gedanken und bereitete sich darauf vor. Solange er in Haft war, konnte sie es nicht tun: Er war zu sehr auf sie angewiesen. Nun, da er frei ist, steht dem nichts mehr im Wege. Hundertmal hatte ihre Mutter sie gebeten, ihn zu verlassen. Hundertmal hatte sie abgelehnt. Hundertmal war sie nahe daran. Hundertmal hat sie schließlich doch noch davon Abstand genommen. War es überhaupt möglich, mit Donatien zu brechen, ihn nicht mehr zu hören, nicht mehr zu sehen, nicht mehr tagtäglich seinen neuen Forderungen nachzugeben, nicht mehr seine Launen, seine Demütigungen, seine Ironie ertragen zu müssen und nicht mehr ständig zwischen dem Gatten und den Kindern hin- und hergerissen zu leben? Früher erfüllte sie die bloße Vorstellung, ihn zu verlassen, mit Entsetzen. Sie wies sie angewidert von sich, wie einen Verrat, der ihrer unwürdig wäre. Unter dem hartnäckigen Druck ihrer Mutter hatte sie sich schließlich nach und nach daran gewöhnt, die Trennung als ein mögliches, wenn auch nicht wahrscheinliches Ende anzusehen, das sie jedoch in der inneren Gewißheit, daß sie nie so weit gehen würde, Tag für Tag hinausschob. Unmerklich hatte jedoch ein Gesinnungswandel in ihr stattgefunden. Mochte es früher feige erscheinen, diesen Mann zu verlassen, so bestand die Feigheit nun womöglich gerade darin, weiter an seiner Seite zu bleiben. Nicht ihre eigene Befreiung, nicht einmal die ihrer Kinder stand auf dem Spiel, sondern das Heil ihrer Seele. Renée-Pélagie näherte sich ihrem fünfzigsten Lebensjahr und empfand das Bedürfnis, mit Gott ins reine zu kommen. In Sainte-Aure hatte man ihr immer wieder vorgesagt, daß sie ihre Seele nur um diesen Preis retten könnte, daß sie nur allzu lange gewartet hätte und in Ewigkeit verdammt sein würde, wenn sie weiterhin mit diesem Mann zusammenlebte! Was ihr gestern noch als schändliche Flucht erschienen war, stellte sich ihr nun als heilige Pflicht dar. Bis zum letzten Moment hatte sie gehofft, ihren Gatten wieder in die Arme der Religion zurückzuführen. Noch im Juni 1789 hielt sie seine Bekehrung für möglich. »Mein inniggeliebter Freund«, schrieb sie ihm damals, »wärest Du aufrichtig, so würde Gott Dir seine Gnade nicht verwehren. Bitte Ihn darum, von ganzem Herzen an Ihn zu glauben, und Er wird es Dir gewähren. Gott ist gut: Er will nur verzeihen, aber Er kennt die Tiefe des Herzens. Er hat Verstocktere und Schuldbeladenere als Dich gewandelt.«

Die drängenden Bitten der Mutter und die Ermahnungen der Kirche fanden in den Ereignissen des Jahres 1789 unverhofft einen entscheidenden Bundesgenossen. Als Renée-Pélagie sah, wie ihr christlicher Glaube verhöhnt, ihre Priester geschmäht wurden und ihre Gewißheiten sich in nichts auflösten, war ihr, als zöge man ihr den Boden unter den Füßen weg. Und ohne daß sie sich dagegen wehren konnte, nahmen diese Menschenhorden, die alles, was ihr heilig war, mit Füßen traten, die Züge ihres Gatten an. Die Revolution besaß endlich ein Antlitz: das von Donatien. Nun war das Maß voll. Diese Revolution, deren Herannahen er mit Freudenrufen begrüßt hatte und der er sich, einmal in Freiheit, gewiß anschließen würde, schickte sich an, sie selbst und ihre Familie unter den Trümmern der alten Welt zu begraben. Aus ihr sprach nicht mehr die Selbstachtung einer verhöhnten Gattin, sondern etwas Ernsteres, das sie zwar vermutlich nicht begriff, dessen schreckliche Drohung sie aber dennoch verspürte. Eine Welt erlitt Schiffbruch, ihre Welt. Sie bekam Angst. Sie sah in Donatien das Bild ihres Mörders. Er wollte ihren Tod, er hetzte blinde Kräfte auf sie, die sie zermalmen würden, er führte sie dem Henker zu. Dort, wo die Anstrengungen der Kirche und der Präsidentin gescheitert waren, siegte letztlich die Revolution: Sie würde es also wagen, Donatien herauszufordern.

Allerdings läßt sich der Gesinnungswandel der Marquise weder durch den Einfluß ihrer Mutter noch durch die Stimme ihres Beichtvaters oder durch den Gang der Ereignisse ausreichend erklären. Diese Trennung hätte sicherlich nie stattgefunden, wäre sie nicht gleichzeitig das Ende einer großen Liebe gewesen. Durch ihre Leidenschaft war diese engstirnige, unsinnliche Frau in eine höhere Sphäre gehievt und gleichsam gezwungen worden, über ihre Verhältnisse zu lieben. War ihre Liebe erloschen, wurde sie wieder zu dem konventionellen, prosaischen Wesen, das die Delirien ihres Gatten nicht mehr zu teilen bereit war.

Was war das auch für ein Leben seit siebenundzwanzig Jahren! Da war kein Tag, an dem sie nicht vor den demütigendsten Drohungen gezittert hätte: vor der Polizei, vor dem Kerker, vor dem Skandal bereits in den ersten Monaten ihrer Ehe, vor den Erpressungsversuchen der Dirnen oder der kleinen Opfer von La Coste, vor den Wutanfällen Donatiens, seinen Ansprüchen, seinen Roheiten. Mußten nicht erst kürzlich die Wächter der Bastille eingreifen, um zu verhindern, daß der Gefangene sie schlüge? Und Monsieur de Lamy übertrieb vielleicht nicht, wenn er behauptete, sie müsse um ihr Leben fürchten, wenn ihr Gatte wieder freikäme. Da war seit siebenundzwanzig Jahren kein Tag verstrichen, an dem sie nicht hätte kämpfen müssen: gegen ihre Mutter, gegen die Gläubiger, gegen die Ämter in Paris oder gegen die Pächter in der Provence. Eine Frau am Ende ihrer Kräfte und ihrer Geduld sehnt sich nun nach Ruhe. Auch die Auswirkungen des Alters dürfen wir nicht vergessen: Madame de Sade steht am Beginn ihres fünfzigsten Lebensjahres, aber die erlittenen Prüfungen lassen sie um zehn Jahre älter wirken. Ihre natürliche Neigung zur Fülligkeit hat sich in den letzten Jahren verstärkt. Wie Donatien hat sie stark zugenommen, ihr Gang ist schwerfälliger und mühevoll geworden. Da sie fühlt, daß sie gebrechlich wird, muß sie einen Diener einstellen, der sie auf ihren Ausgängen begleitet.

Auch andere Gründe bewegen sie zu ihrem Entschluß: die Zukunft ihrer Kinder und die Bewahrung ihrer Güter. Mit der Freiheit erhält Donatien bekanntlich die vollständige Verfügung über sein Vermögen zurück. Da sie mit gutem Recht an seiner Fähigkeit, die Geschäfte zu führen, zweifelt, fürchtet sie das Schlimmste: unverhältnismäßige Ausgaben, Schulden, das Leben von der Hand in den Mund und schließlich den sicheren Ruin. Und der Gedanke an seine Kinder (diese kleinen, von ihrer Großmutter aufgezogenen MONTREUIL) war keineswegs dazu angetan, ihn von diesen Neigungen abzuhalten.

Aber es gab auch noch einen gewichtigeren Anlaß zur Sorge. Das neue Gesetz verlieh ihm auch wieder seine vollen bürgerlichen Rechte, das heißt, er wurde vor dem Gesetz wieder zum Vater seiner Kinder. Allein diese Aussicht ließ Madame de Sade erschauern. Die Gelegenheit war zu günstig, als daß die Präsidentin sie sich entgehen lassen würde. Kein Zweifel, daß sie in diesem ausschlaggebenden Moment entscheidende Argumente zu finden wußte. Fühlte Renée-Pélagie die erdrückende Verantwortung nicht, die auf ihr lastete? Sah sie nicht, daß die Zukunft von Marie-Louis, von Claude-Armand, von Madeleine-Laure einzig von ihrer Entscheidung abhing? Wollte sie sie zu Geächteten machen? Sie in Elend und Schande stürzen? Gründe genug, auch weniger empfindsame Seelen als die Renée-Pélagies zu rühren.

Als jedoch der Augenblick kam, da es ihrem Gatten gegenüberzutreten galt, um ihm mitzuteilen, daß sie auf das weitere Zusammenleben mit ihm verzichtete, fühlte sie plötzlich ihre Kräfte schwinden. Wenn er sie bloß mit seinen üblichen Sarkasmen begrüßte, würde ihr das die Aufgabe erleichtern. Seine Beleidigungen würden ihr Mut einflößen, durch seine Härte wäre sie vor sich selbst gerechtfertigt. Würde er ihr jedoch zärtlich begegnen, wie er dies mitunter tat, hätte sie dann die Kraft zu widerstehen? Sie weiß, und vielleicht wurde es ihr auch gesagt, daß sie für immer verloren wäre, wenn sie einwilligte, auch nur eine Stunde mit ihm zu verbringen. Also schreibt sie ihm hastig, um ihm mitzuteilen, daß zwischen ihnen alles aus ist und sie die Absicht hat, ein Trennungsverfahren einzuleiten. Wenn er Geld benötigt, kann er sich künftig an Gaufridy wenden. Zum ersten Mal in ihrem Leben folgt Renée-Pélagie nicht der Logik des Gefühls.

Am 13. Juni bestätigt sie ihrem Verwalter Gaufridy ihre Absicht: Erst nach »reiflichen Erwägungen« hat sie den Entschluß gefaßt, sich von ihrem Gatten zu trennen. Was ihre Beweggründe anbelangt, fügt sie hinzu, daß Monsieur de Sade, »wenn er in die Tiefe seines Herzens hinabsteigt«, nur deren Rechtmäßigkeit anerkennen und fühlen kann, »daß es anders nicht möglich ist«. Es steht ihm frei, einen Eklat zu verursachen: »Ich werde zu meiner Rechtfertigung nur sagen, was er mich zu sagen zwingen wird. Aber wenn er mich dazu zwingt, werde ich es sagen.«[5]

Diese Trennung kam für Donatien nicht ganz überraschend. In all den letzten Monaten hatte er gespürt, daß ihm seine Frau entglitt: »Schon seit geraumer Zeit gewahrte ich im Verhalten von Madame de Sade, wenn sie mich in der Bastille besuchte, eine Wesensart, die mir zu Sorge und Kummer Anlaß gab. Da ich ihrer bedurfte, ließ ich mir nichts anmerken, aber alles an ihr beunruhigte mich. Ich erkannte deutlich, daß ihr Beichtvater dahinter steckte, und in Wahrheit sah ich sehr wohl, daß meine Freiheit sich in eine Zeit der Trennung verwandeln würde.«[6] Glaubte er das tatsächlich? Er wußte, daß Pélagie zwischen ihrem Beichtvater und ihm hin- und hergerissen war, fühlte sich aber dennoch als der Stärkere. Nie würde sie den Sprung ins Unbekannte wagen. Sie hatte zwar eine romantische Seele, aber eher in der scheuen und zartfühlenden Art einer Bürgersfrau: Es würde ihr an Kühnheit, Leidenschaft, Energie und Intelligenz fehlen.

Als Donatien nun den Brief seiner Frau erhält, stößt er einen wütenden Schrei aus. Die Montreuil! Schon wieder die Montreuil! Immer und überall die Montreuil! Das ist ihr letzter Schlag! »Sie haben meine Frau gezwungen, sich von mir zu trennen. Sie wollte nicht. Sie haben alles ersonnen, alles getan, um sie dazu zu bewegen.« Von neuem erwacht sein Haß auf dieses »verfluchte Gesindel«, denn diese Trennung von Renée-Pélagie ist, abgesehen von jeder emotionalen Betrachtungsweise, vor allem auch eine schmutzige Geldangelegenheit. Indem sie die Trennung einreicht, beglaubigt sie nicht nur die über ihn in Umlauf gebrachten Verleumdungen und und fügt seinen Kindern Schmach zu, sondern zwingt ihn auch, ihre Mitgift zurückzuzahlen: Sie bringt ihn an den Bettelstab. Und wozu? Um in einem Kloster angenehm dahinzudämmern, »in dem irgendein Beichtvater sie gewiß tröstet und in ihren Augen den Pfad des Verbrechens, des Grauens und der Entehrung ebnet«.

»DEMOKRATISCHE GALGEN«

Kaum hat sich Donatien im Hôtel du Bouloir eingerichtet, spielt er mit dem Gedanken, in die Provence aufzubrechen, um seine Geschäfte wieder in die Hand zu nehmen.

Die Ereignisse in Südfrankreich aber laden nicht gerade zu Spazierfahrten ein. Seit 1789 steht die Provence an der vordersten Front der Revolution. Die Bewegung war von Marseille und Toulon ausgegangen und hatte sich auf dem Land rasch verbreitet. Bereits bei den ersten Anzeichen der Unruhen waren die Adeligen in den Piemont emigriert. Binnen weniger Monate hat sich eine Stadt wie Aix geleert, wodurch sich die Befürchtungen der Handwerker, die für die reichsten Schichten der Bevölkerung arbeiteten, noch verstärkten. Ein besonders rauher Winter hat dieses revolutionäre Ferment noch zusätzlich zur Gärung gebracht. Es fehlte an Getreide, das Brot verteuerte sich, die Ärmsten wurden in großes Elend gestürzt. In ihrer Not wandten sich die Bewohner des Comtats ganz selbstverständlich an den päpstlichen Vizelegaten um Hilfe. Monseigneur Casonis einzige Antwort lautete: »Schneidet Holz, wo ihr welches findet, und nehmt euch Getreide, wo es welches gibt.« Die Bauern befolgten den Rat des Prälaten. Sie fällten, was immer sie fanden: zunächst die Weiden, dann die Maulbeerbäume und sogar die Obstbäume. Das Getreide holten sie sich dort, wo es welches gab, in den Scheunen der Klöster. In diese Stimmung der Unzufriedenheit und des Straßenraubs platzte die Nachricht vom Aufstand in Paris und von der Erstürmung der Bastille.[7]

Der Sonderstatus des Comtats als einer päpstlichen Enklave auf französischem Boden machte es für Volksaufstände anfälliger als jede andere Region. Innerhalb des Bürgertums von Avignon gab es seit langem eine Bewegung, die sich für den Anschluß an Frankreich aussprach; das durch die Wirtschaftskrise alarmierte und der päpstlichen Verwaltung feindlich gesinnte gemeine Volk stand ihr als Miliz bereitwillig zur Verfügung.

Im Frühjahr 1790, als Donatien sich mit dem Gedanken trägt, Paris zu verlassen, hat sich die Lage noch verschärft. Elend und Arbeitslosigkeit herrschen mehr denn je, Bettler bevölkern die Straßen und werden mitunter bedrohlich. Die Angst vor Plünderungen verfolgt die Besitzenden. Die Furcht vor einer ständig angekündigten, angeprangerten und gefürchteten aristokratischen Verschwörung führt zu den tollsten Hirngespinsten und löst die heftigsten Reaktionen aus. Der Ruf »An die Laterne!« erschallt immer öfter auf den Straßen Avignons. Der Marquis de Rognes, der wegen der Veröffentlichung einer als konterrevolutionär angesehenen Schrift mit dem Tod durch den Strang bedroht wird, muß fliehen. Einen Monat später wird Passeri, der Fiskalanwalt der Legation, von der Menge angepöbelt, die sich um sein Haus schart. Die Panik wäre beinahe in ein Massaker ausgeartet. Einige Tage darauf wird ein Kaffeehaus an der Place de l'Horloge, das als Hauptquartier der »Aristokraten« gilt, von einer Bande bewaffneter Männer geplündert. Der Besitzer entkommt nur mit knapper Not dem Galgen. Gleichzeitig nehmen die Verhaftungen zu. Im Juni erreicht die Spannung ihren Höhepunkt. Bei den »Patrioten« ist nur mehr von dem Gewaltstreich die Rede, den die Feinde der Revolution vorbereiten. Die alarmierendsten Gerüchte sind in Umlauf. Am Donnerstag, dem 10. Juni, als die Erregung sich ins Unerträgliche gesteigert hat, versucht eine Handvoll Aristokraten, den Papstpalast zu stürmen. Schüsse werden abgefeuert, vier Kanonen werden in Stellung gebracht, die Schießerei dauert vier Stunden und verursacht zahlreiche Tote. Tags darauf, am 11. Juni, wird der vermeintliche Anführer des Ansturms, der Marquis de Rochegude, mit zwei anderen Verdächtigen inmitten einer tobenden Menge gehängt. Das Grauen greift um sich.

Fast überall im Comtat ist die Bevölkerung von der »Großen Angst des Sommers 1789« erfaßt worden. Das Gerücht, daß plündernde Banden durch das Land zogen, Schlösser brandschatzten, die Ernten in Brand steckten, die noch nicht abgeernteten Felder verwüsteten und die Einwohner Hunger leiden ließen, stiftete Entsetzen unter der Landbevölkerung. Die Sturmglocken schreckten ein Dorf ums andere auf. Die Leute ergriffen die Flucht, trieben ihr Vieh weg und warfen eilig einige Bündel auf ihre Karren. Die Unerschrockensten organisierten den Schutz: Man bewaffnete sich mit Gewehren, Sensen und Spießen, besorgte Schießpulver und holte Freiwillige, um die Weizengarben auf den Feldern zu bewachen. In dieses Klima einer kollektiven Psychose platzte nun die kaum glaubliche Nachricht: In der Nacht des 4. August hatten Adel und Klerus spontan ihre Privilegien auf dem Altar des Vaterlandes dargebracht …

Auf La Coste schien jedoch alles ruhig geblieben zu sein. Nicht der geringste vandalistische Akt gegen das Schloß oder gegen den Grundbesitz des Marquis. Die Gutsbewohner hatten es nicht einmal für nötig befunden, dessen Privilegien anzufechten. Wozu auch, hatten sie doch ihre kleine Revolution ganz alleine gemacht. Ohne Drama, ohne Aufsehen zu erregen und ohne Gewalt anzuwenden.[8] Sie hatten sich die langen Abwesenheiten ihres Herrn zunutze gemacht und dessen Grundstücke eins ums andere besetzt und schrittweise übernommen, sodaß die Bürger heute ungehindert in seinem Park jagen. Vom Feudalregime bleibt nur noch eine einzige Abgabe, die sogenannte »tasque«, die allerdings noch schwer auf dem Gemeinwesen lastet.[9]

Darüber hinaus empfindet das Dorf nach wie vor eine gewisse Sympathie für den, der als ein Opfer des Despotismus angesehen und hier umgangssprachlich ganz einfach als der »pistachié« (Verführer oder Schürzenjäger) bezeichnet wird. Der Marquis seinerseits hat den Kontakt mit seinen Bauern auch nie gemieden. Sicher, er ist grob zu ihnen, aber er kennt einen jeden mit seinem Namen und spricht ihre Sprache. Übrigens wirft er seinen Kindern vor, daß sie keine Ahnung vom Leben auf dem Land haben: »Sie werden in La Coste nicht in die Häuser der Armen gehen wie ich, um sich nach ihren Fähigkeiten, ihrem Einkommen und ihren Familien zu erkundigen, und werden sich folglich nicht beliebt machen. Ich sehe es mit Schmerzen, aber sie haben etwas vom Dünkel der Montreuil, und mir wäre lieber, sie hätten die Energie der Sade.« Donatien blieb seinem Heimatort immer verbunden. Er hat ihn nie im Stich gelassen, wie einst sein Vater, um bei Hof zu leben. Was seine Ausschweifungen betrifft, die allen im Dorf bekannt sind, so haben sie hier keinen erschreckt. Natürlich spricht man in der Schenke oder vor der Haustür darüber, und die Älteren erzählen halblaut, daß sich früher da oben so manches zugetragen habe … Aber niemand ist ihm deshalb wirklich böse. Die spöttischen Bauern witzeln eher darüber. Diese Mädchengeschichten liefern Stoff zum Lachen, und wenn der kühle Vacqueyras in den Krügen fließt, verschmäht man auch die deftigsten Scherze nicht. Man ist um so weniger schockiert, als Donatien sich vorsichtigerweise immer gehütet hat, seine Jagd nach Jungfrauen auf La Coste oder in der Umgebung zu betreiben. Überdies ist beim Adel des Luberon die »Dolce vita« allzu verbreitet, um noch irgendwen vor den Kopf zu stoßen. Niemand steht den Sitten der großen Herren gleichgültiger gegenüber als seine Bauern. In La Coste selbst, einer alten waldensischen Hochburg, die zum Großteil von reformierten Protestanten bewohnt wird (etwa 55%, aber 80% bei den Bürgern und Bauern), ist das religiöse Empfinden im Rückgang, während die Säkularisierung an Boden gewinnt. Die meisten Pfarrer der letzten Jahrzehnte glänzten weder durch ihre Tugend noch durch ihre Frömmigkeit. Im Jahr 1727 wurde der ständige Vikar von La Coste angeklagt, sein Beichtkind Anne Gardiolle »ruchlos entführt und geistige Inzucht« mit ihr getrieben zu haben. Er wurde zum Tod durch Erhängen und Erwürgen verurteilt, sein Leib wurde verbrannt und seine Asche auf den Straßen verstreut.[10]

Trotz der nachdrücklichen Aufrufe, Almosen zu geben, ist nie auch nur der geringste Groschen aus der Westentasche des Marquis de Sade in den Opferstock der Kirche gefallen. Um sein Auskommen zu finden, muß der Herr Pfarrer auf andere Tätigkeiten zurückgreifen. Das Pfarrhaus wird in eine Seidenraupenzucht verwandelt, deren Geruch Mademoiselle Rousset in die Flucht schlägt, und der wackere Mann streitet sich mit den Dörflern um die Blätter der Maulbeerbäume auf dem Dorfplatz, die er für seine Zwecke benötigt.

In einer solchen Atmosphäre der Abwendung von der Religion wird über die Affären des Marquis seit langem nur mehr heimlich gelacht und gewitzelt. Die Frömmsten setzen eine bedauernde und beinahe mitfühlende Miene auf. Ist doch das Laster letztlich ein ungeschriebenes Vorrecht des Adels, das ihm in La Coste niemand absprechen will. Was man ihm vorwirft, ist vielmehr, daß er es unterläßt, seinen Beitrag zur Ausspeisung der Armen zu leisten und die Ämter der herrschaftlichen Justiz zu besetzen, wodurch die Leute gezwungen sind, mit ihren gerichtlichen Klagen bis nach Aix zu gehen.

Von Reinaud regelmäßig über die Ereignisse in der Provence unterrichtet, stellt er sich das Land verheert und verwüstet vor und verzichtet lieber auf seine Reise, als auf den »demokratischen Galgen« ums Leben zu kommen. »Valence, Montauban, Marseille sind Schauplätze des Grauens«, schreibt er an seinen Advokaten in Aix, um seinen Entschluß zu begründen, »auf denen Kannibalen tagtäglich Trauerspiele nach englischer Art aufführen, die einem die Haare zu Berge stehen lassen.«[11] Es ist also besser, den Besuch auf das nächste Frühjahr zu verschieben, »sollten Gott und die Feinde des Adels mich am Leben lassen ...«

»SCHÖNE AUSSICHT, GUTE LUFT ...«

Einige Tage später denkt Donatien nicht einmal mehr an die Provence. Sie ist ihm um so schneller aus dem Sinn gekommen, als er die Bekanntschaft einer äußerst reizvollen Dame gemacht hat.

Marguerite Fayard des Avenières, 1745 geboren, lebt getrennt von ihrem Ehemann, dem Ersten Präsidenten des Finanzbüros von Lyon, Camille Jacques Annibal Claret de Fleurieu. Eine geistreiche und begabte Frau, die in ihren Mußestunden Theaterstücke schreibt und soeben eine kleine Verskomödie in zwei Akten mit dem Titel *Pauline* vollendet hat, die sie, als sie Donatien kennenlernt, im Théâtre-Français aufführen lassen möchte. Man stelle sich hier nicht eines dieser schmutzigen Verhältnisse wie dazumal vor. Diese Zeiten sind vorüber! Die Dame ist fünfundvierzig, er selbst fünfzig Jahre alt. Diesbezüglich besteht also keine Gefahr: »Obwohl mit Sicherheit kein anderes Gefühl als das der Freundschaft in unsere Liaison einfließt, wage ich zu behaupten, daß ich, sooft ich mit ihr zusammen bin, all mein Unglück vergesse.« Überdies fühlt er sich gealtert, verbraucht und verspürt keine Neigung mehr zu den früheren Inszenierungen: »All das ekelt mich nun ebensosehr an, wie es mich einst erglühen ließ.« Seine Kräfte reichen kaum aus, die quälenden Schmerzen zu ertragen: »Da sind Hustenanfälle, Augenschmerzen, Bauchschmerzen, Kopfschmerzen; und Rheuma und was weiß ich noch alles. All das erschöpft mich und läßt mich, Gott sei Dank, an nichts anderes mehr denken, wodurch ich viermal so glücklich bin.«[12]

Allmählich erscheint Donatien das Leben wieder lebenswert. Seine düsteren Gedanken, seine Misanthropie verlassen ihn bald. Der Rückzug in das Trappistenkloster steht nicht mehr auf der Tagesordnung, woher mochte ihm wohl diese tolle Idee zugeflogen sein? Er verspürt vielmehr einen lebhaften Drang zu sprechen und sich mitzuteilen, als müßte er mit einem Schlag alle stummen Gedanken loswerden, die sich in der zwölfjährigen Stille des Kerkers in ihm angehäuft hatten. Dieser Drang wird mitunter so mächtig, daß er sich dabei ertappt, wie er allein vor sich hinspricht. Das kommt zum Glück selten vor, denn es fehlt ihm nicht an Gesellschaft. Mit einem Wort: Donatien ist glücklich. In der reizvollen Nähe der Frauen empfindet er einen sanften, ruhigen und ihm bislang unbekannten Genuß. »Schöne Aussicht, gute Luft, angenehme Gesellschaft. Ich werde hier geduldig die Ankunft des Frühlings abwarten.«

EINE FINSTERE MITGIFTAFFÄRE

Ende Mai wird diese angenehme Ruhe durch das böse Schreiben eines Gerichtsvollziehers unterbrochen. Madame de Sade hat ihr Vorhaben ausgeführt und beim Châtelet einen Antrag gestellt, um die Trennung zu erwirken. Von diesem Schritt setzt man ihn nunmehr in Kenntnis. Donatien kocht vor Wut: »All die Infamien, die in den Schenken und Offiziersmessen über mich verbreitet, aus Almanachen und schlechten Zeitungen zusammengeschrieben wurden, bilden die Grundlage dieser sauberen Abhandlung. Die grauenhaftesten Anstößigkeiten sind skandalös erfunden [...] und verleumderisch wiedergegeben. Mit einem Wort, ein Monument von Lügen und Plumpheiten, das ebenso gemein und unverständlich ist wie schlecht und seicht geschrieben.« Nachdem er bei Juristen Rat eingeholt hat, beschließt er, dieses »Monument der Schamlosigkeit« nicht zu beantworten und sich in Abwesenheit verurteilen zu lassen.

Kraft eines Urteils vom 9. Juni 1790 spricht das Châtelet, etwa zehn Tage später, die Trennung von Tisch und Bett aus. Ein Absatz des Dokuments zieht seine Aufmerksamkeit besonders auf sich: »Folglich verurteilen wir ihn, ihr die im Heiratsvertrag als Mitgift festgelegte und von ihm erhaltene Summe von 160 842 Livres zurückzuzahlen.«

Hundertsechzigtausend Livres: ein Vermögen! Die Rückzahlung einer solchen Summe kommt nicht in Frage. Es würde ihm übrigens äußerst schwer fallen, einen solchen Betrag aufzubringen. Er müßte einen Teil seiner Güter abstoßen und mit Verlust verkaufen, da alle Adeligen ihren Grundbesitz zu Geld machen, bevor sie ins Exil gehen. Der Immobilienmarkt befindet sich in der tiefsten Krise seiner Geschichte.

Zunächst gilt es vor allem, einen zuverlässigen und sachverständigen Vermittler aufzutreiben. Er findet ihn in der Gestalt des Advokaten Reinaud aus Aix-en-Provence, mit dem der Marquis bereits seit Jahren in geschäftlicher Verbindung steht. Reinaud beginnt, ohne Sades Wissen und ohne jemals dessen Interessen zu verraten, einen ausführlichen Briefwechsel mit Madame de Montreuil, deren Gunst er zu gewinnen versteht. Nach dreiwöchigen mühsamen Verhandlungen gelingt es ihm, die zwei gleichermaßen mißtrauischen, hartnäckigen und unbeugsamen Parteien zu einer Einigung zu bringen. Am 23. September 1790 wird schließlich ein Abkommen unterzeichnet. Der Marquis gibt zu, daß er Madame de Sade die Summe von 160 842 Livres schuldet. Madame de Sade erklärt sich bereit, auf die Rückzahlung der Summe sowie der Zinsen zu verzichten, solange der Marquis lebt. Dafür erhält sie eine Hypothek auf seinen gesamten Besitz. Im Gegenzug erklärt sich der Marquis bereit, ihr jährlich 4000 Livres auszuzahlen. Um die Auszahlung dieser 4000 Livres zu garantieren, verpflichtet sich der Marquis, seinen Pächtern eine ausreichende Zahlungsanweisung zu erteilen.

Donatien kann sich glücklich schätzen. Letzten Endes zieht er sich nicht allzu schlecht aus der Affäre. Zum einen braucht er den Gesamtbetrag der Mitgift nicht zurückzuzahlen, zum anderen wurden die Zinsen äußerst gering angesetzt (nur 2,5 % des Kapitals pro Jahr). Kaum ist der Vertrag unterzeichnet, behauptet er jedoch, man habe ihn reingelegt. Reinaud hatte Madame de Montreuil kurz vor den Verhandlungen um eine Offenlegung der Einkommensverhältnisse seines Mandanten gebeten, die nur sie geben konnte, da sie ja als Sachwalterin für das Vermögen des Marquis eingesetzt war. Nach ihren Auskünften belief sich sein Jahreseinkommen auf 14 000 Livres. Reinaud glaubte ihr aufs Wort und ging von der Annahme aus, daß Donatien nach der Begleichung der 4000 Livres für Madame de Sade noch über 10 000 Livres verfügte, eine für ein bequemes Leben durchaus ausreichende Summe. Einige Tage später erwiesen sich diese Zahlen jedoch als falsch. Gaufridy, der diese Berechnungen angestellt hatte, hatte zu diesem Zeitpunkt keine Kenntnis von verschiedenen Ruhegeldern und Zinsen für früher aufgenommene Schulden sowie diversen Instandhaltungskosten, die die Erbschaft des Marquis belasteten und sich auf insgesamt 6000 Livres beliefen. Donatien tobt, als er von diesem Defizit erfährt, und beklagt sich bei Gaufridy heftig über dieses Abkommen, »dem Unaufrichtigkeit, Habgier und Gerissenheit mit solcher Anmaßung vorgestanden haben«. Er klagt keineswegs den armen Reinaud an: »Dazu lasse ich ihm zu sehr Gerechtigkeit widerfahren. Es ist das Los der anständigen Leute, düpiert zu werden. Und es ist besser, anständig zu sein, als ein Schuft.«

Dennoch bezahlt der Marquis keinen Groschen der jährlichen Unterhaltszahlung von 4000 Livres, zu der er sich seiner Frau gegenüber verpflichtet hat. Als diese den ihr zustehenden Betrag verlangt, wird er ungeduldig und antwortet Gaufridy gereizt: »Der Teufel soll mich holen, wenn ich weiß, wie ich es anstellen soll! Als mein armer Vater sagte: Ich verheirate meinen Sohn mit dieser Tochter von Erpressern und Bankrotteuren, damit er sich bereichert, so wußte der arme Mann nicht, daß diese Erpresser, diese Bankrotteure mich in den Ruin treiben würden.«[13] Um nicht zu zahlen, schützt er vor, sein Grundbesitz sei gepfändet, seine Felder lägen brach, der Zustand seines Besitzes habe sich verschlechtert und er lebe in ständiger Armut. Die Montreuil sind reich genug, meint er, um ihre Tochter und deren Kinder zu erhalten. Andererseits bleibt er ganz Grandseigneur und läßt seiner Frau durch Gaufridy die von ihr verlangten Fässer Öl unentgeltlich zukommen.

KAPITEL 18

Die Leiden eines Dramatikers

»IDEEN FINDET MAN NIE MEHR WIEDER«

Obwohl Donatien in Geldangelegenheiten seinem streitsüchtigen Wesen freien Lauf läßt, geht er dennoch nicht voll darin auf. Hundert andere Dinge beschäftigen ihn. Außerhalb des Gefängnisses scheint dieser Teufel immer zehn Leben gleichzeitig zu führen. Er verschlingt alles, wird rastlos, läuft und vibriert mit einer Art fieberhaften Tollheit, als versuchte er durch diese Hektik die »allzu langen Pausen«, wie er seine Haftzeiten nennt, aufzuholen. Er bewegt sich auf mehreren Ebenen gleichzeitig oder, genauer gesagt, in einem ganzen Netz von gleichzeitigen Ebenen, weswegen diese Perioden der Freiheit sich der Vorgangsweise des Biographen geradezu verweigern. Eine synoptische Abbildung würde sein Leben hier sicherlich besser wiedergeben als eine lineare Schilderung.

Schon seit einigen Jahren war er sich der Tatsache bewußt, daß er keine gesellschaftliche Existenz besaß. Er, der immer von jeder geldbringenden Tätigkeit Abstand genommen hatte, und zwar trotz seiner ständigen finanziellen Bedürfnisse (er brauchte ja nur weitere Schulden aufzunehmen, wie jeder andere Adelige seiner Zeit), hat früher als die anderen begriffen, daß er nun eine berufliche Stellung benötigt. Auf die nach 1789 beträchtliche Gefahr hin, als Adeliger erkannt zu werden, mußte er eine Laufbahn einschlagen, einen Beruf wählen. Und welcher Beruf könnte dem Marquis besser anstehen als der des Schriftstellers? Eine Vorstellung, die ihm durchaus zusagt und die er begeistert ins Auge faßt.

Man weiß, was ihm das Schreiben in den langen Jahren der Haft bedeutet hat: Flucht, Zuflucht und Sublimierung. Es war an die Stelle des Körpers getreten, hatte die Sinne befreit, den Raum geweitet und die Zeit wiederhergestellt. Von Vincennes bis zur Bastille hatte er ununterbrochen geschrieben: Romane, Erzählungen, Geschichten, Essays, Anekdoten, Reiseberichte, historische Fragmente, literarische und philosophische

Gedanken – denen er bezeichnenderweise den Titel *Portefeuille d'un homme de lettres* (Portefeuille eines Schriftstellers) gab – sowie an die zwanzig Theaterstücke und knapp zweihundert Briefe.

Sade hing mit allen Fibern an seinen Schriften und weinte vor Verzweiflung, als er erfuhr, daß sie beim Sturm auf die Bastille verschwunden waren. Er kommt auf dieses Drama mehrmals zu sprechen, immer mit tiefem Gram und tiefer Verbitterung über die verbrecherische Fahrlässigkeit von Renée-Pélagie, die am Verlust von fünfzehn »druckreifen« Bänden schuld ist. Ja, noch schlimmer: Laut Donatien soll sie auch zahlreiche Manuskripte, die in ihrem Besitz waren, verbrannt haben.

Unter den verlorengegangenen Werken befanden sich auch die *Hundertzwanzig Tage von Sodom*, das Werk, das ihm ganz besonders am Herzen lag. Donatien versucht später vergeblich, die verlorengegangenen Papiere bei der Polizei wiederzufinden, insbesondere die wertvolle kleine Rolle. Zum Glück wurde das Manuskript der *Hundertzwanzig Tage* in Sades Zelle in der Bastille von Arnoux Saint-Maximim gefunden, der es dem Marquis de Villeneuve-Trans schenkte. Nachdem es durch drei Generationen in dieser Familie verblieben war, wurde es um 1900 an einen deutschen Sammler verkauft, der es in eine phallusförmige Schachtel einschloß, und 1904 von dem Berliner Psychiater Iwan Bloch, der unter dem Pseudonym Eugène Duehren die erste Sade-Biographie verfaßte, zum ersten Mal veröffentlicht. Das Manuskript blieb bis 1929 in Deutschland. Im Januar desselben Jahres begab sich der Schriftsteller und Literaturkritiker Maurice Sachs, der unangefochtene Meister der Sade-Forschung, im Auftrag des Vicomte Charles de Noailles nach Berlin, um es zu erwerben. Noch bis vor kurzem konnte man es in der Familie Noailles sehen und fotografieren. Vor einigen Jahren wurde es weiterverkauft und ist heute im Besitz eines in Genf lebenden Sammlers.

Allerdings war in dieser Katastrophe nicht alles untergegangen. Donatien behauptet, er habe nach seiner Befreiung nur ein Viertel seiner Schriften wiedererlangt. Das ist sicherlich untertrieben. Unter den geretteten Texten sind immerhin *Justine*, *Aline und Valcour*, ein Dutzend Theaterstücke, Novellen, Erzählungen, kurze Geschichten, Entwürfe zu einzelnen Werken, das *Portefeuille d'un homme de lettres* usw. Kurz, Stoff für mehrere Bände.

Monsieur de Sade hat sich also aus freien Stücken zum »Schriftsteller« erklärt. Eine Bezeichnung, die nun auf allen amtlichen Urkunden und Dokumenten den Titel »Marquis« ersetzt, was in Anbetracht der Zeitumstände durchaus ratsam ist. Er erwartet von seinem Stand als Schriftsteller, er möge ihn von der Erbsünde des Adels befreien. »Ich habe im Feldzug gegen das Haus Hannover in der Kavallerie gedient. Da ich eine Neigung zur Literatur verspürte, habe ich den Dienst in jungen Jahren gegen den Schreibtisch eingetauscht. Mein derzeitiger Beruf ist Schriftsteller«, erklärt er 1794 vor dem Allgemeinen Sicherheitsausschuß, um sich von seiner Herkunft freizusprechen. Kurz darauf verwendet er vor den Mitgliedern der Volkskommission das gleiche Argument: »Man wirft mir vor, adelig zu sein. Das ist falsch ... Meine Vorfahren haben so gut wie immer den ehrenwerten Beruf eines Landwirts ausgeübt. Mein Vater war Schriftsteller. Ich habe dieselbe Laufbahn eingeschlagen, nachdem ich in meiner Jugend sechs oder sieben Jahre im Militär gedient hatte [...]«[1] Auf seinen ausdrücklichen Wunsch hin wird die Post nun *Monsieur Sade, homme de lettres* zugestellt, wobei der neue Titel den Wegfall des Adelsprädikats aufwiegt. Im Alter von fünfzig Jahren nichts veröffentlicht zu haben hat noch nie jemanden davon abgehalten, sich als Dichter zu bezeichnen. Er ist übrigens bei weitem kein Einzelfall! Wie viele müßige Adelige verfallen auf diese Ausrede, um ihren Kopf zu retten!

Den Erfolg erhofft sich Donatien nicht von seinen Romanen, sondern von seinen Theaterstücken. Nur am Theater, so meint er in seiner Naivität, läßt sich über Nacht Ruhm erwerben. Ein Buch findet seine Leserschaft mitunter erst nach Jahren, wohingegen das Theater bar zahlt: Der Ruhm stellt sich sofort ein, und das entspricht der angeborenen Ungeduld unseres Mannes am ehesten. Ein anderer Vorteil: Das Theater ist viel einträglicher als ein Buch, und wie wir wissen, ist für dieses Argument niemand empfänglicher als er. Und schließlich ist das Theater auch in Mode. Die Revolution führt zum Sieg des gesprochenen Worts, der Emotion, des Pathos und der Emphase. Das gesprochene Wort siegt über das geschriebene, die Redekunst dominiert auf der Tribüne und auf der Straße, im Kaffeehaus und in den öffentlichen Parks. Das Gesetz vom 13. Januar 1791 schafft das Monopol der Comédie Française ab und ermöglicht jedem Bürger, ein Theater zu eröffnen. In Paris entstehen neue Theater. 1789 gab es etwa zehn, 1793 bereits fünfunddreißig. Die hochtönend verkündeten Prinzipien der Freiheit finden auf der Bühne ein geeignetes Ventil.

Sades Liebe zum Theater ist nicht erst mit der Revolution erwacht. Es war schon immer die größte und vielleicht einzige Leidenschaft seines Lebens. Sein Vater hat ihn auf den Geschmack gebracht, die Jesuiten haben sein Interesse genährt, er selbst hat sich schon am Theater bewährt: zunächst auf Schloß Evry, später auf La Coste und Mazan. Er ist mit sämtlichen Berufen und den Geheimnissen des Theaters vertraut. Als Schauspieler, Regisseur, Autor oder Bühnenbildner nacheinander oder gleichzeitig wäre er imstande, ganz allein ein Schauspiel aufzuführen. Überdies hatten ihn seine frühen Liebschaften hinter die Kulissen geführt, deren Reize und Gefahren ihm nicht unbekannt sind.

Sein dramatisches Werk, in dem er den sichersten Trumpf für seinen literarischen Erfolg sah, mag den Leser, der mit seinen Romanen vertraut ist, verblüffen. Keine Vergewaltigung, keine Gewalt, keine Folter. Nicht die geringste Ausschweifung. Wenn das Laster überhaupt erwähnt wird, so nur, um es zu verurteilen. Von der Religion wird mit Achtung gesprochen, von der Gesellschaft mit Ehrerbietung. Kurz, das genaue Gegenteil von *Justine* oder den *Hundertzwanzig Tagen von Sodom.* Ohne so streng zu urteilen wie Gilbert Lely, der diese Stücke einst als »mißratene Sprößlinge« bezeichnete, kann man durchaus über die Kluft staunen, die diese wohlmeinenden und von braven Gefühlen triefenden Stücke von den großen, vom Sturmwind der Triebe gepeitschten Romanen trennt. In Wahrheit ist dieses dramatische Werk so konträr zu seinem geheimen Werk, daß sich die Vorstellung eines Sade mit zwei gegensätzlichen Gesichtern aufdrängt.

Dieser bipolare Aspekt seines Werks macht aus ihm keineswegs einen Außenseiter, sondern reiht ihn unter die besten Autoren seiner Zeit. Er beweist jedenfalls, falls es eines solchen Beweises bedurfte, daß Sade sich nicht auf ein bloßes klinisches Phänomen reduzieren läßt. Die Tatsache, daß er den Großteil seiner Bücher im Gefängnis geschrieben hat, ändert nichts daran. Sie führt zu endlosen Kommentaren über seine Besessenheit von der Vorstellung kreisförmiger Räume oder die Wandlungen seines Einsiedlerphantasmas, kann aber keineswegs eine andere, sehr konkrete Obsession verdecken, die er mit seinen Zeitgenossen teilt: die Strategie der Maske. Denn welcher Autor des 18. Jahrhunderts tritt nicht maskiert auf? Was hat Diderots kühner Materialismus im *Traum d'Alemberts* mit seiner Empfindsamkeit à la Greuze im *Hausvater* gemein? Und was der ätzende Sarkasmus Voltaires in *Candide* mit dem weinerlichen Pathos von *Zaïre*? In einem Roman, einer philosophischen Erzählung oder einem Essay kann man beißen und verletzen, auf der Bühne wird geschnurrt. Das gilt für das Denken, aber erst recht für die Moral. Am Theater kann sich der Autor nur im Gewand des reinsten Anstands zeigen. Das Lesen, einsame Beschäftigung und süßes Geheimnis, gestattet alle Launen der Phantasie. Die Öffentlichkeit aber verlangt eine anständige Kleidung: Vor dreihundert Zuschauern entblößt man weder sein Herz noch seinen Körper.

Sade setzt seinem Theater zwar die Maske der Moral auf, läßt die Verbindungen zu seinen Romanen aber bestehen. Die moralisierende Figur des Delcour in *Le Boudoir* etwa taucht unter demselben Namen auch in *Juliette* auf. Der widerliche Oxtiern, der versucht, Ernestine von ihrem Vater töten zu lassen, sowie seine Reden über die Frauen und die Ehe könnten durchaus auch in die *Hundertzwanzig Tage* Eingang finden. Der Graf von Verneuil ist beinahe namensgleich mit dem Verneuil, der Justine foltert. Manche Situationen findet man sowohl in den Stücken als auch in den Romanen; die der gefangenen Ehefrau zum Beispiel. Allerdings mit einem Unterschied: auf der Bühne wird sie schließlich geretttet, während sie in den Romanen ermordet wird.[2]

In diesen Zauberspielen, diesen englischen Rührstücken und diesen Tragödien in Alexandrinern muß man also einen unentbehrlichen Bestandteil des Sadeschen Universums sehen, dessen goldene Legende, ohne die es vielleicht keine schwarze Legende geben würde.

EINE HARTE LEHRZEIT

Sein erster Schritt als frisch getaufter Literat besteht darin, sich in die zwanzig Jahre zuvor von Beaumarchais ins Leben gerufene Gesellschaft der Autoren eintragen zu lassen. Er will seine neue Laufbahn mit einem Paukenschlag beginnen: mit einem kräftigen, unangreifbaren Werk, das ihn sofort unter die großen Autoren reiht. Er hat bereits, was er braucht: *Jeanne Laisné ou le siège de Beauvais* (Jeanne Laisné oder die Belagerung von Beauvais), eine fünfaktige Tragödie in Alexandrinern, die er 1783 in Vincennes geschrieben hat. Es handelt sich um ein großes historisches Gemälde, dessen Heldin, Jeanne Laisné, genannt Jeanne Hachette, die Truppen Karls des Kühnen anläßlich der Belagerung von Beauvais im Jahr 1472 in die Flucht geschlagen hat. Donatien liegt sehr viel an diesem patriotischen Stück (das Thema ist in Mode), das den Mythos der Jungfrau von Orléans aufgreift und auf keinen Effekt verzichtet, der die Begeisterung des Publikums wecken könnte: Heroismus und Pathos sollen, so sagt er, das Feuer der Liebe wieder entzünden, »die jeder Franzose seinem Land schuldet«.

Am 2. Mai 1790, nur einen Monat nach seiner Freilassung, nimmt er, vermutlich auf Empfehlung Madame de Fleurieus, Kontakt zu Molé auf, einem berühmten Mitglied des Ensembles der Comédie Française. Da dieser kein Tragöde ist, kann er ihm für *Jeanne Laisné* keine Ratschläge geben, stellt ihn aber einigen anderen Mitgliedern vor, darunter Mademoiselle Raucourt, die bereit ist, den debütierenden Autor zu treffen. Die berühmte Tragödin empfängt ihn, hört sich mit großer Aufmerksamkeit sein Stück an und fordert ihn auf, es dem Prüfungskomitee der Comédie Française vorzulegen. Als Dank bietet ihr Sade die Hauptrolle an. Einige Tage später konsultiert er Madame Vestris, die Schwester von Dugazon, und macht ihr das gleiche Versprechen. Dieser Fehltritt wird ihn teuer zu stehen kommen. Kurz darauf lädt er Saint-Prix, den jugendlichen Helden der Comédie Française, und dessen Kameraden Saint-Fal zu einer Lesung bei Madame de Fleurieu. Saint-Prix nimmt sich kein Blatt vor den Mund: In dieser Form kann man das Stück unmöglich der Comédie Française vorlegen, der Mißerfolg ist gewiß. Neben anderen Einwänden wirft er dem Autor dessen »Komödienverse« vor. Korrekturen erweisen sich als notwendig. Sade murrt, hat er es doch schon so oft umgeschrieben!

Eine verfahrene Situation. Enttäuscht wendet sich Donatien an Dorfeuille, einen der zwei Leiter des Théâtre-Français, der sich jedoch auf seinen Geschäftspartner Gaillard ausredet: Gaillard sei der wahre Leiter, er selbst habe keinen Einfluß. Und da Gaillard sein Mäntelchen nach dem Wind hängt und jeglichem Druck nachgibt, ließ sich seine Reaktion nicht voraussehen. Also beschließt Donatien, seine Tragödie noch einmal zu überarbeiten.

GLANZ UND ELEND DER DRAMATISCHEN KUNST

Während er *Jeanne Laisné* umarbeitet, versucht er mit anderen Stücken sein Glück. Schließlich sind seine Schubladen ja voll davon. Die Komödie mit dem Titel *Le Boudoir ou le Mari crédule* (Das Boudoir oder der leichtgläubige Gatte) wird vom Théâtre-Français abgelehnt. Am 16. September legt er dessen Prüfungskomitee ein weiteres Stück vor, eine fünfaktige Komödie in freien Rhythmen, *Le Misanthrope par amour, ou Sophie et Desfrancs* (Der Menschenfeind aus Liebe oder Sophie und Desfrancs), die einstimmig angenommen wird. Überdies wird dem Autor fünf Jahre hindurch freier Eintritt gewährt. Nun gilt es nur noch die Daten für die Proben festzusetzen.

Die Gründe für die Ablehnung von *Le Boudoir* sind nicht uninteressant. Das Prüfungskomitee des Théâtre-Français hatte keine angegeben, aber einige Jahre später wird das Stück auch vom Feydeau-Theater abgelehnt, dessen Direktor, Monsieur de Miramond, Sade folgende Erklärung für seine Ablehnung liefert: »Die Direktion des Feydeau-Theaters hoffte, indem es die elegante Leichtigkeit Ihres Stils mit Applaus bedachte, das Vergnügen zu haben, Ihnen eine günstige Antwort für das Werk mit dem Titel *Le Boudoir ou le Mari crédule* erteilen zu können, das Sie uns freundlicherweise zukommen ließen. Sie hat jedoch mit großem Bedauern erkannt, daß sie dieses Stück nicht annehmen kann, dessen Stoff mit den Regeln des Anstands nicht vereinbar ist und dessen Charaktere allesamt Eindrücke erwecken könnten, die angetan sind, die Freunde der guten Sitten vor den Kopf zu stoßen.« Diese moralische Kritik mag verblüffend wirken, erscheint uns doch das Stück von Sade heute und im Hinblick auf seine anderen Schriften als eine harmlose Gelegenheitsarbeit. Miramond war jedoch nicht der einzige, der sich so geäußert hat. Die für ihre Schönheit und ihr Talent gleichermaßen berühmte Schauspielerin Julie Candeille schreibt ebenfalls an den Marquis: »Das kleine Stück mit dem Titel *Le Boudoir* ist angenehm geschrieben, aber ich bezweifle, daß das an sich freie Sujet gefahrlos auf der Bühne entfaltet werden kann. Sind Leute versammelt, so sind sie bekanntlich um so strenger hinsichtlich der Sitten, die man ihnen vorstellt, als sie es alleine weniger sind. Ich denke, sie werden Madame Delcours moralische Unterweisung nicht dulden, und ich ermutige den Autor, sein Talent an einem anderen Sujet zu erproben.«[3]

Einige Tage später legt er dem Feydeau-Theater ein dreiaktiges Stück in Prosa vor: *Le Comte Oxtiern, ou les Effets du libertinage* (Graf Oxtiern oder die Auswirkungen der Libertinage). Er hat es nicht im Gefängnis verfaßt, sondern im Frühjahr dieses Jahres, indem er eilig eine seiner Novellen mit dem Titel *Ernestine* umarbeitete, deren Grausamkeit er für die Bühne etwas milderte. Nicht hinreichend, scheint es, da Miramond erklärt, er könne ein »auf der widerlichsten Abscheulichkeit beruhendes« Stück nicht aufführen. Knapp zwei Monate später nimmt es Boursault-

Malherbe für das Molière-Theater und verspricht dem Autor, alles zu tun, um seinen Erfolg zu gewährleisten. Sade jubelt.

Das erst kürzlich eröffnete Molière-Theater hat sich sofort auf das patriotische und revolutionäre Repertoire spezialisiert. Laut dem *Almanach des spectacles de Paris* werden dort nur »aufrührerische und sinnlose« Stücke mit dem »ganzen blutigen Apparat der Wirren und Aufstände« gespielt. Boursault-Malherbe und sein Theater, fügt der kühne Chronist hinzu, »entehren zugleich den guten Geschmack und den gesunden Menschenverstand«, man predigt dort endlos »die Unordnung, die Zügellosigkeit, den Mord, den Haß und die Raserei unter dem falschen Vorwand der Freiheit«. So wird verständlich, warum die Geschichte dieses reichen schwedischen Adeligen und grausamen Libertins, der Ernestine, die Tochter des Grafen Falkenstein, vergewaltigt und entführt hat und ihren Liebhaber ins Gefängnis werfen läßt, den Direktor des Molière-Theaters, einen unversöhnlichen Feind der Aristokratie, zu überzeugen vermochte. Doch auf den Saal kommt es nicht an, Hauptsache, man wird gespielt!

DIE RACHE DER COMÉDIE FRANÇAISE

Während im Molière-Theater die Proben für *Oxtiern* beginnen, macht sich Donatien um die Verspätung der Comédie Française Sorgen. Was wird aus dem *Misanthrope par amour*? Seit der Abschrift der Rollen vor drei Monaten ist er ohne jede Nachricht. Was passiert? Er schreibt. Erhält keine Antwort. Er zürnt, fordert, protestiert und erhält schließlich einen bloßen Zettel ohne Datum und Unterschrift: »Dieses Werk wurde von der früheren Comédie Française nur angenommen, um dem Autor freien Eintritt zu verschaffen und in der Hoffnung, daß er es durch ein anderes ersetzen würde. Die Leitung des Théâtre-Français kann es sich nicht erlauben, ein anstößiges Stück zur Aufführung zu bringen ...«[4]

Der *Misanthrope par amour* ein »anstößiges Werk«? Nachdem es einstimmig angenommen worden war? Donatien glaubt zu träumen. Gewiß können die Schauspieler ein Stück ins Repertoire aufnehmen, ohne verpflichtet zu sein, es zu spielen, aber das kommt nie vor. Vor einem Jahr, als es angenommen wurde, hatte niemand es als »anstößig« bezeichnet. Was ist also geschehen? Eine Frage, die man sich lang gestellt hat, ohne sie beantworten zu können. Wir glauben diesen Punkt heute dank der unveröffentlichten, in den Archiven der Familie erhaltenen Unterlagen klären zu können.

Während er an allen Fronten kämpfte, um aufgeführt zu werden, nahm, wie wir gesehen haben, Monsieur de Sade auch aktiv an den Sitzungen der Gesellschaft der Autoren teil. Im Verlauf der Versammlung vom 28. Juni 1791, die wie gewöhnlich beim Vorsitzenden Sedaine stattfand, sollten sich die anwesenden Autoren auch über die Taggelder aussprechen, die den Schauspielern der Comédie Française zustanden. Die einen setzten den Betrag auf 800 Livres fest. Andere wieder meinten, 700 wären genug. In der Veröffentlichung des Protokolls steht die Unterschrift Sades unter den letzteren. Empörung der Schauspieler. Donatien erbleicht: Werden sich seine »Freunde« in der Comédie Française nicht rächen und seine Werke boykottieren? Sade wendet sich sofort schriftlich an die Schauspieler, um sich zu rechtfertigen: Er ist das Opfer eines bedauerlichen Irrtums, er habe nie beabsichtigt, ihnen zu schaden, ganz im Gegenteil. Er habe sie immer in Schutz genommen und übrigens auch für sie gestimmt, er schwört es, er versteht nicht, wie seine Unterschrift in das gegnerische Lager gelangt ist usw. Sein Brief wird vor dem versammelten Ensemble verlesen, das sich überzeugen läßt und ihm am 21. August 1791 durch den Sekretär Delaporte folgendes Antwortschreiben zustellt:

»Die Comédie Française, die den Brief zur Kenntnis genommen hat, den von Ihnen zu erhalten ich die Ehre hatte, beauftragt mich, Ihnen zu versichern, daß sie keinerlei Sorge über Ihr Verhalten bei der Versammlung der Herren Autoren hegt, daß sie keine andere Bürgschaft verlangt als Ihr Wort und daß sie nicht daran zweifelt, daß Sie ihre Interessen wärmstens vertreten haben. Schließlich legt sie mir ausdrücklich ans Herz, Ihnen zu sagen, daß der Dank, den sie Ihnen für Ihr ehrliches und großmütiges Vorgehen schuldet, einzig in einer Hochachtung bestehen kann, in die sich kein Erstaunen mischt, da ein rechtschaffener und zuvorkommender Mann wie Sie, mein Herr, immer so handeln muß, wie er denkt.«[5]

Das genügt jedoch nicht, um ihn zu beruhigen. Die Affäre hatte einiges Aufsehen erregt. Trotz seiner Beteuerungen steht sein Name tatsächlich auf dem Sitzungsprotokoll. Um die Gerüchte zum Schweigen zu bringen, müßte er einen unwiderlegbaren Beweis seiner Unschuld erbringen. Er bittet Sedaine darum: Der allein kann bezeugen, daß er bei der Sitzung vom 28. Juni die Partei der Schauspieler ergriffen hat. Aber der alte Haudegen im Kampf der Autoren verweigert ihm seine Bürgschaft und antwortet halb ernst, halb spöttisch: »Ich versichere Ihnen, mein Herr, daß ich mich keineswegs entsinnen kann, ob Sie nun für die siebenhundert oder für die achthundert Livres gestimmt haben, die es einer Schauspielertruppe zu zahlen gilt, die weder die eine noch die andere Abmachung will. Es stimmt, daß ich dieser Frage im Grunde immer so wenig Bedeutung beigemessen habe, daß dies zum Teil der Grund für meine Zerstreutheit hinsichtlich dieser Meinungsverschiedenheit sein mag. Was keineswegs heißen soll, daß ich nicht meine, daß jeder Autor, der auf das Talent der Schauspieler angewiesen ist, nicht sehr fürchten muß, sie zu verärgern. Monsieur de Beaumarchais hat alle diese signierten Papiere, und mehr weiß ich nicht.«[6]

Um dem Tratsch, der ihn nach wie vor als Feind der Schauspieler bezeichnet, ein Ende zu machen, beschließt er, in den *Petites Affiches* eine kategorische und offizielle Richtigstellung zu publizieren. Diesen Text haben wir in der Beilage der Ausgabe vom 24. September 1791 gefunden:

»An den Redakteur: 20. September 1791. Ich bitte Sie, Monsieur, in Ihre Zeitung den formellen Widerruf meiner Unterschrift auf einem Dokument mit dem Titel *Bericht an die Theaterautoren über die von der Comédie Française vorgeschlagene Behandlung etc.* abzudrucken. Es stimmt, daß ich der Versammlung der Herren Autoren beiwohnte, als sie über dieses Thema berieten, aber es ist vollständig falsch, daß ich meinen Namen unter die der Herren Autoren gesetzt habe, die sich dafür aussprachen, den Schauspielern der Comédie Française nur siebenhundert Livres Taggeld zuzubilligen. Ich bestätige hingegen, daß ich nur den Absatz der Beratung unterschrieben habe, der aufgrund besonderer Überlegungen der Comédie achthundert Livres Spesen pro Tag zubilligte. Es ist mir unverständlich, durch welchen Irrtum, nachdem ich meine Unterschrift auf dem Dokument selbst verifiziert und unter den Namen derjenigen gesehen habe, die achthundert Livres zubilligten, dieser Name unter diejenigen geriet, die die entgegengesetzte Meinung vertraten.«

Die Schauspieler der Comédie Française glaubten kein Wort davon und fanden, daß der freche Marquis eine tüchtige Lektion verdiente. Sie würden also den *Misanthrope par amour* nicht aufführen! Als einzigen Trost behielt Sade seinen freien Eintritt für fünf Jahre. Wenn er schon nicht selbst gespielt wurde, so konnte er immerhin gratis applaudieren!

»VORHANG RUNTER!«

Die Enttäuschung trifft ihn schwer, aber im Molière-Theater haben die Proben für *Oxtiern* begonnen, und das tröstet ihn ein wenig. Die Première soll am 22. Oktober stattfinden. Am selben Tag läßt er in der Beilage der *Petites Affiches* eine Briefanzeige abdrucken, die ganz nach einer Reklame aussieht. Früher nannte man dies: Captatio benevolentiae. Darin schildert er, wie er den Helden seines Stücks in Schweden (wo er nie war) persönlich kennengelernt und aus dessen Mund die Ereignisse vernommen hat, die er nun auf die Bühne bringt. Mit Ausnahme des Schlusses, behauptet er, sei alles historisch getreu. Darin liege auch, so schließt er, das eigentliche Interesse des Stücks: »Ich dachte, daß diese ebenso pikante wie außergewöhnliche, ebenso neuartige wie wahre Anekdote auf der Bühne eine gewisse Aufmerksamkeit erzielen könnte. Es ist, scheint mir, schwierig, ein interessanteres Opfer neben einem widerlicheren Schuft zu finden. Welcher Erfolg diesem Werk auch beschieden sein mag, es hat das Verdienst, wahr zu sein, und ich war immer überzeugt, daß die Wahrheit am Theater eine Art von Spannung zu erzeugen vermag, auf die die Fiktion niemals Anspruch erheben kann.«[7]

Am Abend der Generalprobe, als der Schauspieler, der Oxtiern spielte, den Satz aussprach: »Unterliege also, Treuloser. Euer Los heißt leiden, unseres heißt herrschen«, begannen Zuschauer aus Ärger über diese Sprache, die in ihnen die schlimmsten Erinnerungen an das Ancien régime wachrief, zu rufen: »Schluß! Genug! Genug!« Trotz der immer erregteren Stimmung wurde weitergespielt. Der Erfolg dürfte recht mäßig ausgefallen sein, da der Autor einige Tage später Gaufridy anvertraute: »Ich bin endlich an die Öffentlichkeit gegangen, mein lieber Advokat. Am Samstag, dem 22., wurde ein Stück von mir gespielt, dessen Erfolg dank der Kabalen, der Umtriebe und der Frauen, von denen ich schlecht gesprochen habe, recht gemischt ausgefallen ist. Es wird Samstag, den 29., mit Änderungen wieder aufgeführt. Betet für mich. Wir werden sehen. Adieu.«[8]

Die angekündigten Änderungen galten dem Text und der Besetzung. Sade strich insbesondere die Replik, die bei der Uraufführung den Krach ausgelöst hatte. Er hatte auch eine Änderung der Kostüme verlangt, die der Direktor aus finanziellen Gründen ablehnte. Ein, zwei Schauspieler wurden ausgetauscht, wodurch sich die Sache verzögerte, da die Neuen erst ihre Rollen einstudieren mußten. Die zweite Aufführung findet also nicht, wie angekündigt, am 29. Oktober, sondern erst am 4. November statt.

An diesem Abend verläuft bis zur Mitte des Stücks alles vorerst ruhig. Am Beginn des zweiten Akts jedoch erhebt sich ein wahrscheinlich über den Zynismus Oxtierns empörter Zuschauer und ruft: »Vorhang runter!« Die Schauspieler spielen weiter, aber ein Bühnenarbeiter meint, diesem unerwarteten Befehl gehorchen zu müssen, und läßt den Vorhang herab. Nun protestiert eine Hälfte des Saals gegen den Störenfried und verlangt, er möge hinausgeworfen und der Vorhang wieder hochgezogen werden. Die andere Hälfte des Saals fordert erneut ein Senken des Vorhangs. Nun folgt ein schrecklicher Tumult zwischen den Anhängern und den Gegnern des Stücks. Am Schluß ruft das Publikum den Autor heraus, der sich inmitten der Pfiffe und Bravorufe auf der Bühne verneigt.

Zwei Tage später veröffentlicht der *Moniteur*, der den Namen des Molière-Theaters in seinen Spalten nie auch nur erwähnt hatte, einen Bericht über diesen Abend und kommentiert: »Das Stück hat Reiz und Energie, aber die Rolle des Oxtiern ist von empörender Roheit. Er ist schurkischer und ruchloser als Lovelace und auch nicht liebenswert.« Einige Tage später schildert Sade in einem Brief an Gaufridy diesen denkwürdigen Abend: »Der schreckliche Wirbel, den er (Oxtiern) ausgelöst hat, ist der Grund, daß es nicht mehr unter demselben Titel gespielt wird und ich die Aufführung verschoben habe. Die Leute sprangen einander an die Gurgel. Die Wache und der Kommissar mußten ständig in Bereitschaft sein, wenn es gespielt wurde. Ich habe es vorgezogen, die Aufführungen einzustellen. Wir werden in diesem Winter weiterspielen.«[9]

Diese Reprise hatte man wohl ernsthaft ins Auge gefaßt, denn eine Woche nach der zweiten Aufführung unterzeichnete Boursault-Malherbe einen neuen Vertrag mit dem Autor. Doch das Stück wurde in Paris nie wieder aufgeführt, dafür aber etwa zehn Jahre später in Versailles. Darauf kommen wir noch zurück.

24. Januar 1792. Am Beginn dieses neuen Jahres erwacht neue Hoffnung. Das Théâtre-Italien entschließt sich endlich, mit den Proben für *Le Suborneur* (Der Anstifter) zu beginnen, der ihm vor über zwei Jahren vorgelegt worden war. Innerhalb eines Monats ist alles fertig, und die Schauspieler beherrschen ihre Rollen. Es handelt sich allerdings nur um einen Akt in Versen. Er wird als Vorspiel zu *L'amitié à l'épreuve*, einer komischen Oper von Grétry, gespielt.

Die Premiere ist für Montag, den 5. März festgesetzt. An diesem Abend wirkt das Publikum erregter als sonst, als das Heben des Vorhangs folgendes Bühnenbild freigibt: »Ein Salon und im Hintergrund die Wohnung von Monsieur de Pontac.« Die ersten Dialoge gehen in einem Stimmengewirr unter, das mit dem Fortgang des Stückes immer lauter wird.

In der vierten Szene übertönt der Lärm die Stimmen der Schauspieler, die sich wohl oder übel zurückziehen müssen. Nun taucht mitten im Saal eine ganze Bande von Patrioten auf, die sonderbare rote Wollmützen mit nach vorn gekrümmten Spitzen tragen. Die verblüfften Pariser entdecken zum ersten Mal die »phrygische Mütze« der Jakobiner. Einer der Unruhestifter klettert auf die Bühne und schwingt eine Rede: »Bürger! Alle Patrioten schließen sich nunmehr unserer roten Mütze an. In allen Theatern werden die Freunde der Freiheit die Stücke der Aristokraten bekämpfen!«

Als wieder Ruhe herrscht, spielen die Schauspieler als Ersatz *L'Ecole des parvenus ou la Suite des Petits Savoyards* (Die Schule der Parvenüs oder Suite der kleinen Savoyarden), ein einaktiges Singspiel von Pujoulx und Devienne.

Am 7. April schildert ein resignierter Sade Gaufridy sein Leid: »Die Jakobinerfraktion hat im letzten Monat ein Stück von mir im Théâtre-Italien zu Fall gebracht, nur weil ich ein ehemaliger Adeliger bin. Sie sind mit der roten Wollmütze dort aufgetaucht. Es war das erste Mal, daß man überhaupt so etwas gesehen hat. Diese Mode hat zwei Wochen gedauert, worauf der Bürgermeister sie verbieten ließ. Mir aber war es vorbehalten, das erste Opfer zu sein. Ich bin für solche Dinge geboren.«[10]

JUSTINE ODER »DIE KUNST, DEN TEUFEL ZU VERDERBEN«

Wenn Donatien eine zärtlich väterliche Zuneigung zu seinem dramatischen Werk empfindet (Eltern haben immer eine Vorliebe für die von der Natur benachteiligten Kinder), so vernachlässigt er aber darum keineswegs seine Prosa, nicht ohne den Hintergedanken, sich mit seinen Romanen ein stattliches Einkommen zu sichern. Er ahnt, daß er vielleicht früher oder später seinen Grundbesitz veräußern wird müssen. Deshalb erscheint ihm der Beruf eines Schriftstellers immer mehr als eine ehrenwerte zweite Laufbahn. »Ich tue hier alles, was ich kann, um mit meinen Werken ein wenig Geld zu machen«, vertraut er Gaufridy an. Da es ihm gelungen ist, einige seiner in der Bastille geschriebenen Romane zu retten, warum sollte er da nicht versuchen, sie ebenfalls zu verwerten?

Anfang März 1791 kündigt er dem treuen Reinaud an, daß er ihm im Sommer die vier Bände eines »philosophischen Romans« zusenden wird, den er zu Ostern drucken zu lassen beabsichtigt. Es handelt sich um *Aline und Valcour*, den einzigen seiner Romane, für den er nicht zu erröten braucht und zu dem er sich auch später immer mit berechtigtem Stolz bekennen wird. Unvorhergesehene Umstände verzögern unglücklicherweise die Veröffentlichung: Das Werk erscheint erst vier Jahre später, 1795 – worauf wir noch zurückkommen.

Am 12. Juni 1791 wird in einem weiteren Brief an Reinaud das baldige Erscheinen von *Justine* folgendermaßen angekündigt: »Man druckt derzeit einen Roman von mir, der jedoch zu unmoralisch ist, als daß man ihn einem so frommen und anständigen Menschen wie Ihnen schicken könnte. Ich benötigte Geld, mein Verleger wollte ihn schön gepfeffert, und ich habe ihn so angelegt, daß er den Teufel verderben könnte. Man nennt ihn *Justine oder Das Unglück der Tugend*. Verbrennen Sie ihn, und lesen Sie ihn nicht, wenn er Ihnen zufällig in die Hände kommt: Ich verleugne ihn. Aber Sie werden bald den philosophischen Roman erhalten, den ich Ihnen ganz gewiß zukommen lassen werde.«

In Wirklichkeit ist *Justine* keine reine Auftragsarbeit, wie im Brief an Reinaud angedeutet wird. Sade hatte, wie wir wissen, die erste Fassung zwischen dem 23. Juni und dem 8. Juli 1787 in der Bastille niedergeschrieben. Es handelte sich damals nur um eine Erzählung von 138 Seiten, die in die Sammlung der *Contes et fabliaux du XVIIIe siècle* (Erzählungen und Fabliaux des 18. Jahrhunderts) aufgenommen werden sollte. Ein Jahr später, das Manuskript war inzwischen beträchtlich angeschwollen, beschloß Sade, das *Mißgeschick der Tugend* als einen eigenständigen Roman anzusehen. Als er ihn dem Verleger Girouard anbot, sah dieser wohl sofort, welcher Gewinn sich aus einem solchen Sujet schlagen ließ, und bat den Autor, weitere Abenteuer hinzuzufügen. Sade ließ sich nicht bitten und erhöhte die Zahl der schlüpfrigen Episoden, die er in der Art eines Fortsetzungsromans aneinanderreihte. So »gepfeffert«, wurde der Roman *Justine* zu einem guten Geschäft.

Das Genre ist in Mode: eine ganze Welle erotischer Literatur überschwemmt Frankreich und vermengt Visionen der Ausschweifung mit den flammenden Reden der Tribunen und dem *Ça ira*! der Patrioten. Die der bürgerlichen Tugend scheinbar so entgegengesetzte Erotik erlebt einen nie dagewesenen Erfolg. Noch nie hat sich Sex so gut verkauft. Man ist ganz verrückt nach lasziven Szenen und geilen Leibern. Die Ausschweifungen können nicht weit genug getrieben sein, die Liebesszenen nicht rasend genug, die Perversionen nicht neu genug, um die Gelüste des Publikums zu befriedigen. Nie zuvor waren Erotik und Politik so vermengt wie in dieser Zeit. Die »Foutromanie« (der Fickwahn) tobt, tagtäglich ziehen anstößige Pamphlete über die Impotenz des Königs her, über die »rasende Gebärmutter« von Marie-Antoinette, die Päderastie der Jesuiten (*loyolisieren* wird zu einem Synonym für sodomisieren, und der Abbé »Couillardin« verwandelt die Kirche in ein Bordell). Zwischen dieser Gossenliteratur und den Frivolitäten des Trianons liegen Welten. Hier nimmt man sich kein Blatt vor den Mund. Man denunziert den degenerierten Aristokraten mit der robusten Offenheit des Patrioten, der Hygiene und Gesundheit verkörpert.

Sade ist nicht der einzige, der diese Lawine der Unflätigkeit kritisiert. Mit Ausnahme des *Portier des chartreux* (Der Pförtner der Kartäuser) und der *Thérèse philosophe* (Die philosophische Thérèse) erscheint ihm diese ganze Literatur wertlos: »Nichts als elende, in den Kaffeehäusern und Bordellen gemachte Broschüren, die von der doppelten Leere ihrer kümmerlichen Autoren zeugen, der des Geistes und der des Magens«. Im Bestreben, diese tiefstehende Produktion von seiner hochfliegenden Auffassung des Lasters abzugrenzen, fügt er hinzu: »Die Ausschweifung, diese Tochter des Überflusses und der Überlegenheit, kann nur von Leuten eines gewissen Formats behandelt werden …, nur von Personen, die nicht nur von der Natur, sondern auch vom Schicksal hinreichend verwöhnt wurden, um selbst ausprobiert zu haben, was uns ihr Pinsel lustvoll ausmalt. Für die Schlingel, die uns mit jenen verachtenswerten Broschüren überschwemmen, von denen ich vorhin sprach, wird das zu einem Ding der Unmöglichkeit.«[10] Besser läßt sich die Distanz zwischen seinem Werk und der es umgebenden Vulgarität nicht beschreiben.

In dem Wunsch, seinen Helden (man ist versucht zu sagen, seinen Gott) nicht zu belasten, hat Gilbert Lely sich bemüht, Donatien von jeglichem merkantilen Motiv freizusprechen. Aber um den Preis welcher Verrenkungen! Schenkt man ihm Glauben, so hat Donatien nur deshalb von seinem Geldmangel gesprochen und seinen Roman verleugnet, um den braven Reinaud nicht zu verschrecken, der aus lauter Anständigkeit nichts begriffen hätte, und um vor diesem die »drängende metaphysische Notwendigkeit« zu verbergen, die dem Werk zugrunde liege. Als ob Sade jemals gefürchtet hätte, irgend jemanden zu schockieren! Drücken wir es unmißverständlich aus: Als er *Justine* verfaßte, hat Sade willentlich Pornographie geschrieben, um das veröffentlichen zu können, woran ihm am meisten lag: *Aline und Valcour* und seine Theaterstücke.[12]

Die Tatsache, daß *Justine* eine Brotarbeit war, schmälert keineswegs die Bedeutung des Werks. Es bleibt nichtsdestoweniger eine der mächtigsten und eigenwilligsten Schöpfungen unserer Literatur. Übrigens hat sich Sade zu keinem jener Werke bekannt, die ihn zum erbittertsten Vorkämpfer der Freiheit, zum Propheten eines verbotenen Lebens, zum wütenden Vertreter der permanenten Verweigerung und der absoluten Negation gemacht haben: zur Verkörperung der totalen Revolte. Weder die *Die neue Justine* noch *Juliette* oder die *Philosophie im Boudoir* sind mit seinem Namen gezeichnet. Als wollte sich der Schriftsteller von diesem anderen Selbst abgrenzen: dem verborgenen und pornographischen Doppelgänger, der außerhalb der gesellschaftlichen und erzählerischen Konventionen schreibt. Soll dies für uns ein Grund sein, sie ebenfalls zu verleugnen? Sollten sie uns nicht, ganz im Gegenteil, um so mehr fesseln oder zumindest aufhorchen lassen, je größer die Distanz ist, die der Autor zwischen sich selbst und ihnen schaffen will? Enthüllt das Unbewußte des Traums nicht mehr als die Wirklichkeit? Und ist diese »metaphysische Notwendigkeit«, von der Lely spricht, mit dem Bestreben, Geld zu verdienen, unvereinbar? Wird der Schöpfungsprozeß nicht sträflich vereinfacht und man selbst zu einer fatalen Voreingenommenheit (durch Idealisierung) verurteilt, wenn man zwischen Schöpfung und Berechnung eine scharfe Trennlinie zieht? Sade hat vielleicht Meisterwerke geschrieben, ohne es zu wissen. Darauf kommt es nicht an. Man kann von einem Schriftsteller nicht verlangen, daß er immer auf der Höhe seines Werks sei.

Der Marquis muß dennoch einen geheimen Stolz verspürt haben, als er zum ersten Mal die zwei in Kalbsleder gebundenen Oktavbände von *Justine oder Das Unglück der Tugend* bei dem Buchhändler Girouard, 47, Rue du Bout-du-Monde, erblickte (wo einst der große Abwasserkanal verlief: was für ein Symbol für jene, die in Sade den Mann sahen, der in die Kloake seines Jahrhunderts hinabstieg!). Natürlich stand sein Name nicht auf der Titelseite, und der des Verlegers war wohlweislich durch den üblichen Vermerk *In Holland, bei den vereinten Buchhändlern* ersetzt. Der erste Band enthielt ein allegorisches Frontispiz von Chéry, das die Tugend zwischen der Unkeuschheit und der Gottlosigkeit darstellte. Einige Tage später lag *Justine* bei allen Buchhändlern, die die neuere Literatur führten, zum Preis von sieben Livres und zehn Sol.[13]

Die erste Reaktion der Leser ist uns durch den Artikel bekannt, der bereits 1791 in der *Feuille de correspondance du libraire* erschienen war:

»Wenn man, um die Tugend zu lieben, das ganze Ausmaß der Schrecklichkeit des Lasters kennen muß und die Abscheulichkeiten, zu denen es jene veranlaßt, die ihre Begierden nicht zu zügeln vermögen, so kann dieses Buch mit Gewinn gelesen werden. Es ist sogar möglich, daß die übelsten Lüstlinge aus Entsetzen über die abstoßende Schilderung der empörendsten Verbrechen, die der Autor zu liefern weiß, schließlich darüber erröten, daß sie sich so scheußlichen Schwächen hingegeben haben, und wie die Heldin des Romans wieder den Pfad der Tugend beschreiten, nachdem sie ihn abertausendmal besudelt haben. Aber wie kann man einen solchen Erfolg begrüßen, wenn vorgeführt wird, daß unter allen Verderbtheiten die des Herzens am unheilbarsten ist.

Dieses Buch ist also zumindest sehr gefährlich, und wenn wir hier darauf verweisen, so deshalb, weil der Titel unerfahrene junge Leute irreführen könnte, die dann von dem darin enthaltenen Gift trinken könnten, weshalb es uns ein besonderes Anliegen ist, die Personen, die mit der Erziehung dieser jungen Leute betraut sind, zu warnen, damit sie dieses Buch sorglichst von ihnen fernhalten oder ihnen die Stellen vorlesen, die am ehesten Empörung wecken, sollte ihre Vorstellungskraft unbedingt starke und schreckliche Eindrücke benötigen.«[14]

So negativ diese Kritik auch sein mag, die die erste Anschuldigung gegen den Sadeschen Text darstellt, so gesteht sie dem Werk dennoch die Fähigkeit zu, auf diejenigen, die das Verbrechen lockt, abschreckend zu wirken. Natürlich vorausgesetzt, man geht behutsam damit um wie mit einem gefährlichen Medikament, das in schwacher Dosierung heilen, in starker Dosierung aber töten kann. Die zweite Kritik, die ein Jahr später in den *Petites Affiches* erschien, gesteht ihm nicht einmal mehr dieses Verdienst zu: »Alles, was sich eine gestörte Phantasie an Unanständigem, Sophistischem und sogar Widerwärtigem auszudenken vermag, ist in diesem sonderbaren Roman angehäuft, dessen Titel empfindsame und aufrichtige Seelen interessieren und täuschen könnte. [...] Wenn die Phantasie, die ein so ungeheuerliches Werk hervorgebracht hat, auch gestört ist, so muß man gleichzeitig zugeben, daß sie in ihrer Art reichhaltig und brillant ist. Die verblüffendsten Vorfälle, die merkwürdigsten Schilderungen, alles das ist darin enthalten. Und wenn der Autor dieses Romans seinen Geist darauf verwenden wollte, die einzig wahren Grundsätze der gesellschaftlichen und natürlichen Ordnung zu verbreiten, so zweifeln wir nicht, daß es ihm vollständig gelänge. Aber seine *Justine* ist weit davon entfernt, dieses löbliche Ziel zu erreichen, das sich jeder schreibende Mensch setzen muß. Die Lektüre des Romans ist zugleich ermüdend und ekelerregend. Es fällt schwer, das Buch aus Ekel und Entrüstung nicht des öfteren wegzulegen. Junge Leute, Ihr, in denen die Libertinage das Zartgefühl noch nicht abgestumpft hat, flieht dieses für Herz und Sinne gefährliche Buch. Ihr, reife Menschen, die Ihr durch die Erfahrung und die Besänftigung aller Leidenschaften außerhalb jeder Gefahr seid, lest es, um zu sehen, wie weit der Wahn der menschlichen Vorstellungskraft gehen kann. Aber werft es gleich darauf ins Feuer: Diesen Rat werdet Ihr euch selbst geben, wenn Ihr die Kraft habt, es zu Ende zu lesen.«[15]

Trotz der Würdigung der »reichhaltigen und brillanten« Phantasie des Autors kann man nicht umhin, über die entsetzte Miene des Kritikers zu lächeln. Man muß zugeben, daß der Direktor der *Petites Affiches*, Ducray-Duminil, nicht gerade durch Kühnheit glänzt und daß seine Zeitung getreu den Konformismus seiner Leser widerspiegelt. Aber dennoch! Über *Justine* schockiert sein, wo doch die ordinärsten Pamphlete auf den Straßen zirkulieren, die Drucker unermüdlich die Giftschränke der Bibliotheken beliefern und die Foutromanie sich im ganzen Königreich ausbreitet ...!

Gewiß hat Sade die letzten Grenzen des erotischen Diskurses überschritten. Noch nie war man in der Schilderung des Verbrechens (Sammelbegriff für alle Sadeschen Leidenschaften) so weit gegangen, und sei es auch nur durch die zwanghafte Häufung der Orgien. In seinem wütenden Drang nach dem Absoluten hat Sade die Sprache und die Rhetorik der üblichen »Alkovenschreiber« zerrissen. Er hat die Möglichkeiten des Orgasmus über jede Wahrscheinlichkeit hinausgetrieben. »Die Sadesche Szene«, schreibt Roland Barthes, »erscheint rasch als außerhalb jeglicher Realität: Die Komplikation der Kombinationen, die Verrenkungen der Partner, die Verausgabung der Genießenden und das Durchhaltevermögen der Opfer, alles übersteigt die menschliche Natur.«[16]

Vermutlich wirkt *Justine* auch auf die Liebhaber von Erotika verwirrend, auf die üblichen Leser von Nerciat und Louvet de Couvray, weniger vielleicht auf die von Laclos, wiewohl die Metaphorisierung der Sinne in den *Gefährlichen Liebschaften* von der »kruden Sprache« Sades weit entfernt ist. Die Zeitgenossen zögern jedoch nicht, beide Bücher in dieselbe Latrine zu werfen. »Der Roman *Die gefährlichen Liebschaften*«, schreibt Joseph Rosny im *Tribunal d'Apollon*, »hat in den letzten Jahren mehr Schaden in den Sitten angerichtet als alle bisherigen Schöpfungen dieser Art im ganzen Jahrhundert. Der ruchlose Roman *Justine* ist der einzige, der ihm hinsichtlich der Zahl seiner Opfer den Sieg im Verbrecherischen knapp streitig macht.«[17] Maurice Heine stellt ebenfalls Laclos und Sade nebeneinander, aber um den düsteren Glanz ihrer Werke herauszustreichen: »Die große Gestalt Sades beherrscht, neben Laclos, die letzten zwanzig Jahre seines Jahrhunderts. Die Gründe dieser eklatanten Überlegenheit gilt es zunächst in einer systematisch pessimistischen, philosophischen Konzeption zu suchen, der bei [beiden] Schriftstellern eine tiefgehende Kenntnis der Welt und des Menschen zugrunde liegt.«[18]

Diejenigen, die in der libertinistischen Erzählung ein Stimulans für die sexuelle Betätigung sehen (»Bücher, die man mit einer Hand liest«, wie eine große Dame des 18. Jahrhunderts sagte), werden enttäuscht sein. *Justine* fällt nicht in die pornographische Gattung im herkömmlichen Sinn des Wortes. Allein schon die absurd – oder ironisch – überspitzten *Impossibilia* nehmen dem Werk jede anregende Wirkung. Die Übertriebenheit der Situationen hemmt das Begehren. Die Sadesche Subversion ist eine sprachliche, keine politische. Sie ist Kreation, nicht Provokation: und gerade als solche ist sie wahrhaft revolutionär. »Die Größe Sades liegt nicht darin, daß er das Verbrechen, die Perversion verherrlicht hat, und auch nicht darin, daß er zu diesem Zweck eine radikale Sprache verwendet hat, sondern darin, daß er einen immensen, aus seinen eigenen Wiederholungen (und nicht aus denen der anderen schöpfenden) Diskurs erfunden hat, der in Details, Überraschungen, Reisen, Speisefolgen, Porträts, Konfigurationen, Eigennamen usw. umgemünzt wird; kurz gesagt bestand die Gegenzensur darin, vom Verbot auszugehen, um Romanhaftes zu schaffen.«[19]

Justine erregte gewiß Anstoß, aber vor allem Angst. Die Veröffentlichung löst Panik aus. Man spürt sehr rasch, daß nicht nur die Sitten allein in Frage gestellt werden, daß die Subversion weit über die Obszönität hinausreicht, daß die wahre Gefahr woanders liegt. Deshalb verweigern die Zeitgenossen dem Werk auch jenes Minimum an Toleranz, das gewöhnlich der anzüglichen Literatur entgegengebracht wird. *Justine* wird als Ganzes und unwiderruflich abgelehnt. Man will das Werk vernichtet sehen. Man flieht vor ihm wie vor einem Ansturm der Barbaren.

Wie wurde der Roman nach seinem Erscheinen von der Öffentlichkeit aufgenommen? Laut Maurice Heine, dem sich Gilbert Lely anschließt, soll er innerhalb von zehn Jahren nicht weniger als sechsmal neu aufgelegt worden sein, für die damalige Zeit ein beachtlicher Erfolg. Aber diese sechs sukzessiven »Auflagen«, die bisher noch von keinem Bibliographen eruiert wurden, sind vielleicht bloß Neudrucke unter verschiedenen Daten und in verschiedenen Formaten. In diesem Fall würde sich die

Leserschaft von *Justine* spürbar verringern. In Wirklichkeit läßt sich heute die tatsächliche Wirkung des Buches und erst recht die Zahl der Leser nicht mehr mit Sicherheit ermitteln. Man weiß nur, daß die Polizei nichts unternommen hat, was zur Vermutung Anlaß gibt, daß das Werk nicht sehr verbreitet war. Einige Jahre später jedoch, nämlich im Jahr VIII (1800), wirft der Redakteur des *Tribunal d'Apollon* den Behörden vor, sie hätten den Erfolg des Buches unterschätzt: »Tätige und nützliche Beobachter der Polizei«, ruft er aus, »hier ist ein Fall, wo es zu wachen gilt! *Ihr glaubt, das Werk verkaufe sich nicht? Ihr irrt!*«[20]

Fest steht jedoch, daß *Justine* seinen Autor nicht bereichert hat. Übrigens genausowenig wie alle seine anderen Bücher. Sade wird nie von seiner Feder leben können – im Gegensatz zu seinen Erwartungen. Der finanzielle Profit, den man bei ihm zu Recht als eine wesentliche Motivation des Schreibens ansehen kann, war nie sein einziger Beweggrund. Aus einem Brief an seinen jüngsten Sohn geht jedoch zu unserer Überraschung hervor, daß Sade eine deutliche Vorahnung seines literarischen Ruhms hatte. Er glaubte an die Unsterblichkeit seines Genies. Als sich Donatien Claude Armand eines Tages mit seiner üblichen Scheinheiligkeit über die Schriften seines Vaters entrüstete, erwiderte ihm dieser: »Aber wenn Sie mich Hungers sterben lassen oder in den Hungertod treiben, so werde ich wohl arbeiten müssen für meinen Unterhalt. Und was soll's, wenn meine Werke gut sind? Und bei Gott, bekümmern Sie sich nicht darum, daß Ihr Name in der Unsterblichkeit weiterleben wird. Meine Werke führen ihn geraden Wegs dorthin, und Ihre Tugenden, mögen sie auch meinen Werken vorzuziehen sein, hätten ihn nie dorthin geführt.«[21]

Wenn *Justine* seinem Autor auch nicht den erhofften finanziellen Gewinn eingetragen hat, so doch wenigstens einen Skandalerfolg. Das Werk löst die Entstehung der Sadeschen Mythologie aus, es steht für den Moment, da das Beiwort »sadistisch« zu einem verfemten Wort wird, zum Symbol des absoluten Bösen.

KAPITEL 19

Der Einsiedler der Chaussée d'Antin

»DIE EMPFINDSAME«

Sie ist Schauspielerin, dreiunddreißig Jahre alt, hübsch, »sanft, fromm und äußerst ehrlich«, besitzt überdies ein ausgeglichenes Wesen und versteht es gleichermaßen, leckere Gerichte zuzubereiten und nützliche Beziehungen zu unterhalten. Sie heißt Marie-Constance Renelle, trägt aber den Namen ihres Gatten, eines gewissen Balthazar Quesnet, der sie mit einem Kind sitzengelassen hat, um irgendwo in Amerika Geschäfte zu machen.[1] Ist ihr Donatien auf seinen Leidenswegen durch die Theaterwelt begegnet? Man weiß es nicht. Den Theaterhistorikern ist ihr Name jedenfalls unbekannt. Fest steht hingegen das Datum ihrer Begegnung: der 25. August 1790. Donatien wird sich bis zu seinem letzten Seufzer daran erinnern.[2]

Dabei war ihre Beziehung alles andere als eine Romanze. Schenkt man Sade Glauben, so hätte er sich nur deshalb mit Madame Quesnet angefreundet, um seiner Einsamkeit zu entkommen und weil er eine Vertrauensperson in seiner Nähe benötigte: »Die Einsamkeit, in der mich Madame de Sade bei meiner Freilassung aus der Bastille zurückließ, mußte mich dazu bewegen, mich an jemanden zu binden, dessen Fürsorge diejenige ersetzte, die mir meine Familie vorenthielt. Um die Person, mit der ich mich verband, enger und fester an mich zu binden, sicherte ich ihr vertraglich 60 Livres Jahresrente mit regelmäßiger Erhöhung.«[3] Ihm zufolge ist also Constance nicht mehr als eine Gesellschaftsdame, die für ihre Dienste (übrigens recht kümmerlich) entlohnt wird, sowie eine Vertrauensperson, die imstande ist, ihm den Haushalt zu führen. Wie soll man ihm hier Glauben schenken, wo wir doch über so viele Beweise seiner Zuneigung zu ihr verfügen? Man denke nur an seine Aufmerksamkeit ihr gegenüber, an die Fürsorglichkeit, mit der er sie behandelt, und den Respekt, den er ihr zuteil werden läßt. Mochte es auch eine Verbindung ohne Liebe sein, so fehlte es darin keineswegs an Zärtlichkeit. In Wirklichkeit hat es Donatien nie verstanden, die Verfolgung seiner Interessen und die Ansprüche des Herzens auseinanderzuhalten. Sein Egoismus, den er mit einer seltenen Schamlosigkeit zur Schau stellt, geht fast immer mit seinem Einfühlungsvermögen für den anderen einher. Absoluter Zynismus ist ihm fremd.

Es besteht kein Zweifel, daß Constance ihn durch ihre Bescheidenheit, ihre Rechtschaffenheit und ihr Unglück zu rühren wußte. Der gestürzte große Herr und die verlassene Gattin sind wie füreinander geschaffen und werden sich nicht mehr trennen. So verschieden die Wege auch sein mögen, die jeder von beiden zurückgelegt hat, sie sind nun durch ein gemeinsames Los verbunden. Constance wird ihm überallhin nachfolgen, bis nach Charenton, wo sie an seiner Seite ist, als der Tod sie scheidet. Am Beginn ihrer Beziehung hat ihr Donatien den schönen Beinamen *Sensible* (Empfindsame), verliehen. Kein anderer Name mochte besser zu ihr passen, es sei denn ihr wahrer Vorname, *Constance* (Beständigkeit).

DAS HAUS DES WEISEN

Von seiner neuen Eroberung gänzlich in Anspruch genommen, vernachlässigt Donatien Madame de Fleurieu immer mehr, bleibt aber nach wie vor ihr Mieter in der Rue Honoré Chevalier, bis er eine Wohnung findet. Am 1. November 1790 bricht er endgültig mit ihr und bezieht ein kleines Haus in der Rue Neuve-des-Mathurins Nr. 20, an der Chaussée d'Antin, das er für zweihundert Francs jährlich mietet.

Die Chaussée d'Antin ist damals das neueste und glanzvollste Stadtviertel von Paris. Finanzleute und Hochstapler, vornehme Herrschaften und angesehene Mitglieder der Gesellschaft ließen sich dort unter der Regierung Ludwigs XIV. aufwendige Stadtpalais errichten. In der Rue de la Chaussée d'Antin selbst steht das Hôtel d'Epinay, in dem, bereits halb aus der Gesellschaft zurückzogen, im Jahr 1783 die Freundin von Jean-Jacques Rousseau starb, das Hôtel Necker, das 1789 von Ledoux errichtete Hôtel Hocquart de Montfermeil und vor allem das Hôtel der berühmten Tänzerin und Kurtisane Guimard, das unter dem Namen *Hôtel de Terpsichore* besser bekannt ist, ebenfalls von Ledoux entworfen und von Fragonard und dem damals am Beginn seiner Karriere stehenden David geschmückt. Dieses luxuriöse Palais, das ein Theater mit fünfhundert Sitzplätzen beherbergt, wurde 1786 an den Bankier Perrégaux verkauft. An dieser Straße wohnt auch Mirabeau, als Donatien in unmittelbarer Nähe ein Haus bezieht. Man kann nicht umhin, sich vorzustellen, wie die früheren Feinde von Vincennes einander an einer Straßenecke über den Weg laufen!

Neben diesen vornehmen Fassaden bietet die der Nummer 20 einen bescheideneren Anblick. Man betritt einen kleinen Hof und erblickt zwei niedrige, durch einen Garten getrennte Häuser, von denen Sade eines bewohnt. Bis zum Ende des Jahres lebt er allein hier, »wie ein braver dicker Pfarrer in seinem Pfarrhaus« mit einer Haushälterin, einer Köchin und einem Lakaien. »Das ist mein ganzer Aufwand, meine ganze Ausstattung«, schreibt er an Gaufridy. »Ist das zu viel?« Im Januar 1791 gibt Constance, wie vereinbart, ihre Wohnung auf und bezieht in seinem Haus die Wohnung im Erdgeschoß, die sie mit ihren eigenen Möbeln einrichtet. Sie verfügt über einen separaten Eingang in der Rue de la Ferme-des-Mathurins. Diese doppelte Adresse sollte sich später als vorteilhaft erweisen.

Zwischen Constance und seinen Büchern strebt Donatien im Alter von einundfünfzig Jahren nur mehr nach einem friedlichen Dasein als Schriftsteller. Sein einziges Bestreben gilt seinen Theaterstücken, die er auf der Bühne sehen möchte. Seine schlummernden Sinne lassen ihn endlich in Frieden. Die Zeit dieser Torheiten ist vorüber. »Sensible« muß nicht die gleichen Mißhandlungen ertragen wie Renée-Pélagie. »O mein Freund! Versuche nie die Person, die du liebst, zu verderben, das kann weiter führen, als du denkst«, soll sie eines Tages zu ihm gesagt haben. Und als er diesen Ausspruch wiedergibt, fügt er als Hommage auf seine Gefährtin hinzu: »Anbetungswürdiges Weib, laß mich deine eigenen Worte zitieren: Sie schildern so deutlich die Seele derjenigen, die kurz darauf das Leben eben dieses Mannes rettete, daß ich diese rührenden Sätze in den Tempel der Erinnerung eingravieren möchte, in dem dir deine Tugenden einen Platz sichern.«[4] Die Ausschweifungen seiner Phantasie läßt Sade nur mehr in sein Werk einfließen. Von Constance verlangt er nichts – nicht einmal die Treue, die ihm allerdings nie vorenthalten wird. Jedenfalls scheint der Libertin gestorben zu sein. Als sich Reinaud darüber besorgt zeigt, daß er mit einer Schauspielerin zusammenlebt, antwortet er ihm: »Nichts ist tugendhafter als mein kleiner Haushalt! Zunächst einmal, kein Wort von Liebe! Sie ist ganz einfach eine brave, anständige Bürgersfrau, liebenswürdig, sanft und geistreich, die [...] sich freundlicherweise um mein kleines Haus kümmert. [...] Konnte ich denn allein leben, umgeben von zwei oder drei Dienern, die mich beraubt und vielleicht getötet hätten? War es nicht wesentlich, einen zuverlässigen Menschen zwischen mich und diese Schlingel zu bringen? Kann ich meine Fleischbrühe abschäumen und meine Fleischerrechnungen durchgehen, wenn ich in meinem Arbeitszimmer vergraben bin inmitten von Molière, Destouches, Marivaux, Boissy und Regnard, die ich betrachte, schätze, bewundere und nie erreiche? Brauche ich im übrigen nicht auch einen Menschen, dem ich das eben Geschriebene vorlesen kann? Nun, meine Gefährtin erfüllt alle diese Zwecke. Gott erhalte sie mir trotz der andauernden Kabalen, die ständig am Werke sind, um sie mir wegzunehmen! Ich fürchte nur eins, nämlich daß das arme Geschöpf vor lauter heimtückischen *montreuilesken* Manövern die Geduld verliert, des Ganzen überdrüssig wird und mich sitzenläßt.«[5] Diese Befürchtungen sind grundlos: Niemand denkt daran, ihm Constance wegzunehmen, deren Loyalität sich als unwandelbar erweist. Aber das gehört zu seiner Paranoia.

In der kleinen Einsiedelei entsteht also ein recht gemütliches Leben. »Er suhlt sich genüßlich«, schreibt Paul Bourdin böse. So kann man es sehen. Aber warum soll man ihm das Recht absprechen, von einem bürgerlichen Leben zu träumen? Nach dieser dreizehnjährigen Haft ist es nur billig, daß er sich nach etwas anderem sehnt. Übrigens sucht er in der Wärme seines Arbeitszimmers, inmitten seiner Bücher und Aufzeichnungen auf seinen kleinen Garten hinausblickend, nicht so sehr den materiellen Komfort als vielmehr die Verwirklichung eines philosophischen Ideals. Dieses vorbildliche Lebensmodell entlehnt er bei Rousseau. Ihm folgt er nach, wenn er die Freuden des häuslichen Lebens preist. An dessen idyllische Verbindung mit Thérèse denkt er, wenn er sein Zusammenleben mit Constance beschreibt.

Constance ist, wie Thérèse, nicht sehr gebildet, besitzt aber eine Sensibilität, die ihre mangelnde Bildung bei weitem aufwiegt. Wie Jean-Jacques hat auch Donatien die Gewohnheit, ihr brühwarm vorzulesen, was er soeben niedergeschrieben hat. Er berücksichtigt ihre Bemerkungen, die er mitunter in seinen *Notes littéraires* (Literarische Notizen) festhält. Etwa zu den *Verbrechen der Liebe*: »Meine Freundin sagte, daß das Theater mitunter ebenso entsetzliche Züge aufweist, die Aufführung aber weniger gefährlich sei als die kühle Lektüre eben dieser Greuel in einem Roman, und sie mein Buch deshalb für gefährlich hielt. Übrigens fand sie meinen Stil einfach, angenehm und keineswegs manieriert.«

Um das Bild seines Ehelebens zu vervollständigen, nimmt Donatien auch Constances sechsjährigen Sohn Charles Quesnet auf, den er mit strengen Grundsätzen und zur Verehrung seiner Mutter erzieht. »Bedenke, mein Freund«, schreibt er ihm später, »daß das Dasein Deiner Mutter sich geteilt hat, um Deines zu erzeugen: dieses Dasein, das Du genießt, ist streng genommen nur eine Hervorbringung des ihrigen. [...] Bedenke, mein Freund, daß das Maß an Achtung und Zärtlichkeit, das Du ihr schuldest, nichts ist im Vergleich zur Fürsorge, die sie Dir angedeihen ließ. [...] Ich habe Dir oft und oft gesagt, eine Mutter ist eine Freundin, die die Natur uns nur einmal schenkt und für die uns nichts auf der Welt entschädigen kann, wenn wir das Unglück gehabt haben, sie zu verlieren. Wir finden keinen Ersatz für sie: Die giftigen Pfeile der Menschen, ihre Ruchlosigkeit, ihre Verleumdungen, ihre Bosheit treffen uns ungeschützt. Wir werfen uns an den Busen eines Freundes, einer Gattin, aber welcher Unterschied, o mein lieber Quesnet! Wir finden nie mehr diese selbstlose Zuwendung einer Mutter, diese kostbare Empfindsamkeit, die kein Eigennutz trübt. Mit einem Wort, o mein Freund, dies sind nicht mehr die Hände der Natur.«[6] Diese Sehnsucht nach der Zuflucht bei der Mutter, die er selbst nie erlebt hatte, nimmt bei ihm einen eigentümlichen Klang an. Sie scheint jedenfalls der These Klossowskis zu widersprechen, demzufolge Sade ständig von der Angst verfolgt gewesen sei, an der Brust seiner Mutter zu ersticken. »Seine Taten und Ideen sind nur die bewußte Manifestation seines beständigen Kampfes um die Befreiung seines Wesens aus dessen ursprünglicher Umhüllung«, heißt es beim Autor von *Sade, mon prochain* (Mein Mitmensch Sade).[7] Aber Ablehnung und Sehnsucht schließen einander nicht unbedingt aus.

Seine eigenen Söhne sind nicht in Paris, aber Sade trifft weiterhin seine Tochter. Paradoxerweise sucht dieser Mann, dem jedes väterliche Gefühl abgesprochen wird, regelmäßig das Kloster Sainte-Aure auf, in dem Madeleine-Laure lebt. Die Superiorin ist mißtrauisch und wohnt ihren Unterhaltungen bei, bis Sade ihre Anwesenheit unerträglich wird und er sie anfleht, sie möge ihn doch mit seiner Tochter allein lassen. »Ich bin bereit, sie nicht mehr zu begleiten, wenn Sie sie wieder besuchen kommen«, verspricht ihm die Nonne. Dabei ist Mademoiselle Sade nicht attraktiv. Mit zwanzig wirkt sie bereits wie eine alte Jungfer. Sie ist zwar recht hochgewachsen, hat jedoch eine plumpe Taille, ein weiches und ausdrucksloses Gesicht und eine kleine, platte Stumpfnase. Überdies schielt sie. Ihr Vater beschreibt sie ohne die geringste Nachsicht: »Ich versichere Ihnen, daß mein Fräulein Tochter ebenso häßlich ist, wie ich sie Ihnen beschrieben habe. Ich habe sie seither drei- oder viermal gesehen. Ich habe sie genau gemustert, und ich versichere Ihnen, daß sowohl ihr Geist als auch ihr Antlitz ganz einfach die eines dicken Bauernweibs sind. Sie bleibt bei ihrer Frau Mutter, die ihr, das muß man sagen, weder Haltung noch Geist vermittelt. Übrigens ist sie genau richtig für das, was sie werden soll: denn was soll man jetzt machen?«[8] Vermutlich läuft er an manchen Tagen auf einem Gang Renée-Pélagie über den Weg. Aber die beiden Eheleute haben sich nichts mehr zu sagen. Sie schreiben einander ab und zu, aber immer nur geschäftliche Mitteilungen, deren Ton meistens trocken und verbittert ist und die nur ihre zahllosen, weiterhin bestehenden Streitfragen zum Thema haben: alte Schulden, Erbschaftsangelegenheiten, diverse Hypotheken usw. Ganz zu schweigen von den jährlichen Unterhaltszahlungen, die Donatien trotz der ständigen Forderungen seiner Frau hartnäckig weiterhin nicht bezahlt.

DAS GELD

Sades Beziehung zum Geld war immer eine neurotische. Ab 1790 nimmt diese Beziehung jedoch zwanghafte Formen an. Die Forderung nach Geld öffnet die Schleusen eines sich stereotyp wiederholenden Diskurses, in dem flehentliche Bitten, Erpressungen oder Beschimpfungen sich abwechseln und mitunter vermengen. Eine leidenschaftliche, gebieterische, heftige Ausdrucksweise, in der sich Sade als ein Terrorist der Schuldeneintreibung erweist. Diese Leidenschaft hat ihren Märtyrer: Gaufridy.

Den gedemütigten, rüde angepackten, beschimpften, mit Füßen getretenen, geschmähten und verfluchten Gaufridy, wenn die Summe, was oft vorkommt, nicht rechtzeitig eintrifft oder als als zu gering angesehen wird. Mitunter kommt es auch zu Umarmungen, Schmeicheleien, Freundschaftsbeteuerungen und manchmal sogar zu Kindheitserinnerungen. Aber diese seltenen sentimentalen Zwischenspiele kündigen meist neuerliche Gewitter an. Das Eintreiben des Geldes ist für Donatien gleichbedeutend mit einem Willen zur Macht: Er beherrscht Gaufridy, wie auch seine anderen Verwalter, genau in dem Maß, in dem er ihn mit seinen Forderungen unter Druck setzen kann. Die Wiederholung dieser Forderungen – bekanntlich bildet der Geldmangel das Leitmotiv seiner Korrespondenz – ist nichts anderes als die unaufhörlich wiederholte Bestätigung der Macht des Herrschers über den Beherrschten, in der sich die Lust an der Quälerei beständig erneuert. Er genießt seine eigene Ungeduld, weil sie ihm das Bild seiner Macht widerspiegelt. Aufgrund dieser

Dialektik zwischen Geldmangel und Geldforderung verdient es Sade, mehr noch als aufgrund seiner erotischen Praktiken, mit dem Adjektiv charakterisiert zu werden, das seinen Namen trägt: Die dadurch begangenen (moralischen) Mißhandlungen sind keineswegs geringer zu veranschlagen als einige Peitschenhiebe auf ein Gesäß.

Zwischem beidem besteht übrigens ein Zusammenhang. Es herrscht kein Zweifel darüber, daß auf der Ebene des Imaginären das Geld – wie auch das Schreiben – an die Stelle des nun gedämpften Sexualtriebs tritt. Mochte sein Vermögen auch geschrumpft sein, es blieb ihm durchaus genug, um ein bequemes Leben zu führen. Aber das Geld hängt nicht mit den eigentlichen Lebensnotwendigkeiten zusammen. Es befriedigt auch keinen Geiz und keine Habgier. Sade verschwendet Unsummen, lebt über seine Verhältnisse und nimmt allenthalben Schulden auf. Eine symbolische Verschwendung, in deren Gefolge immer der Mangel auftritt. Verausgabung und Begehren wechseln einander in einer tollen Jagd ab. Es gibt bei Sade ein ständiges Streben nach der Krise und gleichzeitig eine subtile Strategie der Abhängigkeit. Das gleiche Szenario wiederholt sich endlos und mit einer Unabänderlichkeit, durch die es in die Nähe des manischen Verhaltens rückt: Es ist ein hartnäckiges Ringen, eine Suche, erschreckend und pathetisch wie die Suche nach Liebe, die ihre Befriedigung immer nur in sich selbst findet.

Die intensive Sorge um die Beträge, die es zu einzutreiben gilt, steht bei ihm in einem sonderbaren Kontrast zu dem mangelnden Interesse am wahren Zustand seiner Güter. Seine Jahreseinkommen werden ihm vierteljährlich ausgezahlt wie eine Rente oder eine Pension. Da sie nie ausreichen, um die laufenden Kosten zu bestreiten, benötigt er zusätzliches Geld. Darum schützt er dringende Gründe vor: eine längst fällige Schuld, die es zu begleichen gälte, einen Gegenstand, der aus dem Pfandhaus ausgelöst werden muß, einen außerordentlichen, aber unumgänglichen Kauf, Verluste durch die Assignaten, eine Forderung der Steuerbehörde … Gaufridy muß gehorchen. Sein Konto ist überzogen? Was soll's! Die geforderten Beträge übersteigen seine Einkommen? Das kümmert ihn nicht. Reparaturen und andere Kosten fallen an. Das will er gar nicht wissen. Man schuldet ihm so und so viel: er will so und so viel. Versucht der Advokat eine Erklärung, so wirft er ihm vor, er konspiriere gegen ihn, wolle seinen Tod. Er läßt keinen triftigen Grund gelten, der sich der Erfüllung seiner Forderungen entgegenstellt. Der geringste Einwand macht ihn leiden.

Aufgrund dieser ständigen Gleichgültigkeit gegenüber allen praktischen Verwaltungsfragen hat er auch kein Ohr für diejenigen, deren Aufgabe es wäre, ihn darüber aufzuklären. Sein Getreide ist weniger wert als im Vorjahr? Die Wein- oder Ölproduktion ist zurückgegangen? Was geht ihn das an! Er bittet Gaufridy inständig, ihm nie genaue Abrechnungen zuzuschicken, und sendet ihm ein Modellformular zu, an das dieser sich halten soll:

La Coste bringt ihm netto ....
Idem Mazan ....
Idem Arles ....
Idem Saumane ....
Gesamtsumme: ....

»Vor allem keine unübersichtliche Abhandlung, kein Detail. Ich will kein Detail und keine Abhandlung. Ich will wissen, was ich netto pro Jahr habe, wieviel genau pro Jahr in meine Tasche kommt – und mehr nicht! Schreiben Sie keine Zeile mehr als auf diesem Modell.«[9]

Wenn der unglückliche Lions, sein Verwalter in Arles, auf den Gedanken verfällt, ihn davon zu benachrichtigen, daß seine Schafe nicht geschoren sind, explodiert er: »Die Schafe sind mir ganz egal, mein lieber Advokat! Glauben Sie, daß mein Fleischer und mein Bäcker sich damit abspeisen lassen, daß ich ihnen sage: ›Meine Herren, meine Schafe sind nicht geschoren‹?«

Die Verleugnung der Realität ist ein ständiger Zug seines Wesens. In Geldangelegenheiten artet dies zum Wahn aus. Monsieur de Sade pfeift auf die Zahlen, sobald sie für eine Summe stehen, die es nicht einzutreiben, sondern zu bezahlen gilt. Sie existieren für ihn einfach nicht. Damit sollen sich seine Verwalter herumschlagen. Teilen diese ihm ihre Verlegenheit mit, weist er sie barsch zurecht: anstatt zu rechnen, verwünscht und flucht er. Gaufridy weiß dies so genau, daß er nicht einmal mehr den Versuch unternimmt, ihm zuzureden. Die Art und Weise, wie er verlangt, was ihm *zusteht* (denn ihm steht immer etwas zu), ist unnachahmlich. Um sein Ziel zu erreichen, setzt er das ganze Arsenal der Sprache der Leidenschaft ein. Wird seine Hoffnung enttäuscht, spricht er von verratener Freundschaft und erklärt, er sei nun zum Bettelstab oder zum Selbstmord verurteilt. Kann sein Jugendfreund ihn sterben lassen? Er bittet, fordert, droht, klagt dem Himmel das Unrecht, das man ihm antut, die Verzweiflung, in die man ihn stürzt. Erhält er endlich seinen Wechsel? Sogleich vergißt er alles, drückt seinen »lieben Advokaten« an die Brust und schwört ihm ewige Freundschaft. Bis zum nächsten Brief, wo er ihn für die nächste Überweisung wieder drangsaliert. Ein beispielhaftes sadomasochistisches Spiel, an dem eine blanke Verlogenheit ebenso viel Anteil hat wie eine blinde Rücksichtslosigkeit.

DER SCHLECHTE HERR

Im Jahr 1775 hatte Fage sein Amt niedergelegt, weil er die Launen seines Klienten nicht mehr hinnehmen wollte. Gaufridy wird dies nicht tun. Er wird bis zum Ende alles ertragen. Schwäche? Dummheit? Gleichgültigkeit? Sagen wir eher: natürliche Trägheit, Apathie. Alle, die mit ihm zu tun hatten, Donatien, aber auch Madame de Sade und die Präsidentin, klagten darüber, wie langsam er die geringste Angelegenheit erledigte (»eine lahme Ente«, nannte ihn Madame de Villeneuve). Aber niemand konnte ihm je Veruntreuung nachweisen. Sade jedoch scheut sich nicht anzudeuten, daß Gaufridy die Freiheit, die ihm gelassen wird, mißbraucht. Böse Zungen berichteten ihm des öfteren von Pflichtverletzungen, deutet Sade an. Natürlich glaube er kein Wort davon und weise diese Verleumdungen zurück. Aber er befragt dennoch den Betroffenen, um ihn ein wenig zu schikanieren, obwohl er im Grunde überzeugt ist, daß dieser sich nichts vorzuwerfen habe. Gaufridy läßt sich ködern und setzt auf der Stelle ein zehnseitiges Plädoyer auf, um seine Aufrichtigkeit zu beteuern. Verärgert über dieses Geschreibsel, das er nur mühsam entziffern kann, läßt der Marquis die Sache auf sich beruhen und verliert kein Wort mehr darüber.

Trotz der weit zurückreichenden und eigenartig vermengten freundschaftlichen und dienstlichen Beziehungen, die ihn an den Marquis binden, ist Gaufridy keineswegs blind für seinen Herrn. Er kennt dessen fundamentale Ungerechtigkeit, seine Haltlosigkeit, seinen Egoismus, seinen Mangel an Zartgefühl, seine Wutausbrüche, und manchmal hält er es kaum mehr aus. Einmal vertraut er seinem Kollegen Reinaud an: »Das Betragen des Marquis, mein Lieber, mißfällt mir ebensosehr wie dir, und ich sehe, daß er immer noch derselbe ist, ohne Aussicht, sich je zu ändern. Und du mußt sehen, wie sehr es mich betrübt, in den Geschäften eines solchen Mannes zu stehen, der will, was er will, und sich durch keine Überlegung aufhalten oder zur Umkehr bringen läßt.«[10]

Gaufridy und Reinaud sind, abgesehen von Renée-Pélagie, die einzigen, die zu Sades alltäglichem Privatleben Zugang haben. Ein trauriges Privileg, denn der Mann, mit dem sie tagtäglich schriftlich verkehren, ist meilenweit von dem entfernt, den wir heute mit allen Verführungskünsten des Teufels ausstatten. Beide (und vor allem Gaufridy) sehen in ihm nur einen unausstehlichen Paranoiker und einen habgierigen, unredlichen und gänzlich skrupellosen Landjunker. Er bricht sein Wort so leicht, daß es an Unehrlichkeit grenzt. Ein Beispiel dafür: Nachdem er sich von Gaufridy zwei Kreditbriefe über jeweils 1000 Livres ausstellen hat lassen und geschworen hatte, sie nicht anzurühren, bevor der Notar den Gegenwert von den Bauern erhalten hätte, bricht er seinen Schwur und löst sie ein, ohne Gaufridy zu benachrichtigen, der nun gezwungen ist, das Geld aus eigener Tasche aufzubringen.[11]

ISOLISMUS

Für Sade wird der Mensch von Natur aus einsam geboren (es gibt keine Beziehung zwischen einem Menschen und einem anderen, wiederholt er gern). Er weiß also nicht (oder kaum oder schlecht), was Freundschaft ist, und aus seiner Haltung gegenüber seinen Verwaltern läßt sich am deutlichsten ablesen, wie bei ihm die Beziehung zum anderen, zum Mitmenschen, beschaffen ist. Der Briefwechsel, in dem er seit seiner Freilassung beinahe täglich mit ihnen steht, definiert ihn als soziales (oder asoziales) Wesen und offenbart das ganze Ausmaß seines ökonomischen Irrealismus und seiner tiefen Egozentrik. Sowohl im geschlechtlichen Begehren als auch in der sozialen Beziehung ist der andere für Sade immer nur ein Werkzeug. Er erfindet sogar das Wort »Isolismus«, um jene Beziehung des Mittels zum Zweck, die er zu den Mitmenschen herstellen will, zu bezeichnen. »Alle Geschöpfe werden isoliert und ohne jegliches Bedürfnis nacheinander geboren«, schreibt er in *Juliette*.[12] Der Libertin muß das »schimärenhafte Band« das ihn an die anderen kettet, leugnen, denn »dieser vorgebliche Faden der Brüderlichkeit kann nur vom Schwachen erdacht worden sein«. Er entkräftet den gesunden Leib und bedroht die Energie – die berüchtigte »Energie der Sade«.

Untauglich für jede Form der Gesellschaft, verstoßen und ausgegrenzt, verurteilt sich Sade selbst zur Einsamkeit. Indem er aber seinen persönlichen Fall verallgemeinert, verleiht er ihm einen existentiellen Wert. Die einzig wahrnehmbare Realität kann, in seinen Augen, nur die des in sich selbst eingeschlossenen Subjekts sein, das jedem anderen Subjekt, das seine Souveränität bestreitet, feindlich gegenübersteht. Diese Gleichgültigkeit gegenüber dem anderen führt zwangsläufig zum einsamen Hedonismus: »Wir spotten über die Qual der anderen. Was soll diese Qual mit uns gemein haben?« Oder: »Es gibt keinen Vergleich zwischen dem, was die anderen empfinden, und dem, was wir fühlen. Der tiefste Schmerz bei den andern ist für uns null und nichtig, und der leichteste Kitzel der Lust, den wir verspüren, berührt uns.« In dieser Hinsicht würden die im Gefängnis angenommenen Masturbationspraktiken seiner Vision am ehesten entsprechen, fehlte ihnen nicht das »Auge« des anderen, dieses so verzweifelt notwendigen und tragisch abwesenden Voyeurs.

Sade faßt die einsame Immanenz des Menschen in dieser pessimistischen Feststellung zusammen: »Der Mitmensch ist für mich nichts; zwischen ihm und mir besteht nicht die geringste Beziehung.«

KAPITEL 20

Die große Illusion

Das imaginäre Porträt Sades von Man Ray ist bekannt. Aus der brennenden Bastille tritt das in die Steine der Festung gehauene Profil hervor. Dieses Porträt ist durchaus bezeichnend für das Bild, das das ganze 19. Jahrhundert und ein großer Teil des 20. Jahrhunderts gern verbreitet hatte. Auch heute noch begnügt sich Sade nicht damit, die Revolution bloß zu verkörpern: Er ist die Revolution, ob er nun ihre Sitten vorwegnimmt, die seine imaginären Exzesse annähernd verwirklichten, oder ob er sich der tatsächlichen Ereignisse bedient, um die Gewalttätigkeit in seinen eigenen Schriften zu rechtfertigen. »Sade und Robespierre, was für ein würdiges Paar!« ruft Jules Janin in einer tugendhaften Aufwallung aus. Aber da der vormalige Marquis der Schreckensherrschaft knapp entkam, fügt er sogleich hinzu: »Er hat den Scharfrichtern von 1793 angst gemacht!«[1] Der Biograph Michaud stellt eine noch engere Verbindung zwischen dem infamen Wüstling und dem blutrünstigen Patrioten her: »Nachdem Sade sich durch so viele Schandtaten entehrt hatte, mußte er unweigerlich zum Anhänger einer Revolution werden, die gewissermaßen deren Grundsätze billigte oder zumindest deren Täter in Schutz nahm: Allerdings war er zu stolz auf seine Geburt, zu hochmütig, zu despotisch, um sich freimütig unter das Banner der Gleichheit der Sansculotten einzuordnen.«[2] Das Paradox, das dieser freigeistige Edelmann darstellt, der der Schreckensherrschaft nahesteht, bevor er ihr zum Opfer fällt, bringt sichtlich alle die in Verlegenheit, die wie Janin oder Michaud Freigeisterei und Ausschweifung genauso hassen wie die Revolution und sich nach dem Ancien régime zurücksehnen. Wie reagiert nun ein fortschrittlicher Historiker wie Michelet? Janin und Michaud brachten Sades Ausschweifungen mit der revolutionären Gewalt in Verbindung. Michelet schreibt sie der Verkommenheit seiner Kaste zu. »Daß ein solcher Mann noch lebte, war der beste Beweis dafür, wie notwendig es war, die abscheuliche Willkür der alten Monarchie zu vernichten. Er lebte, aber als die Gerechtigkeit in diese Welt einzog, war der erste Einsatz der Guillotine rechtmäßig ihm vorbehalten. Aufgrund seiner Gefangenschaft in der Bastille gebärdete er sich als Opfer. Derartige Lügen wurden gern geglaubt. Angeblich wurde er von Monsieur Clermont-Tonnerre und seiner Gruppe von Anhängern einer konstitutionellen Monarchie freundlich empfangen; ebenso freundlich wurde er auch von den Männern des Jahres 1793 aufgenommen, sodaß er sogar den Vorsitz seiner Sektion übernahm, der Section Les Piques oder der Place Vendôme, der Anhänger Robespierres. [...] Damals, im Alter von fünfzig und als ein erfahrener Professor des Verbrechens,[3] lehrte er mit der Autorität seines Alters und in den eleganten Formen eines Mannes seines Standes, daß die Natur, dem Guten wie dem Bösen gegenüber gleichgültig, nichts anderes sei als eine Abfolge von Morden, daß sie gern eine Existenz vernichte, um tausend andere hervorzubringen, und daß die Welt ein gewaltiges Verbrechen sei. Untergehende Gesellschaften enden mit solchen Ungeheuern: das Mittelalter mit Gilles de Retz, dem berühmten Kindermörder; das Ancien régime mit Sade, dem Vorkämpfer des Verbrechens.«[4]

Der Surrealismus verfestigte dieses Amalgam für lange Zeit. Éluard und Breton bestätigten die Gleichsetzung Sade-Revolution, die nunmehr unantastbar wurde: »Der Revolution ergab er sich mit Leib und Seele. Er konnte sein Genie mit dem eines ganzen Volkes vergleichen, das vor Stärke und Freiheit delirierte«, schreibt Éluard.[5] Durch eben diese Gleichsetzung konnte der Surrealismus Sade für sich beanspruchen und ihn, neben Rimbaud und Lautréamont, zum Kronzeugen im Kampf gegen die herrschende Ordnung aufrufen: »Die Existenz Sades hängt einzig und allein von der Revolution ab.«[6] Innerhalb der Gruppe spielt Sade die Rolle eines »Ursprungsmythos«, an dem der Surrealismus sein eigenes Rätsel abliest: seine Beziehung zur Sexualität, zur Revolution und zum Denken.[7] Er war Teil ihres ideologischen Kampfs gegen die gängige Ästhetik. Der Surrealismus beruft sich überdies auf Sades terroristische Parteinahme, um seine eigene Einstellung zum Marxismus zu artikulieren. Dazu kommt noch die nicht minder berühmte Dialektik Sade/Freud, die zwar von Lacan bestritten wird, aber nichtsdestoweniger dazu beiträgt, den Namen Sades in das Feld der Subversion einzuschreiben. Manche Surrealisten (zum Beispiel Aragon) interessierten sich weniger für die ideologische Instrumentalisierung Sades, sondern eher für seine von den Surrealisten und Dadaisten gleichermaßen hochgeschätzte Skandalwirkung. Der Name Sades wird, wie derjenige Hegels und Lautréamonts, von allen denen in Anspruch genommen, die eine Logik der Freiheit, der Verausgabung und der Grenzenlosigkeit vertreten und sowohl »den bewußten Skandal, die Provokation und die Demoralisierung« befürworten als auch »den Ernst und die strenge Aufrichtigkeit, die für jedes Sprechen und Handeln grundlegend sind«.[8]

Im schlimmsten Fall – und auch dafür gibt es leider ein Beispiel – grenzt das Porträt Sades als eines libertären Genies an Fälschung. 1927 treten Aragon, Breton, Éluard, Péret und Unik der Kommunistischen Partei bei, um wirksamer für die Sache der Revolution kämpfen zu können. Durch dieses massive Engagement der Gruppe wird jeder surrealistische Diskurs über Sade erschwert, wenn nicht gar unmöglich gemacht. Was den materialistischen Atheismus anbelangt, so läßt sich um den Preis einer leichten historischen Verzerrung noch ein Dialog mit dem Atheismus Sades bewerkstelligen. Was den Rest angeht, nämlich sein politisches Denken, so läßt sich die Verbindung nur mittels einer extremen Naivität oder einer reduktionistischen Interpretation herstellen. Unterstellen wir Paul Éluard beides, und gestehen wir auch ihm noch die Beflissenheit des Neubekehrten zu für den Artikel, den er in der kommunistischen Zeitschrift *Clarté* vom 15. Februar 1927 mit seinem Namen zu zeichnen wagte. Sade erscheint darin als ein materialistischer Philosoph und als Vorläufer von Proudhon, Fourier, Darwin, Malthus und Spencer sowie der gesamten modernen Psychiatrie. Um eine Leserschaft zu überzeugen, die jede Bezugnahme auf das Sexuelle verstören würde, zensiert Éluard die Gewalttätigkeit des Sadeschen Textes, zitiert nur aus den politischen Reden und Dialogen, streicht brav jeden Satz, der im Widerspruch zur marxistischen Orthodoxie stünde, und scheut nicht davor zurück, gewisse biographische Elemente zu verschweigen oder in entstellter Form wiederzugeben. Dieser Versuch einer Heiligsprechung ruft den empörten Protest von Georges Bataille hervor: »Den Surrealisten macht es nichts aus, daß der von seinen Apologeten feige entmannte Sade die Gestalt eines moralisierenden Idealisten annimmt.«

André Breton scheint das politische Engagement Sades kritischer – oder schärfer – zu sehen. Für ihn ist »Sade im Sadismus ein Surrealist«, womit sein wahres Wesen verabschiedet und dem Mythos überantwortet wird. Was den Rest anbelangt, braucht man nur diesen kurzen Auszug aus *La Révolution surréaliste* zu lesen, um das Ausmaß seiner Skepsis zu ermessen: »Hat Sade mitten im Konvent eine konterrevolutionäre Tat gesetzt? Man braucht nur solche Fragen für zulässig erklären, um zu ermessen, wie brüchig das Zeugnis derjenigen ist, die nicht mehr sind. Zu viele Gauner sind am Erfolg einer solchen geistigen Wegelagerei interessiert, als daß ich ihnen darin nacheifern möchte. Was die Revolte angeht, darf keiner von uns Ahnen nötig haben. Ich füge hinzu, daß man sich meiner Ansicht nach vor dem Personenkult hüten soll, mag es sich auch um anscheinend noch so große Männer handeln. Bis auf eine Ausnahme, Lautréamont, sehe ich keinen, der nicht irgendeine mehrdeutige Spur seines Erdendaseins hinterlassen hätte.«[9]

Unmittelbar nach dem Zweiten Weltkrieg ist der Autor der *Hundertzwanzig Tage von Sodom* Gegenstand noch schwerwiegenderer Anklagen. Man läßt ihn unvermittelt vom militanten Kommunismus zum Rechtsextremismus, ja zum Nationalsozialismus überwechseln, und manche scheuen nicht davor zurück, in ihm den Theoretiker der Gaskammern zu sehen. Raymond Queneau notiert in *Gelesen für eine Front*: »Es läßt sich nicht bestreiten, daß die von Sade imaginierte und von seinen Figuren (und warum nicht auch von ihm?) gewollte Welt grauenerregend auf die Welt vorausweist, in der die Gestapo mit ihren Foltern und Lagern herrscht. Sade ist ein integrierender Bestandteil beispielsweise der surrealistischen Ideologie, und ab 1939 geriet Breton bei der Deutung dieses Autors einigermaßen in Verlegenheit. Die Tatsache, daß Sade selbst kein Terrorist war (und Desbordes hat deutlich erklärt, warum) und daß sein Werk einen tiefen menschlichen Wert besitzt, was niemand leugnen kann, wird es denjenigen, die sich mehr oder weniger den Thesen des Marquis angeschlossen haben, nicht ersparen, die Wirklichkeit der Vernichtungslager mit ihren Greueln wahrzuhaben, die nun nicht mehr im Kopf eines Menschen eingeschlossen sind, sondern von Tausenden Fanatikern verübt werden. So unangenehm dies auch sein mag: Philosophien erfüllen sich in Massengräbern.«[10] Dieser Text erklärt sich aus seinem Datum: dem 3. November 1945. Sechs Monate zuvor hatten die Alliierten Buchenwald, Dachau und Ravensbrück befreit.

Ein großer Teil der Intellektuellen reiht Sade nun unter die Folterknechte des Dritten Reichs. Während sich Simone de Beauvoir in den *Temps Modernes* fragt, ob Sade verbrannt werden muß,[11] und Sartre sich diese Frage nicht einmal stellt, erwähnt Camus, ohne Sade ausdrücklich zu verurteilen, die Verantwortung des Schriftstellers. Indem der Erfinder der »Gesellschaft der Freunde des Verbrechens« den Menschen auf ein Versuchsobjekt reduziert, hat er den Theoretikern der Macht vorgeführt, wie sie es anstellen müssen, »wenn sie dereinst die Zeit der Sklaven zu organisieren haben«. Mit ihm beginne wahrhaftig die Geschichte und die Tragödie unserer Zeit, fügt Camus hinzu.[12]

Es war zu hoffen, daß Peter Weiss mit *Die Verfolgung und Ermordung Jean Paul Marats* (1964) ein ausgewogeneres Bild entwerfen und eine neue Einschätzung der Tatsachen ermöglichen würde. Enthielt das Stück nicht im Keim genau jene Fragen, die drei Jahre später von der Studentenrevolte gestellt werden würden? Doch die Figur Sades als eines Autors, Akteurs und Zuschauers des Psychodramas der Schreckensherrschaft ließ das Mißverständnis weiterbestehen. Und so sollte es lange Zeit bleiben. Auch Pasolinis *Salò oder die 120 Tage von Sodom* (1975) nährte diese Zweideutigkeit, indem Sade in das Italien Mussolinis verlegt wurde.

1966 wurde die Frage im *Nouvel Observateur* unter dem Titel »Muß man den göttlichen Marquis verbrennen?«[13] debattiert. Ein Leser, Pierre Favre, Autor eines Buchs mit dem Titel *Sade utopiste* (Der Utopist Sade), das ein Jahr später erschien, gab sich fest entschlossen, mit der Legende eines revolutionären Sade aufzuräumen, und zeigte sich verwundert über »die sonderbare Präsenz Sades in der gesamten linken Literatur, ohne daß von einem präzisen ideologischen Einfluß die Rede sein könnte. Es ist angebracht«, fügte er hinzu, »diese diffuse, andauernde und sogar hartnäckige Präsenz zu kritisieren, denn aufgrund dieser Bezugnahmen entsteht im Bewußtsein der Leser zwangsläufig ein absurder Zusammenhang zwischen Sade und dem Denken der Linken.«

Ausgehend von der zumindest fragwürdigen Annahme, eine gewisse intellektuelle Linke suche im Werk Sades eine »Handlungsanleitung« (eine Behauptung, die wir in den vorangegangenen Zeilen hinreichend entkräftet haben), geht er zu einer regelrechten Attacke über, entwickelt eine ganze Reihe falscher und verzerrender Argumente, die weder Gilbert Lely noch Maurice Blanchot entgangen sind, die ihm in den Spalten derselben Zeitschrift antworteten, und versetzt dem Marquis schließlich den Gnadenstoß: Sades Denken führe zum Nationalsozialismus und zum Völkermord! Auf seine Beweisführung wollen wir nicht näher eingehen (Blanchot bezeichnete sie als »frivole und mangelhafte Lektüre«).

In jüngerer Zeit zog Colette Capitan Peter in einem Artikel in der Zeitschrift *Esprit* einen Vergleich zwischen »Charles Maurras, dem Sadismus und dem Nationalsozialismus«, der hauptsächlich auf der Idee beruht, die »Gewalt« stehe bei allen drei Lehren im Zentrum.[14] Philippe Roger hat zu Recht die Willkür dieser These und die Inkonsequenz dieser Autorin aufgezeigt.[15]

Im August 1989 übernimmt nun Elisabeth Badinter vor den Fernsehkameras der Sendung *Apostrophes* die anscheinend nicht umzubringende Gleichsetzung von Nationalsozialismus und Sadismus.[16] Von der Biographin Condorcets hätte man sich einen sorgfältigeren Umgang mit literarischen Tatsachen oder zumindest eine gerechtere Einordnung der Sadeschen Position in das politische Denken seiner Zeit gewünscht. Jedenfalls ist es nicht unnütz, hier in Erinnerung zu rufen, daß der Autor der *Hundertzwanzig Tage von Sodom* auch der erste französische Schriftsteller war, der gegen die Todesstrafe protestierte (die in Frankreich erst in der Amtszeit des Justizministers Robert Badinter, des Gatten und Mitarbeiters von Elisabeth Badinter, abgeschafft wurde). Das politische Denken Sades ist viel zu komplex, als daß es sich mit einer flotten Analyse erfassen und auf einige kategorische Aussagen festlegen ließe. Es müßte in seiner beständigen Bewegung, seinen Wogen und Strömungen geschildert werden, in seinen Brüchen und Widersprüchen, seinen Umschwüngen und seinen Fixpunkten. Nur aus einer unparteiischen Analyse seiner Schriften läßt sich sein politisches Denken erhellen. Natürlich vorausgesetzt, man betreibt zunächst einmal eine strenge Quellenkritik.

Eines steht jedoch fest: wer sich ausschließlich auf die »Reden«, »Petitionen«, »Anmerkungen« und anderen politischen Nebenwerke Sades stützen würde – zumeist Gelegenheitsarbeiten, die entweder der Selbstrechtfertigung oder der Propaganda dienen und in erster Linie von seinem patriotischen Eifer künden sollen –, der sähe in ihm unverzüglich einen Anhänger und Apologeten der Revolution. Er selbst warnt uns vor den Schlüssen, die sich daraus ziehen ließen, indem er Gaufridy gegenüber seinen Opportunismus unverhohlen eingesteht: »Nun, mein lieber Advokat, fragen Sie mich nach meiner wirklichen Denkungsart, um ihr zu folgen. Nichts ist in der Tat heikler als dieser Punkt Ihres Briefes, aber in Wahrheit würde es mir sehr schwer fallen, Ihre Frage aufrichtig zu beantworten. Zunächst einmal bin ich, in meiner Eigenschaft als Schriftsteller, hier tagtäglich gezwungen, bald für die eine, bald für die andere Partei zu arbeiten, wodurch ein gewisses Schwanken in den Meinungen entsteht, das sich auch auf meine innere Denkungsart niederschlägt.«[17]

VORNEHM VON GEBLÜT

Sade hat das Leben bei Hof immer abgelehnt. Sein Vater kannte dessen Fallstricke und hatte ihn immer ausdrücklich vor dessen falschem Reiz, dessen Lügen, Zwängen und Gefahren gewarnt. Warnungen, die übrigens überflüssig waren, da ihm durch sein unabhängiges Wesen und die mit seinem Namen verknüpften Skandale der Zugang zum Hof ohnehin versperrt war, vor allem unter einem König wie Ludwig XVI., der ungleich sittenstrenger war als sein Großvater.

Diese Verachtung für den Hof, die gewöhnlich mit einer kaum verschleierten Ablehnung des Absolutismus einherging, war unter dem ältesten Adel weit verbreitet, insbesondere dem Provinzadel, der nie in Versailles gelebt hatte und zahlenmäßig die Mehrheit dieses Standes bildete. Seit Ludwig XVI. reicht das Alter des Geschlechts nicht mehr aus, um die gesellschaftliche Vorrangstellung zu gewährleisten. Andere Kriterien spielen mit – Reichtum, Bildung, königliche Gunstbezeugungen – und ermöglichen dem neuen Adel, die höchsten staatlichen und militärischen Ämter zu besetzen.

Der monarchische Staat begnügte sich nicht damit, die Macht des alten Adels zu beschneiden und einzuschränken, sondern schuf auch verstärkt einen neuen Adel, indem er der Elite seiner bürgerlichen Diener Adelstitel verlieh. So entsteht ein System rivalisierender Eliten, in dem der neue Adel durch seinen Reichtum begünstigt ist. Daraus erklärt sich schließlich auch die von Sade selbst verspürte Nostalgie des alten Adels nach diesem feudalen Paradies, »in dem die Herren despotisch auf ihren Ländereien lebten«, und nach »diesen ruhmreichen Zeiten, in denen Frankreich innerhalb seiner Grenzen eine Unzahl von Herrschern kannte statt dreißigtausend niedriger Sklaven, die vor einem einzigen kriechen«.[18]

Einer der wesentlichen Konflikte dieses ausgehenden 18. Jahrhunderts ist sicherlich derjenige, in dem der Lehensherr aus altem Geschlecht dem vor kurzem Geadelten gegenübersteht. Ohne bis zur Revolte zu gehen, klagt die enttäuschte und verbitterte alteingesessene Aristokratie ihren historischen Anspruch auf die Teilung der Macht ein. Mögen sich manche ihrer Vertreter sogar als Antimonarchisten gebärden, so gewiß nicht unter Berufung auf ein republikanisches Ideal, sondern weil sie sich auf ihre eigene Auffassung des Feudalstaates beziehen. In den Jahren 1787–1788 war die Vorstellung einer aristokratischen Revolution kein Ding der Unmöglichkeit mehr. Die alteingesessene Aristokratie war sich einig darin: »Frankreich muß entbourbonisiert werden«[19].

Der Marquis de Sade aus der Zeit vor 1789 erscheint als der archetypische Vertreter des Kriegsadels, der auf seine Vorfahren und sein edles

Geblüt stolz ist und sich in seine Vergangenheit zurücksehnt. Wie alle Vertreter seines Standes hegt er nur tiefe Verachtung für den aus dem Bürgertum hervorgegangenen Amtsadel. Er weiß jedoch auch, daß dieser sowohl wegen seines Reichtums als auch wegen seiner ideologischen Kohärenz eine regelrechte Gefahr für die Aristokratie darstellt. Diese Verachtung fand in den Montreuil, einer durch Handelsgeschäfte zu Reichtum gekommenen Juristenfamilie, eine ideale Zielscheibe und ein Ventil für seinen Haß auf die frisch Geadelten. »Sagen Sie mir bitte«, schreibt er im Juli 1783 an seine Frau, »wer von beiden nicht wollte, daß ich Hemden bekomme, Gevatterin Cordier oder Gevatter Fouloiseau? Die Gefangenen im Spital haben kein Anrecht auf Wäsche, ich schon. Wie doch Ihre Niedertracht, die Ihrer Herkunft und die Ihrer Familie, überall zutage tritt! Meine Freundin, als ich so sehr vergessen hatte, was ich war, daß ich bereit war, Ihnen zu verkaufen, was ich bin, tat ich dies vielleicht, um Ihnen nichts als das Hemd am Leibe zu lassen, aber nicht, um diese selbst entbehren zu müssen. Merken Sie sich diesen Satz gut, Sie und Ihr ganzes Pack, bis ich ihn drucken lasse.«[20]

Sein Klassenvorurteil ist grenzenlos. Durch die Neurose noch aufgestachelt, wurde es zur Speerspitze seiner Angriffe auf die Männer, die Macht und Einfluß hatten, aber ungewisser Herkunft sind, gleichgültig, ob es sich um Minister oder Polizeidirektoren handelt wie etwa Maupeou und Sartine, über die er im Januar 1780 an La Jeunesse schrieb: »Man kann über die Regierung herziehen, über den König, über die Religion: das ist belanglos. Aber eine Dirne, Monsieur Quiros, eine Dirne, Donnerwetter, die darf man nun wirklich nicht kränken, denn augenblicklich kommt ihr ein Sartine, ein Maupeou, ein Montreuil oder irgendeine andere Ausgeburt des Bordells *soldatisch* zur Hilfe und sperrt einen Edelmann *unerschrocken* zwölf oder fünfzehn Jahre wegen einer Dirne ein.«[21]

Als ihn der Chevalier du Puget darauf aufmerksam macht, daß»man nicht darauf achten dürfe, was die Leute gewesen sind«, stimmt er mit ihm überein. »Das ist wahr«, gibt er zu, »wenn die Tugenden die Geburt vergessen machen. Dann muß man sie sogar viel höher achten als einen unnützen und dummen Adeligen, der der Gesellschaft nur die von seinen Vorfahren verdienten Adelsbriefe vorzuweisen hat und in ihr nur auftritt, um den Unterschied zwischen seinen Vorfahren und ihm noch deutlicher zu machen. Wenn aber der Sohn eines Gärtners aus Vitry (Losme), der eines Schiffers aus Avignon (Miray) oder der eines Aufsehers von Galeerensträflingen (Jourdan de Saint-Sauveur), die gerade erst aus der Niedertracht und dem Lumpengesindel aufgestiegen sind, in die Ämter, in die sie durch ihre Niedertracht befördert wurden, nur die schändlichen Laster ihrer Herkunft einbringen, dann stürzt sie, ohne daß sie es merken, alles wieder in den stinkenden Sumpf zurück, zu dem die Natur sie verdammt hat, und ihre Nase, die sie über den Boden erheben, läßt sie, meine ich, nur der widerwärtigen und schmutzigen Kröte gleichen, die sich kurz aus dem Schlamm herauszuarbeiten versucht, um wieder von ihm verschlungen zu werden und darin unterzugehen.«[22] Diese niederschmetternde Schilderung der Lebensbedingungen des Volkes stammt aus dem Jahr 1788. Wir werden sie im Gedächtnis behalten müssen.

Der gleiche aristokratische Dünkel prägt auch die Beziehungen zwischen dem Herrn von La Coste und seinen Vasallen, Bauern und Pächtern, für die er doch so viel Mitgefühl zu empfinden behauptet. Man muß allerdings berücksichtigen, daß die folgenden Zeilen geschrieben wurden, nachdem der alte Treillet am Vortag mit seiner Pistole auf Donatien geschossen hatte (am 21. oder 22. Januar 1777). »Ich habe erkannt, daß alle Costains nur Lumpen sind, die gerädert gehören, und ich werde ihnen ganz gewiß eines Tages meine Verachtung beweisen. Ich versichere Ihnen, würde man sie der Reihe nach rösten, so würde ich, ohne mit der Wimper zu zucken, das Brennholz dazu liefern. Sie können sich darauf gefaßt machen, daß ich sie zur richtigen Zeit und am richtigen Ort nicht verschonen werde. [...] Heute kommt ein Fremder daher und fordert seine Tochter mit Pistolenschüssen, übermorgen wird ein Bauer kommen und mit vorgehaltenem Gewehr seinen Tageslohn verlangen. Beweisen sie ihre Unabhängigkeit nicht schon dadurch, daß die einen auf die Jagd gehen, die andern in die Berge usw.?«[23]

Der älteste Sohn eines Edelmanns ist von Geburt an für die militärische Laufbahn bestimmt. Für ihn gibt es keine andere Möglichkeit, den väterlichen Gutsbesitz zu verlassen, der die Familie so schlecht ernährt. Für ihn hat das Edikt von 1781, das auf den starken Druck des Adels hin erlassen wurde, die Offiziersgrade reserviert. Der Graf von Saint-Germain hatte ein Dutzend Militärschulen eröffnet, darunter die in Brienne und La Flèche, in denen sich sechshundert Edelmänner auf diese Laufbahn vorbereiten.[24] Auch darin teilt der Marquis die Vorurteile seiner Kaste. Er interessiert sich kaum für die Erziehung seines jüngsten Sohnes und überhaupt nicht für die seiner Tochter, während er sich stark um das Los Louis-Maries, des Stolzes der Familie, kümmert, der den Fortbestand des Geschlechts zu sichern hat. Über die Vorstellung entsetzt, sein Sohn könne in einer Einheit dienen, die seines Namens unwürdig ist, macht er seiner Frau bittere Vorwürfe: »Ich werde um keinen Preis einwilligen, daß mein Sohn als Leutnant zur Infanterie geht, und er wird es auch nicht tun. Wenn Sie ihn gegen meinen Willen dort eintreten lassen, so gebe ich Ihnen mein Ehrenwort, daß ich ihn wieder heraushole, und nichts wird mich davon abhalten können. Es ist mein absoluter Wille, daß er nirgendwo anders dient als bei den Karabiniern.«[25]

Der Marquis de Sade ist zwar ein Aristokrat aus alteingesessenem Hochadel, der vom Dünkel seiner Kaste geprägt ist und mit Überzeugung deren Interessen, Privilegien und Bestrebungen teilt, er weiß aber gleichzeitig sehr genau, was in Wirklichkeit auf dem Spiel steht. Mit einem Scharfblick, der ihn von den anderen Adeligen unterscheidet, hat er erkannt, daß das Spiel verloren ist, die Aristokratie in den Untergang treibt und den inneren Widersprüchen einer allzu sehr auf dem Grundbesitz basierenden Ökonomie zum Opfer fällt. Er macht sich nicht die geringste Illusion über seine Zukunft und ahnt, daß in der gesellschaftlichen Dynamik alle Kräfte direkt oder indirekt den Aufstieg des Bürgertums befördern.

Dieses Bewußtsein, einer untergehenden Klasse anzugehören, ist nicht frei von Nostalgie. So wenig ihm auch an der Beschwörung der Vergangenheit gelegen ist, so kann er doch die aufkommende Rührung nicht verhehlen, als er 1781 an seine Frau schreibt: »Weißt Du, wem dieses Haus gegenüber dem Luxembourg einst gehörte? Das war das Hôtel Maillé. Darin also wohnten meine Großeltern unter Ludwig XIII. Es beherbergte die weitläufige Familie der Maillé, und heute wäre es sogar einem Unterpächter als Stadtwohnung kaum gut genug.«[26] Trotz seiner Kerkerhaft weitblickender als so manche andere, behauptet Sade sogar, die Revolution angekündigt zu haben. Sein Roman *Aline und Valcour* erscheint 1795 mit folgendem Vermerk: *Ein Jahr vor der Revolution in Frankreich geschrieben*. Eine völlig zutreffende Behauptung, da er ihn zwischen dem 28. November 1785, nach dem Abschluß der *Hundertzwanzig Tage*, und dem 1. Oktober 1788 geschrieben hat, an dem er ihn in sein Werkverzeichnis einträgt. Daher kann er sich auch zu Recht damit brüsten – und wird dies auch zur Genüge tun –, das Auseinanderbrechen der französischen Gesellschaft bereits 1788 vorausgesehen zu haben. »Bemerkenswert an diesem Werk ist auch noch, daß es in der Bastille geschrieben wurde. Die Art und Weise, wie unser vom ministeriellen Despotismus unterdrückte Autor die Revolution vorausgesehen hatte, ist außerordentlich und muß seinem Werk einen noch größeren Reiz verleihen«, heißt es in der Vorrede des Verlegers.[27]

Es stimmt, daß manche Figuren seines Romans den Untergang des Ancien régime und die Einführung der Republik prophezeien.[28] Pater Berseuil zum Beispiel erklärt Déterville: »Euer modernes Babylon wird untergehen wie das der Semiramis, es wird vom Erdboden verschwinden wie jene blühenden Städte Griechenlands, die ebenfalls nur durch den Luxus zugrunde gegangen sind. Und der Staat, der seine Kräfte aufzehrt, um dieses neue Sodom zu schmücken, wird mit ihm unter euren goldenen Ruinen begraben werden.«[29] Man könnte eine ganze Reihe ähnlicher Stellen anführen.[30]

Eine solche Nachdrücklichkeit muß natürlich Argwohn erwecken. Man könnte übrigens einwenden, daß es keiner besonderen Sehergabe bedurfte, um 1788 anzukündigen, was 1789 und sogar danach eintreten würde: Andere haben dies ebenfalls getan. Ihm fiel dies um so leichter, als *Aline und Valcour*, »Frucht der durchwachten Nächte mehrerer Jahre«, erst 1795, also sieben Jahre später, in den Buchhandel kam. Wir wissen, daß Sade in diesen sieben so geschichtsträchtigen Jahren seinen Text fortwährend überarbeitet hat, um ihn, wie er sagt, »auf den neuesten Stand zu bringen« und ihm jene »männliche und strenge Physiognomie, die einer freien Nation ansteht« zu verleihen. Zweifellos hat er diesen Aufschub genutzt, um das Werk mit seinen »Prophezeiungen« auszuschmükken. Sie wirken allzu präzise, seine Winke und Fingerzeige an den Leser allzu auffällig, und die Gründe, sie nachträglich einzufügen, sind allzu evident. Überdies wäre sein patriotischer Eifer im Jahr 1788, in dem er sich an anderer Stelle nicht davor scheut, das Bürgertum als »Gesindel«, »Schlamm« und »stinkenden Morast« zu bezeichnen, äußerst überraschend.

Am Vorabend des Jahres 1789 ist Sades Ideologie nach wie vor aristokratisch und von der Hoffnung auf die Rückkehr zum Feudalismus beseelt. Dabei denkt er gewiß nicht an den traditionellen Feudalismus: Er spürt zu deutlich, in welche Richtung sich die Geschichte entwickelt, um eine Rückkehr zur Vergangenheit zu wünschen. Das geht aus der Niederlage der Aristokraten in *Aline und Valcour* zur Genüge hervor. Er hat klar begriffen, daß das den wirtschaftlichen Notwendigkeiten besser angepaßte Bürgertum früher oder später dazu berufen sein würde, zur herrschenden Klasse zu werden. Muß sich der Adel deshalb geschlagen geben? Ganz im Gegenteil. Aber um zu überleben, muß er seinen Ekel überwinden und sich die bürgerlichen Werte zu eigen machen. Der politische Pragmatismus wird ihn dazu bringen, wohl oder übel die Voraussetzungen für ein objektives Bündnis zwischen den zwei Klassen zu schaffen: Nur um diesen Preis ist seine Rettung möglich. Das setzt den Verzicht auf einige seiner Privilegien und, von seiten des Monarchen, die Gewaltentrennung voraus. Mit anderen Worten: eine Infragestellung der Grundlagen des Ancien régime.

MONARCHIST, SAGEN SIE?

Am Tag nach seiner Freilassung, am 19. Mai 1790, faßt Sade in einem Brief an Reinaud seine Einstellung zur Revolution zusammen: »Halten Sie mich jedenfalls nicht für einen Fanatiker. Ich beteuere, daß ich nur unparteiisch bin, betrübt, daß ich viel verliere, noch betrübter, meinen König in Ketten zu sehen, bestürzt darüber, daß Sie, meine Herren, in den Provinzen nicht ahnten, daß die Dinge sich unmöglich zum Guten hin entwickeln können, solange die königliche Sanktionierung der Gesetze von dreißigtausend bewaffneten Gaffern und zwanzig Kanonen erzwungen wird; aber dem Ancien régime trauere ich kaum nach. Es hat mich allzu unglücklich gemacht, als daß ich ihm nachweinte. Das ist mein Glaubensbekenntnis, und ich lege es ohne Furcht ab.«[31] Ein äußerst wichtiges Dokument, das denen widerspricht, die weiterhin in Sade den ersten unter den Sansculotten sehen, wo er doch erschüttert darüber ist, daß sein König zum Schweigen gebracht und die Monarchie vom bewaffneten Volk in Schach gehalten wird. Wenn er dem Ancien régime kaum nachtrauert, so deshalb, weil er keine wahre Antinomie zwischen der aristokratischen Gesinnung und liberalen Forderungen sieht. Das Ende des Absolutismus kann ihm im Prinzip nicht mißfallen. Er hat allzu sehr unter ihm gelitten, um seinen Untergang nicht mit Zustimmung zu verfolgen. Mag auch die Dankbarkeit nicht seine größte Tugend sein, so kann er doch nicht vergessen, daß er seine Freilassung der Revolution und der Abschaffung der geheimen Haftbefehle zu verdanken hat. Sicherlich Monarchist und der Person des Königs ergeben (»ich bete den König an«, sagt er an anderer Stelle), lehnt Sade nichtsdestoweniger eine Politik ab, die kein anderes Ziel verfolgen würde als die Wiederherstellung der alten Ordnung. Im Grunde vertritt er einen Monarchismus, den man als »kritisch« bezeichnen kann.

Die Partei, die seiner politischen Philosophie noch am nächsten kommt, ist die der Männer der Monarchie. Diese Gruppe, die sich aus Abgeordneten der Verfassunggebenden Versammlung zusammensetzt, darunter Mounier, Lally-Tollendal, Malouet et Stanislas de Clermont-Tonnerre, ein angeheirateter Cousin Donatiens, setzt sich für ein parlamentarisches Regime nach englischem Modell mit zwei Kammern für die Vertretung der gesetzgebenden Gewalt ein. Ihre Parole lautet: Nation, König, Gesetz. Ihr Symbol ist La Fayette. Ihr Theoretiker: Jean-Joseph Mounier, dieser »leidenschaftlich vernünftige Mann« (Madame de Staël), dem es gelingt, die Absolutismusfeinde einstimmig um seine Ideen zu scharen. Die Männer der Monarchie mißtrauen jeder politischen Umwälzung, setzen auf die grundlegenden Werte des Fortschritts und der Toleranz und berufen sich im wesentlichen auf die Philosophie der Aufklärung. Ihre Bestrebungen gelten einer durchdachten Reform der Institutionen unter der Ägide eines aufgeklärten Monarchen, in dem sie den besten Garanten für eine nationale Erneuerung sehen. Kurz, sie träumen von einer monarchistischen Revolution, durch die sich die Rechte des Fürsten mit den Menschenrechten vereinen ließen. »Diese Männer verbindet die gleiche Vorstellung von der politischen Ordnung, ein ähnliches Mißtrauen gegenüber der Demokratie und der Wunsch, von den Engländern das Modell einer freien Regierung zu übernehmen, die sich auf die Geschichte stützt, das heißt auf die ererbten Rechte, die nicht durch den Übergang von einer absoluten Herrschaft zu einer anderen gewährleistet werden, sondern durch die Neudefinition des Gleichgewichts der Gewalten.«[32]

Sade vertritt keine anderen Ansichten. Als Feind der »Jakobiterpartei«, die er immer verabscheut hat, als Anhänger einer konstitutionellen Monarchie nach englischem Vorbild und als Befürworter einer königlichen Autorität hat er ganz selbstverständlich seinen Platz im Klub der Unparteiischen, den sein Verwandter Stanislas de Clermont-Tonnerre mit Malouet (im Januar 1790) gegründet hatte, um den Einfluß der Jakobiner auszugleichen.

Das hindert ihn nicht daran, sich am 1. Juli 1790 seine Karte als »aktiver Bürger« der Sektion der Place Vendôme ausstellen zu lassen, der späteren »Section des Piques«, die zu einer der radikalsten von ganz Paris werden sollte. In dieser Zeit verzichtet er auch auf sein Adelsprädikat und nennt sich Louis Sade, was ihm demokratischer erscheint. Warum Louis? Nach der Überlieferung der Familie war dies der Vorname, den ihm sein Vater bei der Geburt verleihen wollte. Eine unkluge Entscheidung, denn

1792 werden viele Leute diesen Vornamen ablegen und einen anderen, weniger »monarchistischen« annehmen.

Als gewissenhaftes Sektionsmitglied nimmt Sade regelmäßig an den Versammlungen teil, die durchschnittlich alle zehn Tage in der Kapuzinerkirche stattfinden, ergreift aber dort nicht Partei. Er erfüllt sorgfältig seine Bürgerpflicht, wobei er möglichst unauffällig zu bleiben sucht, was seinem Naturell kaum entspricht. Muß man seinen Beitritt dennoch als ein Engagement sehen? Sicherlich nicht. Zu Beginn finden sich in den städtischen Sektionen Bürger aller Stände und aller Tendenzen ein. Die Gemäßigten üben dort einen starken Einfluß aus, vor allem im Westteil der Hauptstadt, wo sie den *enragés*, den Extremisten, zahlenmäßig überlegen sind. Vom großen Bankier bis zum Kleinhändler, vom Krämer bis zum Handwerker und zum kleinen Rentner erhebt sich eine anscheinend unüberwindliche Barriere gegen die kühnsten Maßnahmen. Als Sade der Sektion der Place Vendôme beitritt, weht dort noch nicht der Wind des Extremismus. Sein Schritt muß folglich als Vorsichtsmaßnahme angesichts der Ereignisse gedeutet werden, mehr nicht. Das ist noch der geringste Kompromiß, den er unter dem Druck der Tatsachen einzugehen bereit ist. Vorläufig wartet er ab …

Übrigens halten viele helle Köpfe die Revolution für beendet: Nun gilt es nur mehr, sie mit der Monarchie zu versöhnen und in einer Verfassung niederzuschreiben. Sade kann sich darüber nur freuen, hängt doch zum Großteil gerade vom zivilen Frieden seine Karriere als Schriftsteller ab, die nun als einziges für ihn zählt. Er hat nicht den Ehrgeiz, die grundlegenden Gesetze des Königreichs zu ändern, sondern seine Stücke zur Aufführung zu bringen, notfalls auch unter Verzicht auf seinen Adelstitel und durch weitere Kompromisse mit dem Regime. Anfangs fällt ihm dies nicht schwer, denn er stimmt völlig mit den herrschenden Ideen überein. Sehr rasch jedoch zwingt ihn die politische Entwicklung zu neuen Zugeständnissen, die ihn tagtäglich mehr und mehr von seinen ursprünglichen Überzeugungen entfernen und seine Freiheit beschneiden, bis sie ihn zunehmend und unmerklich zur Geisel dieser Revolution machen, deren Ausbruch er doch begeistert begrüßt hatte.

Am 14. Juli 1790, dem ersten Jahrestag des Sturms auf die Bastille, begibt sich Sade zum Fest der Föderation. Das Schauspiel lockt den Theaterliebhaber in ihm zumindest ebenso an wie den Bürger. Die Inszenierung ist tatsächlich großartig: Auf der Esplanade des Marsfeldes steht ein gewaltiges Amphitheater im Freien. Zu beiden Seiten hat man Böschungen errichtet, auf denen dreißig Reihen Sitzbänke stehen. Im Hintergrund, vor der Ecole Militaire, hat man eine überdachte Tribüne für die staatlichen Vertreter und die Botschafter aufgebaut. In der Mitte ragt die königliche Tribüne vor, damit jeder den König erblicken kann. Am anderen Ende der Esplanade steht am Eingang ein gewaltiger, fünfundzwanzig Meter hoher Triumphbogen mit drei Toren und gibt für die Glücklichen, die oben Platz fanden, eine prächtige Aussichtswarte ab. Vermutlich hat Sade von hier aus, mitten in der Menge, unter einem der zahlreichen bunten Regenschirme, die sich über den Köpfen spannen und die Sitzreihen in ein Pfingstrosenfeld verwandeln, den Aufmarsch mitverfolgt. Seit dem Morgen regnet es in Strömen. Doch nur eine Sintflut hätte die Begeisterung der 300 000 Föderierten beeinträchtigen können, die aus ganz Frankreich herbeigeströmt sind und nun dichtgedrängt auf den Tribünen dem Sturmwind trotzen.

Sade erstattet Gaufridy Bericht über diesen denkwürdigen Tag: »So - etwas läßt sich unmöglich im Detail schildern, man muß es gesehen haben, um es sich auszumalen. Ich hatte einen der besten Plätze und dennoch sechs Stunden lang den Regen auf dem Leib. Dieser Umstand hat alles beeinträchtigt und zu der Auffassung geführt, Gott habe sich kundgetan und sei *Aristokrat*. Nie hat es so viel Ordnung auf einem Fest gegeben, und nie gab es eines mit weniger Zwischenfällen. Einer wurde von den Kanonen getötet und zwei andere verletzt, und auch das nur aus Ungeschicklichkeit, mehr nicht. Allerdings wird dieses Fest, das die Liebe verbreiten wollte, die Zwietracht bringen. Die Gerüchte machen rascher die Runde als zuvor. Man behauptet, der König müsse seinen Eid auf dem Altar ablegen ... Was für eine Plattheit! Wäre es nicht natürlicher und erhabener, den Eid inmitten der Vertreter der Nation abzulegen? All diese Schikanen kommen von der Orléanistenpartei, die nur einen Wunsch hat, den Bürgerkrieg. Wenn sie triumphieren, sind wir verloren.«[33]

Über Sades Einstellung besteht kein Zweifel: Er ist mit ganzem Herzen bei diesem Fest der Brüderlichkeit, das die Einstimmigkeit oder vielmehr die Illusion der Einstimmigkeit über die Errungenschaften der Revolution symbolisiert sowie den Willen eines ganzen Volkes, seinen »Patriotismus« zu bekunden. Dennoch ist er besorgt. In den Tagen vor der Versammlung auf dem Marsfeld zirkulierten die tollsten Gerüchte in der Stadt und lösten in beiden Lagern Panik aus. Bei den Aristokraten, die davor zitterten, Paris den revolutionären Kräften ausgeliefert zu sehen, und bei den Volksmassen, die einen Handstreich der Aristokraten während der Zeremonie befürchteten. Niemand blieb von dieser Verschwörungspsychose verschont, nicht einmal der Marquis de Sade, der dem wirren Treiben des Herzogs von Orléans und seiner Partei eine Bedeutung beimißt, die ihnen in Wirklichkeit nicht zusteht, ihnen aber von den Anhängern Ludwigs XVI. gern unterstellt wird. Hingegen scheint er nicht zu ahnen, daß der König insgeheim nur an die Wiederherstellung der alten Ordnung denkt und sehr ernsthaft eine Konterrevolution erwägt.

Aus seinem Haß auf die Orléanistenfraktion hat Sade nie ein Hehl gemacht: Er stellt einen der seltenen Anhaltspunkte im Labyrinth seines politischen Denkens dar und entlädt sich ganz besonders gewalttätig in *Juliette* (fünfter Teil), wo die Figur des Grafen Brahé, des Großmeisters der schwedischen Freimaurer und Anführers der Verschwörung gegen Gustav III., unweigerlich an Philippe-Égalité (Herzog von Orléans, ein entfernter Verwandter des Königs) gemahnt, der Großmeister des »Großorients von Frankreich« ist und dazu ein notorischer Lüstling und professioneller Aufwiegler. Für diejenigen, die daran zweifeln könnten, hat Sade folgende Fußnote hinzugefügt: »Geist der Revolution von Stockholm, wehst du nun etwa in Paris?«

Ende Oktober 1790 verschwindet der Klub der monarchistischen Unparteiischen und wird durch die Gesellschaft der Freunde der monarchischen Verfassung ersetzt, der Sade als vollwertiges Mitglied beitritt. In dem Fragment eines Briefes an Gaufridy heißt es, »durch Freundschaft und Blutsbande unauflöslich mit den Interessen des Grafen von Clermont-Tonnerre verbunden, hat (Sade) nicht umhin gekonnt, dem monarchistischen Klub anzugehören, dessen Anführer und Initiator gewissermaßen (Stanislas) ist«.[34] Über die Zuneigung zu seinem Cousin hinaus verbindet ihn eine tiefere Übereinstimmung in den Ideen mit dieser Gruppe.

Nach dem Vorbild der Jakobiner, in Wahrheit aber um diese besser zu bekämpfen, richtet der Klub zahlreiche Niederlassungen in den Départements ein und macht sich rasch beliebt, indem er Brotkarten an die Bedürftigen verteilt. Er lehnt die Vorurteile des Ancien régime genauso ab wie die Leidenschaften der Neuerer und wählt als Leitspruch *Freiheit und Treue*. Das Gesetz, kraft dessen der König regiert, bleibt für diese Monarchisten die höchste Autorität. Die Klubversammlung hat, kraft der Verfassung, die Unantastbarkeit und Heiligkeit des Herrschers, die Unteilbarkeit des Throns und die Erblichkeit der Krone verkündet. Das ist die Verfassung, die diese Leute verteidigen. Sie kämpfen gegen die monarchiefeindlichen Umtriebe, gegen die aufhetzerischen Schriftsteller und die Männer, die hinter ihnen stehen. Gegen mögliche willkürliche Erlässe erhoffen sie sich alles von der Gesetzlichkeit. Darüber hinaus verfügen sie über eine Wochenzeitschrift, das *Journal de la Société des Amis de la Constitution*, das am Samstag, dem 18. Dezember 1790, zum ersten Mal erscheint.

Die Jakobiner und ihre Freunde, die über die Tätigkeiten ihrer Gegner gewöhnlich sehr gut unterrichtet sind, denunzieren sehr rasch diese demagogischen Manöver und stürzen sich in eine Kampagne, die die wahren Absichten der Organisation enthüllen soll. Man wirft ihr insbesondere vor, die Willkür zu predigen und skandalöse Almosen zu verteilen, die vom Hofe oder von anderen Stellen kommen (was stimmt). Man verdächtigt sie sogar, die Verfassung untergraben zu wollen. Diese Verdächtigungen entbehren nicht jeder Grundlage. Es läßt sich nicht leugnen, daß der Klub in der Rue Saint-Antoine mit Ausnahme von Clermont-Tonnerre selbst, Malouet, Boisgelin, Bergasse und einigen anderen, hauptsächlich Mitglieder hat, die sich nach dem Ancien régime zurücksehnen und überzeugt sind, daß der Adel immer die Zierde des Throns und die Stütze der Monarchie sein wird. Hinter dem konstitutionellen Aushängeschild verbirgt sich in Wirklichkeit ein Schlupfwinkel für Konterrevolutionäre.

Durch einen eigenartigen Zufall kommen die heftigsten Attacken von der Place Vendôme. Am 24. Januar kritisiert die Sektion äußerst heftig die Umtriebe der Freunde der monarchischen Verfassung, »deren bloßer Name bereits eine Beleidigung für die wahren Freunde des Königs ist, die für immer und ewig die der Verfassung sein werden«.[35] Bald schließen sich andere Sektionen an und fordern »im Namen von ganz Paris« und *mit allen Mitteln* die Zerstörung dieses »Herdes der Verführung«, wo die Monarchisten »dem dürstenden Elend das Gift der Aristokratie anbieten«. Die Affäre spitzt sich zu, es kommt zu Krawallen, die Klubversammlung mischt sich ein, Clermont-Tonnerre wird von der Menge ausgebuht, der Klub wird mit Steinen und Stöcken angegriffen. Am 28. März 1791 ordnet die Stadtverwaltung die Schließung des Klubs an. Donatien, der dort nicht oft verkehrte (wenn man ihm Glauben schenkt, ist er ihm nur beigetreten, um seinem Cousin eine Freude zu machen), ist dennoch gezwungen, sich für ein Lager zu entscheiden. Er macht kehrt und schließt sich, ohne mit der Wimper zu zucken, wieder seiner Sektion an.

Es wurde oft behauptet und wiederholt, Sade sei in die Freimaurerei eingeweiht worden. Wahrscheinlich hat die Zugehörigkeit seines Vaters, über die kein Zweifel besteht, den Glauben an die Mitgliedschaft des Sohnes genährt. Gibt es auch keinerlei Beweis dafür, daß er je Freimaurer gewesen war, so kann sich diese Vermutung doch auf eine vage Übereinstimmung zwischen Sade und den Werten der Freimaurer stützen. Aber selbst wenn die Philosophie der Logen ihn gelockt haben sollte, so hätte ihn sein militanter Atheismus davon abgehalten, einen Ritus zu praktizieren, der der christlichen Liturgie noch viel zu nahe steht. An dieser Religion, mochte sie auch noch so »natürlich« sein, hätte ihn der Kult des »Großen Architekten des Universums« endgültig abgestoßen. Für Sade wie für d'Alembert, Diderot, Condorcet, Turgot und viele andere, die der Freimaurerei fernblieben, sollte der Kult der Vernunft auf den Ritus verzichten und am hellichten Tage praktiziert werden.

Man kann sich auch schlecht vorstellen, daß Sade in einer Geheimgesellschaft mit seinen »Brüdern« in vollkommener Gleichheit verkehrte. Nichts steht mehr im Widerspruch zu seinen Prinzipien als eine Ideologie, die jeden Unterschied der Geburt und des Standes zwischen den Menschen aufhebt.

Obwohl Sade aus den eben angeführten Gründen den Logen fernstand, zeigte er dennoch großes Interesse an den »Söhnen des Lichts«. Die Schilderung der Loge des Nordens im fünften Teil von *Juliette* zeugt übrigens von einer guten Kenntnis der »königlichen Kunst«, die er wahrscheinlich seiner Lektüre verdankt (schon damals gab es eine reichhaltige Fachliteratur zu diesem Thema).[36] Jedenfalls interessiert ihn das Freimaurerritual, mag er es auch zum Spaß modifizieren und verdrehen, indem er die Einweihungszeremonie mit all seinen ausschweifenden Phantasmen versieht: Sodomie, Prostitution, Menschenopfer, Orgien und Greuel jeder Art. Vermutlich hat er sich sogar von den Logen anregen lassen, um die in seinem Werk so häufigen geheimen Kollegien zu erfinden, in denen die Brüderlichkeit auf gemeinsamen Leidenschaften und dem Kult gefährlicher Praktiken beruht. Man ahnt, wie sehr er sich daran ergötzte, die Tempel der sozialen Tugend umzufunktionieren und in Altäre der Perversität zu verwandeln. Die einzige Loge, der der Sadesche Held beitreten würde, wäre die Gesellschaft der Freunde des Verbrechens, deren Name allein schon an die von den Freimaurern so geschätzte

Terminologie gemahnt. Was Sade an der Freimaurerei fasziniert, ist nicht das Ideal, sondern die Strenge ihrer Statuten, die Protokolle und Vorschriften, auf denen sie beruht, ihre Unabhängigkeit gegenüber den Gesetzen des Staates sowie die Methode, mit der sie die Triebe dem Ritual unterwirft.

DER TOD DES »BEFREIERS«

Am 2. April 1791 erfährt das verblüffte Paris vom Tod Mirabeaus. Einige Tage zuvor, am 28. März, hatte er mit letzter Kraft, bereits vom Tod gezeichnet, eine Rede in der Klubversammlung gehalten. Seit diesem Tag ist er bettlägerig. Sein Freund, der Arzt Cabanis, weicht nicht von seiner Seite. Er verbringt die letzte Nacht im Fieberwahn, den Blick starr auf das Fenster gerichtet, und stirbt Samstag, den 2., um halb neun Uhr morgens, indes eine besorgte Menschenmenge vor seiner Tür wartet. Die Nachricht von seinem Tod im Alter von 43 Jahren spricht sich blitzartig herum, sein allzu jäher Tod erscheint nicht natürlich. Die Hypothese eines Giftmords wird nicht ausgeschieden. Plakate, die wenige Stunden darauf an den Mauern der Hauptstadt hängen, klagen namentlich die Brüder Lameth an, andere wieder Barnave. Um den Gerüchten ein Ende zu machen, ordnet der öffentliche Ankläger des ersten Arrondissements eine Autopsie an, die eine Entzündung der Leber und des Magens diagnostiziert, aber keine Spur eines Giftes findet. Am selben Tag hat sein Sekretär Comps versucht, sich das Leben zu nehmen, indem er sich fünfzehn Dolchstiche versetzte. Doch er kommt mit dem Leben davon und veröffentlicht einen Artikel über seinen Selbstmordversuch.

Am folgenden Tag beschließt die Klubversammlung, den Tribun in der Kirche Sainte-Geneviève zu bestatten, die soeben in Pantheon umbenannt worden war. Der Tempel der Religion hat sich in einen Altar des Vaterlandes verwandelt. Mirabeau kommt die Ehre zu, als erster darin begraben zu werden, was nicht nach jedermanns Geschmack ist. Marat und die Cordeliers denunzieren diesen Intriganten, der nun als Held dasteht. Aber Robespierre verteidigt das Andenken des Verstorbenen. Hunderttausend Pariser erweisen ihm die letzte Ehre, während die Nationalgarde eine Salve abschießt und verfassungstreue Priester dutzendweise den Sarg umringen.

Der Marquis erfährt sehr rasch vom Tod seines alten Widersachers und Nachbarn und berichtet Gaufridy: »Nichts kommt der Empfindung gleich, die dieser Tod hier verursacht hat. Das Volk strömt in Mengen zu den Schauspielen und unterbricht sie. Einige Personen, die vom Befreier Frankreichs weniger begeistert sind, fanden diese Unterbrechung schlecht, und einer dieser Unterbrecher wurde in das Palais-Royal geschleppt, wo ich weiß nicht was aus ihm geworden ist. Das löste großen Wirbel aus. Ich war am Abend im Palais-Royal, wo der Ausdruck des Schmerzes tatsächlich auf allen Gesichtern zu lesen war. Es herrschte eine düstere Stille, und die Leute standen in Gruppen beisammen. Der Tod des Sekretärs, der sich fünfzehn Messerstiche versetzte, ist wahrlich außerordentlich. Man hatte und hat nach wie vor diesen Mann stark im Verdacht, beim Tod seines Herrn mitgeholfen zu haben. Ich weiß nicht, ob die Zeit Licht in dieses dunkle Rätsel bringen wird [...]«

»Dienstag morgen, 5. April ...

Der Befreier wurde um sieben Uhr abends bestattet oder vielmehr provisorisch in der Pfarre Saint-Eustache aufgebahrt, um dann zur Kirche Sainte-Geneviève, die als Schutzpatronin von Paris Anspruch auf ihn erhebt, getragen und dort begraben zu werden. Es ist gerecht, daß die Schutzpatronin den Befreier bekommt. Der Leichenzug war großartig; alle möglichen Korps nahmen teil, an der Spitze Monsieur d'Orléans. Alle Glocken von Paris läuteten. Zuvor war der Befreier geöffnet worden, um nachzuprüfen, ob sich in seinen Eingeweiden Gift befand oder nicht, und aus der gewaltigen Menschenmenge, die seit seinem Tod nicht von seiner Tür gewichen war, hatte man zwölf Leute aus dem Volk ausgelost, um an dieser Öffnung teilzunehmen. Sehr erfreut zu sehen, daß der Befreier eines natürlichen Todes gestorben war, nahmen die braven Pariser von ihrer Drohung Abstand, alle Aristokraten zu töten, in denen sie zuvor die Urheber dieses großen Unglücks vermutet hatten. [...] Die Straße, in der der Befreier gestorben ist, wird umbenannt und heißt nun *Rue de Mirabeau*.«[37]

DER BRIEF AN DEN KÖNIG

24. Juni 1791. Die Königsfamilie wird nach dem gewagten Fluchtversuch nach Varennes unter strenger Bewachung nach Paris zurückeskortiert. Die Kutsche Ludwigs XVI. fährt durch eine vor Verblüffung sprachlose, totenstille Stadt. Dreihunderttausend Pariser stehen Spalier und geben keinen Ton von sich. In der Nacht zuvor hatte man mit Kreide auf die Mauern der Hauptstadt geschrieben: »Wer dem König zujubelt, wird mit

dem Stock geprügelt. Wer ihn beleidigt, wird gehängt.« Als der Zug in den Platz der Revolution einmündet, tritt ein Mann aus der Menge, schwingt sich auf die Kutsche des Königs, wirft einen Brief hinein und verschwindet. Dieser Mann ist angeblich niemand anderer als Donatien de Sade. Das behauptet er zumindest drei Jahre später, am 6. Messidor des Jahres II (24. Juni 1794), als er seit sieben Monaten in den Kerkern des Schreckensregimes einsitzt. Das Schlachthaus Robespierres verlangte mehr und mehr Opfer, und es galt, dem Gemetzel zu entkommen.

Mag die Geschichte auch erfunden sein, der berüchtigte Brief selbst existiert. Er kam einige Tage nach der Rückkehr aus Varennes aus der Druckerei seines treuen Verlegers Girouard. Schenkt man dem Autor Glauben, so soll er sich in ganz Paris herumgesprochen haben. Man soll ihn sogar in den Tuilerien und auf den Bretterbühnen öffentlich verlesen haben. Er trägt den bezeichnenden Titel *Adresse d'un citoyen de Paris au roi des Français* (Schriftliche Eingabe eines Pariser Bürgers an den König der Franzosen)[38]. Sade wendet sich nicht an den König Frankreichs »von Gottes Gnaden«, sondern an den »König der Franzosen« durch die Gnade der Nation, an die er vertraglich gebunden ist, eine Idee, die im Brief selbst entwickelt wird: »Wenn Sie herrschen wollen, dann über eine freie Nation; sie ist es, die Sie zu ihrem Anführer ernennt; sie ist es, die Sie auf ihren Thron setzt, und nicht der Gott des Universums, wie man einst die Schwäche hatte zu glauben.« [39] Seine Vorwürfe sind die aller Franzosen, die an den Werten einer durch die Verfassung erneuerten Monarchie festhalten, aber vom Verhalten des Königs enttäuscht sind: »Sprechen Sie selbst aus, was wir von einem Mann halten sollen, der uns verraten hat, der nicht davor zurückschreckte, sowohl den Thron zu entweihen, auf dem er am Tag des Föderationspaktes saß, als auch den Altar, vor dem er den heiligen Eid ablegte, der ihn an seine Nation band, während gleichzeitig diese Nation sich an ihn band mit Bekundungen der Liebe und Empfindsamkeit, deren Schauspiel dem ganzen in einem Lager versammelten Frankreich Tränen entlockte.«[40]

Der hauptsächliche Einwand Sades gegen den Despotismus richtet sich, wie zu erwarten, gegen die geheimen Haftbefehle, diesen reinen Akt der Willkür. Er muß unweigerlich an sein eigenes Schicksal gedacht haben, als er schrieb: »Sie beklagen sich über Ihre Lage, Sie stöhnen, sagen Sie, in den Ketten. […] Wenn Sie sich in dieser Stellung, die vielen anderen als Glück erschiene, unglücklich wähnen, so mögen Sie doch einen Augenblick das Los der früheren Opfer Ihres Despotismus bedenken, das jener traurigen Menschen, die eine einzige Unterschrift von Ihnen, Frucht einer Verführung oder einer Zerstreutheit, aus ihren weinenden Familien herausriß und auf immer in die Kerker dieser erschreckenden Bastillen warf, mit denen Ihr Königreich gespickt war. [...] Wenn man so schwere Übel zugelassen hat, Sire, dann muß man leichte zu ertragen wissen.« [41]

Ludwig XVI. ist jedoch nicht allein verantwortlich. Sade stimmt in den Chor zahlreicher Emigranten und auch der Jakobiner ein und scheut sich nicht, auch die Umgebung des Königs zu beschuldigen und vor allem den verhängnisvollen Einfluß der Königin:

»Wenn es wahr ist, und der Anschein spricht nur allzu sehr dafür, daß Ihnen Ihre Schicksalsgefährtin solche Ratschläge erteilt hat, so setzen Sie sie nicht länger der Rache der Franzosen aus; trennen Sie sich von ihr; Sie benötigen sie nicht mehr; schicken Sie sie in ihre Heimat zurück, die sie nur ausgesandt hat, um noch dauerhafter und noch zuverlässiger die zerstörerischen Gifte des Hasses im seit jeher von ihr gehaßten Frankreich zu verbreiten.«

Wie die Mehrheit der Franzosen, die trotz allem dem Prinzip der Monarchie treu bleiben, schenkt Sade seinem Herrscher auch weiterhin sein Vertrauen. Selbst nach Varennes ist noch nicht alles verloren, denkt er, wenn Ludwig XVI. bereit ist, loyal das Spiel der Verfassung zu spielen und nur mehr auf die Ratschläge der Nation zu hören. Die Schlußfolgerung seiner »Eingabe an den König« lautet:

»Bei der Ankündigung Ihrer Rückkehr kehrt in alle Herzen wieder die Hoffnung ein. Alle sind bereit, Ihnen zu vergeben. Hören Sie, was man sagt, Sire: Nicht mehr Sie haben uns hintergangen; Sie wurden hintergangen; diese Flucht ist das Werk Ihrer Priester und Ihrer Höflinge. [...] Niemand auf der Welt ist tiefer überzeugt als ich, daß das französische Reich nur von einem Monarchen regiert werden kann. Doch dieser von einer freien Nation gewählte Monarch muß treu dem Gesetz unterstehen.« [42]

Sade ist auf seine Eingabe recht stolz und schickt sie Reinaud, der die Schrift ironisch begrüßt: »Es ist also wahr, daß Sie es dem König gezeigt haben! Was für eine Bekehrung vom Französischen zum Lateinischen! Ihr Stück ist gut geschrieben, es hat einen klaren Aufbau und Kraft. Man erkennt Ihren sprühenden Stil. Aber abgesehen von den rhetorischen Kunstgriffen, die Sie geschickt und erfolgreich einsetzen, behaupte ich, daß der Autor mit gutem Beispiel vorangehen muß! Sie haben Ihre Frau verlassen, Sie wollen, der König möge die seinige zurückschicken; und heute verlangen Sie vor Gericht die Ihrige zurück! Bringen Sie doch etwas Zusammenhang in die Dinge. Man ist oft selbst die Antwort auf den Einwand: Doch halten wir dem Stil Ihres Druckwerkes einiges zugute, und vergessen wir, daß Sie lehren, was Sie selbst nicht tun.«[43]

Nach der Ablehnung des Zweikammersystems durch die Mitglieder der Verfassunggebenden Versammlung scheint das Regime nach englischem Modell (zwei Kammern und Vorrangstellung der königlichen Macht) endgültig abgelehnt zu sein, und seine Anhänger werden verdächtig. Während sich bereits die republikanische Idee durchzusetzen beginnt, wagt es Sade immer noch, sich in seiner Eingabe an den König darauf zu berufen. Er hält trotz allem hartnäckig daran fest, weil er ahnt, daß die Ablehnung dieses Systems, das in seinen Augen das einzig mögliche ist, jedenfalls das einzige, dem er sich anschließen kann, ohne seine Seele zu verkaufen, zu unabsehbaren Katastrophen führen wird.

Am 14. September kann er sich der Einsicht nicht mehr verschließen: Das Spiel ist endgültig verloren. Die Verfassung, auf die Ludwig XVI. den Eid abgelegt hat, hat nichts mehr mit den Gesetzen Englands gemein, und die Royalisten meinen nun, der Herrscher segne die Verbrechen der Revolution ab. »Ihr Heil liegt in der Ablehnung«, hatte Burke zum König Frankreichs gesagt. Doch die Ablehnung durch den König hätte auch bedeutet, daß die bisher von den Gemäßigten betriebene Politik desavouiert worden wäre. Die Idee einer Monarchie nach englischem Vorbild war ohnehin einfach deshalb von vornherein zum Scheitern verurteilt, weil die ökonomischen und sozialen Bedingungen der französischen Aristokratie ganz anders geartet waren als die der englischen. Es bedurfte der politischen Blindheit eines Clermont-Tonnerre oder der Naivität eines Sade, um sie in Frankreich für anwendbar zu halten.

Zwei Monate später, am 5. Dezember 1791, schreibt Sade an Gaufridy: »Ich bin Antijakobiter, ich hasse sie auf den Tod; ich bete den König an, aber ich hasse den alten Mißbrauch, ich liebe eine Unzahl von Artikeln der Verfassung, andere wieder empören mich. Ich will, daß die Aristokratie ihren Glanz wiedererhält, denn es hat nichts gebracht, ihn ihr wegzunehmen. Ich will, daß der König der Führer der Nation sei. Ich will keine Nationalversammlung, sondern zwei Kammern wie in England, wodurch der König eine gemäßigte Macht erhält, die durch die Mitwirkung einer notwendigerweise in zwei Stände geteilten Nation ausgeglichen wird; der dritte (der Klerus) ist überflüssig, ich will ihn nicht. Das ist mein Glaubensbekenntnis. Was bin ich nun? Aristokrat oder Demokrat? Sie, mein lieber Advokat, werden mir das sagen, denn ich selbst weiß es nicht.«[44]

Man glaubt es nicht! Die Verfassung von 1791 scheint bereits überholt, demokratische Ideen verbreiten sich, Robespierre fordert das allgemeine Wahlrecht, Marat schürt den Widerstand, die Republik zeichnet sich als Alternative ab, und der König hofft nur noch auf einen erlösenden Krieg. Das Schiff ist leck und droht zu sinken. Und Monsieur de Sade träumt davon, der Aristokratie wieder ihren Glanz zu verleihen, lehnt die Nationalversammlung ab, verkündet seine Liebe zum Herrscher. Ja, man glaubt zu träumen. Aristokrat oder Demokrat? Wetten wir, daß dem guten Gaufridy die Antwort nicht schwerfiel. Nie zuvor hatte Sade eine solche Sperre vor der Wirklichkeit an den Tag gelegt. In dieser Negation des Unumkehrbaren liegt sogar etwas Pathetisches. Denn was erwartet er? Nichts. Er schließt wie immer die Augen, um das Hindernis nicht zu sehen. Er schiebt den Gegenstand der Verzweiflung sehr weit weg, streicht ihn aus seinem Bewußtsein. Gleichzeitig ist er zu scharfsichtig, um auf seine eigenen Ausweichmanöver hineinzufallen. Er weiß, daß sich schreckliche Dinge anbahnen und daß er sich mit ihnen auseinandersetzen wird müssen.

KAPITEL 21

Inmitten der Wirren

DOPPELZÜNGIGKEIT

In Paris lebt der Marquis de Sade als liberaler und reformfreudiger Aristokrat, der durchaus zu Kompromissen bereit ist, in den Augen seiner Bauern bleibt er jedoch der arrogante Feudalherr, den sie immer gekannt haben. Ja, er ist noch hochmütiger und herablassender als früher, als wolle er gerade in dem Augenblick, da die alten Werte zusammenbrechen, noch deutlicher zeigen, wie sehr er sich von ihnen unterscheidet. Wie die meisten Adeligen akzeptiert er die neuen, aus der Revolution hervorgegangenen Sozialbeziehungen nicht. Als sich der Notar von Mazan, ein gewisser Conil, abfällig über den vormaligen »Herrn« des Ortes äußert, sendet dieser an Gaufridy eine Entgegnung, die wie ein Peitschenhieb knallt: »Der Erlaß der Nationalversammlung verfügt die Gleichheit unter den Menschen, aber keineswegs die Gleichsetzung oder Gleichstellung von Mensch und Tier, und folglich müßte Conil im Bewußtsein der Unterschiede, die er offenbar vergißt, in den Pferdestall zurückkehren, Hafer verlangen und schweigen, anstatt mir zu schreiben.«

Seiner inneren Logik treu bleibend, betrachtet Sade die revolutionären Bewegungen, die sich vor seinen Augen entwickeln, mit Entsetzen. Der oben zitierte Brief an Reinaud veranschaulicht deutlich das Gemisch aus Ekel und Angst angesichts der Volkshorden: »Ach! Seit geraumer Zeit sage ich mir schon, daß diese schöne und sanfte Nation, die den Hintern des Marschalls von Ancre gebraten aß, nur auf den rechten Anlaß wartete, um sich zu begeistern und zu zeigen, daß sie, immer zwischen Grausamkeit und Fanatismus angesiedelt, bei der richtigen Gelegenheit ihren natürlichen Ton wiederfinden würde!«[1] Im Grunde hat er das Volk nie verstanden und versteht es auch jetzt nicht. Er, der Aristokrat, ist gewöhnt, es als ein unverantwortliches Kind zu betrachten, und fürchtet die Unvorhersehbarkeit seiner Reaktionen. Er weiß, daß die irrationale Entfesselung seiner Wut die Existenz seiner eigenen Klasse in Gefahr bringt.

Er vermeidet zwar die physische Nähe zu seinen Vasallen in der Provinz und verschiebt aufgrund der »demokratischen Galgen« Jahr für Jahr seine Reise in die Provence, will aber nichtsdestoweniger der Herr seiner Leute bleiben und scheut gegebenenfalls auch nicht davor zurück, sie wieder zur Ordnung zu rufen. Als etwa die revolutionären Behörden von Mazan von ihm verlangen, er solle die Mauern seines Schlosses wiederaufbauen lassen, läßt er sie wissen, daß er von diesen »blöden« Dörflern keine Befehle entgegenzunehmen habe. »Mit Erlaubnis des Herrschers hat mein Vater diese Mauern zerstört«, schreibt er an Gaufridy. »Ich will sie nur mit Befehlen wiedererrichten, die denen gleichwertig sind, die die Zerstörung erlaubten. Wenn ihnen das nicht recht ist, so können Sie ihnen von von mir aus die Erlaubnis erteilen, das Schloß abzureißen und die Steine dazu zu verwenden, ihren Wall zu bauen. Sie können auch dessen gewiß sein, daß weder ich noch meine Familie Lust haben werden, auf einem Land zu leben, das sich so grauenhaft entstellt und entehrt hat wie dieses. Wir werden unserer Geschäfte halber unsere Ländereien und Güter besuchen, aber dieselbe Luft atmen wie diese Räuber? O nein, nie und nimmer! Ich verabscheue sie nun ebensosehr, wie ich sie liebte, und sehe in ihnen Dummköpfe, die, weil sie sich an der französischen Revolution bereichern konnten, blöde genug waren, sich von ihr erdrücken zu lassen.«[2]

Abgesehen vom Dünkel des Grandseigneurs und dem Ton des Feudalherrn geht daraus interessanterweise auch hervor, daß Sade in der Revolution unter anderem ein Mittel sieht, sich zu bereichern. Man kann sich sogar fragen, ob er in diesem Moment, in dem seine finanzielle Situation auf ihrem Tiefpunkt ist, nicht selbst mit dem Gedanken spielt, sich dieses Mittels zu bedienen. So blasphemisch diese Vermutung manchen auch erscheinen mag, sie läßt sich nicht ganz von der Hand weisen. Es ist nicht das erste – und nicht das letzte – Mal, daß skrupellose und pragmatisch denkende Männer aus wirren Perioden der Geschichte Gewinn schlugen: aus Kriegen, aus der Revolution und aus der Okkupation; und bekanntlich steht Sade Geldfragen ohne jede Scham gegenüber. Seit dem Beginn der Revolution hat er erlebt, wie sich Hunderte von Spekulanten aller Schattierungen bereicherten. Warum nicht auch er? Wetten wir, daß er zumindest mit dem Gedanken gespielt hat. Fest steht jedenfalls, daß er erwägt, sein Vermögen vor den Beschlagnahmungen in Sicherheit zu bringen, die den Adeligen und den Verwandten der Emigranten drohen.

Wir haben die zwei Sachverwalter ausfindig machen können, mit denen er in dieser Angelegenheit zu tun hatte. Es handelt sich um Toussaint-Charles Girard und Jean-François Dufouleur, zwei Pariser Notare, deren Kanzlei Sade ab 1790 aufsuchte und die für die Dienste, die sie den Adeligen geleistet hatten, mit ihrem Leben büßen mußten: Dufouleur starb 1794 auf dem Schafott, weil er das Vermögen der Familie Leduc de Biéville gerettet hatte, indem er sich eines Strohmanns bediente.[3] Girard, der frühere Präsident der Sektion der Freunde des Vaterlandes, wurde für schuldig befunden, die Besitztümer von Emigranten in Sicherheit gebracht zu haben, und am selben Tag verurteilt wie sein Klient Donatien de Sade (am 26. Juli 1794), im Unterschied zu diesem aber tatsächlich hingerichtet.[4] Heute haben wir den Nachweis dafür, daß Sade Madame Quesnet Geld überschrieb, und zwar 15 000 Livres in Form eines falschen Schuldscheins, der vor dem Notar Dufouleur unterzeichnet wurde.[5]

Wir sind weit entfernt vom Bild des patriotischen, menschenfreundlichen Jakobiners Sade, an dem manche auch heute noch hartnäckig festhalten. Auf die Gefahr hin, sie zu enttäuschen, müssen wir klar sagen, daß er nichts dergleichen war: Dies geht aus seiner Privatkorrespondenz hinreichend hervor, und wir haben keinen Grund, die Aussagen in seinen Briefen an Gaufridy und Reinaud anzuzweifeln, vor denen er sich nicht verstellen muß und die im übrigen seine Ideen teilen. Wenn seine Taten mitunter das Gegenteil besagen und wenn seine politischen Schriften – die er selbst als »staatsbürgerliche Produktionen« bezeichnet –, republikanischen Eifer an den Tag legen, so deshalb, weil sie das Produkt der Umstände sind. Allzu skeptisch über den Wert der Menschen, allzu pessimistisch und allzu fern jeder Illusion einer politischen Moral, glaubt Sade an das revolutionäre Ideal genausowenig, wie er früher an das christliche Ideal geglaubt hatte. Die einzige wahre Revolution, auf die es ihm ankommt, die einzige, an die er je geglaubt hat, die einzige, die er über die Grenzen des Vorstellbaren hinaus zum Triumph führt, ist die des Schreibens.

EIN IRRTUM DER BEHÖRDEN

Die meisten Adeligen waren 1792 bereits im Ausland. Die Emigration ging in drei aufeinanderfolgenden Wellen vor sich: Juli/August 1789 nach dem Sturm auf die Bastille; 1790 infolge der Erlässe über die Abschaffung der Feudalherrschaft; und schließlich im September/Oktober 1791 nach der in Varennes gescheiterten Flucht. Insgesamt haben zwischen 1789 und 1800 an die 150 000 Personen ihr Heim verlassen.[6] Sade gehört zu der Minderheit, die das Exil abgelehnt hat. Weder die Drohungen, die über ihm schweben, noch seine tiefsitzende, angeborene Angst vor allen Volksbewegungen, noch der Schiffbruch der monarchistischen Revolution, noch das Beispiel der anderen Adeligen konnte ihn zum Aufbruch bewegen. Emigrieren? Darauf verzichten, seine Theaterstücke aufführen zu lassen? Seine Karriere als Dramatiker aufs Spiel setzen? Er denkt nicht im Traum daran. Die literarische Ambition ist ausschlaggebend: Was immer auch geschehen mag, er bleibt in Frankreich.

Was hat er auch zu befürchten? Ist er nicht über jeden Verdacht erhaben? Seine Jahre in der Bastille, seine »Eingabe« an den König, der Mitgliedsausweis seiner Sektion, sind dies nicht lauter zuverlässige Beweise für seine staatsbürgerliche Gesinnung? Der Bürger Louis Sade, »Schriftsteller«, hat nichts mehr mit dem vormaligen Marquis de Sade gemein, das lasse man sich gesagt sein. Und sollten manche es wagen, an seiner Bekehrung zu zweifeln, so wird er noch weiter gehen. Und notfalls Jakobiner werden. Darauf soll es nun auch nicht mehr ankommen! Ganz zu schweigen davon, daß auch sein Vermögen auf dem Spiel steht. Monsieur de Sade hat keinen anderen Besitz als seine Güter in der Provence. Aufgrund der Dekrete vom 31. Oktober und vom 9. November 1791, die die Emigration mit dem Verbrechen der Verschwörung gegen den Staat gleichsetzen, würden sie sofort unter Zwangsverwaltung gestellt werden, sollte er Anstalten machen, das Land zu verlassen.

Zu all diesen guten Gründen, in Paris zu bleiben, kommt auch noch die Faszination, die die Revolution trotz allem auf seine Phantasie ausübt. Ein Teil von ihm kann sich tatsächlich darin wiedererkennen. Die Freiheit seines Schreibens deckt sich dunkel mit der tatsächlichen Freiheit, und zwar genau in dem Moment, in dem letztere in eine Krise gerät und ein historisches Vakuum schafft. Deckung heißt nicht Identifikation: Die aufständischen Energien Sades sind nicht diejenigen, die den revolutionären Prozeß in Gang gesetzt haben. Sie stünden eher im Widerspruch zu ihnen. »Und dennoch«, schreibt Maurice Blanchot, »ohne die tolle Maßlosigkeit, für die der Name, das Leben und die Wahrheit Sades stehen, hätte die Revolution einen Teil ihrer Vernunft eingebüßt.«[7] Darüber hinaus besitzt die Emigration für ihn nicht den gleichen Sinn wie für einen anderen. War er nicht immer ein Wanderer, ein Gefangener, ein Einzelgänger und ein Emigrant unter seinesgleichen gewesen? Also beschließt er, brav und einfach hier zu bleiben.

Dennoch wird Ende des Jahres 1792 sein Name in Marseille mit jenen gedruckt und angeschlagen, die das Staatsgebiet verlassen haben. Am 13. Dezember dieses Jahres wird »Louis-Alphonse (sic) Donatien Sade« in die Liste der Emigranten des Départements Bouches-du Rhône eingetragen. Will ihm jemand schaden? Handelt es sich um einen Irrtum? Um eine Verwechslung mit seinem Sohn Louis-Marie? Der überraschte Donatien protestiert bei den örtlichen Behörden, schickt Eingaben, Bestätigungen seines Wohnsitzes, Drucksachen aus der Section des Piques mit seiner Unterschrift und allerlei Unterlagen, die seine Anwesenheit in Paris nachweisen. Vergeblich. Er wird ungeduldig, drängt Gaufridy zum Handeln und erhält schließlich am 26. Mai 1793 Genugtuung.[8]

Einen Monat später gerät die Affäre erneut in Gang. Am 25. Juni 1793 teilt der Konvent das Département Bouches-du-Rhône, das als »zu umfangreich« angesehen wird, in zwei Hälften und beschließt die Schaffung des neuen Départements Vaucluse, dem der Bürger Sade nun angehört. Ist es eine bürokratische Verwechslung, der Machiavellismus der Verwaltung oder die Nachlässigkeit des Beamten? Jedenfalls steht sein Name wieder auf der Liste der Emigranten, die an das neue Département weitergereicht wird. Alle Bemühungen waren also vergebens. Nun beginnt eine unglaubliche Abfolge von Petitionen, Briefen und Ansuchen, eine aufreibende Jagd nach Augenzeugen, Unterstützungen und Empfehlungsschreiben, die, von einigen tragikomischen Episoden unterbrochen, nicht weniger als zehn Jahre dauern wird. Sade kann noch so viele Beweise seiner Aufrichtigkeit anhäufen, er wird trotz allem für schuldig befunden, emigriert und kehrt dann illegal nach Frankreich zurück. Und während dieser ganzen Zeit schwebt das Schwert des Damokles über seinem Haupt.

Madame de Sade und ihre Tochter emigrieren ebenfalls nicht, und zwar höchstwahrscheinlich aus ökonomischen Gründen. Abgesehen von kurzen Aufenthalten auf ihrem Familienbesitz La Verrière in der Nähe von Chevreuse bleiben sie in Paris. Die zwei Söhne Donatiens haben sich für die Emigration entschieden. Am 13. Juli 1791 scheidet der Unterleutnant Louis-Marie aus dem 84. Infanterieregiment in Pornic aus. Am 11. September verläßt er Frankreich und reist nach Deutschland. Claude-Armand, Adjutant des Marquis de Toulongeon, desertiert im Mai 1792 und folgt seinem Bruder nach. Die Emigration seiner Kinder bringt den vormaligen Marquis in größte Schwierigkeiten. Sade muß lügen und schwören, er wisse nicht, wo diese sich aufhalten, während er sich doch stets bemüht, so weit wie möglich über ihre Reisen informiert zu sein.

»LASST MEINE ALTEN HÄUSER«

Im März 1792 kommen beunruhigende Nachrichten aus der Provence. In der Gegend von Apt finden heftige Auseinandersetzungen statt. Gaufridy und sein Sohn, die beide einer royalistischen Verschwörung angehören, sind nach Lyon geflüchtet. Der Marquis steht Todesängste aus. Er schreibt umgehend an seinen Advokaten: »Meine Besorgnis wird sich erst legen, wenn ich Neuigkeiten von Ihnen erhalte. Antworten Sie sofort, ich bitte sie inständigst darum. Lassen Sie mich im Stich, legen Sie meine Geschäfte zurück, nehmen Sie keinen Anteil mehr an mir. Es soll mir recht sein, wenn es nicht anders geht. Aber lieben Sie mich, retten Sie sich, überzeugen Sie sich, daß Sie in mir einen Freund aus der Kindheit haben, dem es lieber wäre, daß ihm selbst Schlimmes widerführe als Ihnen.«[9] In einem Anflug von Großherzigkeit bietet er seinem lieben Advokaten die Gastfreundschaft an: Er möge sich doch bei ihm in Sicherheit bringen. Sein Haus sei klein, aber behaglich. Donatien reagiert als Freund, aber dabei ist auch Eigennutz im Spiel. Ohne Gaufridy sind seine Geschäfte verloren, wird der Pachtzins nicht eingehoben und das Schloß nicht gehütet. Einige Tage später atmet er wieder auf: Sein Sachverwalter ist wieder in Apt. In Erwartung eines weiteren Angriffs hat Gaufridy eine Garnison von vierundzwanzig Mann um sein Haus aufstellen lassen. Der Marquis bietet ihm sofort an, die Kosten dafür zu teilen, denn er fühlt sich in gewissem Maß verantwortlich für die Lage seines Verwalters.

Sade bleibt besorgt, obwohl die unmittelbare Gefahr vorüber ist. Und er hat guten Grund dazu. Unter den Aufständischen von Apt befinden sich einige seiner früheren Vasallen aus La Coste. Handelt es sich um Einzelfälle, oder sind die Costains mehrheitlich zu gewaltsamen Aktionen übergegangen? Ist ein Angriff auf das Schloß zu befürchten? Er erkundigt sich bei Gaufridy: »Richtet sich der Mißmut dieser Leute nur gegen die Priester, die den Eid nicht ablegen wollten, oder gilt er auch ein wenig den Grundbesitzern?«[10] Die Antwort trifft unverzüglich ein, und zwar in Form einer Meldung, die ihn keineswegs beruhigt. Man teilt ihm mit, daß die Jakobiner des Dorfes den Beschluß gefaßt haben, die Zinnen seines Schlosses zu schleifen. Von panischer Angst erfaßt, protestiert er bei dem Vorsitzenden des Klubs der Verfassung von La Coste. Er pocht zunächst auf die Aufrichtigkeit der Gefühle, die er für die Revolution und die Verfassung empfindet, und stürzt sich dann in ein redegewandtes Plädoyer: »Bricht man nur einen Stein aus dem Haus, das ich in Eurem Gebiet besitze, so trete ich vor unsere Gesetzgeber hin, trete ich vor Eure Brüder, die Jakobiner, in Paris hin und und verlange, daß auf ihn folgende Worte eingraviert werden: Stein aus dem Haus desjenigen, der die Steine der Bastille zum Einsturz brachte, von den Freunden der Verfassung aus dem Haus des unglücklichsten unter den Opfern der königlichen Tyrannei herausgebrochen. Wanderer, die ihr vorübergeht, reiht diese Schmach ein in die Geschichte der menschlichen Inkonsequenzen!

Ach, laßt meine alten Häuser, Herr Präsident! Blicken Sie in mein Herz, öffnen Sie meine Schriften, und lesen Sie meine Briefe, die gedruckt und in ganz Paris verbreitet wurden, als die Tanten des Königs das Land verließen und der König floh. Sie werden daraus ersehen, ob der Verfasser solcher Schriften in seinem Besitz angetastet werden soll.«[11]

Trotz der Beteuerungen der Gemeindeverwaltung fühlt sich Sade keineswegs beruhigt. Er hat gelernt, den Menschen zu mißtrauen, und mißt ihren Schwüren nur geringen Wert bei. Er weiß, Feigheit oder Eigennutz würden imstande sein, sich über die feierlichsten Versprechungen hinwegzusetzen.

Der ikonoklastische Eifer der Provenzalen beunruhigt ihn nicht weniger als die Schloßbrände, und zwar weniger aus religiöser Gesinnung als aus familiären Gründen. Als er erfährt, daß das Franziskanerkloster von Avignon zerstört werden soll, ist er um die Asche von Laura besorgt, die im Grab seiner Vorfahren beigesetzt ist. »Wäre es nicht anständig, dieser berühmten Frau eine unantastbare Zufluchtsstätte zu geben, etwa eine der Pfarreien auf meinen Besitzungen, und würde dieses in meinen Augen rein philosophische Vorhaben von den Patrioten nicht als ein aristokratisches betrachtet werden? Ich ersuche Sie darüber um Rat, antworten Sie mir bitte. Die Zölestinerpatres besitzen, glaube ich, einige Papiere oder Andenken an Laura. Müßte man sie nicht zurückholen? Sie haben, glaube ich, das Original der Verse von Franz I. für Laura.[12] Das scheint mir ein Dokument zu sein, das zurückzuverlangen wäre.«[13]

Trotz der Wirren in der Provence meint Donatien, er könne sich vor Ort besser verteidigen als von Paris aus, falls man versuchen sollte, seine Güter in Beschlag zu nehmen. Diesmal entschließt er sich tatsächlich: Was immer auch geschieht, er wird im kommenden Mai (1793) die Postkutsche nach Avignon besteigen und Constance mitnehmen. Er wird nicht länger als drei Monate dort bleiben. Allerdings gilt es noch eine Unterkunft zu finden: keine leichte Sache trotz der Schlösser, die er in dieser Gegend besitzt. Mazan ist unbewohnbar, Saumane zu isoliert und macht ihm angst; an La Coste denkt man lieber gar nicht: Das ist nicht der geeignete Moment, die Rückkehr des Herrn zu spielen. Am besten, man mietet ein bescheidenes Haus im Dorf. Doch wieder einmal werden die Ereignisse sein Vorhaben vereiteln.

»UNVERZÜGLICH«

Am 19. Juni 1792 beschließt die Gesetzgebende Versammlung auf Antrag Condorcets die Vernichtung aller in den öffentlichen Depots aufbewahrten Ahnentafeln. Am selben Tag werden auf der Place Vendôme, am Fuße der Statue von Ludwig XIV., sechshundert Folianten, die die Nomenklatur der Adelstitel enthalten, verbrannt. Donatien bekommt Angst und erteilt Ripert sofort seine Anweisungen: Achten Sie sorgfältig auf meine Grundbücher und meine Titel. Gestern hat man hier auf der Place Vendôme alle jene des Adels verbrannt. Bewahren Sie meine Unterlagen davor, ich flehe Sie an, und schaffen Sie sie an einen trockenen Ort, wo keine lebende Seele sie finden kann. [...] Nichts ist wichtiger, schreiben Sie sofort und unverzüglich.«[14]

Das ist also der Mann, den man für einen erbitterten Gegner seiner Kaste ausgeben will. Was geht Monsieur de Sade drei Wochen vor dem 10. August durch den Kopf? Worum sorgt er sich? Woran denkt er? Daran, seine Adelsbriefe in Sicherheit zu bringen! »Unverzüglich!«

»ICH BIN ALLEIN!«

10. August 1792, 3 Uhr morgens. Die aufständische Kommune wird im Rathaus gebildet. Die ganze Nacht hat die Sturmglocke geläutet wie in den Zeiten des Sankt-Bartholomäus-Massakers. Von Turm zu Turm hat sie den Aufstand ausgelöst und durch die tiefe Nacht geklungen wie die Totenglocke der Monarchie. Gegen sechs Uhr überschreiten die Delegierten der Sektionen des südlichen Paris und die Föderierten, insbesondere aus der Bretagne und aus Marseille, die Saint-Michel-Brücke, ohne einen Schuß abzufeuern. Kurz darauf gelangen sie zur Place du Carrousel, die vor dem Hof des Tuilerienpalasts liegt. Sie sind noch nicht sehr zahlreich und staunen über den Umfang der Verteidigungstruppen. Auf

der anderen Seite der Mauer sehen sie die Schweizergarde in roter Uniform, einen starken Trupp von Nationalgardisten, die auf sie gerichteten Kanonen und Hunderte Gardisten zu Pferd. Insgesamt an die viertausend Mann, zu denen sich noch zwei-, dreihundert Getreue gesellt haben, ehemalige Mitglieder des Gardekorps und Adelige mit allerlei hastig zusammengetragenen Waffen. Manche tragen Festsäbel, andere wieder Feuerzangen.

Während die Aufständischen Position beziehen und Verstärkung aus anderen Pariser Sektionen abwarten, wird Ludwig XVI. von einem Bataillon bejubelt, auf der Terrasse aber, auf der Rückseite des Schlosses, ausgepfiffen. Spottrufe werden aus den Reihen der Kanoniere laut. Roederer, der Prokularsyndikus von Paris, fordert den König auf, sich in die Versammlung zu flüchten, und versucht, die Königsfamilie zu schützen. Nach einer einstündigen Diskussion begibt sich der Herrscher mit seiner Familie und seiner Schweizergarde unter dem Spott der vor den Gittern der Terrasse dichtgedrängten Menge in den Manège-Saal. Die Versammlung empfängt ihn protokollgemäß und führt ihn zur Loge des Logographen.

Indessen schwillt die Menge der Aufständischen mehr und mehr an. Ganz Paris marschiert nun auf das Schloß zu. Zivilisten und Militärs, Föderierte und Sansculotten, Sektionsmitglieder, Nationalgarden, Arbeiter, Bürger, Pariser, Provinzler, an die zehntausend mit Piken und Gewehren bewaffnete Menschen drängen sich vor den Gittern. Die Gendarmen, die Hüte auf ihre Bajonette gespießt, verbrüdern sich mit ihnen, desgleichen die Kanoniere des Val-de-Grâce, deren Artillerie bis zum Place du Carrousel gezerrt wird. Eine Abordnung unter der Führung von Westermann läßt sich das königliche Tor öffnen. Die Angreifer strömen durch diese Bresche und bewegen sich auf die große Treppe zu. In diesem Augenblick wird aus einem Fenster im ersten Stock ein Schuß abgefeuert. Das ist das Signal. Die Schweizergarde eröffnet das Feuer; die Aufständischen weichen zurück und lassen 300 Tote auf der Straße zurück. Aber das Volk strömt in Massen aus dem Faubourg Saint-Antoine und dem Faubourg Saint-Marceau herbei. Die Schweizergarde weicht ebenfalls zurück. Der Kampf tobt immer wütender. Die Aufständischen befinden sich rasch vor den Toren des Palastes. Die Kanonen feuern mitten im dichten Rauch. Ludwig XVI. wird in der Versammlung von dem Massaker unterrichtet und ordnet an, die Schweizergarde möge die Waffen niederlegen. In der Verwirrung gelingt es dem Überbringer des Befehls, dem General d'Hervilly, nicht, die Botschaft weiterzugeben. Schließlich dringt das Volk über die Galerie des Louvre in das Schloß ein, schneidet den meisten Schweizergardisten die Kehle durch und dringt in die Gemächer ein. Ein schreckliches Gemetzel beginnt. Die Überlebenden der Schweizergarde werden entkleidet und kastriert, mitunter auch enthauptet; andere wieder werden aus dem Fenster gestürzt und auf Piken gepfählt. Nach der Erstürmung werden die Tuilerien verwüstet: alles wird zerbrochen, zerfetzt, verbrannt. Und während in Paris die jubelnde Menge die Symbole der Monarchie zu Boden wirft, verfügt die Versammlung die Absetzung des Königs und ernennt einen provisorischen Exekutivrat.

Was macht Monsieur de Sade in dieser Zeit? Zwei Jahre später, am 24. Juni 1794, behauptet er vor der Volkskommission, an diesem berüchtigen 10. August habe ihn ein Freund frühmorgens zu Hause abgeholt. Sie seien beide zur Place du Carrousel gegangen und hätten sich auf seiten der Marseiller geschlagen. Sein Freund sei sogar neben ihm verletzt worden. »Ich kochte vor Wut darüber, daß der Tyrann und seine unwürdige Gattin nicht auf der Stelle die Strafe für ihr Verbrechen erhielten.«[15] Man kann dieser späten Aussage keinen Glauben schenken, erfolgte sie doch in der Zeit, in der der Marquis im Kerker saß und von der Guillotine bedroht war. Sie steht auch im Widerspruch zu seiner Bestürzung, als er das tragische Ende seines Cousins Stanislas erfährt.

Clermont-Tonnerre war sozusagen von vornherein zur Zielscheibe der Menge bestimmt. War er nicht der Verteidiger der Monarchie, der Meister des Vetos, der Mann des Papstes? Er hat unablässig eine Verfassung nach englischem Vorbild gepredigt und einen suspekten König unterstützt. Er war ein Freund von La Fayette, Malouet, Montmorin und Necker, er hat Besenval verteidigt und Marat, Brissot und Robespierre bekämpft. Genug, um den Haß des Volkes auf sich zu ziehen. Überdies wirft man ihm vor, Verschwörungen anzuzetteln und Waffen in seinem Haus zu verstecken. Man hält ihn für ein aktives Mitglied des »österreichischen Komitees«, für einen Verräter an der Nation. Wie sollte er der Rache der Patrioten entkommen?

Am 10. August, um neun Uhr morgens, dringt eine erregte Truppe bewaffneter Männer in sein Hôtel in der Rue des Vieilles-Tuileries ein. Man reißt ihn aus den Armen Delphines, schleppt ihn nach Croix-Rouge, in die Prämonstratenserkirche, wo die Sektion permanent tagt. Er wird verhört, behauptet seine Unschuld. Die Kommissäre lassen ihn frei und fordern ihn auf, sich zu verstecken. Aber sein Bedürfnis nach Rechtfertigung ist stärker, er will eine Ansprache vor der Menge halten. Zunächst wird applaudiert, aber die Drohungen und die feindlichen Zwischenrufe nehmen bald überhand. Ein Koch, den er wegen Diebstahls entlassen hatte und der zufällig anwesend ist, hetzt die Menge gegen seinen früheren Herrn auf. Stanislas erhält einen Sensenschlag auf den Kopf. Er flieht wankend und erreicht die Wohnung seiner Freundin Madame de Brassac in der Rue du Bac. Die Henker folgen ihm bis in den vierten Stock, fassen ihn und werfen ihn aus dem Fenster. Sein Körper landet auf dem Straßenpflaster. Nun stürzt sich der rasende Mob auf ihn, verstümmelt ihn, entstellt ihn und bringt ihn in sein Hôtel zurück. Beim Anblick des noch zuckenden Körpers fällt Delphine in Ohnmacht. Stanislas de Clermont-Tonnerre war noch keine fünfunddreißig Jahre alt.

Zwei Wochen später schreibt der noch geschockte Donatien an Gaufridy: »Die Ereignisse vom 10. August haben mir alles geraubt: Verwandte, Freunde, Schutz und Hilfe; drei Stunden haben alles in meiner Umgebung hinweggefegt. Ich bin allein!«

Als sich Sade zehn Jahre später dieses tragischen Tages erinnert, kann er nicht umhin, an die Massaker der Bartholomäusnacht zu denken: »De Thou berichtet in seinem zweiundfünfzigsten Buch, am Tag nach Sankt Bartholomäus seien die Hofdamen der Katharina von Medici aus dem Louvre getreten, um die nackten Leichen der vor den Mauern ermordeten und ihrer Kleidung beraubten Hugenotten zu sehen. Am 10. August kamen die Frauen von Paris und betrachteten die über die Tuilerien verstreuten Leiber der Schweizergarde.«[17]

EINE MYSTIFIKATION

Nichts wird je wieder so sein wie zuvor. Donatien weiß es. Nun muß er wirkliche Beweise seiner staatsbürgerlichen Gesinnung vorlegen und sich der etablierten Macht gegenüber klug verhalten, wenn er nicht enden will wie der arme Stanislas. Sein Gehorsam gegenüber dem neuen Regime wird um so ausgeprägter sein, hat er doch Unvorsichtigkeiten begangen, die es nun gutzumachen gilt. Sie sind eigentlich sehr geringfügig, aber in diesen Zeiten hängt des Leben eines vormaligen Adeligen nur an einem Faden. Sein erster Fehler war, daß er sich der Gesellschaft der Freunde der monarchischen Verfassung angeschlossen hat. Einen noch schwereren beging er jedoch an dem Tag, an dem er für sich selbst und seinen Sohn um eine Anstellung in der konstitutionellen Garde des Königs angesucht hatte. Das war 1791. Damals hatte der Herzog von Cossé-Brissac, der das Regiment kommandierte, seine Bewerbung abgewiesen, und zwar sicherlich aufgrund von Sades schlechtem Ruf, aber auch, weil dieser »zu viele Gründe hatte, sich über den König zu beklagen«. Sein Name steht jedoch immer noch auf der Liste der Bewerber[18]. Am meisten quält ihn jedoch heute die Emigration seines Sohns, die ihn, sollte sie publik werden, sofort der Justiz ausliefern würde. Er muß die Behörden um jeden Preis hinters Licht führen und den Gegner mit handfesten, unwiderlegbaren Unterlagen täuschen: Worte und Schein reichen nun nicht mehr aus. Da er die Tatsachen nicht leugnen kann, will er sie zumindest öffentlich mißbilligen und sich damit der Verantwortung entziehen. Er hat einen Einfall. Warum sollte er nicht selbst die Unterlagen fabrizieren, die seine Aufrichtigkeit beweisen? Er setzt also drei Briefe auf, datiert sie auf den 17. und den 18. August 1792 und adressiert sie an den Präsidenten Montreuil, an Renée-Pélagie und an seine Kinder. Im ersten Brief wirft er seinem Schwiegervater energisch vor, Louis-Marie und Claude-Armand zur Emigration veranlaßt zu haben. Eine gute Gelegenheit, sich wieder einmal an der »Montreuil-Clique« auszutoben. Man kann sich unschwer vorstellen, mit welchem Vergnügen er folgende Zeilen schrieb: »Gedachten Sie, Ihren eigenen hohen Adel unter Beweis zu stellen, als Sie Ihre Kinder, Ihre Neffen dazu zu bewegen versuchten, sich unter die Adeligen einzureihen? Ich, mein Herr, der ich nie diesem lächerlichen Wahn verfallen bin, habe von den Meinigen nichts anderes erhofft als Patriotismus und Aufrichtigkeit. Indem sie emigrierten, hintergingen sie beides und auch mich, der ich mich immer heftig und vor Zeugen, die Sie kennen, dagegen verwehrt habe. Was Ihre ehrgeizige bessere Hälfte, Madame de Montreuil, betrifft, so fällt ihr nichts leichter, als alles zu opfern, alles zu verraten, um das faule Skelett der widerlichen Herrschaft der Rechtsverdreher und die pestilenzialische Klaue der Minister mit ihren Haftbefehlen wieder ins Leben zurückzurufen.«

Was für ein reizvoller Sophismus! Um die adeligen Ambitionen der Montreuil zu denunzieren, verwendet der angehende Sansculotte die Sprache des Grandseigneurs.

Im Brief an die Marquise wiederholt er seine Drohungen und fügt hinzu: »Madame, machen Sie, daß meine Söhne wieder zurückkehren, daß sie zurückkehren und sich der Sache ihres Vaters anschließen. Ich bin Bürger und Patriot, Madame, und bin es immer gewesen … Wenn sie, mit einem Wort, in vierzehn Tagen nicht zurück sind, Madame, werde ich sie enterben.«

Der dritte Brief war an seine Söhne adressiert, um sie für ihr Verhalten zu tadeln und zum Gehorsam aufzurufen, andernfalls ihr Vater sie verfluchen würde: »Meine Kinder, Ihr wißt, daß ich die Entscheidung, die Ihr getroffen habt, immer getadelt habe und daß Ihr Euch von der Familie Eurer Mutter dazu bewegen ließet. [...] Ich teile Euch auch mit, daß ich meinen Dienst in meiner Sektion ableiste, daß wir unter diesen Umständen einander gegenüberstehen können und daß es sich nicht schickt, gegen seinen Vater Waffen zu tragen.«

Diese Briefe wurden natürlich nie abgeschickt. Sie waren auch nicht für ihre Adressaten bestimmt, sondern für die eventuellen Ermittler, die sich über den Verbleib seiner Kinder informieren sollten. Die Beteuerungen seiner staatsbürgerlichen Gesinnung, die wiederholten Attacken gegen den Despotismus, die abfälligen Bemerkungen über Ludwig XVI. und selbst der erbauliche Ton dieser Briefe, all das trägt dazu bei, das Bild eines Mannes glaubhaft zu machen, der der neuen Macht vollständig und aufrichtig ergeben ist.

DIES IRAE

Am Tag nach dem 10. August erfährt die revolutionäre Bewegung eine jähe Beschleunigung. Die Legende einer weitverzweigten aristokratischen Verschwörung, die mit dem Ausland zusammenarbeitet, weckt alte Ängste. Die Verratsneurose breitet sich in der Hauptstadt aus, und wie immer führt die Panik zur Repression. Die Kommune betreibt nun eine terroristische Politik, die in mancher Hinsicht die von 1793 ankündigt. Unter dem Druck der Sansculotten erläßt die sterbende Versammlung eine Zwangsmaßnahme nach der anderen: die Bestrafung der »Schuldigen« steht auf der Tagesordnung.

Ende des Monats erhöhen alarmierende Gerüchte die Spannung. Die Nachricht von der Niederlage in Longwy trifft am 26. August ein. Am 2. September kapituliert Verdun. Der Weg zur Hauptstadt ist offen. An diesem Tag betritt Danton, der die Einheit der revolutionären Kräfte verkörpert, die Tribüne der Versammlung und verkündet mit seiner mächtigen Stimme den berühmten Appell: »Alles sehnt sich, drängt und brennt nach dem Kampf. [...] Die Sturmglocke, die läuten wird, ist kein Alarmsignal, sondern sie ruft zum Angriff auf die Feinde des Vaterlandes. Um sie zu besiegen, meine Herren, brauchen wir Kühnheit, Kühnheit und wieder Kühnheit, und Frankreich wird gerettet werden.«

Zwei Stunden nach dieser Rede, am Sonntag nachmittag, während die Glocken läuten und die Lärmkanone die Pariser auffordert, auf dem Marsfeld zu den Fahnen zu eilen, werden Wagen voll mit Priestern, die in die Verbannung gebracht werden sollen, angehalten und zu den Gefängnissen in der Abbaye und im Karmeliterkloster geführt. Sofort beginnt ein gräßliches Gemetzel. Etwa fünfzig Mörder – Handwerker, Flickschuster, Limonadenverkäufer, Essigbrauer, Wagenbauer, Schlosser –, zu denen sich Föderierte aus Marseille und der Bretagne gesellt haben, halten die Parodie eines Volksgerichts ab und erschlagen die »Verurteilten« mit Säbelhieben und Piken. Binnen zwei Stunden werden hundertfünfzehn Priester in einem gewaltigen Blutbad niedergemetzelt, zum Großteil arme Landpfarrer, die nach Paris geflüchtet waren.

Seit dem 25. August gehen düstere Gerüchte um. Überall heißt es, die in den Pariser Gefängnissen einsitzenden Verräter würden nach wie vor Verschwörungen gegen die Revolution aushecken und die Royalisten würden alle diese Gefangenen, auch die gemeinen Strafgefangenen, bewaffnen und gegen die Patrioten hetzen. Die Volksmassen geraten in Panik. Die Männer weigern sich, an die Front zu gehen, bevor sie nicht ihre Stadt von den Feinden der Nation gesäubert haben. Die Presse liefert die »Verschwörer« namentlich dem Volkszorn aus. Marat und vor allem Fréron rufen die Sansculotten zu Schnellhinrichtungen auf: Die Gefängnisse quellen über von Verbrechern, schreibt Fréron in *L'Orateur du Peuple*; die Gesellschaft müsse dringend von ihnen befreit werden. Am 3. September fällt die Prinzessin von Lamballe im Abbaye-Gefängnis ebenfalls den Henkern zum Opfer. Einer von ihnen schlitzt ihr den Bauch auf, reißt ihr die Kleider vom Leib, trennt ihr die Brüste und die Vulva ab und ruft unter großem Gelächter der Patrioten: »Die Dirne! Jetzt wird sie keiner mehr vögeln!«[19] Nachdem er ihr den Kopf abgetrennt und einen Perückenmacher gezwungen hat, ihr langes Haar in Locken zu legen, trägt er ihn auf eine Pike gespießt bis zum Tempelherrenturm unter die Fenster von Marie-Antoinette. Die »Hinrichtungen« erfolgen am nächsten Tag massenweise und dauern ohne Unterbrechung bis zum 6. September. In allen Pariser Gefängnissen lassen sich die Mörder im Blutrausch zu den schlimmsten Exzessen hinreißen: in Saint-Firmin, am Châtelet, in La Force, in der Salpêtrière, in den Bernardins. Ingesamt kommen in diesen tragischen Tagen über 1 200 Opfer ums Leben, darunter Frauen und Kinder.

Unmittelbar danach schreibt Donatien an Gaufridy: »Zehntausend

Gefangene sind am Tag des 3. September umgekommen. Nichts kommt dem Grauen der Massaker gleich, die begangen wurden. Die vormalige Prinzessin von Lamballe war unter den Opfern. Ihr Kopf wurde den Augen des Königs und der Königin auf einer Pike dargeboten und ihr unglücklicher Leib acht Stunden durch die Straßen geschleift, nachdem er, so heißt es, mit allen Abscheulichkeiten der schlimmsten Ausschweifung besudelt worden war; allen eidverweigernden Priestern wurde in den Kirchen, in denen man sie gefangenhielt, die Kehle durchgetrennt, darunter dem Erzbischof von Arles, dem tugendhaftesten und ehrenwertesten unter den Menschen. Die Zollschranken und die Theater sind geschlossen, die Stadt ist allabendlich hell erleuchtet und Verdun eingenommen, sagt man mir.«[20]

Doch als er seinen Brief versiegelt, besinnt er sich: Zeigt er nicht allzuviel Mitleid mit den Opfern, allzuviel Abscheu vor den Henkern? Könnte dieser Brief, falls er in gewisse Hände gerät, ihn nicht verraten? Also faltet er das Blatt noch einmal auf und setzt mit seiner feinen Schrift neben den Satz »Nichts kommt dem Grauen der Massaker gleich« die vier Wörter: »aber sie waren gerecht«. Dieser Einschub gibt uns weitaus mehr Aufschluß über seine wahren Gefühle als alle seine politischen Reden.

»TIEF BETRÜBT!«

Der mörderische Wahn greift wie ein Lauffeuer auf die Provinz über. Avignon befindet sich in einem Schockzustand. Die Gefahr einer feindlichen Invasion und die Nachrichten aus Paris stürzen die ganze Region in Panik. Mit einer Woche Verspätung reagiert das Land ebenfalls auf die Ereignisse von August und September. Der Bauernaufstand äußert sich in Gewalttaten gegen das Eigentum der Großgrundbesitzer: Schlösser werden in Brand gesteckt und verwüstet, Felder werden verheert, der Zorn der Bauern tobt in jeder nur erdenklichen Weise. In der Gegend von Apt kommt es erneut zu blutigen Meutereien. Die Truppen, die mit der Niederschlagung der konterrevolutionären Umtriebe beauftragt sind, haben den Agenten der Fürsten, Monier de La Quarrée, verhaftet und sein Netz im Südosten zerschlagen. Die monarchistischen Verschwörer ergreifen die Flucht. Gaufridy, der zunächst von einer Gegend in die andere geirrt war, ist nun mit seinem Sohn Elzéar und einem Dutzend anderer Verdächtiger, darunter sein Kollege Fage, nach Lyon geflüchtet.

Als der Marquis davon erfährt, rät er ihm davon ab, in dieser Stadt zu bleiben. Sie bietet zwar vorläufig eine sichere Zuflucht, aber wenn sich die Sarden, was zu befürchten ist, gegen Frankreich wenden, wird die einstige Hauptstadt Galliens zwangsläufig darunter zu leiden haben. Warum zum Teufel kommt er nicht nach Paris? Hier würde wenigstens sein alter Kamerad über seine Sicherheit wachen. »Ich werde als Freund zu Ihnen sprechen, und zwar als Freund, der Ihnen alles anbietet, was er vermag, und nicht, was er nicht vermag«, schreibt er am 13. September. »Und ich bin ganz sicher, daß dies die Sprache ist, die ein aufrechter Freund wie Sie verdient. Ich biete Ihnen bei mir ein recht geräumiges Zimmer, in das man zwei Betten stellen kann. So können Sie mit Ihrem Herrn Sohn schlafen. Das Zimmer ist möbliert, aber ohne Bett. Die zwei Mietbetten werden Sie recht günstig von mir bekommen. Ich werde für Heizung und Licht sorgen. Ich werde für Ihre Nahrung aufkommen, und Ihr Herr Sohn wird im selben Haus für sechzig Francs pro Monat speisen können, wodurch sich Ihre Ausgaben insgesamt auf achtzig oder neunzig Francs monatlich belaufen werden. Ich bin sicher, in Lyon zahlen Sie mehr. Ihre Rückreise wird sie nichts kosten; wir werden gemeinsam im April abreisen.«[21] Bei dieser Gelegenheit bittet er seinen Briefpartner auch, künftig die Höflichkeitsfloskeln wegzulassen und nicht mehr zu unterschreiben: Man kann ja nie vorsichtig genug sein. Die Einladung klingt zwar großzügig, vor allem wenn man die spärlichen Mittel des »kleinen Haushalts« und die mit ihr verbundenen Risiken bedenkt, aber das war Donatien seinem alten Diener schuldig. Gaufridys Ergebenheit gegenüber seinem vormaligen Herrn war mit ein Grund für seine Probleme, wie Reinaud später erklären sollte: »Die Aufopferung, mit der er sich um Ihre Angelegenheiten kümmerte, war kein nebensächlicher Grund für diese Flucht. Er hatte häufig Besuche erhalten, bald von der einen, bald von der anderen Seite, und diese wiederholten feindlichen Einfälle nach Apt ließen ihn unangenehmere Folgen befürchten.«[22] Der Notar hatte sogar geheime Weisungen erhalten, sich von seinem Klienten zu trennen.

Bevor Gaufridy seine Heimat verließ, hatte er noch die Verwalter des Distrikts benachrichtigt, die die Gemeinde von La Coste am 7. September vor den schweren Wirren warnten, die bevorstanden. Sie baten die Gemeinde, »sorgfältig darauf zu achten, daß das Haus des Herrn Sade, der nicht emigriert ist, nicht angetastet wird«[23].

Einige Tage darauf spottet ein Dorfbewohner in einer Schenke im Nachbarort Lauris, am Ufer der Durance, lautstark über diese »Hasenfüße von La Coste«, die es nicht wagen, das Schloß ihres früheren Herrn anzugreifen. In Lauris hat der Bürgermeister selbst das Signal zum Angriff gegeben, indem er die ersten Steine warf. Worauf warten sie also, diese Tölpel, um es ihnen nachzumachen? Von den Spötteleien ihrer Kameraden aufgestachelt, entschließen sich die Bewohner von La Coste, mit Unterstützung einiger Nachbarn aus Lauris zum Angriff überzugehen. Am 16. September gehen im Dorf Gerüchte um: eine Offensive wird vorbereitet. Einige meinen, sie sei für den nächsten Tag geplant. So ein Zufall: Gerade an diesem Tag beschließt der Bürgermeister Sambuc, auf den Jahrmarkt in Bonnieux zu gehen, und gerade an diesem Tag zieht der Hausmeister des Schlosses aus.

Die Aktion sollte von zwei professionellen »Agitatoren« angeführt werden. Einer von ihnen, Ange Raspail, ein früherer Konditor aus Apt und Mitglied der dortigen Volkskommission, galt in der Gegend als guter Redner; er ließ sich »Kommissar« nennen und trug immer sein Sprachrohr mit sich. Am Vormittag desselben Tages hatte er mit seinem Gefährten François Roux den Angriff auf das Schloß Beaureport, den Wohnsitz des Emigranten Saporta, geleitet. Aber die Überstürztheit der Bewohner von La Coste vereitelte ihren Plan.

Montag, den 17. September, gegen zehn Uhr morgens, dringen mehrere Dutzend Belagerer (den Zeugen zufolge etwa achtzig), Männer, Frauen und Kinder, mit Stöcken und Piken bewaffnet zunächst in den Vorhof und dann in den Hof des Schlosses ein. Die sofort herbeigeeilte Nationalgarde fordert sie auf, sich zu zerstreuen, aber die Menge antwortet ihnen mit Beschimpfungen und Drohungen, bricht die Tore auf und stürzt sich in die Wohnräume. Sämtliche Säle werden geplündert und verheert. Die schwersten Möbelstücke werden aus den Fenstern geworfen. Was sich nicht mitnehmen läßt, wird zertrümmert. Die Spiegel gehen in Scherben, die Zwischenwände werden niedergerissen, die Täfelungen und Parkette herausgerissen, die Türen an den Felsen der Umgebung zersplittert. Die Keller werden durchsucht, und die besten, an Ort und Stelle geleerten Flaschen erhitzen die Geister noch mehr. Einige machen sich über den Taubenschlag her und demolieren ihn. Binnen einer Stunde ist das Schloß so gut wie leer und mit Trümmern übersät.

Raspail und Roux, die mit einer guten Stunde Verspätung eintreffen, gelingt es, die Erregtesten zu beruhigen. Ein Zeichen der Zeit: die Gemeinde beauftragt den Räuberhauptmann, die Ordnung wiederherzustellen und die gestohlenen Gegenstände wieder einzutreiben. Von seiner

Wichtigkeit tief überzeugt, versammelt Raspail die Vandalen, weist sie scharf zurecht, ruft ihnen in Erinnerung, daß die Güter des vormaligen Herrn Eigentum der Nation sind, und fordert sie auf, diese ins Pfarrhaus zu bringen.

Die wahren Gründe für den Angriff auf das Schloß bleiben im dunkeln. Die Herausforderung durch die Nachbarn von Lauris mag als Auslöser fungiert haben, erklärt aber nicht alles. Laut dem treuen Reinaud wären die Einwohner von La Coste nur dem Beispiel ihrer Nachbarn gefolgt, er schließt aber dennoch die These einer persönlichen Rache nicht aus: »Der Grund dafür war kein anderer als die Manie, die in einigen Ortschaften um sich gegriffen hatte und besagte, man müsse die befestigten Burgen niederreißen. Man beginnt mit der im Nachbarort Lauris. Die von La Tour d'Aigues und andere haben das gleiche Schicksal erlitten. Persönliches mag mitgespielt haben, aber das weiß ich nicht.«[24] Paulet, ein Offizier der Gemeinde und Vertrauensmann Sades, schiebt die Verantwortung bloß »auf einige übelbeleumdete Kerle von Lauris«.[25] Den Bürger Sade konnte man keiner konterrevolutionären Gesinnung verdächtigen: Seine patriotischen Schriften und seine rege Tätigkeit in seiner Sektion (wurde er nicht gerade zum Zeitpunkt der Plünderung zum Sekretär der Sektion ernannt?) waren in der Gegend hinreichend bekannt. Was war es also sonst? Manche haben behauptet, Hamsterer hätten Weizenlager im Schloß angelegt und dadurch den Zorn der Bauern geweckt. Man verdächtigte sogar Gaufridy. Aber Reinaud konnte das Gerücht unschwer widerlegen und die Zweifel des Marquis an seinem Verwalter ausräumen.[26]

Die Zerstörung von La Coste, von der ihm Reinaud genauestens berichtet, stürzt Sade in tiefe Verzweiflung: »Was für ein Verlust! Er läßt sich in Worten nicht ausdrücken. Das Schloß enthielt genug, um sechs andere zu möblieren! … Ich bin verzweifelt! … Adieu, adieu! Ich bin tief betrübt!«[27]

KAPITEL 22

Die patriotische Farce

Seit ihrer Gründung im Juni 1790 üben die achtundvierzig Pariser Sektionen einen wachsenden Einfluß auf die Staatsgeschäfte aus. Ursprünglich nur für die Gemeindeverwaltung zuständig, mischen sie sich mehr und mehr in das politische Leben ein und intervenieren in Fragen, die nichts mit ihren Befugnissen zu tun haben, und zwar so sehr, daß sich *Le Moniteur* ab November 1790 über diese Entwicklung, die er als »Disziplinlosigkeit« bezeichnet, entrüstet. Angesichts der Diktatur, die eine radikale Minderheit in der Nationalversammlung ausübt, entschließt sich letztere endlich zu Maßnahmen. Der Erlaß vom 18. bis 22. Mai 1791 reglementiert die Einberufung der Sektionen und beschränkt deren Beschlußfähigkeit auf die reine Gemeindeverwaltung. Dadurch soll jeder Autoritätskonflikt mit der zentralen Macht vermieden werden. Die Sektionen verweigern jedoch den Gehorsam und verlangen das Recht, sich ungehindert versammeln zu dürfen. Unter dem Druck der Sansculotten, der durch die drohende Invasion aus dem Ausland noch verstärkt wird, gibt die Gesetzgebende Versammlung schließlich nach: Am 24. Juli 1792 gewährt sie den Sektionen das Recht, permanent zu tagen. Das bedeutet nicht, daß sie sich Tag und Nacht ohne Unterlaß versammeln. Von außergewöhnlichen Umständen abgesehen, beginnen die Sitzungen um fünf oder sechs Uhr abends und enden um elf Uhr. Die Tagesordnung wird von den anwesenden Mitgliedern festgesetzt.

Eine weitere Neuerung: die Nationalversammlung hatte verfügt, daß die Zusammenkünfte der administrativen Körperschaften ab dem 1. Juli 1792 öffentlich zugänglich sein müßten, woraufhin die Sektionen in ihren Sitzungsräumen Tribünen aufstellen. Bald stören Banden von Agitatoren die Sitzungen mit ihren Drohungen und Beschimpfungen. Das Resultat folgt auf dem Fuße: Die Gemäßigteren bekommen Angst und überlassen den Extremisten das Terrain.

In Ermangelung eines politischen Programms formulieren die Sektionen klare Forderungen. Am 3. August 1792 verlangen sie vor der Versammlung die Absetzung des Herrschers, des »ersten Glieds der konterrevolutionären Kette«, und die Einberufung eines »Konvents«.

Die sogenannte Sektion der Place Vendôme zählte bei ihrer Gründung 1200 aktive Mitglieder, alles Bewohner des Viertels Vendôme-Madeleine, und hielt ihre Sitzungen in der früheren Kapuzinerkirche ab, die heute nicht mehr existiert.[1] Sie galt ursprünglich als eine der gemäßigtsten von Paris, macht aber in den Jahren 1791–1792 die gleiche Entwicklung durch wie die anderen. Sie wird von den Sansculotten infiltriert, läßt sich von ihren subversivsten Elementen mitreißen und radikalisiert sich unversehens derart, daß sie zu einer der »roten« Bastionen der Hauptstadt wird. Robespierre gehörte ihr an. Er war einer der fünf Kommissare, die am 10. August dem Generalrat der Kommune beitraten. Zu ihren Mitgliedern zählte auch noch der berüchtigte François-Nicolas Vincent, der »Fleischfresser« genannt, ein unverbesserlicher *enragé*, der später wegen seiner Exzesse in Gesellschaft seines ebenso fanatischen Freundes Ronsin verhaftet wird. Seine Unterschrift steht auf den Meldezetteln von Madame de Sade und ihrer Tochter.

Im September 1792 wird die Place Vendôme auf Place des Piques umgetauft, woraufhin auch die Sektion den neuen (und so bedrohlichen) Namen Sektion der Piken führt.

DER MARQUIS ALS SANSCULOTTE

Trotz – oder vielmehr aufgrund – seiner Herkunft überläßt Sade das Terrain nicht den Anhängern der Gewalt, sondern beschließt, ganz im Gegenteil, mit ihnen zu paktieren. Was bleibt ihm anderes übrig? Wenn er sich jetzt aus der Sektion zurückzieht, wird man ihm vorwerfen, er habe das Volk verraten. Er muß nicht bloß um jeden Preis auf seinem Posten bleiben, sondern sich auch noch an Radikalität überbieten, wird er doch in seiner Eigenschaft als vormaliger Adeliger von vornherein einer unbürgerlichen Gesinnung verdächtigt. Er mag noch so sehr seinen Vornamen ändern, sein Adelsprädikat weglassen und schwören, er sei nie adelig gewesen, niemand in der Sektion fällt darauf herein. Zweifelt jemand an seiner Aufrichtigkeit, so verweist er auf seine Haft in der Bastille. »Hier ist es eine große Ehre, dort gewesen zu sein. Man brüstet sich damit, man druckt es, und man erhält dafür eine Art Wertschätzung«, schreibt er an Gaufridy. Er erklärt sich lautstark zum Opfer des »Tyrannen«, schildert unermüdlich seine Heldentat vom 2. Juli 1789, verleugnet seine Vergangenheit, seine Vorfahren, seine Frau und seine Kinder und liefert immer wieder Beweise seiner republikanischen Gesinnung.

Es stimmt, bisher hat sich Louis Sade als perfekter Bürger benommen: Er ist ein fleißiger Teilnehmer an den Generalversammlungen, aufmerksam, diszipliniert, übernimmt regelmäßig, wenn er an der Reihe ist, die Wache und erfüllt eifrig die ihm übertragenen Aufgaben. Sein Verhalten ist untadelig, aber das genügt nicht. Die bloße Weigerung, ein öffentliches Amt zu übernehmen, gilt nunmehr, mit dem Aufkommen der Schreckensherrschaft, als konterrevolutionär und kann ins Gefängnis, ja sogar auf das Schafott führen. Wenn Sade überleben will, muß er dringend seine Neutralität aufgeben, mit den Wölfen heulen und, mit einem Wort, Taten setzen. Er ist in dieses Räderwerk geraten und kann nicht mehr zurück. Keine leichte Aufgabe für einen Mann wie ihn, der nicht zu Kompromissen neigt und dem jeder Volkskampf auf das äußerste widerstrebt. Alles trennt ihn von den Sansculotten: selbstverständlich seine Geburt, sein Vermögen, sein ganzes Sein. Vor allem jedoch seine Denkungsart: Nichts widerspricht seinem Wesen stärker als die egalitaristische und kollektivistische Ideologie. Nichts widert ihn mehr an als die »Gleichheit der Genüsse«, die Verachtung der Bildung, der legale Terrorismus. Was ihm am tiefsten widerstrebt und ihm sicherlich am sinnlosesten erscheint, ist der Moralismus des Volkes: Der Sansculotte ist tugendhaft. In seinen Augen ist ein ungeordnetes Privatleben unvereinbar mit einem anständigen öffentlichen Leben. Eine Eingabe fordert, »daß die Dirnen in staatlichen Häusern mit gesunder Luft gehalten und mit Arbeiten beschäftigt werden, die ihrem Geschlecht entsprechen«. Eine andere Eingabe verlangt ein Gesetz gegen Spielhöllen und Freudenhäuser. »Um ein anständiger Mensch zu sein«, erklärt der französische Republikaner dem Bürger von Philadelphia, »muß man ein guter Sohn, ein guter Gatte und ein guter Vater sein und, mit einem Wort, alle öffentlichen und privaten Tugenden in sich vereinen. Dies erst ist die wahre Definition des Wortes Patriotismus.« [2] Der Sansculotte haßt den Adeligen weniger wegen seiner Herkunft oder seines Vermögens, sondern wegen seiner verderbten Sitten.

Welchen Abscheu muß er überwinden, wie viele Regungen unterdrücken! Dennoch gelingt es Sade. Um den Preis welcher Lügen? Er sagt es nicht, aber wir können sie uns unschwer vorstellen. Es galt für ihn, seine ganze Person zu verleugnen, so weit entfernt waren diese jämmerlichen Vorurteile von der Sadeschen Idee des Aufstands! »Etwas von Sade gehört zur Schreckensherrschaft, und etwas von der Schreckensherrschaft gehört zu Sade«, schreibt Blanchot. Das stimmt. Aber was hat diese alltägliche Schreckensherrschaft, die die Sansculotten zum Gesetz erheben, mit dem Glanz des Sadeschen Terrorismus gemein? Was hat sie mit dieser neuen Luzidität zu tun, die einem jäh entgegenschlägt, wenn man Sade liest? Mit diesem Gemisch aus Klarheit und Dunkelheit, das uns aufwühlt? Mit diesen Exzessen, die uns so sehr blenden, daß wir an uns selbst zu zweifeln beginnen? Mit dieser unerbittlichen Logik des Bösen, die uns in den Abgrund stürzt? Mit dieser Energie, von der Saint-Just meint, sie sei »nicht die Stärke«, und von der Sade sagt, ohne sie gäbe es kein Glück?

Seit jeher träumt er von einem Regime ohne Gesetz. »Die Herrschaft der Gesetze ist lasterhaft«, schreibt er in *Juliette*, »sie steht tiefer als die der Anarchie. Der größte Beweis für meine Behauptung liegt darin, daß die Regierung notwendigerweise selbst in die Anarchie eintauchen muß, wenn sie ihre Verfassung ändern will. Um ihre alten Gesetze abzuschaffen, ist sie gezwungen, ein revolutionäres Regime einzuführen, in dem es keine Gesetze gibt: Aus diesem Regime gehen schließlich neue Gesetze hervor, aber dieser zweite Stand ist gezwungenermaßen weniger rein als der erste, weil er sich von ihm herleitet und weil zuerst dieses erste Gut, die *Anarchie*, herbeigeführt werden mußte, um zu dem zweiten Gut, der *Staatsverfassung*, zu gelangen.«[3] Und weiter: »Die Vielzahl der Gesetze bedingt die der Verbrechen. Hört auf zu glauben, diese oder jene Tat sei verbrecherisch; macht keine Gesetze, um sie zu unterdrücken; es ist gewiß, daß die Vielzahl der Verbrechen dann verschwinden wird.«[4] Oder: »Überzeugen wir uns ein für allemal davon: die Gesetze sind nur unnütz und gefährlich. Sie haben nur den Zweck, die Zahl der Verbrechen zu erhöhen oder zu gewährleisten, daß sie gefahrlos begangen werden können, indem sie sie dazu verurteilen, sich zu verbergen. Man kann sich nicht ausmalen, welches Ausmaß an Ruhm und Größe die menschliche Erkenntnis ohne die Gesetze und ohne die Religion bis heute erreicht hätte. Es ist unerhört, wie sehr diese unwürdigen Hemmnisse den Fortschritt gebremst haben.«[5] Für Sade müßte sich demnach die Revolution mit jenem reinen Augenblick gleichsetzen, in dem das menschliche Sein zwischen den alten und den neuen Gesetzen in der Schwebe ist, in dem das Individuum seine wahre Souveränität erreicht, in dem »der Mensch nur mehr die Bewegung des Unendlichen ist, das sich selbst aufhebt und aus seinem Verschwinden ständig neu hervorgeht« (Blanchot). Im Schweigen der Gesetze zeigt sich die einzige Wahrheit des Menschen, nämlich seine unendliche Fähigkeit zur Verneinung. Und mit ihr die fröhliche, fieberhafte Lust am Verstoß gegen alle Regeln. Dies ist die Zeit – die virtuelle Zeit der Auflösung –, die Sade im Namen des Aufstands herbeisehnt. Statt dessen bietet ihm die Wirklichkeit kein anderes Schauspiel als eine kalte Schreckensherrschaft, eine schikanöse Bürokratie und als einzige Orgie die schlampige Gefühlsduselei der Sansculotten. Nein, in Wirklichkeit hat nicht er die Revolution hintergangen: die Revolution hat ihn betrogen.

AUF DER BÜHNE DER REPUBLIK

Da Donatien sich bewußt ist, wie gefährdet seine Situation ist, engagiert er sich mit Leib und Seele für die Sache des Volkes und stellt die einzige Kompetenz, die man ihm bereitwillig zugesteht – die eines Schriftstellers –, in den Dienst der Nation. Die literarischen Talente sind nicht gerade zahlreich, und man ist froh darüber, eines bei der Hand zu haben. Zum Glück sind seine unzüchtigen Schriften den Sansculotten, deren Moralismus sich gewiß darüber empören würde, unbekannt. In der Sektion kennt man ihn nur als einen durchaus ehrenwerten Dramatiker.

Er tauscht also die Genüsse der ausschweifenden Literatur gegen die Trockenheit des administrativen Stils ein und debütiert am 28. Oktober 1792 bescheiden mit einem Bericht über die Pariser Spitäler, der ihm die Glückwünsche seiner Kollegen einbringt. Man ist mit ihm sogar so zufrieden, daß man beschließt, seinen Bericht drucken zu lassen und an die siebenundvierzig anderen Sektionen zu verschicken.[6]

Einige Tage später, am 2. November, wird seiner *Idée sur le mode de la sanction des lois* (Idee über den Sanktionierungsmodus der Gesetze) der gleiche Empfang zuteil. Man beschließt einstimmig die Drucklegung und die Versendung an die übrigen Sektionen und fordert sie auf, »ihre Wünsche zu einem so wichtigen Gegenstand möglichst rasch zu äußern«.[7] Gilbert Lely hält diese Rede für die solideste und originellste unter den politischen Nebenwerken Sades. »Eine mächtige Freiheitsliebe strahlt aus jedem Absatz«, meint er.[8] Worum handelt es sich?

Nach dem 10. August wurde eine neue Verfassung erforderlich. Sade schlug eine Art direkte Demokratie vor, in der die Souveränität tatsächlich vom ganzen Volk ausgeübt würde und nicht nur von dessen Vertretern. Man spürt darin den Einfluß von Rousseaus *Gesellschaftsvertrag*, einem politischen Ideal, das vom Kleinbürgertum und dem mittleren

Bürgertum allmählich übernommen wird. Diese direkte Demokratie überläßt der Gesamtheit der Bürger allerdings nur die Sanktionierung der Gesetze, anders ausgedrückt, das Recht, sie zu akzeptieren oder abzulehnen. Die Macht, Gesetze zu entwerfen und zu verbreiten, bleibt den Volksvertretern vorbehalten.

Interessanterweise greift dieser Text auf das Prinzip des Einkammersystems zurück (»die Souveränität ist unteilbar und unübertragbar«), wo sich doch Sade noch vor kaum einem Jahr zum Zweikammersystem nach englischem Vorbild bekannt hat. Diese Umschwünge sind nicht überraschend. Genausowenig wie das mitreißende (und irreführende) Pochen auf seine stete Treue gegenüber dem Ideal der Revolution: »Ich liebe das Volk, meine Werke beweisen, daß ich das derzeitige System aufstellte, bevor die feuernden Kanonenmündungen, die die Bastille stürzten, es verkündeten.« Wir haben gesehen, wie der Marquis de Sade vor 1789 das Volk behandelte, dem er sich nun so zugetan zeigt! Er schließt mit einem schönen lyrischen Aufschwung: »Der schönste Tag meines Lebens war der, an dem ich die süße Gleichheit des Goldenen Zeitalters auferstehen zu sehen meinte, an dem ich sah, daß der Baum der Freiheit die Scherben von Thron und Szepter mit seinen Ästen gnädig überwucherte.« Man weiß nicht, was es mehr zu bewundern gilt: seine Unverschämtheit oder seinen Humor!

Unser Held ist über sein (übrigens äußerst gelungenes) Pastiche sichtlich sehr amüsiert und freut sich über seinen Schwindel. »Wissen Sie, daß ich nun in meiner Sektion großes Ansehen genieße?« jubelt er Gaufridy gegenüber. »Es vergeht kein Tag, an dem meine Dienste nicht gefragt sind. Die kleine Schrift, die ich hier beilege und die sehr geschätzt wurde, ist der Beweis dafür.[9] Jetzt bin ich von meiner Sektion auch designiert worden, als Kommissar an der Verwaltungsversammlung der Spitäler teilzunehmen. Dort sind wir sechsundneunzig. Alles muß neu gemacht werden, und ich kann Ihnen sagen, daß unsere Arbeit äußerst mühselig ist. Wir müssen studieren, arbeiten, Unterlagen zusammentragen. Ich habe kaum eine freie Stunde.« Er schließt mit einigen Grundsätzen staatsbürgerlichen Wohlverhaltens: »Sie können in meinem Namen ein kleines Memorandum aufsetzen und schicken, vorausgesetzt, Sie beschließen es nicht mit den Worten: selbst wenn man Sie für einen Bürger hielte. Dieser aristokratische Satz würde einen Mann, der ihn hier ausspräche, an die Laterne bringen. Man sieht, meine Herren aus den Départements, daß Sie noch nicht AUF DER HÖHE der Revolution sind.

In der Hoffnung, daß Sie rasch in die Provence zurückkehren werden, habe ich beschlossen, niemandem mehr zu schreiben, solange ich keine Nachricht von Ihnen habe. Ich kann mir vorstellen, daß man die Sachwalter der *Seigneurs* schikaniert hat, aber ich werde nie begreifen, daß man Sie meinetwegen schikaniert haben sollte, da meine Rolle nie zweifelhaft war, mein Patriotismus, der auf zehn Jahre in der Bastille zurückblicken kann, sich nicht anzweifeln läßt und es, mit einem Wort, sicher ist, daß ich keinerlei aristokratische Ambition mehr hege und mit Herz und Seele bis zum Hals in der Revolution stecke.«[10]

Man darf sich nicht täuschen lassen: Dieses republikanische Finale steht nur da, um den Gegner zu täuschen, falls das Schreiben in seine Hände gelangen sollte. »Man muß in seinen Briefen vorsichtig sein, denn der Despotismus öffnete nie so viele wie die Freiheit«, schrieb der Marquis bereits im Jahr 1790.[11] Er spricht als Fachmann, betreibt er doch dieses kleine Spiel des öfteren auch selbst. Nachdem er in der Sektion immer einflußreicher geworden war, scheute er etwa nicht davor zurück, die an Madame de Montreuil adressierte Post abzufangen. Als Reinaud ihm infolge eines »verlorengegangenen« Briefes an die Präsidentin auf die Schliche kommt, warnt dieser Madame de Montreuil sofort: »Mir scheint, ich habe den Beweis für eine Ahnung, die bisher ein bloßer Verdacht war ... Unser Briefwechsel wird abgefangen, seien Sie dessen gewiß. Ich klage keineswegs die Post an; ich halte sie für zuverlässig, aber mein Blick richtet sich auf Monsieur Edas (Anagramm, mit dem der Advokat gewöhnlich den Marquis bezeichnet), der sich in Ihrer Sektion befindet, und ich glaube mich nicht zu täuschen. Und wenn ich mich täusche, dann nicht ohne Grund.«[12] Sade schreckt vor einer solchen Taktlosigkeit nicht zurück, und es ist denkbar, daß Madame de Montreuil nicht das einzige Opfer war.

Zum Akteur seines eigenen Lebens geworden, sieht sich der Marquis dazu verurteilt, ohne Unterlaß die Komödie seines Engagements vorzuspielen. Er spielt seine Rolle übrigens prächtig. Niemand verdächtigt ihn, worüber Sade – wie aus dem Ton seiner Briefe hervorgeht – überglücklich ist. Die Revolution, die den Autor Sade »zu Fall« brachte, als am 5. März 1792 die Sansculotten mit den roten Mützen die Aufführung des *Suborneur* unterbrachen, stellt ihn nun auf die Bühne der Republik und betraut ihn mit einer Rolle, die ihm auf den Leib geschrieben ist.[13]

Die größte Farce aber, und dies ist auch Sades Einschätzung, ist seine Ernennung zum Geschworenen der Anklage. Am 8. April steht er aufgrund einer dieser Umkehrungen, die nur die Geschichte zu erfinden weiß, auf einer Liste von zwanzig Bürgern der Sektion, die ausgewählt wurden, um ein besonderes Geschworenengericht zu bilden, das einen Fall von Assignatenfälschung aufklären soll. Der frühere Verbrecher ist zum Richter emporgestiegen. Die neue Maske reizt ihn ganz besonders. »Sie werden es nie und nimmer erraten! ... Ich bin Richter, ja, Richter! ... Geschworener der Anklage! Hätten Sie mir das je vorausgesagt? Sie sehen, mein Kopf wird reifer, und ich werde langsam weise ... Aber gratulieren Sie mir doch und vor allem, versäumen Sie nicht, Ihrem Herrn Richter Geld zu schicken, andernfalls soll mich der Teufel holen, wenn ich Sie nicht zum Tode verurteile! Sorgen Sie dafür, daß es sich im Dorf herumspricht, damit sie mich endlich als guten Patrioten kennenlernen, denn ich schwöre Ihnen, daß ich es mit Herz und Seele bin.«[14]

Zwei Monate später, am 16. Juni, betraut ihn seine Sektion mit einer offiziellen Mission: Er soll im Konvent auftreten und eine von ihm verfaßte Eingabe verlesen. Im Namen seiner Genossen fordert er die Abschaffung des Dekrets, das in Paris die Aufstellung einer Revolutionsarmee des Inneren vorsieht, die 6000 Mann stark sein soll, von denen jedem ein Lohn von vierzig Sols pro Tag zusteht. Dieses Dekret war nach den Volksaufständen vom 31. Mai und vom 2. Juni erlassen worden, die zur Niederlage der Gironde, zur Machtübernahme durch die Bergpartei und zur föderalistischen Bewegung geführt hatten, die von manchen als »konterrevolutionär« bezeichnet wurde. Während in der Vendée der Krieg ausbrach und der Kampf gegen die verbündeten Monarchien immer heftiger wurde, verschärfte dieser neue Aufstand die gefährdete Situation der Republik. Das von Sade als politisch unklug, ungerecht und gefährlich angeprangerte Dekret könnte, so meinte er, in Paris eine Prätorianergarde errichten, die von Ehrgeizlingen und Usurpatoren für ihre Zwecke mißbraucht werden könnte. Der Autor der Eingabe schlug überdies Reformen vor, die die Organisation der Armeen betrafen. In einer modernen Sichtweise der Landesverteidigung sprach er sich dafür aus, das Berufsheer und die Söldner durch die Mobilisierung des Volkes in Waffen zu ersetzen. »Nur dem Bürger von Paris steht das Recht zu, seine Stadt zu verteidigen«, ruft er aus. »Und die Stadt, die beim ersten Trommelschlag augenblicklich hundertfünfzigtausend Mann aufstellen kann, braucht keine Söldner zu werben, die allein dadurch, daß sie bezahlt werden, unwürdig wären, sie zu verteidigen.«[15]

Im Vorjahr war die Wohnung der Montreuil in der Rue de la Madeleine anläßlich einer generellen Hausdurchsuchung, wie sie vom Gesetz her in den Wohnungen der Verdächtigen gestattet war, in Abwesenheit der Besitzer amtlich versiegelt worden. Bei ihrer Rückkehr verlangen sie die Beseitigung der Siegel. »Da sie in meiner Sektion wohnen«, erzählt Donatien, »stehe ich gerade im Begriff, zum Kommissar dieser Siegelentfernung ernannt zu werden, und ich versichere Ihnen, wenn ich dort, wie zu vermuten, Aristokratie vorfinde, so werde ich sie nicht verschonen.« Er fügt jedoch sogleich hinzu: »Haben Sie sich amüsiert, Advokat?«[16] Er scherzte natürlich.

Am Abend des 6. April 1793 sucht der alte Präsident von Montreuil gänzlich unerwartet seinen Schwiegersohn in der Section des Piques auf, vermutlich auf Betreiben seiner Frau, die Donatiens Absichten ausforschen und ihn um Hilfe bitten wollte, falls die Dinge eine böse Wendung nehmen sollten. Im vergangenen Monat hatte man die Überwachungsausschüsse und das Revolutionsgericht gegründet. Die Jagd nach Verdächtigen hat begonnen: Aristokraten, Verwandte von Emigranten, eidverweigernde Priester und ganz allgemein alle, die irgendeinen Grund haben, der herrschenden Fraktion feindlich gegenüberzustehen, werden verhaftet. Die Montreuil fühlen sich bedroht. In ihrer Panik suchen sie verzweifelt nach Unterstützung, gleichgültig, von welcher Seite. Sie verfallen also auf den verabscheuten Schwiegersohn, den sie einst ins Gefängnis werfen ließen und der nun wichtige Ämter in ihrer Fraktion bekleidet. Man wird ihn aufsuchen, ihm klarmachen, daß es darum geht, die Großeltern seiner eigenen Kinder zu retten, und daß die Tragik der Situation den alten Groll zum Schweigen bringen muß. Notfalls wird man auf die Klassensolidarität pochen, auf die heilige Union. Sitzen sie letztlich nicht im gleichen Boot, stehen Sie nicht den gleichen Henkern gegenüber? Und wenn man sich vor ihm wird demütigen müssen, was soll's. Zwischen der Schande und der Guillotine hat man keine Wahl.

Die Präsidentin wäre bereit gewesen, dieses Opfer zu bringen. Ist sie nicht das eigentliche Oberhaupt der Familie? Dieser Auftrag würde ihr im Grunde nicht mißfallen. Ja, er würde ihr durchaus liegen. Madame de Montreuil fühlt sich im Kampf am wohlsten: Hier verausgabt sie rückhaltlos ihre ganze Energie, ihren ganzen Mut. Als besiegte Königin zu Füßen ihres Gegners: eine perfekte Rolle für sie. Man kann sich die Szene ausmalen. Sie würde sie mit einer äußerst effektvollen schmerzerfüllten Größe spielen. Aber wird er sich rühren lassen? Im Zweifelsfall ist es besser, den Gatten zu schicken. Der alte Präsident ist ein friedfertiger und gutmütiger Mann, der mit Donatien nie direkt in Streit geraten war. Also fällt die Aufgabe ihm zu.

So kommt es also zu diesem unerwarteten Besuch. Die zwei Männer haben einander seit fünfzehn Jahren nicht mehr gesehen, und man kann sich unschwer vorstellen, wie peinlich die Situation für beide ist. Nach allem, was vorgefallen ist, hätte es Sade sicherlich nicht an guten Gründen gefehlt, den alten Esel hinauszuwerfen. In Anbetracht seines stürmischen Charakters können wir annehmen, daß es ihn sehr gereizt haben muß. Und nun steht der Greis vor ihm, genau »in seiner Schußlinie«. Ausnahmsweise ist er, der Außenseiter, das schwarze Schaf der Familie, in der stärkeren Position. Und was geschieht? Fährt ihm ein heiliger Schrekken in die Glieder? Glaubt er, die Statue des Komturs zu erblicken? Er empfängt seinen Schwiegervater mit Ehrerbietung, und sie plaudern eine Stunde lang wie zwei alte Freunde, die über ein Wiedersehen erfreut sind. Haben sie von der Vergangenheit gesprochen? Hat Sade Abbitte geleistet? Hat Montreuil das Verschulden seiner Frau zugegeben? Wir werden es nie erfahren. »Es war äußerst angenehm«, erzählt Donatien am Abend nach dem merkwürdigen Gespräch unter vier Augen. »Ich sah den Moment kommen, da er mich zu sich nach Hause einladen würde.«[17] Es ist kaum zu glauben. Knapp einen Monat vorher, am 13. März, hatte ihm Madame Sade trocken seine wiederholten Angriffe auf ihre Eltern vorgeworfen: »Ich hatte bereits die Ehre, Monsieur, Ihnen zu antworten, daß ich, da Sie mir nicht bezahlen, was Sie mir schulden, außerstande bin, etwas für Sie zu begleichen. Was meine Familie betrifft, so hat sie nichts mit Ihren Geschäften zu tun. Und wenn Sie sie angreifen, wird sie Ihnen immer mit der Wahrheit antworten, wie wir das immer getan haben.«[18]

Kurz nach den Septembermassakern, genau zu der Zeit, als die Patrioten von La Coste sein Schloß plünderten, war Sade zum ersten Mal zum Sekretär seiner Sektion ernannt worden. Knapp einen Monat später, am 23. Juli 1793, wird er zum Vorsitzenden. Mit den Statistenrollen ist Schluß: nun übernimmt er die Hauptrollen. Allerdings darf man die Bedeutung dieses Amtes nicht überschätzen. Die Sitzungspräsidenten wurden »reihum« ernannt und wechselten wöchentlich, ja mitunter sogar täglich. Es handelt sich also im Unterschied zur Andeutung, die Sade Gaufridy gegenüber macht (»ich bin wieder aufgestiegen und Vorsitzender meiner Sektion«, schreibt er ironisch), nicht eigentlich um eine Beförderung, sondern um einen Vertrauensbeweis oder ein Zeichen der Dankbarkeit für die geleisteten Dienste.

Der Vorsitzende und Bürger Sade tritt sein neues Amt am 1. August an, indem er den Einwohnern seiner Sektion die Wünsche des Départements Paris hinsichtlich des Festes mitteilt, das zu Ehren der neuen Verfassung veranstaltet werden soll. Die Hausbesitzer und die Hauptmieter sind erstens verpflichtet, auf die Fassaden folgende Wörter malen zu lassen: Einheit – Unteilbarkeit der Republik – Freiheit – Gleichheit – Brüderlichkeit – oder der Tod, und zweitens auf dem Haus die Trikolore mit der Freiheitsmütze zu hissen.

Schon am nächsten Tag zwingt ihn ein Vorfall in der Sitzung zum Rücktritt. Was ist geschehen? Die von der Sektion vorgeschriebene rote Mütze auf dem Kopf, leitet er die Generalversammlung, als ihn eine plötzliche Übelkeit zwingt, sich zurückzuziehen. »Ich bin übel mitgenommen, erschöpft, ich spucke Blut. Ich habe Ihnen gesagt, daß ich Vorsitzender meiner Sektion bin. Meine Sitzung war so stürmisch, daß ich einfach nicht mehr kann! Gestern war ich, nachdem ich mich zweimal zurückziehen mußte, unter anderem gezwungen, meinen Platz dem zweiten Vorsitzenden zu überlassen. Sie wollten, daß ich eine grauenhafte, unmenschliche Maßnahme zur Abstimmung bringe: Ich habe nicht gewollt. Gott sei Dank, ich habe es hinter mir!«[19]

Um welches »Grauen«, welche »Unmenschlichkeit« handelt es sich? Die Schreckensherrschaft wütet, und das »Grauen« ist überall: Man hat die Qual der Wahl. Am Tag zuvor hatte der Konvent in einem Dekret die Öffnung der Grabmale der französischen Könige in Saint-Denis für den 10. August, den ersten Jahrestag des Sturzes der Monarchie, verfügt. In derselben Sitzung befahlen die Abgeordneten die Zerstörung der Vendée und die Überführung Marie-Antoinettes in die Conciergerie, wo sie die Ladung vor das Revolutionsgericht abwarten sollte. Mußte die Section des Piques diese Maßnahmen unterstützen? Über die Hinrichtung eines »Verdächtigen« bestimmen? Diesmal hat Donatien nicht durchgehalten; seine Nerven haben nachgegeben. Er ist bereit, alle möglichen bitteren patriotischen Pillen zu schlucken, vorausgesetzt, er muß nur mit seinem Wort oder mit seinen Schriften dafür einstehen. Aber das Schauspiel, ja die bloße Vorstellung des Fallbeils läßt ihn sich vor Ekel erbrechen. Darin liegt eines der eigenartigsten Paradoxe des Autors der *Hundertzwanzig Tage*: Er schaudert angesichts der Taten, die er in seinen Schriften so genüßlich beschreibt. Am 10. August haben ihn die Septembermassaker empört. Was man ihm jetzt abverlangt, übersteigt seine Kräfte. So sehr ihn der »Lustmord« lockt, weil er die Phantasie stimuliert, so sehr widert ihn der institutionelle Mord an, weil er nur mehr der abstoßende Ausdruck abstrakter Prinzipien ist. »Die Guillotine«, schreibt er in einem Brief an Gaufridy vom 21. Januar 1795 (auf den Tag genau zwei Jahre nach der Hinrichtung von Ludwig XVI.), »die Guillotine vor meinen Augen, hat mir hundertmal mehr Pein bereitet als alle erdenklichen Bastillen.«[20] Wie Jean Paulhan anmerkte, »ist der wahre Sadist vielleicht derjenige, der die billigen Gelegenheiten zum Sadismus ausschlägt und nicht duldet, daß ihn jemand auffordert, seine Manie auszuüben«.[21]

Im Verlauf dieser denkwürdigen Sitzung vom 2. August rettet er das Leben seiner Schwiegereltern, indem er sie auf eine Säuberungsliste setzen läßt. Daher vielleicht seine Übelkeit: »Hätte ich ein Wort gesagt, wären sie vernichtet worden. Ich habe geschwiegen: so räche ich mich!«[22]

Es hieße unseren Mann schlecht kennen, wenn man über diese Geste erstaunt wäre. Sicherlich ist niemand rachsüchtiger, gewalttätiger und zynischer als er. Aber Feigheit hat man ihm nie nachweisen können. Er ist keiner von denen, die den am Boden liegenden Feind mit Füßen treten. Von der Vorstellung durchdrungen, daß es eine Ethik des Geblüts gibt, würde er eine solche Tat eines Edelmanns für unwürdig halten. Vor allem diesen »Rechtsverdrehern« gegenüber, die ihm nur Verachtung einflößen. Indem er die Überlegenheit seiner Geburt auf seine momentane Überlegenheit als Vorsitzender seiner Sektion überträgt, rächt er sich aufs grausamste an den Montreuil, indem er sie vor der Folter rettet. Bewundernswerte Milde oder höchste Geringschätzung? Man muß hier in Erinnerung rufen, was er ein Jahr zuvor an Gaufridy schrieb: »Die Montreuil sind meine größten Feinde. Sie sind Lumpen, anerkannte Schurken, die ich mit einem Wort ins Verderben stürzen könnte, wenn ich wollte. Aber ich habe Mitleid mit ihnen und beantworte das Böse, das sie mir angetan haben, mit Verachtung und Gleichgültigkeit.« Man kann auch – vor allem? – denken, daß sein Grauen vor dem Schafott stärker war als sein Ressentiment.

Am 30. Mai 1794 wurden Monsieur und Madame de Montreuil, die nun jede politische Unterstützung verloren hatten, als Verwandte von Emigranten eingekerkert. Beide wurden am 9. Thermidor wieder in Freiheit gesetzt. Der Präsident starb sechs Monate später, am 15. Januar 1795, in Paris in seinem achtzigsten Lebensjahr.

Der Zwischenfall vom 2. August scheint rasch vergessen zu sein. Jedenfalls hindert er Sade keineswegs daran, einen Monat später (29. September 1793) seinen Kollegen seinen *Discours aux mânes de Marat et de Le Peletier* (Rede an die verstorbenen Seelen von Marat und Le Peletier) zur Begutachtung vorzulegen, den er eigens für die zu Ehren der zwei »Märtyrer der Freiheit« organisierte Feier verfaßt hat. Die Generalversammlung »nimmt die Prinzipien und die Energie dieser Rede mit Beifall auf«, beschließt die Drucklegung und versendet sie an den Nationalkonvent, an alle Départements, an die Armeen, an die städtischen Behörden von Paris, an die siebenundvierzig anderen Sektionen und an die Volksgesellschaften.

Die Gedenkfeier für Marat und Le Peletier findet Donnerstag, den 9. Oktober statt. Nach einer langen Prozession, in deren Verlauf an mehreren Stellen Ansprachen gehalten wurden, klettert der Bürger Sade langsam die Stufen zu einem Podium auf der Place des Piques (der vormaligen Place Vendôme) hoch und stellt sich zwischen die Büsten der beiden Heroen, die feierlich durch Paris getragen und hier aufgestellt worden sind. Umschwebt von Weihrauchwolken, imponierend, massig und mit ernstem Gesicht verliest Donatien de Sade seine erbauliche Ansprache. Seine Stimme durchdringt die feierliche Stille: »Bürger. Die teuerste Pflicht aller wirklich republikanisch gesinnten Herzen ist die Dankbarkeit gegenüber den großen Männern.«[23]

Lelys Urteil ist unmißverständlich: »Dies ist Sades enttäuschendstes politisches Werk.« Jedenfalls ist es rhetorisch nicht ungeschickt. Indem er sich ohne Umstände – aber vielleicht nicht ohne Humor – zur schrankenlosesten Emphase hinreißen läßt, kippt sein patriotischer Lyrismus in die Karikatur um: »Marat! Le Peletier! ... Die Stimme der kommenden Jahrhunderte wird nur weitere Ehren jenen hinzufügen, die Euch die heute blühende Generation darbringt. Erhabene Märtyrer der Freiheit, die Ihr bereits Euren Platz im Tempel der Erinnerung eingenommen habt, von hier aus werdet Ihr, von den Menschen stets verehrt, über ihnen schweben wie gütige Gestirne« usw.

Der Verfasser der *Hundertzwanzig Tage* hat einen derartigen Schwachsinn nicht ohne sein eisiges, düsteres (und natürlich innerliches) Grinsen aussprechen können. Niemand versteht es besser als Sade, den Spott zu verbergen, um ihn insgeheim noch tiefer auszukosten. Man ahnt, welche geheime Lust es ihm bereitet haben muß, Beifall für sein Pastiche zu erhalten. Was für eine Posse! Und was für eine Revanche sind diese Beifallskundgebungen der Menge auf dieser gewaltigen Bühne der Place Vendôme für den einst ausgepfiffenen Stückeschreiber!

Auch als Sade vom »Opfer« – denn so bezeichnet er den blutrünstigen Vampir der Schreckensherrschaft – zu dessen »Henker« übergeht, legt er seinen bleiernen Stil nicht ab. Dabei hätte ihn dieses Motiv doch inspirieren können: eine Frau, die stolz zu ihrem Verbrechen steht. Stoff genug, um die Phantasie des Autors von *Juliette* anzuregen. Vielleicht bringt ihn jedoch das reale Bild dieses Mädchens, das die Mordwaffe an ihrem Busen versteckt, in Verlegenheit, jedenfalls kann er nur eine perfekte Imitation des typischen »Sansculottenstils« liefern: »Schüchternes und sanftes Geschlecht, wie kommt es, daß Eure zarten Hände den Dolch ergriffen haben, den die Verführung geschliffen hat? ... Den Mischwesen gleich, denen man keinerlei Geschlecht zuschreiben kann, die von der Hölle ausgespien werden, um beide Geschlechter ins Verderben zu stürzen, gehört der barbarische Mörder Marats weder dem einen noch dem andern an. Ein Trauerschleier muß für immer über seinem Andenken liegen. Vor allem aber höre man auf, uns sein Bildnis, wie manche es wagen, unter dem betörenden Zeichen der Schönheit zu präsentieren. Allzu leichtgläubige Künstler, zerbrecht, verkehrt und entstellt die Züge dieses Ungeheuers oder führt es uns nur inmitten der Furien des Tartarus vor Augen.«[24]

In diesem Wust erkennt man allerdings eine von Sades Marotten aus dem Bereich der Dinge, die ihn abstoßen: sein Grauen vor dem Androgynen. Charlotte Corday ist unwürdig, ihrem Geschlecht anzugehören, und wird in den Bereich des Neutralen verwiesen und unter die hermaphroditischen Monster verbannt.

Inzwischen beunruhigt und verstört ihn jedoch eine andere Frau. Genau eine Woche nach seiner Ansprache, am 16. Oktober 1793, fiel Marie-Antoinettes Haupt unter dem Beil. In der Einsamkeit seines Arbeitszimmers vermerkt Sade in seinem Notizheft: »WORTE ANTOINETTES IN DER CONCIERGERIE: »Die wilden Tiere, die mich umgeben, erfinden täglich eine Demütigung, um die Schrecken meines Schicksals zu vermehren; sie träufeln Tropfen um Tropfen das Gift des Unglücks in mein Herz, zählen mit Wonne meine Seufzer und stillen, bevor sie sich an meinem Blut mästen, ihren Durst mit meinen Tränen.«[25]

Muß man hinzufügen, daß Marie-Antoinette diese Worte nie ausgesprochen hat? Indem Sade sie ihr in den Mund legt, bezieht er sie auf sein eigenes Schicksal. Er identifiziert sich mit der gedemütigten Herrscherin, die unter dem Beil des Henkers fiel.

Nach der Apotheose vom 9. Oktober ist sich Donatien gewiß, daß er sein Publikum in der Hand hat, und vertraut ganz – vielleicht zu sehr – seiner dramatischen Begabung. Er hat sich so sehr in seine Rolle eingelebt, daß er mitunter auf sein eigenes Spiel hereinfällt. Doch was er an Selbstbewußtsein gewinnt, büßt er an Umsicht ein. Gänzlich in Anspruch genommen, mitgerissen und gelegentlich amüsiert von dem autobiographischen Drama, das er Tag für Tag improvisiert, übersieht er einige Details. Eigentlich sind es nur Lappalien, aber befindet man sich einmal im Raubtierkäfig, so kann einen die geringste Achtlosigkeit teuer zu stehen kommen. Er mag ein noch so geschickter Schauspieler sein (seine Passion für diesen Beruf ist uns bekannt), gelegentlich gehen ihm doch die Nerven durch wie damals bei der Sitzung am 2. August, als er den Vorsitz zurücklegen mußte. Zum Glück bleibt dieser Vorfall folgenlos. In der Sektion wurde nicht mehr darüber gesprochen, wenigstens nicht in seiner Gegenwart. Man fühlt aber, daß er seit diesem Tag verletzlicher ist, daß eine Unvorsichtigkeit ihn zu Fall bringen kann. Wahrscheinlich überkommt ihn Müdigkeit, seine Konzentrationsfähigkeit nimmt ab, vor allem aber fühlt er sich immer stärker überwacht. Robespierre fordert das Volk zur höchsten Wachsamkeit auf: »Bürger, Frieden werdet Ihr nur haben, wenn Euer Auge für jeden Verrat offen ist, Euer Arm über jedem Verräter schwebt.« – »Ich sage dem Volk, daß es seine Feinde überwachen muß«, wiederholt er noch am Anfang des Jahres 1793. Die Pflicht zur Überwachung bedingt auch noch eine andere: die Pflicht, den Verrat oder die Verschwörung anzuzeigen. Mit der Schreckensherrschaft wird die Denunziation zu einer Bürgerpflicht, zu einer Verpflichtung, der sich kein Bürger, der dieses Namens würdig ist, entziehen kann. Die Sektionen sind von Spitzeln unterwandert, die für eine Hundert-Sol-Assignate Vater und Mutter verkaufen würden.

»BETEN WIR DIE TUGEND AN!«

Obwohl sich bereits mehrere Mitglieder des Konvents und der Pariser Behörden unverhohlen zum Atheismus bekannten, insbesondere Chaumette, der Generalprokurator der Kommune, und Hébert, der Herausgeber des *Père Duchesne*, war er noch nicht öffentlich anerkannt und zelebriert worden. Die Konventskommissare in den Départements gingen als erste mit gutem Beispiel voran. Andere folgten ihnen bald nach.

Am 15. November erklären sechs Sektionen vor der Tribüne des Konvents, daß sie den Schleier des Irrtums zerrissen und auf jeden anderen Kult als den der Freiheit verzichtet hätten. Unter diesen sechs war auch die Section des Piques. Sade wird eine große Auszeichnung zuteil: Er soll die Petition aufsetzen. Und er ist es auch, der an der Spitze der sieben anderen Delegierten zum Rednerpult schreitet und die Petition verliest. Haben sie die Priestergewänder getragen, die manche Delegationen in solchen Fällen anlegen? Man kann sich nicht vorstellen, daß Sade sich zu einer solchen Maskerade hergegeben hat. Als unangefochtener Meister der Überschreitung weiß er besser als jeder andere, wie sehr diese kindlichen Spiele an ihrer Substanz zehren. Verspottung setzt voraus, daß der Gegenstand des Spotts existiert. Die Entweihung des Heiligen geht im Prinzip vom Sinn des Heiligen aus, wogegen Sade immer gekämpft hatte.

Man muß ihn sich also in gewöhnlicher Kleidung vorstellen, wie er, die rote Mütze auf dem Kopf und sein Manuskript in der Hand, langsam bis zur Mitte des Forums schreitet, das für die Petitionäre des Konvents vorgesehen ist. Er rückt seine Brille zurecht, räuspert sich und beginnt inmitten des Stimmengewirrs, das auf der Publikumstribüne herrscht, vorzulesen. Zum Glück ist der Text kurz. Nach zehn Minuten zieht er sich unter Beifall zurück. Der Konvent versieht seinen Antrag mit dem Vermerk »ehrenwert«, beschließt die Veröffentlichung im Bulletin und verschickt ihn an den Ausschuß für Volksbildung.

Zum ersten Mal in seiner politischen Laufbahn hat er einige seiner festesten Überzeugungen aussprechen können. Um über den Tod des religiösen Aberglaubens und die Entchristianisierung zu schreiben, brauchte er nur die Ideen zu entwickeln, die er immer schon vertreten hatte. Der »Atheist bis zum Fanatismus«, als den er sich gern bezeichnet, folgt einfach seiner natürlichen Neigung. Es klingt also nicht gezwungen, als er vor den Vertretern der Nation erklärt: »Die Herrschaft der Philosophie hat nun endlich die Herrschaft des Betrugs vernichtet. Endlich wird der Mensch aufgeklärt, und indem er mit einer Hand das nichtige Spielzeug einer sinnlosen Religion zerstört, errichtet er mit der anderen der teuersten Gottheit seines Herzens einen Altar. Die Vernunft ersetzt Maria in unseren Tempeln, und der Weihrauch, der zu Ehren eines ehebrecherischen Weibes brannte, wird nur mehr zu Füßen der Göttin entzündet werden, die unsere Ketten zerbrach. [...] Seit langem schon lachte der Philosoph insgeheim über die äffischen Grimassen des Katholizismus, wagte er es jedoch, seine Stimme zu erheben, so verstand es der ministerielle Despotismus, ihn sehr rasch in den Kerkern der Bastille zum Schweigen zu bringen. Wie sollte auch die Tyrannei den Aberglauben nicht stützen? Beide wurden in derselben Wiege genährt, beide sind Kinder des Fanatismus, beiden dienen diese nutzlosen Wesen, der Priester im Tempel und der Monarch auf dem Thron, beide mußten die gleichen Fundamente haben und sich gleichermaßen schützen.«[27]

Diese Zeilen fassen Sades Einstellung zu religiösen Dingen recht klar zusammen. Diesbezüglich hat er seine Meinung nie geändert. Schon zwanzig Jahre zuvor, in seiner *Voyage d'Italie* (1775), hatte er die Frömmigkeit und den Fetischismus verspottet und sich über die »heiligen Albernheiten« und den »geweihten Kram, den der Aberglaube ohne zu erröten der Leichtgläubigkeit des Schwachen darbietet«, lustig gemacht.

Seine andere Marotte, das in der Petition so heftig abgelehnte Bündnis von Thron und Altar, inspiriert ihn in *Aline und Valcour* (1795) zu einer ähnlichen Reaktion (aber ohne rhetorisches Pathos): »Theokratische Strenge stützt immer die Aristokratie. Die Religion ist nur das Mittel der Tyrannei. Sie unterstützt sie, verleiht ihr Macht. Die erste Pflicht einer freien oder die Freiheit wiedererringenden Regierung muß eindeutig die völlige Zerschlagung aller religiösen Hemmnisse sein. Die Könige verbannen, ohne den religiösen Kult zu zerstören, heißt nur einen Kopf der Hydra abschlagen.«[28]

Es ist interessant, festzustellen, daß die beiden einzigen Momente, in denen das Sadesche Denken sich mit der Revolution deckte, nämlich die konstitutionelle Monarchie (am Beginn) und die Entchristianisierung, äußerst kurz waren. Die eine führte zur Schreckensherrschaft, die andere zum Kult des Höchsten Wesens.

Der zweite Teil seiner Petition hingegen steht völlig im Widerspruch zu seinem Denken, wecken doch die heidnischen Kulte ebenso viel Abneigung in ihm wie der christliche Kult, an dessen Stelle sie in der Schreckensherrschaft treten sollen. Nachdem er also die »Märtyrer der Freiheit« gefeiert hat, ist er gezwungen, den Gottheiten der Vernunft und der Moral ein Opfer darzubringen. Der Autor der *Hundertzwanzig Tage* überwindet ein weiteres Mal seinen Ekel, macht sich ans Werk und entwirft die Grundlagen einer Religion zu Ehren … der Tugend. Aber es kommt ihm nicht mehr auf eine Posse mehr oder weniger an. »Beten wir die Tugend an«, ruft er vor dem Konvent aus, »mögen die Verehrung der

Eltern, der Edelmut der Seele, die Gleichheit, die Aufrichtigkeit, die Vaterlandsliebe, die Wohltätigkeit usw., mögen alle diese Tugenden, von denen jede in einem unserer früheren Tempel aufgestellt wurde, zu den einzigen Gegenständen unserer Verehrung werden: Wir werden lernen, ihnen zu folgen und nachzueifern, indem wir sie anbeten.«[29]

Von seiner atheistischen Inbrunst und seinem Streben nach Wohlverhalten mitgerissen, hat Donatien soeben einen gewaltigen Fehler begangen. Ohne dies zu beabsichtigen, hat er sich gegen die Regierung gestellt. In dem Augenblick, in dem sich die Mitglieder des Wohlfahrtsausschusses und an ihrer Spitze Robespierre bemühen, das Voranschreiten des Atheismus zu bremsen und die um sich greifenden säkularisierten Kulte einzudämmen, fällt ihm nichts Besseres ein, als das Ende des religiösen Aberglaubens zu preisen und die Geburt der Göttin Vernunft zu feiern. Nichts kann ungelegener kommen. Nicht durch die Verfolgung der Gläubigen oder durch die Schändung der Kirchen wird man den religiösen Aberglauben ausrotten, meinen sie, sondern allmählich durch den Fortschritt der Aufklärung. Die heftige Zerstörung birgt, ganz im Gegenteil, die Gefahr, die Empfindsamkeit des Volkes, das ihrer Ansicht nach tief religiös geblieben ist, zu verletzen, den Gegnern der Republik Waffen an die Hand zu liefern und Europa vor den Kopf zu stoßen. Steckt dahinter übrigens nicht eine Verschwörung gegen die Revolution, die von den Hébertisten ausgeheckt wird? Knapp eine Woche nach Donatiens Auftritt, am 21. November 1793, ordnet Robespierre das Ende der Entchristianisierungskampagne an.

Sade begreift, daß sich der Wind gedreht hat. Jedenfalls wird ihm klar, daß seine Petition im falschen Augenblick gekommen war. Der Konvent hatte zwar Beifall gespendet, aber das beruhigte seine Ängste nicht, ganz im Gegenteil: Je mehr das Volk mit Unterstützung der Kommune und der Sektionen seinen Antiklerikalismus manifestieren würde, desto heftiger würde sich die Revolutionsregierung berufen fühlen, ihn zu bekämpfen. Überdies vollzog auch der Konvent selbst, der anfangs die Entchristianisierungsbewegung gefördert und die burlesken Parodien des katholischen Kultes begrüßt hattte, eine Kehrtwendung. Die Abgeordneten waren über die Geschmacklosigkeit dieser Veranstaltungen entsetzt und begannen, dieser antikatholischen Agitation langsam müde zu werden. Donatien hätte dies wissen müssen. Desgleichen hätte er aufhorchen müssen, als der Wohlfahrtsausschuß knapp zwanzig Tage vor seinem eigenen Auftritt die antireligiösen Ausschreitungen André Dumonts folgendermaßen getadelt hatte: »Man darf den Konterrevolutionären keinen Anlaß für die Behauptung liefern, man verletze die Freiheit der Religionsausübung und führe einen Krieg gegen die Religion als solche. Man muß die aufständischen und unbürgerlichen Priester bestrafen, aber den Namen Priester als solchen nicht offen verpönen.«[30] Gleichzeitig hätte Monsieur de Sade sich Gedanken machen sollen über die Haltung der »Genossen« in der Sektion, die ihn offiziell zu den Volksvertretern delegiert hatten. Hätten sie ihn auf das Schafott schicken wollen, wären sie nicht anders vorgegangen ...

Hat er Wind von einer sich zuspitzenden Bedrohung bekommen? Man hat diesen Eindruck, da er die folgenden Tage darauf verwendet, seine Verteidigung vorzubereiten, als verspürte er die Notwendigkeit, alle Beweise für seine treue Gefolgschaft der Revolution gegenüber zusammenzutragen. Er beantragt beim Innenminister Paré eine Abschrift des Briefes vom 3. Juli 1789, in dem der Gouverneur der Bastille, Launay, dem Staatsminister von seinem Akt der Rebellion und seinem Aufruf ans Volk berichtet hatte.[31] Gaufridy hält er erneut zur Vorsicht an: »Schreiben Sie ›Bürger‹ in Ihren Briefen. Falls man sie öffnete, würde dies (das heißt das Fehlen dieser Anrede) für eine Verdächtigung ausreichen, und weder Sie noch ich sind dazu geschaffen.«[32]

ICH WERDE IHNEN ANDERE MACHEN!

Einige Tage später erfährt er, daß ein Gesetz gegen die Eltern von Emigranten vorbereitet wird, und schickt seinem »teuren Advokaten« den Text einer an die Gesetzgeber des Konvents adressierten Petition, durch die er sich den geplanten Maßnahmen entziehen will. Der Text gemahnt stark an ein Plädoyer. Er ruft zum hundertsten Mal seine Ansprache vom 2. Juli 1789 in Erinnerung und »trägt dabei so dick auf«, daß er sie in eine Heldentat verwandelt. Er tut, als hätte er die Bastille ganz allein eingenommen, indem er in sein Abflußrohr brüllte: »Ich machte den Verrat im Volk bekannt; ich entschleierte den Bewohnern von Paris die Greuel, die in dieser Festung gegen sie vorbereitet wurden. Launay hielt mich für gefährlich; ich besitze den Brief, in dem er den Minister Villedeuil bittet, mich aus einer Festung zu entfernen, deren Verrat ich um jeden Preis verhindern wollte.«[33]

Dann kommt er zum Schluß. Was soll man tun, wenn man von seinen eigenen Söhnen verraten wird? Sehr einfach: man macht andere! Und

Donatien verspricht in vollem Ernst den Abgeordneten des Nationalkonvents, weitere Kinder zu zeugen, deren patriotischer Eifer die Desertion seiner ersten beiden Söhne wiedergutmachen würde! Père Ubu hätte sich nichts Groteskeres einfallen lassen können!

KAPITEL 23

Die Kerker der Freiheit

DIE VERHAFTUNG

Am 18. Frimaire des Jahres II (8. Dezember 1793), um zehn Uhr morgens, stehen zwei Männer mit einem Haftbefehl gegen den Bürger Sade vor dem Haus in der Rue Neuve-des-Mathurins Nr. 20 und treffen ihn in Gesellschaft von Madame Quesnet an. Er hat mit diesem Besuch gerechnet und wirkt kaum überrascht, als Kommissar Juspel und Michel Laurent vom Revolutionsausschuß der Section des Piques ihm den Befehl über die Anbringung der gerichtlichen Siegel vorzeigen. »Bürger«, antwortet er ihnen, »ich kenne nichts Besseres als den Gehorsam vor dem Gesetz. Tun Sie Ihre Pflicht.«

Er öffnet seine Schubladen, entnimmt die darin befindlichen Papiere, trägt sie in sein Arbeitszimmer im ersten Stock, ersucht aber darum, einige Unterlagen bei sich behalten zu dürfen. Juspel überfliegt sie, sieht, daß es sich nur um Dokumente handelt, die Sades Patriotismus bezeugen, und erteilt ihm, nachdem er sie ordnungsgemäß signiert hat, die Erlaubnis. Sade bittet ihn daraufhin, drei Seiten des Manuskripts von *Aline und Valcour*, das er gerade überarbeitet, an seinen Verleger Girouard weiterzuleiten. »Da dieses Werk vor drei Jahren geschrieben wurde, ist es nicht mehr zeitgemäß«, erklärt er. Der Polizist lehnt dieses Ansuchen nicht ab, will aber vorher seine Vorgesetzten zu Rate ziehen.

Dann wird er gefragt, ob er mit der Bürgerin Quesnet verheiratet ist. »Nein. Sie wohnt unter mir, aber in ihrer eigenen Wohnung.« Die zwei Männer lassen sich nicht täuschen. Angesichts der Panik der armen Frau ahnen sie die bestehenden intimen Beziehungen zwischen ihnen und beschließen, einen Blick in die Wohnung der Dame zu werfen. Da sie nichts Verdächtiges finden, erlauben sie ihr den Verbleib in der Wohnung, bringen am Arbeitszimmer Donatiens und am gegenüberlegenden Schlafzimmer Siegel an und bringen den Gefangenen in die Haftanstalt, die in den Madelonnettes, dem Magdalenenstift, untergebracht ist.[1]

Das ehemalige Magdalenenstift in der Rue des Fontaines-du-Temple Nr. 6 war eben erst in ein Gefängnis umgewandelt worden. Bis April 1793 diente es als Heim für mehr oder weniger reuige Prostituierte. Das zunächst nur schwach besetzte Gefängnis erlebte im Herbst 1793 mit den massiven Verhaftungen im Anschluß an das »Verdächtigengesetz« einen jähen Anstieg der Insassenzahl. Rund um die vier jeweils fünfzig Schritt langen Gänge wurden Zellen angelegt, die sich jedoch bald als ungenügend herausstellten. Das für 200 Personen vorgesehene Stift zählte im Oktober bereits über 280 Insassen, die sich recht und schlecht in den noch freien Dachkammern drängten.

Bei seiner Ankunft am Nachmittag des 8. Dezember gab es keinen freien Platz für den Bürger Sade mehr. Man war also gezwungen, ihn in den Latrinen am Ende eines Ganges unterzubringen. Dieser Ort verbreitete einen solchen Gestank, daß die Türen ständig geschlossen bleiben mußten, damit der scheußliche Geruch nicht durch das ganze Gebäude drang. Sade verblieb dort sechs Wochen. Wie alle anderen Gefangenen fand er einen gewissen Trost in der Menschlichkeit des Hausmeisters Vaubertrand, eines empfindsamen und wohlwollenden Kerkermeisters, der sämtliche Gelegenheiten nützte, um das Los der »Verdächtigen« zu mildern. Wahrscheinlich war Sade auch angenehm überrascht, vertraute Gesichter wiederzufinden. Von den dreizehn Schauspielern der Comédie Française, die der Monarchie treu geblieben waren, waren seine Freunde Molé, Saint-Prix und Saint-Phal hier (die Schauspielerinnen befanden sich in Sainte-Pélagie). Ein anderer Insasse rief wahrscheinlich ebenfalls Erinnerungen in ihm wach: Charles-Pierre Claret de Fleurieu, unter Ludwig XVI. Minister der Marine und Schwager seiner ehemaligen Beschützerin. Man kann sich auch seine Genugtuung vorstellen, unter seinen Leidensgefährten einige seiner früheren Verfolger anzutreffen, wie den achtundsiebzigjährigen Grafen Angrand d'Alleray, vormals stellvertretender Oberrichter am Grand Châtelet, sowie den letzten Polizeipräfekten Thiroux de Crosne, die beide auf dem Schafott enden werden.

Wie in allen Gefängnissen der Schreckensherrschaft saß auch in den Madelonnettes die vornehmste Gesellschaft des Ancien régime ein. Sah man von der elenden Umgebung ab, konnte man sich in einem Salon des Faubourg Saint-Germain wähnen. Man traf darin auf so hervorragende Persönlichkeiten wie den Archäologen und Numismatiker Abbé Barthélemy, Mitglied der Académie française und Verfasser des Werks *Voyage du jeune Anarchis en Grèce* (Die Griechenlandreise des jungen Anarchis), den Marquis de Boulainvilliers, der der letzte königliche Oberrichter von Paris gewesen war, den Marquis de La Tour du Pin-Gouvernet, Kriegsminister im Jahr 1789, Saint-Priest, den Bruder des früheren Innenministers, den General Lanoue und noch viele andere. Während man auf die Hinrichtung wartete, musizierte man oder vertrieb sich die Zeit mit Reimspielen. An einem Abend wurde ein Quartett von Pleyel aufgeführt, am nächsten Tag sang man Couplets zu Ehren der liebenswürdigen Madame Vaubertrand und ihres kleinen Sohns, eines reizenden vierjährigen Jungen. Da es in den Madelonnettes keine Frauen gab, behandelte man die junge Frau des Hausmeisters wie einen Engel. Man sprach über gemeinsame Bekannte, tauschte glückliche Erinnerungen aus, kommentierte schöngeistige Werke, schrieb, malte, schmiedete Reime, kurz, man erweckte zwischen diesen feuchten Mauern die gesellschaftlichen Umgangsformen einer anderen Epoche zu neuem Leben.

Am Tag seiner Einkerkerung richtet Donatien folgenden Appell an die Section des Piques:

Bürger,

man verhaftet mich, ohne mir die Gründe meiner Haft mitzuteilen. Ich werfe mich in die Arme meiner Mitbürger, voll der Hoffnung, daß sie mich in Kenntnis meines Patriotismus nicht in Ketten schmachten lassen werden. Ich war zehn Jahre hindurch das Opfer des Despotismus der Tyrannen. Ich liebte die Revolution als meine Befreierin. Kann es sein, daß die Nation, die vor drei Jahren meine Ketten zerrissen hat, mir heute neue anlegt? Nein, Bürger, Ihr werdet es nicht dulden. Ich flehe Euch an, nur dann um meine Freilassung anzusuchen, wenn ich nicht schuldig bin. Bin ich es, so ist es gerecht, daß ich bestraft werde. Aber, Bürger, ich bin es nicht, ich schwöre es, und in dieser Gewißheit werdet Ihr nicht ablehnen, Euch für Euren unglücklichen Mitbürger zu verwenden.

Octodi, 18. Frimaire (8. Dezember 1793)«

Sade[2]

Die Generalversammlung der Sektion beschließt die Weiterleitung seines Briefes an den Überwachungsausschuß, der bloß konstatiert, daß »der Bürger Sade auf Befehl der Polizeiverwaltung in Gewahrsam genommen wurde«, und zur Tagesordnung übergeht.[3]

Man hätte schon sehr naiv sein müssen, um von dieser Seite tatsächlich Hilfe zu erwarten. Es liegt auf der Hand, daß der Bürger Sade vom Überwachungsausschuß seiner eigenen Sektion angezeigt worden war. Man kann sogar behaupten, daß er bereits seit mehreren Wochen observiert wurde. Vielleicht ahnte er es. Jetzt hat er Gewißheit. Sein Brief ist folglich nur ein taktischer Trick, um seine Aufrichtigkeit zu beteuern. Ihn nicht zu schreiben wäre einem Eingeständnis seiner Schuld gleichgekommen und hätte die Niederlage bedeutet. Da er von seinen geschätzten Kollegen keine Antwort erhalten hat, unternimmt er einen zweiten Versuch beim Allgemeinen Sicherheitsausschuß, also bei der Polizei Robespierres, der fürchterlichsten Instanz der Schreckensherrschaft. Am 29. Dezember schickt er ein langes Schreiben ab, in dem er seine Dankbarkeit und Treue gegenüber der Republik beteuert. Er erwähnt seine Heldentat vom 2. Juli 89 (»einer der schönsten Ehrentitel bürgerlicher Gesinnung, die ein Republikaner überhaupt vorlegen kann«) und streicht die bisher von ihm geleisteten Dienste hervor. Er bittet inständig, man möge die Siegel entfernen, seine Aufzeichnungen prüfen und ihn daraufhin entweder für schuldig oder für unschuldig befinden.[4]

Zehn Tage verstreichen ohne Antwort. Nichts passiert. Vollkommene Willkür. Wie Tausende andere Bürger war Donatien kraft des berüchtigten »Verdächtigengesetzes« verhaftet worden, das auf Antrag des Abgeordneten Merlin de Douai am 17. September 1793 vom Konvent beschlossen worden war. Wenn es je ein Schandgesetz gab, dann dieses. Es verfügt, daß alle offenen oder vermeintlichen Feinde der Revolution festgenommen und bis zum Frieden inhaftiert werden. Die Gesetzgeber haben das Wort »Verdächtiger« absichtlich recht unscharf definiert, damit es möglichst viele Personen umfaßt. In diese Kategorie gehörten die Emigranten und alle ihre Verwandten, »die nicht fortwährend ihre Treue zur Revolution unter Beweis gestellt haben«. Das Gesetz trifft die Staatsbeamten, die ihre Stelle eingebüßt haben, genauso wie alle diejenigen, die keine Bescheinigung besaßen, die ihre bürgerliche Gesinnung attestierte. Es trifft auch »diejenigen, die durch ihr Verhalten, ihre Bekanntschaften, ihre Aussagen oder ihre Schriften sich als Anhänger der Tyrannei oder des Föderalismus und als Feinde der Freiheit erwiesen haben«. Mit anderen Worten: es bedeutet das Ende der Meinungsfreiheit. Als *Verdächtige* werden schließlich auch noch diejenigen angesehen, »die keinen Nachweis für die Erfüllung ihrer bürgerlichen Pflichten … und für ihren Lebensunterhalt erbringen können«.

Sade weiß nicht, wie lange er in Haft bleiben und ob er je lebendig wieder herauskommen wird. Er muß sich wohl oder übel gedulden, will aber dennoch die Verbindung zur Außenwelt nicht abbrechen. Da er nicht persönlich agieren kann, läßt er sich bei allen Anlässen von der guten Constance vertreten, dem einzigen Menschen, dem er absolut vertraut. In einer am 22. Dezember 1793 in den Madelonnettes in Anwesenheit der Notare Dufouleur und Thion unterzeichneten Urkunde setzt er Madame Quesnet als seine »allgemeine und strafrechtliche Bevollmächtigte« ein, damit sie an seiner Stelle die ihm geschuldeten Geldsummen entgegennehmen, seine Schulden begleichen, die an ihn gerichteten Briefe von der Post abholen und alle Geldbeträge »so verwenden kann, wie sie es für richtig hält«.

Am 8. Januar 1794 erhält Sade eine äußerst besorgniserregende Nachricht: Sein Drucker und Verleger Girouard wurde soeben auf der Guillotine hingerichtet. Der Mann hatte aus seinen royalistischen Sympathien kein Hehl gemacht: Er vertrieb insgeheim konterrevolutionäre Blätter und führte eine Lilie in seinem Stempel. Er publizierte die sehr subversive *Gazette de Paris* des Journalisten Du Rozoi, der bereits 1792 auf dem Schafott umgekommen war. Als er die Hinrichtung seines Verlegers erfährt, kann Donatien nicht umhin, an die Druckfahnen von *Aline und Valcour* zu denken, die in der Druckerei des Unglücklichen in der Rue du Bout-du-Monde warten.

Am Abend des 12. Januar 1794 wird er endlich aus den Madelonnettes abgeholt und nach Hause geführt, um der Siegelabnahme und der Durchsuchung seiner Papiere beizuwohnen. Die Amtshandlung dauert mehrere Stunden. Vierzehn Briefe aus der Provinz (wahrscheinlich von Gaufridy) werden beschlagnahmt, und kurz nach Mitternacht wird Sade in das Karmelitergefängnis in der Rue de Vaugirard gebracht.

SAINT LAZARE

Das Karmeliterkloster in der Rue de Vaugirard Nr. 70 erinnert an eine besonders blutige Episode der Revolution. Hier wurden bei den Massakern vom 2., 3. und 4. September 1792 hundertfünfzehn Priester abgeschlachtet. Wie mehrere andere Klöster war auch dieses unter der Schreckensherrschaft in ein Gefängnis umgewandelt worden. Über siebenhundert Personen kamen im Verlauf dieser Periode in diese Anstalt, darunter Alexandre de Beauharnais und seine Frau Joséphine, der Graf von Soyécourt und Madame de Custine. Donatien blieb nur acht Tage; lange genug, um wenigstens einen Eindruck von den übelriechenden Korridoren, dem abstoßenden Refektorium und den Insassen zu erhalten, die wie Schatten herumstrichen, »unsauber, mit nackten Beinen, ein Schnupftuch um den Kopf geschlungen, ungekämmt und langbärtig«. Man hatte ihn mit sechs Personen zusammengesperrt, die an bösem Fieber litten. Zwei von ihnen starben, nachdem man ihn weggebracht hatte.[5]

Am 22. Januar 1794 wird er nach Saint-Lazare verlegt, das ebenfalls in ein Haus für die »Gäste der Republik« umgewandelt worden war. Dieses frühere Spital für Aussätzige, das an der Stelle des heutigen Hauses Nr. 107 in der Rue du Faubourg Saint-Denis stand, war zum Lazaristenkloster geworden und diente bereits unter dem Ancien régime als Gefängnis für abtrünnige Kleriker und Söhne aus guten Familien, die dem Spielteufel oder der Ausschweifung verfallen waren oder gar eine ausgeprägte Neigung zu Mesalliancen hatten. Alle damaligen Insassen waren »Privilegierte«, deren Verwandte die äußerst hohen Kosten für die Unterbringung und Verpflegung aufbringen konnten. Im Januar 1794 war das Kloster mit seinen Zellen, Refektorien und Innenhöfen das größte Gefängnis von Paris, was die Betreiber der Schreckensherrschaft sofort für ihre Zwecke nutzten. Hier war die Verpflegung ganz besonders schlecht. Das ungenießbare Brot und der gepanschte Wein verursachten tödliche Krankheiten. Sade bleibt nur zwei Monate hier, nicht lang genug, um André Chénier kennenzulernen, der erst am 9. Juni eingeliefert wird, aber lang genug, um den Dichter Roucher zu treffen, der in den langen Mußestunden seiner Haft Briefe an seine Frau schreibt, in denen das Leben der Insassen äußerst ausführlich geschildert wird. Unter den zahlreichen inhaftierten Aristokraten trifft Donatien auch eine seiner Cousinen, Madame de Maillé, und deren sechzehnjährigen Sohn François.

Der Maler Hubert Robert wird eine Woche nach ihm, in der Nacht vom 30. zum 31. Januar 1794, mit seinem Freund Roucher eingeliefert. Beide wurden aus Sainte-Pélagie, wo sie eine Zelle geteilt hatten, hierher verlegt. Sade war wohl über den Aufzug des Neuankömmlings verwundert, der immer in seinen wattierten seidenen Morgenmantel gehüllt war, seinen Zeichenblock unter dem Arm trug und Bleistifte in der Hand hielt. Vielleicht war Donatien dabei, als der Maler den berühmten Korridor »Germinal«, eine Art geheizten Aufenthaltsraum für die männlichen Häftlinge, auf die Leinwand bannte. Das Gemälde ist heute im Musée Carnavalet zu besichtigen. Vielleicht stand er hinter ihm, um die Hell-

Dunkel-Effekte zu bewundern. Vielleicht ist er sogar als düstere, unter den Schatten wandelnde Gestalt darauf abgebildet.

DIE ANKLAGE

Erst auf den Tag genau drei Monate nach seiner Festnahme, am 8. März 1794, entschließt sich der Überwachungsausschuß der Section des Piques dazu, den »Bericht über das politische Verhalten des Bürgers Sade« an den Allgemeinen Sicherheitsausschuß weiterzuleiten. Aus dem Bericht geht hervor, daß in erster Linie zwei Anklagepunkte gegen ihn vorgebracht werden:

1. Im Jahr 1791 hat er versucht, beim Herzog von Brissac, dem damaligen Hauptmann der königlichen Garde, in den Dienst zu treten.[6]

2. »Er ist in jeder Hinsicht ein sehr unmoralischer, sehr verdächtiger und der Gesellschaft unwürdiger Mensch, wenn man den Bemerkungen gegen ihn im 3. Band von *L'Espion anglais* (Der englische Spion) oder im 1. Band der *Liste des ci-devants nobles* (Liste der ehemaligen Adeligen von Dulaure), S. 89, Nr. 28, Glauben schenkt.«

Unglaublich! Man hat nichts anderes gegen ihn gefunden als den Tratsch aus dem *Observateur anglais* (aus dem Jahr 1778!) und die Schmähschrift von Dulaure über die Affäre in Arcueil, die bereits fünfundzwanzig Jahre zurückliegt![7]

Sein Ansuchen um eine Anstellung in der konstitutionellen Garde erscheint eher als ein leichtes Vergehen. Gewiß, man wurde auch für weniger verurteilt: Beispiele gibt es mehr als genug dafür. Man verweist oft auf den Fall des Bürgers Bernard-Marguerite Descours, der auf den Schlachthof der Nation geführt wurde, weil er in der berühmten Garde von Brissac als Adjutant gedient hatte. Aber zum einen hatte Donatien ihr (aus dem oben erwähnten Grund) nie angehört, und zum andern hatte er seiner Sektion ausreichende »Beweise« seiner bürgerlichen Gesinnung geliefert. Drei Wochen vor seiner Festnahme vertrat er noch seine Genossen vor dem Konvent. Heute wissen wir, daß die Sektion von da an sein doppeltes Spiel durchschaut und seinen Untergang beschlossen hatte. Aber wie kann man sich eines Mannes entledigen, dem man so viele Vertrauensbeweise entgegengebracht hat? Man gräbt die alte Brissac-Affäre aus, man stöbert in vergilbten Gazetten, aus denen man diese alten Sittengeschichten hervorholt, und bereitet sie dementsprechend auf, um sie in Beweisstücke zu verwandeln.

Der weitere Bericht gibt uns näheren Aufschluß über die eigentlichen Ursachen seiner Ungnade. Man hat selten bei einer Anklage so viel Vorsicht walten lassen wie gegen Sade. Vornehm ausgedrückt, war die Justiz Robespierres in Rechtsfragen nicht gerade gewissenhaft. Aber in der Person Sades hatte man einen Gegner von Format, der bisher als Verbündeter angesehen wurde, den früheren Sekretär und Vorsitzenden seiner Sektion, der über dementsprechende Mittel zu seiner Verteidigung verfügte. In seinem Fall hatte die Sektion die Leichtgläubigkeit zu weit getrieben, um ihn nun aufgrund von so scheinbar leichten Anschuldigungen wie diesen angreifen zu können: »Seitdem er am 10. August in der Sektion aufgetaucht ist, hat er fortwährend den Patrioten vorgetäuscht. Aber [seine Genossen] ließen sich nicht täuschen. Er hat sich primo durch eine Petition demaskiert, die im Widerspruch zu den revolutionären Prinzipien und zur Schaffung der vom Konvent beschlossenen Revolutionsarmee steht. […] Denn republikanischen Gesellschaften prinzipiell feindlich gesonnen, zieht er ständig Vergleiche aus der griechischen und römischen Geschichte heran, um zu beweisen, daß die Einführung einer republikanischen Regierung in Frankreich unmöglich sei.«[8] Ein groteskes – und tragisches Mißverständnis! Während Monsieur de Sade den Sansculotten spielte, spielten seine Genossen die falschen Toren. Wir sind mitten in der Commedia dell'arte.

Was wird ihm abgesehen von seiner Libertinage und seiner Bewerbung bei der Garde des Königs eigentlich vorgeworfen? Sein Opportunismus und seine gemäßigte Haltung – eine aus der Sicht des Überwachungsausschusses durchaus berechtigte Anklage. Was die Petition gegen die Schaffung einer Revolutionsarmee betrifft, erinnern wir uns, daß Sade sie auf Anregung seiner Sektion verfaßt hatte, die ihn überdies beauftragt hatte, seinen Text vor dem Konvent zu verlesen.

Lassen wir die perfide Anspielung auf den Schöngeist beiseite, der seine Beispiele der griechischen und römischen Geschichte entnimmt: sie ist charakteristisch für das ständige Mißtrauen des Sansculotten gegenüber dem »Intellektuellen«. Schwerwiegender ist hingegen seine unverhohlene Skepsis gegenüber dem republikanischen System, die er drei Jahre zuvor in seiner Eingabe an den König klar ausgesprochen hatte: »Niemand ist überzeugter als ich, daß das französische Reich nur von einem Monarchen regiert werden kann.«

Drei Monate später erwähnt die Anklageschrift von Fouquier-Tinville auch »geheime Verbindungen und Briefwechsel mit den Feinden der

Republik«. Die Anklage beruht wahrscheinlich auf den acht oder zehn in seiner Wohnung beschlagnahmten Briefen Gaufridys, »die die blöden Mitglieder des Revolutionsausschusses für verdächtig hielten«. Im Laufe der letzten zwei Jahre hatten die Beziehungen zwischen Sade und seinem Sachwalter tatsächlich eine bedenkliche politische Wendung genommen. Während Sade auf den Patriotismus setzte, wechselte der zunächst seinen royalistischen Überzeugungen treue Gaufridy mehr und mehr zu den Girondisten und später zum Föderalismus über.

Nach dem 10. August trat Gaufridys Aktion in ihre militante Phase. Er schloß sich der monarchistischen Verschwörung in Apt an, die der Marquis Monier de La Quarrée gegen die Koalitionsregierung der Girondisten und Montagnards anführte. Nach der Verhaftung Moniers in Grenoble hielt es der Notar für klüger, sich mit seinem Sohn Elzéar nach Lyon zurückzuziehen. Damals hatte ihm Sade, wie wir gesehen hatten, großzügig seine Gastfreundschaft in Paris angeboten. Zweifellos hat Gaufridy mit seiner üblichen Ungeschicklichkeit darauf Wert gelegt, seinem Wohltäter wärmstens brieflich dafür zu danken, ohne zu bedenken, daß er ihn dadurch kompromittieren würde. Er hatte es nie über sich gebracht, aus seinen Briefen die Formeln der Ehrerbietung wegzulassen, die er seinem Freund und Klienten gegenüber für angemessen hielt. Trotz allem enthielten seine Briefe nach wie vor Höflichkeitsfloskeln des Ancien régime. Das Wort »Bürger« floß ihm so schwer aus der Feder, daß sein Briefpartner ihn fortwährend – und ohne großen Erfolg – zur Ordnung rufen mußte.

Nach den Pariser Aufständen vom 31. Mai und vom 2. Juni, die zum Sturz der Girondisten geführt haben, trat Elzéar Gaufridy in die Armee des Départements ein. Einen Monat später, am 25. Juli, zog General Carteaux an der Spitze der Armee des Konvents in Avignon ein, nachdem er die föderalistischen Truppen auseinandergetrieben hatte. Gaufridy blieb nichts anderes übrig, als erneut die Flucht zu ergreifen. Mit seinem Kollegen Fage und einigen anderen Einwohnern aus Apt brach er nach Toulon, in die Hochburg des provenzalischen Föderalismus, auf und schloß sich den Royalisten an. Zu diesem Zeitpunkt rief Toulon Ludwig XVII. zum König aus, übergab seine Festungen den von Admiral Hood kommandierten Engländern, bat den Grafen der Provence, die Regentschaft Frankreichs zu übernehmen, und kehrte zu einer vorrevolutionären Gesetzgebung zurück.

Am 19. Dezember jedoch befreite Dugommier mit einem jungen

Artillerieoffizier namens Bonaparte Toulon. Die Armee der Republik räumte energisch mit den royalistischen Umtrieben auf. Gaufridy und seine Kameraden wurden festgenommen und entgingen nur durch falsche Meldezettel, die von entgegenkommenden Gemeindeverwaltungen ausgestellt wurden, der Guillotine.

Trotz dieser Umstände korrespondierte der Notar über Vermittlung eines Freundes aus Apt weiterhin mit dem Marquis. Es versteht sich von selbst, daß diese Briefe eines notorischen Royalisten zwangsläufig die Aufmerksamkeit des Allgemeinen Sicherheitsausschusses erregten. In guter Absicht stellte Sade seinem Sachwalter Atteste bürgerlicher Gesinnung aus, so etwa in einem bisher unveröffentlichten und offenkundig für die Behörden bestimmten Brief vom 13. Oktober 1793: »Ihr Patriotismus ist anerkannt, mein lieber Advokat; Ihre Gefühle sind verläßlich. Warum suchen Sie nicht in Ihrem eigenen Haus nach Ruhe? Man muß zu Hause bleiben, wenn man sich, wie Sie, nichts vorzuwerfen hat. Man mißtraut bloß denjenigen, die weggehen, und ich versichere Ihnen, es wirft ein schlechtes Licht auf Sie, wenn Sie dauernd weggehen. Überlassen Sie das denen, deren bürgerliche Gesinnung nicht so anerkannt ist wie die Ihre.«[13] Diese naive Notlösung kompromittierte ihn selbst nur noch mehr, ohne seinen Briefpartner auch nur vom geringsten Verdacht reinzuwaschen.

Andere »Fehler« haben ebenfalls gegen ihn gesprochen: sein Eintreten für die Montreuil – und vielleicht für andere Aristokraten –, seine Übelkeit am 2. August, als er den Vorsitz seiner Sektion abgeben mußte, und wohl auch noch andere Schnitzer, die uns unbekannt sind: eine unbewußte Reaktion, ein aufgeschnapptes Wort in einem Gespräch, ein abgefangener Brief, ein Grinsen, ein Lächeln. Mehr war damals gar nicht notwendig, um in Verdacht zu geraten.

MAXIMILIEN UND DONATIEN

Mögen diese Gründe auch ausreichend erscheinen, und sie sind es tatsächlich, so erklären sie dennoch nicht alles. Die Verhaftung Sades am 8. Dezember 1793 ist wohl auf weniger offenkundige, aber um so wichtigere Gründe zurückzuführen.

Da ist zunächst natürlich die moralische Frage, die sich nicht von der Hand weisen läßt. Die im Jahr II publizierte Schmähschrift von Dulaure bezog sich zwar auf weit zurückliegende Affären, lenkte aber erneut die

Aufmerksamkeit auf das skandalöse Leben Donatiens, rief es denjenigen ins Gedächtnis, die es vergessen hatten, und informierte diejenigen, die nichts davon wußten. Dulaure sparte nicht mit Angriffen: »Dieser Mann, den das Gefängnis vor dem Schafott rettete und für den die Ketten eine Vergünstigung waren, wurde aus unbekannten Gründen mit den unglücklichen Opfern verwechselt, die der ministerielle Despotismus zu Unrecht dort einsitzen ließ. Dieser abscheuliche Verbrecher lebt unter zivilisierten Menschen und wagt es ungestraft, sich zu den Bürgern zu zählen.«[10]

Der 1791 anonym erschienene Roman *Justine* wurde ihm sehr rasch zugeschrieben. Der Überwachungsausschuß der Section des Piques mußte wissen, daß er der Verfasser war, und unter einem Regime, das vom Puritanismus seines Machthabers geprägt war, mußte dieser Verdacht schwerer wiegen als alle anderen. Nichts widerte den Unbestechlichen mehr an als ausschweifende Sitten. Nichts schien ihm bezeichnender für die Dekadenz der Aristokraten, nichts stand in seinen Augen den Bestrebungen des Volkes ferner.

Robespierre und Sade! Robespierre in seiner steifen Tugendhaftigkeit konnte die Üppigkeit seines Sektionskollegen nur verachten. Sade, dieser Prototyp des Genießers, konnte von ihrer ersten Begegnung an nur unüberwindliche Abneigung in ihm wecken. Denn sie sind einander natürlich begegnet. Sie mußten einander kennen, verkehrten sie doch mindestens zwei Jahre lang an denselben Orten. Sade galt in dieser Zeit als stadtbekannter Dramatiker, und der frühere Direktor der Académie des Belles-Lettres von Arras, der Bewunderer Rousseaus und Verfasser inzwischen lang vergessener literarischer Memoiren gab sich als Schöngeist. Ein merkwürdiger Zufall: Maximiliens erster Essay, eine 1784 für den jährlichen Wettbewerb der Académie von Metz verfaßte Abhandlung, behandelte die Frage »Wie entsteht die Ansicht, daß auf alle Mitglieder einer Familie ein Teil der Schande fällt, die aus den entehrenden Strafen eines Schuldigen entspringt?«. Monsieur de Sade, der damals in der Bastille einsaß, hätte ihm zu diesem Thema gewiß scharfsinnige Ratschläge erteilen können.

Robespierres Antipathie schlug wohl in Haß um, als er von der Eingabe erfuhr, die Sade am 15. November vor dem Konvent verlesen hatte. Eine Woche später antwortete er ihm und allen anderen, die dachten, Gott sei tot, von der Rednertribüne der Jakobiner herab. Seine Worte klangen schneidend und düster: »Der Atheismus ist aristokratisch.« Und der Redner fuhr mit seiner ruhigen und deutlichen Stimme fort: »Die Vorstellung eines großen Wesens, das über die unterdrückte Unschuld wacht und das siegreiche Verbrechen bestraft, ist zutiefst volkstümlich.« Das war die Ankündigung seiner berühmten Schrift über die *Beziehung der religiösen und moralischen Ideen zu den republikanischen Grundsätzen* vom 18. Floréal, in der er den Kult des Höchsten Wesens zur Staatsreligion erhob.

Nachdem der Atheismus ungesetzlich geworden war, kannte die Nation keine schlimmeren Feinde als die Anhänger der »Enzyklopädistensekte«, die »plötzlich gewaltsam den Glauben angriffen, um sich selbst zu glühenden Aposteln des Nichts und zu fanatischen Missionaren des Atheismus zu erheben«. Wird nun in religiösen Dingen Gedankenfreiheit erlaubt sein? Die Antwort ist ebenso schrecklich wie vage: »Wehe dem, der die erhabene Begeisterung zu dämpfen sucht!« Die neue nationale Religion beläßt den Menschen nur die Freiheit, gut zu sein. »Erringt den Sieg«, verkündet Robespierre, »aber vor allem stürzt das Laster wieder in die Tiefen des Nichts. Die wahren Feinde der Republik sind die verderbten Menschen.«

Sade war einer dieser »verderbten Menschen«, die Robespierre immer bekämpft hatte und von denen er die Republik nun säubern will. Durch seine Sitten, seine Schriften und insbesondere durch seinen fanatischen Atheismus hat Sade sich verdächtig gemacht: Der Atheismus war seine grundlegende Überzeugung, seine größte Leidenschaft, der Maßstab seiner Freiheit.

»Wenn der Atheismus Märtyrer braucht, so möge er es sagen, und mein Blut ist bereit«, ruft er aus. Robespierre wird ihn beim Wort nehmen.

MONSIEUR DE SADES »BEICHTE«

Am 18. März 1794, also zehn Tage nach dem Bericht der Section des Piques über »das politische Verhalten Sades«, übermittelt Donatien den Mitgliedern des Allgemeinen Sicherheitsausschusses seine Verteidigungsschrift. In Form eines amtlichen Formulars mit Fragen und Antworten vermengt sie Wahrheit und Lügen, absichtliche und unabsichtliche Irrtümer, Unterlassungen und Verleugnungen. Was »seinen Beruf vor und nach der Revolution« betrifft, schreibt er zum Beispiel: »Wir stammen aus einer Kleinstadt der früheren Grafschaft Avignon, wo meine

Vorfahren abwechselnd Landwirte und Händler waren. Ich bin niemals adelig gewesen und kann dies auf Wunsch nachweisen.« Nur tiefste Verzweiflung kann den Marquis de Sade bewegt haben, sein altes Geschlecht so feige zu verleugnen. Sein Fall ist allerdings keineswegs vereinzelt. Die neuere Geschichte ist reich an ähnlichen Beispielen.

Der Rest ist bekannt. Sade schildert wieder einmal seinen Aufruf vom 2. April, seinen Aufenthalt in Charenton, seine Freilassung. Er beteuert erneut seine Liebe zur Freiheit, seinen Haß auf die Tyrannen, seine Treue zur Nation, zählt im Detail die Dienste auf, die er seiner Sektion geleistet hat, ohne dabei den ruhmreichen Moment seiner Gedenkrede auf Marat und Le Peletier zu vergessen, und fügt inmitten seines Plädoyers einen Appell an sich selbst ein, der rückblickend eine doppelte Bedeutung erhält: »Sade, erinnere dich an die Ketten, die dir die Despoten angelegt haben, und stirb eher tausend Tode, als unter einer Regierung zu leben, die diese Ketten wieder zu verwenden bereit wäre!« Er ahnte nicht, wie nahe er der Wahrheit kam.

DAS HAUS DER COIGNARD

Am 7. Germinal des Jahres II (27. März 1794) wird der Bürger Sade aus Saint-Lazare abgeholt und nach Picpus gebracht. Das Schriftstück, das die Verlegung anordnet, trägt ohne genauere Angaben den Vermerk »aus Krankheitsgründen«.

Das frühere Haus von Ninon de Lenclos, das an der Ecke des heutigen Boulevard Diderot und der Rue de Picpus stand, war vor kurzem an einen gewissen Eugène Coignard untervermietet worden, der darin ein Pflegeheim, damals ein höchst einträgliches Geschäft, eingerichtet hatte. In unmittelbarer Nähe, in der Rue de Charonne, hatte ein ehemaliger Glasermeister namens Jacques Belhomme bereits im Jahr 1769 eine derartige Anstalt eröffnet. Die Anfangsphase war schwierig: die Anstalt fristete ein kümmerliches Dasein, und die Zahl der Kranken nahm von Tag zu Tag ab. Am Ende blieben nur siebenunddreißig Patienten. Die Schreckensherrschaft kam, und sogleich herrschte großer Andrang. Die »Kranken« strömen herbei, die Zimmer werden gestürmt. Bald reicht der Raum nicht mehr aus, das benachbarte Palais muß angemietet werden. Jacques Belhomme hatte den richtigen Einfall: Er beherbergte reiche »Verdächtige«, die in den verschiedenen Pariser Gefängnissen saßen und als Kranke ausgegeben wurden. Um den Preis eines sündteuren Kostgeldes entkamen die meisten dieser Privilegierten der Guillotine. Die übrigen wurden zumindest besser behandelt.

Die Anstalt von Belhomme befand sich in einem komfortablen Stadtpalais mit Garten. Es gab keine Gitter und keine Zäune, und die Patienten durften Besuche empfangen. Natürlich wurden diese Luxusgefangenen von Mittelsmännern erpreßt, die mit den Behörden die Verlegung in diese Anstalten aushandelten. Man hat Fouquier-Tinville im Verdacht, bei diesen Geschäften mitgemacht zu haben, ohne über Beweise dafür zu verfügen. Fest steht jedenfalls, daß die Korruption auf allen Ebenen blühte: bei den Mitgliedern des Allgemeinen Sicherheitsausschusses, bei dessen Agenten, dessen Spitzeln, bei den Richtern oder Geschworenen des Revolutionsgerichtshofs und bei den Polizeibeamten.[11] Da diese Geschäfte fast immer nur mündlich und unter strengster Geheimhaltung abgeschlossen wurden, besteht nur geringe Aussicht, jemals eine schriftliche Spur davon aufzufinden. Deshalb ist die Geschichte dieser Anstalten unter der Schreckensherrschaft noch sehr lückenhaft. Überdies spielte nicht nur die Korruption eine Rolle. Manche Regierungsmitglieder machten ihren Einfluß geltend, um ihre verhafteten Freunde zu schützen. Die Anstalt Belhomme konnte sich damit brüsten, die wohlhabendsten »Pensionäre« zu haben: die Herzogin von Orléans, Witwe von Philippe-Égalité, Radix de Sainte-Foix, den geheimen Berater Ludwigs XVI., Portalis, die Witwe Pétions, Mademoiselle Lange, die in der Uraufführung von *Pamela* die gleichnamige Hauptrolle gespielt hatte, die Schauspielerin Marie-Antoinette Mézeray von der Comédie Française, die Gräfin von Roure usw.

Als Eugène Coignard seine Anstalt in der Rue de Picpus eröffnete, hoffte er, seinem Rivalen Belhomme Konkurrenz zu machen, was ihm auch recht gut gelang. Seit der Eröffnung Ende 1793 ging sein Unternehmen glänzend.[12] Am 28. September beherbergte es nicht weniger als hundertsiebzig Gefangene, das heißt weit mehr, als es aufnehmen konnte. Im Januar des folgenden Jahres war Coignard gezwungen, vom Bürger Riédain das angrenzende Haus zu mieten, ein früheres Kanonissinnenkloster, heute Rue de Picpus Nr. 35. Unter den ersten Gefangenen dieser neuen Filiale konnte er zu seiner Freude seinen Rivalen und Nachbarn aus der Rue de Charonne, Monsieur Belhomme höchstpersönlich, begrüßen, der zu sechs Jahren Kerker verurteilt worden war, weil er das Spiel zu weit getrieben hatte.[13] Die Gefangenen genossen bei ihm die gleichen Vorteile, vorausgesetzt, sie versuchten nicht, durch das Tor zu flüchten: frische Luft, einen großen Garten, Komfort, anständige Kost und eine relative Freiheit. Sie erhielten Zeitungen und hielten sich über die Ereignisse auf dem laufenden. Die letzte Seite des *Moniteur* bot ihnen tagtäglich die Liste der Hinrichtungen. Dank der Sorgfalt des »guten Doktors« Coignard und einiger Mittelsmänner konnten so manche frühere Adelige den Kopf auf den Schultern behalten: der Herzog von Brancas-Villars und seine Frau, die beide recht alt waren, der Marquis de Boissy, der Philosoph Volney, Autor der *Ruines ou Méditations sur les révolutions des empires* (Die Ruinen oder Betrachtungen über die Revolutionen der Reiche), Choderlos de Laclos und natürlich der Marquis de Sade.

Diese diskreten Anstalten boten den »Verdächtigen« die einzige Chance, durch diese Art Beugehaft aus dem Blickfeld der Behörden zu geraten, natürlich vorausgesetzt, sie verfügten über die nötigen Beträge für die erpresserischen Mittelsmänner und das Kostgeld. Bei Donatien mußte dieses Problem aufgetaucht sein. Zum Glück wachte Marie-Constance darüber. Mit unermüdlicher Hingabe setzte sie Himmel und Hölle in Bewegung, ließ ihre Beziehungen zum Konvent spielen, wo sie einige Abgeordnete, darunter Goupilleau de Montaigu, kannte, und schaffte es, ihren Freund aus gesundheitlichen Gründen aus Saint-Lazare wegbringen zu lassen. Sade wird später ein berechtigtes Loblied auf diese »bewunderungswürdige Frau« anstimmen, die ihm »mit der mutigsten Energie das Leben rettete«, indem sie ihn vor der »revolutionären Sense« in Sicherheit brachte.[14]

Bei seiner Ankunft in der Anstalt Coignard fühlt sich Sade, wie bereits in den Madelonnettes und in Saint-Lazare, in vertrauter Umgebung. Die Gefängnisse der »Freiheit« gleichen aufs Haar denen der »Tyrannei«, und unser Mann hat lange genug darin geweilt, um sie bestens von innen zu kennen. Die Welt des Kerkers birgt kein Geheimnis mehr für ihn. Das ist sein einziger Vorteil gegenüber seinen Leidensgenossen, aber er ist gewichtig. Zumindest bleibt ihm die Angst erspart, die üblicherweise diejenigen befällt, die darin noch keine Erfahrung haben.

AM FUSS DES SCHAFOTTS

Am 6. Thermidor (24. Juli 1794) schickt der Gerichtsschreiber des Wohlfahrtsausschusses den von der Section des Piques erstellten Anklageakt an den Revolutionsgerichtshof. Auf dem Titelblatt der Akte steht folgender Vermerk:

»Aldonze Sade, ehemals Adeliger und Graf, Literat und Kavallerieoffizier, der Verschwörung gegen die Republik angeklagt.«[15] Zwei Tage später setzt Fouquier-Tinville eine Anklageschrift gegen achtundzwanzig Angeklagte auf, darunter Donatien, dessen neununddreißigjährige Nichte Madame de Maillé, deren Notar Toussaint-Charles Girard, Jean-Pierre Béchon d'Arquien, siebenundvierzig Jahre alt, »ehemals Graf, ... ehemals Leutnant der Musketiere, ehemals Ritter des Ordens des Tyrannen«, Patient der Anstalt Coignard. Die Anklage gegen Donatien enthält folgende Punkte: »Sade, ehemals Graf, Hauptmann der Garden Capets im Jahr 1792, hat geheime Verbindungen und Briefwechsel mit den Feinden der Republik unterhalten. Er hat unaufhörlich die republikanische Regierung bekämpft, indem er in seiner Sektion behauptete, diese Regierungsform sei nicht verwirklichbar. Er ist als Anhänger des Föderalismus und als Fürsprecher des Verräters Roland aufgetreten. Schließlich scheint es, daß die Beweise seines Patriotismus, die er zu erbringen suchte, für ihn nur ein Mittel waren, sich der Ausforschung seiner Mittäterschaft bei der Verschwörung des Tyrannen, dessen ruchloser Mitläufer er war, zu entziehen.«[16]

Am Tag darauf, am 9. Thermidor, begibt sich der Gerichtsdiener des Revolutionsgerichtshofs mit einer richterlichen Verfügung, die die Namen der achtundzwanzig Angeklagten enthält, in die verschiedenen Gefängnisse von Paris, um die Angeklagten in Haft zu nehmen. Fünf von ihnen trifft er jedoch nicht an, darunter auch »Aldonze Sade«. Die dreiundzwanzig anderen werden zum Verhör unter dem Vorsitz von Scellier in die zweite Sektion gebracht. Nach einer raschen Beratung werden alle bis auf einen Viehzüchter namens Aviat-Turot und Madame de Maillé, die während des Verhörs einen Nervenzusammenbruch erleidet, zum Tode verurteilt. Drei Tage zuvor war ihr siebzehnjähriger Sohn François als Komplize der vermeintlichen Verschwörung von Saint-Lazare auf dem Schafott gestorben. Beim Anblick der Männer, die ihn verurteilt hatten, des Saals, in dem er seine letzten Worte gesprochen hatte, und der Bänke, auf denen er, vielleicht an derselben Stelle wie sie, gesessen hatte, wurde sie von so heftigen Krämpfen befallen, daß der Vorsitzende Scellier nicht wagte, sie in diesem Zustand zu verurteilen, und sie deshalb aus dem Saal schaffen ließ. Sie wurde in die Conciergerie verlegt und nach dem Sturz Robespierres freigelassen.

Folglich blieben nur mehr einundzwanzig Verurteilte. Unmittelbar nach dem Urteilsspruch wurden sie auf Karren geladen und zur Barrière du Trône gebracht.

Am frühen Morgen eben dieses 9. Thermidor beginnt in Paris ein Gerücht umzugehen. Robespierre soll soeben verhaftet und gemeinsam mit seinem jüngeren Bruder Augustin, Saint-Just, Lebas und Couthon zum Allgemeinen Sicherheitsausschuß geführt worden sein. In der Hauptstadt beginnen Unruhen auszubrechen. Fouquier-Tinville wird informiert: Die Mehrheit im Konvent kann sich von einem Moment zum anderen ändern. Wäre es nicht ratsamer, die Hinrichtung aufzuschieben? Läuft sie nicht Gefahr, das bereits mit Blut gesättigte Volk von Paris in Wut zu bringen? »Nichts darf den Gang der Justiz aufhalten«, entscheidet der öffentliche Ankläger. Der Zug setzt also seine Fahrt fort. Gegen fünfzehn Uhr verließen die Karren den Justizpalast und fuhren in Richtung Südosten durch Paris. In der Rue du Faubourg Saint-Antoine, in der die Verurteilten gestern noch lautstark beschimpft worden waren, wagt es die Menge endlich, ihr Mitgefühl zu zeigen. Man drängt sich um die Unglücklichen und beginnt die Pferde auszuspannen. Die Gendarmen der Eskorte sehen einander zögernd an und sind bereit nachzugeben. Die Verurteilten auf den Karren schöpfen Hoffnung und fühlen das Blut wieder in ihre Adern strömen. In diesem Augenblick tauchen aus dem Faubourg vier Reiter im Galopp auf, angeführt von dem halb betrunkenen Henriot, dem Kommandanten der Nationalgarde, der durch die Straßen der Hauptstadt reitet, um das Volk für Robespierre zu mobilisieren. Die Menge wird mit Säbelhieben auseinandergetrieben, und die Gendarmen erhalten den Befehl, ihren Weg fortzusetzen. Die Räder rumpeln weiter über das Pflaster, die unglückseligen Reisenden werden zur Hinrichtungsstätte gekarrt und unverzüglich enthauptet.

Wie jede Nacht, so hörte Sade auch in dieser Nacht das Quietschen des Karrens, der vor dem Tor hielt. Er trat an das Fenster und sah die Schatten der Totengräber im flackernden Licht der Fackeln. Als sie die blassen Leichen abluden, lief ihm ein Schauder über den Rücken: das Nichts hatte ihn mit seiner schwarzen Schwinge gestreift.

Wenn er seinem Schicksal entgeht, so verdankt er das weder irgendeinem dunklen Wirken der Vorsehung noch der »Vielzahl und der Überfülltheit der Gefängnisse« oder der »Unordnung in den Akten«, wie Gilbert Lely meint, noch der Nachlässigkeit des mit der Abholung der Gefangenen betrauten Gerichtsdieners, der ihn in Saint-Lazare nicht angetroffen und daraufhin in Picpus »vergessen« hätte, seinen Namen aufzurufen. Seine Verlegung hatte vor genau vier Monaten stattgefunden: Zeit genug, um seine Akte auf den neuesten Stand zu bringen. Als sein

Mitgefangener bei Coignard, der Graf Béchon d'Arquien, abgeholt wurde, hätte Sade ihn begleiten müssen. Im letzten Moment hat man ihn jedoch nicht gefunden oder, genauer gesagt, nicht gesucht. Der diensthabende Gerichtsdiener hat ihn nicht einmal aufgerufen. Er hat sich begnügt, auf seiner Liste neben dem Namen SADE den Vermerk »abwesend« einzutragen. Angesichts des Durcheinanders, das im Revolutionsgerichtshof in diesen Tagen des Thermidor herrschte, war dies freilich keineswegs unwahrscheinlich. Jedenfalls war dies ein ausgezeichnetes Alibi.

Donatien entging weder aus Zufall noch aus Irrtum dem Tod, sondern weil man dies höheren Orts wollte. Warum? Wie? Wie wir wissen, hat er zunächst einmal teuer dafür bezahlt. »Meine Haft hat mich ruiniert«, schreibt er an Gaufridy.[17] Als er Picpus verläßt, teilt er mit, er werde »überall von Leuten bedrängt, die (ihm) während (seiner) Haft Geld geliehen haben«.[18] Er gibt zweitausend Taler Schulden zu, also sechstausend Livres: eine beträchtliche Summe, von der man annehmen kann, daß sie dazu diente, die Erpresser zu bezahlen. Zum anderen tat Constance alles, was in ihren Kräften stand, um seine Begnadigung zu erwirken. Sie hat, wie wir gesehen haben, Freunde im Konvent, aber auch im Allgemeinen Sicherheitsausschuß, und einige Monate später wird Donatien sich damit brüsten, daß er dort erreichen kann, was er will. »Ich kann mich auf die Justiz und auf die Dankbarkeit des Ausschusses einigermaßen verlassen«, schreibt er an Audibert, seinen Pächter in La Coste. Und über Gaufridy, dessen Probleme mit den Machthabern noch immer nicht geklärt sind, schreibt er: »Ich kann ihm jetzt im Allgemeinen Sicherheitsausschuß sehr gut behilflich sein; er soll mir sagen, was ich tun soll, und ich werde handeln.«[19]

Zweifeln wir nicht daran: er hat es einzig und allein Sensible zu verdanken, daß er mit heiler Haut davongekommen ist. Sie hat die nötigen Anleihen ausgehandelt. Sie hat ihre Beziehungen eingesetzt. Sie hat die Freilassung erreicht. Sade wird das nie vergessen.

Die Nachricht vom Sturz Robespierres gelangt noch am selben Tag in die Gefängnisse. Am Tag darauf, am 10. Thermidor, erfahren die Gefangenen erleichtert, daß der Kopf des »Unbestechlichen« unter das Fallbeil gekommen war. Nun, da der Alptraum vorüber ist, hofft Donatien Picpus rasch verlassen zu können. Am 18. Thermidor (5. August) beschließt der Konvent, daß alle Bürger, die aus Gründen verhaftet wurden, die im Verdächtigengesetz nicht erwähnt sind, freigelassen werden und alle Überwachungsausschüsse verpflichtet sind, den Beteiligten oder deren Verwandten eine Abschrift der Gründe zu übermitteln. Zwanzig Tage später attestiert die Section des Piques in einem Bericht an den Allgemeinen Sicherheitsausschuß, der sich in Ton und Inhalt sehr vom Bericht vom 8. März unterscheidet, dem Kollegen Sade eine bürgerliche Gesinnung: »Wir, die Unterzeichner, Bürger der Section des Piques, bestätigen, daß wir den Bürger Sade kennen, daß wir ihn sowohl in der genannten Sektion als auch in den Spitälern mit Eifer und Intelligenz verschiedene Funktionen ausführen sahen, und attestieren, daß er nach unserer Kenntnis an den Grundsätzen eines guten Patrioten festhält und seine bürgerliche Gesinnung nicht anzuzweifeln ist ...«[20]

Kaum einen Monat nach dem Tod des Diktators hat sich der Wind gedreht. Die Sektion ist umgeschwenkt und, wie ganz Frankreich, in die Ära des Thermidor eingetreten.

Inzwischen läuft die unermüdliche Constance durch ganz Paris und bearbeitet ihre Freunde, um möglichst rasch die Freilassung Donatiens zu erwirken. Am 11. Oktober verspricht ihr der Abgeordnete Bourdon zu intervenieren. Zwei Tage später verfügt der Überwachungs- und Sicherheitsausschuß des Konvents seine sofortige Freilassung. Am 15. verläßt er endlich, nach dreihundertzwölf Tagen Haft, die Anstalt in Picpus und kehrt in sein Haus in der Rue Neuve-des-Mathurins zurück.

Wie bereits vier Jahre zuvor teilt er seine Freude zuerst Gaufridy mit: »Endlich ist meine Qual vorüber, und der Allgemeine Sicherheitsausschuß hat mir, indem er mir Gerechtigkeit widerfahren ließ, sogar ein großes Zeichen seiner Wertschätzung zuteil werden lassen und mich, obwohl ehemals ein Adeliger, gebeten, in Paris zu bleiben, und zwar wegen meiner patriotischen Werke, mit denen ich auf seinen Wunsch hin die öffentliche Gesinnung weiterhin nähren soll.«[21] Er vergißt auch nicht, das Lob der Frau anzustimmen, die in diesen schweren Zeiten zu ihm gehalten und dank derer er sie überlebt hat: »Mein Name war schon auf die Liste gesetzt worden, und am 11. wäre ich an der Reihe gewesen, als am Tag davor das Schwert der Gerechtigkeit auf die neue Scylla Frankreichs herabgefallen ist. Von diesem Augenblick an ist alles milder geworden, und durch die ebenso glühende wie eifrige Sorgfalt der liebenswürdigen Gefährtin, die seit fünf Jahren mein Leben teilt, bin ich am vergangenen 25. Vendémiaire endlich freigelassen worden.«[22]

KAPITEL 24

In höchster Bedrängnis

DIE ZWEI WAISENKINDER

Während der zehneinhalb Monate seiner Gefangenschaft hat Monsieur de Sade nichts über seine Inhaftierung verlauten lassen und seine Verwalter in der Provence glauben lassen, er lebe bei einem Freund auf dem Land. Auf seine Anweisungen hin war seine Post an Madame Quesnet in der Rue de la Ferme-des-Mathurins adressiert worden. Übrigens eine durchaus legitime Vorsichtsmaßnahme, denn die geringste Indiskretion konnte die Abnahme der Siegel und seine Streichung aus der Liste der Emigranten für immer aufs Spiel setzen. Trotz dieser Vorsichtsmaßnahmen ging im Vaucluse das Gerücht um, er säße im Gefängnis und würde nicht so rasch freikommen. Er dementiert sogleich und behauptet, er sei keineswegs in Ungnade gefallen, sondern, ganz im Gegenteil, zum offiziellen Dichter der Regierung aufgestiegen. »Gaufridy teilt mir mit, man habe ihm gesagt, ich sei eingesperrt«, schreibt er an Quinquin. »Darauf habe ich nur eines zu erwidern: Hätte ich Euch allen, wenn ich eingesperrt wäre, Meldezettel geschickt, wie ich dies kürzlich getan habe? Und wäre ich eingesperrt, so würde ich nicht, wie ich dies jetzt tue, auf Einladung des Wohlfahrtsausschusses eine fünfaktige patriotische Komödie in Versen aufsetzen, die im Théâtre de la République aufgeführt werden wird.«[1]

Während dieser Zeitspanne ist es Gaufridy nicht besser ergangen. Aufgrund seiner Meinungen nach wie vor als Gesetzloser angesehen, hat er erneut mit seinem Sohn Elzéar die Flucht ergreifen müssen, kümmert sich aber weiterhin um die Verwaltung der Güter des Marquis, von dem er dank Reinaud, der als Vermittler dient, regelmäßig Briefe erhält. Die Abwesenheit seines Sachwalters ärgert Donatien. Was für eine Tollheit auch, beim ersten Anzeichen der Gefahr die Flucht zu ergreifen! Und noch dazu jetzt, wo er ihn doch so dringend braucht! Man muß ihn unbedingt zur Rückkehr überreden. Dank seiner neuen Beziehungen wird er sich beim Allgemeinen Sicherheitsausschuß für ihn verwenden können. Er möge nur sagen, was getan werden muß, und er wird es tun.

Mitte November kommt ein soeben aus Avignon angereister Besucher zu Sade zum Abendessen und überbringt ihm Nachrichten von seinem Notar: »Gaufridy ist weit weg von Apt. Es kann sein, daß Sie ihn nicht so bald wiedersehen werden.« Donatien verliert die Hoffnung. In diesem Augenblick bringt ihm ein Diener einen Brief, er erbricht das Siegel und stößt einen Freudenschrei aus: Gaufridy selbst hat ihm geschrieben, er ist endlich wieder zu Hause und braucht Hilfe. Goupilleau soll zu seinen Gunsten intervenieren. Derselbe Brief enthält auch eine traurige Nachricht: Reinaud ist verstorben.

Unverzüglich, denn es geht um die Freiheit des Notars, setzt er sich mit Goupilleau (genannt »de Montaigu«) in Verbindung, dem früheren Delegierten des Départements Vaucluse, Abgeordneter im Konvent und persönlicher Freund von Constance, überreicht ihm eine Petition und bittet ihn inständig, im Allgemeinen Sicherheitsausschuß, dem er angehört, zu intervenieren. Madame Quesnet ihrerseits läßt ihre Verbindungen spielen. Nach einem Monat ist der Erfolg gesichert: Gaufridy hat nichts mehr zu befürchten.

Man wußte bis jetzt nicht, welcher Preis für die Ruhe des Notars entrichtet werden mußte. Ein bisher unveröffentlichter Brief gibt Aufschluß: Monsieur Goupilleau de Montaigu erhält als Lohn zwei junge Waisenmädchen aus der Gegend von Apt. Man überzeugt die Großmutter der Mädchen davon, daß sie »unter den Augen ihres Beschützers« eine weitaus bessere Erziehung erhalten werden als in der Provinz. »Sie werden eher in der Lage sein, die Begünstigungen zu erhalten, auf die ihnen ihr Mißgeschick ein so großes Anrecht gibt«, fügt Sade scheinheilig hinzu.[2] Gaufridy kann seinem Wohltäter diese kleine Gefälligkeit nicht abschlagen. Überdies handelt es sich um ein durchaus übliches Geschäft: Monsieur Goupilleau kassiert den Lohn für seine Dienste immer in Naturalien.[3]

DAS NEUE PARIS

Seit Donatien wieder in Freiheit ist, scheint er die Politik endgültig aufgegeben zu haben. In seinen Briefen vermeidet er aktuelle Themen, spielt höchstens von Zeit zu Zeit auf die momentane Lage an, und auch dann nur im Hinblick auf seine eigenen Interessen: Seine Pächter bezahlen nicht, seine Einkommen treffen nicht rechtzeitig ein, sein Grundbesitz ist nicht verpachtet, die Lebensmittelpreise steigen, und der Wert der Assignaten sinkt. Der Geldmangel wird zu seiner einzigen Obsession. Je mehr seine Einkommen sinken und je drohender sich die Zwangsverwaltung abzeichnet, desto mehr erscheint ihm die Verwaltung seines Gutsbesitzes als eine unerträgliche Last, die er am liebsten auf Gaufridy abwälzen möchte. Der Notar kennt seine Geschäfte besser als jeder andere und genießt sein volles Vertrauen. Deshalb denkt er schon seit langem daran, ihn als Generalpächter einzusetzen. Gaufridy hat sich immer dagegen gewehrt und auf seine Überlastung ausgeredet, fürchtet aber in Wirklichkeit – und verständlicherweise –, daß er von Sade versklavt werden könnte. Er kennt den Despotismus seines Klienten nur allzugut, als daß er sich mit Leib und Seele dessen Launen ausliefern würde.

Anstelle der Politik geht Sade nun mehr und mehr in seinem literarischen Schaffen auf. Von seinen Verwaltungsaufgaben befreit und wieder zu einem einfachen Sektionsmitglied geworden, kann er sich nun voll und ganz der Literatur widmen. In der Zeit, die ihm seine Verwaltungspflichten lassen, macht er sich an die Ausarbeitung neuer Werke und stellt diejenigen fertig, die er vor seiner Inhaftierung nicht mehr vollenden konnte. Zwei wichtige Bücher erscheinen in diesem Jahr 1795, die *Philosophie im Boudoir*, die stark auf die jüngsten Ereignisse eingeht, und *Aline und Valcour*.

Sade denunziert ohne Umschweife die Exzesse des Robespierreschen Regimes, das ihn zum Tode verurteilt hat, und geht einen neuen Kompromiß mit der Thermidorianischen Reaktion ein. Trotz seiner antibürgerlichen Vorurteile erscheint ihm die Macht des Geldes, die sich nun etabliert, letztlich erträglicher als die des Schreckens. Ohne Begeisterung, aber auch ohne besondere Abneigung verfolgt er die Debatten über die Verfassung des Jahres III, deren Prinzipien von Boissy d'Anglas, einem ihrer Autoren, folgendermaßen definiert werden: »Ihr müßt endlich den Besitz der Reichen sichern … Gleichheit der bürgerlichen Rechte: Mehr kann ein vernünftiger Mensch nicht verlangen. Wir müssen von den Besten regiert werden: die Besten sind diejenigen, die über die meiste Bildung verfügen und am meisten an der Erhaltung der Gesetze interessiert sind. Von ganz wenigen Ausnahmen abgesehen aber werdet ihr solche Männer nur unter denen finden, die, weil sie Eigentum besitzen, an dem Staat, in dem es liegt, an den Gesetzen, die es beschützen, und an der Ruhe, die es erhält, am meisten hängen.«[4]

Die Sansculotten und die Volksbewegung sind von der Bühne verdrängt worden. In Frankreich, das noch immer die beklemmende Last der zwei vergangenen Schreckensjahre trägt, beginnt sich das gesellschaftliche und private Leben wieder zu regen. Paris atmet auf. Der heftige Wunsch nach Fröhlichkeit und Zerstreuungen ist an der Tagesordnung, während die politische Umwandlung der Hauptstadt mit großen Schritten vorangeht. Eine Sektion nach der anderen gerät in die Hände der Gemäßigten. Die Section des Piques, die einst durch ihren jakobinischen Fanatismus gekennzeichnet war, vollzieht eine überraschende ideologische Kehrtwendung. Der Hochadel ist mitsamt dem Königtum verschwunden, die Adeligen sind im Ausland verstreut. Diejenigen, die nicht emigrieren konnten oder wollten, sind durch die Schreckensherrschaft dezimiert worden. Diejenigen, die im Land bleiben, müssen ihren Namen verbergen, haben ihre Güter verloren und sind in erster Linie bestrebt, nicht aufzufallen. Das Bürgertum vertritt nun wieder die Ziele, die es nie aus den Augen verloren hat: Wirtschaftsfreiheit, die Achtung des Privatbesitzes, das Zensuswahlrecht. Dadurch stellt der Thermidor »die Verbindung zu 1789 wieder her«.[5] Die Salons öffnen wieder ihre Pforten, die Bälle florieren, die Theater locken die Mengen an, Luxus darf wieder zur Schau gestellt werden, aufwendige Moden können ungehindert Furore machen: Nach Madame Talliens Vorbild kleidet man sich antikisierend, Madame Hamelin und Madame Récamier wetteifern in wogender und drapierter Eleganz, die *muscadins* (Stutzer) posieren im Palais-Royal, frisch rasiert, parfümiert, mit langen Koteletten, eleganten Handschuhen und Gehröcken mit langen Schößen, den Knüttel in der Faust. Ein mächtiger Appetit befällt die Zeitgenossen. »Die Freßgier ist die Grundlage der derzeitigen Gesellschaft«, schreibt Mercier in seinem *Neuen Paris*.

Ämter, Macht, Ansehen – alles ist in neuen Händen. Gleichzeitig jedoch waren die Widersprüche in der Gesellschaft niemals schärfer als jetzt. Während Parvenus und Börsenwucherer über die Hauptstadt herrschen, die Spekulation ungeahnte Ausmaße annimmt und in den Geldschränken schamlose Vermögen lagern, erlebt die Nation das schlimmste Elend. Der Kurssturz der Assignaten treibt die Preise für die Grundnahrungsmittel in schwindelnde Höhen. Die Brotration nimmt ständig ab, Fleisch verteuert sich tagtäglich, die Märkte leeren sich. Bestürzende Szenen spielen sich ab. Vor den Bäckereien steht man ab ein Uhr nachts Schlange, diejenigen, die aus Erschöpfung umfallen, bleiben auf dem Gehsteig liegen, es gibt unzählige Selbstmorde: Mütter gehen mit ihren

Kindern in die Seine. Im Winter und im Frühjahr 1795 sind die kleinen Ladenbesitzer, die Rentner und die Staatsangestellten endgültig ruiniert.

MONSIEUR DE SADE AUF STELLUNGSSUCHE

Kaum ist er aus Picpus entlassen, stimmt er sofort wieder sein altes Lied an: Er ist in höchster Bedrängnis, ruiniert, tief verschuldet, seine Gesundheit schwer zerrüttet. Am Beginn des Winters liegt er, von allen Seiten bedrängt, frierend in seinem Bett. Alles, was sich verpfänden ließ, hat er ins Pfandhaus getragen. Verzweifelt fleht er Gaufridy an, ihm das für seinen Lebensunterhalt Nötige zu schicken. »Wenn Sie mir nicht auf der Stelle zu Hilfe kommen, muß ich mir eine Kugel durch den Kopf jagen.« Es ist nicht das erste Mal, daß Donatien droht, sich das Leben zu nehmen. Der Notar gerät auch keineswegs in Panik. Ein Monat verstreicht. Als noch immer nichts eintrifft, zieht Donatien einen bitteren Vergleich zwischen seiner Eilfertigkeit, seinen Freund zu retten, und der »Lethargie« eben dieses Freundes, wenn er ihn um Geld bittet.

Ausnahmsweise übertreibt der Marquis nur kaum: Seine Lage hat sich zweifelsohne beträchtlich verschlechtert. Vom Ende des wirtschaftlichen Dirigismus, von dem er sich so viel erhofft hatte, profitieren nur die »Handelsaristokratie« und die Spekulanten. Donatien hingegen leidet schwer unter den Folgen des neuen Regimes. Der Grund dafür ist einfach: Zum einen wurden alle seine Güter während der gesamten Dauer seiner Haft unter Zwangsverwaltung gestellt, und selbst nach der Aufhebung der Zwangsverwaltung blieben etliche Parzellen beschlagnahmt. Zum andern wurden seine Ernten in den nationalen Speicher des Distrikts gebracht, wo man ihm den niedrigsten Preis bezahlte: Für einen Zentner Heu erhielt er sechs Livres, während der tatsächliche Wert vierzig Livres betrug.[6] Und obwohl er darauf drängte, in Bargeld bezahlt zu werden, erhielt er nahezu sein gesamtes Einkommen in Assignaten. Das Papiergeld verliert jedoch rasch an Wert: Von 31% seines Nennwerts im Juli 1794 sinkt es auf 20% im Dezember und schließlich auf 8% im März 1795. Der Louisdor hingegen steigt von Tag zu Tag: von 700 Livres im Juni auf 1200 im September und 1800 im Oktober. Diese galoppierende Inflation heizt wieder den Preisanstieg der Lebensmittel an. Die Lieferungen nehmen ab, die Vorräte schrumpfen, und der Schwarzmarkt floriert.

In dieser allgemeinen Wirtschaftskrise erleidet Monsier de Sade das

Los all der kleinen Gutsbesitzer, die von ihren Ländereien leben und nur mehr wertloses Papier erhalten. Seine Lebensumstände spitzen sich dramatisch zu: »Ich schreibe in einem recht warmen Zimmer, und dennoch ist die Kälte, die wir leiden, so groß, daß (was ich noch nie gesehen habe) die Tinte beim Schreiben einfriert und ich sie in einem Wasserbad warmhalten muß. Und dazu kein Holz. Man bekommt nur eine Ladung für zwei Monate um den Preis von vierzig Francs. Und so ist alles: Mit fünfundzwanzig Francs pro Tag verhungert man.«[7] Überdies ist der Winter 1795 einer der strengsten seit langem. Die Seine bleibt mehrere Wochen zugefroren und blockiert die Lebensmittellieferungen. »Wir haben bereits die Kältewellen von 1740 und 1709 überschritten. Man macht sich keine Vorstellung von der Kälte, die hier herrscht. Und uns fehlt es an allem. Wasser ist heute sogar teurer als früher Wein.«[8] Im selben Brief meldet er den Tod des Präsidenten Montreuil, der eine Woche zuvor, am 15. Januar 1795, verstorben war.

Da er bald völlig mittellos sein wird und keine Nachricht von Gaufridy erhält, beschließt er, sich um eine Anstellung zu bewerben, und schickt einen Lebenslauf an das Konventmitglied Jacques-Antoine Rabaut-Pommier, der einst einer der erbittertsten Gegner Marats gewesen war. Der frühere Apologet des Volksfreundes zählt seine Fähigkeiten auf, erwähnt sein Geschick bei Verhandlungen, eine Tätigkeit, »mit der sein Vater zwanzig Jahre zugebracht hat«, seine Kenntnis eines Teils von Europa und seine literarische Begabung. Er könnte nützlich sein, fügt er hinzu, »bei der Ausarbeitung oder Abfassung eines Werks jeglicher Art, bei der Verwaltung oder Führung einer Bibliothek, einer Sammlung oder eines Museums«. Er schließt mit folgenden Sätzen: »Mit einem Wort, Sade, der nicht unbegabt ist, bittet Sie inständig, ihm eine Anstellung zu finden. Der wahre Patriotismus, den er bekundet hat, den Nutzen, den er zu allen Zeiten seinem Vaterland zu bringen bestrebt war: all das spricht dafür, daß er das Amt, das Sie freundlicherweise für ihn finden werden, würdig und intelligent ausfüllen wird.«[9]

Es ist kein Wunder, daß die Antwort ausblieb. Sade war sechsundfünfzig Jahre alt, hatte in seinem Leben nie gearbeitet, eine dunkle Vergangenheit, einen zweideutigen politischen Werdegang und einen schwierigen Charakter: genug, um selbst wohlmeinende Leute zu entmutigen. Was seine literarischen Referenzen betrifft, so belaufen sie sich bislang auf einen obszönen Roman, einige abgelehnte und einige ausgepfiffene Stücke und einige aus verschiedenen Anlässen gehaltene Ansprachen.

Dazu kommen emigrierte Kinder, eine von ihm getrennte Frau und eine anrüchige Lebensgemeinschaft. Nichts davon war dazu angetan, Vertrauen einzuflößen.

RÜCKKEHR ZUR LITERATUR

Als Theaterautor erfolglos, kann Sade nun legitimerweise alle seine Hoffnungen auf seine Romane setzen. Die acht Bände von *Aline und Valcour* wurden nach den zahlreichen Mißgeschicken des Autors soeben veröffentlicht. Das zwischen 1785 und 1788 in der Bastille geschriebene und nach der Freilassung des Autors umgearbeitete Buch sollte ursprünglich 1791 erscheinen. Am 6. März eben dieses Jahres hatte der Autor die Drucklegung für Ostern angekündigt. Am 12. Juni teilte er mit, sie stehe unmittelbar bevor. Wir erinnern uns, daß Sade die Kommissare, die die Durchsuchung vornahmen, gebeten hatte, drei Seiten seines Romans an Girouard weiterzuleiten. Unglücklicherweise bestieg dieser einige Monate später das Schafott.

Am 5. Dezember 1794 bittet er die Verwaltung um »alles bereits Gedruckte aus diesem Roman, das sich bei Girouard befindet«. Obwohl er für das Manuskript bezahlt wurde, hat er dennoch »große Anrechte auf die Exemplare«. Übrigens will er auch noch geringfügige Korrekturen vornehmen, um ihm »diese männliche und strenge Physiognomie zu verleihen, die sich für eine freie Nation geziemt«. Schließlich ist sein Werk »die Frucht der durchwachten Nächte mehrerer Jahre, und ich werde mich nie daran erfreuen, wenn man mich durch die Rückgabe nicht in die Lage versetzt, es erscheinen zu lassen«.[10] Erst im August 1795 erscheinen endlich bei der Witwe Girouard seine acht eleganten, mit Kupferstichen illustrierten Bände.

Die ersten Exemplare sind für Gaufridy bestimmt. Sade schreibt ihm am 26. August: »Ich bitte Sie, mich wissen zu lassen, wie ich Ihnen portofrei zwei Exemplare eines achtbändigen Werkes schicken kann, das ich drucken ließ. Eines ist für Sie, das andere für Ihren besten Freund. Dieses Werk, von dem man sich angeblich viel erwartet, wird Sie vielleicht interessieren. Ich erwarte nur Ihre Antwort, um es Ihnen zukommen zu lassen, und umarme Sie.«[11] Ja, gewiß erwartet er sich viel davon. Für seinen Ruhm als Schriftsteller natürlich, aber auch für die Verbesserung seiner finanziellen Lage. Warum soll er nicht von seiner Feder leben, wenn ihm schon jede Anstellung verwehrt zu sein scheint? Zwei Tage später schickt er an Lions den Text einer Reklame für die Buchhändler der Region und bittet ihn, diese Werbung weiterzuleiten. Vermutlich hofft er, daß sich sein Bekanntheitsgrad in der Provence verkaufsfördernd auswirken könne:

»Hiermit wird Ihnen mitgeteilt, Bürger, daß ein Werk mit dem Titel *Aline und Valcour oder Der philosophische Roman* in acht Oktavbänden, sorgfältig und schön gedruckt sowie mit Stichen geschmückt, bei der Witwe Girouard, Maison Égalité, erscheint. Ladenpreis: 100 Livres, broschiert.

Die Exemplare gehen mit einer Schnelligkeit weg, die Sie zur Eile anhalten muß. Falls Sie wünschen sollten, sich welche zu verschaffen, so mögen Sie es bitte über den Bürger Lions, Ihren Pariser Korrespondenten, wissen lassen, und man wird ihm die gewünschte Anzahl von Exemplaren übergeben.

Um rasche Antwort wird gebeten, wenn Sie welche wünschen
11. Fructidor des Jahres III (2. August 1795)«[12]

Stimmt es, daß man sich um *Aline und Valcour* reißt? Monsieur de Sade übertreibt wohl ein wenig. Allerdings verzeichnen die Bibliographen nicht weniger als drei aufeinanderfolgende Auflagen, was für einen gewissen Erfolg spricht. Überdies wird das Werk imitiert, und das ist eher ein gutes Zeichen. Ein obskurer Schreiberling namens Ménégault entlehnt die *Geschichte von Sainville und Léonore*, die er unter dem Titel *Valmor und Lydia* plagiiert und später unter dem Namen *Alzonde und Koradin* wortwörtlich noch einmal drucken läßt. Dieser Plagiator hat sich übrigens noch anderer derartiger Diebstähle schuldig gemacht, die ihn schließlich vor Gericht und in den Kerker bringen.[13]

Ebenfalls im Jahr 1795 erscheinen zwei weitere kleine Bände unter dem reißerischen Titel *Die Philosophie im Boudoir*, gefolgt von dem Vermerk: *Postumes Werk des Verfassers der Justine*. Der Sinn dieser Zuschreibung ist klar: Die *Philosophie* soll bewußt in die Gattung der anstößigen Literatur gereiht und als »gefährliches« Buch dargestellt werden, um dadurch den Käufer anzulocken. Um das Ganze noch zu würzen, versieht es Sade mit dem Motto: »Die Mutter wird die Lektüre ihrer Tochter vorschreiben.« Wie bereits bei *Justine* ist die kommerzielle Absicht unbestreitbar, aber die Tragweite des Werkes reicht über diesen lukrativen Aspekt hinaus. Gewiß gibt es eine Unzahl erotischer Szenen. Dolmancé und Madame de

Saint-Ange überbieten einander an Obszönitäten. Von den Fragen ihres jungen Mündels Eugénie aufgestachelt, wetteifern sie miteinander, um zu sehen, wer die Perversion, ob in Wort oder Tat, am weitesten treiben wird. Die Theorie der Lust – als Anfang und Ende aller Dinge – gibt Anlaß zu langen Ausführungen, die durch praktische Übungen von frenetischer Verderbtheit veranschaulicht werden. Seinen Höhepunkt erreicht der Text, als ein pockenkranker Diener namens Lapierre über Madame de Mistival, Eugénies Mutter, herfällt, sie penetriert und dann sodomisiert, um sie anzustecken. Damit die Krankheit nicht nach außen dringt, ergreifen unsere Wüstlinge Nadel und Zwirn und nähen die Körperöffnungen zu.

Diese »Großtaten« sind als unterhaltender Kontrapunkt zu den sieben didaktischen Dialogen eingestreut, in denen aufs freimütigste über Fragen der Religion, Natur, Sitten, Verbrechen oder Revolution diskutiert wird. Das etwas willkürlich in den Text eingefügte Pamphlet »Franzosen, noch eine Anstrengung, wenn ihr Republikaner sein wollt«, das Sade seiner Figur Dolmancé in den Mund legt, wird der im Titel angekündigten ironischen Absicht durchaus gerecht, handelt es sich doch um nicht mehr und nicht weniger als um die Ad-absurdum-Führung der Theorie der Revolution und um die radikalste Verspottung der jakobinischen Philosophie. Sade nutzt den Anlaß, um mit seinen verhaßtesten Widersachern die Klingen zu kreuzen: mit dem Christentum und der Todesstrafe. Er reitet erneut und mit größerer Freiheit, als es ihm je möglich war, seine heftigsten Attacken gegen den Gott der Christen und schließt auch Robespierres Theismus in seine Abrechnung mit ein. »Wir wollen keinen märchenhaften Urheber eines Alls mehr, das sich doch von selbst bewegt. Wir wollen keinen Gott mehr, der nicht groß ist, und der dennoch alles mit seiner Unermeßlichkeit ausfüllt, keinen allmächtigen Gott mehr, der niemals ausführt, was er wünscht, kein allerhöchstes gütiges Wesen mehr, das nur Unzufriedene schafft, keinen Freund der Ordnung, in dessen Regierung nur Unordnung herrscht. Nein, wir wollen keinen Gott mehr, der die Natur stört, der Vater der Verwirrung ist und den Menschen gerade dann antreibt, wenn der Mensch Greuel begeht. Ein solcher Gott läßt uns vor Empörung erschaudern, und wir verdammen ihn für immer zu der Vergessenheit, aus der ihn der infame Robespierre hervorholen wollte.«[14] Der ein Jahr zuvor für ähnliche Aussagen zum Tode verurteilte Sade nimmt hier sichtlich postume Rache.

Zum Thema der Todesstrafe greift Sade die These der marginalen

»Utopisten« auf, die sich dagegen aussprachen wie etwa Morelly, der in seinem *Code de la nature* (Naturgesetz, 1755) die lebenslängliche Haft als Ersatz vorschlug. Wenn sie ihm als das absolute Verbrechen erscheint, so deshalb, weil das Gesetz, das sie vorschreibt, nicht einmal die Leidenschaft, die Raserei oder das Begehren zu seiner Entschuldigung anführen kann. Der Staat tötet aus Vernunft. Damit macht er sich des institutionalisierten Mordes schuldig, der kaltblütig begangen wird und sich durch nichts rechtfertigen läßt. Denjenigen, die die Todesstrafe wegen ihrer abschreckenden Wirkung befürworten, erwidert er: »Der zweite Grund, aus dem man die Todesstrafe abschaffen soll, liegt darin, daß sie das Verbrechen nie verhindert hat, da man es tagtäglich am Fuße des Schafotts begeht. Mit einem Wort, man muß diese Strafe abschaffen, weil es kein schlechteres Kalkül gibt als jenes, einem Mann das Leben zu nehmen, weil er einen anderen getötet hat, da dieses Verfahren dazu führt, daß es statt einem plötzlich zwei Menschen weniger gibt, und eine solche Arithmetik nur den Scharfrichtern und den Dummköpfen vertraut sein kann.«[15] Sade hofft übrigens unverhohlen, die Gesetzgebung beeinflussen zu können, die damals am Strafgesetz des Jahres IV arbeitete. Es erforderte natürlich weniger Mut, diese Zeilen nach dem Thermidor als unter der Schreckensherrschaft zu veröffentlichen. Dennoch hat es einen gewissen Reiz, daß der »infame Marquis« sich als einziger gegen die Todesstrafe stellte, während die Schüler Rousseaus und der Guten Natur im Namen der Tugend die Köpfe rollen ließen …

DER SEKTIONSEINTOPF

Hofft er tatsächlich, mit seinen Büchern reich zu werden? Das ist vielleicht zuviel gesagt. Er erwartet sich von ihnen nur das Nötige, um sich durchzubringen und das Elend, das sich bereits abzeichnet, hinauszuschieben. Die Preise steigen mit erschreckender Schnelligkeit, und Donatien kann nur mit Mühe mithalten. Was früher fünfzehn Sols kostete, kostet nun fünfzehn Francs, und dazu werfen einem die flegelhaften Krämer das Ganze noch ins Gesicht. »Viele Waren sind noch weit höher gestiegen«, beklagt er sich. »Die Konfitüren, das Öl und die Kerzen zum Beispiel, um die ich Sie bitte, sind um das Dreißigfache gestiegen. Nur der Wein ist bloß dreimal so teuer. Luxusdinge sind beispiellos: ein Hund sechshundert Francs, ein Pferd dreißig-, vierzig-, ja sogar fünfzigtausend Francs. Eine Kutschenfahrt um fünfundzwanzig Sols ist auf hundert

Francs gestiegen; ein Anzug aus Tuch auf tausend Taler.« Deshalb reduziert er seine Ausgaben auf ein Mininum: »Sektionseintopf, Sektionsbrot, Gemüse fünfmal in der Woche, kein Theaterbesuch, keine Laune, meine Freundin, eine Köchin und ich.«[16]

Gaufridy wird mit Bitten um Geld überhäuft. Der Marquis bestürmt ihn, ohne Antwort zu erhalten. Er droht Madame Gaufridy: Wenn ihr Gatte weiter schweigt, werde er zu ihnen ziehen. Dann werden sie ihn schon ernähren müssen! Immer noch keine Antwort. Ausnahmsweise ist der Notar nicht schlampig. Er antwortet nicht, weil er seinen ältesten Sohn Elzéar verloren hat und ihm der Sinn nicht nach Geschäft steht. Als Sade die Nachricht erfährt, reagiert er auf seine Weise: »Ich begreife Ihre Trauer und Ihren Kummer und beklage aufrichtig den schrecklichen Verlust, den Sie erlitten haben. Aber mein lieber und guter Freund, wenn Sie schon die Toten beweinen, so lassen Sie nicht die Lebenden sterben, denn dorthin führt mich Ihre schreckliche Nachlässigkeit. Mein Geld, ich flehe Sie an.«[17]

Ein anderer Todesfall erfreut ihn: der seines alten Verwandten Monsieur de Murs, auf dessen Erbschaft er es immer schon abgesehen hatte. In die Freude mengt sich jedoch ein heiliger Zorn auf Gaufridy, der ihn nicht einmal benachrichtigt hat: »Ja, vor fünf Monaten ist Monsieur de Murs gestorben, ich soll ihn nach dem Gesetz beerben, und Sie sagen mir nichts! […] Oh, mein Freund, diese Vorgangsweise von Ihrer Seite ist unfaßlich für mich, und ich erkenne Ihre Gefühle für mich nicht wieder! […] Großer Gott, ist es möglich, daß Sie diese Sache verschlafen haben! Beeilen Sie sich, ich flehe Sie an. Gehen Sie mit dem Gesetz in der Hand hin, und alles gehört uns! Wenn Sie die Sache verschleppen, wird die Nation alles kassieren, und ich gehe leer aus.«[18]

Im Prinzip hat er nicht unrecht. Da der Greis emigriert ist, ist sein Testament ungültig, und seine natürlichen Erbinnen, die Demoiselles de Chabrillant, büßen ihre Rechte ein. So steht es im Gesetz, und Monsieur de Sade ist bekanntlich sehr legalistisch, … wenn es die anderen betrifft. Nichts ist für Sade, den Vater von Emigranten, natürlicher, als den Töchtern eines Emigranten den Besitz wegzuschnappen! Seine Rechnung geht allerdings nicht auf. Das Vermögen des verstorbenen Monsieur de Murs fällt nicht in seine Hände. Zynismus bekommt ihm nicht, genauer gesagt, er versteht sich nicht auf die Kunst, ihn gezielt einzusetzen. Schade, denn im Grunde besaß er die Gaben eines Wucherers. Er hätte wie die Halsabschneider des Direktoriums sein Vermögen mit dem Hunger des

Volkes machen können. Dazu fehlte es ihm weder an Frechheit noch an Grobheit, noch an Egoismus, noch an all den anderen Eigenschaften, die für das Spiel an der Börse erforderlich sind. Mit etwas mehr Heuchelei und etwas weniger Ungeschicklichkeit würde er heute mit rosigen Wangen und dickem Bauch in einer vornehmen Kutsche über die Boulevards fahren. Aber dazu verachtet er das Geld zu sehr. Mochte er sich auch bei Gelegenheit habgierig zeigen, so hat er sich doch nie verkauft.

Um sich aus der Affäre zu ziehen, bleibt ihm nur mehr ein einziger Ausweg: Er muß seine Güter verkaufen.

VATER UND SOHN

Zu diesen materiellen Problemen treten auch noch die Sorgen hinzu, die ihm sein Status als Vater von Emigranten bereitet. Die Dekrete vom 25. Brumaire und vom 12. Floréal (15. November 1794 und 1. Mai 1795) ordnen die rasche Verurteilung der nach Frankreich heimgekehrten Emigranten und ihrer Komplizen an. Auf beides, Flucht und Beihilfe, steht die Todesstrafe, die binnen vierundzwanzig Stunden nach dem Urteil ohne Aufschub und ohne Möglichkeit eines Einspruchs vollzogen wird. Sades ältester Sohn Louis-Marie ist wieder in Paris, während sich sein jüngerer Sohn nach wie vor als Ordensritter auf Malta aufhält. Donatien erfindet sogleich folgendes Szenario, das er mit der Bitte, diese Geschichte in seiner Umgebung möglichst publik zu machen, an Gaufridy schickt: »Vor einem Monat trat eines Tages mein ältester Sohn in mein Zimmer. Ich brauche Ihnen nicht zu schildern, welches Gemisch aus Furcht, Überraschung und Freude ich empfand.

›Mein Vater‹, sagte dieser junge Mann zu mir und umarmte mich, ›weder mein Bruder noch ich sind je emigriert. Er ist seit fünf Jahren auf Malta, er dient seinem Orden, und die Emigrationsgesetze gelten nicht für die Ordensritter. Was mich betrifft, mein Vater, so habe ich aus den gleichen Gründen wie mein Bruder und ebenso unschlüssig wie er, ob ich nun die Partei meiner Mutter oder die meines Vaters ergreifen soll, den Dienst verlassen. Ich liebe die Künste und habe darin solche Fortschritte gemacht, daß ich heute vom Kupferstechen und von der Botanik leben kann. Ich bin durch Frankreich gewandert, durch die Berge und die malerischen Orte. Und ich habe gearbeitet. Ich bin wieder zurück und komme mit allen Ausweisen und Attesten, die angetan sind, Sie von der Wahrheit meiner Aussagen zu überzeugen. Ich wohne in der Sektion der Tuilerien, ich arbeite täglich im Museum, ich diene in meiner Sektion. Man wage nur, mich der Emigration zu beschuldigen, und man wird sehen, wie ich antworten werde. Ich werde bei der ersten Gelegenheit persönlich an den Bürger Gaufridy schreiben und ihm versichern, daß ich, falls man mich dieses Verbrechens anzuklagen wagte, in der Lage bin, alle Zweifel zu zerstreuen.‹«

Und sollte man weitere Zweifel hegen, sollte man es wagen, die Dekrete des Konvents vor dem Notar zu erwähnen, so solle dieser nur erwidern:

»Monsieur de Sade hat Glück, daß dies auf seine Kinder nicht zutrifft.

– Wie das? Es hieß doch, sie seien emigriert!

– Das ist falsch. Ich wette, daß Sie sie auf keiner Liste finden werden. Der jüngere ist auf Malta, und ein Ritter dieses Ordens emigriert nicht, indem er seinen Posten bezieht. Der ältere ist bei seinem Vater. Er ist durch Frankreich gereist und hat Kenntnisse im Kupferstechen und in der Botanik erworben, mit denen er nun seinen Lebensunterhalt verdient. Er ist Mitglied der Sektion der Tuilerien und kann dies auf Wunsch nachweisen.«[19]

Von nun an nennt Sade seine Kinder vorsichtshalber immer nur *Vogel* (im Original deutsch), ein Deckname, über den man sich lange den Kopf zerbrochen hat.

Von seinen drei Kindern war Louis-Marie bekanntlich immer sein liebstes Kind. Er gleicht am wenigsten den »Montreuil« und steht durch seine Neigungen und seine Sensibilität seinem Vater am nächsten. Er ist von Beruf Kupferstecher, Musiker, Schriftsteller, eher hübsch und teilt mit seinem Vater zahlreiche Charakterzüge: Er ist aufbrausend, streitsüchtig, unehrlich und besitzt im gleichen Maß wie sein Vater die Gabe, sich bei allen und zunächst einmal bei seiner Mutter, die er zutiefst verärgerte, unbeliebt zu machen. Sein Bruder ist insgeheim eifersüchtig auf ihn, und seine Onkel und Tanten werfen ihm seine sprachlichen Entgleisungen und seine heftigen Reaktionen vor. Die zahlreichen Briefe von Louis-Marie an seine Familie in Zusammenhang mit der Erbschaft des Präsidenten von Montreuil erinnern in ihrer Heftigkeit durchaus an den Ton der Briefe, die Donatien an seinen Notar schickte. Wie der Marquis wirft auch er das Geld aus dem Fenster, und Madame de Sade vermerkt zu diesem Verhalten ernüchtert: »Wenn er so weitermacht, muß er ernährt werden wie sein Vater.« Ausschweifend wie sein Vater, besucht er ohne Unterlaß Feste und Bälle, frönt dem Kartenspiel und erobert eine Unzahl von Frauen. Einmal schläft er sogar mit einer früheren Mätresse seines Vaters, einer schönen Kreolin namens Madame Raynal de S***, genannt Mimi, einer Malerin und flatterhaften Frau. Der Marquis ist erbost und setzt alles daran, die Liebenden zu trennen.

Der engste Freund von Louis-Marie ist ein junger Offizier aus Carpentras namens Alexandre Cabanis, dem der junge Sade seine Liebesabenteuer anvertraut. Cabanis will ihn auf den rechten Weg zurückbringen und fordert ihn auf, wieder in die Armee einzutreten und vor allem nach Avignon zu kommen, um seiner Großtante Villeneuve, die ständig nach ihm fragt, den Hof zu machen. Die alte Dame will ihn sogar zu ihrem Erben einsetzen, da sie ihn den anderen Kindern Donatiens vorzieht. Die Zeit drängt, denn sie ist bereits über achtzig. Doch das bekümmert den leichtsinnigen Louis-Marie nicht: Ein Erbschaftsversprechen ist ihm weniger wichtig als eine Nacht in Paris. Schließlich reist er dennoch zu der alten Dame, und Sade ist erneut erzürnt. Schon wieder steht ihm sein Sohn als Rivale gegenüber, diesmal allerdings in einer Geldangelegenheit.

Die Beziehungen zwischen Vater und Sohn sind äußerst stürmisch. Vermutlich gleichen sie einander zu sehr, um sich wirklich gut verstehen zu können. Häufig gibt es heftige Auseinandersetzungen. Zwischendurch verhehlt Sade jedoch nicht, daß ihm Louis-Marie, trotz – und vielleicht gerade wegen – seines bohemehaften, abenteuerlichen Lebens und seines Draufgängertums im Grunde gefällt. »Ich liebe ihn sehr. Er wird, dessen bin ich sicher, immer zufrieden sein mit dem, was ich ihm vermachen werde, nicht aber mit dem Zustand, in dem ich ihm sein Vermögen hinterlassen werde. Dieser sehr tatkräftige, kunstvernarrte und ausschließlich mit Malerei und Musik befaßte junge Mann verhehlte mir nicht, daß er, sobald der Frieden geschlossen ist, die ganze Welt zum Vaterland haben will. Er möchte sogar, hielte ich ihn nicht zurück, sogleich nach Neu-England aufbrechen.«[21]

In der blutigen Auseinandersetzung mit den Royalisten am 13. Vendémiaire dient Louis-Marie unter Bonaparte. Sein Vater ist ohne Nachrichten von ihm und teilt Gaufridy mit, wie sehr er um seinen Sohn zittert. Aber kaum ist die Gefahr überstanden, wartet er nur auf den nächsten Fehltritt des jungen Mannes, um ihn zum Teufel zu jagen. Die Beziehung der beiden ist leidenschaftlich und heftig, abwechselnd von Liebe und von Haß geprägt.

Schon seit langem, und zwar seit seiner Entlassung aus Picpus, trägt sich Donatien mit dem Gedanken, seinen Grundbesitz in Saumane, La Grand'Bastide genannt, zu verkaufen. Der Augenblick erscheint ihm günstig, denn nach mehreren Preiserhöhungen »werden Grundstücke mit Gold aufgewogen«. Er möchte dreißig oder fünfdreißigtausend Francs dafür und beauftragt Gaufridy mit den Verhandlungen. Kurz darauf findet der Notar Käufer für vierzigtausend Francs. Es handelt sich um seinen Schwager Archias, Geschäftsmann in Aix, und dessen Partner Arnaud. Als Anzahlung erhält Sade zwei Wechsel über 22 276 Livres. So weit, so gut.

Wenig später erhält er von einem Sieur Villars aus L'Ilse-sur-Sorgue ein Angebot über fünfundvierzigtausend Francs und annuliert sogleich den ersten Verkauf. Wenn die Herren Archias und Arnaud auf das Gut Wert legen, so mögen sie doch dieses Angebot überbieten, meint er und verspricht seinerseits, seine Wechsel erst dann einzulösen, wenn der Kauf abgeschlossen ist. Daraufhin besinnt er sich und sagt sich, daß er letztlich immer noch zu bescheiden ist. Die Immobilien steigen im Wert, an Anwärtern ist kein Mangel, und er wäre doch dumm, nicht davon zu profitieren. Also schreibt er an Archias und kündigt ihm an, er selbst habe dasGut soeben für sechzigtausend Francs verkauft und werde ihm unverzüglich den ersten Wechsel über die kleinere Summe, nämlich 9022 Livres, zurückschicken. Den zweiten, der sich auf 13 524 Livres beläuft, behält er lieber, um die »Spesen und Gefahren der Rücksendung zu vermeiden«. Gaufridy werde aus den Einkommen, die er erwarte, die Rückzahlung vornehmen. »Ich bin unglücklich darüber«, fügt der Heuchler noch hinzu, »daß ich mit Ihnen nicht handelseinig werden konnte. Wäre es nur um tausend Taler gegangen, so hätte ich aufgrund des Vertrauens und der Freundschaft, die ich für Gaufridy empfinde, sicherlich kein Aufhebens davon gemacht, aber für fünfzehn bis zwanzigtausend Livres lohnt es sich, näher hinzusehen.«[22] Das war völlig erlogen. Monsieur de Sade hat sein Gut keineswegs verkauft. Er blufft bloß, um die Preise in die Höhe zu treiben. Inzwischen aber kassiert die bereits angezahlte Summe.

Drei Tage später geht er wieder zum Angriff über und verkündet Gaufridy ganz ernsthaft: »Da ist kein Provenzale in Paris, der mir nicht tagtäglich Angebote machte, und ich schwöre und beteuere, daß ich darunter heute eines auf fünfundsechzigtausend Livres habe, aber ich werde nicht davon profitieren, um den Handel mit Ihnen nicht zu brechen. Ihre

Käufer bekommen dieses Gut.« Er ist also bereit, seinen Grundbesitz an Archias und Arnaud zu verkaufen, aber nicht unter einundsechzigtausend Livres. Und unter der Bedingung, daß ihm die Anzahlung von 13 254 Livres als Kredit berechnet werde, den er nicht zurückzuzahlen braucht: sein Notar wird die Schuld aus den bevorstehenden Einkommen begleichen. Dieser Kredit wird natürlich zinsenfrei sein. Dafür verzichtet der Marquis auf die nächste Ernte des verkauften Grundbesitzes. So zynisch, so unverschämt und so betrügerisch war er noch nie! Die Käufer sind zunächst einmal über so viel Unaufrichtigkeit verblüfft, runzeln die Stirn, willigen aber schließlich ein. Der Kaufbrief wird am 31. März 1795 bei dem Notar Forest in Apt unterzeichnet.

Gaufridy begreift nun, daß ihn der Marquis reingelegt hat, ohne zu bedenken, in welche Verlegenheit er ihn gegenüber seinem Schwager gebracht hat. Wie gewöhnlich, war er nur auf seinen Vorteil bedacht. Der gute Mann mag Donatien noch so lang kennen, er kann seine Bitterkeit nicht verhehlen: »Ich hatte nie damit gerechnet, daß Sie meinen Kummer verschlimmern würden«, schreibt er ihm. Durch den Tod seines Sohnes vor drei Monaten noch schwer gezeichnet, schmerzt ihn der Verrat seines Freundes um so mehr. Sade hingegen reibt sich die Hände. Hocherfreut über den bösen Streich, den er den beiden gespielt hat, und in der Gewißheit, sie reingelegt zu haben, triumphiert er seinem Notar gegenüber rücksichtlos : »Nun, mein lieber Bürger, seien Sie guter Dinge und werfen Sie mir nicht mehr vor, wie Sie das bisher getan haben, ich hätte Ihnen mein Vertrauen entzogen. Seien Sie wieder fröhlich, hegen Sie wieder Vertrauen und Freundschaft und, vor allem, besorgen Sie weiterhin meine Geschäfte.«[23]

Die gewissenhaften Leser mögen sich beruhigen: Die Herren Archias und Arnaud haben letztlich dennoch ein gutes Geschäft gemacht, während Donatien der Geprellte war. Aufgrund der galoppierenden Inflation des Papiergeldes bleibt ihm bald kein einziger Sol aus diesem Verkauf.

»FÜHLEN SIE IHR DEN PULS«

Sade, der immer noch knapp bei Kasse ist, gedenkt nun, Mazan, das ihm kaum mehr bedeutet als die Grand'Bastide, zu verkaufen. Eigentlich stammt die Idee von seiner Tante Villeneuve. Im Februar 1795 schlägt sie ihm vor, ihr das Schloß für die im vorhinein bezahlte Pauschalsumme von fünfzehntausend Livres auf Lebenszeit zu vermieten. Avignon ermüdet sie, sie braucht Ruhe. Der Marquis reagiert mit Empörung: fünfzehntausend Livres! Sie scherzt wohl! Er will mindestens siebzigtausend. Rechnen wir nach: Mazan bringt ihm durchschnittlich etwa viertausend Francs jährlich. Das entspräche einem Gegenwert von vier Lebensjahren der alten Dame. Dabei steht er doch gerade im Begriff, Mazan für achttausend Francs jährlich zu verpachten. Und seine Tante wird noch gut zehn Jahre leben. Das machte also ingesamt siebzigtausend und keinen Sol weniger! Wenn sie in Gold bezahlt, will er es ihr für dreißigtausend und sogar für fünfundzwanzigtausend überlassen, aber das ist sein letztes Angebot! Aber Madame de Villeneuve könne ein noch besseres Geschäft machen. Sie ist reich und hat zwei Töchter. Soll sie doch Mazan »für immer« kaufen: So kämen nach ihrem Tod auch ihre Töchter in den Genuß des Besitzes. Er wird sich mit hunderttausend Francs in bar begnügen oder mit zweihundertfünfzigtausend in Assignaten und verspricht seinem Verwalter Quinquin zweitausend Goldtaler Schmiergeld, falls er den Handel zum Abschluß bringt. Und wenn die alte Dame nur mehr zwei Jahre leben sollte? Ja, dann hat er natürlich ein gutes Geschäft versäumt. Schnell, ein Brief an Gaufridy: »Besuchen Sie sie unverzüglich, fühlen Sie ihr den Puls, und wenn Sie meinen, daß sie die zwei Jahre nicht mehr überleben wird, so werden Sie auf der Stelle handelseinig.«[24] Wenn ihr fünfundzwanzigtausend zu hoch erscheinen, so ist er bereit, seinen Preis auf zwanzigtausend zu drücken. Wenn sie ablehnt, so möge man das Schloß mitsamt Hof und Park an den Höchstbietenden verkaufen. Man erhalte jedoch sorgfältig den Obstgarten: »Er ist eine wahre Goldgrube.« Wenn sich kein Käufer findet, ja dann wird er das Gebäude Stein um Stein abtragen lassen, um die Bruchsteine, das Holz und die Eisenbeschläge einzeln an den Mann zu bringen. Er hofft, eine Million Francs Gewinn daraus zu schlagen, die es ihm gestatten werden, seine Schulden zurückzuzahlen und ein Landhaus in der Nähe von Paris zu erwerben. Wieder einmal ein utopisches Vorhaben!

GAUFRIDY ZIEHT SICH ZURÜCK

Die Zeit vergeht, und Mazan verkauft sich nicht. Madame de Villeneuve hat abgelehnt. Zu allem Überfluß weigert sie sich auch noch, ihrem Neffen das Silbergeschirr auszuhändigen, das der Abbé ihm zugedacht hatte. Aus Angst, die Erbschaft könne ihm entgehen, schluckt Donatien seine

Wut hinunter und macht sich sogleich auf die Jagd: Er muß Geld auftreiben, koste es, was es wolle. Das Problem wird zur Zwangsvorstellung. Allerdings verschlechtert sich seine Lage tatsächlich Tag für Tag. Die Lebenshaltungskosten steigen unaufhörlich, und der ständige Wertverlust der Assignaten läßt sein Einkommen mehr und mehr schrumpfen. Um dem Ganzen die Krone aufzusetzen, beantwortet Gaufridy nicht einmal mehr seine Briefe. Nimmt er sich überhaupt noch die Mühe, sie zu lesen? Der Undankbare vernachlässigt ihn, seinen Freund, wo er doch Hungers stirbt, mit schwerem Fieber im Bett liegt und keinen Sol hat, um sich ärztlich behandeln zu lassen. Flehentliche Bitten, Vorwürfe, Mahnungen und Drohungen landen lawinenartig auf dem Schreibtisch seines Notars. Als gäbe es niemanden sonst auf der Welt als Monsieur de Sade! Als müßte er sich nicht auch um andere Klienten kümmern! Das aber bekümmert Monsieur de Sade nicht im geringsten. Wenn man die Ehre hat, ihm zu dienen, so opfert man sich vierundzwanzig Stunden täglich nur für ihn auf. Das ist mehr als eine Pflicht: ein heiliges Amt.

Gaufridy ist überlastet und gibt einige Akten an seinen jüngeren Sohn Charles ab, darunter auch die des Marquis. Der Vater ist erleichtert, der Sohn zittert angesichts der Prüfung, die ihm bevorsteht. Sade ist enttäuscht, macht zunächst ein saures Gesicht und drangsaliert daraufhin den angehenden Notar. Der junge Gaufridy hat jedoch mehr Rückgrat als sein Vater. Er kennt das Raubtier und will sich vor allem nicht von ihm auffressen lassen. Und auch keine Unverschämtheiten dulden. Beim ersten Disput widersetzt sich der Grünschnabel und wird sofort von Sade belehrt: »Um Gottes willen, ärgern Sie sich nicht, wenn ich mich ärgere, denn wer soll uns wieder versöhnen, wenn wir uns beide ärgern? Ich will das Recht haben, zu schreien und zu toben, als zöge man mir bei lebendigem Leibe die Haut ab, wenn Sie mir kein Geld schicken, und Ihre einzige Antwort muß immer ein Wechsel sein.«[25] Sade praktiziert den Zorn wie eine seelische Hygiene. Er ärgert sich, um Dampf abzulassen.

DER VERKAUF VON LA COSTE

La Coste verkaufen? Er hat mehrmals daran gedacht, aber nie sehr ernsthaft. Nun ist er dazu gezwungen. Seit dem Beginn des Jahres 1796 haben sich seine Finanzen zusehends verschlechtert. In weniger als einem Jahr sind die Erträge aus dem Verkauf der Grand'Bastide dahingeschmolzen. Im März muß er sein behagliches Nest in der Chaussée-d'Antin, dessen

Miete zu teuer geworden ist, aufgeben und mit Madame Quesnet ein Landhaus in der Rue de la Réunion in Clichy-la-Garenne, gegenüber den Pferdeställen des Schlosses, mieten. Es liegt etwas weit von Paris, aber die Jahresmiete beläuft sich bloß auf dreihundert Livres.

Am 9. September 1796 unterzeichnet er, ohne etwas darüber verlauten zu lassen, mit Stanislas-Joseph Rovère, einem Mitglied des Rats der Alten, einen Kaufvertrag über die Summe von 58 400 Livres und 16 000 Livres Schwarzgeld für La Coste und die dazugehörigen Ländereien. Der neue Besitzer verpflichtet sich überdies, die Verwaltung des Gutes Gaufridy zu überlassen, dessen Verdienste der Marquis nachdrücklich gerühmt hatte, weil er hoffte, damit vor Ort über einen Verbündeten zu verfügen. Ein schlechtes Kalkül: Der Advokat ist nicht der Mann, der den Diener zweier Herren spielen will.

Als Gaufridy über den Kaufvertrag unterrichtet wird, warnt er Sade sogleich vor den Schwierigkeiten, die beim Abschluß des Handels unweigerlich auftreten würden. La Coste ist mit Hypotheken belastet. Allein der Anspruch von Madame de Sade auf die Gesamtheit der Güter des Marquis beläuft sich auf 199 000 Livres, nämlich auf den Betrag ihrer Mitgift mitsamt den Zinsen, von denen der Marquis seit sechs Jahren keinen Groschen bezahlt hatte. Der Kaufvertrag wird also zwangsläufig die Wiederanlage der von Rovère gezahlten Beträge in Immobilien vorsehen, damit Madame de Sade ihr Anrecht auf diese neuen Güter anmelden kann. Eine Enttäuschung für Donatien, der vergeblich gehofft hatte, an etwas Bargeld heranzukommen.

SAINT-OUEN

Am 14. Oktober 1796, also am Tag nach dem Verkauf von La Coste, erwirbt Constance Quesnet um die Summe von 15 000 Francs ein Haus in Saint-Ouen, Place de la Liberté Nr. 9. Dieser Kauf ist kein Zufall. Sade reinvestiert einen Teil der am 9. September anläßlich des Kaufvertrags von La Coste erhaltenen Summe in dieses Haus, das er von seiner braven Gefährtin erwerben läßt, damit es vor dem Zugriff seiner Frau geschützt ist. Am 20. April 1797 zieht das Paar mit dem Sohn von Madame Quesnet in ihr neues Haus.

Als Madame Quesnet am 16. Messidor des Jahres X (5. Juli 1802) das Haus mitsamt den Möbeln wieder verkaufte, legte der Notar Normand eine detaillierte Inventarliste an. Wir hatten das Glück, dieses Dokument aufzufinden, und sind dadurch zum ersten Mal in der Lage, die nähere Umgebung zu rekonstruieren, in der Donatien an der Seite seiner teuren »Sensible« seine letzten drei Jahre in Freiheit verbrachte.

Durch die Toreinfahrt gelangte man in einen mit Obstbäumen und Gras bewachsenen Hof, der seitlich von den Vorbauten des Hauses und hinten von den Wirtschaftsgebäuden begrenzt wurde. Im Erdgeschoß: das mit Tapeten geschmückte Speisezimmer, ein Kamin in einer Nische, in der Mitte ein runder Nußholztisch für zwölf Personen. Vom Speisezimmer gelangte man in den Salon: blaue Papiertapeten, Marmorkamin, ein gelbes Sofa, sechs Stühle mit Strohgeflecht, zwei breite Schränke, eine Kommode aus Mahagoni mit Marmorplatte und, nebst anderer Kleinigkeiten, vier zum Sofa passende Lehnsessel. Sades Schlafzimmer verfügte über Tapeten im »arabischen Stil«, einen Marmorkamin, sechs Stühle, eine Kommode, einen kleinen Schrank und einen furnierten Schreibschrank. Das Arbeitszimmer des Marquis ist mit Bücherschränken getäfelt: Diese sind die einzigen Möbel, die Constance später nicht verkaufen wird.

Das Haus ist nicht gerade luxuriös, erweckt aber den Eindruck bürgerlichen Wohlstands. Die halb städtische, halb ländliche Einrichtung ist charakteristisch für diese Landhäuser in der näheren Umgebung von Paris, die, wie damals Saint-Ouen, noch nicht zur Vorstadt gehörte.

DIE RÜCKKEHR DES HERRN

Obwohl nun Sade zwei neue, nach dem Verkauf von La Coste erworbene Güter und ein Haus besaß, fehlte es ihm dennoch am Notwendigsten. Da er den Erlös aus dem Verkauf von La Coste sofort wieder in Immobilien anzulegen gezwungen war, konnte er keinen Groschen behalten, und der Erwerb des Hauses in Saint-Ouen riß ein weiteres Loch in seine Finanzen. Wie soll er es anstellen, aus den ihm noch verbliebenen Gütern Bargeld zu schlagen? Da alle seine Besitztümer mit Hypotheken belastet sind, müßte es ihm gelingen, eines davon unter Umgehung der staatlichen Regelungen über die Hypotheken zu verkaufen.

Plötzlich kommt ihm ein genialer Einfall. Er hat einen Trick ausfindig gemacht, um seine Güter ohne Kaufvertrag loszuschlagen. Dazu benötigt er unbedingt dreitausend Francs vor dem 1. Mai. Nur sein Freund Gaufridy kann ihm weiterhelfen. Die Zeit drängt, er darf die Frist auf keinen Fall versäumen. Diese dreitausend Francs braucht er dringender als die Luft zum Atmen. Sobald er das Geschäft abgeschlossen hat, wird er den Advokaten in Ruhe lassen. Er schwört, er wird nie mehr auch nur einen Centime von ihm verlangen. Er verspricht auch, daß er diese Summe nicht für eine Reise nach Südfrankreich verwenden wird, wie ihm gerüchteweise unterstellt wird: »Nein, nein und wieder nein, was die Erfinder von Unwahrheiten auch immer behaupten mögen, das Geld wird nicht zu einer Reise in die Provence dienen.« Zwei Monate später taucht er unangemeldet und mit Madame Quesnet am Arm bei Gaufridy auf. Der Notar ist keineswegs überrascht: Rovère hatte ihm die Ankunft gemeldet.

Der Marquis hatte seit knapp neunzehn Jahren, seit seiner dramatischen Verhaftung am 26. August 1778, keinen Fuß mehr in die Provence gesetzt. Die ganze Familie Gaufridy – Madame Gaufridy und ihre Schwester, Madame Archias, Charles und François, die Fräuleins Benoîte und Gothon und selbst die Großmutter – bereiten dem Marquis einen herzlichen Empfang. Der Notar fällt seinem alten Freund in die Arme. Es fällt ihnen sicherlich etwas schwer, einander wiederzuerkennen, aber sie sind zweifelsohne gerührt.

Kaum sind die Gefühlsausbrüche vorüber, muß Sade seinen Geschäften nachgehen. Aus praktischen Gründen – und um den Tratsch zu vermeiden – läßt er Constance beim Notar zurück und bricht allein nach Saumane auf, der ersten Etappe seiner Reise, wo es auch zum ersten, zunächst harmlosen Zwischenfall kommt, der sich binnen weniger Stunden zu einem Skandal auswächst. Bei Donatien nimmt die geringste Kleinigkeit lächerliche Ausmaße an. Diesmal handelt es sich um eine Lappalie: 29 Francs, 14 Sols, die einer seiner Schuldner dem Emigrantengesetz gemäß dem Steuereinnehmer der Staatsdomänen, einem gewissen Noël Perrin, ausgehändigt hatte, damit der Betrag dem Staatsschatz zugeführt werde. Der jähzornige Marquis schickt auf der Stelle zwei wütende Briefe an den armen Perrin, klagt ihn des Diebstahls an und fordert ihn auf, ihm das Geld auf der Stelle zurückzuerstatten. Andernfalls wird er ihn beim Direktorium anzeigen und seiner gerechten Bestrafung zuführen. Der Beamte läßt sich nicht beeindrucken und läßt seinen Ankläger vor das Strafgericht in Avignon zitieren, das die Aussagen gegen Perrin für »falsch und verleumderisch« erklärt. Da dieser »in seiner Eigenschaft als Steuereinnehmer, dessen Handlungen allesamt untadelig sein müssen, derartige Anschuldigungen nicht zulassen lassen darf«, wird der Bürger Sade zu einer Geldstrafe von 1500 Francs verurteilt, die an die wohltätigen

Anstalten von Avignon abzuführen ist. Weiters muß er die Kosten für die Veröffentlichung des Urteils und die Prozeßkosten tragen. Wie man sieht, scherzte die Republik mit Beamtenbeleidigungen nicht. Vor allem, wenn der Schuldige ein vormaliger Adeliger war.

Der Schuldspruch bekümmert Monsieur de Sade nicht (er ist Schlimmeres gewohnt). Am meisten stört ihn die Geldstrafe von 1500 Francs. Folglich versucht er, die Affäre zu bereinigen, indem er einen notariell beglaubigten Widerruf unterschreibt, in dem er die gegen den Bürger Perrin gemachten Äußerungen mißbilligt und ihn als »einen ehrlichen und aufrichtigen Menschen anerkennt, der die Pflichten seines Amtes immer vorbildlich erfüllt hat«. Perrin ist bereit, die Klage zurückzuziehen, wenn ihm sein Gegner seine Unkosten ersetzt und dem Spital von Carpentras 24 Francs Almosen spendet. Monsieur de Sade kommt billig davon, aber er wird aus diesem Vorfall keine Lehre ziehen. Bei dieser Gelegenheit verkündet er wieder einmal, daß er nie emigriert und sein Name übrigens aus der Liste des Départements Bouches-du-Rhône gestrichen sei, aber nach wie vor auf der des Départements Vaucluse stehe. Daraus erklärt sich auch der durchaus verständliche Irrtum des Steuereinnehmers, der in diesem Fall nur seine Pflicht getan hat.[26] Die Affäre läßt jedenfalls die Behörden aufhorchen, die einige Monate später den Notar Quinquin in Mazan tadeln, weil er es unterlassen habe, die Güter, die Sade in dieser Gemeinde besitzt, unter Zwangsverwaltung zu stellen. Mazan liegt tatsächlich im Département Vaucluse, wo er offiziell als Emigrant gilt. Die Verwirrung ist nun auf dem Höhepunkt. Man legalisiert die Lage sogleich und macht es ihm dadurch unmöglich, auch nur die geringste Parzelle seines Grundbesitzes in der Gemeinde Mazan zu verkaufen. Natürlich war die Affäre Perrin »der Antrieb für diese Angelegenheit«. Jedenfalls hatte sich der Marquis de Sade ein ganz anderes Willkommensgeschenk erhofft.

In Mazan löst die Ankunft des vormaligen Marquis Zwischenfälle aus: Ein »Spitzbube« nimmt ihm sogar 25 Louis ab. Er wird kurz nach Sades Abreise ermordet und seine Leiche unter einem Steinhaufen gefunden. Die Gemeindeverwaltung sucht den vormaligen Herrn höchstpersönlich auf, läßt aber einen Garnisonssoldaten bei ihm zurück, der dafür sorgen soll, daß Sade seine Steuern bezahlt. Die einen sehen in Sade einen Opportunisten, die anderen einen »Terroristen«, bei allen aber ist er unerwünscht, und der Marquis muß sich eingestehen, daß seine Anwesenheit in einer nach wie vor aufgewühlten, von allerlei Unruhen erfaßten

Provence einigermaßen unwillkommen ist. Falls der Marquis gehofft hatte, wie der verlorene Sohn aufgenommen zu werden, so belehren ihn die Einwohner rasch eines Besseren. Ihr Empfang ist alles andere als herzlich. Er nutzt jedoch seinen Aufenthalt, um Gaufridys Neffen Roux in dessen Amt als Bevollmächtigter anstelle von Quinquin, der der »Witwer« genannt wird, zu bestätigen. Dieser »Witwer«, ein fanatischer Jakobiner, der vorgetäuscht hatte, er würde sich aufopfernd um den Besitz des Marquis in Mazan kümmern, hatte in Wirklichkeit hinter dem Rücken seines Herrn seine eigenen Geschäfte betrieben. Gleichzeitig ordnet der Marquis auch die Überreste der Familienarchive, die der Plünderung von La Coste nur entkommen waren, um in Mazan zerfetzt zu werden.

Und La Coste? Er läßt kein Wort darüber verlauten. Sollte er diese Pilgerfahrt in die Heimat unternommen haben, so hat er keine schriftliche Spur davon hinterlassen. Der Grund dafür mag darin liegen, daß die Rührung nicht seine Stärke war und er befürchtete, sie nicht meistern zu können. Vielleicht verzichtete er auch darauf, diese allzu erinnerungsbeladenen Stätten, die ihm nun nicht mehr gehörten, wiederzusehen? Ist es zuviel der Unterstellung, wenn man annimmt, er habe Angst vor seiner Vergangenheit gehabt? Ist die Sensibilität dieses Mannes derartig abgestumpft, daß man sich nicht vorzustellen wagt, wie er vor der steilen Anhöhe steht, vor diesen einsam in den Himmel ragenden Mauern, und über die Wechselfälle seines Schicksals nachdenkt? Sein Schweigen ist tatsächlich merkwürdig.

Im Verlauf seiner Reise wird ihm allmählich klar, wie viele unerwartete Schwierigkeiten sich ihm in den Weg stellen. Von Paris aus gesehen erschien ihm die Lage recht klar. Er benötigte Geld? Also forderte er es lauthals, Gaufridy würde schon eine Lösung finden. Die Gläubiger verlangten ihr Geld, die Bauern bezahlten nicht? Lappalien. Aus der Ferne betrachtet glätteten sich alle Widerstände und erschienen inhaltslos. Aus der Nähe betrachtet ist die Wirklichkeit eine ganz andere. Die Gläubiger sind keine Legende mehr und die Bauern keine undeutlichen Gespenster. Die Ripert, Audibert und Quinquin besaßen allesamt Gesichter, und die Abrechnungen sind nicht bloß Ziffern auf einem Blatt. Allein in einer feindlichen Umgebung, steht er nun Problemen gegenüber, die er einst nur undeutlich und aus der Ferne wahrnahm, er muß mit den einen verhandeln, mit den anderen Kompromisse eingehen, sich mit nichtigen Schikanen herumschlagen und seine Zeit mit fruchtlosen Bemühungen vergeuden.

Dann beschließt er, zur Messe in Beaucaire aufzubrechen, das wichtigste Ziel seiner Reise, um die geniale, in Paris ersonnene List, für die er die dreitausend Francs benötigte, einzufädeln. Die Idee ist einfach. Da man ihn daran hindert, seine Ländereien zu verkaufen, wird er sie in einer Lotterie an den Mann bringen. Die reinste Taschenspielerei! Und da der Gutshof von Cabannes im Département Bouches-du-Rhône nicht unter Zwangsverwaltung steht, wird er mit ihm beginnen. Da er auf die Mithilfe Gaufridys angewiesen ist, bittet er ihn, ihn zu begleiten, aber der alte Mann schützt Müdigkeit vor. Dann möge er ihm doch wenigstens seine Söhne Charles und François mitgeben. Gaufridy läßt sich schließlich dazu überreden. Charles reist voraus, um die üblichen Formalitäten zu regeln, und am 23. Juli, am Eröffnungstag der Messe, trifft Monsieur de Sade in Begleitung des jungen François ein. Endlich sind alle Hindernisse beseitigt, und er wird mit vollen Taschen abreisen, seine Lage sanieren und das durch den Kauf des Hauses in Saint-Ouen entstandene Loch in seinen Finanzen stopfen. Resultat: Kein einziges Los wurde verkauft. So hochfliegend seine Hoffnungen waren, so enttäuscht ist er nun.

Das mangelnde Interesse des Publikums an solchen Losen ist immerhin merkwürdig. Steckt etwa Gaufridy dahinter? Der Notar ist bekanntlich nicht mehr bereit, Sade in seinen Extravaganzen zu folgen. Er fühlt sich mit einer höheren Mission betraut: Sade vor seinen Dämonen zu retten, ihn von der schiefen Bahn, die ihn ins Verderben führt, abzubringen. Und vor allem das Erbe von Sades Kindern zu erhalten. Madame de Sade versteht es so gut, ihn seiner »Pflichten« zu erinnern, daß er ungerührt die Interessen seines Klienten opfert. Er hat keine Bedenken, seinem Sohn Charles Anweisungen zu erteilen, die den Mißerfolg der Lotterie in Beaucaire herbeiführen. Und er hat einige Monate später keine Bedenken, den Verkauf von Cabannes platzen zu lassen.

Dabei hatte Sade hier alles berücksichtigt: Der Verkauf sollte unauffällig vor sich gehen und Renée-Pelagie nichts erfahren. Im übrigen hatte sie das Gut nie vermessen lassen, und ihre Kinder hatten keine Ahnung von seinem wahren Wert. Auch die übrigen Gläubiger würden nichts merken. Und außerdem konnte man sie alle beschwindeln, indem man einen fingierten Prioritätsanspruch ins Spiel brachte. Dazu brauchte man den Verkauf bloß rückzudatieren, einen Strohmann auftauchen zu lassen, einen angeblichen Gläubiger, der das Geld beschlagnahmen läßt, in die

Tasche steckt und es dann unter der Hand wieder zurückgibt. Madame Quesnet hatte diese Rolle in Paris perfekt gespielt. Warum sollte Gaufridy sie nicht in der Provence übernehmen? Allerdings weigert sich der Notar. Auf das direkte Betreiben von Madame de Sade, die aus der Ferne die Fäden zieht, durchkreuzt Gaufridy das Manöver, indem er die Hypotheken dutzendweise hervorholt. Das genügt, um auch die leichtgläubigsten Käufer zu vertreiben. Es gelingt ihm sogar, den Pächter Lombard, der dem Marquis einige Felder abgekauft hatte, durch eine Entschädigung zum Verzicht auf seinen Besitz zu bewegen. Die Marquise gratulierte ihm zu dieser Meisterleistung: »Ich wäre sehr verärgert, sollten Sie auf den Gedanken kommen, ich sei Ihnen nicht dankbar für das, was Sie getan haben, um einen Verkauf zu verhindern, der Monsieur Sade und seine Kinder sehr teuer zu stehen gekommen wäre ... Sie können sich darauf verlassen, daß ich Sie in keiner Weise kompromittieren werde.«[27]

Im Grunde bilden dieser adelige Libertin und sein vorsichtiger Rechtsbeistand ein faszinierendes und beinahe mythisches Paar. Verkörpert der eine Don Juan, so scheint der andere eher die Rolle von Sganarelle zu übernehmen.

Gegen Ende seiner Reise erfährt der Marquis, daß eine Gruppe junger Männer das Schloß Mazan gestürmt und dessen Schleifung verlangt hatte. Es ist tatsächlich höchste Zeit abzureisen. Gaufridy und Donatien umarmen einander zum Abschied mit Tränen in den Augen. Sie ahnen wohl dunkel, daß sie sich zum letzten Mal sehen. Donatien sollte tatsächlich nie wieder in die Provence zurückkehren.

KAPITEL 25

Die Mißgeschicke des Monsieur de Sade

Im Grunde ist Donatien keineswegs unglücklich, nach Paris zurückzukehren. Seine Pläne sind gescheitert, und überdies hat er ermessen können, wie feindlich man ihm in seiner Heimat gegenübersteht. Seine braven Bauern von früher haben sich entschieden sehr verändert. Wozu hat man in Paris den Sansculotten gespielt, wenn man dann auf den Ländereien seiner Vorfahren als Despot behandelt wird? Dazu kommt, daß er sich nach Sensible zu sehnen beginnt, die während seiner Reisen bei Gaufridy geblieben war, und er freut sich über das Wiedersehen mit »dieser aufrichtigen Freundin, deren Dasein ihm teurer ist als das eigene«.

Dennoch beginnen sie sich in der Postkutsche, die sie nach Paris zurückbringt, plötzlich zu zanken. Das berichtet zumindest ein gewisser Bonnefoy, ein früherer Landvermesser aus Colombes, der ihnen das Geld für die Reise vorgestreckt hat und in derselben Kutsche sitzt. Sein Bericht steht völlig im Widerspruch zu allem, was wir über die zartfühlende Beziehung zwischen Sade und Constance wissen, ist aber dennoch erwähnenswert: »Es gab eine gewisse Gereiztheit auf der Fahrt, aber nicht so viel, wie ich gedacht hatte. Beide haben mir mitgeteilt, sie würden nicht mehr lange zusammenleben, und was ich seit meiner Ankunft erfahren habe, bestätigt dies. Ich habe vor, sie morgen das letzte Mal aufzusuchen. Man kann für Monsieur de Sade nur wünschen, daß er sich von ihr oder sie sich von ihm trennt. Sie ist das bösartigsteWeib, das es gibt. Sie lügt wie gedruckt, aber das wundert mich nicht. Wenn man die meiste Zeit seines Lebens in den Theatern der Provinz oder von Paris verbracht hat, so ist man imstande, unter allen Umständen Komödie zu spielen. Ich glaube nicht, daß Monsieur de Sade diese Trennung ungeschoren übersteht. Ich fürchte, daß er dabei sein ganzes Hab und Gut verliert. Sie ist schlau und hat Kerle, die sich um ihre Interessen kümmern. Überdies hat er in Paris denselben Ruf wie in der Provence.«[1]

Dieser Bonnefoy war der böse Geist von Rovère, ein beruflicher Verleumder und später mutmaßlicher Verfasser anonymer Briefe gegen Sade, kurz, ein Schurke, der noch dazu von seinem Herrn manipuliert wurde. Bonnefoy führt etwas im Schilde: Er will den Marquis und dessen Gefährtin mit allen Mitteln und, wenn es sein muß, mit den unverschämtesten Lügen bei Gaufridy in Verruf bringen. Daraus erklärt sich dieser boshafte Bericht an den Notar. Im Gegensatz zu seinen Behauptungen ist die Reise ungetrübt verlaufen. Wir haben unter den nachgelassenen Papieren des Marquis den Brief an Gaufridy mit seiner Schilderung gefunden, die dem eben angeführten Bericht in jedem Punkt widerspricht: »Schönes Wetter, eine gute Straße, Sensible *in reizender Laune* (Hervorhebung von uns); nicht die geringste Angst oder Ohnmacht bei diesem geliebten Weib, das nur ab und zu die Brauen runzelt und sagt: ›Ach, wie leid es mir tut, die Provence zu verlassen! Was für einen ehrenwerten, bezaubernden und zartfühlenden Freund verliere ich in Monsieur Gaufridy. Wann werde ich ihn und seine hinreißende Familie wiedersehen?‹ Und dann hundert Pläne, Sie in zwei Jahren wieder zu besuchen. Wie Sie sehen, verlief alles prächtig.«[2]

NEUE BEDROHUNGEN

Der Staatsstreich vom 18. Fructidor des Jahres V (4. September 1797) eliminiert das rechte Lager und bringt ein neues Direktorium an die Macht. In den folgenden Tagen werden fünfundsechzig Verdächtige zur Deportation nach Guayana verurteilt: der ehemalige Direktor Barthélemy, Pichegru, an die vierzig Abgeordnete des Rats der Fünfhundert, dreizehn Abgeordnete des Rats der Alten, darunter Stanislas-Joseph Rovère, der kurz darauf dem strengen Klima zum Opfer fällt, ohne sein Schloß La Coste jemals betreten zu haben.

Erneut fegt eine Welle des Jakobinismus über Frankreich. Bereits am folgenden Tag, am 19. Fructidor, läßt das Direktorium von seinen Räten eine ganze Reihe von Gesetzen gegen die Emigranten, die royalistische Presse und die Priester beschließen, die eidesstattlich schwören müssen, daß sie die Monarchie hassen. Sade ist erneut äußerst gefährdet. Seine noch verfügbaren Güter könnten unter Zwangsverwaltung geraten, und überdies sind kraft der Artikel XV und XVI des Emigrantengesetzes alle Personen, die auf einer Liste stehen und nicht endgültig daraus gestrichen wurden, verpflichtet, das Territorium der Republik zu verlassen, andernfalls sie verhaftet und vor eine Militärkommission gestellt werden. Von einem Tag auf den anderen steht der Marquis wieder außerhalb des Gesetzes.

Er erfährt die schlechte Nachricht während einer Rast auf der Fahrt nach Paris: »Alles verlief bestens bis Cosne, einer Kleinstadt im Bourbonischen, zwei Tagesreisen von Paris, als Sensible, die immer düstere Vorahnungen hat, bei der Ankunft die Wirtin fragt, wie die Neuigkeiten aus Paris seien: ›Ausgezeichnet, Madame, wunderbar‹, antwortet ihr das schreckliche Geschöpf. ›Endlich haben wir die Adeligen vom Hals, deportiert sind sie, sie sind fünfzig Meilen hinter die Grenze und ihre Güter beschlagnahmt!‹«[3]

Kaum ist Donatien wieder in Saint-Ouen, schickt er an den Bürger Doudreau, den Polizeiminister, einen ausführlichen Bericht über den Irrtum, der zur Eintragung seines Namens in die Emigrantenliste des Départements Vaucluse geführt hat, und hinterlegt im Büro des Ministers eine Akte mit hundert Unterlagen, die seine ununterbrochene Anwesenheit in Paris bestätigen: Auszüge aus den Haftregistern, Vorladungen und Sitzungsprotokolle der Section des Piques, Bestätigungen über seinen Wohnsitz und seine Nicht-Emigration aus dem Département Paris usw.[4] Die Mühe war vergeblich: Doudreau wird einige Tage später abgesetzt. Sade beschließt also, höheren Orts vorstellig zu werden.

EIN FEHLTRITT

Nach dem Staatsstreich ist der neue starke Mann eindeutig der Vicomte de Barras. Dieses ehemalige, aus einer alteingesessenen provenzalischen Familie stammende Konventsmitglied hatte für den Tod des Königs gestimmt. Durch Bestechungsgelder rasch reich geworden, zieht er sich die Feindschaft Robespierres zu und engagiert sich in der Opposition gegen die Schreckensherrschaft. Seine eigentliche politische Karriere beginnt allerdings erst nach dem 9. Thermidor. Am 13. Vendémiaire des Jahres III (5. Oktober 1795) schlägt er mit der Unterstützung seines Freundes Bonaparte den royalistischen Aufstand nieder und ist kurz darauf einer der fünf Direktoren, die kraft der Verfassung des Jahres III die exekutive Gewalt haben. Nun führt er, umringt von leichten Mädchen und Parvenus und allen Sittengesetzen spottend, das Leben eines orientalischen Satrapen. »König Barras«, wie er genannt wird, lebt auf seinem Schloß Grosbois in Saus und Braus und erfüllt sich alle Wünsche eines steinreichen, großzügigen und verschwenderischen Fürsten. Nach dem 18. Fructidor steht er neben Reubell und La Revellière-Lepeaux an der Spitze einer Art Triumvirat.

Dies ist also der Mann, den Donatien für sein Schicksal zu interessieren versucht. Letztlich gehören sie doch der gleichen Kaste an: Beide sind adelige Provenzalen und, wenn man Barras Glauben schenkt, sogar entfernt verwandt; beide sind gleichermaßen lasterhaft und haben, wenn auch auf verschiedenen Ebenen, den gleichen politischen Werdegang hinter sich. Und da trägt sich Sensible als »Bevollmächtigte« an, dem großen Mann eine Denkschrift zugunsten des falschen Emigranten vorzulegen. Donatien bekommt jedoch Angst. Barras, der, wie er meint, aus Avignon stammt, in Wirklichkeit aber im Département Var geboren wurde, ist sicherlich über seine alten Geschichten, die sich ja in der ganzen Gegend herumgesprochen hatten, informiert. Wird er es nicht ablehnen, ihm behilflich zu sein? »Kennt mich Barras, der aus Avignon stammt? Und wie kennt er mich, falls er mich kennt? Und was wird er nach den Eindrücken, die er haben kann, tun? Wie dem auch sein mag, meine Unschuld und mein vorbildliches revolutionäres Verhalten sprechen für mich, und ich kann den Kopf hoch tragen … Aber die alten Abenteuer … einem Mann aus dieser Gegend gegenüber …? Unter Robespierre war ich genauso auffällig, und das Vergangene hat damals keine Rolle gespielt. Man muß hoffen, daß es auch hier keine Rolle spielen wird.«[5]

Barras ist zwar nicht aus Avignon, kennt aber Sade und hat sich sein Urteil gebildet. Sades Befürchtungen waren also nicht unbegründet. In seinen Memoiren widmet der Direktor dem Mann, der ihn nun um seinen Schutz bittet, nicht weniger als zwei Seiten, aus denen deutlich hervorgeht, wie sehr sich Sade verrechnet hat: »Wenn irgend etwas ein staatliches Gefängnis wie die Bastille zu rechtfertigen vermag, so glaube ich gegen meine Grundsätze auf legalem Gebiet nicht zu verstoßen, indem ich sage, daß Sade es sehr wohl verdient hat, dort eingesperrt zu werden. Hier ist nicht der Ort, die Geschichte dieses Individuums zu schildern, das so außergewöhnlich ist, daß man es als Anomalie in der menschlichen Gattung ansehen kann. Dem System, das er in seinen nicht unbegabten Schriften unerschrocken aufgestellt hat, war bereits in mehreren Gegenden eine abscheuliche Praxis vorausgegangen, die allgemeines Entsetzen ausgelöst hatte, ohne daß er von den Gesetzen ereilt worden wäre … Nach diesem System muß den Freuden der Sinne, anstatt aus der Gegenseitigkeit der angenehmen Empfindungen zu bestehen, der tiefste Schmerz des erwählten Gegenstandes zugrunde liegen, um die Leidenschaften zu befriedigen. Es genügte ihm nicht, dessen stärksten Ausdruck durch Vergewaltigung und Gewalttätigkeit gegen beide Geschlechter zu erhalten. Er verkündete überdies, daß er auf die Lust auf Blut und Gemetzel nicht verzichten kann. Er wollte, daß die Freuden seines geilen Wahns sich nicht auf die Folter beschränken, sondern bis zum Tod seiner Opfer gehen.«[6]

Was die Libertinage und die politische Moral betraf, hatte der Vicomte de Barras Sade keine Lektionen zu erteilen. Aber gerade dies war ein zusätzlicher Grund, ihm seine Unterstützung zu verweigern. Man bessert den eigenen Ruf nicht, indem man den Ruf der anderen verteidigt.

Barras begnügt sich damit, die Eingabe des Marquis mit dem Vermerk »schneller Bericht« zu versehen. Die Polizei tut daraufhin kund, daß die unterschiedlichen Vornamen auf Sades Meldezetteln ein Hindernis für die Streichung aus der Emigrantenliste darstellen. Ohne ein beglaubigtes Dokument, das seine wahren Vornamen und Zunamen anführt und bestätigt, daß die Verwaltung des Départements Bouches-du-Rhône in ihrem Erlaß vom 26. Mai 1793 ihn und keinen anderen aus der Emigrantenliste streichen wollte, ist das Ministerium außerstande, dem Direktorium über die Forderung des Antragstellers einen Bericht vorzulegen.

Damals war es in der Tat äußerst schwierig, die Streichung aus einer Emigrantenliste zu erreichen, mochte man auch eindeutig nachweisen, daß man nie französischen Boden verlassen hatte. Für den Staat ist es viel vorteilhafter, die Zwangsverwaltung aufrechtzuerhalten. Sade ist kein Einzelfall: Hunderte von Bürgern wurden zu Unrecht für Emigranten gehalten, darunter der unglückliche Monge, der im Département Côte-d'Or auf einer Liste stand, während er in Paris Minister der Marine war!

DER LETZTE TRUMPF

Außerstande, seine Güter zu verkaufen und seine Einkünfte zu beziehen, denkt Sade in seiner aussichtslosen Lage an Renée-Pélagie. Bestünde die beste Lösung nicht darin, ihr sein gesamtes Eigentum als mittelbaren Besitz zu übertragen und nur den Nießbrauch, also ein Anrecht auf die Erträge, zu bewahren? Das würde alle seine Probleme mit einem Schlag lösen, ihn von der Last der Güterverwaltung befreien und ihm ein regelmäßiges Einkommen sichern. Er sendet sein Angebot an Monsieur de Bonnières, einen Advokaten und ehemaligen Abgeordneten, der nun die Geschäfte seiner Frau besorgt. Anstatt als Bittsteller aufzutreten, schildert er in glühenden Farben die Vorteile, die Bonnières Klientin daraus ziehen könnte, und läßt sogar einige Unverschämtheiten an die Adresse seiner früheren Gattin einfließen, so zum Beispiel ein ausdrückliches Lob seiner Gefährtin Constance.[7] Aber Renée-Pélagie kennt ihn allzu gut und läßt sich nicht hereinlegen. Sie ahnt die Notlage Donatiens und weiß, daß er seinen letzten Trumpf ausspielt. Sie verlangt achtundvierzig Stunden Bedenkzeit und teilt Bonnières ihre Antwort mit. Sie lautet: nein. Donatien beschließt also, sich direkt an sie zu wenden. Diesmal spielt er ihr nichts mehr vor. Die Abmachung, die er ihr vorschlägt, ist für ihn eine Sache von Leben oder Tod. Der beinahe flehentliche Ton seines kürzlich in den Sade-Archiven wiedergefundenen Briefes ist nicht frei von Pathos:

»Monsieur de Bonnières schreibt mir, Madame, daß Sie mir das verwehren, was mich aus der schrecklichen Verlegenheit, in der ich mich befinde, befreien könnte, und daß Sie aus drei Gründen ablehnen, die ich wortwörtlich aus seinem Brief abschreibe und darunter meine Antwort setze:

Die Knappheit an Bargeld.

Nun, Madame, ich verlange keines von Ihnen.

Die Bescheidenheit Ihres Einkommens.

Ich bitte Sie nur um meines. Von welchem Belang ist also die Bescheidenheit des Ihrigen?

Drittens und letztens Ihre Befürchtung, die mir gegenüber eingegangenen Verpflichtungen nicht voll erfüllen zu können.

Aber Madame, Sie würden keine eingehen. Sie bezahlen mich, wenn Sie [die Erträge aus dem Besitz] erhalten. Wenn es für Sie zu Verspätungen kommt, dann eben auch für mich.

Da die Einwände, die Sie Monsieur de Bonnières gegenüber angeführt haben, jeder Grundlage entbehren, flehe ich Sie an, Madame, eine Abmachung einzugehen, die Sie in keiner Weise behindert, die Ihnen keinen Nachteil bringt und mich, falls Sie sie ablehnen sollten, in Elend und Verzweiflung stürzt.

Alles läuft, mit einem Wort, darauf hinaus:

Ich werde Ihnen oder meinem Sohn den mittelbaren Besitz all meiner Güter in der Provence unter den zwei Bedingungen übertragen, daß Sie oder er mir auf Lebenszeit die Erträge zukommen lassen und daß Sie oder er mir die Erlaubnis erteilen, über meine in Frankreich getätigten Anschaffungen zu verfügen, damit ich diejenigen, die mich in meinen letzten Lebensjahren pflegen werden, entlohnen kann.

Ich appelliere an Ihre Seele, an Ihre Empfindsamkeit. Muß ich eine Ablehnung fürchten?[8]

SADE«

Renée-Pélagie entzieht sich absichtlich diesem beginnenden Dialog, in dem Donatien sofort alle sentimentalen Register zieht. Diese Sprache versteht sie nicht mehr oder will sie eher nicht mehr verstehen. Also läßt sie die Antwort von Monsieur de Bonnières aufsetzen, der den Unglücklichen mit einer ganzen Lawine von Zahlen überhäuft, aus denen hervorgeht, daß sich die Schuldansprüche seiner Klientin nun, mitsamt den Zinsen, auf 367 000 Livres belaufen, die Schulden ihres Schwiegervaters, die Rückzahlung der Mitgift und das ihr zustehende Erbteil inbegriffen. Anders ausgedrückt: Die Summe, die Sade ihr schuldet, übersteigt bei weitem den Wert seines Besitzes. Madame de Sade macht ihm jedoch einen Gegenvorschlag, der nichts anderes bezweckt, als ihn vollständig auszunehmen. Er soll ihr tatsächlich den vollen Besitz und das Nutzungsrecht seiner Ländereien übertragen und nur mehr das Nettoeinkommen daraus beziehen, also abzüglich der fälligen Zinsen, der Grundsteuer usw. Hier enden die Verhandlungen.

EIN MONUMENT DER PORNOGRAPHIE

Von nun an heißt es für Sade, den täglichen Lebensunterhalt für sich und Sensible zu bestreiten. Dies ist seine größte Sorge. Er hat seine wichtigsten Einkommensquellen verloren, muß nun das Lebensnotwendige selbst verdienen und die Haushaltskosten tragen, kurz: er muß arbeiten gehen. Der Marquis hat nichts gegen die Arbeit und teilt diesbezüglich keineswegs die Vorurteile seiner Kaste. Wie wir sahen, hat er einst vergeblich versucht, eine Anstellung zu finden. Überdies ist er zu nichts anderem fähig als zum Schreiben, und das tut er ohne Unterlaß.

Trotz der Schicksalsschläge, die ihn seit seiner Entlassung aus Picpus ereilt haben, hat er keinen Tag verstreichen lassen, ohne zur Feder zu greifen. Das Schreiben geht ihm mühelos von der Hand, es gibt kaum Streichungen oder Korrekturen, die Seiten werden zu ganzen Bänden, die ihrerseits ganze Stapel bilden. Das geht ohne Unterlaß so weiter, und er hätte bis zu seinem letzten Atemzug so fortschreiben können. Von Geldmangel getrieben, trägt er jedoch eines Tages das Ganze in die Rue Helvétius zum Verleger Massé, der sich die Hände reibt. Mit gutem Grund!

Zehn Bände entfesselter Ausschweifung, mit hundert obszönen Stichen illustriert! Das umfassendste pornographische Unterfangen aller Zeiten. Es heißt *Die neue Justine oder vom Mißgeschick der Tugend, gefolgt von der Geschichte ihrer Schwester Juliette oder vom Segen des Lasters* und erscheint im Laufe des Jahres 1797.

Dieses Monument (in jeder Bedeutung des Wortes) ist auch (vor allem?) eine Spekulation mit dem damaligen Zeitgeschmack. Das Direktorium weckt das Bedürfnis nach rascher, heftiger und verheerender Lust. Keine Periode der französischen Geschichte hat eine derartige Lockerung der Sitten erlebt, ausgenommen vielleicht die Regentschaft, die das Direktorium, nur eben noch brutaler und zynischer, wiederaufleben lassen will. Anscheinend waren die Frauen nie so entgegenkommend wie damals. Wer zählt die Damen, die neben der sehr seriösen Madame de Condorcet und der sehr treuen Madame de Récamier nach überstandener Scheidung einfach nach Lust und Laune leben und von einem Mann zum anderen wechseln: von der Macht zum Geld oder vom Geld zur Macht. In den untersten wie in den höchsten Kreisen hält die Prostitution Einzug. Niemand hat diese enge Vernetzung von Politik, Laster und Geld besser wiedergegeben als Talleyrand in einem Bericht an einen Freund in Amerika: »Die Bälle, die Spektakel und die Feuerwerke haben die Gefängnisse und die Revolutionsausschüsse ersetzt. Die Frauen des Hofes sind verschwunden, aber die Frauen der Neureichen haben ihre Stelle eingenommen, dicht gefolgt von den Dirnen, die mit ihnen in Luxus und Extravaganz wetteifern. Um diese gefährlichen Sirenen schwirrt nun der leichtsinnige Schwarm derjenigen, die einst Gecken hießen, heute aber als die ›Stutzer‹ bezeichnet werden und beim Tanz über Politik reden und sich, während sie Eis schlecken oder beim Anblick eines Feuerwerks gähnen, nach dem Königtum sehnen.«[9] Und Mallet du Pan setzt hinzu: »Die Hauptstadt gehört zur Hälfte den Narren und zur anderen Hälfte den Spitzbuben.«[10]

Paris ist der Ort in der Welt – und das Palais Royal der Ort in Paris –, wo sich die Sinneslust am unverschämtesten zur Schau stellt. Die Ursache dieser Verderbtheit? Eine unzureichende Polizei … und der verhängnisvolle Einfluß des Marquis de Sade! Das meint zumindest der Bürger Picquenard, der Kommissar der Exekutive, in einem Bericht an Merlin de Douai, den Präsidenten des Direktoriums.

»Bürger Präsident,

Paris erfreut sich der vollkommensten Ruhe, aber man kann sich nicht verhehlen, daß sie die Republik teuer zu stehen kommt, da sie nur auf Kosten der Sittlichkeit herrscht. Man kann sich keine Vorstellung von der öffentlichen Zügellosigkeit und Verderbtheit machen. Das sogenannte Palais Egalité, das immer noch Palais-Royal genannt wird, ist seit vierzehn Tagen vor allem der Treffpunkt für all das, was die kühnste Obszönität an Empörendem bietet. Die Päderasten haben sich dort niedergelassen, und um zehn Uhr abends verüben sie unter den Vordächern des Zirkus öffentlich die widerwärtigen Handlungen ihrer ehrlosen Schändlichkeit. Ich muß Ihnen alles sagen, Herr Präsident: Soeben wurden mehrere Kinder männlichen Geschlechts in das Zentralbüro eingeliefert, von denen das älteste keine sechs Jahre zählt und die alle geschlechtskrank sind. Diese unglücklichen Kleinen, deren Aussagen man nicht vernehmen kann, ohne vor Entsetzen zu schaudern, werden von ihren Müttern ins Palais-Royal gebracht, um dort der ehrlosesten wie der entsetzlichsten Ausschweifung als Werkzeug zu dienen. Die Lektionen des abscheulichen Romans *Justine* werden mit einer Kühnheit sondergleichen in die Tat umgesetzt, und die Bemühungen der Wachleute sind beinahe machtlos gegen diesen stinkenden Pöbel von Bösewichten aller Art.

Die weibliche Prostitution ist auf dem Gipfel angelangt. Selbst der dienstälteste Polizeiinspektor kann sich nicht entsinnen, je eine solche Menge von Freudenmädchen gesehen zu haben.«[11]

Die *Neue Justine* und *Juliette* kamen gerade richtig. Und gerade unter den Arkaden des Palais-Royal verkauft sich das Buch am besten. Wie bereits bei der *Justine* von 1791 leugnet der Autor entschieden seine Urheberschaft, obwohl vorläufig niemand daran denkt, gegen ihn vorzugehen. Das Werk wird erst ein Jahr nach seiner Veröffentlichung beschlagnahmt.

Wir haben in der damaligen Presse keine einzige Besprechung gefunden, mit Ausnahme einer Erwähnung oder vielmehr einer Denunzierung aus der satirischen und giftigen Feder Colnet du Ravels, eines Buchhändlers, Autors, Journalisten, Verfassers von Pamphleten und – Spitzels.

»Wenn Sie *Justine oder Das Unglück der Tugend* gelesen haben, so glauben Sie wohl, daß das verderbteste Herz, die ausgefallenste Phantasie nichts ersinnen können, was die Vernunft, die Scham und die Menschlichkeit noch tiefer verletzen könnte. Täuschen Sie sich nicht. Dieses Meisterwerk der Verderbtheit hat sich soeben selbst übertroffen, indem es die *Neue Justine*, die noch widerlicher ist als die erste, in die Welt gesetzt hat.

Den ehrlosen Verfasser kenne ich, aber sein Name wird meine Feder nicht beflecken. Ich kenne auch den Buchhändler, der den Verkauf dieses ekelerregenden Machwerks besorgt: Er möge erröten darüber, sich mit der Schande verbunden zu haben, die einen Bösewicht umgibt, dessen Name die tiefste Abscheulichkeit des Verbrechens wachruft.

Quo non mortalia pectora cogis
Auri sacra fames! [12]

Ich reihe die schamlosen Werke wie dasjenige, das ich hier der öffentlichen Behörde anzeige, in dieselbe Kategorie wie die regierungsfeindlichen Schriften, denn wenn die Republiken ihre Entstehung dem Mut verdanken, so verdanken sie ihren Fortbestand den guten Sitten. Deren Zerfall führt fast immer zum Untergang der Reiche.«[13]

AUSVERKAUF

Auri sacra fames! Es war gewiß nicht die Gier nach Gold, die den Marquis antrieb, sondern leider schlicht und einfach das ewige Problem des Überlebens. *Die Neue Justine* reicht selbst in Begleitung ihrer Schwester *Juliette* anscheinend nicht aus, ihren Verfasser zu ernähren. Jedenfalls nicht lang oder nicht ausreichend genug. Der immer einfallsreiche Donatien heckt folglich einen Plan aus, um seine Theaterstücke, die nicht gespielt werden, zu Geld zu machen. Paris hat die Nase gerümpft oder ihnen zumindest einen schlechten Empfang bereitet. Aber die Provinz? Er hat es nie versucht. In Nantes oder in Besançon ist man sicherlich weniger anspruchsvoll als in der Hauptstadt. Das Publikum ist dort nicht so blasiert. Diese Leute brauchen Zerstreuung. Sie werden sich die Gelegenheit nicht entgehen lassen, meint er.

Er greift also zur Feder und setzt einen stilvollen Rundbrief an die Direktoren von zehn Provinztheatern auf, denen er ein Dutzend »neuer« Stücke vorschlägt, darunter einige, schreibt er, die »von den Direktionen der führenden Pariser Theater gewürdigt wurden und mir lange Zeit freien Eintritt zu ihren Aufführungen eingetragen haben«. Sade bietet ihnen die Rechte für alle zwölf Meisterwerke »zu dem bescheidenen Preis von 6600 Livres an, also zu einem Stückpreis von 550 Francs«.[14] Ein Spottpreis für ein ganzes »Sade-Festspiel«. Aber niemand wollte sie.

Am 10. September 1798 sind Sade und Constance tatsächlich mittellos. Sie müssen Saint-Ouen verlassen und sich trennen, bis bessere Zeiten kommen. Constance zieht zu Freunden nach Paris, während Donatien sich zu einem seiner Pächter in die Beauce zurückzieht. Aber nicht für lange, denn sein »temperamentvoller Gläubiger« Paîra meldet sein Anrecht auf die Erträge aus den Gütern an. Da er ihm nichts mehr schuldet, erklärt ihm sein Gastgeber frei heraus, daß er ihn nicht mehr beherbergen kann. Sade flüchtet also nach Versailles, damals eine der billigsten Städte in der Nähe von Paris, wo er unschwer Kredit finden wird, und bezieht mit dem damals vierzehnjährigen Charles Quesnet und einer Dienerin »den Hinterraum eines Dachbodens« im Haus Burgeat in der Rue Satory Nr. 32: »Wir essen ein paar Bohnen und Möhren und heizen (nicht täglich, aber wenn wir können) mit einigen Reisigbündeln, die wir meistens auf Kredit kaufen. Unser Elend ist so weit gediehen, daß uns Madame Quesnet, wenn sie uns besucht, in ihrer Tasche Essen von ihren Freunden mitbringt.«[15] Bald darauf zieht er zu Brunelle, einem Gastwirt, der auf Nr. 100 derselben Straße eine Pension betreibt. Dort wohnt er auch noch am Beginn des Winters, »ohne Holz, ohne Kerze, ohne den geringsten Proviant, bei einem unglücklichen Gastwirt in Verbannung, der ihm aus Nächstenliebe ein wenig Suppe gibt«. Um seinen Gläubigern zu entfliehen, aber auch weil er seinen wahren Namen (den in Versailles, wo er einst in der Rue Satory gelebt hat und wo sein Vater gestorben war und beigesetzt ist, viele kennen) nicht zu nennen wagt, läßt er sich »Bürger Charles« nennen. Mit seinem Tageseinkommen von vierzig Sols, das er als Souffleur im Stadttheater verdient, muß er den Sohn seiner guten Constance ernähren und erziehen, was, wie er sagt, »eine recht geringe Entschädigung ist für die Mühe, die Sorgfalt und den Aufwand seiner unglücklichen Mutter, die täglich und in einer schrecklichen Jahreszeit herumlief, um die Gläubiger zu besänftigen und die Streichung meines Namens aus der Liste zu erwirken. Wahrhaftig, diese Frau ist ein Engel, den mir der Himmel gesandt hat, damit ich von den Plagen, mit denen meine Feinde mich heimsuchen, nicht gänzlich aufgerieben werde.«[16]

DER DRACHE UND DER HOSENSCHEISSER

Seine Not ist so groß, daß er seinen Stolz vergißt und erneut einen Versuch bei seiner Frau unternimmt. Nicht ohne Mühe kann er schließlich Bonnières dazu bewegen, ein Treffen zwischen Renée-Pélagie und Madame Quesnet in die Wege zu leiten. Constance würde besser als jeder andere imstande sein, bei Madame de Sade Mitleid mit seinem Schicksal zu erwecken und ihr sein Elend zu schildern. Dies kommt jedoch Louis-Marie zu Gehör, der sofort zu dem Vermittler eilt, ihm »die blutigsten Vorwürfe macht« und sodann seine Mutter aufsucht, die er schließlich umstimmen kann.

Die Fortsetzung errät man unschwer: Donatien schäumt vor Wut. Sein Sohn will ihn umbringen, ist ein »Ungeheuer«, ein »Drache«, »der größte Egoist und der größte Störenfried, den es je gab«. Und was macht dieser unwürdige Vatermörder überhaupt in der Provence? Er intrigiert, er schmiedet Ränke, und Gaufridy nimmt ihn bei sich auf!

Dabei trifft aus der Provence eine gute Nachricht ein. Dank dem Citoyen Bourges, Sades Bevollmächtigem, hat das Département Vaucluse mit dem Datum des 16. Pluviôse des Jahres VII (4. Februar 1799) die Aufhebung der Zwangsverwaltung seiner Güter verfügt »sowie die Rückzahlung der Einkommen, die von den Steuereinnehmern der Staatsdomänen bezogen wurden«, mit der Auflage für Sade, »seine Immobilien nicht veräußern zu können und die Rückerstattung der bis zur endgültigen Streichung seines Namens eingenommenen Erträge nicht beantragen zu können, die Kosten für die Erhaltung und Verwaltung bis zu diesem Tag zu tragen und eine kreditwürdige Kaution für den Wert seines Mobiliars zu hinterlegen«.[17]

So weitreichend dieser Beschluß auch sein mochte, er war nicht dazu angetan, Geld in Donatiens Taschen zu bringen: Die Gläubiger lauern bereits auf die Ländereien in der Provence. Immerhin war dies der erste Schritt zur endgültigen Streichung seines Namens. Im übrigen sind die Abgeordneten des Départements Vaucluse dafür, ein Teil der Abgeordneten des Départements Bouches-du-Rhône ebenfalls, sein Freund Goupilleau setzt sich dafür ein, und Barras hat am Rand des Antrags einen günstigen Vermerk eingetragen. Kurz, man wartet nur mehr auf die notarielle Beglaubigung, deren Ausstellung das Département Bouches-du-Rhône nach wie vor verweigert.[18]

Einzig und allein Gaufridy kann hier weiterhelfen. Er muß unverzüglich nach Aix eilen. Solange diese verfluchte Zwangsverwaltung im Département Bouches-du-Rhône in Kraft ist, ist er er zu einem Bettlerdasein verurteilt. Wie üblich verschleppt Gaufridy die Sache. Sade wütet, wirft ihm »unverzeihliche und grausame Apathie« vor und droht ihm, sich in die Arme seines Sohnes Louis-Marie zu werfen und diesem gegen eine regelmäßige Pension seinen ganzen Besitz zu vermachen. Gaufridy würde schon sehen, wie dieser dann mit ihm umspringen würde! »Und die Schuld daran können Sie sich dann nur selbst geben.«

Keine Antwort. Drei Monate später schickt Sade einen noch böseren Brief. Worauf wartet denn dieser »Hosenscheißer«, um seine »verbrecherische« Schlampigkeit gutzumachen? Und das Geld? Grausam, feige, verlogen, faul, egoistisch: Es hagelt Beleidigungen. Und schließlich dieses Ultimatum: Wenn er in einem Monat noch immer nichts erhalten hat, dann kommt er höchstpersönlich, mit zwei Pistolen ausgerüstet: eine für jeden.

Gaufridy läßt das Ungewitter wortlos über sich ergehen. Daraufhin schickt ihm Donatien, der am Explodieren ist und nun nichts mehr zu verlieren hat, nicht einmal mehr die Freundschaft, den schrecklichsten Brief, den er ihm jemals gesandt hat. Der Advokat liest ihn mit Tränen der Wut. Nun war das Maß voll. Noch nie war der Marquis so weit gegangen: »Schicken Sie mir das Nötige für den Lebensunterhalt, sonst werden Sie sich ein großes Unglück vorzuwerfen haben. Sie werden die Schuld daran tragen. Das höchste Wesen ist gerecht, es wird Sie so unglücklich machen wie Sie mich. Ich hoffe es und bitte Gott tagtäglich darum. Ihr Sohn François ist ein Schuft. Mein Unglück amüsiert ihn. Ich weiß sehr wohl, daß Spitzbuben und Schurken Ihnen meinen Brief vorenthalten werden. Ach, welche Verachtung, welchen Abscheu, welche öffentliche Rache wünsche ich auf dieses Gesindel herab, das imstande ist, meine Klagen zu ersticken. Sie stürzen mich in das äußerste Elend und sind seelenruhig. Möge der Himmel in seiner gerechten Rache Sie erleiden lassen, was ich erleide ... und er wird es ... ich werde es erfahren und sagen: ›Ich habe Rache genommen!‹ [...] Sie sind ein Henker.«[19]

Zum ersten Mal gerät der alte Notar wirklich außer sich. Daß er mit Flüchen überschüttet wird, das mag ja noch angehen, daran ist er gewöhnt. Aber seine Kinder ... Nein, das ist zuviel. Die seit Jahren herbeigesehnte Gelegenheit, mit dem Marquis zu brechen, bietet sich nun an. Waum soll er sie nicht ergreifen? Er setzt also einen umständlichen achtseitigen Brief auf, kündigt seinen Rücktritt an und schickt das Schreiben sofort ab.

Donatien erkennt, daß er zu weit gegangen ist, und bittet Madame Quesnet, die Sache wieder einzurenken. Die sanfte Constance fleht den

Advokaten an, seine Entscheidung rückgängig zu machen. »Verzeihen Sie einem Mann, der verzweifelt ist und dessen letzte Einnahmequellen seit zwei Jahren versiegt sind«, schreibt sie ihm. Übrigens gibt er sein Unrecht zu. Sein Brief sei, gesteht er ein, »ein wenig stark« gewesen, aber er hat seinen Kopf sprechen lassen und nicht sein Herz. »Wo soll er jemanden wie Sie finden, einen Freund seit vierzig Jahren? Das ist unmöglich. Sie stürzen ihn in Verzweiflung, wenn Sie ihm die Freundschaft aufkündigen. Ich beschwöre Sie also ganz persönlich, lieber Bürger, den armen Monsieur de Sade nicht im Stich zu lassen. Er ist zu unglücklich dafür.«[20]

Gaufridy läßt sich erweichen und ist bereit, sich erneut um die Geschäfte des Marquis zu kümmern. Charles und François werden sie übernehmen, denn er ist bereits zur Hälfte im Ruhestand. Donatien reagiert auf seine Vergebung mit »Tränen der Freude«. »Lieben Sie mich und schreiben Sie mir wieder, ich flehe Sie an«, schreibt er seinem lieben alten Freund, »und nehmen Sie von mir die tiefempfundensten Entschuldigungen für die Kränkungen an, die ich Ihnen angetan habe.«[21] Es ist das erste – und das letzte – Mal, daß sich der Marquis bei jemandem entschuldigt. Dieser Waffenstillstand ist nur von kurzer Dauer. Das Gezänke über alles und jedes geht bald von neuem los. Der Marquis wird nicht sanftmütiger, sondern mit zunehmendem Alter und wachsender Not nur noch verbitterter.

»ICH BIN NICHT TOT«

Als Donatien den *Ami des Lois* vom 29. August 1799 durchblättert, stößt er verblüfft auf folgenden Artikel: »Es ist sicher, daß de Sades (sic) tot ist. Schon der bloße Name dieses infamen Schriftstellers strömt einen Leichengeruch aus, der die Tugend tötet und Grauen einflößt. Er ist der Verfasser von *Justine oder Das Unglück der Tugend.* Das verderbteste Herz, der moralisch am tiefsten gesunkene Geist und die ausgefallenste obszöne Phantasie können nichts ersinnen, was die Vernunft, die Scham und die Menschlichkeit stärker verletzt.«[22]

Der Verfasser dieser Grabrede, François-Martin Poultier, Poultier d'Elmotte genannt, ein früherer Benediktinermönch, der zum Journalismus übergewechselt war, hatte im Jahr 1796 die Tageszeitung *L'Ami des Lois* gegründet. Wie er selbst bekannte, scheute er vor keiner Verleumdung zurück, um sein Blatt zu verkaufen.

Am Tag darauf läßt Sade in verschiedenen Zeitungen eine kurze Protestnote schalten: »Ich weiß nicht, Bürger, warum es Poultier gefiel, mich zu töten und gleichzeitig für den Verfasser der *Justine* zu erklären. Es kann nur die Gewohnheit des Mordes und der Verleumdung sein, die ihn zu so widerlichen Lügen trieb. Ich bitte Sie, in Ihrer Zeitung sowohl den Beweis meiner Existenz als auch die schärfste Ableugnung hinsichtlich des infamen Buches *Justine* zu veröffentlichen.«[23]

Etwa einen Monat später ließ eben dieser Poultier (oder irgend jemand ähnlichen Formats) die Meldung aus dem *Ami des Lois* fast wortwörtlich, gefolgt von einem äußerst aggressiven Pamphlet in *Le Tribunal d'Apollon*, erscheinen, einem bösartigen und dummen Blatt, das wenigstens im Untertitel Farbe bekennt: »Beleidigende, parteiische und verleumderische Schmähschrift. Von einer Gesellschaft literarischer Pygmäen«. Fünf Seiten lang wird Sade mit Haß überschüttet. Darin wird eine Stelle aus den *Mémoires secrets* (Geheime Memoiren) von Bachaumont zitiert, die mit dem Jahr 1783 datiert ist und die Marseille-Affäre schildert.[24] Die bloße Erinnerung an diese Vergangenheit, die Sade mit allen Mitteln in Vergessenheit geraten lassen will, könnte die Aufhebung der Zwangsverwaltung für immer gefährden. Der Angriff ist zu schwerwiegend, als daß er ihn unbeantwortet lassen könnte. Folglich veröffentlicht er im *Ami des Lois* eine ätzende Gegenattacke auf seinen gehässigen Widersacher.

»Nein, ich bin nicht tot, und mit einem kräftigen Stock sollte ich dir den eindeutigen Beweis meiner Existenz auf deine liliengezeichneten Schultern prügeln. Ich würde es wahrscheinlich tun, fürchtete ich nicht, mir die Pest zu holen, wenn ich mich deiner verseuchten Leiche näherte ... Es ist falsch, daß ich der Verfasser der *Justine* bin ... Belle also, schreie, brülle, verspritze dein Gift: Du bist wie die Kröte, unfähig, dein Gift über deine Nasenspitze hinaus zu verspritzen, so daß es im Herabfallen immer nur dich alleine und nie die anderen besudelt.«[25]

JEANNE LAISNÉS RÜCKKEHR

Sade hat seine Mißerfolge als Dramatiker nie ganz verwunden. Sie erscheinen ihm als eine Ungerechtigkeit, für die er in regelmäßigen Abständen Wiedergutmachung verlangt. Am 1. Oktober 1799 versucht er sein Glück erneut und bittet Goupilleau de Montaigu, er möge seinen politischen Einfluß geltend machen und »den für das Théâtre-Français Zuständigen« anordnen lassen, Jeanne Laisné zu proben und »*sofort*« zu spielen. Der Zeitpunkt für eine Aufführung dieses einst von den Schauspielern dieses Theaters abgelehnten Stücks erscheint äußerst gut gewählt. Das Direktorium versucht in den letzten Monaten seiner Agonie, mit allen Mitteln und insbesondere mit Hilfe dramatischer Werke die republikanischen Empfindungen anzufachen, und ist bestrebt, die Theater in Schulen des Patriotismus zu verwandeln. Ein Rundschreiben an die Theaterdirektoren empfiehlt ihnen, »die dramatischen Werke aufzuführen, die am ehesten dazu angetan sind, den Haß auf die Könige und die Liebe zur Republik zu wecken«.[26]

Goupilleau unternahm vermutlich einige halbherzige Schritte, aber ohne Ergebnis. Einen Monat später macht Sade einen weiteren Versuch. Er schlägt Goupilleau vor, ihm und anderen das Stück vorzulesen. Sade fürchtet, der günstige Zeitpunkt könne vorübergehen, und will die Regierung dazu bewegen, eine Aufführung des Stückes anzuordnen.

AUF DEM TIEFPUNKT

Während die Presse über ihn herzieht und Goupilleau sich ziert, hungert Donatien nach wie vor in Versailles, und Charles Gaufridy schickt ihm weiterhin keinen Groschen. Dabei verfügt der junge Gauner über etwas Geld, verwendet es aber, um Steuern zu bezahlen, wo doch die von der Nation beschlagnahmten Grundstücke nicht steuerpflichtig sind. Damit ihm verziehen wird, schickt ihm der junge Leichtfuß einen langatmigen Brief, der ebenso geschraubt und umständlich ist wie die seines Vaters, und setzt vor seine Unterschrift ein zärtliches »Ihr lieber Sohn«. »Ich glaube nicht, mit Ihrer Mutter geschlafen zu haben, mein lieber Charles«, antwortet ihm trocken der Marquis.

Als das Theater in Versailles zusperrt, verliert Donatien seine letzte Einnahmequelle. Er verdient da und dort einige Groschen, indem er »Petitionen für die Öffentlichkeit« verfaßt, aber nicht genug, um davon leben zu können. Constance, die »ihr letztes Hemd verkauft hat«, arbeitet in Paris und wird krank. Die Not treibt ihn zu »Gemeinheiten«, bekennt er Gaufridy: »Ja, zu Gemeinheiten. Soll ich Ihnen eine gestehen? … Erschaudern Sie … Seien Sie verzweifelt darüber, daß Sie ihn durch Ihre Trägheit dazu getrieben haben! … Nun, mein Freund … mein lieber Advokat … Ich war genötigt, die Einrichtung und die Sachen aus dem Zimmer meines Sohnes zu verkaufen, weil ich kein Brot hatte! … Ich habe ihn bestohlen!«[28] Wir haben keine weitere Information über diesen Diebstahl. War es das Zimmer seines ältesten Sohns oder das von

Armand? Wo, wann und wie fand der Diebstahl statt? Es kann auch sein, daß er ihn frei erfunden hat, um den Advokaten zur Eile anzutreiben. Der Winter steht vor der Tür, und bald wird er kein Dach mehr über dem Kopf haben, da er seinem Wirt mehr als ein Jahr Miete schuldet. Um nicht »an einer Straßenecke zu sterben«, zieht er Anfang Dezember 1799 in ein Hospiz zu den Kranken, Bettlern und Obdachlosen und lebt nun von der öffentlichen Wohltätigkeit.[29]

Einige Tage später erfährt er, daß das Département Bouches-du-Rhône in einem Erlaß vom 19. Frimaire (10. Dezember 1799) die Zwangsverwaltung endlich aufgehoben hat. Nun gilt es keine Sekunde mehr zu verlieren. Er schimpft erneut mit dem jungen Gaufridy, der sogleich nach Arles aufbricht, aber mit leeren Händen zurückkehrt. Der alte und der neue Pächter schulden ihm insgesamt 6600 Livres, geben ihm jedoch keinen Groschen. Übrigens hat er sie gar nicht angetroffen: Er hatte sich zu Tode gefroren und wollte nur wieder nach Hause. »Kleiner Abbé Charles!« kommentiert der Marquis ironisch. »Man sieht, daß er ein Soldat des Papstes ist! Bei schlechtem Wetter geht er nicht außer Haus. Und ich? War ich nicht mehr zu beklagen als Sie? Ohne Feuer, im Spital, ohne andere Nahrung als die Armenausspeisung! Wahrhaftig, Sie bringen mich zum Lachen!«

Im Jahr 1800 endet eine Revolution. Ein neues, von großen Hoffnungen getragenes Jahrhundert bricht an. Am 18. Brumaire hört das Direktorium zu bestehen auf und es beginnt das Konsulat. An diesem Tag feiert Napoleon Bonaparte seine Hochzeit mit der Nation: Das Schicksal Frankreichs verkörpert sich nun in dem Mann, den Chateaubriand später als ein »verhängnisvolles Genie« bezeichnen wird. Stendhal entdeckt mit der Italienarmee Mailand. Der siebzehnjährige Beethoven beendet seine erste Symphonie. Cuvier veröffentlicht seine ersten *Leçons d'anatomie comparée* (Vorlesungen zur vergleichenden Anatomie). In Tours macht ein pausbäckiger Junge seine ersten Schritte. Er heißt Honoré de Balzac.

Der alte Mann im Hospiz von Versailles sieht dem 19. Jahrhundert gleichgültig entgegen, das ihn dafür mit Verachtung strafen wird. Allerdings ignoriert auch die republikanische Ära das neue Säkulum: Nach dem offiziellen Kalender schreiben wir nach wie vor das Jahr VIII des ersten Jahrhunderts!

Ohne das Lebensnotwendigste, überdies krank und bettlägerig, leidet Sade unter Hunger und Kälte. Indessen speist ihn dieser »Angsthase«

Charles Gaufridy mit Worten ab: »Fragwürdige Sätze voll von Falschheit, Geschwätz, Widersprüchen etc. Aber der Abbé ist verschnupft, sein Pferd hat einen Fehltritt gemacht, er hat Angst, seine Mama könne ihm die Peitsche geben, wenn er heimkommt, und seine Freunde haben ihn heftig gescholten. ›Und das Geld? Sie alberner und unbarmherziger Mensch, das Geld, das Geld? – Ach, es ist beim Pächter! – Konntest Du es dort nicht mitnehmen? Von dort nach Marseille fahren und es dem Bankier übergeben, damit es mir in aller Eile übersandt wird? O nein! Es war zu kalt, hat mein Vater geschrieben.‹ Und der Blitz erschlägt diese Leute nicht, die verräterisch und böse genug sind, die Aufrichtigkeit und das Elend der anderen so sehr zu mißbrauchen! Gaufridy junior, Gaufridy senior, ich sage es Euch zum letzten Mal, ich bin verzweifelt!«[30]

»UMARMEN SIE MICH, MEIN LIEBER ADVOKAT!«

Gewiß schwärzt er das Bild seiner Lage. Er ist bekanntlich dem Melodram nicht abgeneigt. Fest steht jedoch, daß der Zustand seiner Finanzen (wenn nicht der seiner Gesundheit) hoffnungslos erscheint. Sade wird verbitterter, seine Forderungen werden noch tyrannischer und seine Beziehungen zu Gaufridy haßerfüllter. Der letzte Zwischenfall hat beim Notar und dessen zwei Söhnen tiefe Wunden hinterlassen, die nur schlecht verheilen und bei jedem Anlaß von neuem aufbrechen können. Und Anlässe liefert der Marquis genug, darauf ist bei ihm Verlaß. Das Drama bricht am 20. Februar 1800 aus.

An diesem Tag erscheint bei ihm der Kommissar Cazade, der mit seiner »Überwachung« betraut ist und eine gewisse Sympathie für ihn empfindet, und meldet ihm, daß beim Haus in Saint-Ouen zwei Garnisonssoldaten postiert wurden, um Zahlungsrückstände einzutreiben. Im selben Moment taucht ein Gerichtsvollzieher mit einem Haftbefehl auf wegen zweier Rechnungen, die er seinem Wirt nicht bezahlt hat. Zum Glück interveniert Cazade und erreicht einen achttägigen Aufschub. Aber die arme Constance, die der Szene beiwohnt, fällt in Ohnmacht und kommt erst zwei Stunden später wieder zu sich, »mit einem schrecklichen Fieber, das sie an das Bett fesselt, ohne daß ich ihr die nötigsten Arzneien oder nur ein wenig Suppe geben könnte«. Donatien beklagt sich bei Charlotte Archias, Gaufridys Schwägerin, »einer frommen und empfindsamen Seele«, und fügt hinzu: »Ein schrecklicher Kerker wird meine Heimstätte sein, ein kaltes Grab die meiner würdigen und ehrenwerten Freundin!«

In einem Wutanfall greift er zu Papier und Feder und wagt es, Gaufridy zum ersten Mal unverhohlen des Diebstahls zu bezichtigen: »Aus Ihrem Stil geht deutlich hervor, daß mein Geld in Ihren Händen ist und daß Sie es zu Ihrem Vorteil verwenden. [...] Ich versichere Ihnen, daß diejenigen, die aufbrechen und zu Ihnen kommen werden, wissen, wie sie es anstellen müssen, damit Sie damit herausrücken.« Als er zwei Wochen später noch immer nichts erhalten hat, droht er Gaufridy senior damit, in der schönen Stadt Apt aufzutauchen und ihn zum Duell zu fordern. Man stelle sich die zwei Greise vor, wie sie auf dem Marktplatz die Klingen kreuzen! Don Diego gegen Don Gormas!

Der Bruch steht bevor, und Sade beeilt sich, ihn herbeizuführen. Am 1. Mai schickt er folgende Warnung an Charles: »Ich werde Ihren Vater verklagen, wenn ich zum angegebenen Zeitpunkt die genannte Summe nicht erhalte, weil Ihr Vater, dem ich nur die Vollmacht erteilt habe, meine Pächter zum Zahlen zu bringen, nicht ermächtigt ist, die Zahlungen an mich anzutasten und zu verzögern, um Spitzbuben einen Gefallen zu tun, die ihn vermutlich dafür entlohnen.«[31] Das ist mehr, als die Gaufridys ertragen können. Hoch erfreut, seine Stelle einem anderen zu überlassen, schickt der tief gekränkte Vater sein Rücktrittsschreiben und ist »überzeugt, daß ich von nun an nicht mehr Gefahr laufe, ebenso beleidigende wie drohende Briefe hinnehmen zu müssen, die nur angetan sind, einem die Lust zum Handeln zu nehmen, anstatt sie zu wecken«. Der Advokat nutzt die Gelegenheit, seinem Herzen freien Lauf zu lassen, und erwähnt erstmals den »Ekel«, der einst beim Öffnen der Briefe in ihm hochstieg. »Deshalb fürchtete ich die Tage, an denen die Post eintraf, und bei den ersten unangenehmen Worten, die ich in Ihren Briefen las, legte ich diese aus der Hand und unterbrach die Lektüre. So weit war ich gekommen. Jetzt ist alles gesagt.«[32] Nicht ganz, denn Donatien, der nur mit einer kurzen Verstimmung rechnet, gibt sich erneut charmant: »Ich flehe Sie an, weiterhin meinen Geschäften vorzustehen ... Umarmen Sie mich, mein lieber Advokat, ebenso gutherzig, wie ich Sie umarme, und ich garantiere Ihnen, daß kein Keim der Zwietracht in unseren Herzen zurückbleiben wird.« Er kennt seinen Gaufridy in- und auswendig. Dieser wird der Sprache des Herzens nicht widerstehen können. Bereits im Oktober 1799 hatte er ihm geschrieben: »Ich liebe Sie, mein teurer Advokat, ja, ich liebe Sie, und zwar seit sehr langer Zeit; was immer die Leute auch sagen mögen, es wird keinem je gelingen, mich mit Ihnen zu verfeinden.«[33] Nun ist es jedoch soweit. Gaufridy wird es sich diesmal nicht anders überlegen. Überdies ist er nun sechsundsechzig Jahre alt und will nur mehr seine Ruhe. Sade ersetzt ihn also durch einen gewissen Etienne Laloubie, der uns ebenfalls nicht gänzlich unbekannt ist. Hinter diesem Namen verbirgt sich der Bürger Cazade, der frühere Kommissar des Direktoriums in der Verwaltung von Clichy und »Überwacher« des Marquis. Er ist so sehr vom Marquis eingenommen, daß er seine Beamtenstelle aufgibt und in dessen Dienst tritt: eine tolle Unvorsichtigkeit.

DER SCHÜLER

In Wirklichkeit ist dieser Laloubie kein gewöhnlicher Verwalter. Zwischen Sade und ihm entsteht sehr rasch eine enge Beziehung, die vielleicht auch intime Züge annahm. Jedenfalls steht der Marquis unter dem Charme dieses unternehmungslustigen jungen Mannes, der eifrig die Buchhaltung des Marquis durchforstet, dessen Pächter in der Provence aufsucht, Konflikte schlichtet und ihm gewöhnlich optimistische Bilanzen vorlegt. Eine angenehme Abwechslung nach den düsteren Prognosen Gaufridys. Der Marquis sieht über seine Geckenhaftigkeit, seine Prahlerei und seinen Wahn, alles zu reformieren, hinweg und schiebt sie auf das Konto seines jugendlichen Alters. Laloubie macht aus der Faszination, die der alte Libertin auf ihn ausübt, kein Hehl. Neben dem materiellen Vorteil, den er aus der Verwaltung seiner Güter bezieht, übernimmt er vom Marquis auch philosophische und moralische Grundsätze, auf die er große Stücke hält. Die Beziehungen zwischen ihnen gleichen denen eines Schülers zu seinem Lehrmeister. Gehen sie noch weiter? Darüber munkelt man in ihrer Umgebung, und es ist durchaus nicht unwahrscheinlich. Sade lehrt den jungen Mann, ohne Hemmungen zu leben, befreit ihn von seinen Vorurteilen und klärt ihn über sich selbst auf. Dafür behandelt ihn der angehende Libertin in seinen Briefen mit liebevoller Ehrerbietung. Sie sind heiter, zuversichtlich und schlagen Sade gegenüber, den er vertrauensvoll »mein General« nennt, einen sehr zwanglosen Ton an.

»Bei näherer Betrachtung neige ich um so mehr dazu, mich Ihren Argumenten anzuschließen, da sie mir von wahrer Freundschaft diktiert zu sein scheinen. Ich stimme also offen mit Ihnen darin überein, daß ich mich allzu lange von den einfältigen Meinungen und den Bemerkungen gewisser Personen täuschen ließ, die sich, wider den gesunden Menschenverstand und alle Gesetze der Natur und des Menschen, um jeden Preis allem und jedem gegenüber als Zensoren aufspielen wollen.

Seien Sie, lieber und aufrichtiger Freund, also dessen gewiß, daß ich, genau wie Sie, fortan auf alle diese Schönredner, die auf eine ihnen fremde Verbundenheit eifersüchtig zu sein scheinen, zu verzichten weiß. Der Tag ist fern, wie es im Sprichwort heißt, an dem sie mich wieder mit ihren Netzen einfangen werden, denn ich bin nur zu entschlossen, fortan nur nach meinem eigenen Gutdünken oder dem meiner wahren und guten Freunde zu handeln.

Ich schlage vor, Sie morgen oder spätestens übermorgen zu besuchen, und dann werden wir das Vergnügen haben, uns frei über alles zu unterhalten, was für Sie von Interesse sein mag. Bis dahin bitte ich Sie, meiner liebenswerten Stiefmutter, die ich gleichfalls von ganzem Herzen umarme, tausend angenehme Grüße zu bestellen.«

DIE VERBRECHEN DER LIEBE

Seit dem 5. April 1800 wohnt Sade mit Sensible wieder in seinem Haus in Saint-Ouen. Seine finanzielle Lage hat sich eindeutig gebessert, und zwar zum Großteil durch die Einnahmen aus seinen Büchern. Zunächst erscheint *Oxtiern* bei Blaizot in Versailles. Vor allem aber publiziert der Verleger Massé eine Sammlung von elf Novellen, die zwischen 1787 und 1788 in der Bastille entstanden waren: *Verbrechen der Liebe*, versehen mit einem einleitenden Essay über den Roman. Sade huldigt der damaligen Vorliebe des Publikums für Schauerromane und schmückt die auf exotischen Schauplätzen in allerlei Ländern spielende Handlung mit Morden, Blutschande, Hinrichtungen, Perversionen, verlassenen Schlössern und unschuldigen Opfern. Es gibt eine Reihe von erhellenden Kommentaren zu diesen Novellen, auf die wir hier nicht eingehen wollen.[34] Wir stellen bloß fest, daß der Leser von *Justine* oder *Die Hundertzwanzig Tage von Sodom* darin weder die luziferische Größe noch die poetische Begabung des Sadeschen Romans wiedererkennt.

Zum ersten Mal läßt Sade ein Buch unter seinem Namen erscheinen. *Aline und Valcour* trug auf der Titelseite nur den Vermerk »Von dem Bürger S***«. In den *Verbrechen der Liebe* heißt es: »Von D. A. F. Sade, dem Verfasser von *Aline et Valcour*«. Zu dem Zeitpunkt, da die Presse gegen ihn tobt und ihm, trotz seiner flammenden Proteste, weiterhin *Justine* zuschreibt, bekennt er sich lautstark zu diesen zwei »eingestehbaren« Werken. Der Grund läßt sich unschwer erraten. Sade ist mehr als je zuvor auf der Suche nach literarischer Ehrbarkeit und will vor allem seinen Ruf als

Pornograph loswerden, um endlich als vollwertiger Schriftsteller anerkannt zu werden. Daher hält er sein Werk von allen sprachlichen oder sinnlichen Exzessen frei. Die blutigen, heroischen oder tragischen Ereignisse werden immer von einem moralischen Standpunkt aus dargestellt. Er tritt keineswegs als Apologet des Bösen auf, sondern prangert dessen Schwärze und Gefahren an. Seine großen Verbrecher, Franval und Oxtiern, büßen durch das Leid. Diese rationale Moral, die ihm als Maßstab dient, ist allerdings zutiefst zweideutig, denn »sie geht von einem Bewußtsein und einer menschlichen Freiheit aus, die ständig von den dunklen Mächten hinweggefegt werden«.[35] Bei aufmerksamer Lektüre kann man übrigens aus jeder Seite die Wonnen der Überschreitung und die Allmacht der Begierde herauslesen.

STOCKSCHLÄGE

Sades Zeitgenossen waren keineswegs alle blind dafür. Ein Journalist namens Villeterque beispielsweise sieht keinen Unterschied zwischen den *Verbrechen der Liebe* und *Justine*, die er wieder einmal demselben Autor zuschreibt, und »zerlegt« das Werk in einem berüchtigten Verriß: »Das abscheuliche Buch eines Mannes, der im Verdacht steht, ein noch entsetzlicheres geschrieben zu haben. [...] Welchen Nutzen mögen diese Schilderungen des triumphierenden Verbrechens haben? Sie wecken im bösen Menschen die bösartigen Neigungen, sie entreißen dem tugendhaften, aber in seinen Grundsätzen gefestigten Menschen Aufschreie der Empörung und dem gutartigen und schwachen Menschen Tränen der Entmutigung. [...] Ich konnte diese vier Bände voll von empörenden Greueln nicht ohne Entrüstung lesen. Für den Ekel, den sie einflößen, wird man nicht einmal durch den Stil entschädigt. Der des Verfassers dieses Werks ist jämmerlich, immer maßlos und voll von geschmacklosen Phrasen, Widersinnigkeiten und banalen Gedanken.«[36]

Der tief gekränkte Sade antwortet mit einer zwanzigseitigen Schrift mit dem Titel *Der Verfasser der »Verbrechen der Liebe« an den Schreiberling Villeterque*.[37] Diese Schmähschrift ist, wie Gilbert Lely hübsch und zutreffend formuliert, »der Spazierstock eines Grandseigneurs, der heftig auf den Rücken eines frechen Lakaien herabsaust«. Und die Schläge schmerzen.

»Ich bin seit langem überzeugt, daß die von Neid oder irgendeinem noch niedrigeren Beweggrund diktierten Beleidigungen, die uns der stinkende Atem eines Schreiberlings zuweht, einen Schriftsteller nicht mehr interessieren dürfen als das Gekläff eines Hofhundes den friedlichen und vernünftigen Reisenden.

Hiermit fordere ich Villeterque […] auf zu BEWEISEN, daß ich der Verfasser dieses noch ENTSETZLICHEREN Buches bin. Nur ein Verleumder verdächtigt solcherart, ohne Beweise, die Redlichkeit eines Menschen. […]

Villeterque, Schreiberling, wo triumphiert das Verbrechen in diesen Novellen? Ach, wenn ich hier etwas triumphieren sehe, so ist es wahrhaftig deine Ignoranz und dein feiger Wunsch nach Verleumdung! […]

Villeterque, Sie haben dummes Zeug gefaselt, gelogen, Dummheiten auf Verleumdungen gehäuft, Albernheit auf Schwindel, und all das, um Zeilenschinder zu rächen, zu denen Sie mit Ihren langweiligen Plagiaten zu Recht gehören. Ich habe Ihnen eine Lehre erteilt und bin bereit, weitere folgen zu lassen, falls Sie mich noch einmal beleidigen sollten.«

Trotz seines Alters und seines Leidens hat der Marquis nichts von seiner Verve eingebüßt.

KAPITEL 26

Charenton

DER HINTERHALT

Am 6. März 1801 taucht die Polizei in den Büros des Verlegers Nicolas Massé in der Rue Helvétius auf. Sade befindet sich zu diesem Zeitpunkt ebenfalls dort, um geschäftliche Angelegenheiten zu besprechen. Unter den beschlagnahmten Unterlagen sind auch einige seiner Manuskripte: der *Boccace français* (Der französische Boccaccio), die *Délassements du libertin ou la Neuvaine de Cythère* (Die Unterhaltungen des Libertins oder die neuntägige Andacht von Kythera), ein »politisches« Werk, *Mes Caprices ou un peu de tout* (Meine Launen oder ein bißchen von allem) sowie gedruckte Exemplare mit Korrekturen und Zusätzen von seiner Hand: ein Exemplar der *Neuen Justine* und der letzte Band von *Juliette*.

Gleichzeitig findet bei einer nicht näher genannten Privatperson, »von der man weiß, daß sie intime Beziehungen zu ihm unterhält«, wie im Protokoll präzisiert wird, ebenfalls eine Hausdurchsuchung statt. Es handelt sich vermutlich um Etienne Laloubie,[1] bei dem nichts Verdächtiges gefunden wird.

Nachdem die Polizisten mit der Durchsuchung bei Massé fertig sind, präsentieren sie Sade einen Haftbefehl und bringen ihn nach Saint-Ouen. Er holt zunächst seine Schlüssel in der Rue des Trois-Frères ab, wo Constance zu Tode erschrickt, als sie ihn von Gendarmen umringt sieht, und ihm schwört, sie werde ihn nicht verlassen. In Saint-Ouen werden nach einer gründlichen Hausdurchsuchung freizügige Gipsstatuen, drei Gemälde und eine Tapisserie, »die die obszönsten Sujets zum Großteil aus dem infamen Roman *Justine* darstellen«, konfisziert und ins Depot der Polizeipräfektur geschafft, wohin auch Sade und Massé gebracht und gleich nach der Ankunft getrennt werden: Sade kommt, vermutlich aus Furcht vor einem Skandal, in Einzelhaft.[2]

Am nächsten und am übernächsten Tag werden die zwei Männer vom Kommissar Moutard, einem früheren Buchhändler, der in den Polizeidienst getreten ist, verhört. Man zeigt Donatien das Manuskript von *Juliette*, er erkennt die Handschrift wieder und beteuert jedoch, er sei nicht der Verfasser, sondern bloß der Kopist: Er erklärt, er sei für diese Arbeit bezahlt worden. Man fragt ihn, wo sich das Original befindet. Er antwortet nicht. Der offenbar schlecht informierte Polizist wundert sich, daß ein Mann seines Standes »so schreckliche Werke für Lohn«[3] abschreibe. Massé wird nach vierundzwanzig Stunden freigelassen, nachdem er bekanntgegeben hat, in welchem Depot die Exemplare von *Juliette* gelagert sind. Dies war die Bedingung für seine Enthaftung. Tausend Exemplare des Werks werden vernichtet und Dutzende andere sowie etliche Bände der *Neuen Justine* beschlagnahmt. In den folgenden Wochen kommt es zu einer Reihe von Hausdurchsuchungen und Überwachungen bei Buchhändlern, Druckern und Buchbindern.[4]

DIE »MAUSEFALLE«

Das Depot der Präfektur, auch die »Mausefalle« genannt, ist eine Art Gruft, düster und naßkalt wie eine Kloake. Tag und Nacht nimmt es den Abschaum der Stadt auf und verteilt ihn auf drei Reservoirs, »Säle« genannt, um ihn nach Alter und Geschlecht zu trennen, bis die Gefangenen, die noch keine »Angeklagten« sind, je nach ihren Delikten sortiert werden. In dieser Kloake wartet Sade vergeblich auf seine Verurteilung. Er wird relativ gut behandelt, ja sogar »rücksichtsvoll und ehrenvoll«, darf aber keine Besuche empfangen. Madame Quesnet kommt mehrmals, allein oder in Begleitung von Laloubie, wird aber nicht zu ihm vorgelassen. Am achten Tag erfährt er, daß der Präfekt seine Akte an das Polizeiministerium weitergeleitet hat. Am 16. März, nach zehn Tagen Haft, wird ihm mitgeteilt, daß sein Fall innerhalb von vierundzwanzig Stunden geklärt sein würde. Am nächsten Tag geschieht immer noch nichts. Auf den Rat von Constance hin wendet er sich an den Rechtsanwalt Jaillot aus Versailles. Am 21. März ist er immer noch in der »Mausefalle«, wird aber in den Gemeinschaftssaal verlegt. Am 30. findet ein weiteres Verhör statt, in dessen Verlauf ihm ein Brief gezeigt wird. Er leugnet, ihn geschrieben zu haben. Auf dem Rückweg kann er Constance kurz umarmen. Am 2. April beschließt der Präfekt Dubois, nachdem er sich mehrmals mit dem Minister der allgemeinen Polizei besprochen hat und zu dem Schluß gelangt ist, daß eine strafrechtliche Verfolgung »ein skandalöses Aufsehen erregen würde, das durch eine einigermaßen beispielhafte Bestrafung nicht aufgewogen würde«, den Marquis de Sade in Saint-Pélagie zu »verwahren«, um ihn als Autor des »infamen Romans *Justine* » und des noch schrecklicheren Werks mit dem Titel *Juliette* auf dem Verwaltungswege zu bestrafen.

ZOLOÉ

Sade ist zweifellos ein Opfer der heftigen Pressekampagne, die seit einigen Monaten gegen ihn geführt wird. Indem die Zeitungen ihm fortwährend *Justine* zuschreiben, haben sie schließlich die Aufmerksamkeit der Behörden geweckt, die seit der Einführung des Konsulats in Fragen der Sittlichkeit äußerst empfindlich sind. Möglicherweise gibt es jedoch noch einen anderen Anlaß, den die Behörden mit gutem Grund totschweigen.

Im Juli 1800 erschien in Paris ein kleiner anonymer Schlüsselroman, der einige führende Persönlichkeiten heftig attackierte: Joséphine (als *Zoloé*), Madame Tallien, die »Unsere Liebe Frau des Thermidor« genannt wurde (als *Laureda*), Madame Visconti, die Frau des italienischen Diplomaten, Bonaparte (als *Orsec*, Anagramm von »Corse«), Tallien (als *Fessinot*) und Barras (*Sabar*). Ein Stich auf dem Titelblatt zeigte die drei Heldinnen Joséphine, Madame Tallien und Madame Visconti, wie sie, in wallende Tuniken gekleidet, vor dem Geist der Geschichte die Maske abnehmen.[5] Das Buch beginnt mit einem herben Porträt von Joséphine-Zoloé:

»Zoloé geht zwar bereits auf das vierzigste Lebensjahr zu, will aber dennoch gefallen wie mit fünfundzwanzig. Ihr Ansehen lockt eine Menge Höflinge auf ihre Fersen und ersetzt gewissermaßen die Reize der Jugend. Neben einem sehr feinsinnigen Geist, einem je nach den Umständen biegsamen oder unbeugsamen Charakter, einem einschmeichelnden Ton, einer vollendeten Fähigkeit zur Verstellung und allem, was zu verführen und zu fesseln vermag, besitzt sie eine hundertmal heftigere Neigung zu den Sinnenfreuden als Laureda, die Geldgier eines Wucherers, die Verschwendungssucht eines Spielers und ein entfesseltes Bedürfnis nach Luxus, das die Erträge von zehn Provinzen verschlingen würde.

Zoloé war nie schön. Aber mit fünfzehn Jahren war ihre Koketterie bereits in höchstem Maße raffiniert, und die Blüte der Jugend, die so oft den Anstoß zur Liebe gibt, sowie großer Reichtum hatten einen ganzen Schwarm von Verehrern zu ihren Füßen versammelt.

Zoloé ist weit davon entfernt, sich nach ihrer Eheschließung mit dem bei Hofe gern gesehenen Grafen Barmont (Alexandre de Beauharnais) zu zerstreuen, doch die Verehrer schworen, trotzdem erhört zu werden, und Zoloé, die empfindsame Zoloé, konnte es nicht ertragen, sie ihren Schwur brechen zu sehen. Aus dieser Ehe sind ein Sohn und eine Tochter hervorgegangen, die sich heute dem Vermögen ihres berühmten Stiefvaters widmen.

Zoloé stammt aus Amerika. Ihre Besitztümer in den Kolonien sind immens. Aber die Unruhen, die diese für die Europäer so ertragreichen Minen verheert haben, haben sie um die Erträge aus diesen reichen Ländereien gebracht, die sie hier für ihren prunkenden Lebensstil so dringend gebraucht hätte.«

Hat der Verfasser, wie behauptet wurde, tatsächlich geglaubt, Bonaparte würde in *Zoloé* die freundschaftliche Warnung eines Bewunderers sehen, der dem Ersten Konsul nur die Augen für den Verrat in seiner Umgebung öffnen wollte? Erwartete er sich Dankbarkeit, Lob, Vergünstigungen? Das ist nicht sehr wahrscheinlich. Jedenfalls machte sehr rasch das Gerücht die Runde, daß niemand anderer als der Marquis der Verfasser sein könne. Die Polizei ließ ihn beschatten und sich über sein Handeln und Treiben informieren, ohne daß er das geringste ahnte.

Mittlerweile bestellt ihn der von der Präfektur überlistete Verleger Massé am 6. März 1801 in sein Büro, um mit ihm eine eventuelle Neuausgabe von *Justine* und *Juliette* zu besprechen, und bittet ihn, sein Manuskript mitzubringen. Sade tappt in die Falle. Das weitere ist bekannt.

Ist er der Verfasser von *Zoloé* oder nicht? Nach Apollinaire, Cabanès und Jean Desbordes ja. Nicht aber nach Gilbert Lely, der Sades »Manier« nicht wiedererkennt: »Die Struktur der Sätze und der Wortschatz sowie der Aufbau der Rede und der Erzählung besitzen keinerlei Ähnlichkeit mit dem Stil dieses Schriftstellers. Die extreme Schlampigkeit und die ungepflegte Sprechweise verweisen ständig auf einen professionellen Verfasser von Schmähschriften und dieses Auftauchen der Vulgarität in unserer Literatur, das für die Epoche der französischen Revolution so bezeichnend ist.« Abgesehen von der letzten Bemerkung (Lely läßt keine Gelegenheit aus, die Revolution zu verteufeln) neigen wir dazu, uns diesem Urteil anzuschließen. Es stimmt, *Zoloé* ist der Feder Sades nicht würdig. Das Werk ist voll von zotigen Bemerkungen und unflätigen Verleumdungen, die keineswegs sein Stil sind.

Die Polizei des Konsulats bringt also tatsächlich den Verfasser von

Juliette und *Justine*, und nur ihn, in Einzelhaft. Warum aber stellt sie ihn dann nicht vor Gericht wie einen gewöhnlichen Angeklagten? Indem die Regierung ihn ohne Gerichtsurteil einkerkert, läuft sie Gefahr, ihn zu einem politischen Häftling zu machen und damit die These zu beglaubigen, sie habe ihn wegen seiner Gesinnung interniert. Der Polizeipräfekt Dubois liefert eine Antwort. »Ich hatte die Ehre«, schreibt er, »mündlich Seiner Exzellenz darüber zu berichten, die bereits alle Delikte kannte, die Sade vor der Revolution begangen hatte, und in der Überzeugung, die von einem Gericht verhängten Strafen würden unzureichend und seinem Delikt keineswegs angemessen sein, die Meinung äußerte, man müsse ihn für lange Zeit in der Anstalt Sainte-Pélagie vergessen.«[6]

Demzufolge hätte also der Justizminister höchstpersönlich die Einkerkerung angeordnet, und zwar wegen eines Romans, der seit vier Jahren unter den Arkaden des Palais-Royal verkauft wurde, den jeder sehen und kaufen konnte und der, wenn man Restif und Mercier Glauben schenkt, wegging wie die warmen Semmeln. Warum hatte man nicht früher eingegriffen? Darauf gibt es keine Antwort außer der, daß die allzu berüchtigte *Zoloé* noch nicht erschienen war. Dieses Werk weckt den Zorn des Ersten Konsuls und löst die brutale Verfolgung durch die Behörden aus. Daß es nicht aus der Feder Sades stammt, wovon wir selbst überzeugt sind, ändert nichts daran: Es genügte, daß es ihm zugeschrieben wurde.

EX OFFICIIS IMPERATORIS

Der Marquis de Sade ist also das Opfer der außergesetzlichen Willkür und Illegalität, die für die Herrschaft Napoleons charakteristisch sind. Seit dem Konsulat ist das Gefängnis zu einer Kolonie von Heloten geworden, die wie Pestkranke außerhalb der Gesellschaft leben und ihre bürgerlichen Rechte verloren haben. Die Behörden sehen durchaus ein Corpus delicti, da sie ja eine Strafe verhängen. Aber sie lehnen jede normale gerichtliche Vorgangsweise ab: kein Urteilsspruch, keine Gegenüberstellung von Aussagen, keine Verhandlung, keine Untersuchung. Das Schicksal der Aufbegehrenden wird geräuschlos, ohne Aufsehen und öffentliche Debatte besiegelt. Man verfügt, daß sie geisteskrank sind, und begräbt sie bei lebendigem Leib für den Rest ihres Lebens in Irrenhäusern. Ein ausgezeichnetes Rezept ... Napoleon wendet es an, um gleichzeitig mit Sade auch den Dichter Désorgues nach Charenton zu schicken, weil er diesen harmlosen Reim gedichtet hatte:

Oui, le grand Napoléon
Est un grand caméléon.

(Ja, der große Napoleon / ist ein großes Chamäleon).

Désorgues soll auch, als man ihm im Café Zitroneneis anbot, mit den Worten abgelehnt haben: »Je n'aime pas l'écorce (Wortspiel mit »ecorce« = Schale und »les Corses« = die Korsen). Wegen dieses schlechten Witzes und dieser miserablen Verse wurde er bis zu seinem Tod im Jahr 1808 in eine Irrenanstalt gesperrt.

Hunderte andere, ob bekannt oder unbekannt, enden ebenso in nunmehr Irrenanstalten genannten Gefängnissen, ohne daß ein Irrenarzt irgendeine Störung diagnostiziert hätte. Das System beruhte im Grunde auf einer sehr einfachen Logik: Wer den Kaiser nicht verehrte, konnte nur verrückt sein.

SAINTE-PÉLAGIE

Unter dem Ancien régime beherbergte Sainte-Pélagie gefallene Mädchen, die Damen des Hofes wie Madame de Mitramion oder die Herzogin von Aiguillon wieder auf den rechten Weg zu bringen versuchten. Im Jahr 1790 öffneten sich auch die Türen von Sainte-Pélagie ganz so wie die aller Klöster. Die Nonnen und die »Büßerinnen« mußten ihre Zellen verlassen. Zwei Jahre später verwandelte die Kommune von Paris das Gebäude in eine Haftanstalt. Im September 1793 wurde es zu einem wichtigen politischen Gefängnis. An die dreihundert Häftlinge drängten sich in den feuchten Kerkern. Hier schrieb Madame de Roland, bevor sie auf das Schafott stieg, noch die wunderbaren Passagen ihrer *Mémoires*.

Als Donatien am 2. April 1801 durch das Tor in der Rue de la Clef schreitet, hat sich der Zustand des Gebäudes kaum gebessert, aber man atmet darin eine andere Luft. Der Tod hat sich aus diesen Mauern zurückgezogen, und die Zellen sind nun von jungen Störenfrieden oder zahlungsunfähigen Schuldnern besetzt. Knapp nach seiner Einlieferung wird er von Constance besucht. Sie hat die Erlaubnis erhalten, ihn dreimal pro Dekade zu besuchen (der republikanische Kalender teilt das Jahr nicht in Wochen, sondern in Dekaden).

Am 20. Mai 1802 sendet der unermüdliche Bittsteller eine Eingabe an das Justizministerium. Er will vor Gericht kommen, sich vor den Richtern verteidigen oder aber freigelassen werden! Er beteuert tausendmal, daß er nie der Verfasser von *Justine* gewesen sei, und schwört bei allem, was ihm heilig ist: »... Ich stöhne seit fünfzehn Monaten im schrecklichsten Gefängnis von Paris, wo man doch nach dem Gesetz einen Angeklagten nicht länger als zehn Tage in Gewahrsam nehmen kann, ohne ihn vor Gericht zu bringen. Ich verlange, vor Gericht gestellt zu werden. Entweder bin ich der Verfasser des Buches, das man mir unterstellt, oder nicht. Wenn man mich dessen überführen kann, so werde ich mein Urteil annehmen. Im gegenteiligen Fall will ich frei sein.

Welche willkürliche Parteilichkeit löst die Ketten des Schuldigen und legt sie dem Unschuldigen an? Haben wir dafür zwölf Jahre lang unser Leben und unser Vermögen aufgeopfert? Diese Greuel sind unvereinbar mit den Tugenden, die Frankreich an Ihnen bewundert. Ich flehe Sie an, nicht zuzulassen, daß ich ihnen noch länger zum Opfer falle.

Ich will, mit einem Wort, frei sein oder verurteilt werden. Ich habe das Recht, so zu sprechen. Mein Unglück und die Gesetze verleihen es mir, und ich habe Anlaß zu jeder Hoffnung, da ich mich doch an Sie wende. Gruß und Hochachtung.«[7]

DIE PELAGIANISCHEN MYSTERIEN

Ein Häftling namens Hurard Saint-Désiré, ein Dichterling und Möchtegern-Literat, beschloß eines schönen Tages, mit zwei Leidensgefährten hinter den Gefängnismauern eine literarische Gesellschaft zu gründen. Kaum war die Idee gefaßt, gingen die drei ans Werk und beauftragten Hurard, folgenden Rundbrief an sorgfältig ausgewählte Zellennachbarn aufzusetzen: »Mein Herr, jeder scheint hier in seinem Studierzimmer zu sitzen, und langsam befällt uns die Langeweile. Sie sind eingeladen, sich heute abend Punkt sechs Uhr im Raum Nr. 9 im dritten Stock einzufinden, um über ein gemeinsames Abendessen, das unter dem Zeichen der fürsorglichen Freundschaft stattfinden soll, zu beraten.

Es werden nur Personen teilnehmen dürfen, die wie Sie, mein Herr, über einige Talente verfügen.«[8]

Die Zahl der Teilnehmer war auf neun beschränkt, wie die der Musen, und die Gesellschaft verlieh sich den Namen »Dîners de Sainte-Pélagie«. Sade war nicht nur einer der Teilnehmer, sondern wurde sehr rasch zum Vorsitzenden.

Seine Tätigkeit beschränkte sich allerdings nicht nur darauf, Verse für die Versammlungen dieser literarischen Gesellschaft zu verfassen. Er machte auch durch seine sexuellen Vorlieben und durch die Nachstellungen auf sich aufmerksam, mit denen er die jungen Burschen verfolgte, die wegen verschiedener geringfügiger Delikte wie Studentenulk, öffentlicher Ruhestörung usw. hier einsaßen. Im März 1803 belästigte er einige junge Hitzköpfe, die wegen Ruhestörung in der Comédie Française für einige Tage in Sainte-Pélagie inhaftiert worden waren und deren Zellen auf demselben Flur lagen wie seine.

Ging er in seinen Vorschlägen allzu weit? Machte er obszöne Gesten, berührte oder bedrohte er sie? Diesmal beschloß man, ihn nach Bicêtre zu verlegen. Der Polizeibericht fügt mit der Detailbesessenheit, die für die Polizistenprosa bezeichnend ist, hinzu: »In seiner Zelle wurde ein riesiges Instrument gefunden, das er aus Wachs angefertigt und auch selbst verwendet hatte, denn das Instrument trug noch die Spuren seiner schuldhaften Einführung.«[9]

»AUSSCHWEIFENDE DEMENZ«

Die Anstalt in Bicêtre, vor der Revolution zugleich ein Hospiz, ein Irrenhaus und ein Gefängnis, beherbergte hinter ihren Mauern den Auswurf der Menschheit. Wahnsinn und Syphilis mischten sich hier mit dem Elend und dem Verbrechen. Greise, Krüppel, Epileptiker, Hautkranke, Schwachsinnige, Geschlechtskranke, Bettler und Vagabunden lebten hier mitten unter den Dieben, Betrügern, Prostituierten und Mördern wie Ratten in einer Senkgrube. Die Gefangenen waren hier in engen, übereinandergebauten Zellen untergebracht, darunter einige, die sich zwanzig Fuß tief unter der Erde befanden und in völlige Dunkelheit getaucht waren.

Die Anstalt war 1790 nach der Abschaffung der religiösen Orden geschlossen und unter dem Direktorium als Irrenanstalt wieder geöffnet worden. Die Haftbedingungen hatten sich deshalb spürbar verbessert. Dank dem Irrenarzt Pinel waren die fensterlosen Zellen verschwunden, aber die Anstalt besaß nach wie vor einen äußerst schlechten Ruf.

Der Marquis wurde am 15. März 1803 eingeliefert und blieb nicht lange. In der Befürchtung, eine so ehrenrührige Inhaftierung könne ein Schandfleck für die ganze Familie sein, bitten Madame de Sade und ihre Kinder den Präfekten Dubois, ihn in eine andere Anstalt zu verlegen. Nachdem der Beamte kurz an die Festung Ham oder den Mont Saint-

Michel gedachte hatte, beschließt er, Sades Verlegung nach Charenton anzuordnen. Da Sade im Vollbesitz seiner geistigen Kräfte war, berief man sich auf seine sexuellen Zwangsvorstellungen. »Dieser unverbesserliche Mensch«, schrieb Dubois, »war in einem ständigen Zustand ausschweifender Demenz.« Gleichzeitig erhielt Monsieur de Coulmier, der Leiter der Anstalt, spezielle Anweisungen, jeden Fluchtversuch zu verhindern. Die Kosten für die Unterbringung dieses scheinbaren Geisteskranken, 3000 Francs jährlich, wurden von seiner Familie getragen und deckten sowohl die Behandlung als auch die Kost, die Unterbringung, die Reinigung der Wäsche und die Überwachung.

Am Tag vor seinem Aufbruch von Bicêtre schrieb Donatien an Monsieur de Coulmier, um sich für sein künftiges Verhalten zu verbürgen. Er versprach, er werde sich dessen Achtung verdienen und ihm seinen schlechten Ruf »ausreden«. Am 27. April brachte ihn ein Polizeioffizier namens Bouchon nach Charenton.

FRANÇOIS SIMONET DE COULMIER

Monsieur de Coulmier wurde am 22. September 1797 zum Verwalter und später zum Direktor der Anstalt ernannt. Dieser Mann verdient es, daß man näher auf ihn eingeht. Die Verständigkeit, mit der er die Anstalt leitete, und der Edelmut seiner Gefühle versüßten die letzten Jahre des Marquis, und schon allein dadurch verdient er Beachtung. Überdies muß seiner völlig neuartigen Behandlung der Geisteskrankheiten, die ihm zu seinen Lebzeiten so viel Haß, so viele Angriffe und so viele Verleumdungen eingetragen hat, endlich Gerechtigkeit zuteil werden. Coulmier muß heute zu denen gezählt werden, die entscheidend zur Modernisierung der Irrenanstalten beigetragen haben.

Er wurde 1742 in Dijon geboren und war ein kränkliches Kind. Die finanzielle Lage seiner Familie ermöglichte ihm keine andere Laufbahn als die geistliche. 1764 trat er in der Abtei von Chambrefontaine in den Prämonstratenserorden ein. Bei der Einberufung der Generalstände läßt er sich zum Abgeordneten des Klerus wählen und setzt sich für die Ärmsten ein. Am 6. Juni zückt er in der Versammlung ein Stück Schwarzbrot und bringt einen Antrag gegen die hohen Getreidepreise und das Elend des Volkes zur Abstimmung. Am 21. Juni schließt er sich dem Dritten Stand an. Aufgrund seiner erfolgreichen Tätigkeit in Wohlfahrtsorganisationen und Krankenhäusern wurde er 1797 zum Verwalter der Anstalt von Charenton ernannt. Zu diesem Zeitpunkt ist er sechsundfünfzig, zwei Jahre jünger als Donatien.

In Charenton findet Coulmier einen miserablen Zustand vor: Die Gebäude sind baufällig und heruntergekommen, Fenster und Türen herausgerissen, die Möbelstücke verstreut, die Bäume entwurzelt, zwei Drittel des Gartens an Privatleute vermietet. In den Schlafsälen stehen nur mehr sechzehn Betten, in der Kasse sind nur mehr 264 Francs, und die Anstalt hat keinen einzigen Insassen. Die vordringlichste Aufgabe ist also die Renovierung des Gebäudes. Coulmier nimmt sie energisch in Angriff.

Unter seiner Leitung steigt die Aufnahmekapazität sehr rasch. Er läßt einen Flügel für die Frauen und einen für die Männer errichten, trennt die Insassen nach ihren Krankheiten (Hypochondrie, Melancholie, Irresein, Manie, Schwachsinn) und isoliert die »Tobsüchtigen« in eigens dafür eingerichteten Sälen. Die Zahl der Insassen steigt ständig: von 202 Eingängen zwischen 1797 und 1800 auf 434 Eingänge zwischen 1800 und 1805 und 1007 Eingänge zwischen 1805 und 1810.

Diese raschen Fortschritte sowie die Zahl der Heilungen erhöhen den guten Ruf der Anstalt, aber der Direktor erweist sich vor allem bei der Behandlung der Kranken als Pionier und mitfühlender Mensch. An Kritiken daran fehlte es nicht. Seine Großherzigkeit und seine liberalen Prinzipien trugen ihm scharfe Vorwürfe ein. Die ganze Fakultät verbündete sich gegen diesen ehemaligen Priester, der ohne Medizinstudium zum »Verwalter« einer psychiatrischen Anstalt aufgestiegen war.

LUXUSKLINIK ODER TODESLAGER?

Die Therapeutik Coulmiers und Gastaldys, die möglicherweise von den Ideen Pinels angeregt war oder zumindest den Methoden dieses berühmten Irrenarztes nahestand, gab der »moralischen Behandlung« den Vorzug vor der Diät, dem Aderlaß und den purgierenden und krampflösenden Mitteln, die damals übertrieben und ohne Rücksicht auf den Sitz, die Ursache und die Art der Geisteskrankheit angewendet wurden. In Charenton hingegen wird jeder Kranke der Natur seines Leidens entsprechend und auf humane Weise behandelt. Charles-François Giraudy, der Assistenzarzt des Spitals, bezeugt dies in seiner Beschreibung von Charenton im Jahr 1804, ein Jahr nach Sades Einlieferung: »Die staatliche Anstalt von Charenton ist die erste in Frankreich, die einzig für die Behandlung der Irren eingerichtet wurde. Die erste, in der die Anwesenheit der

Unheilbaren für die Heilbaren nicht schädlich ist; in der die Patienten nicht in allen Fällen als völlig unzurechnungsfähig angesehen werden; in der sie weder Brutalitäten noch schlechten Scherzen, noch der entsetzlichen Verwendung von Ketten, noch anderen unmenschlichen Behandlungen ausgesetzt sind. [...] Diese Anstalt ist durch ihr Wesen und ihre Stellung dazu ausersehen, zu einem der schönsten Denkmäler der Wohlfahrt in Europa zu werden.«[10]

Manche mögen diese Schilderung für allzu idyllisch halten, und das ist nicht weiter erstaunlich, wurde sie doch von Giraudy für den Innenminister verfaßt, dem er sie anläßlich eines offiziellen Besuchs in Charenton am 5. April 1804 überreichte. Die Wirklichkeit ist wahrscheinlich weniger glanzvoll. Muß man deshalb in das andere Extrem verfallen und die Anstalt als Todeslager hinstellen?

So beschreibt sie jedenfalls ein ehemaliger Kavallerieoffizier namens Hyppolite de Colins, der sich 1810 in die Kaiserliche Tierärztliche Schule von Alfort schicken ließ, um dort die Vorlesungen über Pferdeheilkunde zu hören. Neugierig auf das Geschehen im benachbarten Hospiz von Charenton, freundete er sich mit dem Personal an und konnte wochenlang alle Gebäude besichtigen und, so behauptet er wenigstens, die letzten Winkel untersuchen. Er schreibt seine Beobachtungen nieder und setzt im Juni 1812 eine Denkschrift auf, die er, genauso wie Giraudy, aber mit völlig entgegengesetzten Ansichten und weniger optimistischen Schlußfolgerungen, sofort an das Innenministerium sendet. Schenkt man ihm Glauben, so war Charenton zugleich ein Straflager, ein Sterbehaus und eine Folterkammer.[11] Unter anderem kritisiert Colins die Duschmethode, nämlich eine »starke Wassersäule, erzeugt durch den Druck einer sehr beträchtlichen und sehr hohen Menge von Flüssigkeit, die beim Kranken eine heftige Erschütterung hervorruft, seinen Atem aussetzen läßt und meistens nur dazu dient, ihn zu irritieren«. Um das Bild zu vervollständigen, beschreibt er eine noch schrecklichere Folter im Detail, das sogenannte »Überraschungsbad«. Man setzt den Kranken mit verbundenen Augen an den Rand eines Beckens, faßt ihn an den Haaren, taucht ihn plötzlich rücklings ins kalte Wasser und läßt ihn einige Sekunden unter Wasser. Dann »zieht man den Patienten wieder heraus und setzt ihn fünf bis sechs Minuten lang auf den Duschsessel«.[12] Die Ärzte erhofften sich wahrscheinlich Wunder von diesem Schock des plötzlichen Untergetauchtwerdens, aber ihr Kollege Esquirol hielt dies für überflüssig und traumatisierend. Er nannte es das »Schreckensbad«.

Der Bericht Colins ist trotz seiner Gründlichkeit recht fragwürdig. Der große Irrenarzt Esquirol, der die Anklageschrift von Colins kannte und sogar für die Abfassung seines eigenen Berichts über Charenton[13] herangezogen hatte, zeigt sich weitaus gemäßigter als sein Vorgänger. Er wirft zwar Coulmier eine anarchistische Verwaltung, Geheimniskrämerei und vor allem eine übertriebene Leidenschaft für das Theater vor, äußert jedoch nur geringfügige Vorbehalte hinsichtlich der Qualität der Behandlungen. Abgesehen vom berüchtigten »Schreckensbad« schockiert ihn keine einzige Methode wirklich, mag sie auch noch so abwegig oder grauenhaft erscheinen: weder die Weidenholzpuppe, in die die Tobsüchtigen eingesperrt wurden, noch die Holzkiste, in die man die selbstmörderischen Depressiven legte (wohl um ihnen einen Vorgeschmack des Sarges zu vermitteln). Er sieht bloß in ihrem Verschwinden einige Jahre später ein erfreuliches Zeichen des Fortschritts. »Die Zwangsjacke genügt uns«, verkündet er. Seine schärfste Kritik gilt ihm Grunde den Einweisungen, deren Inkohärenz er kritisiert, und den Theateraufführungen, deren Wirkungen er fürchtet. Liest man seinen Bericht, so hat man den Eindruck, daß Charenton trotz aller Mißstände immer noch das Modernste auf dem Gebiet der psychiatrischen Internierung war. Esquirol war nicht der einzige. Auch Doktor Ramon, ein äußerst integrer und beispielhaft maßvoller Mann, beurteilt die Verwaltung Coulmiers in ähnlichen Worten: »Monsieur de Coulmier herrschte despotisch über alles, aber diesem Despotismus haftete nichts Strenges oder Hartes an, und man kann sagen, daß Monsieur de Coulmier bei allen Patienten, Angestellten und Insassen beliebt war. Es war, mit einem Wort, eine väterliche, aber etwas lockere Regierung.«[14] Die Aufzeichnungen von Doktor Ramon über die Anstalt in Charenton zeugen dabei weder von einer besonderen Nachsicht noch von einer übertriebenen Schärfe. Seine Kritik gilt hauptsächlich der mangelnden Strenge Coulmiers, dem er vorwirft, leichte und »etwas aufgeknöpfte« Sitten an einem Ort, der sich dafür nicht eignet, geduldet, wenn nicht gefördert zu haben. »Versammlungen, Bälle, Konzerte und Theateraufführungen wurden veranstaltet ... Es gab Festmähler, Bälle, Konzerte und szenische Darstellungen, zu denen Außenstehende in großer Zahl geladen wurden, einige Literaten und viele Theaterberühmtheiten, vor allem Schauspieler und Schauspielerinnen der Boulevardtheater.«[15] Das ist der geeignete Moment für Monsieur de Sade, die Bühne zu betreten ...

Der nach der merkwürdigen Formulierung der Verwaltung als »Polizeipatient« internierte Marquis de Sade war damals dreiundsechzig Jahre alt. Er kannte Charenton, da er in den ersten acht Monaten der Revolution bereits hier gewesen war. Anscheinend entstand sehr rasch eine wechselseitige Sympathie zwischen Monsieur de Coulmier und dem neuen Insassen. Die zwei Männer teilten eine Vorliebe für die Frauen und die Libertinage und eine grenzenlose Leidenschaft für das Theater und alles, was mit ihm zusammenhängt: den Tanz, die Bälle und die Schauspiele jeglicher Art – ganz zu schweigen von den hübschen Schauspielerinnen und den intimen Soupers. Die Freundschaft, die sich daraus ergab, war nicht frei von stürmischen Konflikten. Wie konnte es auch anders sein. Der tyrannische Charakter Sades, der sich durch die Internierung noch steigerte, seine Ungeduld, sein ständiges Gejammer und schließlich seine Paranoia verschärften sich mit zunehmendem Alter.

Coulmier wieder befand sich in einer heiklen Lage, schwankte zwischen den Wünschen seines Lieblingsinsassen und der strengen Überwachung, die vom zuständigen Minister verlangt wurde, und stand seit 1805 in offenem Konflikt zu seinem Chefarzt Royer-Collard, der die Anwesenheit des berühmten Autors von *Juliette* im Hospiz nicht ertrug.[16]

Jedenfalls genießt Sade sofort nach seiner Einlieferung eine privilegierte Behandlung. Er wohnt im rechten Flügel der Krankenhausgebäude, im zweiten Stock, wo er ein angenehmes Zimmer mit einer kleinen, angrenzenden Bibliothek bezieht, deren Fenster auf Felder und Wiesen zur Marne hin gehen. Man betritt die Wohnung durch ein Vorzimmer, das in ein kleines Arbeitszimmer führt. Die recht gewöhnlichen Tapeten und Möbel zeugen davon, wie gleichgültig dem Mieter diese Dinge waren. Im Schlafzimmer steht ein schlichtes Bett mit einem niedrigen Baldachin und Vorhängen aus »billigem Kattun«, ein gepolsterter Lehnsessel, der mit gelbem Utrechtsamt bezogen ist, ein alter Schreibtisch aus dunklem Holz, eine furnierte Kommode mit Marmorplatte, ein Kaminspiegel in einem grauen Holzrahmen und ein alter Paravent. An den Wänden das Porträt seines Vaters Jean-Baptiste-François-Joseph de Sade in Waffen von dem Maler Nattier und vier Miniaturen: Eléonore de Maillé, seine Mutter, Mademoiselle de Launay, seine so geliebte Schwägerin, sein ältester Sohn Louis-Marie und Mademoiselle de Charolais in der Ordenstracht der Kapuziner.

Sade geht nach Belieben im Park spazieren, führt ein offenes Haus, empfängt ausgewählte Kranke bei sich, stattet ihnen Besuche ab oder leiht ihnen Bücher. Bis auf die Freiheit scheint ihm nichts zu fehlen, um seine Tage geruhsam zu verbringen. Nicht einmal das Familienleben, da Constance im August 1804 dank einer Sondergenehmigung von Coulmier zu ihm zieht. Sie wird als »freier Pensionsgast« zugelassen und bezieht das Zimmer neben dem Donatiens, der sie als seine uneheliche Tochter ausgibt.

»DAS VERNICHTETE SODOM«

Sade wird trotz seiner zahlreichen Privilegien im Vergleich zu den anderen Patienten oder den »politischen« Gefangenen streng überwacht. Sein Zimmer wird regelmäßig von der Polizei durchsucht, die beauftragt ist, jedes anstößige Manuskript, das sich darin befinden könnte, zu konfiszieren. Am 1. Mai 1804 etwa ordnet der Präfekt eine Durchsuchung seiner Papiere an und läßt ihm mitteilen, daß er »nach Bicêtre zurückgebracht wird, wenn er sich weiterhin auflehnt«.[17] Im Prinzip darf der Marquis die Anstalt nicht verlassen. Dennoch erteilt Coulmier seinem Pensionsgast am Ostersonntag 1805 die Erlaubnis, in der Pfarrkirche Saint-Maurice das Heilige Abendmahl einzunehmen und mit dem Klingelbeutel absammeln zu gehen (eine sonderbare Beschäftigung für einen Ungläubigen!). Am übernächsten Tag erhält der Direktor vom Polizeipräfekten einen energischen Tadel: »Dieses Individuum wurde nur aus Bicêtre, wo es sein Leben lang hätte bleiben sollen, abgeschoben, damit seine Familie die Möglichkeit hat, seine Angelegenheiten zu regeln. Er ist bei Ihnen ein Gefangener, und Sie dürfen und können ihm in keinem Fall und unter keinem Vorwand ohne meine ausdrückliche und formelle Genehmigung die Erlaubnis zum Ausgang erteilen. Wie konnten Sie außer acht lassen, daß die Anwesenheit eines solchen Menschen nur Grauen einflößen und in der Öffentlichkeit Unruhe erregen kann?«[18]

Am 5. Juni 1807 erfolgte, diesmal auf Anweisung des Ministers selbst, eine weitere Durchsuchung, um »zu überprüfen, ob der in Charenton inhaftierte Sieur de Sade ein anstößiges Werk verfaßt, in dem hochgestellte Persönlichkeiten mit verbrecherischer Unschicklichkeit behandelt werden oder von Ereignissen in Zusammenhang mit der Außenpolitik die Rede ist«.[19] Die Büttel finden bei ihm »viele Papiere und insbesondere Instrumente der widerlichsten Libertinage«, woraus hervorgeht, daß er auf seine Masturbationspraktiken nicht verzichtet hat. In dem bisher unveröffentlichten Bericht, den er an seinen Minister Fouché richtet, erzählt der Präfekt Dubois: »Ich wurde darüber unterrichtet, daß eine gewisse Frau Quesnet, die als die Tochter und die Mätresse Sades gilt, bei ihm im selben Hospiz wohnt. Ich hatte folglich angeordnet, daß auch ihre Wohnung durchsucht wird. Bei ihr hat man ein zehnbändiges Manuskript mit dem Titel *Les Entretiens du château Florbelle* (Die Gespräche im Schloß Florbelle) gefunden.« Und er fügt hinzu: »Die Lektüre dieses Werks ist abstoßend. Anscheinend hat de Sade die Greuel von *Justine* und *Juliette* noch übertreffen wollen.«[20] Dieses literarische Monument, das Lely in einer hübschen Formulierung als ein »vernichtetes Sodom« bezeichnet, wurde mitsamt einem ganzen Stapel von Notizbüchern zur Polizeipräfektur geschafft. Sade wird diese Werke nie wiedersehen: *Les Journées de Florbelle* (Die Tage von Florbelle), wie der endgültige Titel des ersten und abgeschlossenen Bandes lautete, werden nach seinem Tod auf Anweisung des Polizeipräfekten Delavau und auf eine Eingabe seines Sohnes Claude-Armand hin verbrannt. Claude-Armand wird der Bücherverbrennung persönlich beiwohnen.[21]

Dubois' kürzlich in den Archives nationales entdeckter Bericht liefert überdies eine erstaunliche Information. Unter den Briefen, die der Marquis seit seiner Internierung erhalten hat, »fallen einige auf, die von derselben Hand stammen und nachweisen, daß er Schüler hat, die so grauenhaft sind wie ihr Lehrmeister. Man schildert ihm Szenen der Ausschweifung, die kürzlich stattgefunden haben, und brüstet sich damit, durch Getränke einen mehrstündigen Scheintod bei mehreren Frauen hervorgerufen zu haben, die dann auf alle möglichen Weisen besessen und gequält wurden, indem man ihnen drei riesige Flaschen Blut abzapfte. Ich hoffe, den Verfasser dieser Briefe und den Täter dieser Verbrechen ausfindig machen zu können. Ich habe Anlaß zu glauben, daß er den Ermittlungen, die ich angeordnet habe, nicht entgehen wird.« Gelang es Dubois, diesen mysteriösen Anhänger Sades zu identifizieren? Das Rätsel ist noch nicht gelöst.

Was die »gottlosen und ausschweifenden Fragmente« von Sade selbst anbelangt, begnügt sich Dubois damit, ein Beispiel anzuführen. Da das Original dieser Erzählung nicht mehr existiert, zitieren wir wenigstens die Version der Polizei: »Der Autor schildert, wie er seine erste Erfahrung mit der Libertinage erlebte, bevor er diese Laufbahn, in der er so rasche Fortschritte machte, ergriff. Er erzählt, daß er sich von fünf Uhr bis acht

Uhr morgens sodomisieren ließ und dann, getreu dem Prinzip, das ihn immer das Gemisch von Gottlosigkeit und Libertinage wählen ließ, zur Beichte und zur Kommunion ging, um sich den restlichen Tag über der abscheulichsten Ausschweifung hinzugeben.«[22] Diese wenigen Zeilen lassen uns um so mehr das wahrscheinlich endgültig verlorengegangene Original vermissen.

»ICH FLEHE SIE AN«

In Anbetracht seiner Manie, ständig Petitionen und Eingaben zu verfassen, kann man sich leicht vorstellen, daß er eine rege Tätigkeit entfaltete, um seine Freilassung zu erwirken. Bis zu seinem Tod im Jahr 1814 nützte er jede Gelegenheit, um gegen seine Internierung zu protestieren. Ein Jahr nach seinem Eintreffen in Charenton ließ er von Madame Quesnet einen Brief an den Justizminister schreiben und hoffte wahrscheinlich, die naive Prosa und die unsichere Rechtschreibung seiner sanften Freundin würde den hohen Beamten erweichen. Aber der »Große Richter«, wie Constance ihn nannte, blieb hart.

Dennoch schöpft er wieder Hoffnung. Am 18. Mai 1804 erfährt Sade von der Gründung einer Kommission, die aus sieben vom Senat aus seinen eigenen Reihen ernannten Mitgliedern besteht und die über Fälle von Personen entscheiden soll, die verhaftet und nach Ablauf der ersten zehn Tage ihrer Haft nicht vor Gericht gestellt wurden. Diese Kommission existiert erst seit einigen Tagen, und schon sendet Sade an ihre Mitglieder einen energischen Protest gegen seine Inhaftierung. »Seit vierzig Monaten schmachte ich in den grausamsten und ungerechtesten Ketten«, schreibt er. Er sucht nach der Ursache dieser Verfolgung und fährt fort: »Ich sehe sie in der furchtbaren Koalition von Verwandten, deren Ansichten und Vorgehensweisen ich während der Revolution nie teilen wollte ... Sie haben geschickt die schwache Wirkung der Glaubwürdigkeit genutzt, die von ihrer Rückkehr nach Frankreich ausging, um das einzige Mitglied ihrer Familie, das ihnen nicht folgen wollte, in den Untergang zu treiben.« Dies ist allerdings neu. Zum ersten Mal denunziert er seine eigenen Kinder (denn um sie handelt es sich hier) als seine Unterdrücker. Nach den Montreuil dienen ihm diese als Sündenböcke.

Da die Senatorenkommission nicht reagiert, beschließt Donatien, sich direkt an den Polizeiminister Joseph Fouché zu wenden. Drei Monate später ersucht der Gefangene denselben Minister um die Erlaubnis, sich nach Paris begeben zu dürfen, sollten seine Angelegenheiten dies erfordern. Er merkt an, daß diese Genehmigung um so eher erteilt werden kann, als die Anstalt in Charenton offiziell nicht als Gefängnis gilt.[23] Sein Gesuch wird wieder abgelehnt. Donatien gibt die Hoffnung nicht auf und wiederholt seinen Antrag im Juni 1806. Er fleht, man möge ihn zweimal wöchentlich hinauslassen, »um seinen Geschäften nachzugehen«, und gibt sein Ehrenwort, daß er keine Nacht ausbleiben und diese Begünstigung nur in Extremfällen in Anspruch nehmen werde. Der Minister antwortet mit einer einfachen Aktennotiz an Coulmier: »Der ehemalige Marquis de Sade und seine widerlichen Werke sind zu bekannt, um sich mit ihm auch nur auf eine Einzelheit einzulassen. Es ist schon viel, daß Herr Sade innerhalb der Anstalt eine Art Freiheit genießt. Würde er jedoch draußen überhaupt nur erblickt werden, so wäre dies ein öffentlicher Skandal.«[24]

»HARMLOSE SPIELE«

Theateraufführungen gehörten zwar zu dem von Coulmier definierten Vorhaben einer »moralischen Behandlung«, bei deren Umsetzung spielte jedoch der Chefarzt Gastaldy eine entscheidende Rolle: »Wir suchten gemeinsam nach Mitteln, sie durch harmlose Spiele, Konzerte, Tanz und Komödien, deren Rollen von den Kranken gespielt wurden, zu zerstreuen. [...] Diese Beschäftigungen ließen sie aktiv bleiben und vertrieben die melancholischen Vorstellungen, diese allzu häufige Ursache des Wahns. [...] Diese moralische Behandlung, die von den ehrenwertesten Personen, von Fremden, die eifrig um Eintrittskarten baten, um Zeugen des Einflusses der Künste auf Gemüt und Körper zu sein, gutgeheißen wurde, begründete schließlich den Ruf der Anstalt von Charenton.«[25]

Coulmier verschweigt jedoch vorsichtshalber einen Namen, der ganz wesentlich zu diesem Theater beitrug: den des Marquis de Sade. Als Autor, Schauspieler, Direktor der Truppe, Regisseur, Bühnenbildner und »Presseattaché« in einem ist Sade der eigentliche »künstlerische Leiter« der Aufführungen bis zu ihrem Verbot im Jahr 1813.

Für die Durchführung dieser Gruppentherapie bedurfte es in erster Linie eines geeigneten Raums. Auf die Anweisungen des Marquis hin ließ Coulmier also über dem Frauensaal ein richtiges Theater mit einer Bühne, Kulissen, Logen, einem Orchestergraben und einem Parterre bauen. Der

Bühne gegenüber und über das Publikum hinausragend, befand sich die Prunkloge für den Direktor und seine Gäste. Zu beiden Seiten dieser Loge gab es Sitzbänke für etwa zwanzig Männer auf der einen und ebenso viele Frauen auf der anderen Seite, allesamt Geisteskranke, die unter den Ruhigsten ausgewählt wurden. Madame Quesnet verfügt über eine eigene Loge mit sieben Plätzen. Der übrige Saal konnte ungefähr zweihundert Zuschauer, ausschließlich geladene Gäste, aufnehmen. Die ersten Vorstellungen fanden zu Beginn des Jahres 1805 statt.[26]

Die Neuigkeit sprach sich in Paris rasch herum, wurde zunächst skeptisch aufgenommen, weckte aber Neugierde und schließlich sogar Interesse bei manchen mondänen Intellektuellen. Dazu kam noch ein gewisser Snobismus, und bald war es äußerst schick, zu den Aufführungen in Charenton eingeladen zu sein. Man stritt sich um die Ehre, dort zugelassen zu werden, und war voll des Lobes für diesen eigenartigen Marquis, der die unerhörte Kühnheit besaß, Irre auf die Bühne zu bringen. Die Damen der feinsten Gesellschaft tummelten sich bei diesen Aufführungen.

Unser Marquis jubelte. Er stellte den Großteil der Truppe aus Patienten zusammen, besorgte sich jedoch als Stars Schauspielerinnen und Schauspieler aus der Hauptstadt und leitete die Proben mit Hilfe der sachkundigen Madame Saint-Aubin von der Komischen Oper. Notfalls verwandelte er sich in einen Bühnentechniker oder einen Souffleur. Keine Aufgabe erschien ihm seines Talents unwürdig. An den Premierenabenden gebärdete er sich wie ein Schloßherr, der vornehme Gäste empfängt. Während Sensible die Gäste willkommen hieß, verteilte er die Eintrittskarten und umschwirrte die Bühnen- und Ballettstars. Nach der Aufführung lud er die hübschesten Schauspielerinnen zum Abendessen.

Die Vorstellungen fanden einmal im Monat statt und bestanden meistens aus zwei Stücken: aus Opern, Dramen oder Komödien. Manchmal fügte man ein Ballett hinzu und an den Feiertagen ein Feuerwerk.

DAS FEST DER FREUNDSCHAFT

Sade hat mehrere Stücke für Charenton verfaßt, von denen nur eines erhalten geblieben ist. Mögen sich seine Ansichten über die heilenden Eigenschaften des Theaters auch mit denen Coulmiers decken, so wäre es dennoch gewagt, daraus zu schließen, er sei der Erfinder des Psychodramas, wie dies noch allzuoft behauptet wird. Heute wird das analytische Psychodrama im allgemeinen nur bei Neurosen eingesetzt. Es besteht für die Kranken nicht darin, von Autoren verfaßte Stücke zu spielen, sondern spontan die Konfliktsituationen ihrer vergangenen oder gegenwärtigen affektiven Beziehungen unter der Kontrolle von Therapeuten zu improvisieren, die anschließend die Deutung vornehmen. Das moderne Psychodrama »unterscheidet sich also in vieler Hinsicht vom Theater in Charenton, aber beide beziehen sich auf ein gemeinsames Prinzip: Das Leiden entspringt den Leidenschaften, sagte man damals – den pathogenen Affekten, sagen wir heute, die in der Vergangenheit das Seelenleben in eine abnormale Richtung gelenkt haben. Indem man diese weit zurückliegenden, schmerzhaften und vor allem schmerzerregenden Erfahrungen von neuem durchlebt, kann man hoffen, ihre schädlichen Auswirkungen zu beheben.«[27] Es hat übrigens nicht den Anschein, daß Sade die Stücke in Charenton jemals mit Bezug auf die Geisteskrankheit der Schauspieler ausgewählt oder geschrieben hat. Wir sind also weit entfernt von dem, was Peter Weiss in *Die Verfolgung und Ermordung Jean Paul Marats* vorgeschwebt ist, einem Drama, das in den sechziger Jahren Aufsehen erregte und in dem die Rolle der Charlotte Corday von einer Katatonikerin, die des Jacques Roux von einem Sexbesessenen und die des Marat von einem Paranoiker gespielt und jeder Schauspieler aufgrund seiner spezifischen Psychose ausgewählt wurde.

EINE BESCHÄMENDE RUINE

Die meisten Informationen, die wir über diese Aufführungen besitzen, insbesondere über das Repertoire und die Schauspieler, verdanken wir den Schilderungen von Besuchern. Einer von ihnen, Auguste Labouisse-Rochefort, der heute völlig zu Recht in Vergessenheit geraten ist und damals wegen der Inbrunst, mit der er die süßen Freuden der Ehe besang, der »Dichter des Hymens« genannt wurde, hat eine reizvolle Schilderung der Aufführung, die er am 5. Juli 1805 miterlebt hatte, hinterlassen. Der Saal ist nicht sehr groß, stellt er fest, und die Bühne dementsprechend klein. »Als ich ins Parterre kam, setzte ich mich zu einer Gruppe von Damen und jungen Männern, deren Konversation ebenso lebhaft wie verworren war … Man schwätzte über Philosophie, Moden, schöne Künste, eifersüchtige Liebhaber und ärgerliche Leute … Nun wird mit einem Holzhammer auf die Bretter geklopft. Das ist das Zeichen zum Beginn.«

Labouisse wohnt nun einer Vorstellung eines Stückes von Desmahis mit dem Titel *L'Impertinent* (Der Unverschämte) bei, einem Einakter in freien Rhythmen, gerade gut genug für eine Aufführung im Salon zwischen einigen Paravents. Dieses Stück, »das einem sehr frivolen Genre angehört, erfordert ein äußerst perfektes Spiel für die Hauptrolle«. Leider hatte der Schauspieler, der den Unverschämten spielte, »nichts von diesem leichten und anmutigen Ton, den das Parterrepublikum bei Fleury beklatscht. Dieser Schauspieler ist sehr dick, sehr fett, sehr kalt, sehr plump; eine breite Masse, ein häßlicher kurzbeiniger Mann, dessen Kopf einer beschämenden Ruine glich.«

Nun, dieser dickhäutige und ungeschickte Schauspieler, der nicht einmal seinen Text kann, ist niemand anderer als der Marquis de Sade. Die Rolle ist zugegebenermaßen seinem Alter nicht mehr recht angemessen, und seine Dickleibigkeit verträgt sich schlecht mit der Rolle eines Gecken. Aber Labouisse hat mit Sicherheit etwas übertrieben.[28]

MADEMOISELLE FLORE

Unter den Besuchern von Charenton war auch eine angehende Schauspielerin namens Mademoiselle Flore, die in der Hoffnung hierherkam, Madame Saint-Aubin werde ihre künftige Karriere fördern. Wir verdanken ihr dieses interessante Porträt Sades: »Dieser Mann, den ich wie eine Art Kuriosität betrachtete, wie eines dieser ungeheuerlichen Wesen, die man in Käfigen zur Schau stellt, war der allzu berühmte Marquis de Sade, der Verfasser mehrer Bücher, die man unmöglich nennen kann und deren bloßer Titel eine Beleidigung des Geschmacks und der Sitten ist, woraus Sie ersehen können, daß ich sie nicht gelesen habe. Es schien, als wäre sein Antlitz das Sinnbild seines Geistes und seines Charakters. Ich sehe es noch vor mir, denn ich habe ein gutes Gedächtnis für Gesichter und für Namen. Er hatte einen recht schönen, länglichen Kopf, eine Adlernase, offene Nasenflügel, einen schmalen Mund und eine vorspringende Unterlippe. Seine Mundwinkel fielen in einem verächtlichen Lächeln herab. Seine kleinen, aber glänzenden Augen waren unter einem starken Bogen mit buschigen Brauen versteckt. Seine runzeligen Lider bedeckten die Augenwinkel wie bei einer Katze. Er trug das Haar zu einem Toupet in der Art Ludwigs XV. hochgesteckt und seitlich leicht gewellt, das Ganze war perfekt gepudert, und diese Haare waren seine eigenen, obwohl er damals vierundsiebzig Jahre alt war.[29] Seine Gestalt war aufrecht und hochgewachsen, seine vornehme Haltung war die eines Mannes der besten Gesellschaft.

Man wird mir nachsehen, daß ich einen Mann, der eine so infame Berühmtheit erlangt hat, so ausführlich beschreibe. Er hatte immer noch vornehme Manieren und war sehr geistreich.«

EIN SINGSPIELSCHREIBER IN CHARENTON

Armand de Rochefort, ein Journalist, Liederautor und Verfasser zahlreicher Vaudevilles und Singspiele, war ebenfalls in Charenton zu Gast. Er wurde zur Geburtstagsfeier Coulmiers eingeladen, den er Coulommiers nennt und als eine Art krummbeinigen Gnom beschreibt. Der Besuch fand am 6. Oktober 1812 statt, Rochefort war damals zweiundzwanzig. Vor der Aufführung hatte man ihn zu einem großen Abendessen für über sechzig Gäste geladen. Links von ihm saß »ein Greis mit hängendem Kopf und glühenden Augen. Die weißen Haare, die ihn krönten, verliehen seinem Gesicht einen ehrwürdigen Zug, der Respekt gebot.« Und Armand de Rochefort fährt fort: »Er sprach mehrmals mit einer Warmherzigkeit und einem so abwechslungsreichen Witz mit mir, daß ich ihn sehr mochte. Als wir uns nach dem Essen erhoben, fragte ich meinen Sitznachbarn zur Rechten nach dem Namen dieses liebenswürdigen Mannes und erhielt zur Antwort, dies sei der Marquis de S***. Bei diesem Wort schreckte ich ich so entsetzt zurück, als wäre ich von der giftigsten Schlange gebissen worden. Ich wußte, daß dieser unglückliche Greis der Verfasser eines monströsen Romans war, in dem alle verbrecherischen Wahnsinnstaten im Namen der Liebe geschahen. Ich gebe zu, ich habe dieses infame Buch gelesen, das mir keinen anderen Eindruck hinterlassen hatte als eine Hinrichtung auf der Place de Grève, aber ich habe nicht geahnt, daß ich seinen Verfasser am Tisch des Direktors einer öffentlichen Anstalt antreffen würde.«

Nach dem Abendessen begibt sich die ganze Gesellschaft ins Theater, um einer Aufführung von *Die falschen Vertraulichkeiten* von Marivaux beizuwohnen. Bevor der Vorhang hochgeht, erklingt »tadellos ausgeführte«, wiewohl von Irren gespielte Musik.

Die Aufführung endet »inmitten von Applaus, Staunen und Verwunderung. […] Nach den Wundern, die ich mitangesehen hatte, mußte ich unbedingt die Anstalt verlassen, um sicher zu sein, daß ich selbst meine Vernunft bewahrt hatte.«[30]

Staunen und Unbehagen: dies sind die wesentlichen Eindrücke, die die Gäste von diesen Aufführungen mitnehmen, und genau deshalb kommen sie auch. Ein ungesundes Vergnügen, wird man meinen, aber wie bezeichnend für die ewige Faszination, die aus der Konfrontation zwischen Wirklichkeit und Illusion erwächst! Sade hat lange vor Nietzsche bewiesen, daß die dramatische Kunst nicht nur die Frucht der apollinischen Klarheit ist, sondern auch von Dionysos abstammt, dem Gott der Trunkenheit, der Raserei und der Hybris, also der Maßlosigkeit.

KAPITEL 27

Dämmerung

DER WOLF IM SCHAFSPELZ

Dr. Joseph Gastaldy genoß einen Ruf als großer Gastronom. Er war Präsident der berühmten *Jury dégustateur*, und Grimod de la Reynière zitiert ihn in seinem *Almanach des gourmands*. Diese Leidenschaft für die Tafelfreuden sollte ihm zum Verhängnis werden. Nach einem Abendessen beim Kardinal de Belloy, dem Erzbischof von Paris, während dem er sich vier Portionen vom geschmorten Lachs einverleibt hatte, fühlte er sich plötzlich unwohl, mußte das Bett hüten und starb nach zehn Tagen. Diese tödliche Verdauungsstörung erwies sich nicht nur für die Verwaltung des Hospizes, sondern auch für das Leben der Insassen und insbesondere für Monsieur de Sade als sehr folgenschwer. Coulmier und Gastaldy vertraten ähnliche Ansichten über die psychiatrische Medizin. Sie hatten das Theaterexperiment gemeinsam begonnen und schätzten einander sehr. Die Zukunft der Anstalt lag nun in den Händen des neuen Chefarztes. Vom Gesetz her war es Coulmier vorbehalten, einen Kandidaten vorzuschlagen.

Der Wunschkandidat des Innenministers war jedoch Dr. Royer-Collard, ein angesehener Irrenarzt und Bruder des gleichnamigen Politikers. Coulmier, dem diese Wahl nicht gerade zusagte, da er den herrischen Charakter und den Einfluß dieses Arztes in den höheren Sphären kannte, wandte sich also an Monsieur Thouret, den Direktor der Medizinischen Schule, erhielt jedoch nur eine ausweichende Antwort. Vom Ministerium zur Eile gedrängt, hielt es Coulmier nun für taktisch klug, Royer-Collard unter der Bedingung vorzuschlagen, daß ihm der Chirurg Deguise, ein ehemaliger Schüler Gastaldys, der ganz in der Nähe des Hospizes wohnte und in dringenden Fällen erreichbar war, als »Hausarzt« beigestellt werde. Das Ministerium stimmte dieser Lösung zu.

Die Probleme ließen nicht auf sich warten. Royer-Collard beklagte sich zunächst einmal darüber, daß die Honorare des verstorbenen

Gastaldy nun auf zwei Personen verteilt würden. Coulmier war bereit, ihm eine zusätzliche Prämie von tausend Francs zu bewilligen, verlangte aber, daß der Chefarzt nicht nur zweimal, sondern dreimal wöchentlich nach Charenton kommen müsse. Royer-Collard versprach es, kassierte die Gehaltserhöhung und begnügte sich mit seinen zwei Fahrten pro Woche. Überdies beschloß er, seine Visiten um neun Uhr statt um sechs Uhr morgens zu beginnen, wodurch der Tagesablauf durcheinandergeworfen, die Austeilung der Medikamente an die Kranken verzögert und die Patienten um ihren Spaziergang gebracht wurden. Gleichzeitig nutzte Royer-Collard jede Gelegenheit, seinen Kollegen zu kränken, hielt seine öffentlichen Konsultationen am Dienstag, am selben Tag wie Deguise, ab, warf diesem vor, »eine Reihe aktiver Mittel« für die Behandlung zu verwenden, und drohte mit drastischen Maßnahmen.

DIE POLEMIK ÜBER DIE PATIENTENKARTEI

Der ernsthafteste Konflikt zwischen Coulmier und seinem Chefarzt brach jedoch wegen der Patientenkartei aus. Diesbezüglich hatte der Arzt nicht ganz unrecht. Er verlangte von der Verwaltung die Akte jedes Patienten mitsamt den üblichen Eintragungen: Familienname, Geburtsort, Alter, Beruf, Familienstand, Vermögensverhältnisse, Art der Krankheit, Dauer des Spitalsaufenthalts, Entwicklung der Psychose, verschriebene Arzneien und ihre Wirkungen etc., mit einem Wort, fuhr der Arzt fort, »alles, was Licht in die Lage des Patienten bringen und zu einer wirkungsvolleren Behandlung beitragen kann. Dies ist die Voraussetzung für die Ausübung meines Amtes. Ohne diese Hilfe müßte ich darauf verzichten.«[1] Anscheinend die berechtigte Forderung eines Irrenarztes, der bestrebt ist, die Persönlichkeitsentwicklung eines jeden seiner Patienten zu rekonstruieren. Der Direktor sah darin jedoch eine Form der polizeilichen Inquisition und anwortete mit einem kategorischen Nein. »Es gibt, wie Sie wissen, eine grausame Voreingenommenheit gegen die Krankheit, die in Charenton behandelt wird. So ungerecht sie auch sein mag, sie existiert dennoch. [...] Beginge ich, der ich das Vertrauen der Regierung genieße und die Geheimnisse der Familien verwahre, nicht eine große Unvorsichtigkeit, wenn ich solche Karteien einer Privatperson zur Aufbewahrung überließe, die bei dessen Tod für die Öffentlichkeit, für seine Verwandten oder seine Dienstboten zum Gegenstand der Neugierde würden? Nein, Monsieur, diese Vorstellung ist für die Interessen der

Gesellschaft so erschreckend, daß Sie nicht umhin können, von einer wirklichkeitsfernen Forderung Abstand zu nehmen, die mir meine Pflicht, meine Ehre und mein Gewissen zu verwehren gebietet.«[2] Kaum hatte Royer-Collard seinen Dienst angetreten, sah Coulmier einen Feind in ihm.

EIN BEVORZUGTER GAST

Man muß zugeben, daß dieser Mann keine Sympathie weckte. Er war empfindlich, leicht gekränkt, sittenstreng und stand dem Geschehen in Charenton kritisch gegenüber. In den ersten Tagen nach seiner Ankunft konnte man seine schmale Silhouette durch die Gänge wandern sehen. Er ging, ein kleines Notizbuch in der Hand, von einer Abteilung zur anderen und notierte Mißstände, Verstöße gegen die Vorschrift und Nachlässigkeiten. Zwei Dinge erbosten ihn ganz besonders: die Privilegien gewisser Insassen und das Irrentheater. Sade wurde rasch zu seiner beliebtesten Zielscheibe.

Im Grunde hätte die bloße Anwesenheit des Marquis in Charenton ausgereicht, ihn anzuekeln. Als strenger Moralist konnte er den Anblick dieses rührigen und rastlosen alten Libertins, der so unabhängig auftrat, das Theater leitete, überall den Ton angab und mit Zustimmung des Direktors enorme Vergünstigungen genoß, nicht ertragen. Ganz zu schweigen von Sades Liaison mit Madame Quesnet, die er für seine Tochter ausgab (daher auch der Vorwurf der Inzucht, der eine Zeitlang im Hospiz die Runde machte), von seinen Galanterien mit den jungen Schauspielerinnen aus Paris, die in seinen Inszenierungen auftraten, seinen intimen Soupers, seiner mitunter zweideutigen, ja unschicklichen Haltung gegenüber manchen Patienten oder Angestellten, auf die er einen gefährlichen Einfluß ausübte.

Der Chefarzt war nicht der einzige, der sich darüber entrüstete. Die übrigen Insassen ertrugen die Arroganz Sades kaum besser. Mit zunehmendem Alter immer autoritärer geworden, sprang er mit ihnen um, als wären sie seine eigenen Lakaien. Einer von ihnen, ein ehemaliger Koch, der an Demenz litt und im Theater kleine Rollen spielte, wagte es eines Tages, sich bei Monsieur de Coulmier zu beklagen:

»Monsieur, gestatten Sie mir, daß ich mich, wie versprochen, über die Szene, die ich mit Monsieur de Sade hatte, rechtfertige.

Er sagte vor Monsieur Veillet zu mir, ich solle etwas Notwendiges für das Bühnenbild (des Theaters) machen, und da ich ihm den Rücken zuwandte, um das Verlangte zu holen, packte er mich heftig an den Schultern und sagte zu mir: ›Seien Sie so gütig und hören Sie mir zu, Sie Schlingel.‹ Ich antwortete ihm ruhig, daß er unrecht habe, so mit mir zu sprechen, da ich mich doch anschickte, seinem Wunsch nachzukommen. Er antwortete, das sei nicht wahr, ich habe ihm aus Frechheit den Rücken gezeigt und ich sei ein Witzbold, dem er hundert Stockhiebe verabreichen lassen würde. Da ist mir der Geduldsfaden gerissen, und ich konnte nicht anders, als ihm im gleichen Ton zu antworten. Ich muß Ihnen mitteilen, daß ich seit einigen Tagen nicht mehr zu Monsieur de Sade gegangen war, da ich seiner Brutalitäten müde war. Er war gütig zu mir, das gebe ich zu, aber das habe ich ihm durch den Eifer, mit dem ich mich bemühte, ihm gefällig und nützlich zu sein, zurückgezahlt.

Die Gesellschaft ist ein Austausch von Wohltaten, und ich wage zu behaupten, daß ich für Monsieur de Sade genauso viel getan habe wie er für mich. Letztlich hat er mir nicht mehr gegeben als einige Abendessen. Ich bin es müde, als sein Diener zu gelten und als ein solcher behandelt zu werden. Nur aus Freundschaft war ich ihm behilflich.

Das wird dazu führen, daß Monsieur de Sade mir keine Rolle mehr in der Komödie geben wird …«[3]

Nicht schlecht argumentiert für einen Schwachsinnigen.

Die Protektion, die der Marquis beim Direktor genießt, erregt häufigen Unwillen. Davon zeugt dieser unveröffentlichte und an das Innenministerium adressierte Brief, der in den Archiven von Charenton aufgefunden wurde. Er stammt von einer merkwürdigen Person namens Eude Gaillon, einem ehemaligen Unterpräfekten des Départements Eure, der zunächst an der »Abwesenheit von Gefühlen« litt und schließlich, wie er selbst zugibt, von einem »momentanen Wahn« befallen wurde. »Aufgrund des Rufes, den diese Anstalt früher besaß« bei Coulmier untergebracht, verbringt er dort friedlich die ersten Monate, bis er erfährt, daß sein Nachbar im Stockwerk unter ihm niemand anderer ist als der berühmte Marquis de Sade. Plötzlich befällt ihn ein unüberwindlicher Ekel: »Ich wurde des Eindrucks nicht Herr, den sein bloßer Anblick auf mich machte, wann immer ich ihn traf. Später erfuhr ich erstaunt, daß ein solcher Mann eng mit Monsieur de Coulmier verkehrte, der mir bald den Beweis dafür lieferte. Er fragte mich eines Tages in seinem Büro, warum ich nicht mit Monsieur de Sade verkehrte und was er mir getan habe. Ich antwortete sehr erstaunt, daß er mich bloß sehr höflich gegrüßt und ich den Gruß erwidert hatte, aber daß es mir unmöglich sein würde, mich mit einem solchen Menschen anzufreunden. Er geriet in Zorn und wagte mir zu sagen, daß man den Splitter im fremden Auge, nicht aber den Balken im eigenen sehe. Im Weggehen sagte ich ihm, daß solche Bemerkungen ihm mehr schadeten als mir. Einige Tage darauf wurde ich im Garten von Monsieur de Sade beleidigt und von Monsieur de Coulmier, als ich mich bei ihm darüber beklagte, sehr kühl empfangen. Seit dieser Zeit bereitete er mir so viele Unannehmlichkeiten in Charenton, daß ich an meine Familie schrieb, um nicht mehr dort zu bleiben.«[4]

Andere Patienten empfanden angesichts der Vergünstigungen, die Coulmier seinem Pensionsgast gewährte, wohl einen ähnlichen Groll. Viele nahmen Anstoß daran, daß er sich wie ein anspruchsvoller und brutaler Herr aufführte.

Mit zunehmendem Alter war der Marquis keineswegs umgänglicher geworden. Sein tyrannisches Naturell wurde bei den geringsten Anlässen spürbar. Überdies wurde seine Unterbringung im Hospiz als eine ständige Quelle von Konflikten und Skandalen wahrgenommen. Es verstrich kein Tag, an dem er nicht Gäste zum Mittagessen empfing, wodurch der Neid der anderen Patienten geweckt wurde. Er schien von jeder Verpflichtung befreit und unterstand, da er nicht wahnsinnig war, nicht einmal den medizinischen Autoritäten. Das war zuviel. Royer-Collard schwor, die Dinge ins reine zu bringen – und hielt Wort. Vorläufig jedoch wird das Leben des Gefangenen durch ein unvorhergesehenes Ereignis erschüttert.

DIE ERZWUNGENE HEIRAT

Am 31. Mai 1808 taucht Claude-Armand unangemeldet bei seinem Vater auf und teilt ihm mit, daß er heiraten will. Die Dame seiner Wahl ist eine entfernte Cousine des Zweiges Eyguières, Louise-Gabrielle-Laure de Sade, die Tochter von Jean-Baptiste-Joseph David de Sade d'Eyguières und Marie-Françoise-Amélie de Bimard. Donatien empfand kaum Sympathie für diesen Verwandten, der 1778 seine Nachfolge als Generalstatthalter von Bresse und Bugey angetreten hat. Die Umstände zwingen ihn jedoch, sich wohlwollend zu geben. Es ist in dieser Zeit nicht leicht, eine Frau (oder einen Mann) zu finden, wenn man einen solchen Namen trägt, und noch schwieriger, wenn der eigene Vater in Charenton interniert ist. Am Beginn des 19. Jahrhunderts gilt der Wahnsinn in den Augen vieler Leute noch als Erbkrankheit. Das geht so weit, daß die Kinder oder gar die entfernten Verwandten von Geisteskranken fast nie Ehepartner finden. Das war auch mit ein Grund, warum Coulmier sich geweigert hatte, dem Chefarzt die Identität seiner Patienten mitzuteilen. Sades ältester Sohn Louis-Marie, der mit vierzig noch keine Frau gefunden hatte und unverheiratet sterben sollte, bat damals seinen Vater um ein »Genesungsattest«, um das Fräulein zu heiraten, das Madame de Sorans und Delphine de Talaru, die wiederverheiratete Witwe von Stanislas de Clermont-Tonnerre, für ihn ausfindig gemacht hatten. Das Mädchen besaß ein gesichertes Einkommen von 5000 Livres: eine unverhoffte Partie. Die Eltern hatten jedoch gesagt: »Der Vater ist in Charenton. Wenn er wegen Wahnsinns dort ist, wollen wir den Sohn nicht. Wenn es wegen eines Buches ist, ist es uns egal.«[5] Madeleine-Laure de Sade, die »Heilige Laure«, wie Madame de Bimard sie nannte, fand nie einen Verehrer und hatte, soweit wir wissen, kein einziges Liebesabenteuer. Sie verbrachte ihr Leben, von der Gesellschaft zurückgezogen und von ihrer eigenen Dienerin zur Sklavin gemacht, im frommen Gebet und starb 1844 im Alter von dreiundsiebzig Jahren.

Donatien meint, der Heirat seines Sohnes stehe nichts mehr im Wege und man brauche nur mehr die Papiere zu unterschreiben. Claude-Armand will dies möglichst rasch beim Notar in Charenton erledigen, aber Coulmier verweigert dem Gefangenen die Ausgangserlaubnis. Dann eben nichts wie her mit dem Schreiberling, man wird an Ort und Stelle unterschreiben. »Unmöglich«, meint der Notar, eine so wichtige Urkunde könne nur in seiner Kanzlei unterzeichnet werden. Man konsultiert erneut den Direktor, der schließlich unter der Bedingung zustimmt, daß der Ausgang nachts, nach zwanzig Uhr dreißig, stattfindet. Inzwischen beginnen der Marquis und sein Sohn die Verträge aufzusetzen. Da trifft ein Expreßbrief von Louis-Marie ein, der seinen Vater um eine Unterredung am folgenden Tag bittet. Donatien antwortet sofort und macht sich mit seinem jüngeren Sohn wieder an die Arbeit. Plötzlich taucht der älteste auf. Er hat es so eilig, seinen Vater zu sehen, daß er die Antwort nicht abgewartet hat. Er muß sofort unter vier Augen mit ihm sprechen, die Sache drängt. Die zwei Männer ziehen sich zurück und lassen Armand allein zurück. Louis-Marie erklärt dem Marquis, daß diese Heirat eine bloße Falle ist und daß sein Vater, sobald er unterschrieben habe, sofort aus Charenton entfernt und in einer Festung eingesperrt werden würde. Von der Festung Ham oder vielleicht vom Mont Saint-Michel sei die Rede gewesen ... Der Marquis kehrt unverzüglich in sein Zimmer zurück und teilt Claude-Armand mit, daß er heute abend nichts unterschreiben werde und noch überlegen wolle. Er solle morgen wiederkommen, dann werde man schon sehen ...

Am folgenden Tag, dem 1. Juni, eilt Armand herbei, um die Entscheidung seines Vaters zu hören. Donatien billigt diese Eheschließung und erklärt sich bereit, unter einer Bedingung seine Zustimmung zu erteilen: Sein Sohn müsse eine notariell beglaubigte Urkunde unterschreiben, in der seinem Vater zugleich der Verbleib in Charenton und ein geziemendes Einkommen garantiere. Donatien verlangt, daß dieses doppelte Versprechen auf der Stelle unterschrieben wird. Überrascht setzt sich Claude-Armand hin und läßt sich von seinem Vater folgende Sätze diktieren: »Ich beteuere, daß die Freiheit oder die Ruhe meines Vaters weder durch mich noch durch irgendein anderes Mitglied der Familie jemals angetastet werden wird. Ich versichere, daß ich alles daransetzen werde, daß er, wenn ich keinen angenehmeren Aufenthaltsort für ihn finden kann, friedlich bleiben kann, wo er ist, und verspreche, unermüdlich nach einem Ort zu suchen, der sich für die Wünsche und Bedürfnisse eines Mannes seines Alters und Gesundheitszustands ziemt; und daß ich in jedem Fall binnen kürzester Zeit die geschäftlichen Angelegenheiten zwischen uns erledigen werde, die mir den vollen Besitz seiner Güter gegen eine jährliche Rente von 5400 Livres einbringen, die überall zahlbar und unpfändbar ist und von der nach seinem Tod 1200 Livres an Madame Quesnet auszuzahlen sind, damit diese sie auf Lebenszeit, ohne jeglichen Vorbehalt, ungehindert und an dem Wohnsitz ihrer Wahl beziehen kann. Die genannte Rente ist ebenfalls unpfändbar und unveräußerlich.« Armand hebt den Kopf und denkt, diese Pflicht sei nun getan. Der Marquis zwingt ihn jedoch, folgendes Postskriptum hinzuzusetzen: »Das ist alles, was Monsieur de Sade tun kann. Er weiß sehr wohl, daß sich sein Sohn notfalls darüber hinwegsetzen kann. Aber diese Handlungsweise, die die Vorahnungen von Monsieur de Sade senior vollständig bestätigen würde, würde er sogleich publik machen sowie seinem ältesten Sohn und den ihm verbleibenden Verwandten enthüllen und sie lautstark und äußerst energisch anflehen, einen alten Greis vor dem verzehrenden Gram, mit dem man sein Grab umgeben will, zu bewahren und ihm behilflich zu sein, die Urheber einer so abstoßenden Perfidie dem Abscheu und dem Haß der Öffentlichkeit preiszugeben.«[6] Claude-Armand ist selbstverständlich außerstande, eine solche Verpflichtung zu unterschreiben. »Ich werde meinen neuen Verwandten darüber berichten«, lautet seine ganze Antwort. Dann klagt er bitter über die »Boshaftigkeit« und die »Lügen« seines Bruders ... Am 2. Juni schaut er kurz in Charenton vorbei, um die »Befürchtungen« des Marquis hinsichtlich seiner eventuellen Verlegung auszuräumen. Er habe es eilig, sagt er, vor Louis-Marie in Echauffour einzutreffen.

In Wirklichkeit ist seine Enttäuschung groß. Im Grunde benötigt er die Einwilligung seines Vaters zur Heirat nicht: er ist neununddreißig und seit langem volljährig. Er braucht sie jedoch dringend, um die Schenkung zu erhalten, die ihm seine Mutter im Falle seiner Eheschließung versprochen hat. Gerade dies beunruhigt allerdings den ältesten Bruder und erklärt sein merkwürdiges Vorgehen. Louis-Marie war, wie wir wissen, immer das Kind, das von der Mutter am wenigsten, vom Vater aber am meisten geliebt wurde. Eines erklärt sich übrigens zum Teil aus dem anderen. Er zweifelt nicht daran, daß seine Mutter den jüngeren Sohn begünstigen würde. Deshalb ist er bemüht, die Zustimmung seines Vaters zu verhindern.

Sein Verhalten läßt sich allerdings auch durch einen zusätzlichen, bisher unbekannten Grund erklären, den wir kürzlich entdeckt haben. Seine Großtante, Madame de Villeneuve, hatte sich zu Lebzeiten (sie war 1798 im Alter von dreiundachtzig Jahren gestorben) mit dem Gedanken getragen, ihn mit eben dieser Gabrielle-Laure zu verheiraten, die Claude-Armand nun zur Frau nehmen will. Dies geht aus einem Brief seines Freundes Alexandre Cabanis anläßlich eines Besuchs bei der alten Dame in Avignon hervor: »Sie hat mir gesagt, sie habe schon vor sechs Jahren an Deine Familiengründung mit der Cousine Sade d'Eyguières gedacht, nach der Du Dich erkundigst. Der Vater, die Mutter und die Tochter sind emigriert, mehr kann ich Dir im Moment nicht sagen. Aber warte einige Tage.«[8] Mit seiner üblichen Schlampigkeit ließ Louis-Marie die Sache auf sich beruhen und bereute es nicht. Daß ihm jetzt jedoch, nach seinen letzten Rückschlägen, sein kleiner scheinheiliger Bruder eine so gute Partie wegschnappt, das ist zuviel! Er beschließt, alles aufzugeben und wieder in die Armee einzutreten. Mit einundvierzig, meint er, habe er nichts mehr zu erwarten. Der getreue Cabanis, dem er sein Unglück schildert, versucht ihn davon abzuhalten: »Ich bin betrübt über Deinen Kummer und sehe mit Bedauern, daß Dein Bruder vor Dir heiratet. Ich glaube, das ist ein wenig Deine Schuld. Du hast dich zwischen Deinen verschiedenen

Heiratsplänen nie entschließen und nie auf die Wahl festlegen können, die Du selbst oder die andere für Dich getroffen haben. Ich weiß nicht, mein Lieber, ob Du mehr Erfolg haben wirst, wenn Du wieder zu den Waffen eilst. Du warst zweimal in der Armee und hast sie jedesmal dann verlassen, wenn Du eine Anstellung gefunden hättest. Du bist nun über vierzig, und mir scheint, es ist etwas spät, um auf eine militärische Laufbahn zu hoffen. Um Krieg zu führen, braucht man Jugend, Gesundheit und Kraft.«[9] Sein Entschluß steht jedoch fest: Drei Monate später schließt er sich der Großen Armee an und erhält am 25. Januar 1809 im zweiten Bataillon von Isembourg sein Leutnantspatent.

Inzwischen harrt die künftige Schwiegermutter, Madame de Bimard, im Schloß Condé-en-Brie angsterfüllt auf die Antwort des Marquis. »Ich habe in diesem Augenblick nur einen Gegenstand im Sinn«, schreibt sie Claude-Armand. »Er kommt vom Herzen und nimmt mich ganz in Anspruch, ich vergesse meine übrigen Angelegenheiten darüber. Ich werde mich erst dann wieder ihrer entsinnen, wenn alles hier zu einem Ende gekommen sein wird.«[10] Sie zittert bei dem Gedanken, der Plan könnte scheitern. Sie legt vielleicht noch größeren Wert auf diese Heirat als Claude-Armand und will sie möglichst rasch unter Dach und Fach bringen.

Man kann sich ihre Enttäuschung unschwer vorstellen, als sie von der Weigerung des Marquis erfährt. Und all das wegen Louis-Marie, diesem Taugenichts! Nun nimmt Madame de Bimard die Sache in die Hand. Sie ist energisch, schlau, rührig, pedantisch und im Grunde das wahre Musterbeispiel der Sadeschen »Schwiegermutter«. Sie setzt ihre guten Beziehungen ein, spricht mit einem »einflußreichen Freund bei Gericht« namens Poirier darüber, »der den Präsidenten und alle Richter der ersten Instanz kennt«, konsultiert die einen und die anderen und erwägt alle Möglichkeiten, um den Widerstand von Monsieur de Sade senior zu brechen. In erster Linie gilt es, eine Gerichtsverhandlung und den womöglich dadurch entstehenden Skandal zu verhindern.

Nach reiflicher Überlegung kommt ihr ein Einfall, auf den sie sehr stolz ist. »Ich hatte eine Inspiration«, sagte sie. Sie unterbreitet diese sofort Monsieur Poirier, der ihr zu diesem »Lichtstrahl« gratuliert. Worum handelt es sich? Die Sache ist ganz einfach. Da der Marquis de Sade weder aus der Emigrantenliste gestrichen noch amnestiert worden war, ist er immer noch »bürgerlich tot«. Die Moral aus der Geschichte (wenn man so sagen kann): Seine Zustimmung ist »wertlos und überflüssig«.

Man traut seinen Ohren nicht! Von allen, die denselben Namen tragen wie er, ist Alphonse Donatien François de Sade der einzige, der während der gesamten Dauer der Revolution in Frankreich geblieben ist. Madame de Bimard ist emigriert, ihr Gatte, Monsieur de Sade Eyguières, ist emigriert, Claude-Armand ist emigriert. Alle sind emigriert, bis auf ihn. Und gerade sie berufen sich nun auf seine vermeintliche Emigration, um an ihr Ziel zu gelangen! Und diese Adeligen, die einst vor der Schreckensherrschaft und deren Gesetzen geflohen sind, nehmen nun gerade bei jenen Gesetzen Zuflucht, die gegen sie selbst und ihresgleichen erlassen worden waren. Ja, man traut seinen Ohren nicht. Madame de Bimard ist sich übrigens nicht ganz im unklaren über die Widersprüchlichkeit ihres Vorgehens. »Man hätte vielleicht gegen uns einwenden können«, schreibt sie an ihren künftigen Schwager, »daß diese Gesetze außer Gebrauch gekommen waren. Wir dürfen uns noch weniger als andere auf die revolutionären Gesetze berufen, aber wenn sie in Kraft oder erneuert sind, müssen wir uns ihnen unterwerfen, ohne Tadel zu befürchten.« Eine pharisäerhafte Umschreibung dafür, daß der Zweck die Mittel heiligt.

Der grauenhaft zynische, aber einfallsreiche Schachzug von Madame de Bimard wird von Claude-Armand und seiner Mutter gebilligt. Man braucht ihn nur in die Tat umzusetzen. Man prüft zunächst bei der allgemeinen Polizei nach, ob der Marquis tatsächlich noch auf der Emigrantenliste steht. Dann wird Madame de Sade gebeten, eine Eingabe an den Justizminister zu richten und ihm ihre Lage zu schildern. Die Antwort trifft am 21. Juni ein. Sie ist zwar nicht gerecht, aber zumindest unmißverständlich: »Wer auf der Emigrantenliste steht und weder gestrichen noch amnestiert wurde, ist bürgerlich tot und verliert somit die bürgerlichen Rechte, welche das Napoleonische Gesetzbuch allen Franzosen gewährt. Die Frau ist frei geworden und braucht keine Erlaubnis mehr, und wenn die Kinder heiraten wollen, so müssen sie vorgehen, als ob ihr Vater nicht lebte.«[11] Der Weg ist frei: Claude-Armand kann ungehindert zum Traualtar schreiten und seine Mutter nach Belieben über ihr Vermögen verfügen.

Aber Donatien hat sein letztes Wort noch nicht gesprochen. Am 20. Juni beschließt er, gegen die Heirat Einspruch zu erheben. Am 24. wird der Einspruch von einem Gerichtsdiener an Claude-Armand, Gabrielle-Laure und die Gemeinde Condé, in der sie gemeldet ist, weitergegeben. Am 9. Juli informiert Madame de Bimard den Polizeipräfekten, daß ihr künftiger Schwiegersohn sich an die Justiz zu wenden gedenkt, um den Einspruch zurückweisen zu lassen, aber »in Anbetracht seines Wunsches sowie desjenigen seiner ehrenwerten Mutter und der Familie, in die er eintreten wird, daß der Name seines Vaters in den Gerichtssälen nicht mehr erschallen und durch keinerlei Aufsehen in Erinnerung gerufen werden möge, fragen wir alle, ob es nicht möglich ist, diejenigen ausfindig zu machen, die Monsieur de Sades unglücklichen Verstand lenken, und sie daran zu hindern, auf ihn einzuwirken sowie ihn selbst dazu zu überreden, die einzige vernünftige Entscheidung, die ihm noch offensteht, zu treffen und den so kopflos erhobenen Einspruch zurückzuziehen.«[12] Mit anderen Worten: »Man halte seinen ältesten Sohn von ihm fern und zwinge ihn, den Einspruch zurückzunehmen.«

Die Behörden verstehen den Wink: Am 20. Juli holt ein Polizeikommissar, der behauptet, auf Anweisung von Dubois zu handeln, Monsieur de Sade im Hospiz ab und bringt ihn zum Notar Finot nach Charenton, damit er dort die Zurücknahme seines Einspruchs unterschreibt. Was bleibt ihm anderes übrig? Nach dem Bescheid des Justizministers waren die Aussichten, einen Prozeß zu gewinnen, sehr gering. Die künftigen Eheleute hätten übrigens darauf verzichten können, da ein Gerichtsurteil vom 23. Juli Madame de Sade ermächtigte, ihrem jüngeren Sohn »jegliche Schenkung, die sie wünschte« zu machen, und ein weiteres Urteil vom 29. Juli den Einspruch von Monsieur de Sade senior für »null und nichtig«, weil »von einem Unfähigen«[13] erhoben, erklärte.

Donatien muß sich geschlagen geben. Am 2. August unterzeichnet er die eigenhändig ausgefertigte Einwillung zur Heirat seines Sohns.[14] Die standesamtliche Ehe von Claude-Armand und Gabrielle-Laure wurde am 15. September 1808 im Rathaus von Condé geschlossen und noch am selben Nachmittag in der frisch restaurierten Schloßkapelle gesegnet.

DAS GESPENST DER FESTUNG HAM

Der Polizeiminister Fouché ordnet eine Ermittlung über das Verhalten des Gefangenen in Charenton an. Der Präfekt Dubois wird damit beauftragt und gibt zu, daß Monsieur de Sade Beziehungen zu einigen Bewohnern des Hospizes »und sogar zu Individuen von außen« unterhält. Wie aber läßt sich dies in einer Anstalt, die kein Gefängnis ist, verhindern? Allerdings, fügt er hinzu, lehre er die Schauspieler und Schauspielerinnen des Theaters, das der Direktor in seiner Anstalt begründet hat, auch das Deklamieren. Monsieur de Coulmier, der darüber befragt wird, »gibt die

Tatsache zu und sagt sogar, daß er diesbezüglich de Sade sehr zu Dank verpflichtet ist, da er selbst die Komödie als ein Heilmittel für die Geisteskrankheit betrachtet und sich glücklich schätzt, in seinem Hospiz einen Mann zu haben, der imstande ist, die Irren, die er durch dieses Mittel heilen will, für die Bühne auszubilden«. Dubois schließt seinen Bericht mit folgender Empfehlung: »Wenn der Aufenthalt von De Sade im Hospiz von Charenton eine Art Skandal ist und zu fast unvermeidlichen Mißbräuchen führt, so besteht meines Erachtens Anlaß, ihn entweder in die Festung Ham oder in ein anderes staatliches Gefängnis zu verlegen, wo er auf Kosten seiner Familie untergebracht werden würde. Dieser Mann, der die öffentliche Moral durch seine gottlosen und ausschweifenden Schriften zersetzt und so viele Verbrechen auf sich geladen hat, könnte nicht ohne Gefahr in die Gesellschaft zurückkehren.«[15]

Nach der Lektüre dieses Berichts ordnet der Minister die Verlegung in die Festung Ham an.[16] Dubois teilt diesen Beschluß sofort der Familie mit. Armand steht im Begriff, seinen Ehevertrag zu unterzeichnen. Der Greis in Charenton kann keinerlei Einspruch mehr erheben. Wozu soll man ihn also so weit weg verbannen? Das wird für alle unangenehm sein. Und was die gesellschaftliche Ehrbarkeit betrifft, so war eine Heilanstalt wegen »libertiner Demenz« immer noch besser als eine Festung für normale Strafgefangene. Die Familie macht also eine Eingabe an den Präfekten, in der sie »die Gebrechen und das Alter des Häftlings« anführt und geltend macht, daß es ihr »in Anbetracht der Tatsache, daß sie in Paris wohnhaft ist, schwerer fallen würde, ihm die Pflege zuteil werden zu lassen, die die Natur und die Menschlichkeit fordern, und daß ihr geringes Vermögen es ihr im übrigen ganz und unmöglich machen würde«. Coulmier legt ein zustimmendes Attest bei. Dubois schickt die Dokumente am 9. September an den Minister und versieht sie mit folgendem Kommentar: »Die Überlegungen, die diese Familie ins Feld führt, würden mir überzeugend erscheinen, wenn es sich um einen anderen Mann als de Sade handelte. Aber solange er nicht hinter Gittern ist, solange ihm nicht jede Kommunikation zu Außenstehenden, mit Ausnahme seiner Familie, untersagt ist, solange man ihm nicht Tinte, Feder und Papier entzieht, meine ich, daß der Beschluß vom 2. September aufrecht bleiben soll.« Am Rande vermerkt der Sekretär Fouchés: »Beschluß aufrechterhalten.«[17] Sade muß also nach Ham.

Einige Tage später wird Armand wieder beim Präfekten vorstellig. Der Entwurf seines Briefes liegt uns vor – Madame de Bimard hat eigenhändig seine Rechtschreibfehler ausgebessert. Er bittet seinen Adressaten inständig, den Befehl des Ministers rückgängig zu machen. Wenn das nicht möglich ist, so möge man den Häftling wenigstens noch einen ruhigen Winter in Charenton verbringen lassen und die Verlegung auf das Frühjahr verschieben.[18]

Ein Monat verstreicht, ohne daß eine Entscheidung getroffen würde. Sades Familie verfaßt also eine weitere Eingabe, um den Aufschub der Reise zu erwirken, und legt ein am 22. Oktober von Deguise ausgestelltes medizinisches Attest bei, das dem Patienten bescheinigt, daß er »an akutem und diffusem Rheuma leidet, das besonders in der Brust zutage tritt. Daher Zuckungen in der Brust etc. und auch im Kopf. Weiters Gleichgewichtsstörungen, die ihn straucheln lassen. Überdies schwillt sein rechtes Bein an, besonders abends. Sein Übergewicht und der Zustand, in dem sich Herr de Sade befindet, erfordern spezielle Pflege, und man müßte um sein Leben fürchten, wenn er seine Angewohnheiten und seine Lebensweise änderte.«[19]

Reine Erpressung, wird man meinen, eine bloße Gefälligkeit. Wir sind nicht dieser Ansicht. Der achtundsechzigjährige Marquis hat in den letzten Monaten eine ernsthafte Zerrüttung seiner Gesundheit durchgemacht. Er selbst hat – vermutlich für Deguise – eine genaue und vollständige Bilanz seiner Leiden gezogen, in der er über Probleme mit seinem Magen, seinem Hals, seinen Zähnen und seinem Kopf klagt; über Krämpfe und Schüttelfrost; über »Ekel und totale Niedergeschlagenheit … Ich habe die Sehkraft im linken Auge vollständig eingebüßt, und mein außerordentlich geschwollenes rechtes Bein bereitet mir fast ständig Schmerzen, vor allem beim Gehen.«[20]

Dank der Fürsprache Madame de Bimards bei ihren einflußreichen Freunden hat die Eingabe schließlich Erfolg. Am 11. November 1808 gibt der Polizeiminister dem Antrag statt und setzt die Verlegung des Marquis nach Ham für die erste Aprilhälfte 1809 fest.

Einen Monat vor dem Ende dieser Frist erhält der Minister erneut zwei Gesuche mit der Bitte, den Gefangenen bis zu seinem Lebensende in Charenton zu lassen. Die Verfasserin des ersten Gesuchs ist bekannt. Es handelt sich um Madame de Talaru, die kleine, vom Marquis sehr geliebte Cousine Delphine und Witwe des unglücklichen Stanislas de Clermont-Tonnerre, die 1802 Louis Justin Marie, Marquis de Talaru, geheiratet hatte, der mit den größten Familien Frankreichs verwandt war. Am Morgen des 9. März begibt sie sich zu Minister Fouché und bittet ihn,

»rascheste Order zu erteilen, damit Monsieur de Sade unbegrenzt in Charenton bleibt, wo er sich seit acht Jahren befindet und die Pflege erhält, die seine Gesundheit erfordert«.[21]

Die zweite, bisher nicht bekannte Intervention geht von Madame de Bimard aus. Sie erfolgt am 19. März, also zehn Tage nach jener von Madame de Talaru, und zeigt, daß Donatien den Aufschub seiner Verlegung bereits Madame de Bimard zu verdanken hatte. Nun schreibt sie, damit diese Verlegung endgültig aufgehoben wird: »Ihnen, Monsieur, verdanke ich den Aufschub des Befehls, Monsieur de Sade in die Festung Ham zu verlegen. Wie dankbar werde ich Ihnen sein, wenn Sie die vollständige Widerrufung erwirken können!«[22]

Am 21. April macht Fouché den Verlegungsbefehl rückgängig und gestattet Sade, bis zu seinem Lebensende in Charenton zu bleiben.[23]

»UNSERE HÖLLISCHE FAMILIE«

Einige Wochen später erfährt der Marquis, daß sein Sohn in Italien ums Leben gekommen ist. Am 9. Juni 1809 war der Leutnant Louis-Marie de Sade auf der Straße nach Otranto unterwegs, um zu seiner Einheit aufzuschließen. Kurz vor Mercugliano in der Provinz Avellino gerät er in einen Hinterhalt neapolitanischer Aufständischer, die ihm eine Kugel durch den Kopf jagen. Bei seiner Leiche findet man eine Brieftasche mit allerlei Papieren, seinen Reisepaß, einen von Madame de Sade ausgestellten Wechsel über die Summe von 1200 Francs und das Porträt einer Frau. Als der Marquis diese Dokumente erhält, steckt er sie in einen großen, grauen Umschlag und beschriftet ihn mit großen, zittrigen Buchstaben: »Bei meinem Sohn nach seinem Tod gefundene Papiere.«

Er erfährt erst zehn Tage später davon, denn am 17. Juni spricht er in einer Eingabe an den Kaiser noch von seinem Sohn, »der sich in der Armee auszeichnet«. Über seine Reaktion ist uns so gut wie nichts bekannt. Eine Woche vor dem tragischen Tod seines Sohnes hatte er seinen siebzigsten Geburtstag gefeiert. Es kommt oft vor, daß das Alter gewisse Emotionen dämpft, insbesondere die mit dem Tod verbundenen, als ob man durch die Nähe des eigenen Hinscheidens unempfindlich für das der andern und selbst der eigenen Kinder würde. Hat Donatien diese Abstumpfung des Herzens erlebt? Wir wissen es nicht. Angesichts großer Schmerzen, beim Tod seines Vaters oder beim Verkauf von La Coste, schwieg er für gewöhnlich und tut dies auch jetzt. Sade hat nie über sein

Los geklagt, außer wenn es ihm Vorteile eintrug oder gleichsam spielerisch geschah (was oft auf dasselbe hinausläuft). Nie benützte er große Worte ohne ironischen Unterton. Nie entrang sich ihm ein Aufschrei, es sei denn aus Wut. Nie zeigte er Mitleid, und vor allem nie mit sich selbst. Dies gehört zum Wesen des Libertins. Eine solche Unerschütterlichkeit grenzt an den Stoizismus des Dandys.

Der Marquis vergießt folglich keine Träne. Er wird nicht weich, zeigt keine Schwäche, bleibt unnahbar. Verliert kein Wort über den Vorfall, außer in heftigen Vorwürfen an Claude-Armand, weil er seine Mutter zu früh informiert hat: »Wissen Sie, daß Ihr Verhalten unwürdig ist und daß Sie das Grauen noch um eine Spur steigern, indem Sie Ihrer Mutter den Tod ihres Sohnes ankündigen, was nicht vor Ablauf eines Jahres notwendig gewesen wäre? Aber Sie wollen, daß man Ihnen nachsagt, daß Sie zugleich Ihren Vater und Ihre Mutter getötet haben, den einen durch das Elend, die andere durch den Schmerz. Geduld ... Geduld, Ihr Sohn wird uns rächen. Bedenken Sie, daß solche Abscheulichkeiten nie ungestraft blieben.«[24]

Sade hatte bekanntlich immer seinen Sohn Louis-Marie bevorzugt und sich ihm am nächsten gefühlt. In mancher Hinsicht erinnern die Beziehungen zwischen ihnen an diejenigen, die zwischen Donatien und seinem Vater bestanden. Louis-Marie war ein kühler Kopf, ohne Trägheit und ohne Gefühlsduselei, ein Libertin und Freidenker mit einer scharfen Beobachtungsgabe. Der Egoismus seines Vaters, die Schwäche seiner Mutter, die Dummheit seiner Schwester, die Heuchelei seines Bruders, die Habgier seiner Onkel und Tanten mütterlicherseits: all das war ein Teil dessen, was er eines Tages als »unsere höllische Familie« bezeichnet hatte.

DER GEFANGENE DES KAISERS

»Charenton, den 17. Juni 1809

Sire,

Monsieur de Sade, der Vater einer Familie, in der sich zu seinem Trost ein Sohn befindet, der sich in der Armee auszeichnet, fristet seit neun Jahren in drei verschiedenen Gefängnissen das unglücklichste Dasein der Welt. Er ist siebzig, fast blind, leidet in der Brust und im Magen, an Gicht und Rheuma, die ihm schreckliche Schmerzen bereiten. Atteste der Ärzte der Anstalt von Charenton, in der er sich nun befindet, bescheinigen die Wahrheit dieser Tatsachen und erlauben ihm, endlich seine Freiheit zu verlangen und sich gleichzeitig dafür zu verbürgen, daß derjenige, der sie ihm schenkt, dies nie zu bereuen haben wird. Er wagt es, Majestät, sich hochachtungsvoll als Ihr sehr demütiger und sehr gehorsamer Diener und Untertan zu bezeichnen.«[25]

Gilbert Lely empörte sich zu Recht über das Schauspiel eines »Fürsten der Sprache«, der sich vor dem »blutigen Betrüger« erniedrigen muß. Aber Sade spielte seinen letzten und, wie er meinte, den einzigen Trumpf aus, der den Beschluß des Kaisers erschüttern könne. Nicht den des Mitgefühls, sondern den der Beschämung über den untragbaren Anblick eines kranken und behinderten Greises in Ketten. Napoleon wendet sich an den privaten Rat für Staatsgefangene, der ihm am 12. Juli folgenden Bericht übermittelt:

»De Sade: Er hat durch den Roman *Justine*, als dessen Autor er erkannt wurde, eine schreckliche Berühmtheit erworben. Er schickte sich an, einen noch infameren zu veröffentlichen, als die Polizei im Jahr IX das Manuskript und die Ausgabe beschlagnahmen ließ. Er hätte vor Gericht gestellt werden können, aber man fürchtete eine aufsehenerregende Verhandlung, und er blieb im Gefängnis.

Meine Hochachtung für Seine Majestät gestattet mir nicht, auf sein Verhalten im Gefängnis Sainte-Pélagie und in der Anstalt von Charenton, wo er nacheinander festgehalten wurde, im einzelnen einzugehen. Dieser Mann scheint in einem fortwährenden Zustand unzüchtiger Raserei zu sein, der ihn unablässig zu monströsen Gedanken oder Taten treibt. Er predigt auch in seinen Reden und Schriften das Verbrechen. Er ist ein unnatürliches Wesen, das möglichst aus der Gesellschaft auszuschließen ist.

Die Kommission ist der Ansicht und ich schlage Seiner Majestät vor, daß er in Haft bleiben und ihm jede Verbindung zur Außenwelt untersagt werden soll.«[26]

Diese Anordnungen stehen dann auch in der Weisung, die Coulmier am 18. Oktober 1810 von Innenminister Montalivet erhält: »Monsieur de Sade wird in einem völlig getrennten Raum untergebracht, so daß ihm jede Kommunikation, ob nach innen oder nach außen und gleichgültig unter welchem Vorwand, untersagt ist. Man wird sorgfältig darauf achten, ihm jegliche Verwendung von Bleistiften, Tinte, Federn oder Papier zu untersagen.«[27]

Über die Anweisungen des Ministers irritiert, antwortet Coulmier in sehr bestimmtem Ton, daß seine Anstalt kein Gefängnis sei und er selbst außerstande, Monsieur de Sade in einen isolierten Raum einzuschließen, da die »Zwangslogen« in Einzelzimmer verwandelt worden seien. Überdies, fügte er hinzu, »wäre ich recht unglücklich darüber, meine Zeit darauf zu verwenden, einen Mann zu verfolgen, der gewiß schuldig ist, aber schon seit langem durch ein beharrliches Verhalten seine Vergehen aus dem Gedächtnis löschen zu wollen scheint. [...] Meine Geburt sowie die verschiedenen Ämter und Würden, mit denen ich betraut wurde, verschaffen mir die Auszeichnung, an der Spitze einer Anstalt der Menschlichkeit zu stehen, und ich würde eine Erniedrigung darin sehen, ein Kerkermeister zu sein ... Ich habe nur die Ehre, Sie darauf aufmerksam zu machen, daß Herr de Sade doppelt unglücklich ist, durch sein schlechtes Beispiel seinen Kindern gestattet zu haben, ihn völlig mittellos zu lassen, da diese von seiner Haft profitieren, um ihn gänzlich zu berauben.«[28]

Auf die Bitte des Marquis hin wendet sich Madame de Talaru an Montalivet, damit er die neuen gegen ihren »Onkel« getroffenen Maßnahmen abschwächt. Sie erwähnt die Zerrüttung seiner Gesundheit, sein Bedürfnis nach frischer Luft und nach Umgang mit Menschen. Sie beruhigt den Minister auch hinsichtlich der Veröffentlichung von Sades Werken in Leipzig: Es handle sich bloß um haltlose Gerüchte, davon sei nie die Rede gewesen. Der Minister willigt ein, daß der Gefangene im Garten spazierengehen darf, aber nicht gleichzeitig mit anderen Patienten, und sogar, daß er Madame Quesnet aufsucht, aber nur wenn sie allein ist. Wenig später erhält Sade die Erlaubnis, mit drei anderen Personen seiner Wahl sprechen zu dürfen, aber mit sonst niemandem. Mit der Unterstützung Coulmiers gelingt es ihm schließlich, ein Zugeständnis nach dem andern zu erhalten, die strengen Bestimmungen vom 18. Oktober zu lockern und nach und nach seine ganze Freiheit wiederzuerlangen.

Als Napoleon den Erlaß über Sades Inhaftierung unterschrieb, führte er keine gewöhnliche und beliebige Amtshandlung aus. Der Verfasser der *Justine* war ihm nicht gänzlich unbekannt. Er kannte dessen Buch und dessen Ruf und haßte beide mit der gleichen Inbrunst. Auf Sankt Helena kam er noch einmal auf seinen Groll zu sprechen: »(Napoleon) hat gesagt, daß er sich als Kaiser das abscheulichste Buch, das die verderbteste Phantasie je ersonnen hat, schildern ließ und auch selbst überflogen hatte: Es ist ein Roman, der in der Zeit des Konvents die öffentliche Moral derartig empört hat, daß sein Verfasser, der, wie er glaubt, noch am Leben ist, seither und bis zum heutigen Tag eingesperrt wurde.«[29]

Am 7. Juli 1810, um zehn Uhr vormittag, hauchte Renée-Pélagie Cordier de Montreuil, die geschiedene Frau des Marquis de Sade, in ihrem Schloß in Echauffour in der Normandie ihr Leben aus. Sie war neunundsechzig Jahre alt, seit langem taub und gebrechlich und hatte infolge einer Starerkrankung allmählich das Augenlicht eingebüßt.

Da sie wegen ihres Gesundheitszustandes der Heirat ihres Sohnes nicht hatte beiwohnen können, hatte sie sich von ihrem Vertrauensmann vertreten lassen. Sie hatte auch nicht an den endlosen Debatten, die der Heirat vorangingen, teilgenommen und sich damit begnügt, Vollmachten zu unterzeichnen und in allem Madame de Bimard zu folgen. Seit Januar 1807 hatte sie eine Wohnung in einem Kloster am Quai de Tournelle gemietet, in der sie für ihre kurzen Aufenthalte in Paris abstieg. Den größten Teil des Jahres verbrachte sie jedoch in Echauffour mit ihrer Tochter, die sich, als sie ihrerseits 1844 starb, im Grab ihrer Mutter im kleinen Dorffriedhof beisetzen ließ. Auf dem Grabstein kann man heute noch ihre Namen lesen und daneben die Worte: »BEIDE EBENSO TUGENDHAFT WIE WOHLTÄTIG.«

DIE LETZTEN SCHRIFTEN

In seinen Aufzeichnungen erwähnt der Marquis den Tod seiner Frau ebensowenig wie den seines Sohnes. Er hat andere, unmittelbarere Sorgen im Kopf: die Bezahlung des Kostgeldes, die Versorgung mit Tinte und Papier und das Schreiben.

Sei drei Jahren führt er in kleinen Heften regelmäßig Tagebuch. Eines davon war infolge des Erlasses vom 18. Oktober 1810 beschlagnahmt worden. Er fordert es vergeblich zurück. Ein weiteres Notizbuch wird 1814 beschlagnahmt. Dabei steht auf diesen kleinen, hastig und ohne Zeichensetzung bekritzelten Bögen nichts Anstößiges. Abgehackte, verstümmelte Sätze; die müde, zögernde Handschrift eines Greises. Viele Initialen und Decknamen. Und vor allem Hunderte von Zahlen, rasch hingeworfen, da und dort zwischen die Wörter gestreut oder in Spalten angeordnet: Daten, Zeitangaben, Geldbeträge, die genaue Auflistung der Tage in Gefangenschaft, die im Lauf der Wochen und Monate mit unermüdlicher Genauigkeit weitergeführt wird.

Dieses Tagebuch ist ein esoterisches, vor lauter Codes und Auslassungen kaum verständliches Werk. Seit seiner Einlieferung nach Charenton geht Donatien von neuem seiner Leidenschaft für die »Signale« nach. Wieder sprechen die Zahlen in einer Orakelsprache zu ihm, deren Sinn sich uns entzieht. Sie ermöglichen ihm nicht nur, die Zukunft vorauszusagen oder die guten oder bösen Absichten der Leute seiner näheren Umgebung aufzuspüren. Manche günstigen Zusammenstellungen besitzen auch das Vermögen, das erotische Begehren in ihm anzukündigen oder zu wecken.

Sades Deutungswahn allein würde seine Anwesenheit unter den Irren rechtfertigen, hätte Monsieur Dubois nicht den Begriff »ausschweifende Demenz« vorgezogen. Sade gibt selbst zu, daß seine Marotte so manchen merkwürdig vorkommen mag. »Ich denke, daß das Ziffernsystem, abgesehen von seiner empörenden Absurdität, die einfältige Dummköpfe gegen mich verwenden, noch den Nachteil besitzt, daß es mich überall ungestraft zum Gegenstand des Spottes werden läßt, ein wesentlicher Nachteil, den meine Kinder nie hätten dulden sollen. Übrigens ist es ein kleiner Sieg der Dummheit über den Geist; es ist ihr einziger, und den muß man ihr lassen.«[30]

Das Theater ist seine einzige Zerstreuung und beschäftigt ihn trotz der Bemühungen Royer-Collards, es abzuschaffen, nach wie vor sehr. Wenn er nicht die Stücke anderer Autoren inszeniert, überarbeitet er seine eigenen und läßt sie von den Kranken abschreiben. Er hat im übrigen nicht auf die ersehnte Laufbahn als Dramatiker verzichtet und wird dies nie tun. Bis zu seinem Tod versucht er mit einer ergreifenden Ausdauer, seine Stücke auf den Pariser Bühnen aufführen zu lassen. 1813 schickt er seine Tragödie *Jeanne Laisné* noch einmal an die Comédie Française und behauptet, sie sei zwölf Jahre zuvor als »korrekturbedürftig« angenommen worden, eine, wie wir wissen, falsche Behauptung. Er erhält eine unerbittliche Rezension, in der die historischen Irrtümer, die Unwahrscheinlichkeiten, die melodramatischen Effekte und die (mit Zitaten belegte) Mangelhaftigkeit der Alexandriner grausam beanstandet und das Stück sogar als für das Prüfungskomitee unannehmbar erklärt wird. Man tut der Begabung Sades kein Unrecht, wenn man sich diesem Urteil anschließt. Das Stück war und blieb unaufführbar.

Ein magerer Trost: Er schreibt weiterhin kleine Einakter oder Versdramen für die Feste in Charenton. So verfaßt er zu Ehren von Kardinal Maury, dem Erzbischof von Paris, der am 6. Oktober 1812 die Heilanstalt besucht, eine Kantate.

Man weiß nicht, ob der Kirchenfürst mit der ihm zuteil gewordenen Ehrung zufrieden war. Jedenfalls zog es die Direktion vor, ihm die wahre Identität des Verfassers zu verheimlichen und das Werk einer weiblichen Patientin zuzuschreiben.

Am 1. September 1812 beginnt Sade mit der Arbeit an einem »heroischen« Roman mit dem Titel *Adélaïde de Brunswick*. Den Stoff entnimmt er einer historischen Erzählung aus dem 11. Jahrhundert. 1813 fertigt er die Reinschrift seiner *Histoire secrète d'Isabelle de Bavière* (Die geheime Geschichte Isabellas von Bayern) an. 1814 übergibt er die Manuskripte beider Werke seinem Diener Paquet, damit dieser sie zu einem Verleger bringe. Offenbar fruchtlose Bemühungen, da die *Isabelle* erst 1953 und *Adélaïde* erst 1964 veröffentlicht werden.

Ebenfalls 1813 erscheinen anonym die zwei Bände der *Marquise de Gange*, eines historischen Romans, der auf die tragische Geschichte von Marie-Elisabeth de Rossan, Marquise de Gange, unter Ludwig XIV. die »schöne Provenzalin« genannt, zurückgeht, die von ihren zwei Schwagern grausam ermordet worden war.[32] Die Unschuld der Heldin, die Grausamkeit des Stoffes und die Stimmung düsterer Erotik, in die einige Abschnitte getaucht sind, eignen sich bestens für eine Romanbearbeitung, und Sade war nicht der einzige, der den Stoff verwendet hatte.

Die Söhne des Marquis waren bekanntlich auf die väterlichen Schriften keineswegs stolz. Sie äußerten sich nur verlegen oder verschleiert darüber. Das bemitleidenswerte Schicksal der »schönen Provenzalin« hingegen rührte das Herz von Claude-Armand. »Ich habe die *Marquise de Gange* mit großem Vergnügen gelesen«, gesteht er seinem Vater.[33] Sein Brief trägt das Datum des 17. November 1814. Zwei Wochen später war der Marquis tot.

»DU LEBST ZU LANG!«

»Es ist ganz besonders reizvoll, sich vorzustellen, wie Monsieur de Sade zum ersten Mal die fünf Oktavbände von Chateaubriands *Der Genius des Christentums* durchblättert«, schrieb Gilbert Lely. Heute bedarf es dazu keiner Phantasie mehr. Dank der unveröffentlichten Archive wissen wir, daß Donatien das Werk von Chateaubriand tatsächlich erhalten hat. Auf seinen ganz besonderen, ausdrücklichen Wunsch hin schickt ihm Madame de Bimard am 2. Mai 1811 ein Exemplar und legt ein Schreiben bei, in dem sie das Wort Cousin absichtlich wegließ. Man kann nie wissen: und wenn nun jemand ihre Verwandtschaft mit diesem Ungeheuer erführe …

»Sie haben, scheint mir, mein … [Cousin], das Buch *Der Genius des Christentums* gewünscht: Hier ist es, es gehört Ihnen. Sie werden aus den Episoden von René und Atala ersehen, daß nur eine leidenschaftliche und glühende Seele zu schildern vermochte, wie die Tugend und die Religion Gefühle bezähmt haben, die Herz und Verstand in die Irre geleitet hätten. Möge dieses Werk auf Sie den Eindruck machen, den ich wünsche … Seien Sie für immer so, wie wir Sie gern sehen möchten, damit wir sagen können: »Nun ist er so, wie er immer hätte sein sollen. Gebt ihm seine Freiheit, seine Familie zurück.«[34]

Die Antwort läßt nicht auf sich warten. Zwei Tage später schickt Sade Madame de Bimard einen der längsten und schönsten Briefe, die er je geschrieben hat, die letzte, von schwarzer Ironie geprägte Stellungnahme des Greises von Charenton, sein geistiges Vermächtnis, das hier zum ersten Mal veröffentlicht wird.

»Charenton, am 4. Mai 1811.

Ich kann Ihnen, meine liebe Cousine, für das schöne Geschenk, das Sie mir gemacht haben, nur sehr aufrichtig danken. Ich versichere Ihnen, daß es mir sehr viel bedeutet und daß der *Genius des Christentums*, der auf den Flügeln desjenigen der Tugend, des Verstandes und der Gnade zu mir gelangt, nur alle die guten Wirkungen bei mir zeitigen kann, die Sie erhoffen. Aber mit welchen Ausdrücken, liebe Cousine, begleiten Sie Ihre schmeichelhafte Gabe! Was Sie mir in liebenswürdigeren und viel geistreicheren Worten mitteilen, bedeutet wörtlich nichts anderes als: *Sie werden herauskommen, wenn Sie brav sind.* Und ich wage Sie zu fragen: Darf man zu einem unglücklichen, mit Gebrechen und Gefangenschaft geschlagenen Greis so sprechen? Entweder bin ich, was ich sein soll, oder ich werde es nie sein. Wenn wir den ersten (und einzig wahren) Teil des Dilemmas nehmen und ich also bin, was ich sein soll, und das bin ich tatsächlich, was nützt es dann, mich so lang leiden zu lassen? Und wenn wir den zweiten Teil nehmen, wozu quält man mich, wenn man nichts erhofft? Dann handelt es sich um nutzlose Grausamkeit. Lassen die Vernunft, die Moral und die Religion solche Mittel zu? Hat sich Christus nicht für uns aufgeopfert, um uns von unseren Sünden zu erlösen? Er wollte also nicht, daß wir umsonst leiden, denn er gab sein Leben hin, um uns die Hölle zu ersparen. Warum predigen mir meine Verfolger einen

Gott, dem sie nicht nacheifern? Wie soll ich mich nicht noch bitterer beklagen, wenn ich sehe, daß die aus der Luft gegriffenen Befürchtungen, die man mir gegenüber hegt, nur auf Verleumdungen beruhen? Anfangs ließ man mich als Verfasser eines Buches leiden, das ich in allen meinen anderen Werken, in zwanzig Zeitungen und fünf Verhören hundertmal desavouiert habe. Nun wußte man nicht mehr, wie man die wahrhaft absurde *Länge* einer so schreiend ungerechten Haft rechtfertigen sollte, eine *Länge*, hinter der man andere Verbrechen vermutete und die sowohl meine Familie als auch mich selbst entehrt. Ich hätte weitergeschrieben, heißt es, als hätte man nicht gewußt, daß die in Charenton gefundenen Papiere, die eine Fortsetzung zu dem genannten Buch bildeten, seit zwanzig Jahren existierten! Ich habe das Theater der Anstalt, in der ich mich befinde, geleitet, und dieses Theater sei ein Herd des Grauens gewesen. Hätte man es, wenn dem so gewesen wäre, sechs Jahre lang geduldet, gestattet und besucht? Hätte es an die fünfzig Kranke geheilt, wenn es tatsächlich so beschaffen gewesen wäre? Wären Regierungsmitglieder gekommen, um mich zu loben und mir für meine Mühe zu danken, wenn sie in dieser Unterhaltung Unsittliches angetroffen hätten? Aber ich habe junge Leute beiderlei Geschlechts verführt … Welche? Wo sind sie? Sie mögen sprechen. Ich wette, sie sind außerstande, so grauenhafte Behauptungen aufrechtzuerhalten. Man höre wenigstens den Leiter der Anstalt, in der solche Vergehen angeblich begangen wurden, an, und man wird sehen, was er antworten wird.

Was habe ich also getan, um so lang zu leiden? Nun, Unglücklicher, was hast du getan? Siehst du es nicht? *Du lebst zu lang*.

Meine liebe Cousine, meine Verfolger mögen sich in Geduld fassen. Unglück und Verzweiflung öffnen meinen Sarg, ich steige hinab, ich werde gewiß nicht mehr so viele Jahre leben, wie bereits verstrichen sind, seitdem sie mich quälen. Sie mögen also die Roheit nicht so weit treiben, mich nicht einmal in einem anderen Asyl als in dem der Demenz, der Epilepsie und der Tollheit mein Leben aushauchen zu lassen, und von einem Mann nichts mehr befürchten, der durch die vollständige Erschöpfung seiner moralischen wie körperlichen Fähigkeiten zu keinerlei Befürchtungen mehr Anlaß geben kann. Mit welcher Inbrunst flüchtete ich nicht in den Schoß einer Religion, die mir nur Tröster und Tugenden böte, anstatt mir einzig und allein Tyrannen und Martern vor Augen zu führen. Ja, meine teure, meine liebe Cousine, Beispiele sind vonnöten, um zu überzeugen, und nicht Qualen. Man haßt sogar die Ansichten derjenigen, die uns mißhandeln. Man übernimmt, verehrt und liebt die unserer Wohltäter. Der empfindsame Mensch, der mit einer Hand und im Namen eines Gottes, den er uns mit der anderen zeigt, unsere Tränen trocknet, kann immer dessen gewiß sein, uns zu überzeugen. Umgeben Ketten und Schlangen denjenigen, den er uns darbietet, so entfernt man sich, weist zurück, verabscheut und beweint die Menschheit [...]«[35]

Was hielt er vom *Genius des Christentums*? Hat er das Werk überhaupt gelesen? Der Verfasser jedenfalls flößt ihm keine besondere Achtung ein. Für Sade gehört Chateaubriand zum »frommen Pöbel« wie Geoffroy, Genlis, Legouvé, Luce de Lancival und alle anderen »Parteigänger der Tonsur«[36].

ALLTAGSSORGEN

Indessen verstreicht in Charenton der Alltag mit seinem üblichen Maß an Kränkungen und Schikanen. Es ist ein aufreibender, ständiger Kampf. Tagtäglich hat er Grund zur Klage: Er will frei über den Schlüssel seines Zimmers verfügen, er will seine Spaziergänge machen, wann es ihm beliebt und ohne Überwachung. Er will sich mit drei Insassen seiner Wahl unterhalten, wenn es ihn danach gelüstet, und verspricht dafür, »mit keiner anderen Person zu reden«; er will das Papier und die Federn zurück, die man ihm immer wieder wegnimmt. Seine Nachbarn im oberen Stockwerk schlagen zuviel Krach, er hat kein Holz für den Winter, sein Vorrat an Kerzen reicht nicht, man hat seinen kleinen Diener Maniard unter dem Vorwand weggeschickt, er wolle ihn verderben, und will ihn ihm nicht zurückgeben,[37] und seine Pächter in der Provence vergessen ihn, er kann nicht einmal mehr seinen Barbier bezahlen ... Es fehlt ihm an allem, und schuld daran ist sein Sohn Claude-Armand, der ihm seine Pension nicht ausbezahlt. Seine unveröffentlichten Briefe an Claude-Armand sind eine ununterbrochene Kette von Klagen und Beschuldigungen, die die Beziehungen zwischen dem Greis von Charenton und dem Schloßherrn von Condé-en-Brie in ein grelles Licht tauchen: »Sie sind die Ursache dafür, daß niemand mich bezahlt, und aus unverzeihlicher Grausamkeit verschließen Sie die Augen vor meinem Leid ... Ich bin krank, ich brauche Arzneien, die die Anstalt nicht verabreicht. Ich muß ohne Linderung leiden, da ich sie nicht kaufen kann. Werden Sie das Kind, das Ihre Frau unter dem Herzen trägt, lieben, wenn es Sie eines Tages auf diese Weise behandelt? Nun, ich beteuere feierlich, daß Sie das erleben werden.«[38]

So herzzerreißend diese Aufschreie der Verzweiflung auch sein mögen, wir dürfen uns nicht täuschen lassen. Die Wirklichkeit ist weit weniger tragisch, als Monsieur de Sade sie schildert. Er hat immer ein heimliches Vergnügen daran gefunden, sein Unglück zu übertreiben und Mitgefühl zu wecken. Es war ein lustvolles Spiel für ihn, vor allem wenn er seinen Sohn dadurch in Rage bringen konnte. Claude-Armand empfindet das Mitleid, das der Greis zu wecken versucht, als eine persönliche Beleidigung. Deshalb läßt er es ihm trotz seiner Hartherzigkeit und seines Egoismus nie am Notwendigsten fehlen. Seine ebenfalls unveröffentlichten Briefe[39] an den Notar Boursier zeigen, wie genau er den Bedürfnissen seines Vaters nachkommt: vom Abonnement für das *Journal de Paris* oder den *Courrier de l'Europe et des spectacles* über das zusätzliche Holz für die strengen Winter und die Neujahrsgeschenke für das Personal bis hin zum monatlichen Taschengeld von 150 Francs. Das ist wenig, aber für seine geringen Ausgaben ausreichend. Dennoch jammert der Marquis lautstark und läuft dadurch (sicherlich nicht unabsichtlich) Gefahr, seinen Sohn zu beschämen. Er borgt auf allen Seiten Geld, wirft seinem Sohn Geiz vor und läßt überall verlauten, daß man ihn Hungers sterben läßt. Man kann sich die Verwirrung des armen Claude-Armand vorstellen, der auf das Gerede der Leute so großen Wert legt und nichts mehr fürchtet, denn als der Peiniger seines Vaters dazustehen.

Claude-Armand, der von seiner Großmutter aufgezogen und zur Wahrung der bürgerlichen Tugenden angehalten worden war, gehorcht nur brav den von den Montreuil gelehrten Verhaltensregeln. Er ist gefühlskalt und nicht sehr geistreich, hütet sich vor der Phantasie, besitzt selbst keine, ist ängstlich auf seinen Ruf bedacht und hat nie geahnt, daß man ein anderes Leben führen könne als das geschützte und geborgene Dasein, das er in Echauffour und später in Condé-en-Brie führt. Daher auch die instinktive Abneigung, die er immer für seinen Vater empfunden hat. Nichts verband diese mittelmäßige Natur mit dem sublimen Abenteurer, außer dem Zufall der Geburt. Armand nahm diese Last dennoch auf sich, um Bicêtre zu vermeiden und damit die Schande von der Familie abzuwenden. Die hundertfünfzig Francs, die er ihm monatlich gewährt, verschaffen ihm ein gutes Gewissen, denn letztlich schuldet er ihm nichts, ganz im Gegenteil. Der Vater schuldet nun ihm die berühmte Mitgift der Mutter mitsamt den Zinsen. Die Gesamtsumme beläuft sich nun auf knapp 200 000 Livres. Der Marquis bleibt bis zu seinem Tod eine Geisel seines Sohnes, wie er zuvor die seiner Frau gewesen war.

Trotz der relativen Freiheit, die Sade in Charenton genießt, bleibt er in den Augen des Gesetzes ein Häftling und muß immer wieder Hausdurchsuchungen dulden. Neben den Besuchen der Polizei, die das Leben in der Anstalt stören und zu Klagen der Patienten Anlaß geben, wird er regelmäßigen Verhören unterzogen, deren Daten er sorgfältig notiert und jeweils mit einem Kommentar versieht. Am 31. März 1811 ist es der Staatsrat Graf Jolivet, der ihn »ein wenig schikaniert«. Am 14. November desselben Jahres kommt es zu einem weiteren Verhör durch den Grafen Corvietto, den Generalinspektor der Staatsgefängnisse, das »sehr sanft und sehr anständig« war. Am 31. März 1813 kommt Graf Appellius »oder ein ähnlich klingender Name«. Monsieur de Sade finde ihn »sehr steif, aber recht kurz«.[40]

»ICH BIN NICHT GLÜCKLICH«

Der Marquis läßt sich nicht leicht entmutigen. Angesichts der Widrigkeiten des Schicksals bewies er immer eine außerordentliche Energie. An manchen Tagen jedoch spürt er, daß ihn die Kraft verläßt und die wie eine beschämende Schwäche verdrängte Melancholie ihn befällt. Dann gedenkt er der Orte seiner Kindheit, La Coste, Saumane, und entsinnt sich zu seiner Überraschung sogar mit Rührung des alten Gaufridy, seines Gefährten aus frühen Zeiten.

Der alte Notar lebt immer noch in seinem Haus in Apt und genießt mit fast siebzig Jahren einen friedlichen Ruhestand. Seit dem berühmten Trennungsbrief hat er kein Schreiben des Marquis mehr erhalten. Man kann sich vorstellen, mit welcher Rührung er nun den Umschlag öffnet. Früher hatte ihn der bloße Anblick dieser Handschrift erzittern lassen. Diesmal aber jammert, wütet oder droht der Marquis nicht. Er bittet ihn bloß, die Interessen von Madame Quesnet und ihre »berechtigten Ansprüche« auf seine Besitztümer zu wahren. Er bittet ihn auch, ihm ein »sehr ungenaues und sehr formloses« Manuskript der Memoiren seines Lebens zurückzuschicken, das er einst in den Händen von François Gaufridy erblickt hatte und das ihm dieser nie zurückgeben wollte. »Ich desavouiere dieses Manuskript vollständig und flehe Sie an, dafür zu sorgen, daß es zurückgeschickt wird.«

Am Ende seines Briefes kommt er auf persönlichere Dinge zu sprechen. Zum ersten Mal überläßt er sich der Aufrichtigkeit und gesteht seine Not ein:

»Wie geht es den Ihrigen? Gab es erfreuliche Ereignisse in Ihrer Familie, Ämter für die Söhne, Hochzeiten für die Töchter?

Wie geht es der guten und anständigen Madame Gaufridy? Und Ihnen, mein lieber Advokat, dem Zeitgenossen meines Lebens, dem Gefährten meiner Kindheit?

Wie geht es meinen Verwandten in Apt ?

Vielleicht wollen Sie nun etwas von mir vernehmen? Nun, ich bin nicht glücklich, aber wohlauf. Mehr kann ich der Freundschaft, die, wie ich hoffe, noch immer an mir Anteil nimmt, nicht antworten.

Auf Lebenszeit der Ihre

Sade«[41]

NIEDER MIT DEM THEATER

Die Jahre nach dem Tod Gastaldys gehören für Monsieur de Coulmier zu den schwierigsten seines Lebens. Im Juni 1810 erhält er den Besuch Montalivets und kann das Ausmaß der Ungnade, in die er gefallen ist, erkennen. Das Gesicht des Ministers drückt tiefste Unzufriedenheit aus. Zwei Jahre später wird ein Inspektor des Staatsrates beauftragt, die Buchhaltung der Anstalt zu prüfen; dieser verlangt vom unglücklichen Direktor für die Zeit zwischen dem Jahr XI und 1809, also einen Zeitraum von 15 Jahren, eine Zusammenstellung aller Ausgaben und Einnahmen nach Kategorien: eine schwere Aufgabe für einen Mann von einundsiebzig Jahren, der nicht einmal mehr auf die Mithilfe seines eben verstorbenen Buchhalters zählen kann. Er schafft es dennoch und übersteht die Buchprüfung ohne Beanstandungen.

Ungelöst bleibt die heikle Frage des Theaters. Trotz der feindseligen Haltung des Chefarztes, des Polizeipräfekten, des Innenministers, der politischen und medizinischen Behörden und aller anderen, die lautstark diesen »Skandal« anprangern, macht Coulmier weiter. Er geht sogar das Risiko ein, als Provokateur zu gelten, und überläßt Sade weiterhin die Leitung. 1810 legt ihm der Marquis noch eine Liste von Gästen vor, woraus hervorgeht, daß das Publikum der Aufführungen nicht müde geworden ist.

Trotz Coulmiers Ausdauer und des anhaltenden Publikumsinteresses scheint das Unternehmen früher oder später dem Untergang geweiht. Allzu viele Feinde waren entschlossen, ihm ein Ende zu machen. Die Irrenärzte sehen darin zumeist ein interessantes Experiment, zweifeln jedoch an der heilenden Wirkung. Der große Esquirol, der Schüler Pinels, der dessen Nachfolge in der Salpêtrière angetreten hat, glaubt an den beruhigenden Effekt gewisser Aufführungen, spricht ihnen aber jegliche therapeutische Wirkung ab. Er selbst hat ähnliche Versuche mit seinen Kranken unternommen, ohne greifbare Resultate zu erzielen, und geht mit dem Theater in Charenton besonders streng ins Gericht. Dem Organisator der Feste von Charenton, dem »allzu berüchtigten Sade«, wirft er in erster Linie vor, er setze Tricks ein und verschlimmere den Wahn der Kranken. »Diese Aufführung war eine Lüge«, schreibt er später, »die Irren spielten keineswegs Komödie, und der Direktor täuschte das Publikum. Alle Welt ging in die Falle. Groß und klein, Gelehrte und Ignoranten wollten dem Schauspiel der Irren von Charenton beiwohnen. Ganz Paris eilte jahrelang herbei. Die einen aus Neugierde, die andern, um die Wirkung dieses wunderbaren Heilmittels für Geisteskranke zu beurteilen. Die Wahrheit ist, daß dieses Mittel nicht heilte.

Die Geisteskranken, die an diesen Theateraufführungen teilnahmen, waren Gegenstand der Aufmerksamkeit und Neugierde eines leichtfertigen, unbeständigen und mitunter bösartigen Publikums. Die sonderbaren Gebärden und Haltungen dieser Unglücklichen lösten spöttisches Gelächter und das beleidigende Mitleid der Zuschauer aus. War mehr vonnöten, um den Stolz und die Empfindlichkeit dieser armen Teufel zu verletzen und den Geist und den Verstand derjenigen zu verwirren, die in kleiner Zahl die Fähigkeit zur Aufmerksamkeit bewahrten? Die Gunst entschied, welche Patienten teilnehmen durften. Sie weckte Neid, Streit und Mißgunst. Daher die jähen Ausbrüche des Wahns und die Rückfälle in die Manie und Raserei.«[43]

Leider bezog der berühmte Irrenarzt seine Informationen aus zweiter Hand. Wir wissen heute, daß er sie zur Gänze Hyppolite de Colins entlehnt und sogar ganze Sätze wörtlich von ihm übernommen hat. Diese peinlichen Übereinstimmungen reichen aus, die Aussagen des Psychiaters zu disqualifizieren.

Die Behörden, die bereits durch den berühmten Bericht Royer-Collards über die »verhängnisvollen Auswirkungen« des Theaters auf die Phantasie der Kranken gewarnt worden waren, erkundigten sich mehrmals bei Monsieur de Coulmier und dessen Theaterdirektor. Man muß annehmen, daß die Argumente des Marquis die Untersuchungsbeamten überzeugen konnten. Hat er nicht in dem Brief an Madame de Bimard erwähnt, daß er »an die fünfzig Kranke« geheilt hatte und Regierungsmitglieder gekommen waren, um ihn zu loben und ihm für seine Bemühungen zu danken? »Gestern sind zwei Regierungsmitglieder gekommen«, fährt er fort. »Sie schienen erfreut, mich zu sehen, haben mich gefragt, was ich wünschte, haben meine Forderungen entgegengenommen [...], haben mich für meine Bemühungen um die Heilung von Kranken mittels Komödien gelobt. Sie wollten, daß ich ihnen die Kleinigkeiten, die ich zu diesem Zweck verfaßt habe, zeige, haben sie gutgeheißen, verlangt und dankbar entgegengenommen.«[44]

DIE LETZTE SAISON

Interessanterweise versetzten weder die Behörden noch die Ärzte, noch der grimmige Royer-Collard dem Theater in Charenton den Todesstoß, sondern die Kranken selbst, oder zumindest einige von ihnen, die sich über die Bälle und Feste in der Anstalt empörten, während sie selbst unter elenden Bedingungen lebten. Einer von ihnen, sein Name ist unbekannt, scheute eines Tages nicht davor zurück, sich direkt beim Innenminister zu beklagen. Wir haben seine Eingabe gefunden, die in ihrer Heftigkeit wahrscheinlich die Einstellung zahlreicher anderer Insassen widerspiegelt.

»Exzellenz,

was halten Sie von einem Hospiz, in dem zwei- oder dreimal in der Woche Bälle und Konzerte und von Zeit zu Zeit glanzvolle Diners veranstaltet werden, während die unglücklichen Kranken wie Verbrecher behandelt werden und zum Großteil mit einem kleinen zerschlissenen Stück Decke wie Hunde auf dem Stroh liegen? Dennoch müssen sie sich damit vor den Unbilden des Wetters schützen. Wie viele, Exzellenz, hat die Kälte wohl hinweggerafft? Ach, könnten die Toten sprechen, wie viele würden dann meine kleine Bittschrift unterzeichnen!«[45]

Dieser mit 29. Januar 1812 datierte Brief wurde in die bereits sehr dicke Akte mit den Protesten gegen die Aufführungen Monsieur de Sades gelegt. So konnte es nicht mehr weitergehen. Seit das Theater existierte, seit sieben Jahren, waren die Beanstandungen reihenweise auf Monsieur de Montalivets Schreibtisch gelandet. Eine Entscheidung mußte gefällt werden. Der Bericht von Hyppolite de Colins, der dem Minister unauffällig auf den Schreibtisch gelegt wurde, ermutigte ihn zu seinem Entschluß.

Durch diese Kabale und vor allem durch Colins Schmähschrift erschüttert, verfügte der Minister am 6. Mai 1813, daß »vorläufig und bis auf Widerruf die Bälle und Konzerte, die in der Anstalt von Charenton gegeben wurden«, untersagt werden.[46] Auf dieser Bühne, deren Vorhang sich nun zum letzten Mal senkte, hat Monsieur de Sade zutiefst und doppelt das Glück der Theaterillusion ausgekostet. Eine Anstalt, eine notdürftig zurechtgezimmerte Bühne, ein Publikum von Irren und Voyeuren, geisteskranke Schauspieler: die wiedergewonnene Essenz des Theaters. Weder gesellschaftliche Zerstreuung noch Maskenspiel, sondern Gebot des Körpers, Trieb, Prinzip der Travestie.

DIE NEUEN HERREN

Coulmier versuchte vergeblich, den Erlaß des Ministers aufzuschieben. Das Verbot der Aufführungen erschien ihm als ein schwerer Verstoß gegen das Vermächtnis Gastaldys. Er schrieb an Montalivet und richtete sogar, wenngleich ohne Erfolg, ein Bittgesuch an den Kaiser.[47]

Ein Jahr später, am 11. April 1814, unterzeichnet Napoleon im Palais von Fontainebleau seine Abdankung. Am 3. Mai zieht Ludwig XVIII. feierlich in Paris ein. Am 5. bildet er seine erste Regierung und überträgt das Innenministerium dem Abbé de Montesquiou, der während der Revolution und unter Napoleon ein glühender Verfechter der Monarchie gewesen war. Am 31. Mai ernennt der neue Minister Monsieur Roulhac de Maupas zum Direktor der Anstalt von Charenton und Nachfolger von Monsieur de Coulmier. Diese scheinbar getrennten Ereignisse hängen in Wirklichkeit eng zusammen. Es liegt auf der Hand, daß Monsieur de Coulmier, der trotz seines hohen Alters (er war dreiundsiebzig) durchaus in der Lage war, sein Amt weiter zu erfüllen, den politischen Umwälzungen des Jahres 1814 zum Opfer fiel. Das von Ludwig XVIII. eingeführte Regime konnte an der Spitze der »königlichen Anstalt« von Charenton unmöglich einen abtrünnigen Priester dulden, der den Eid abgelegt hatte, in der Gesetzgebenden Versammlung Abgeordneter der Bergpartei gewesen war und recht lockere Sitten pflegte.

Es ist ebenfalls kein Zufall, daß die Wahl auf Monsieur Roulhac de Maupas fiel. Als früherer und nicht besonders begabter Anwalt verdankte er diese Stelle einer Ehe, die ihn nur begünstigen konnte. Er war der Gatte Henriette Royer-Collards, der ältesten Tochter des Chefarztes!

Kaum hat der neue Verwalter sein Amt angetreten, schickt er sogleich einen sechsseitigen Bericht über seinen berühmten Insassen an den Abbé de Montesquiou. Nachdem er die Umstände und den Anlaß der Haft, die geplante Verlegung in die Festung Ham, die Fürsprache von Madame de Talaru und die schuldhafte Nachsicht seines Vorgängers ins Gedächtnis gerufen hat, kommt er auf die derzeitige Lage zu sprechen. Er gibt zu, daß der Marquis gesundheitliche Probleme hat und frische Luft und Bewegung benötigt, bezweifelt aber, daß der Minister damit einverstanden sein kann, daß der Insasse mit anderen Patienten sprechen sowie über Feder, Tinte und Papier verfügen und seine Werke abschreiben lassen und verschicken dürfe.[49]

Da in Charenton eine Überwachung nicht möglich ist und das Alter sowie der Gesundheitszustand von Monsieur de Sade eine strikte Einzelhaft nicht erlauben, sieht er nur eine Lösung: die Verlegung in eine andere Anstalt. Auf der ersten Seite des Berichts notiert der Minister am Rand mit Bleistift: »Wenn möglich, in die Festung If.«

Am 21. Oktober 1814 bittet der Innenminister den Grafen Beugnot, den obersten Polizeichef des Königreichs, über Monsieur de Sades weiteren Verbleib eine Entscheidung zu treffen: »Ich bitte Sie, Herr Graf, die Möglichkeiten zu prüfen, Monsieur de Sade möglichst rasch aus Charenton herauszubekommen und ihn an einem Ort unterzubringen, an dem er der Gesellschaft nicht mehr schaden kann.«[50]

In weniger als zwei Monaten wird es – nun aber endgültig – soweit sein.

MONSIEUR DE SADES LETZTES ABENTEUER

An mehreren Stellen von Sades Tagebuch bemerkt man ein mysteriöses Zeichen, das aus einem kleinen, schräg durchgestrichenen Kreis besteht und etwa so aussieht: Ø. Es handelt sich natürlich um ein erotisches Symbol, das mit der Sodomie zusammenhängt. Man findet es in Zusammenhang mit Personen oder mit Masturbationsphantasien und oft mit Zahlen verbunden. Etwa am Datum des 29. Juli 1807: »Am Abend Idee Ø bei 116, zum 4. Mal in diesem Jahr.« Am 15. Januar 1808: »Prosper kommt mit der Idee Ø. Es ist sein dritter Besuch und der zweite seines Dienstmädchens, die zum ersten Mal Ø bildet.« Am 4. März 1808: »Idee Ø taucht am 5. von neun Monaten auf.« Im Jahr 1814 bezieht sich das Symbol ausschließlich auf ein sehr junges Mädchen, das ihn häufig besucht und von ihm mit den Initialen Mgl. notiert wird. Sie heißt Madeleine Leclerc.

Hier betreten wir die am wenigsten glorreiche Phase des »göttlichen Marquis«. Wir stehen nicht mehr vor dem temperamentvollen Edelmann von Arcueil, vor dem kühnen Libertin von Marseille und auch nicht vor dem ungestümen Gefangenen von Vincennes oder der Bastille, sondern vor einem Greis, der seine Sinne in der Begegnung mit einem sechzehnjährigen Mädchen noch einmal zu entzünden versucht.

Madeleine Leclerc war die Tochter einer Krankenschwester des Hospizes und arbeitete selbst als Lehrling in der Schneiderei und Wäscherei. Als der alte Insasse sie während einer Krankheit Madame Quesnets am 9. Januar 1808 zum ersten Mal erblickt, ist das Kind noch keine zwölf Jahre alt. Dank der »Zahlenmanie« des Marquis meint Daumas den ersten Besuch des Mädchens in seinem Zimmer auf den 15. November 1812 datieren zu können. Nach einem unveröffentlichten Dokument wäre er früher anzusetzen, nämlich vor dem 31. März 1811, dem Tag des Besuchs des Staatsrates Jolivet, der Sade im Zuge seiner Ermittlungen verhörte. Denn nach dem Besuch des Staatsrates verfaßte oder vielmehr diktierte der Marquis seinem Sohn (dessen Handschrift erkennbar ist) eine Antwort auf die gegen ihn erhobenen Anschuldigungen. Er verwahrte sich vor allem dagegen, Beziehungen zu einem jungen Burschen und einem kleinen Mädchen zu unterhalten:

»Die Verleumdungen, die man über den jungen Mann erfindet, sind falsch. Er hat von mir nichts als sehr gute Ratschläge erhalten, und wenn er die Anstalt verlassen hat, so nur deshalb, weil der Direktor entdeckt hat, daß er ein Verhältnis mit einem Fräulein der Anstalt hatte.

Was das kleine Mädchen betrifft, die Tochter einer Krankenschwester der Anstalt, die von ihrer Mutter bei Madame Quesnet in Dienst gestellt wurde, so dient sie nur Madame Quesnet und nicht mir.«[51]

Der junge Mann ist niemand anderer als der bereits erwähnte Maniard, der bei Donatien im Dienst stand, bis er von Coulmier hinausgeworfen wurde. Das Mädchen kann nur die damals fünfzehnjährige Madeleine Leclerc sein.

Zwischen dem 18. Juli und dem 30. November 1814 unterrichten uns die Fragmente des Tagebuchs genau über die Beziehungen zwischen diesen eigenartigen Liebenden. Monsieur de Sade notiert mit seiner üblichen Gründlichkeit die *chambres* (Codewort für den Geschlechtsverkehr) des Fräuleins und setzt oft pikante Details hinzu. So notiert er etwa: »Mgl. war ganz verwirrt, erholte sich kaum und war im allgemeinen während des ganzen, ebenso rasch begonnenen wie beendeten Ø kalt«

(21. Juli). Am 2. September: »Mgl. kam, um ihre 88. insgesamt und ihre 64. *chambre* zu machen; es war leicht zu sehen, daß sie krank gewesen war und die Nachwirkungen noch spürte. Sie hatte die Haare auf ihrer Möse geschnitten.«

Die Mutter ist alles andere denn entsetzt und ermutigt die Kleine, die senilen Wünsche des Marquis gegen einige Geldstücke (»Figuren«, wie der Marquis sagte) zu befriedigen. Eine kaum verschleierte Kuppelei, durch die sich das dürftige Einkommen aufbessern läßt. Und ein zusätzlicher Genuß für den eingefleischten Libertin, der es immer vorgezogen hat, für seine Lust mit klingender Münze zu bezahlen. Merkwürdigerweise schließen diese bescheidenen Entlohnungen keineswegs eine Form des Gefühls aus. Das Mädchen gewinnt ihren Beschützer lieb und empfindet eine Art zärtliche Nachsicht für ihn wie für einen alten Onkel, der einen in den Hintern kneift. Sade hingegen gebärdet sich eifersüchtig, überwacht den Umgang des Mädchens und verbietet ihr Bälle, Ausgänge und Bäder. Nach und nach wandelt er sich zum aufmerksamen Pädagogen, der die Halbwüchsige die Anfangsgründe des Lesens, Schreibens und Singens lehrt.

Und wie reagiert Madame Quesnet? Nach einigen Unwettern und »Verstimmungen« hat sich die sanfte Constance anscheinend damit abgefunden, ohne der Usurpatorin auch nur das geringste abzutreten. Sie weiß, daß ihr niemand den Platz, den sie in Donatiens Herz einnimmt, streitig machen kann, und sagt sich wohl, daß dies sein letztes Abenteuer ist. Warum sollte sie diese letzte Illusion, so lächerlich sie auch erscheinen mag, zerstören? Monsieur de Sade hat den Kopf voller Pläne für den Tag, an dem er freigelassen wird, woran er keine Sekunde zweifelt. Er will noch einmal von vorn beginnen, eine Ménage à trois gründen. Er wird Madeleine mit Constance bei sich unterbringen und damit zwei Frauen zu seiner alleinigen Verfügung haben. Zärtlichkeit und Lust endlich vereint. Er spricht sogar mit Mutter Leclerc darüber, die unter gewissen Bedingungen zustimmt. Zunächst muß für die Kleine eine Anstellung gefunden werden. Warum nicht im Theater, wo er doch noch Beziehungen habe, schlägt Donatien vor. Die Mutter rümpft die Nase: nicht gut genug bezahlt. Nun, dann wird sie eben in Charenton bleiben, bis er etwas Besseres findet.

Im Grunde läßt er sich nicht ganz prellen und ahnt sehr wohl, daß Mutter und Tochter Leclerc ihr Spiel mit ihm treiben. Vielleicht fragt er sich sogar, ob er das Hospiz jemals lebendigen Leibes verlassen wird. Aber bald erhält seine Lebensenergie wieder die Oberhand, und er glaubt mit derselben unbeugsamen Kraft, mit derselben starrköpfigen Überzeugung, mit derselben Verbissenheit an sein neues Leben und die nahe Freiheit.

»DIES IST MEIN TESTAMENT«

Donatien de Sade gehört nicht zu denen, die sich von den Ereignissen überrumpeln lassen. Wie wir wissen, hat er sein erstes Testament unter der Schreckensherrschaft aufgesetzt, als er mit dem republikanischen Schafott rechnete. Zwölf Jahre später, angesichts des drohenden Alters, will er sich ebenfalls nicht in die Enge treiben lassen. Am 30. Januar 1806, im Alter von sechsundsechzig Jahren, bringt er seine letzten Wünsche zu Papier, steckt den Bogen in einen Umschlag, versiegelt ihn mit rotem Wachs und beschriftet ihn folgendermaßen: »Dies ist mein Testament, das ich Monsieur Finot zur Verwahrung übergeben habe. D. A. F. de Sade.«

Die ersten drei Punkte betreffen Sensible. »In dem Wunsch, dieser Dame, so weit es meine schwachen Kräfte gestatten, meine tiefe Dankbarkeit für die Pflege und die Freundschaft zu bezeugen, die sie mir vom fünfundzwanzigsten August siebzehnhundertneunzig bis zu meinem Tode zuteil werden ließ, Gefühle, die sie mir nicht nur mit Zartgefühl und Selbstlosigkeit, sondern darüber hinaus mit der mutigsten Energie entgegengebracht hat, da sie mich unter der Schreckensherrschaft vor der revolutionären Sense rettete, die, wie jedermann weiß, allzu gewiß über meinem Haupt schwebte, schenke und hinterlasse ich aus den oben angeführten Beweggründen der genannten Dame Marie-Constance Reinelle (sic), verehelichte Quesnet, die Summe von vierundzwanzigtausend Livres tournois in bar zu dem bei meinem Tode gültigen Kurs [...], um ihr ein für ihre Ernährung und ihren Unterhalt ausreichendes Einkommen zu sichern, das pünktlich per Quartal jeden dritten Monat ausgezahlt wird, unpfändbar und unveräußerlich ist, und will darüber hinaus, daß das Kapital und der Verkauf des genannten Kapitals auf Charles Quesnet, den Sohn der genannten Dame Quesnet, übergeht, der unter denselben Bedingungen, aber erst nach dem Tod seiner ehrenwerten Mutter, zum Eigentümer der Gesamtsumme wird ...«

Überdies vermacht Donatien seiner treuen Gefährtin »alle Möbelstücke, Effekten, Wäsche, Kleider, Bücher oder Papiere«, die in der Stunde seines Todes bei ihm gefunden werden, mit Ausnahme der Papiere seines Vaters, »die durch Etiketten auf den Packen als solche gekennzeichnet« und seinen Kindern zu überlassen sind.

Im vierten Punkt vermacht er Finot »für die Mühe und Sorgfalt, die ihm die Ausführung dieses Aktes bereitet«, einen Ring im Wert von 1200 Livres.

Der fünfte und letzte Absatz enthält seinen letzten Willen. Monsieur de Sade verbietet ausdrücklich, daß seine Leiche geöffnet wird, wie dies die Vorschriften in Charenton vorsehen.[52] Er trifft auch äußerst präzise Verfügungen über seine Bestattung, die davon zeugen, welche Bedeutung er dem Schicksal seiner sterblichen Hülle beimißt.

»Fünftens und letztens: Ich verbiete ausdrücklich, daß mein Körper, unter welchem Vorwand auch immer, geöffnet wird. Ich verlange mit äußerstem Nachdruck, daß ich achtundvierzig Stunden in dem Raum, in dem ich sterben werde, in einem Holzsarg aufgebahrt werde, der erst nach Ablauf der genannten achtundvierzig Stunden zugenagelt wird. In diesem Zeitraum wird Monsieur Le Normand, Holzhändler, auf dem Boulevard de l'Egalité, mit einem Eilbrief verständigt und gebeten, mit einem Karren zu kommen, um meine Leiche abzuholen und im genannten Karren unter seinem Geleit in den Wald meines Grundstücks nach Malmaison, in der Ortschaft Emancé in der Nähe von Epernon, zu transportieren, wo sie ohne jegliche Zeremonie im ersten Gehölz auf der rechten Waldseite, wenn man auf der Hauptallee vom alten Schloß kommt, beigesetzt wird. Die in diesem Gehölz gemachte Grube wird vom Pächter von Malmaison ausgehoben, und zwar unter Aufsicht von Monsieur Le Normand, der meine Leiche erst dann verläßt, wenn sie in der genannten Grube liegt. Bei dieser Zeremonie kann er sich, wenn er will, von denen unter meinen Verwandten und Freunden begleiten lassen, die mir ohne jegliches Gepränge dieses letzte Zeichen der Zuneigung geben wollen. Sobald die Grube zugeschüttet ist, werden Eicheln darauf gestreut, damit der Boden über der genannten Grube wieder bedeckt ist, das Gehölz wieder nachwächst und die Spuren meines Grabes von der Erdoberfläche verschwinden, wie auch, wovon ich überzeugt bin, mein Andenken aus dem Bewußtsein der Menschen schwinden wird, mit Ausnahme der kleinen Zahl derjenigen, die so freundlich waren, mich bis zum letzten Augenblick zu lieben und von denen ich eine süße Erinnerung ins Grab mitnehme.

Gefertigt in Charenton-Saint-Maurice im Vollbesitz meiner geistigen und körperlichen Kräfte am dreißigsten Januar achtzehnhundertsechs.«[53]

Am 11. November 1814 tritt der neunzehnjährige L.-J. Ramon in Charenton seinen Dienst als assistierender Medizinstudent an. Im Verlauf seiner Krankenbesuche begegnet er auf den Gängen immer wieder einem einsamen und reservierten Greis von massiger Gestalt, an den er sich sein Leben lang erinnern wird: »Ich traf ihn häufig, wenn er, nachlässig gekleidet und langsamen und schleppenden Schritts, über den Flur vor seiner Wohnung wandelte. Nie habe ich ihn mit jemandem im Gespräch gesehen. Beim Vorübergehen grüßte ich ihn, und er erwiderte meinen Gruß mit dieser kühlen Höflichkeit, die jede Anwandlung, ein Gespräch anzuknüpfen, vertreibt. [...] Nichts ließ mich in ihm den Verfasser von *Justine* und *Juliette* vermuten. Er machte auf mich keinen anderen Eindruck als den eines stolzen und mürrischen alten Edelmannes.«

An eben diesem 11. November setzt Monsieur de Sade einen Brief an Pépin, seinen Pächter in Saumane, auf. Er will wissen, ob das Holzfällen im Forst von Garrigue beendet ist. Andernfalls solle der Pächter zur Eile drängen und »den bestmöglichen Gewinn« daraus schlagen. Ein Teil des Ertrags wird dazu dienen, die dringenden Reparaturen am Schloß zu bezahlen. Den restlichen Betrag erwartet er mit äußerster Ungeduld: »Mein Bedarf nach diesem Geld läßt sich nicht in Worte fassen.«[54]

Es ist wahrscheinlich Sades letzter Geschäftsbrief. Seine letzte Botschaft gilt also Saumane, dem letzten Besitz, der ihm verblieben ist und auf dessen Torwölbungen immer noch der Adler mit ausgebreiteten Schwingen in den Stein gemeißelt ist. Der Greis reicht dem Kind von einst die Hand. Das gefällte Holz, das Geld, der Pächter – das ist seine übliche Sprache für das, was sich in seinem Gedächtnis gegen das große Vergessen gestemmt hat: der glühende Sommer hinter den geschlossenen Fensterläden, der kleine, vom Wehrgang überragte Hof, die großen schattigen Säle, die geschmückte Treppe, der weitläufige Park, von dem bei klarem Wetter der Blick über die Ausläufer des Comtats bis hin zu den Bergspitzen schweift ...

In den Tagen nach der Ankunft des jungen Medizinstudenten verschlechtert sich der Gesundheitszustand des Marquis beträchtlich. Heftige Schmerzen im Unterleib und in den Hoden erfordern eine Diät. Man verbietet ihm den Genuß alten Weins. Am 26. November bittet er den »Unterarzt« Ramon, ihm sein Suspensorium zu richten. Seine Geschlechtsteile schmerzen ihn entsetzlich, vor allem abends und bei

Berührungen. Sonntag, den 27. November macht Madeleine Leclerc ihren sechsundneunzigsten Besuch und bleibt zwei Stunden bei ihm. Er schildert ihr seine Schmerzen, sie wirkt »recht mitfühlend«. »Sie war auf keinem Ball gewesen und versprach, keinen zu besuchen, sprach von der Zukunft, sagte, sie werde am 19. des nächsten Monats achtzehn Jahre alt sein, gab sich wie gewöhnlich zu unseren kleinen Spielen her, versprach, nächsten Sonntag oder Montag wiederzukommen, dankte mir für das, was ich für sie tat, und zeigte mir deutlich, daß sie mich weder betrog noch Lust darauf verspürte.«[55] Mittwoch, den 30.: »Man legt mir zum ersten Mal ein Bruchband an.« Das sind die letzten Worte aus der Feder des Marquis. Donnerstag, den 1. Dezember: Sein Zustand verschlechtert sich. Monsieur de Sade kann nicht mehr gehen. Er hat einen Anfall von »brandigem Faulfieber«. Man bringt ihn in eine vermutlich bequemere Zweizimmerwohnung und überläßt ihn der Obhut eines Dieners. Freitag, den 2.: Am Nachmittag besucht Claude-Armand seinen Vater. Als er dessen Zustand sieht, bittet er Ramon, sich um ihn zu kümmern. Obwohl seine Aufgaben als »erster Student« dies nicht vorsehen, verspricht er, bei dem Kranken zu wachen. Bei Einbruch der Dunkelheit begibt er sich zu seinem Patienten. Als er das Zimmer betritt, stößt er auf Abbé Geoffroy, den Anstaltsgeistlichen, der es soeben verläßt. Der Geistliche wirkt, wenn nicht erbaut, so doch zufrieden über seinen Besuch. Der Sterbende hat sich mit ihm für den nächsten Morgen verabredet. Der Student setzt sich also an das Bett des Marquis, dessen lauter und mühsamer Atem immer unregelmäßiger wird. Ramon gibt ihm einige Schlucke Kräutertee zu trinken und einen Arzneitrank gegen »asthmaförmige Lungenverstopfung«. Gegen sechs Uhr abends, kurz nachdem er ihm zu trinken gegeben hat, hört Ramon plötzlich nichts mehr. Überrascht von dieser Stille, tritt er an das Bett und beugt sich über den Körper des Greises. Donatien de Sades Wettlauf mit dem Tod war zu Ende: Der Adler war in »die siebente Region des Himmels« zurückgekehrt.

Nachspiel

Indes die sterbliche Hülle von Monsieur de Sade in der Kapelle des Hospizes aufgebahrt liegt, begeben sich am späten Vormittag des 3. Dezember 1814 zwei Angestellte zum Rathaus, um die Todesanzeige zu erstatten. Als die Mittagsglocke läutet, setzen sie ihre Unterschrift auf die Urkunde neben die des Notars Finot, des Testamentsvollstreckers des Verstorbenen, der mittlerweile zum Bürgermeister von Charenton-Saint-Maurice gewählt worden war.

Am selben Tag meldete Roulhac de Maupas dem obersten Polizeichef den Tod des Häftlings und teilte ihm folgende Verfügungen mit:

»Da Monsieur Armand de Sade, sein Sohn, anwesend war, ist es meines Erachtens nach dem bürgerlichen Gesetz nicht erforderlich, die Siegel anzubringen. Was die Maßnahmen und die öffentliche Ordnung betrifft, so wird S(eine) E(xzellenz) beurteilen, ob es Vorsichtsmaßregeln zu ergreifen gilt, und seine Anweisungen geben. Ich habe genügend Vertrauen in die Ehrlichkeit des jungen Monsieur de Sade und glaube, daß er etwaige gefährliche Papiere, die sich bei seinem Vater befinden, von selbst vernichten würde.« Trotz dieses Briefes wurden auf einen Antrag von Finot am 5. Dezember dennoch die Siegel angebracht.

Der Marquis erhielt ein kirchliches Begräbnis im Friedhof des Hospizes von Charenton und wurde »am äußersten östlichen Ende, fast am Rande des Saut-du-Loup, der den Friedhof vom Wald von Vincennes trennt, bestattet. Die Grube wurde mit einem Stein geschlossen, in den kein Name eingraviert und der nur mit einem einfachen Kreuz geschmückt wurde.«[1] Das genaue Datum der Zeremonie (wahrscheinlich der 6. Dezember) sowie die Namen der Anwesenden sind uns unbekannt.

Es heißt immer wieder, daß nach dem Tod des Marquis keine seiner testamentarischen Verfügungen respektiert worden sei. Manche entrüsten sich darüber und sehen darin einen Verrat. Es erscheint uns also geboten, diesbezüglich einige Punkte klarzustellen:

1. Der Grundbesitz in Malmaison, den der Marquis ausdrücklich als seine letzte Ruhestätte gewählt hatte, war vier Jahre vor seinem Tod, am 23. Juni 1810, verkauft worden. Folglich konnte dieser Wunsch nicht erfüllt werden.[2]

2. Seine Leiche wurde, seinem Wunsch gemäß, der vorgeschriebenen Autopsie nicht unterzogen. Claude-Armand intervenierte persönlich bei Monsieur Roulhac de Maupas, um zu verhindern, daß der Körper seziert werde. Der Bericht von Dr. Ramon ist unmißverständlich. »Die Leiche Sades«, notiert er, »ist vielleicht die einzige, die ich in dem Zeitraum zwischen Ende 1814 und 1817 nicht geöffnet habe.«[3] Erst einige Jahre später – »ich kann das genaue Datum nicht angeben« – fährt derselbe Zeuge fort, »als der Friedhof aufgegraben werden mußte und die Grube Sades sich unter jenen befand, aus denen exhumiert werden mußte, versäumte ich es nicht, dem Vorgang beizuwohnen«.[4]

3. Der religiöse Fetischismus rächte sich postum und heimtückisch an einer rebellierenden Seele. Das Kreuz auf seinem Grab ist der einzige schwere Verstoß gegen den Willen des Marquis. Mögen diese Worte des Verfassers von *Justine* diese Schmach wiedergutmachen: »Verzichten wir auf das lächerliche System der Unsterblichkeit der Seele, das dazu geschaffen ist, ebenso fortwährend verachtet zu werden wie das ebenso falsche und lächerliche der Existenz eines Gottes. Schwören wir mit dem gleichen Mut dem einen wie dem anderen dieser Märchen ab, diesen Früchten der Furcht, der Unwissenheit und des Aberglaubens.«

Als Sades Leiche exhumiert wurde, erbat sich Dr. Ramon den Schädel Sades und erhielt ihn. Die Echtheit dieser Reliquie steht außer Zweifel.[5] Die Beschäftigung mit der Phrenologie war damals auf ihrem Höhepunkt angelangt. Der junge Ramon war ein begeisterter Anhänger dieser Lehre wie auch des damals ebenso verbreiteten Magnetismus und schickte sich an, den Schädel des Marquis zu präparieren, um eine Analyse vorzunehmen, als er den Besuch seines Freundes Dr. Spurzheim erhielt, der am Beginn des Jahrhunderts in Wien die Vorlesungen Galls besucht hatte. Spurzheim bat ihn, ihm das kostbare Objekt anzuvertrauen. Ramon gab schließlich nach, und Spurzheim nahm den Schädel mit und versprach, ihn mit mehreren Abgüssen, die er anfertigen lassen würde, zurückzugeben. Er reiste ab, um Vorlesungen in England, Deutschland und Amerika abzuhalten, und starb kurz darauf. Aber in den wenigen Tagen, in denen Ramon im Besitz des Schädels war, studierte er ihn sorgfältig und gelangte zu folgenden Schlüssen:

»Ausgezeichnete Entwicklung der Schädelwölbung (Theosophie, Wohlwollen); keine übertriebenen Höcker hinter und über den Ohren (keine Streitsucht); Kleinhirn von mäßigem Umfang, keine übertriebene Entfernung von einem Warzenfortsatz zum anderen (kein Exzeß in der körperlichen Liebe).

Mit einem Wort, wenn mich in dem so ernst und, ich würde beinahe sagen, patriarchalisch einhergehenden Sade nichts den Verfasser von *Justine* und *Juliette* vermuten ließ, so hätte mich die Inspektion seines Schädels dazu gebracht, ihn von der Verantwortung für derartige Werke freizusprechen. Sein Schädel glich in allen Punkten dem eines Kirchenvaters.«[6]

Das Original des Schädels kann als endgültig verlorengegangen betrachtet werden. Manche meinen, es befände sich in Deutschland, andere wieder vermuten es in Amerika. Aber Thibault de Sade, der alles, was seinen Vorfahren betrifft, aufmerksam verfolgt, hat im Labor für Anthropologie des Musée de l'Homme einen der von Spurzheim angefertigten Abgüsse gefunden. Auf der linken Seite trägt er folgende Beschriftung in roten Lettern: »Marquis de Sade. Coll. Dumoutier n° 529.«[20] Dieser Dumoutier war der Gehilfe und Assistent Spurzheims gewesen. Höchstwahrscheinlich muß also die im Musée de l'Homme aufbewahrte Analyse ihm zugeschrieben werden:

»Die Gehirnorganisation des Marquis de Sade ist, in ihren Beziehungen zur Phrenologie betrachtet, eines dieser häufigen Beispiele, bei denen man die unvereinbarsten Kontraste antrifft. Die übertriebene Entwicklung einiger Organe, deren Vermögen äußerst verschiedene Zwecke erfüllen, gibt zur Vermutung Anlaß, daß diese Fähigkeiten den größtmöglichen Grad ihrer Tätigkeit erreicht haben und die glänzendsten Charakterzüge dieses merkwürdigen Mannes hervorbringen mußten. Unter dem Einfluß eines weisen und aufgeklärten Willens wären die Auswirkungen der edelsten und großherzigsten Leidenschaften daraus hervorgegangen. Doch das Gegenteil geschah: Die Harmonie, die den erhabenen Kombinationen der geistigen Fähigkeiten und der menschlichen Empfindungen vorsteht, hatte bei ihm zu existieren aufgehört. Das Ergebnis war, ob nun infolge von Veränderungen in der Organisation des Gehirns oder durch den Einfluß äußerer Umstände, eine solche Verderbnis in der Moral und in der Philosophie des Marquis de Sade, daß die eine wie die andere die formloseste Anhäufung von Lastern und Tugenden, Wohltätigkeit und Verbrechen, Haß und Liebe bilden. Eine so monströse, aus den schändlichsten Leidenschaften entstandene und von den Empfindungen der Schmach und Schande geprägte Konzeption würde, wäre sie nicht das Werk eines Verrückten, ihren Verfasser der Bezeichnung Mensch unwürdig machen und für immer das Andenken seiner Nachkommen beflecken.«[7]

GRABINSCHRIFT FÜR D. A. F. SADE GEFANGENER IN JEDEM REGIME

Passant,
Agenouille-toi pour prier
Près du plus malheureux des hommes.
Il naquit au siècle dernier
Et mourut au siècle où nous sommes.
Le despotisme au front hideux
En tous les temps lui fit la guerre;
Sous les rois, ce monstre odieux
S'empara de sa vie entière.
Sous la Terreur, il se maintient
Et met Sade au bord de l'abîme.
Sous le Consulat il revient,
Sade en est encore la victime.[8]

(Der Du vorübergehst, knie nieder und bete neben dem unglücklichsten unter den Menschen. Er wurde im vergangenen Jahrhundert geboren und starb in diesem. Der Despotismus mit seinem gräßlichem Haupt führte zu allen Zeiten Krieg gegen ihn. Unter den Königen bemächtigte sich dieses Scheusal seines ganzen Lebens. Unter der Schreckensherrschaft überlebte es und trieb Sade an den Rand des Abgrunds. Unter dem Konsulat kehrte es zurück, und wieder ist Sade sein Opfer.)

Anmerkungen

ABKÜRZUNGSVERZEICHNIS

A. D.	Archives départementales
A. N.	Archives nationales
Arch. Sade	Archives de la famille de Sade
Ars.	Bibliothèque de l'Arsenal
B. M.	Bibliothèque municipale
B. N.	Bibliothèque nationale
B. H. V. P.	Bibliothèque historique de la Ville de Paris
F. fr.	Fonds français
L. M. L.	D. A. F. de Sade, *Lettres et mélanges littéraires*. Borderie, Paris 1980. 3 Bde. in 1.
Lely	Gilbert Lely, *Vie du marquis de Sade, avec un examen de ses ouvrages.* Cercle du livre précieux, Paris 1962. 2 Bde. (Bde. 1 und 2 der Œuvres complètes des Marquis de Sade.)*
Ms.	Manuskripte
N. a. fr.	Nouvelles acquisitions françaises
O. C.	D. A. F. de Sade: *Œuvres complètes.* Cercle du livre précieux, Paris 1966–1967. 16 Bde. in 8.**

EINLEITUNG

1 Vgl. Noël Marmottan, *Le Pont d'Avignon, le petit pâtre Bénézet*, Imprimerie Mistral, Cavaillon 1964, sowie Jean-Paul Clébert, *Guide de la Provence mystérieuse*, Sand, Paris 1986.

---

* Alle Quellenangaben beziehen sich, wenn nicht anders aufgeführt, auf diese Ausgabe. Sie enthält den vollständigen wissenschaftlichen Apparat mit all seinen Verweisen auf Archive und andere Quellen, der in der Ausgabe von 1982 nicht mehr enthalten ist.

** Quellenangaben zu den Schriften Sades beziehen sich mit Ausnahme von *Die Hundertzwanzig Tage von Sodom* und *Valcour und Aline* auf diese Ausgabe, die nun gerade durch Jean-Jacques Pauvert neu herausgegeben wird. Die Quellenangaben zu letzteren beiden Werken beziehen sich auf den von Michel Delon edierten Text (Sade, *Œuvres*, Bd. 1, Gallimard, »Pléiade«, Paris 1990).

2 Joseph-François de Remerville, *Histoire de la ville d'Apt*, 1690. Bibliothek Mazarine, Ms. 3442–3445.

3 Wenn dies zutreffen sollte, würde sie auch über ihre Mutter Laura, der mit Henri de Chabaud verheirateten Tochter von Hugues de Sade, der Familie de Sade angehören.

4 Abbé Jean-Antoine de Pithon-Curt, *Histoire de la noblesse du Comtat Venaissin, d'Avignon et de la principauté d'Orange, dressée sur les preuves*. Veuve de Lormel et fils, Paris 1750, Bd. 3, S. 168–173.

5 Das Dokument wurde vom Abbé de Sade aufgefunden und in seinen *Mémoires pour la vie de François Pétrarque*, Bd. 3, S. 83–85, zugänglich gemacht.

6 Vgl. dazu den letzten Stand in dieser Frage: Enzo Giudici, »Bilancio di una annosa questione: ›Maurice Scève e la scoperta della tomba di Laura‹«, in: *Quaderni di filologia e lingue romanze. Ricerche svolte dall'Universita di Macerata*, Edizioni dell'Ateneo 1980, Bd. 2, S. 3–70. Der Autor erhebt durchaus plausible Einwände gegen die Verwandtschaft Lauras mit der Familie de Sade.

KAPITEL I

1 Archiv Sade, unveröffentlicht.

2 Pierre Klossowski, *Sade, mon prochain*. Le Seuil, Paris 1947, S. 189–201. Vgl. dazu auch Gérard Mendel, *La Révolte contre le père*. Petite Bibliothèque Payot, Paris, 4. Aufl. 1974, S. 102–110.

3 *O. C.*, Bd. 3, S. 391.

4 *O. C.*, Bd. 14, S. 368–369.

5 Gaspard-François de Sade führte als erster der Linie den Titel Marquis. Er ließ sich »Marquis de Mazan, Herr von Saumane, Beauregard« und anderen Orten nennen.

6 Schwester Marguerite-Félicité de Sade (Madame de la Coste), Nonne in Saint-Bernard in Cavaillon, an den Marquis de Sade (Arch. Sade, unveröffentlichter Brief).

7 Arch. Sade. 18. September 1721, unveröffentlichter Brief.

8 Ein von Nattier stammendes Porträt von Mademoiselle de Charolais in diesem Kostüm hing bis September 1792 in der Gemäldegalerie des Schlosses La Coste. Es war seit der Plünderung verschwunden; wir glauben, es wiedergefunden zu haben. Bekannt sind mehrere Bilder, die Mademoiselle de Charolais in dieser Kostümierung zeigen, darunter eine Miniatur aus der Sammlung Xavier de Sade, ein aus der Schule Nattiers stammendes Bild im Musée des Beaux-Arts von Béziers, ein Natoire zugeschriebenes Porträt im Musée de Versailles sowie eine weitere Miniatur, die sich in unserem Besitz befindet.

9 Arch. Sade. Unveröffentlichter Brief.

10 Arch. Sade. Unveröffentlichter Brief.

11 Voltaire, *Correspondance*. Gallimard-Pléiade, Paris, Bd. 1, S. 123.

12 Arch. Sade. Unveröffentlichter Brief.
13 Offenbar eine Anspielung auf den Herzog von La Trémoïlle, der dieses Regiment befehligte.
14 Arch. Sade. Unveröffentlichter Brief.
15 Ars., Ms. Bastille 10255, unveröffentlicht.
16 Zur Unterdrückung der Homosexualität im Ancien régime vgl. das Werk des Verf.: *Les Bûchers de Sodome*. Fayard, Paris 1985.
17 Arch. Sade. Unveröffentlichter Brief.
18 Arch. Sade. Unveröffentlichter Brief.
19 Sie wurde am 18. August 1714 geboren und heiratete den Fürsten im Jahr 1729.
20 Arch. Sade, unveröffentlicht.

KAPITEL 2

1 Arch. Sade. Unveröffentlichter Brief.
2 Von der Initiation des Grafen de Sade und Montesquieus wurde im *British Journal* von Samstag, dem 16. Mai 1730, berichtet. Zur Mission des Grafen in England vgl. auch Pierre Chevallier, *La première profanation du temple maçonnique*. Librairie philosophique Vrin, Paris 1968, S. 31 f.
3 René-Louis de Voyer, Marquis d'Argenson, *Journal et Mémoires*, hg. v. E.-J. B. Rathery, Paris 1859–1867, Bd. 3, S. 260.
4 Vgl. dazu Victor L. Tapié, *L'Europe de Marie-Thérèse, du baroque aux Lumières*. Fayard, Paris 1973, S. 27 ff. sowie *Recueil des instructions aux ambassadeurs et ministres de France*, Bd. 28: »États allemands, Bd. II: Electorat de Cologne«, Éditions du CNRS, Paris 1963, S. 159 ff.
5 *Mémoires de la vie galante, politique et littéraire de l'abbé Aunillon Delaunay du Gué, ambassadeur de Louis XV près le prince électeur de Cologne*. Paris 1908, Bd. 2, S. 131, 136.
6 Ebd., Bd. 2, S. 124.
7 Arch. Sade, unveröffentlicht.
8 Es begann mit folgenden Worten: »Sire, Monsieur le comte de Sade teilte mir mit, daß er von Eurer Majestät den Befehl zu seiner Rückkehr erhalten hat.« Der Graf de Sade wird dieses Abberufungsschreiben einige Monate darauf seinem Sekretär Baumez schicken, der in Bonn geblieben war. (Arch. Sade, unveröffentlicht).
9 Aunillon, *Mémoires*, Bd. 2, Brief 14, S. 106–109.
10 D'Argenson, *Journal*, Bd. 4, S. 244.
11 Arch. Sade. Unveröffentlichter Brief.
12 Eine von seiner Hand stammende, äußerst detailreiche Schilderung seiner Haft ist uns erhalten geblieben. Arch. Sade. Unveröffentlichter Brief.
13 Voltaire an den Grafen de Sade, Juni 1745. Arch. Sade. Unveröffentlichter Brief.

14 Arch. Sade. Unveröffentlichter Brief.
15 Arch. Sade. Unveröffentlichter Brief.
16 Arch. Sade. Unveröffentlichter Brief.
17 Arch. Sade. Unveröffentlichter Brief.
18 Arch. Sade. Unveröffentlichter Brief.

KAPITEL 3

1 *Description nouvelle de la ville de Paris et Recherche des singularités les plus remarquables qui se trouvent à présent dans cette grande ville* [...]. Paris, 5. Aufl. 1706, Bd. 2, S. 291. Das Stadtpalais wurde bis 1764 von den Condé bewohnt und dann von Louis-Joseph de Condé um den Preis von 4 168 107 Livres und 15 Sols an Ludwig XV. verkauft. Der König ließ es zur Gänze abtragen, um Platz für ein neues Stadtviertel zu schaffen (Théâtre de l'Odéon und Umgebung).
2 Edmond Jean-François Barbier, *Chronique de la Régence et du règne de Louis XV.* Charpentier, Paris 1885, Bd. 1, S. 275.
3 Mathieu Marais, *Journal et Mémoires sur la Régence et le règne de Louis XV.* Paris 1863–1868, Bd. 3, S. 18 f.
4 Duc de Luynes, *Mémoires.* Firmin-Didot, Paris 1860–1864, Bd. 4, S. 201, sowie Bd. 7, S. 385.
5 Aline et Valcour, in: Sade, *Œuvres,* Bd. 1, hg. v. Michel Delon, Gallimard (Pléiade), Paris 1990, S. 403.
6 Gemeindearchiv Saumane, Nr. BB 6 (1743–1761), Kopie, unveröffentlicht.
7 Aline et Valcour, in: Sade, *Œuvres,* Pléiade, Bd. 1, S. 403.
8 Er wurde durch ein königliches Patent vom 26. Januar 1744 ernannt, der durch eine päpstliche Bulle vom 7. Dezember desselben Jahres bestätigt wurde, und trat sein Amt im Kloster am 24. Januar 1745 an.
9 Vom Abbé an den Grafen de Sade, 26. Januar 1744. Arch. Sade. Unveröffentlichter Brief.
10 Les Cent Vingt Journées de Sodome, in: Sade, *Œuvres,* Pléiade, Bd. 1, S. 57 f.
11 Voltaire, *Correspondance.* Gallimard, Pléiade, Bd. 1, S. 443.
12 *Lettres de la marquise du Châtelet,* hg. v. Théodore Besterman. Genf, Institut et musée Voltaire, »Les Délices«, Bd. 1, S. 250. Brief 137 an Francesco Algarotti vom 27. August [1738].
13 Diese Urkundensammlung wurde bei der Plünderung des Schlosses Mazan während der Revolution zerstört. Der Abbé hatte davon ein Inventar angefertigt, das heute in den Familienarchiven aufbewahrt wird. Arch. Sade und Lely, *Vie,* Bd. 1, S. 10 f.
14 Sade erwähnt den Abbé Boileau und Meibomius in *Histoire de Juliette, O. C.,* Bd. 9, S. 288, Anm.
15 Brief von 1765 an seine Tante Gabrielle-Éléonore, Äbtissin in Saint-Benoît in Cavaillon, zit. nach: Jean Desbordes, *Le Vrai visage du marquis de Sade.* Éditions

de la Nouvelle Revue Critique, Paris 1939, S. 42.

16 Vgl. Dr. Charles Bidet, *D'Ebreuil à Châteauneuf. La vallée de la Sioule, Ebreuil et son abbaye.* G. de Bussac, Clermont-Ferrand 1973, S. 93 f., 115.

17 *Œuvres*, Bd. 1, S. 403.

18 Brief des Grafen de Sade an seinen Onkel Jean-Louis de Sade, Prior von Sainte-Croix de Maulsang und Probst von L'Isle-sur-Sorgue, vom 11. November 1752 (Arch. Sade, unveröffentlichter Brief).

19 Zu den Bühnenbildern von Louis-le-Grand vgl. die Gravuren von Lemaire und Boulée (B. N.) im Katalog der Ausstellung *Petits et grands théâtres du marquis de Sade.* Paris Art Center 1989, S. 36 f.

20 *Instruction pour les maîtres des écoles chrétiennes*, S. 27.

21 Vgl. Maurice Lever, *Les Bûchers de Sodome*, S. 322–333.

KAPITEL 4

1 Madame de Raimond an den Grafen de Sade, Juli 1753. Arch. Sade. Unveröffentlichter Brief.

2 Hervorhebung des Autors. Etwas später deutet Madame de Raimond das Schweigen Donatiens als mangelnde Aufmerksamkeit den anderen gegenüber und schreibt es seiner Schüchternheit zu: »Was sagen Sie zu unserem Kind? Zu seiner abweisenden Art? Ich bin darüber verärgert, da man langsamer gefällt, wenn man sich nicht ein wenig zuvorkommend gibt. Das wird sich in Ihrer Gesellschaft geben und sobald seine jugendliche Schüchternheit überwunden sein wird.« (Madame de Raimond an den Grafen de Sade, 16. Juli 1756. Arch. Sade. Unveröffentlichter Brief).

3 Madame de Raimond an den Grafen de Sade, 8. September 1753. Arch. Sade. Unveröffentlichter Brief.

4 *Faut-il brûler Sade*? Gallimard, »Idées«, S. 33.

5 Madame de Raimond an den Grafen de Sade, 8. September 1753. Arch. Sade. Unveröffentlichter Brief.

6 Madame de Raimond an den Grafen de Sade, 22. September 1753. Arch. Sade. Unveröffentlichter Brief.

7 Zumindest anfangs nicht; später sollte sich die Beziehung zwischen den beiden Frauen merklich abkühlen.

8 Madame de Saint-Germain an den Grafen de Sade. Arch. Sade. Unveröffentlichter Brief.

9 *O. C.*, Bd. 14, S. 267 ff.

10 *L. M. L.*, Bd. 3, S. 71.

11 Anspielung auf die Liaison des Grafen von Clermont mit der berühmten Tänzerin, die später Grimberghens Mätresse wurde.

12 1. Oktober 1753. Arch. Sade. Unveröffentlichter Brief.

13 Graf de Sade an den Marquis von Surgères, 24. Februar 1754. Arch. Sade.

Unveröffentlichter Brief.

14 Graf de Sade an den Marquis von Surgères, 1. Februar 1755. Arch. Sade. Unveröffentlichter Brief.

15 Ein noch sehr junger »Sabberlätzchen-Oberst« mußte während des Angriffs auf Port-Mahon von einem seiner Grenadiere getragen werden.

16 Aline et Valcour, in: Sade, *Œuvres*, Pléiade, Bd. 1, S. 403.

17 Ludwig XII. hatte 1498 mehrere Kompanien leichter Kavallerie aufgestellt. Ein Jahrhundert später, im Jahr 1599, wurden sie von Heinrich IV. für ihre Tapferkeit in den Italienfeldzügen und Religionskriegen ausgezeichnet und zu seinen Garden genommen. Unter Ludwig XIII. trugen sie als Defensivwaffen Brustharnisch und Helm und als Offensivwaffen Degen oder Säbel und Pistolen. Ludwig XV. rüstete sie 1745 mit Musketen aus.

18 Der Abbé an den Grafen de Sade, 20. Oktober [1754]. Arch. Sade. Unveröffentlichter Brief.

19 Madame de Raimond an den Grafen de Sade, 11. Oktober 1756. Arch. Sade. Unveröffentlichter Brief.

20 *Extraordinaire de la Gazette*, 27.–28. Juni 1756.

21 Aline et Valcour, in: Sade, *Œuvres*, Pléiade, Bd. 1, S. 404.

22 Madame de Raimond an den Grafen de Sade, 23. September [1756]. Arch. Sade. Unveröffentlichter Brief.

23 Arch. Sade. Unveröffentlichter Brief.

24 Arch. Sade. Unveröffentlichter Brief.

25 Arch. Sade. Unveröffentlichter Brief.

26 Antoine de Pas, Marquis de Feuquières (1648–1711), Verfasser der 1731 veröffentlichten *Mémoires de la guerre*, die als eines der besten Abhandlungen über Strategie aus dieser Zeit gelten.

27 Marquis de Poyanne an den Grafen de Sade, 18. Mai [1758]. Arch. Sade. Unveröffentlichter Brief.

28 Arch. Sade. Unveröffentlichter Brief.

29 Arch. Sade. Unveröffentlichter Brief.

30 Es gibt nur wenige Zeugnisse über das Selbstverständnis dieses Höflings als Grundherr. Folgender Entwurf eines Briefes an den Pfarrer von Saumane mag davon eine Vorstellung vermitteln. »Das von mehreren schlechten Ernten verursachte Elend«, schreibt der Graf de Sade, »läßt mich befürchten, daß meine Bauern von Saumane in diesem Winter leiden werden, was mein Mitleid weckt. Meine Nächstenliebe gilt aber nicht denjenigen, die ein müßiges Leben vorziehen und lieber betteln als arbeiten gehen wollen. Ich möchte die Not derer lindern, die der Mangel an Arbeit ins Elend stürzen würde, und bitte Sie deshalb, in der Predigt anzukündigen, daß ich all jenen Arbeit geben werde, die keine haben und sich mit einem vernünftigen Lohn zufriedengeben wollen; es handelt sich um eine Arbeit, die sie auch wieder niederlegen können, sobald sie anderswo mehr verdienen würden. Zu diesem Zweck brauchen sie

sich nur an Monsieur Planchon zu wenden, der ihnen sagen wird, was zu tun ist.« (Arch. Sade. Unveröffentlichter Brief).

31 Graf de Sade an Madame de Raimond, 31. Dezember 1758. Arch. Sade. Unveröffentlichter Brief.

32 Vom 4. August 1758. Arch. Sade. Unveröffentlichter Brief.

33 *O. C.*, Bd. 16, S. 34.

34 Brief an Mademoiselle de Rousset, [12. Mai 1779], in: *L. M. L.*, Bd. 1, S. 69.

KAPITEL 5

1 B. N. Ms. N. a. fr. 24384, f° 305. Abgedruckt in G. Lely (*Vie*, Bd. 1, S. 58–59), mit mehreren Lesefehlern und unentzifferten Wörtern.

2 B. N. Ms. N. a. fr. 243584, f°s 304–305. L. n. s. Nicht in Donatiens Handschrift. Randnotiz in seines Vaters Handschrift: *Abschrift seines Briefs an den Abbé, der bei mir weilt, und ich bin sehr wütend darüber, weil ich wollte, daß niemand weiß, was er angestellt hat.* Mit einigen Lesefehlern abgedruckt bei Gilbert Lely (*Vie*, Bd. 1, S. 57–58).

3 Arch. Sade. Unveröffentlichter Brief.

4 Monsieur de Montmorillon an den Grafen de Sade, 6. August 1759. Arch. Sade. Unveröffentlichter Brief.

5 Der Graf de Sade an Monsieur de Montmorillon, August 1759. Arch. Sade. Unveröffentlichter Brief.

6 Monsieur Auban de La Feuillée an den Grafen de Sade, 8. Oktober 1759. Arch. Sade. Unveröffentlichter Brief.

7 Herzog von Choiseul an den Grafen de Sade, 20. Mai 1761. Arch. Sade. Unveröffentlichter Brief.

8 Madame Beauvau-Bassompierre an den Grafen de Sade, 21. Juni 1761. Arch. Sade. Unveröffentlichter Brief.

9 Die Stelle als Fahnenjunker (*guidon de gendarmerie*) war hochbegehrt und sehr teuer.

10 Monsieur de La Ronce an den Grafen de Sade, 12. November 1761. Arch. Sade. Unveröffentlichter Brief.

11 Graf de Sade an Madame de Raimond de Longeville, 16. August 1761. Arch. Sade. Unveröffentlichter Brief.

12 Herzog von Choiseul an den Grafen de Sade, 12. November 1761. Arch. Sade. Unveröffentlichter Brief.

13 Herzog von Choiseul an den Grafen de Sade, 7. Dezember 1761. Arch. Sade. Unveröffentlichter Brief.

14 Louis-Joseph de Condé an den Grafen de Sade, 15. Dezember 1761. Arch. Sade. Unveröffentlichter Brief.

15 Randnotiz in der Handschrift des Grafen: »Das kann ich ihm nachfühlen!«

16 *Œuvres Diverses*, Ms. Arch. Sade. Abgedruckt in: Lely, *Vie*, Bd. 1 S. 59–62.

17 B. N. Ms. N. a. fr. 24384, f°s 279–280.

18 Herzog von Cossé an den Grafen de Sade, 12. November 1761. Arch. Sade. Unveröffentlichter Brief.

19 Die zum Felddienst nicht Tauglichen bekamen Druckposten wie Festungsdienst oder Ehrengerichtsbarkeit usw.

20 Arch. Sade. Unveröffentlichter Brief.

21 B. N. Ms. N. a. fr. 24384, f°s 287–288.

22 Im Original unterstrichen.

23 B. N. Ms. N. a. fr. 24384, f°s 279–280.

24 Tatsächlich hatte er sechs.

25 Im Jahre der Eheschließung seines Sohnes mit Marie-Madeleine Masson de Plissay (22. August 1740) kaufte Jacques-René Cordier de Launay vom Marquis de Pont-Saint-Pierre das Baronsgut Echauffour in der Normandie und die damit verbundene Grundherrschaft von Montreuil-Largillé. Claude-René nahm daraufhin den Namen Montreuil an. Mit dem Erwerb der Grundherrschaft fiel ihm der Adelstitel zu, der jedoch nicht erblich war, sondern mit dem Amt verbunden.

26 Der Malteserorden unterhielt mehrere Damenstifte, die auf das Johanniterhospiz in Jerusalem zurückgingen. Nur Töchter aus Adelsfamilien konnten eintreten. Die bedeutendsten lagen in Frankreich: eines in Toulouse und zwei weitere in Martel und Beaulieu im Departement Lot.

27 Graf de Sade an den Abbé, 17. März 1763. B. N. Ms. N. a. fr. 24384, f° 281.

28 Maurice Heine, *op. cit.*, S. 355–356.

29 B. N. Ms. N. a. fr. 24384, f°s 310–311.

30 Paris de Montmartel, Schatzmeister des Königs und sein Bankier.

31 Jacques-René Cordier de Launay, Kriegsschatzmeister in den Städten Berghe und Furnes und Vater des Präsidenten von Montreuil.

32 Renée-Pélagies Tante väterlicherseits.

33 Graf de Sade an den Abbé de Sade, B. N. Ms. N. a. fr. 24384, f°s 310–311.

34 Graf de Sade an den Abbé de Sade, 15. Mai 1763, B. N. Ms. N. a. fr. 24384, f°s 302–303.

35 B. N. Ms. N. a. fr. 24384, f°s 314–315.

36 B. N. Ms. N. a. fr. 24384, f°s 310–311.

37 B. N. Ms. N. a. fr. 24384, f°s 306–307.

38 C … steht für »*chaude-pisse*«, volkstümlich für geschlechtlich übertragbare Krankheiten. De Sades Zeitgenossen unterschieden nur harten und weichen Schanker und nicht zwischen Syphilis und Tripper.

39 Sade. *Œuvres diverses*, Ms. Arch. Sade. In voller Länge bei Lely wiedergegeben, *Vie*, Bd. 1, S. 68–71.

40 B. N. Ms. N. a. fr. 24384, f°s 277–278.

41 B. N. Ms. N. a. fr. 24384, f°s 448–449.

42 Arch. Sade. Unveröffentlichtes Dokument. Es gibt kein Porträt von Madame

de Sade als Mädchen oder auch als Marquise außer der bekannten Bleistiftzeichnung von Van Loo. Der Kupferstich im Cabinet des Estampes der Bibliothèque Nationale, den etliche Autoren für ihr Bildnis halten, ist offenbar nicht echt. Es ist ein plump gemachtes Medaillon aus dem 19. Jahrhundert. Die Körpergröße wird in vorrevolutionären Maßeinheiten angegeben.

43 B. N. Ms. N. a. fr. 24384, fº 267.

44 Graf de Sade an die Äbtissin von Saint-Laurent, etwa 15. Mai 1763, B. N. Ms. N. a. fr. 24384, fos 262–263.

45 Graf de Sade an Gabrielle-Laure de Sade, 2. Mai 1763, B. N. Ms. N. a. fr. 24384, fº 267.

46 Lely, *Vie*, Bd. 1, S. 87. Renée-Pélagies Mitgift belief sich auf 300 000 Livres, immerhin eine große Summe, aber nur ein Teil davon sollte bar bezahlt werden und der Rest ihr in Renten und Erbteilen zukommen. Von den de Sade sollte Donatien außer der Statthalterschaft für Bresse, Bugey usw., die mit einem Jahreseinkommen von ungefähr 10 000 Livres verbunden war, die »Eigentumstitel« (ohne Einkünfte) der Ländereien und Herrengüter von La Coste, Mazan, Saumane und den Hof von Cabannes sowie weitere heutige und künftige Besitzungen erhalten, aus denen sich der Vater die Verfügung über 30 000 Livres vorbehielt.

47 Maurice Heine, *op. cit.*, S. 336–337.

48 B. N. Ms. N. a. fr. 24384, fos 406–407.

KAPITEL 6

1 Graf de Sade an den Abbé de Sade, 2. Juni 1763, B. N. Ms. N. a. fr. 24384, fos 308–309.

2 Graf de Sade an seine Schwester Gabrielle-Laure, 9. Juni 1763, B. N. Ms. N. a. fr. 24384, fos 275–276.

3 Graf de Sade an den Abbé de Sade, 16. August 1763, B. N. Ms. N. a. fr. 24384, fos 289–290.

4 Madame de Montreuil an den Abbé de Sade, 20. Oktober 1763, B. N. Ms. N. a. fr. 24384, fos 410–412.

5 Graf de Sade an den Abbé de Sade, 2. Juni 1763. B. N. Ms. N. a. fr. 24384, fos 308–309.

6 Der Vertrag sah vor, daß die »Einkünfte und Erträge dieses Amts dem besagten Herrn (Donatien de Sade) und künftigen Gatten *ab 4. März 1760* zustehen.« A. D. Vaucluse, J. 87.

7 Madame de Montreuil an den Abbé de Sade, 14. September 1763. B. N. Ms. N. a. fr. 24384, fos 414–415.

8 Mademoiselle de Rousset an Gaufridy, 27. November 1778, in: Paul Bourdin, *Correspondance inédite du marquis de Sade*, Paris 1929, S. 129. Diese Einschätzung wurde 15 Jahre nach Donatiens Hochzeit geschrieben, ein Beweis, daß

die Präsidentin noch mit fast fünfundfünfzig attraktiv war.

9 Graf de Sade an den Abbé de Sade, 2. Juni 1763, B. N. Ms. N. a. fr. 24384, f°s 308–309.

10 B. N. Ms. N. a. fr. 24384, f°s 414–415.

11 B. N. Ms. N. a. fr. 24384, f°s 410–412.

12 *Aline et Valcour*, Brief 3, in Sade, *Œuvres*, Bd. 1, S. 397.

13 *La philosophie dans le boudoir*, in *O. C.*, Bd. 3, S. 406–407.

14 *Op. cit.*, S. 406 f.

15 *Op. cit.*, S. 416.

16 *L'Aigle, Mademoiselle* (Paris: Georges Artigues, 1949), S. 101.

17 Diese Darstellung hält sich genau an den Originaltext von Jeanne Testards Aussage, die von Jean Pomarède entdeckt und bei Gilbert Lely in *O. C.*, Bd. 2, Nachwort, S. 643–650, abgedruckt worden ist. Durch einen merkwürdigen Zufall war es derselbe Kommissar Hubert Mutel, der die Ausschweifungen des Abbé de Sade am 25. Mai 1762 untersuchen mußte.

18 Der Marquis sollte viele Jahre später Rose Keller ebendort begegnen.

19 Arch. Sade. Unveröffentlichter Brief.

20 *L'Amateur d'autographes*, 1866, S. 355–356.

21 A. N. O^{1} 406, Nr. 361.

22 Darunter Regnards *Le Retour imprévu*, erstmals 1700 im Théâtre Français aufgeführt, und Palparats *L'Avocat Patelin*, ein Dreiakter aus dem Jahr 1706. Zu den Schauspielern gehörten außer dem Marquis, Familienmitglieder und Freunde: Madame de Sade, Madame de Montreuil, Madame d'Évry, Madame de Plissay, die Mutter der Präsidentin und andere Adelige.

23 Sade, »Premières Œuvres«, in *O. C.*, Bd. 16, S. 23–25.

24 Lely, *Vie*, Bd. 1, S. 118.

25 Op. cit., S. 148–149.

26 Op. cit., S. 149–150.

27 Op. cit., S. 150–151.

28 Op. cit., S. 153–154.

KAPITEL 7

1 Camille Piton, *Paris sous Louis XV*, Bd. 2, S. 196.

2 Am 13. Dezember 1765 notiert Inspektor Marais, daß »Mademoiselle Beauvoisin von ihrer Fehlgeburt genesen ist«, woraus geschlossen werden darf, daß die Empfängnis um den 15. März stattgefunden hat.

3 Unveröffentlichter Brief aus der Privatsammlung des Verfassers.

4 Madame de Montreuil an den Abbé de Sade, 20. Mai 1765. B. N. Ms. N. a. fr. 24384, f°s 442–443.

5 Camille Piton, op. cit., Bd. 3, S. 61.

6 Madame de Montreuil an den Abbé de Sade, 17. Juli 1765. B. N. Ms. N. a. fr.

24384, f°s 452–453.

7 Jean Desbordes, op. cit., S. 42; Transkription G. Lely, *Vie*, Bd. 1, S. 126.

8 Brief des Marquis an den Abbé de Sade, 18. Oktober 1765, in: Jean Desbordes, op. cit., S. 43.

9 Madame de Montreuil an den Abbé de Sade, 8. August 1765. B. N. Ms. N. a. fr. 24384, f°s 454–456.

10 Lely, *Vie*, Bd. 1, S. 131–132.

11 Madame de Montreuil an den Abbé de Sade, 7. November 1765, B. N. Ms. N. a. fr. 24384, f°s 457–458.

12 Camille Piton, op. cit., Bd. 3, S. 72–73 u. 305.

13 Lely, *Vie*, Bd. 1, S. 136–137. Auch diesen Brief ließ der Marquis für seine *Œuvres diverses* abschreiben und binden, ein Beweis, daß er ihm mehr literarischen als autobiographischen Wert beimaß.

14 Madame de Montreuil und der Abbé de Sade scheinen dieses Verhältnis als einzige gekannt zu haben. »Er hat vier Tage in Melun bei seiner neuesten Flamme verbracht«, schrieb der Abbé an die Präsidentin. Brief des Abbé de Sade an Madame de Montreuil, 1. Juni 1766, in: Lely, *Vie*, Bd. 1, S. 137–139.

15 Op. cit.

16 Op. cit.

17 Lely, *Vie*, Bd 1, S. 156.

18 Op. cit.

19 Arch. Sade. Unveröffentlichtes Dokument.

20 Der Graf de Sade an Gabrielle-Laure, 20. Juni 1765. Arch. Sade. Unveröffentlichter Brief.

21 Madame de Montreuil an den Abbé de Sade, 30. Januar 1765. B. N. Ms. N. a. fr. 24384, f°s 418–419.

22 Madame de Montreuil an den Abbé de Sade, 19. April 1767, Lely, *Vie*, Bd. 1, S. 141–142.

23 Maurice Heine, op. cit., S. 234.

24 Henri Fauville, op. cit., S. 72.

25 Camille Piton, op. cit., Bd. 3, S. 243–244.

26 Aussage von Jean-François Vallée, *Steuereintreiber im Gerichtsbezirk Arcueil*, 16. April 1768; vgl. Maurice Heine, op. cit., S. 166 u. S. 182–183.

KAPITEL 8

1 Unsere Wiedergabe der Ereignisse folgt getreu den Aussagen von Rose Keller und der Zeugen, wie sie von Maurice Heine erstmals veröffentlicht wurden (op. cit., S. 158–203). Unsere Dankesschuld Gilbert Lely gegenüber ist nicht geringer, obwohl unsere Erzählung in einigen Details von seiner Darstellung abweicht (vgl. Lely, *Vie du marquis de Sade*, Bd. 1, S. 170–196).

2 Über diesen Fluchtversuch berichtet der *Recueil d'anecdotes littéraires et politiques*

vom 24. April 1768; ein späterer Artikel (vom 23. Mai) dementiert die Meldung, allerdings in wenig überzeugender Form. B. Mazarine, Ms. 2383.

3 Madame de Saint-Germain an Abbé de Sade am 18. [April 1768], in: Lely, *Vie*, Bd. 1, S. 224 f.

4 Camille Piton, *Paris sous Louis XV*, Bd. 3, S. 124.

5 Lely, *Vie*, Bd. 1, S. 228.

6 Inspektor Marais an Graf de Saint-Florentin am 30. April 1768. (B. M. Reims. Ms. Collection Tarbé: XVIII, 222. Abgedruckt in: Lely, *Vie*, Bd. 1, S. 230 f.)

7 Bei Duell, geplantem Mord oder Raub werden solche Begnadigungsbriefe *(lettres d'abolition)* nicht gewährt.

8 Madame de Montreuil an Abbé de Sade am 13. Juni 1768, B. N. Ms. N. a. fr. 24384, f°s 420 f.

9 Madame de Montreuil an Abbé de Sade am 19. November 1768, B. N. Ms. N. a. fr. 24384, f°s 438 f.

10 Akten vom 18. April und 19. November, unterzeichnet vor Maître Gibert in Paris. Arch. Sade. Unveröffentlichtes Dokument.

11 Madame de Montreuil an Abbé de Sade am 2. März 1769, B. N. Ms. N. a. fr. 24384, f°s 424–427.

12 *Lettres de la marquise Du Deffand à Horace Walpole*, London, 1912, Bd. 1, S. 417 ff. und 443.

13 *Gazette à la main*: B. H. V. P., Ms. 627, Artikel vom 12. Juni 1768.

14 Vgl. François Moureau, »Sade avant Sade«, in: *Cahiers de l'U. E. R. Froissart*, Université de Valenciennes, Nr. 4, Winter 1980, S. 19–28.

15 Lely, *Vie*, Bd. 1, S. 231 f. Die alte Dame meint wahrscheinlich die *Gazette de Leyde*, in deren *Supplément* vom 29. April 1768 sehr detailliert über die Affäre berichtet wurde.

16 *Courrier du Bas-Rhin* vom 20. April 1768, S. 250.

17 *Recueil d'anecdotes littéraires et politiques* (B. Mazarine, Ms. 2383, Artikel vom 13., 17., und 20. April sowie vom 23. Mai 1768).

18 *Gazette d'Utrecht. Supplément*, 3. Mai 1768.

19 Siméon-Prosper Hardy, *Mes Loisirs, ou Journal d'événements tels qu'ils parviennent à ma connaissance*. B. N. Ms. F. fr. 6680.

20 Restif de la Bretonne, *Les Nuits de Paris ou le Spectateur nocturne*, 1788–1794, 194. Nacht.

21 J.-A. Dulaure, *Collection de la liste des ci-devant ducs, marquis, comtes, barons, etc.* Paris, de l'Imprimerie des ci-devant nobles, l'an second de la liberté, 1790, Barnery, in: 8° (Nr. XXXI, S. 5–8; Nr. XXXII, S. 1–4).

22 »Le Président mystifié«, in: *Historiettes, contes et fabliaux* (*O. C.*, Bd. 14, S. 208).

KAPITEL 9

1 An Mademoiselle de Rousset am 17. April 1782, in: *O. C.*, Bd. 12, S. 349.

2 Madame de Montreuil an Abbé de Sade am 4. März 1769, B. N. Ms. N. a. fr. 24384, f°s 440–441.
3 Lely, *Vie*, Bd. 1, S. 242 f.
4 B. N. Ms. N. a. fr. 24384, f°s 446–448.
5 Madame de Montreuil an Abbé de Sade am 29. Juni 1769, B. N. Ms. N. a. fr., f°s 422–423.
6 *O. C.*, Bd. 16, S. 85–108.
7 Monsieur de Saint-Florentin an Madame de Montreuil am 24. März 1770, in: Lely, *Vie*. Bd. 1, S. 245.
8 Vgl.: An Madame de Sade [20. Mai 1778]. Arch. Sade. Unveröffentlichter Brief.
9 Siehe Dr. Jean Artarit, »Sade et la Vendée«, in: *Annuaire de la Société d'émulation de la Vendée*, 1985, S. 111–121.
10 Das Patent trägt das Datum vom 13. März 1771 (Arch. Sade).
11 J. Desbordes, op. cit., S. 90.
12 Sammlung M. Lever. Unveröffentlichter Brief.
13 B. N. Ms. N. a. fr. 24384, f°s 473–474.
14 B. N. Ms. N. a. fr. 24384, f°s 324 f. Die kursiv gesetzten Stellen sind im Original unterstrichen.
15 Lely, *Vie*, Bd. 1, S. 280 ff.
16 B. N. Ms. N. a. fr. 24384, f°s 595 f. Teilweise veröffentlicht in Bourdin, op. cit., S. 9–12.
17 Vgl. H. Fauville, op. cit., S. 86.
18 Die Vorbereitungen für dieses Festival von La Coste und Mazan – das wahrscheinlich das erste Theaterfestival in Frankreich war – brachten während des ersten Halbjahres 1772 viel Aufregung in das friedliche Nest Mazan: Alle ansässigen Handwerker, der Rat und der *Viguier* (etwa: Dorfschulze) mußten aktiv werden, um diese Grille des großen Herrn in die Tat umzusetzen. Vgl. Pierre Fayot und Camille Tiran: *Mazan, Histoire et vie quotidienne d'un village comtadin à travers les siècles.* Carpentras 1978, S. 477–483.
19 Vgl. Sade, *Théâtre.* Hrsg. von Jean-Jacques Brochier, Bd. 1, S. 82 f.
20 Bibliothèque Ceccano, Avignon, fonds Jouve, Ms. 6 600, f° 82, in: Fauville, op. cit., S. 89.
21 Madame de Montreuil an Abbé de Sade am 29. Mai 1772, B. N. Ms. N. a. fr., f°s 428 f.
22 Er soll aus adligem Hause stammen, gerüchteweise gar ein unehelicher Sohn des Herzogs von Bayern sein.

KAPITEL 10

1 Die folgende Wiedergabe der Ereignisse basiert auf den Verfahrensakten. Die Originaldokumente sind verloren, lediglich die Urteilstexte sind erhalten. In

den *Archives de la Société du Roman philosophique* findet sich jedoch eine von Marius Garcin für den Rechtsgelehrten und Sammler Alfred Bégis angefertigte Kopie, die dieser mit Anmerkungen versehen hat. Maurice Heine, dem wir diesen wertvollen Fund verdanken, veröffentlichte das Dokument in einem Artikel der Zeitschrift *Hippocrate* (»L'affaire des bonbons cantharidés du marquis de Sade – 27 juin–12 septembre 1772«, Nr. 1, März 1933); Gilbert Lely reproduzierte den Artikel in seiner Neuausgabe von: Maurice Heine, *Le Marquis de Sade*, Gallimard, Paris, 1950, S. 120–154.

2 Maurice Heine, op. cit., S. 132.

3 Ebd., S. 133.

4 Ebd., S. 133 f.

5 A. D. Bouches-du-Rhône. Polizei. Befehle des Königs. C. 4156. – Der Brief des Herzogs von La Vrillière vom 15. Juli 1772 sowie die Antwort von Monsieur de Montoyon sind abgedruckt in: Maurice Heine, op. cit., S. 121 f.

6 »Reflexions et notes sur la requête en question«, an Madame de Sade am 21. April 1777, in: *O. C.*, Bd. 12, S. 124–130.

7 *Historiettes, contes et fabliaux*, in: *O. C.*, Bd. 14, S. 196.

8 Madame de Montreuil an Gaufridy am 12. März 1776. Arch. Sade. Unveröffentlichter Brief.

9 *La Nouvelle Justine*, in: *O. C.*, Bd. 7, S. 318, Anmerkung.

10 *Justine ou les malheurs de la vertu*, in: *O. C.*, Bd. 3, S. 111.

11 »Requête de Mme de Sade«. B. N. Ms. N. a. fr. 24384, f°s 595 ff.

12 *Mémoires secrets pour servir à l'histoire de la République des Lettres en France, depuis 1762 jusqu'à nos jours, ou Journal d'un observateur*. London, 1771–1787, 36 Bde. Bd. 6: 25. Juli 1772.

13 *Livre de raison* (Hauptbuch) von Monsieur de Montreuil. Sammlung François Moureau. Unveröffentlichtes Dokument.

14 Ebd.

15 Es handelt sich hier um einen Akt der Milde, der es dem Verurteilten erspart, bei lebendigem Leibe verbrannt zu werden. Die Maßnahme war Gegenstand eines *retentum*, das dem Henker erlaubte, den Todeskandidaten an einem Galgen zu erwürgen und den bereits Toten dem Feuer zu überantworten. Das stets zahlreiche Publikum dieser öffentlichen Hinrichtungen bemerkte die List wegen der Rauchbildung nicht.

16 Maurice Heine, op. cit., S. 146 f.

17 Die Hinrichtung *in effigie* von flüchtigen Verurteilten war sehr verbreitet. Man hängte ein Bild an einen Galgen, auf dem der Verbrecher und der Tod dargestellt waren, den er zu erleiden gehabt hätte. Es geschah gelegentlich, daß ein nicht eben energisch gesuchter Täter seiner »Hinrichtung« zuschaute.

18 *O. C.*, Bd. 13, S. 279 f.

19 Hervorhebungen von Sade. Privatsammlung. Unveröffentlichtes Dokument.

20 Lely, *Vie*, Bd. 1, S. 283.

21 Graf von La Marmora an Graf von Lascaris, Außenminister von Piemont, am 20. November 1772, veröffentlicht in: Lely, *Vie*, Bd. 1, S. 364.

KAPITEL 11

1 Die Beschreibung wurde folgenden Werken entnommen: Auguste Dufour et François Rabut, *Miolans, prison d'État.* Chambéry, Société savoisienne d'Histoire et d'Archéologie, Botters, 1879, Bd. 18; Dr. Paul Sérieux, »L'internement du marquis de Sade au fort de Miolans«, in: *Hippocrate*, Sept.–Okt. 1937, S. 385–401 und 465–482; Maurice Heine, op. cit., S. 346–349.

2 An Graf von La Tour am 10. Dezember 1772, abgedruckt in: Lely, *Vie*, Bd. 1, S. 373 f.

3 Wahrscheinlich die Briefe von Mademoiselle de Launay.

4 Sammlung M. Lever. Unveröffentlichter Brief.

5 »Mémoire de la famille du marquis de Sade«, 21. Dezember 1772, in: Lely, *Vie*, Bd. 1, S. 380 ff.

6 Monsieur de Launay an Graf von La Tour am 1. Januar 1773, ebd. S. 392 f.

7 Madame de Montreuil an Graf von La Marmora am 10. Januar 1773, ebd. S. 399 ff.

8 An Graf von La Tour [am 14. oder 15. Januar 1773], ebd., S. 404 f.

9 An Graf von La Tour am 17. Januar 1773, ebd., S. 406 f.

10 »An den König«, ebd., S. 418 f.

11 An Graf von La Tour, ebd., S. 445–448.

12 Vgl.: Madame de Sade an Gaufridy am 29. Juli 1774, in: Paul Bourdin, op. cit., S. 14. Die Heirat kam nie zustande.

13 Vgl.: Madame de Montreuil an Monsieur de Launay am 26. März 1773, in: Lely, *Vie*, Bd. 1, S. 456 ff.

14 Graf von La Tour an Ritter von Mouroux am 17. April 1773, ebd., S. 468.

15 An Monsieur de Launay am 30. April 1773, ebd., S. 470 ff.

16 Ebd., S. 473 ff.

KAPITEL 12

1 Notar Fage wird Jahre danach behaupten, er sei es gewesen, der Sade vor der Verschwörung gegen ihn gewarnt habe, was angesichts seiner eigenen Verwicklung in die Aktion als wenig glaubhaft erscheint.

2 Was die wohlhabenderen Bauern als »Scheune« bezeichneten, glich in Wirklichkeit eher einem Herrenhaus. Die Bauweise folgte einem einfachen Muster: Im Erdgeschoß ein großer Gemeinschaftsraum, der auch als Küche diente, außerdem Stallungen und ein Vorratsraum für die Feldfrüchte; im ersten Stock Schlafzimmer und ein Kornspeicher. (Pierre Fayot et Camille Tiran, *Mazan. Histoire et vie quotidienne d'un village comtadin à travers les siècles.* Le Nombre

d'or, Carpentras, 1978).

3 Jean Desbordes hat die Einzelheiten nach dem Originaldokument veröffentlicht, das sich im Fonds »Bastille« in der Bibliothèque de l'Arsenal befindet. (*Le Vrai visage du marquis de Sade*, S. 136 ff.)

4 Madame de Montreuil an Madame Necker (Entwurf). Arch. Sade. Unveroffentlichtes Dokument.

5 Maître Fage an Madame de Montreuil am 9. Dezember 1773. Arch. Sade. Unveröffentlichter Brief.

6 Maître Fage an Madame de Montreuil am 21. Dezember 1773. Arch. Sade. Unveröffentlichter Brief.

7 Madame de Montreuil an Maître Fage am 1. Januar 1774. J. Desbordes veröffentlichte den Brief (op. cit., S. 135), den er an Gaufridy gerichtet glaubt, weswegen er diesen des Verrats bezichtigt. Wir geben das Dokument nach dem Faksimile (Pl. XXII, ebd., S. 132) wieder, da Desbordes' Lektüre verschiedene Irrtümer enthält.

8 Maître Fage an Madame de Montreuil am 31. Dezember 1773. Arch. Sade. Unveröffentlichter Brief.

9 Maître Fage an Madame de Montreuil am 3. Januar 1774. Arch. Sade. Unveröffentlichter Brief.

10 Madame de Montreuil an Maître Fage am 12. Januar 1774 (Entwurf). Arch. Sade. Unveröffentlichter Brief.

11 Maître Fage an Madame de Montreuil [am 7.–8. Januar 1774]. Arch. Sade. Unveröffentlichter Brief.

12 Arch. Sade. Unveröffentlichter Brief.

13 B. N. Ms. N. a. fr. 24384, f° 55.

14 Vgl. den Brief von Madame de Sade an Ripert vom 19. März 1774 und von Marquis de Sade an denselben vom 29. Mai (B. N. Ms. N. a. fr. 24384, f°s 11 und 58).

15 Madame de Sade an Ripert vom 12. Mai 1774., B. N. Ms. N. a. fr. 24384, f°s 64 f.

16 Madame de Sade an Ripert vom 18. Mai 1774., B. N. Ms. N. a. fr. 24384, f° 66.

17 Madame de Sade an Ripert vom 29. Mai 1774., B. N. Ms. N. a. fr. 24384, f°s 68 f.

18 An Ripert am 29. Mai [1774]. B. N. Ms. N. a. fr. 24384, f° 11.

19 B. N. Ms. N. a. fr. 24384, f°s 595 f.

20 Lely, *Vie*, Bd. 1, S. 540 f.

21 Herzog von La Vrillière an Sénac de Meilhan am 21. Oktober 1774. Arch. Sade. Fonds Bégis. Unveröffentlichter Brief.

22 Bourdin, op. cit., S. 14.

23 An Gaufridy, ohne Datum, in: Bourdin, op. cit., S. 13 f.

24 Madame de Sade an Gaufridy, ohne Datum, ebd., S. 14 f.

25 Madame de Sade an Gaufridy, ohne Datum, ebd., S. 15.

26 Madame de Sade an Gaufridy am 3. September 1774, ebd., S. 15 f.

KAPITEL 13

1 An Gaufridy, ohne Datum, in: Bourdin, op. cit., S. 16.

2 Madame de Montreuil an Gaufridy am 8. April 1775, ebd., S. 31 f.

3 Henri Fauville, *La Coste, Sade et la Provence*, S. 105 f.

4 Die Zeilen, die dem zitierten Text folgen, wurden von Abbé de Sade unkenntlich gemacht, da er sie kompromittierend fand. Aus dem, was Lely noch entziffern konnte, geht hervor, daß der Abbé eine gewisse Rose geschwängert haben soll. (Lely, *Vie*, Bd. 1, S. 552 ff.)

5 Abbé de Sade an Gaufridy am 28. März 1775, in: Bourdin, op. cit., S. 29.

6 Madame de Montreuil an Gaufridy am 11. Februar 1775, ebd., S. 26 f.

7 Madame de Montreuil an Gaufridy am 9. März 1775, ebd., S. 27 f.

8 Madame de Montreuil an Gaufridy am 8. April 1775, ebd., S. 32.

9 An Gaufridy, ohne Datum, ebd., S. 32.

10 Madame de Montreuil an Gaufridy am 29. April 1775, ebd., S. 33.

11 Maurice Heine, op. cit., S. 239.

12 Madame de Montreuil an Gaufridy am 26. Juli 1775, in: Bourdin, op. cit., S. 39.

13 Maurice Heine, op. cit., S. 239, und Lely, *Vie*, Bd. 1, S. 560.

14 op. cit., S. 20.

15 »Ma grande lettre«, an Madame de Sade [20. Februar 1781], in: *O. C.*, Bd. 12, S. 272 f.

16 Vgl.: An Madame de Sade [März 1785], in: *L. M. L.*, Bd. 1, S. 83–86.

17 *Voyage d'Italie*, in: *O. C.*, Bd. 16, S. 188.

18 Ebd., S. 160.

19 An Gaufridy am 10. August 1775, in: Bourdin, op. cit., S. 39 f.

20 *Voyage d'Italie*, Handschrift, »Premier volume de Rome«, S. 162. Arch. Sade. Unveröffentlichtes Dokument.

21 Casanova, *Mémoires*, hrsg. von Robert Abirached, Bibliothèque de la Pléiade, Paris 1985, Bd. 3, S. 281.

22 Das Bestehen einer Liebesbeziehung zwischen Sarah und Donatien ergibt sich eindeutig aus den Briefen des Dr. Mesny an den Marquis de Sade (Sammlung Xavier de Sade), die im Anhang der französischen Ausgabe des vorliegenden Buches erstmals abgedruckt wurden.

23 *Voyage d'Italie*, in: *O. C.*, Bd. 16, S. 164.

24 Bourdin, op. cit., S. 58.

25 Maurice Lever, »Ange Goudar: quatre lettres au marquis de Sade«, in: *Dix-huitième siècle*, Nr. 23, 1991.

26 *Histoire de Juliette*, in: *O. C.*, Bd. 9, S. 101 f.

27 Lely, *Vie*, Bd. 1, S. 571.

28 *O. C.*, Bd. 9, S. 133.

29 An Madame de Sade, in: Bourdin, op. cit., S. 54 f.

30 Dr. Mesny an Marquis de Sade am 6. Februar 1776. Arch. Sade. Unveröffentlichter Brief.

KAPITEL 14

1 Der Pfarrer von La Coste hatte der Dorflehrerin die Ausübung ihres Dienstes ohne Erlaubnis des Bischofs untersagt und die Dorfoberen dazu aufgefordert, seiner Anweisung Geltung zu verschaffen; Madame de Sade betrachtete dies als Eingriff in die herrschaftlichen Rechte.
2 An Gaufridy, in: Bourdin, op. cit., S. 60.
3 Ebd., S. 64 f.
4 Lely, *Vie*, Bd. 1, S. 579 f., und Sade, *Œuvres*, Pléiade, Bd. 1, S. 51 f.
5 Arch. Begis, in: Lely, *Vie*, Bd. 1, S. 590. Sade vermerkt zu diesem letzten Satz am Rand: »Wenn seine Tochter Zeit hatte, ihm 12 Livres zu geben, hatten sie also auch Zeit, miteinander zu reden; alle Zeilen dieser Seite sind demnach falsch.«
6 An Gaufridy, ohne Datum, in: Bourdin, op. cit., S. 60–63.
7 An Gaufridy, ohne Datum, in: Bourdin, op. cit., S. 66 ff.
8 Mouret an Gaufridy, Aix, 30. Januar 1777, ebd., S. 78 f.
9 Madame de Montreuil an Gaufridy am 13. August 1778, in: Bourdin, op. cit., S. 121.
10 Madame de Montreuil an Gaufridy am 21. Januar 1777, ebd., S. 77.
11 Reinaud an Gaufridy am 8. Februar 1777, ebd., S. 79 f.
12 Brief vom 6. April 1777, ebd., S. 83.
13 Abbé de Sade an Gaufridy, ebd., S. 80.
14 Madame de Montreuil an Gaufridy am 25. Februar 1777, ebd., S. 80.
15 Madame de Sade an Gaufridy am 19. März 1777, ebd., S. 82.
16 Brief vom 15. Februar 1777, in: *L. M. L.*, Bd. 2, S. 101.
17 Arch. Sade. Teilweise unveröffentlichter Brief.
18 Madame de Sade an Gaufridy, ohne Datum, in: Bourdin, op. cit., S. 90.
19 An Madame de Sade am 14. März 1777. Arch. Sade. Unveröffentlichter Brief.
20 An Madame de Sade, Anfang Januar 1778. Arch. Sade. Unveröffentlichter Brief.
21 Gilbert Lely hat von diesen Briefen eine maschinenschriftliche Abschrift besorgt und sie mit Anmerkungen versehen, auch Teile davon in seinem *Vie du marquis de Sade* zitiert; vollständig liegen sie jedoch bislang nicht im Druck vor. Sie werden Teil der *Correspondance générale* (Briefwechsel) von Sade sein, die wir zur Zeit vorbereiten.
22 Arch. Sade. Unveröffentlichter Brief.
23 *Précis des faits et extrait de la procédure contre laquelle le marquis de Sade et sa famille réclament.* Diese Denkschrift von Maître Siméon an den Conseil des Dépêches wurde erstmals duch Dr. Cabanès veröffentlicht in: *Cabinet secret de l'histoire*,

quatrième série. A. Maloine, Paris, 1900, S. 266–272.

24 Vgl. ihren Brief an Gaufridy vom 16. Februar 1778, in: Bourdin, op. cit., S. 101 f.

25 Madame de Montreuil an Gaufridy, Februar 1778. Erstmals veröffentlicht in der französischen Ausgabe des vorliegenden Werkes (Anhang IX, III).

26 An Madame de Sade, 20. Januar 1778. Arch. Sade.

27 An Madame de Sade, Anfang Januar 1778. Arch. Sade. Unveröffentlichter Brief.

28 An Madame de Sade, 20. März 1778. Arch. Sade. Unveröffentlichter Brief.

29 A. N. O[I]. 305, f° 227. Unveröffentlichtes Dokument.

30 Madame de Sade an den Marquis am 22. Juni 1778. Arch. Sade. Unveröffentlichter Brief.

31 Madame de Sade an den Marquis am 30. Juni 1778. Arch. Sade. Unveröffentlichter Brief.

32 Bourdin, op. cit., S. 104. f.

KAPITEL 15

1 Inspektor Marais an den Lieutenant de police Le Noir: B. M. Reims, coll. Tarbé XVIII, 222–228.

2 Der Kommandeur de Sade an Präsident Des Galois de la Tour am 25. Juni 1778, in: Bourdin, op. cit., S. 106.

3 Der Kommandeur de Sade an die Richter des Parlaments der Provence am 28. Juni 1778, in: Bourdin, op. cit., S. 108.

4 Bourdin, op. cit., S. 97.

5 Madame de Montreuil an Gaufridy am 14. Juli 1778, ebd., S. 108 f.

6 Gaufridy gegenüber stellt der Marquis die Sache so dar, daß Inspektor Marais ihm die Flucht erleichterte, ja geradezu nahelegte. Vgl. den Brief an Gaufridy vom »18. Juli acht Uhr morgens«, in: Bourdin, op. cit., S. 109–112. Mit Gilbert Lely sind wir allerdings der Ansicht, daß dieser um mindestens achtundvierzig Stunden vordatierte Brief, von dem Sade auch Abschriften an seine Familie, seine Freunde und natürlich an Madame de Montreuil sandte, ein wohlbedachter Schachzug war, »um seine Feinde durch den Großmut, den er ihnen zuschrieb, zu entwaffnen«. (Bourdin, op. cit., S. 109, Anm. 2)

7 *Histoire de ma détention*, in: Lely, *Vie*, Bd. 1, S. 649.

8 An Gaufridy, ohne Datum [von Gaufridys Hand auf der Rückseite: »Erhalten am 18. Juli«], in: Bourdin, op. cit., S. 109.

9 Arch. Sade. Unveröffentlichter Brief.

10 Reinaud an Marquis de Sade am 23. Juli 1778. Arch. Sade. Unveröffentlichter Brief.

11 Bourdin, op. cit., S. 113.

12 An Gaufridy am 1. September 1778, ebd., S. 124.

13 Arch. Sade. Unveröffentlichter Brief.

14 Reinaud an Marquis de Sade [Ende Juli–Anfang August 1778]. Arch. Sade. Unveröffentlichter Brief.

15 Bourdin, op. cit., S. 119.

16 An Madame de Sade [zwischen dem 7. und dem 27. September 1778], in: *O. C.*, Bd. 12, S. 153 f.

17 Madame de Sade an Gaufridy am 27. Juli 1778, in: Bourdin, op. cit., S. 114.

18 Ebd., S. 112. Obwohl nicht datiert, muß dieser Brief später geschrieben worden sein als der zuvor zitierte.

19 Madame de Montreuil an Madame de Sade am 13. August 1778, ebd., S. 121.

20 An Gaufridy am 8. August 1778, ebd., S. 118.

21 Die Seidenraupenzucht war eine Spezialität von La Coste und der umliegenden Dörfer.

22 An Madame de Sade [zwischen dem 7. und dem 27. September 1778], in: *O. C.*, Bd. 12, S. 158.

23 Auszug aus einem Brief von Mademoiselle de Rousset an Madame de Montreuil mit dem Datum 28. August 1778 und von letzterer zitiert in ihrem Brief an Gaufridy vom 15. September (in: Bourdin, op. cit., S. 126). Die Präsidentin teilt die Empörung der Zeugen über Marais' unsägliches Benehmen. Dieser wird schließlich auch von seinen Vorgesetzten gemaßregelt, seine Reisespesen werden ihm nie erstattet.

24 An Madame de Sade [zwischen dem 7. und dem 27. September 1778], in: *O. C.*, Bd. 12, S. 152.

25 Vgl. Lely, *Vie*, Bd. 1, S. 262 ff.

26 Madame de Sade an Mademoiselle de Rousset am 7. September 1778, in: Bourdin, op. cit., S. 125.

27 Brief vom 5. September 1778, ebd., S. 124 f.

28 Mademoiselle de Rousset an Gaufridy am 17. November 1778, und Madame de Montreuil an Gaufridy am 8. Dezember, ebd., S. 128 ff.

29 Mademoiselle de Rousset an Gaufridy am 17. November 1778, ebd., S. 129.

30 Brief vom 29. April 1779. Arch. Sade. Unveröffentlichter Brief.

KAPITEL 16

1 *Monsieur le 6*, S. 83.

2 Ebd.

3 *Des lettres de cachet et des prisons d'État. Ouvrage posthume composé en 1778.* Hamburg [Paris], 1782, S. 13–16.

4 An Madame de Sade am 9. Mai 1779, in: *L. M. L.*, Bd. 1, S. 67.

5 An Madame de Sade am 2. Dezember 1779, in: *O. C.*, Bd. 12, S. 225–228.

6 An Madame de Sade am 4. März 1779, in: *L. M. L.*, Bd. 3, S. 128 ff.

7 Lely, *Vie*, Bd. 2, S. 69.

8 Antoine-Raymond-Jean Galbert de Sartine (geb. 1729 in Barcelona, gest. 1801 in Tarragona) war erst Berater im Châtelet de Paris, dann Chef der Kriminalpolizei und schließlich, von 1759–1774), *Lieutenant général de police de Paris*, das heißt oberster Polizeichef von Paris. Von 1774–1780 war er Staatssekretär, ab 1775 im Rang eines Staatsministers. Am 16. Oktober 1783 wurde er zum ordentlichen Staatsrat ernannt. Er hatte bereits 1763 Inspektor Marais mit der Beobachtung des Marquis beauftragt.

9 Es ist bekannt, daß Ludwig XV. mit Genuß die Polizeiberichte über die lasziven Ausschweifungen seiner Untertanen las.

10 An Madame de Sade am 21. Mai 1781, in: *L'Aigle, Moidemoiselle* ... S. 67–70.

11 An Madame de Sade am 3. Juli [1780], in: *L. M. L.*, Bd. 3, S. 47 f.

12 Madame de Sade an ihren Mann am 31. Dezember 1781, in: *L. M. L.*, Bd. 2, S. 380 f.

13 La Jeunesse an Marquis de Sade am 14. September 1779. Ars., Ms. 12455, f[os] 558–563.

14 B. M. Avignon, Ms., Requien, 11886.

15 An Madame de Sade [1782], in: *Monsieur le 6*, S. 225 f.

16 An Madame de Sade am 23. –24. November 1783, in: *O. C.*, Bd. 12, S. 412.

17 An Madame de Sade, Anfang November 1783, *L'Aigle, Mademoiselle*, S. 117.

18 An Madame de Sade [nach dem 10. Januar 1784], in: *O. C.*, Bd. 12, S. 424.

19 An Madame de Sade am 20. Mai [1780]. Arch. Sade. Unveröffentlichter Brief.

20 An Madame de Sade am 25. Juni 1777. Arch. Sade. Unveröffentlichter Brief.

21 Philippe Roger, »Sade épistolier«, in: *La Fin de l'Ancien Régime. Manuscrits de la Révolution: Sade, Restif, Beaumarchais, Laclos.* Presses universitaires de Vincennes, 1991, S. 50 f.

22 Vgl. dazu vor allem Roger G. Lacombe, *Sade et ses masques*. Payot, Paris, 1974, Teil 2, Kapitel 1–4.

23 op. cit., S. 215.

24 *L. M. L.*, Bd. 1, S. 44.

25 *Histoire de ma détention*, in: Lely, *Vie*, Bd. 1, S. 648 ff.

26 An Madame de Sade [am 15. Dezember 1781], in: *L. M. L.*, Bd. 3, S. 102 f.

27 Lely, *Vie*, Bd. 2, S. 31.

28 Madame de Sade an ihren Mann am 1. Januar 1779, in: Lely, *Vie*, Bd. 2, S. 26.

29 Madame de Sade an ihren Mann am 11. Juli 1781, in: *L. M. L.*, Bd. 2, S. 285.

30 Madame de Sade an ihren Mann am 30. September 1783, in: *L. M. L.*, Bd. 2, S. 340.

31 Madame de Sade an ihren Mann am 23. November 1783, in: *L. M. L.*, Bd. 2, S. 344.

32 Madame de Sade an ihren Mann am 13. Dezember 1783, in: *L. M. L.*, Bd. 2, S. 346.

33 Also etwa 15 cm Umfang und 20 bis 23 cm Länge.

34 An Madame de Sade [Anfang März 1783], in: *L. M. L.*, Bd. 3, S. 131 und Anm. 57, S. 222.

35 *L. M. L.*, Bd. 2, S. 283 und Anm. 17.

36 Diese absonderliche Auflistung ist nachzulesen in *L. M. L.*, Bd. 1, S. 275–294.

37 *L. M. L.*, Bd. 1, S. 279.

38 An Madame de Sade am 14. Dezember und [30. Dezember] 1780, in: *O. C.*, Bd. 12, S. 254–262.

39 An Madame de Sade [am 15. Dezember 1781], in: *L. M. L.*, Bd. 3, S. 104.

40 An Madame de Sade am 3. Juli 1783, in: *L. M. L.*, Bd. 3, S. 152.

41 An Madame de Sade [am 23. –24. November 1783], in: *O. C.*, Bd. 12, S. 412–417.

42 Madame de Sade an Mademoiselle de Rousset am 27. Juli 1781, in: Bourdin, op. cit., S. 172 f.

43 An Madame de Sade [ca. 15. Juli 1781], in: *L. M. L.*, Bd. 3, S. 94.

44 Madame de Sade an ihren Mann am 21. Juli 1781, in: *L. M. L.*, Bd. 2, S. 288 f.

45 Madame de Sade an ihren Mann am 24. Juli 1781, in: *L. M. L.*, Bd. 2, S. 293.

46 Madame de Sade an Mademoiselle de Rousset, ohne Datum, in: Bourdin, op. cit., S. 174 f.

47 Madame de Sade an ihren Mann am 10. September 1781, in: *L. M. L.*, Bd. 2, S. 298 f.

48 Madame de Sade an Gaufridy am 12. September 1784, in: Bourdin, op. cit., S. 206.

49 Mademoiselle de Rousset an Marquis de Sade am 26. Dezember 1778, in: *L. M. L.*, Bd. 1, S. 320.

50 Ebd., S. 321.

51 Ebd., S. 63.

52 Ebd., S. 329.

53 Ebd., S. 324.

54 Ebd., S. 322.

55 Ebd., S. 329.

56 *O. C.*, Bd. 12, S. 389.

57 *L. M. L.*, Bd. 1, S. 323.

58 Ebd., S. 322.

59 An Mademoiselle de Rousset [Mai 1779], in: *O. C.*, Bd. 12, S. 212–218.

60 Gilbert Lely versuchte, seinen Helden von dieser Anschuldigung reinzuwaschen, indem er eine »Unvorsichtigkeit« annahm. Wir folgen ihm hierin keineswegs und halten den Marquis für vollkommen fähig, im paranoischen Delirium eine solche Gemeinheit zu begehen.

61 Mademoiselle de Rousset an Gaufridy am 29. Mai 1779, in: Bourdin, op. cit., S. 143.

62 Mademoiselle de Rousset an Marquis de Sade am 11. Mai 1779, in: *L. M. L.*, Bd. 1, S. 355.
63 Mademoiselle de Rousset an Gaufridy am 9. November 1779, in: Bourdin, op. cit., S. 148 f.
64 *O. C.*, Bd. 12, S. 349.
65 Mademoiselle de Rousset an Gaufridy am 23. Oktober 1780, in: Bourdin, op. cit., S. 160.
66 Lely, *Vie*, Bd. 2, S. 91.
67 An Madame de Sade [am 3. Februar 1784], in: *L. M. L.*, Bd. 3, S. 178.
68 An Mademoiselle de Rousset, ohne Datum, in: Bourdin, op. cit., S. 176.
69 Madame de Sade an ihren Mann am 18. April 1787, in: *L. M. L.*, Bd. 2, S. 371.
70 Madame de Sade an Gaufridy am 24. Mai 1785, in: Bourdin, op. cit., S. 212.
71 Madame de Sade an Gaufridy am 2. Juni 1777, in: Bourdin, op. cit., S. 85.
72 An Madame de Sade [ca. 15. Juni 1777], in: *L. M. L.*, Bd. 1, S. 59.
73 An Madame de Sade [Januar 1784], in: *L. M. L.*, Bd. 3, S. 174.
74 An Madame de Sade [22. März 1779], in *O. C.*, Bd. 12, S. 196.
75 Instruktionen vom 11. September 1775, von Funck-Brentano veröffentlicht in: *Revue historique*, März 1890, S. 289 f.
76 Siehe Philippe Roger, »Rousseau selon Sade ou Jean-Jacques travesti«, in: *Dix-huitième siècle*, Nr. 23, 1991, S. 381–403.
77 Madame de Sade an ihren Mann am 28. Juli 1783, in: *L. M. L.*, Bd. 2, S. 338.
78 An Madame de Sade [Juli 1783], in: *O. C.*, Bd. 12, S. 396 f.
79 An Madame de Sade [15. September 1783], in: *L. M. L.*, Bd. 3, S. 159.
80 An Madame de Sade [20. September 1780], in: *L. M. L.*, Bd. 3, S. 57.
81 Ebd.
82 An Madame de Sade [27. Juli 1780], in: *O. C.*, Bd. 12, S. 250.
83 An Madame de Sade [ca. 28. März 1781], in: *O. C.*, Bd. 12, S. 282 f.
84 An Madame de Sade am 23. November 1783, in: *O. C.*, Bd. 12, S. 416.
85 Maurice Blanchot, *L'Inconvenance majeure*, J.-J. Pauvert, Paris 1965, S. 19 f.
86 Madame de Sade an ihren Mann [am 18. Mai 1781], in: *L. M. L.*, Bd. 2, S. 278 f.
87 Madame de Sade an ihren Mann am 6. Juli 1782, in: *L. M. L.*, Bd. 2, S. 321.
88 An Madame de Sade [am 3. Februar 1784], in: *L. M. L.*, Bd. 3, S. 178 f.
89 An Madame de Sade am 8. März 1784, in: Lely, *Vie*, Bd. 2, S. 159–163.
90 An Monsieur Le Noir am 21. März 1784, in: *L. M. L.*, Bd. 1, S. 77.
91 Vgl.: An Madame de Sade [September 1784], in: *L. M. L.*, Bd. 3, S. 192 f.
92 An Major de Losme [Ende September oder Anfang Oktober 1787], in: *L. M. L.*, Bd. 1, S. 117.
93 Arch. Sade. Unveröffentlichter Brief.
94 Bei Stendhal et Compagnie, 3 Bde. Michel Delon besorgte die neueste Ausgabe, die wir als definitiv erachten, in der Bibliothèque de la Pléiade, Galli-

mard, Paris 1990.

95 »Kant avec Sade«, in: *Critique*, April 1963.

96 *O. C.*, Bd. 13, S. LXXXV.

97 Lely, *Vie*, Bd. 2, S. 263–272.

98 A. N., F^7 4954^3, Dokument 9.

99 *Tableau de Paris*, 1788, Bd. 12, S. 35–40.

100 Arch. Sade. Fonds Begis. Unveröffentlichtes Dokument.

101 B. M. Orléans, Ms. 1423, zitiert von Robert Darnton, »Les papiers du marquis de Sade et la prise de la Bastille«, in: *Annales historiques de la Révolution française*, Nr. 202, Oktober–Dezember 1970, S. 666.

102 Jean Desbordes, op. cit., S. 244 f.

103 Kommissar Chénon an Madame de Sade am 27. Juli 1789. Arch. Sade. Unveröffentlichter Brief.

104 *Moniteur*, Nummern vom 15. und 18. März 1790; L. I, 609; B. 2, 200.

105 Lely, *Vie*, Bd. 2, S. 282.

106 Madame de Montreuil an Gaufridy am 23. März 1791, in: Bourdin, op. cit., S. 262.

KAPITEL 17

1 So wird er zumindest später behaupten. In Wirklichkeit wußte er sehr wohl, wo er wohnen konnte, da seine Frau Gaufridy am Tag seiner Entlassung die Adresse von Monsieur de Milly gegeben hatte (Brief vom 2. April [sic für 3. April], 1790, in: Bourdin, op. cit., S. 262.)

2 Bourdin, op. cit., S. 263.

3 Edouard-Ferdinand, Vicomte de Beaumont-Vassy, *Mémoires secrets du XIXe siècle*, Paris, 1874, S. 136–137.

4 Es ist interessant, diese verzweifelte Feststellung mit der seines Vater dreißig Jahre zuvor zu vergleichen. Bei beiden läßt sich die gleiche Neigung zum Rückzug aus der Welt konstatieren: »Ich gedenke, mich in irgendeinen Winkel der Welt zurückzuziehen, nur an mein Ende zu denken und von der ganzen Welt vergessen zu leben. Ich werde mich bald auf ewig von Ihnen verabschieden und Sie um Vergebung für alles Böse und allen Kummer bitten, die ich Ihnen verursacht habe.« Brief des Comte de Sade an seine Schwester Gabrielle-Laure vom 30. Juli 1762. B. N., Ms. N. a. fr. 24384, f°s 319.

5 Bourdin, op. cit., S. 272.

6 Bourdin, op. cit., S. 269.

7 Vgl. das ausgezeichnete Buch von Pierre Fayot und Camille Tiran, *Mazan. Histoire et vie quotidienne d'un village comtadin à travers les siècles*, Carpentras, Le Nombre d'Or, 1978, S. 346 ff.

8 Vgl. Michel Vovelle, *De la cave au grenier*, Bd. II, S. 187–208.

9 Die revolutionäre Stadtverwaltung wird die Einnahmen aus dieser Feudal-

abgabe ab September 1791 beschlagnahmen lassen.
10 Archive der Haute-Provence. Lacoste B. 2180.
11 Brief an Reinaud vom 19. Mai 1790. Bourdin, op. cit., S. 267.
12 Bourdin, op. cit., S. 271.
13 Brief vom 6. Februar 1792. Bourdin, op. cit., S. 310.

KAPITEL 18

1 Lely, *Vie*, Bd. 2, S. 406 und Anm. 2.
2 Zum Vorausgegangenen vgl. die ausgezeichnete Einführung Jean-Jacques Brochiers zu Sades *Théâtre*, Paris, Pauvert, 1970, Bd. 1, S. 11–33.
3 Der Brief wurde von Lely in seinem Vorwort zu *Monsieur le 6*, S. 46, abgedruckt.
4 Arch. Sade, undatierte, unsignierte handschriftliche Notiz. Veröffentlicht in: *Théâtre*, Pauvert, Bd. 4, S. 10–11.
5 Arch. Sade. 21. August 1791. Unveröffentlichter Brief.
6 Arch. Comédie Française. Brief vom 20. September 1791. Unveröffentlicht.
7 Arch. Sade. 20. Oktober 1791. Unveröffentlichter Brief.
8 Bourdin, op,cit., S. 298.
9 Arch. Sade, Fonds Bégis, abgedruckt in: Lely, *Vie*, Bd. 2, S. 322.
10 Bourdin, op. cit., S. 313.
11 Histoire de Juliette, in: *Œuvres Complètes*, Bd. 8, S. 443.
12 In diesem und zahlreichen anderen Punkten stimmen wir mit Jean-Jacques Brochier und seinem Vorwort zu Sades *Théâtre* überein.
13 Der Preis wird in *Feuille de correspondance du libraire* des Jahres 1971 angegeben.
14 *Feuille de correspondance du libraire*, Paris, Aubry, 1791, Nr. 1968, S. 406.
15 *Affiches, annonces et avis divers, ou Journal général de France*, 27. September 1792, Beilage, S. 4095–4096.
16 Roland Barthes, *Sade, Fourier, Loyola*, Paris, Seuil, 1971, S. 140.
17 *Le tribunal d'Apollon*, Bd. 2, S. 12.
18 Maurice Heine, *Le Marquis de Sade*, S. 229.
19 Barthes, *Sade, Fourier, Loyola*, S. 130.
20 *Le tribunal d'Apollon*, Paris, Jahr VIII, Bd. 2, S. 192. Hervorhebung durch den Autor.
21 Arch. Sade. Teilweise unveröffentlichte Briefe.

KAPITEL 19

1 Sade verwendet die Schreibweise »Reinelle«. Ihrer Sterbeurkunde zufolge war Marie-Constance Quesnet in ihrem Todesjahr (1832) 75 Jahre alt, wodurch sich ihre Geburt auf das Jahr 1757 datieren läßt. (A. D. Val-de-Marne, Tables décennales. Charenton-Todesfälle, 1792–1859: SE 19)

2 Er erinnert sich in seinem Testament daran, das er am 30. Januar 1806 in Charenton aufgesetzt hat: »In dem Willen, soweit es meine geringen Kräfte gestatten, dieser Dame meine tiefste Dankbarkeit auszusprechen für die Fürsorge und die treue Freundschaft, die sie mir vom 25. August 1790 bis zu meinem Todestag zuteil werden ließ ...«

3 Arch. Sade. Unveröffentlichtes Dokument, vgl. Appendix XIV der französischen Ausgabe dieser Biographie.

4 »Florville et Courval«, in: *Les Crimes de l'amour*, *O. C.*, Bd. 10, S. 221, Anm.

5 Brief vom 12. Juni 1791. Bourdin, op. cit., S. 289.

6 Undatierter Brief [1803], in: *O. C.*, Bd. 12, S. 598–599.

7 Klossowski, *Sade, mon prochain*, S. 192.

8 An Gaufridy, 18. August 1790. Lely, *Vie*, Bd. 2, S. 298.

9 Privatsammlung. Unveröffentlichter Brief.

10 Gaufridy an Reinaud, 4. Februar 1792. Arch. Sade. Unveröffentlichter Brief.

11 Madame de Montreuil an Gaufridy, 23. März 1790. Privatsammlung. Unveröffentlichter Brief.

12 *O. C.*, Bd. 8, S. 173.

KAPITEL 20

1 Jules Janin, »Le marquis de Sade«, in: *Revue de Paris*,November 1834, S. 321–322.

2 *Biographie Michaud*, Bd. 39, 1825, S. 476.

3 Der Ausdruck wird von Taine aufgegriffen: vgl. seine *Origines de la France contemporaine*, Paris, Hachette, 1885, Bd. 3, S. 307–308. Kurioserweise findet man die gleiche Idee bei Camus, der Sade als »Professor der Folter« bezeichnet, in: *L'Homme révolté*, Paris, Gallimard, 1985, S. 59.

4 *Histoire de la Révolution française*, Paris, Laffont, 1990, Bd. 2, S. 784–785.

5 In: *La Révolution surréaliste*, Nr. 8, 1. Dezember 1926, S. 8–9,

6 »L'intelligence révolutionnaire. Le Marquis de Sade (1740–1814)«, in: *Clarté*, Nr. 6, 15. Februar 1927, S. 138.

7 Vgl. Françoise Laugaa-Traut, *Lectures de Sade*, Paris, Armand Colin, 1973, S. 182 ff.

8 *Le Surréalisme au service de la Révolution*, Nr. 3, S. 32.

9 André Breton, *Manifestes du surréalisme*, Paris, Jean-Jacques Pauvert, 1962.

10 *Bâtons, chiffres et lettres*, Paris, Gallimard, 1965, S. 216.

11 »Faut-il brûler Sade?«, in: *Temps modernes*, Nr. 74 und 75, Dezember 1951 und Januar 1952; wiederabgedruckt in: *Privilèges*, Paris, Gallimard, 1955.

12 Op. cit., S. 70.

13 *Le Nouvel Observateur*, Nr. 68, 2.–8. März 1966; Nr. 69, 9.–15. März; Nr. 70, 16.–22. März.

14 *Esprit*, Bd. 40, Februar 1972, S. 184–192.

15 Philippe Rogers, »Sade et la Révolution«, in: J. Sgard, Hg., *L'Ecrivain devant la Révolution. 1789–1820*, Grenoble, Presses Universitaires de Grenoble, 1990.
16 Fernsehsendung, ausgestrahlt auf Antenne 2, 4. August 1989.
17 Brief vom 5. Dezember 1791. Bourdin, op. cit., S. 301.
18 La Châtelaine de Longeville, in: *O. C.*, Bd. 14, S. 267.
19 Vgl. zu diesen Fragen den ausgezeichneten Überblick von Jean-Louis Harouel, »De l'Ancien Régime à la Révolution«, in: *Histoire des institutions de l'époque franque à la Révolution*, Paris, Presses Universitaires de France, 1987, S. 509–555.
20 *O. C.*, Bd. 12, S. 392–393.
21 ebd., S. 229.
22 Ars. Ms. 12456, f°s 700–701.
23 Bourdin, op. cit., S. 67–68.
24 François Furet und Denis Richet, *La Révolution française*, Paris, Fayard, 1973, S. 33.
25 An Madame de Sade, Anfang Januar 1784, *O. C.*, Bd. 12, S. 420.
26 An Madame de Sade am 30. April 1781, *O. C.*, Bd. 12, S. 422.
27 *Aline et Valcour*, in: Sade, *Œuvres*, Bd. 1, S. 388.
28 Vgl. Jean-Marie Goulemot, »Lecture politique d'Aline et Valcour. Remarques sur la signification politique des structures romanesques et des personnages«, in: *Le Marquis de Sade*, Akten des Symposiums, das vom Centre aixois d'Études et de recherches sur le XVIIIe siècle organisiert wurde (Paris, Armand Colin, 1968), S. 115 ff.
29 Sade, *Œuvres*, Bd. 1, S. 447.
30 ebd., S. 640, 701, 541.
31 Bourdin, op. cit., S. 267.
32 Ran Halévi, »Monarchiens«, in: François Furet und Mona Ozouf, *Dictionnaire critique de la Révolution française*, Paris, Flammarion, 1988, S. 398.
33 B. H. V. P., Ms. 773, f°s 215–216. Der Brief ist teilweise abgedruckt in: Bourdin, op. cit., S. 272–273.
34 Lely, *Vie*, Bd. 2, S. 316, Anm. 1.
35 Auszug aus den Sitzungsberichten der Generalversammlung der Place Vendôme, 24. Januar 1791. Imp. Ve Desaint. (B. N. Lb^{40} 2061).
36 Die wichtigste und unbestreitbare Quelle für die schwedische Episode in der *Juliette* ist das Pamphlet von Cadet-Gassicourt, *Le Tombeau de Jacques Molay ou le Secret des conspirateurs*, Paris 1795.
37 Bourdin, op. cit., S. 286.
38 Paris, Juni 1791, gedruckt von Girouard, 8 Seiten. *O. C.*, Bd. 11, S. 69–74.
39 *O. C.*, Bd. 11, S. 72.
40 ebd., S. 69.
41 ebd., S. 70–71.
42 *O. C.*, Bd. 11, S. 73–74.

43 Reinaud an Sade, 29. August 1791. Arch. Sade. Unveröffentlichter Brief.
44 Bourdin, op. cit., S. 301–302.

KAPITEL 21

1 Brief vom 19. Mai 1790. Bourdin, op. cit., S. 267.
2 Brief vom 9. Juli 1791. Bourdin, op. cit., S. 291–292.
3 Vgl. F. Foiret, *Une Corporation parisienne pendant la Révolution: les notaires*, Paris, Champion, 1912, S. 281–285.
4 ebd., S. 288–290.
5 Der Vertrag wurde am 1. März 1793 aufgesetzt. A. N. Minutier central: Et. XVI (Dufouleur), 900.
6 Jacques Godechot, *La Contre-Révolution*, Paris, Presses Universitaires de France, 1984, S. 151 ff.
7 Maurice Blanchot, »L'Inconvenance majeure«, Vorwort zu *Sade, Français, encore un effort*, Paris, Jean-Jacques Pauvert, 1965, S. 25.
8 A. N. F^7 4954^3, Dokumente 161 und 106.
9 Brief vom 26. März 1792. Bourdin, op. cit., S. 312.
10 Brief vom 7. April 1792. Bourdin, op. cit., S. 313.
11 Brief vom 19. April 1792. Bourdin, op. cit., S. 314–315.
12 Vgl. das Vorwort zu diesem Band.
13 Brief an Gaufridy. Bourdin, op. cit., S. 317.
14 Briefe vom 18. und 19. Juni 1792. B. N. Ms. N. a. fr. 24384, f^o16.
15 A. N. $F^7 4775^9$, Dokument 22.
16 Brief vom 25. August 1792. Bourdin, op. cit., S. 322.
17 *Notes littéraires*, O. C., Bd. 15, S. 16.
18 A. N. F^7 4775^9, Dokument 17 (Kopie datiert vom 24. Thermidor des Jahres II).
19 G. Lenôtre, *La Captivité et la mort de Marie-Antoinette*, Paris, Perrin, 1902, S. 69.
20 Brief vom 6. September 1792. Bourdin, op. cit., S. 323.
21 Brief vom 13. September 1792. Bourdin, op. cit., S. 323–324.
22 Arch. Sade. Unveröffentlichter Brief.
23 Arch. André Bouer, zitiert in: Henri Fauville, *La Coste. Sade en Provence*, Edisud, 1984, S. 177.
24 Reinaud an Madame de Montreuil, November 1792. Arch. Sade. Unveröffentlichter Brief.
25 Bourdin op. cit., S. 335.
26 Reinaud an Madame de Montreuil, November 1792. Arch. Sade. Unveröffentlichter Brief.
27 Bourdin, op. cit., S. 331–333.

KAPITEL 22

1 Ernest Mellié, *Les Sections de Paris pendant la Révolution française*, Paris, Société de l'Histoire de la Révolution française, 1898, S. 24–25.
2 Zitiert bei Patrice Higonnet, »Sans-culottes«, in: Furet und Ozouf, *Dictionnaire critique*, S. 420.
3 *Histoire de Juliette*, *O. C.*, Bd. 9, S. 137.
4 ebd., S. 138.
5 ebd., S. 135.
6 *Observations présentées à l'Assemblée administrative des hôpitaux*. Ein Exemplar des gedruckten Textes ist nicht erhalten. Lély veröffentlichte eine Fassung nach den von Sades Hand korrigierten und in den Archives Nationales aufbewahrten Fahnen (*Vie*, Bd. 2, S. 353, Anm. 1, und *O. C.*, Bd. II, S. 77–79).
7 *Section des Piques. Idée sur le mode de la sanction des lois, par un citoyen de cette section.* De l'Imprimerie de la rue Saint-Fiacre, no. 2. Undatiert (2. November 1792). B. B. Lb[40] 487.
8 Sade sandte eine Kopie seiner Rede an den Rechtsanwalt Reinaud, der sich folgendermaßen dazu äußerte: »Ich habe Ihre Eingabe für die Section des Piques gelesen. Sie ist zwar gut gemacht, aber ich verhehle Ihnen nicht, daß ich Werke von Ihnen kenne, die besser formuliert sind. Wenn Sie Ihr Gefühl sprechen lassen, sind Sie unendlich energischer.« Arch. Sade. Unveröffentlichter Brief.
9 Vermutlich die *Idée sur le mode de la sanction des lois.*
10 An Gaufridy am 30. Oktober 1792. Bourdin, op. cit., S. 334.
11 Vgl. Eugène Vaillé, *Le Cabinet noir*, Paris, Presses Universitaires de France, 1950, S. 250.
12 Reinaud an Madame de Montreuil, November 1792. Arch. Sade. Unveröffentlichter Brief.
13 Vgl. Philippe Roger, »Les Bastilles de Sade«, in: *Le Monde de la Révolution française*, Nr. 7, Juli 1989, S. 16.
14 An Gaufridy am 13. April 1793. Bourdin, op. cit., S. 340.
15 BN Lb[40] 490 und *O. C.*, Bd. 9, S. 99–103.
16 An Gaufridy am 30. Oktober 1792. Bourdin, op. cit., S. 333–334.
17 An Gaufridy am 6. April 1793. Bourdin, op. cit., S. 339.
18 Arch. Sade. Unveröffentlichter Brief.
19 An Gaufridy am 3. August 1793. Bourdin, op. cit., S. 342. Die Tatsache, daß er in diesem Brief Ausdrücke der Freimaurer (»tenue« für Sitzung und »se couvrir« für sich zurückziehen) verwendet, hat zu der Legende um seine Mitgliedschaft beigetragen.
20 Bourdin, op. cit., S. 365.
21 Jean Paulhan, *Le Marquis de Sade et sa complice*, Brüssel, Complexe, 1987, S. 71.
22 An Gaufridy am 3. August 1793. Bourdin, op. cit., S. 342.
23 *Description de la pompe funèbre décernée par la section des Piques aux mânes de Marat*

et Le Peletier, Bibliothèque de la ville de Lyon, Sammlung von Pr. Lacassagne.
24 *O. C.*, Bd. 11, S. 121.
25 *O. C.*, Bd. 15, S. 15.
26 B. N. Lb^{40} 2054.
27 *O. C.*, Bd. 11, S. 129.
28 Sade, *Œuvres*, Bd. 1, S. 590, Anm. ***
29 *O. C.*, Bd. 11, S. 130.
30 Recueil des actes, Bd. 8, S. 59.
31 Vgl. A. N. F^{16} 105.
32 Bourdin, op. cit., S. 348.
33 Bourdin, op. cit., S. 348–349.

KAPITEL 23

1 Nach dem von Lely veröffentlichten Protokoll, *Vie*, Bd. II, S. 390–393.
2 A. N. F^{7} 4775^{9}, Dokument 35, ebd., S. 393.
3 A. N. F^{7} 4775^{9}, Dokument 36, ebd., S. 393–394.
4 A. N. F^{7} 4778^{9}, Dokument 31, unveröffentlicht.
5 An Gaufridy am 19. November 1794, in: Bourdin, op. cit., S. 360.
6 Sades Name steht nicht auf der Liste des »Verzeichnisses der Bewerbungen für die Garde des Königs« aus dem Jahr 1791. A. N. O^{1} 3696. Dossier 1.
7 Dulaure, *Collection de la liste des ci-devant ducs, marquis, comtes, barons, etc.*, Paris, Imprimerie des Ci-devant Nobles, Jahr II der Freiheit, 1790), Nr. 31, S. 5–8, und Nr. 32, S. 1–4.
8 Lely, *Vie*, Bd. 2, S. 402.
9 Privatsammlung. Unveröffentlichter Brief.
10 Dulaure, op. cit.
11 Olivier Blanc, *La Dernière Lettre*, Paris Pluriel, 1986, S. 46.
12 Die Parlamentsarchive erwähnen »les Picpus« bereits am 8. Januar 1793, wodurch das von Lely angeführte Datum, nämlich März 1794, als inexakt erscheint, vgl. Lely, Bd. 2, S. 409.
13 Archiv der Polizeipräfektur, Aa 28.
14 Vgl. *O. C.*, Bd. 10, S. 221, Anm.
15 A. N. F^{7} 4775^{9}, Dokument 3.
16 A. N., Serie W, cart. 434, Dossier 474, II, 87, abgedruckt bei Hector Fleischmann, *Réquisitoires de Fouquier-Tinville*, Paris 1911, S. 144–157.
17 12. November 1794. Bourdin, op. cit., S. 359–360.
18 An Gaufridy am 30. November 1794. Bourdin, op. cit., S. 362.
19 12. November 1794. Bourdin, op. cit., S. 359–360.
20 A. N. F^{7} 4775^{9}, Dokument 13.
21 Bourdin, op. cit., S. 359.
22 An Gaufridy am 19. November 1794. Bourdin, op. cit., S. 361.

KAPITEL 24

1 An Quinquin am 4. Juli 1794. B. N. Ms. N. a. fr. 18312 f°s 26–27 (Mf. 3090).
2 An Gaufridy am 12. Januar 1795. Privatsammlung. Unveröffentlichter Brief.
3 Vgl. B. N. Ms. N. a. fr. 18313, f° 30.
4 Zit. in: A. Soboul, *Précis d'histoire de la Révolution française*, Editions Sociales, Paris 1975, S. 379–380.
5 Furet und Richet, op. cit., Kap. 8.
6 Roux an Sade am 16. März 1795. Arch. Sade. Unveröffentlichter Brief.
7 An Gaufridy am 6. Januar 1795, Bourdin, op. cit., S. 363.
8 An Gaufridy am 21. Januar 1795, ebd., S. 365.
9 B. N. Ms. N. a. fr. 24390, f° 409.
10 Abgedruckt in Henri d'Alméras, *Le Marquis de Sade: l'homme et l'écrivain*, Albin Michel, Paris 1906, S. 283–284.
11 Bourdin, op. cit., S. 377.
12 B. N. Ms. N. a. fr. 24390, f° 409.
13 Vgl. *O. C.*, Bd. 16, S. 31–31, Anm. 28.
14 *O. C.*, Bd. 3, S. 83–84.
15 Ebd., S. 494.
16 An Gaufridy am 5. August 1795. Bourdin, op. cit., S. 375.
17 An Gaufridy am 31. Januar 1795, ebd., S. 365.
18 Ebd., S. 367.
19 Ebd., S. 373.
20 Ihr voller Name ist nicht erhalten, aber ihr in den Sade-Archiven aufbewahrter Briefwechsel läßt keinen Zweifel über ihr Verhältnis mit Donatien und Louis-Marie.
21 An Gaufridy am 19. April 1796. Bourdin, op. cit., S. 388.
22 An Archias, ebd., S. 369–370.
23 An Gaufridy am 1. Mai 1795. Bourdin, op. cit., S. 390.
24 An Gaufridy am 5. August 1795. Ebd., S. 376.
25 Ebd., S. 393.
26 Zu den Einzelheiten dieser Affäre siehe Bourdin, op. cit., S. 404–408, und Henri Fauville, op. cit., S. 211–212.
27 An Gaufridy am 10. Januar 1798, Bourdin, op. cit., S. 418.

KAPITEL 25

1 Bonnefoy an Gaufridy am 27. Oktober 1797. Bourdin, op. cit., S. 416.
2 Sade an Gaufridy am 27. Oktober 1797. Arch. Sade. Unveröffentlichter Brief.
3 Ebd.
4 Alle diese Unterlagen befinden sich in A. N. F.7 4954[3], Dokument 34.
5 An Gaufridy am 16. Januar 1798. Bourdin, op. cit., S. 418–419.

6 Barras, *Mémoires*, hg. von Georges Duruy, Hachette, Paris 1895, S. 56–57.
7 Sade an M. de Bonnières, Ende Dezember 1797. Arch. Sade. Unveröffentlichter Brief.
8 Sade an seine Frau, Anfang Januar 1798. Arch. Sade. Unveröffentlichter Brief.
9 Brief vom 5. Juli 1797, zit. in: Furet und Richet, op. cit., S. 463.
10 Zitiert in: Tulard, Fayard und Fierro, op. cit., S. 238.
11 B. N. Ms. N. a. fr. 3533, f°s 351–352. Zit. in: Lever, *Les Bûchers de Sodome*, Fayard, Paris 1985, S. 398–399.
12 Verfluchter Hunger nach Reichtum, bis wohin treibst du nicht das Herz der Sterblichen?
13 C.-J. Colnet du Ravel, *Les Etrennes de l'Institut national ou la Revue littéraire de l'an VII.* Paris, Chez les Marchands de Nouveautés, Jahr VII, S. 79–80.
14 Arch. Sade. Unsignierter Briefentwurf.
15 An Gaufridy am 24. Januar 1799. Bourdin, op. cit., S. 429.
16 An François Gaufridy am 13. Februar 1799. Bourdin, op. cit., S. 430.
17 »Auszug aus den Registern der Erlässe über die Eingaben der Emigranten der vormaligen Zentralverwaltung des Vaucluse«. (Arch. Sade).
18 Vgl. A. N. F7 4954[3], Dokument 18.
19 An Gaufridy am 2. August 1799. Bourdin, op. cit., S. 433.
20 Madame Quesnet an Gaufridy am 4. August 1799. Bourdin, op. cit., S. 435.
21 An Gaufridy am 5. September 1799. ebd., S. 435.
22 *L'Ami des Lois*, 12. Fructidor, Jahr VII (29. August 1799), Nr. 1462, S. 3.
23 Arch. Sade. Zit. in: Lely, *Vie*, Bd. 2, S. 464.
24 *Le Tribunal d'Apollon*, Marchand, Paris, Jahr VIII. Bd. 2, S. 193–97.
25 *L'Ami des Lois*, 2. Vendémiaire, Jahr VIII (24. September 1799).
26 Vgl. Henry Lumière, *Le Théâtre français pendant la Révolution*, Dentu Paris, 1894, S. 358–360.
27 An Goupilleau am 30. Oktober 1799, in: Apollinaire, op. cit., S. 48.
28 An Gaufridy am 27. Oktober 1799. Bourdin, op. cit., S. 440.
29 Die Register des Hospizes von Versailles, die sich in den Archiven des Départements Yvelines befinden, enthalten keine Spur von Sades Aufenthalt in dieser Anstalt, und zwar vermutlich deshalb, weil er als »Mittelloser« und nicht als »Kranker« aufgenommen worden war.
30 An Charles Gaufridy am 1. Februar 100. Bourdin, op. cit., S. 442.
31 An Charles Gaufridy am 2. Mai 1800. Bourdin, op. cit., S. 444.
32 Gaufridy an Sade am 17. Mai 1800. Arch. Sade. Unveröffentlichter Brief.
33 An Gaufridy am 27. Oktober 1799. Bourdin, op. cit., S. 440.
34 Vgl. insbesondere Pierre Klossowskis Einführung zu den *Œuvres complètes*, Cercle du livre précieux, Paris 1966–1967, Bd. 10, S. XXXVII–LVII, und Michel Delons ausgezeichnetes Vorwort zur neuen Ausgabe der *Crimes de l'amour*, Gallimard, Paris 1990, S. 7–27.
35 Klossowski, *Sade, mon prochain*, S. 115.

36 *Journal des Arts, des Sciences et de la Littérature*, 22. Oktober 1800, Nr. 90, S. 281–284. Alexandre-Louis de Villeterque lebte von 1759 bis 1811.
37 In Paris von Massé im Jahr IX veröffentlicht.

KAPITEL 26

1 Im Bericht über seine Verhaftung bezeichnet Sade Laloubie ebenfalls mit den Initialen E. L. Das Faksimile des Durchsuchungsprotokolls ist abgedruckt bei Jean Desbordes, *Le Vrai visage du marquis de Sade*, Abb. XXXVIII–XXXIX und S. 296.
2 Das erklärt auch, warum in den Tagesregistern des Depots der Name Sades nicht steht, sehr wohl aber derjenige von Massé. A. N. F. 16 112.
3 Vgl. Lely, *Vie*, Bd. 2, S. 544–546.
4 Vgl. A. N. F. 7 6294, Dokument 3.
5 *Zoloé et ses deux acolytes ou Quelques décades de la vie de trois jolies femmes. Histoire véritable du siècle dernier, par un contemporain*, Turin, gedruckt vom Verfasser, Messidor, Jahr VIII.
6 Siehe oben, Anm. 3.
7 *La Revue rétrospective*, 1833, Bd. 1, S. 256.
8 Hurard Saint-Désiré, *Mes Amusements dans la prison de Sainte-Pélagie*, Paris, aus der Druckerei Everat, Jahr X–1801, B. N. Ye 10350, S. 6.
9 A. N. F7 6294, Dokument 8 und F7 3119.
10 C.-F. S. Giraudy, *Mémoire sur la maison nationale de Charenton …*, Paris, Jahr XII–1804. Zit. bei: Pierre Pinon, *L'Hospice de Charenton, temple de la raison ou folie de l'archéologie*, Mardaga, Lüttich 1989, S. 7–8.
11 Hyppolite de Colins, *Notice sur l'hospice de Charenton*, Erstveröffentlichung bei Georges Daumas im Anhang zum *Journal inédit* des Marquis de Sade, Gallimard, Paris 1970, S. 123–124.
12 Ebd., S. 152.
13 *Mémoire historique et statistique sur la Maison royale de Charenton*, Paul Renouard, Paris 1835, S. 192 ff.
14 L.-J. Ramon, *Notes sur Monsieur de Sade*, in: Marquis de Sade, *Cahiers personnels*, hg. von Gilbert Lely, Correa, Paris 1953, S. 118.
15 Ebd., S. 118–121.
16 Vgl. Daumas, op. cit., S. 21.
17 Die Polizeipräfektur an Monsieur de Coulmier am 1. Mai 1804. B. M. Avignon, Sammlung Requien.
18 Archive, Maison nationale de Charenton, veröffentlicht von Dr. Cabanès in: *Le Cabinet secret de l'Histoire*, dritte Folge, S. 474, Nr. 1.
19 A. N. F7 3126.
20 Ebd.
21 Erhalten ist nur ein Notizbuch von der Hand des Autors.

22 A. N. F7 3126.

23 A. N. F7 3123. Unveröffentlichter Brief.

24 Brief vom 20. Juli 1803.

25 A. D. Val-de-Marne. AJ^2 100. Unveröffentlichtes Dokument.

26 Nach einem Brief Sades an seine Cousine Madame de Bimard vom 4. Mai 1811.

27 Michel Gourevitch, »Le Théâtre des fous: avec Sade, sans sadisme«, in: *Petits et grands théâtres du marquis de Sade*, Paris Art Center 1989, S. 97.

28 Auguste Labouisse-Rochefort, *Voyage à Saint-Léger, suivi du voyage à Charenton*, C.-J. Trouvé, Paris 1827, S. 149–170.

29 Mademoiselle Flore irrt: Er starb mit vierundsiebzig und leitete in diesem Alter das Theater von Charenton schon nicht mehr. Der Bericht stammt aus den *Mémoires de Mlle Flore, artiste du théâtre des Variétés*, Comptoir des Imprimeurs-unis, Paris 1845, Bd. 2, S. 172–184.

30 Armand de Rochefort, *Mémoires d'un vaudevilliste*, Charlieu und Huillery, Paris 1863, S. 238–241.

KAPITEL 27

1 Royer-Collard an M. de Coulmier am 29. Januar 1807. A. D. Val-de-Marne: AJ^2 100. Unveröffentlichter Brief.

2 Coulmier an Royer-Collard am 31. Januar 1807. A. D. Val-de-Marne: AJ^2 100. Unveröffentlichter Brief.

3 Arch. Sade, Fonds Bégis und Dr. Cabanès, »La Prétendue folie du marquis de Sade«, in: *Le Cabinet secret de l'histoire*, A. Maloine, Paris 1900, S. 304.

4 An den Innenminister, 1. August 1807. A. N. F^{15} 2607. Unveröffentlichter Brief.

5 Sade, *Journal*, hg. v. G. Daumas, op. cit., S. 62.

6 Arch. Sade. Die Handschrift ist die Claude-Armands, aber am Fuß der Seite stehen in der Handschrift des Marquis die Worte: »Obigen Text gutgeheißen. In Charenton am 1. Juni 1808. Sade.«

7 Diese Wiedergabe hält sich getreu an Sades eigene Schilderung in seinem *Journal*, S. 70–72.

8 Arch. Sade. Unveröffentlichter Brief.

9 Alexandre Cabanis an Louis-Marie de Sade am 16. September 1808. Arch. Sade. Unveröffentlichter Brief.

10 Madame de Bimard an Claude-Armand de Sade am 28. Mai 1808. Arch. Sade. Unveröffentlichter Brief.

11 Justizministerium. Division civile n° 2123. B. 8. Ehe. Arch. Sade. Unveröffentlichtes Dokument.

12 Handschriftliche Notiz Madame de Bimards. Arch. Sade. Unveröffentlichter Brief.

13 Arch. Sade.
14 Arch. Sade. Unveröffentlichtes Dokument.
15 A. N. F^{7} 3129.
16 Die im fünfzehnten Jahrhundert erbaute Festung Ham hat seit dem achtzehnten Jahrhundert als staatliches Gefängnis gedient.
17 A. N. F^{7} 3129.
18 Arch. Sade. Unveröffentlichter Brief.
19 Arch. Sade. Unveröffentlichter Brief.
20 Arch. Sade. Unveröffentlichter Brief.
21 A. N. F^{7} 6294, Dokument 9.
22 Arch. Sade. Unveröffentlichter Brief.
23 A. N. F^{7} 3130 und 6294, Dokument 9.
24 Sade an Claude-Armand am 5. Dezember 1809. Arch. Sade. Unveröffentlichter Brief.
25 Lely, *Vie*, Bd. 2, S. 567.
26 A. N. AF IV 1236, Dokument 33, f°s 4–5. Unveröffentlichtes Dokument.
27 Anweisungen M. de Montalivets für M. de Coulmier vom 18. Oktober 1810. B. M. Avignon, Sammlung Requien.
28 Heine, op. cit., S. 357–358.
29 *Mémorial de Sainte-Hélène*, Flammarion, Paris, o. D., Bd. 2, S. 598.
30 *Journal inédit*, S. 68.
31 Arch. Sade. Fonds Bégis.
32 *La Marquise de Gange*, Béchet, Paris 1813.
33 Claude-Armand an seinen Vater am 17. November 1814. Unveröffentlichter Brief.
34 Arch. Sade. Unveröffentlichter Brief.
35 Arch. Sade. Unveröffentlichter Brief.
36 Notes littéraires, 22, in: *O. C.*, Bd. 15, S. 28.
37 Arch. Sade. Unveröffentlichtes Dokument.
38 Der Marquis an Claude-Armand am 18. Mai 1810. Arch. Sade. Unveröffentlichter Brief.
39 Claude-Armand an M. Corbin am 23. August 1810. Arch. Sade. Unveröffentlichter Brief.
40 Desbordes, op. cit., S. 326–327.
41 An Gaufridy, undatiert. Bourdin, op. cit., S. 446–450.
42 *Revue anecdotique*. Neue Reihe, Bd. 1, 1860, S. 104–106.
43 Esquirol, op. cit., S. 46.
44 Arch. Sade. Unveröffentlichter Brief.
45 A. N. F^{15} 2608. Dossier 4. Unveröffentlichtes Dokument.
46 A. D. Val-de-Marne: A J^{2} 100. Unveröffentlichtes Dokument.
47 A. N. F^{15} 1946.
48 Ebd.

49 Heine, op. cit., S. 359–364.
50 Ebd., S. 364–365.
51 Arch. Sade. Unveröffentlichtes Dokument.
52 Vgl. L.-J. Ramon, »Notes sur M. de Sade«, in: *O. C.*, Bd. 15, S. 42.
53 B. N. Ms. N. a. fr. 24384, f°s 599–602.
54 B. N. Ms. N. a. fr. 24390, f°s 428–430.
55 *Journal inédit*, S. 110–111.

NACHSPIEL

1 L.-J. Ramon, »Notes sur M. de Sade«, in: *O. C.*, Bd. 15, S. 42.
2 Arch. Sade. Unveröffentlichtes Dokument.
3 *O. C.*, Bd. 15, S. 42.
4 Ebd., S. 42.
5 Eine gänzlich erfundene, aber viel amüsantere Version der Exhumierung findet man in einem Brief Victorien Sardous an Dr. Cabanès. Dr. Cabanès, *Le Cabinet secret de l'Histoire*, 1900, Bd. 3, S. 366.
6 Ramon, »Notes«, S. 43.
7 Dieser Text wurde zum ersten Mal in unserem Aufsatz »Richelieu, Voltaire, Sade … Pas de repos pour les dépouilles illustres!« veröffentlicht, in: *L'Histore*, Nr. 109, März 1988.
8 *Notes littéraires*, Arch. Sade. Die hier wiedergegebene Fassung beruht auf der Handschrift und nicht auf Lelys Transkription, die aus bestimmten Gründen frühere und spätere Fassungen kombiniert.

Bibliographie

Anmerkung: Ein vollständiges Verzeichnis der vom Autor benutzten unveröffentlichten Quellen ist in der französischen Ausgabe enthalten.

QUELLEN

Affiches, Annonces et avis divers ou Journal général de France.

Almanach royal.

ARGENSON, Marquis d': *Mémoires et journal inédit.* 5 Bde. Paris: »Bibliothèque elzévirienne«, 1857–1858, und in: E.-J.-B. Rathery. 9 Bde. Paris 1859–1867.

AUNILLON, Abbé: *Mémoires de la vie galante, politique et littéraire de l'abbé Aunillon Delaunay du Gué, ambassadeur de Louis XV près le prince électeur de Cologne.* 2 Bde. Paris 1808.

BACHAUMONT: *Mémoires secrets pour servir à l'histoire de la République des lettres en France, depuis 1762 jusqu'à nos jours ou Journal d'un observateur.* 36 Bde. London 1777–1787.

BARBIER, Edmond Jean François: *Chronique de la régence et du regne de Louis XV (1718–1763).* 8 Bde. Charpentier, Paris 1885.

BARRAS, Paul François Jean Nicolas, Vicomte de: *Mémoires.* Hg. v. George Duruy. Hachette, Paris 1895.

CASANOVA, Giacomo: *Mémoires.* Hg v. R. Abirached und E. Zorzi. 3 Bde. Gallimard, Paris, »Pléiade«.

CHOISEUL, Etienne François, Herzog von: *Mémoires.* Mercure de France, Paris 1983.

CLAIRAMBAULT-MAUREPAS: *Chansonnier historique du XVIIIe siècle.* Hg. v. E. Raunié. 10 Bde. Quantin, Paris 1879–1884.

Correspondance littéraire, philosophique et critique von Grimm, Diderot, Raynal, Meister u. a. Hg. v. Ed. M. Tourneux. 16 Bde. Fayard, Paris 1877–1882.

Enfer de la Bibliothèque nationale, L'. 7 Bde. zur Zeit. Fayard, Paris 1984–1988.

FLORE, Mlle.: *Mémoires de Mlle Flore, artiste du théâtre des Variétés.* 3 Bde. Comptoir des Imprimeurs-unis. Paris 1845. Neu veröffentlicht 1903 in einem Band.

Gazette de France.

HURARD SAINT-DÉSIRÉ: *Mes Amusements dans la prison De Sainte-Pélagie.* De l'Imprimerie d'Éverat, Jahr X–1801.

LABOUISSE-ROCHEFORT, Auguste: *Voyage à Saint-Léger, campagne de M. le chevalier de Boufflers, suivi du voyage à Charenton et des notes contenant des particularités*

sur toute la famille Boufflers [...]. S. 149–170. C.-J. Trouvé, Paris 1827.
LUYNES, Herzog von: *Mémoires sur la cour de Louis XV (1735–1758).* 17 Bde. Didot, Paris 1860–1865.
MARAIS, Mathieu: *Journal et Mémoires.* 4 Bde. M. de Lescure, Paris 1863–1868.
MARION, Marcel: *Dictionnaire des institutions de la France aux XVIIe et XVIIIe siècles.* A. Picard, Paris 1923.
MERCIER, Louis-Sébastien: *Tableau de Paris.* 12 Bde. Amsterdam 1782–1788.
DERS.: *Le Nouveau Paris.* 6 Bde. Fuchs, Pougens, Cramer, Mercure de France, Paris 1798.
MIRABEAU, Honoré Gabriel Riquetti, Graf von: *Des Lettres de cachet et des prisons d'Etat. Ouvrage posthume composé en 1778.* 2 Bde. Hamburg [Paris] 1782.
DERS.: *Lettres originales de Mirabeau, écrites du donjon de Vincennes pendant les années 1777 à 1780 et contenant tous les détails de sa vie privée, ses malheurs et ses amours avec Sophie de Monnier, recueillies par P. Manuel, citoyen français.* 4 Bde. Garnery, Paris 1792.
NODIER, Charles: *Souvenirs, Episodes et Portraits de la Restauration et de l'Empire.* 2 Bde. Paris 1831.
PIDANSAT DE MAIROBERT, Mathieu François: *L'Observateur anglais ou Correspondance secrète entre Milord All'Ear.* 4 Bde. London 1777–1778.
Recueil des Instructions aux ambassadeurs et ministres de France. Éd. du C. N. R. S., Paris.
RICHELIEU, Maréchal de: *Mémoires.* Hg. v. F. Barrière. 2 Bde. Firmin-Didot, Paris 1889.
ROCHEFORT, Armand de: *Mémoires d'un vaudevilliste.* Charlieu et Huillery, Paris 1863.
SADE, Jacques François Paul Aldonse, Abbé de: *Mémoires pour la vie de François Pétrarque.* 3 Bde. Arskée et Mercus [Avignon], Amsterdam 1764–1767.
SAINT-SIMON, Herzog von: *Mémoires.* 43 Bde. A. de Boislisle et L. Lecestre, Paris 1879–1930.
VOLTAIRE (François-Marie Arouet): *Correspondance.* Hg. v. Théodore Besterman. 12 Bde. Gallimard, Paris, »Pléiade«.

BIBLIOGRAPHIEN

CHANOVER, E. Pierre: *The Marquis de Sade. Bibliography.* The Scarecrow Press, Metuchen/N. J., 1973.
CIORANESCU, Alexandre: *Bibliographie de la littérature française du dix-huitième siècle.* 3 Bde. Éd. du C. N. R. S., Paris 1969.
FESTA, Georges: *Les Etudes sur le marquis de Sade. Contribution à une bibliographie analytique.* Diss., Université de Clermont-II, 1981. Ms.
MARTIN, A., MYLNE, V.-G., und FRAUTSCHI, R.: *Bibliographie du genre romanesque français, 1751–1800.* London/Paris 1977.

Verger-Michael, Colette: *The Marquis de Sade, the Man, His Works and His Critics: An Annotated Bibliography.* Garland, New York 1986.

WERKE DES MARQUIS DE SADE (VERWENDETE AUSGABEN)

Bourdin, Paul: *Correspondance inédite du marquis de Sade, de ses proches et de ses familiers.* Librairie de France, Paris 1929.

Sade, Donatien Alphonse François, Marquis de: *L'Aigle, Mademoiselle* ... Briefe. Erstausgabe. Mit einem Vorwort und Kommentar von Gilbert Lely. Georges Artigues, Paris 1949.

Ders.: *Cahiers personnels (1803–1804).* Neu veröffentlicht mit einem Vorwort von Gilbert Lely. Corréa, Paris 1953.

Ders.: *Journal inédit. Deux cahiers retrouvés du Journal inédit du marquis de Sade (1807, 1808, 1814), suivis en appendice d'une notice sur l'hospice de Charenton par Hippolyte de Colins.* Erstausgabe. Mit einem Vorwort von Georges Daumas. Gallimard, coll. »Idées«, Paris 1990.

Ders.: *Lettre au commissaire Chenon, 19. Juli 1789.* Vorwort von Jean-Louis Debauve. Éditions »A l'Ecart«, 1985.

Ders.: *Lettres et mélanges littéraires.* 3 Bde. in 1. Broderie, Paris 1980.

Ders.: *Lettres inédites et documents retrouvés.* Hg. v. Jean-Louis Debauve. Ramsay-Jean-Jacques Pauvert, Paris 1990.

Ders.: *Mon arrestation du 26 août. Lettre inédite suivie des Etrennes philosophiques.* Jean Hugues, Paris 1959.

Ders.: *Monsieur le 6.* Erstmals veröffentlichte Briefe. Kommentiert von Georges Daumas. Juillard, Paris 1954.

Ders.: *Œuvres,* Bd. 1. Hg. v. Michel Delon. Gallimard, »Pléiade«, Paris 1990. Enthält den *Dialogue entre un prètre et un moribond, Les Cent Vingt Journées de Sodome* und *Aline et Valcour.*

Ders.: *Œuvres complètes.* 16 Bde. in 8. Cercle du livre précieux, Paris 1966–1967.

Ders.: *Le Portefeuille du marquis de Sade.* Hg. v. Gilbert Lely. Éditions de la Différence, 1977.

Ders.: *Théâtre.* Hg. v. Jean-Jaques Brochier. 4 Bde. (Bde. 32 bis 35 der *O. C.*). Jean-Jacques Pauvert, Paris 1970.

Ders.: *La Vanille et la Manille, lettre inédite à Madame de Sade écrite au donjon de Vincennes en 1783* [1874]. Mit fünf Illustrationen von Hérold. Collection Drosera, Paris 1950.

DEUTSCHE AUSGABEN

Sade, Donatien Alphonse François, Marquis de: *Aline und Valcour oder Der Philosophische Roman.* Merlin, Vastorf 1990.

Ders.: *Die Befreiung der Lust. Natur, Gesellschaft und Sexualität bei dem Marquis de*

Sade. Verlag für die Gesellschaft, Hannover 1986.

Ders.: *Erzählungen und Schwänke eines provencalischen Troubadours oder Der französische Boccaccio.* Merlin, Vastorf 1990.

Ders.: *Franzosen noch eine Anstrengung, wenn ihr Republikaner sein wollt.* Edition Sirene, Berlin 1985.

Ders.: *Die Geschichte der Justine. Oder Die Nachteile der Tugend.* Gontrom Bindlach, Bindlach 1993.

Ders.: *Die Hundertzwanzig Tage von Sodom oder die Schule der Ausschweifung.* Harenberg, Dortmund 1994.

Ders.: *Der Greis in Charenton. Letzte Aufzeichnungen und Kalkulationen.* Edition belleville, München 1990.

Ders.: *Juliette oder die Vorteile des Lasters.* Ullstein, Berlin 1989.

Ders.: *Justine oder Das Mißgeschick der Tugend.* Insel, Frankfurt 1990.

Ders.: *Justine oder Das Unglück der Tugend.* Merlin, Vastorf 1983.

Ders.: *Justine und Juliette.* 10 Bde. Matthes & Seitz, München 1989–1995.

Ders.: *Kurze Schriften, Briefe und Dokumente.* Merlin, Vastorf 1989.

Ders.: *Die Marquise de Gange.* Historischer Roman. Merlin, Vastorf 1990.

Ders.: *Das Mißgeschick der Tugend.* Erzählung (Urfassung der Justine). Merlin, Vastorf 1990.

Ders.: *Die Philosophie im Boudoir. Oder die Lasterhaften Lehrmeister. Dialoge zur Erziehung junger Damen bestimmt.* Merlin, Vastorf 1989.

Ders.: *Rodrigo. Oder der Zauberturm.* Merlin, Vastorf 1990.

Ders.: *Verbrechen der Liebe.* Vier Erzählungen. Merlin, Vastorf 1990.

ALLGEMEINE BIBLIOGRAPHIE

Alméras, Henri d': *Le Marquis de Sade: l'homme et l'écrivain d'après des documents inédits, avec une bibliographie de ses œuvres.* Albin Michel, Paris 1906.

Amargier, Jean-Pierre: *Sade et la Révolution française.* 1969. Ms.

Antoine, Michel: *Le Gouvernement et l'administration sous Louis XV. Dictionnaire biographique.* Éditions du C. N. R. S., Paris 1978.

Apollinaire, Guillaume: *L'Œuvre du marquis de Sade.* Collection des classiques galants, »Les maîtres de l'amour«, Paris 1909.

Artarit, Dr. Jean: »Sade et la Vendée«. In: *Annuaire de la Société d'émulation de la Vendée* (1985), S. 111–121.

Baratier, Edouard, et al.: *Histoire de la Provence.* Hrsg. im Eigenverlag, Toulouse 1987.

Barthes, Roland: *Sade, Fourier, Loyola.* Seuil, Paris 1971. Dt.: *Sade, Fourier, Loyola.* Suhrkamp, Frankfurt 1986.

Bataille, Georges: *La Littérature et le mal.* Gallimard, Paris 1957. Dt.: *Die Literatur und das Böse.* Matthes & Seitz, München 1987.

Beaumont-Vassy, Edouard Ferdinand, Vicomte de: *Mémoires secrets du XIXe siècle.* Paris 1874.

Beauvoir, Simone de: *Faut-il brûler Sade?* Gallimard, coll. »Idées«, Paris 1972. (Erstveröffentlichung 1955 unter dem Titel *Privilèges.* In: »Les Essais«.) Dt.: *Soll man de Sade verbrennen? Drei Essays zur Moral des Existentialismus.* Rowohlt, Reinbek 1983.

Béliard, Dr. Octave: *Marquis de Sade.* Ed. du Laurier, Paris [1928].

Bénabou, Erica-Marie: *La Prostitution et la police des mœurs au XVIIIe siècle.* Perrin, Paris 1987.

Berman, Lora: *The Thought and Themes of the Marquis de Sade.* University of Toronto, Toronto 1971.

Bidet, Dr. Charles: *D'Ebreuil à Châteauneuf: la vallée de la Sioule: Ebreuil et son abbaye.* G. de Bussac, Clermont-Ferrand 1973.

Biographie universelle ancienne et moderne (Biographie Michaud). Bd. 39 (1825), 472–480. Neuausgabe, Bd. 37 (1863), S. 219–224.

Biver, Paul und Marie-Louise: *Abbayes, monastères, couvents de femmes à Paris, des origines à la fin du XVIIIe siècle.* Presses Universitaires de France, Paris 1975.

Blanchot, Maurice: *L'inconvenance majeure.* Vorwort zu: *Sade, Français, encore un effort ...* Jean-Jacques Pauvert, coll. »Libertés«, Paris 1965.

Ders.: »L'insurrection, la folie d'écrire«. Gallimard, Paris 1969. Neu abgedruckt in: *Sade et Restif de La Bretonne.* Complexe, Brüssel 1986.

Ders.: »La Raison de Sade«. In: *Lautréamont et Sade.* Editions de Minuit, Paris 1963. Neu abgedruckt in: *Sade et Restif de La Bretonne.* Complexe, Brüssel 1986.

Bonnet, Jean-Claude, et al.: *La Carmagnole des muses. L'homme de lettres et l'artiste dans la Révolution.* A. Colin, Paris 1988.

Bournon, Fernand: *La Bastille.* Imprimerie nationale, Paris 1893.

Boysse, Ernest: *Le Théâtre des Jésuites.* Henri Vaton, Paris 1880.

Breton, André: *Manifestes du surréalisme.* Jean-Jacques Pauvert, Paris 1962. Dt.: *Die Manifeste des Surrealismus.* Rowohlt, Reinbek 1986.

Brochier, Jean-Jacques: *Le Marquis de Sade et la conquête de l'unique.* Losfeld, »Le Terrain vague«, Paris 1966.

Ders.: *Sade. Classiques du XXe siècle.* Éd. Universitaires, 1966.

Cabanès, Dr.: *Cabinet secret de l'histoire.* Vierte Reihe. A. Maloine, Paris 1900.

Ders.: *Le Marquis de Sade et son œuvre devant la science médicale et la littérature moderne, par le Dr. Jacobus X ...* Carrington, Paris 1901.

Campion, Léo: *Sade franc-maçon.* Cercle des amis de la Bibliothèque initiatique, Paris 1972.

Camus, Albert: *L'Homme révolté.* Gallimard, Paris 1951. Dt.: Der Mensch in der Revolte. Rowohlt, Reinbek 1969.

Camus, Michel, et al.: Obliques. 12–13. »Sade«.

Carter, Angela: *The Sadeian Woman.* Virago, London 1979.

Chérasse, Jean A., und Guicheney, Geneviève: *Sade, j'écris ton nom Liberté.* Pygmalion, Paris 1976.

CLEUGH, James: *The Marquis and the Chevalier.* Andrew Melrose, Ltd., London 1951.
CORMANN, Enzo: *Sade, concert d'enfers.* Éditions Minuit, Paris 1989.
DARNTON, Robert: »Les papiers du marquis de Sade et la prise de la Bastille«. In: *Annales historiques de la Révolution française* 202 (Oktober–Dezember 1970): S. 666.
DELPECH, Jeanine: *La Passion de la marquise de Sade.* Éd. Planète, Paris 1970.
DESBORDES, Jean: *Le vrai visage du marquis de Sade.* Éditions de la Nouvelle Revue Critique, Paris 1939.
DIDIER, Béatrice: *Sade: une écriture du désir.* Denoël/Gonthier, Paris 1976.
DU BUS, Charles: *Stanislas de Clermont-Tonnerre et l'échec de la Révolution monarchique (1757–1792).* F. Alcan, Paris 1931.
DUCHESNE, Gaston: *Mademoiselle de Charolais.* H. Daragon, Paris 1909.
DUEHREN, Eugène (Pseudonym v. Dr. Iwan Bloch): *Der Marquis de Sade und seine Zeit. Ein Beitrag zur Kultur- und Sittengeschichte des 18. Jh. s.* 2. Aufl. Barsdorf, Berlin 1901.
DUFOUR, Auguste, und RABUT, François: *Miolans, prison d'Etat.* Chambéry: Société savoisienne d'Histoire et d'Archéologie, Botters, Bd. 18 (1879).
ESQUIROL, Jean Etienne Dominique: *Mémoire historique et statistique sur la maison royale de Charenton.* Paris 1835.
FAUSKEVAG, Svein-Eirik: *Sade dans le surréalisme.* Solum Forlag A/S Norvège – Privat France [1982].
FAUVILLE, Henri: *La Coste. Sade en Provence.* Edisud, Aix-en-Provence 1984.
FAVRE, Pierre: *Sade utopiste. Sexualité, Pouvoir et Etat dans le roman* Aline et Valcour. Presses Universitaires de France, Paris 1967.
FAYOT, Pierre, und TIRAN, Camille: *Mazan. Histoire et vie quotidienne d'un village comtadin à travers les siècles.* Le Nombre d'Or, Carpentras 1978.
FELKAY, Nicole: »Quelques documents sur le marquis de Sade aux Archives de Paris«. In: *Annales d'Histoire de la Révolution française* (Januar–März 1971): S. 130–143.
Fin de l'Ancien Régime, La. Manuscrits de la Révolution: Sade, Restif, Beaumarchais, Laclos. (Beiträge von Annie Agremy, Michel Delon, Georges Festa, Maurice Lever, Jean-Jacques Pauvert, Philippe Roger). Presses Universitaires de Vincennes, 1991.
FLAKE, Otto: *Marquis de Sade.* Fischer, Frankfurt 1993.
FOULD, Paul: *Un Diplomate au dix-huitième siècle: Louis-Augustin Blondel.* Plon, Paris 1914.
FUNCK-BRENTANO, Frantz: *Les Lettres de cachet à Paris. Etude suivie d'une liste des prisonniers de la Bastille (1659–1789).* Imprimerie nationale, Paris 1903.
FURET, François, und RICHET, Denis: *La Révolution française.* Fayard, coll. »L'Histoire sans frontières«, Paris 1973. Dt.: *Die Französische Revolution.* Fischer, Frankfurt 1993.

FURET, François, und OZOUF, Mona: *Dictionnaire critique de la Révolution francaise.* Flammarion, Paris 1988.

GARÇON, Maurice: *L'Affaire Sade.* J.-J. Pauvert, Paris 1957.

GEAR, Norman: *Sade, le divin démon.* Buchet-Chastel, Paris 1964.

GINISTY, Paul: *La Marquise de Sade.* Charpentier, Paris 1901.

GIRARD, Joseph: *Evocation du vieil Avignon.* Éditions de Minuit, Paris 1958.

GIRAUDY, Ch.-Fr. S.: *Mémoire sur la maison nationale de Charenton, exclusivement destinée au traitement des aliénés.* Paris Jahr XII [1804].

GIUDICI, Enzo: »Bilancio di una annosa questione: ›Maurice Scève e la scoperta della tomba di Laura.‹« In: *Quaderni di filologia e lingue romanze. Ricerche svolte dall'Universitá di Macerata.* Edizioni dell'Ateneo, 1980, Bd. 2: S. 3–70.

GODECHOT, Jacques: *La Contre-Révolution (1789–1804).* Presses Universitaires de France, coll. »Quadrige«, Paris 1984.

GORER, Geoffrey: *The Revolutionary Ideas of the Marquis de Sade.* Wishart & Co., London 1934.

HAROUEL, Jean-Louis: »De l'Ancien Régime à la Révolution«. In: *Histoire des institutions, de l'époque franque à la Révolution.* Presses Universitaires de France, Paris 1987.

HEINE, Maurice: *Le Marquis de Sade.* Gallimard, Paris 1950.

HENAFF, Marcel: *Sade. L'Invention du corps libertin.* Presses Universitaires de France, Paris 1978.

JANIN, Jules: »Le Marquis de Sade«. In: *Revue de Paris,* Bd. 11 (November 1834): S. 321–360.

JEAN, Raymond: *Un portrait de Sade.* Actes-Sud. 1989. Dt.: *Ein Porträt des Marquis de Sade.* Schneekluth, München 1990.

KLOSSOWSKI, Pierre: *Sade, mon prochain.* Seuil, Paris 1947.

KRAFFT-EBING, Dr. R. von: *Psychopathia sexualis.* Matthes & Seitz, München 1993.

LABORDE, Alice M.: *Sade romancier.* A la Baconnière, Neuchâtel 1974.

LABORDE, Alice M.: *Le Mariage du marquis de Sade.* Champion-Slatkine, Paris/Genf 1988.

DIES.: *Les Infortunes du marquis de Sade.* Champion, Paris 1990.

LACAN, Jacques: *Ecrits II.* Seuil, Paris 1971. Dt.: *Schriften,* Bd. 2. Quadriga, Weinheim 1991.

LACOMBE, Roger G.: *Sade et ses masques.* Payot, Paris 1974.

LACROIX, Paul: *Curiosités de l'histoire de France,* zweite Folge. »Procès célèbres«. Adolphe Delahaye, Paris 1858.

LAMBERGEON, Solange: *Un Amour de Sade: la Provence.* A. Barthélemy, Avignon 1990.

LAUGAA-TRAUT, Françoise: *Lectures de Sade.* A. Colin, Paris 1973.

LAVAL, Dr. Victorin: *Lettres inédites de J.-S. Rovère à son frère Simon-Stylite.* Champion, Paris 1908.

LE BRUN, Annie: *Les Châteaux de la subversion.* J.-J. Pauvert, Paris 1982.
DIES.: *Sade, aller et détours.* Plon, Paris 1989.
DIES.: *Soudain un bloc d'abîme, Sade.* J.-J. Pauvert, Paris 1986.
LELY, Gilbert: *D.-A.-F. de Sade.* Seghers, Paris 1948.
DERS.: *Sade. Étude sur sa vie et sur son œuvre.* Gallimard, coll. »Idées«, Paris 1967.
DERS.: *Vie du marquis de Sade, avec un examen de ses ouvrages.* Gallimard, Paris 1952–1957. Neu veröffentlicht in: *Œuvres complètes,* Bde. 1–2. Cercle du livre précieux, 1962, 1966, 1982 (J.-J. Pauvert, Éd. Suger). Neu veröffentlicht: Mercure de France, Paris 1989.
LEVER, Maurice: »Ange Goudard: quatre lettres inédites au marquis de Sade«. In: *Dix-huitième siècle* 23 (1991).
DERS.: »Le Marquis de Sade à Charenton«. In: *Psychiatrie française* 1/89 (1989).
DERS.: »Sade, le marquis ›sans-culotte‹ (1789–1795)«. In: *L'Histoire* 113 (Juli–August 1988).
DERS.: *Les Bûchers de Sodome.* Fayard, Paris 1985.
LIZÉ, Emile: »A travers les chiffons d'Alexis Rousset«. In: *Revue d'Histoire littéraire de la France* 3 (1978): S. 439–440.
LUMIÈRE, Henry: *Le Théâtre français pendant la Révolution.* Dentu, Paris [1894].
MACCHIA, Giovanni: *Paris en ruines. Flammarion,* Paris 1988.
MANUEL, Pierre: *La Police de Paris dévoilée.* 2 Bde. Garnery, II. Jg., Paris 1793.
MARCIAT, Dr.: *Le Marquis de Sade et le sadisme.* Storck & Cie, Lyon 1899.
MARMOTTAN, Noël: *Le Pont d'Avignon, le petit pâtre Bénézet.* Imprimerie Mistral, Cavaillon 1964.
Marquis de Sade, Le. Centre Aixois d'Études et de Recherches sur le XVIIIe siècle. A. Colin, Paris 1968.
MARS, Francis-L.: *Ange Goudard, cet inconnu (1708–1791). Essai bio-bibliographique sur un aventurier polygraphe du XVIIIe siècle.* Auszug aus *Casanova Gleanings. Revue internationale d'Etudes casanoviennes et dix-huitiémistes* 9. Nizza 1966.
MELLIE, Ernest: *Les Sections de Paris pendant la Révolution française.* Société de l'Histoire de la Révolution française, Paris 1898.
MENDEL, Gérard: »Sade et le sadisme«. In: *La Révolte contre le père.* Kap. 7. Petite Bibliothèque Payot, Paris 1974.
MICHELET, Jules: *Histoire de la Révolution française.* 2 Bde. Laffont, coll. »Bouquins«, Paris. Dt.: *Geschichte der Französischen Revolution.* Eichborn, Frankfurt 1988.
MISHIMA, Yukio: *Madame de Sade.* Gallimard, Paris 1976.
MOULINAS, R.: *Histoire de la Révolution d'Avignon.* Aubanel 1986.
MOUREAU, François: »Sade avant Sade«. In: *Cahiers de l'UER Froissart.* Université de Valenciennes 4 (Winter 1980).
NADEAU, Maurice: »Exploration de Sade«. In: *Sade, Marquis de, Œuvres,* La Jeune Parque, coll. »Le Cheval parlant«, Paris 1947, S. 9–58.
NEBOIT-MOMBET, Dr. Janine: *Qui était le marquis de Sade?* Le Pavillon, Paris 1972.

Paulhan, Jean: *Le Marquis de Sade et sa complice ou Les Revanches de la pudeur.* Complexe, »Le Regard littéraire«, Brüssel 1987.
Pauvert, Jean-Jacques: *Sade vivant.* Bd. 1: »Une innocence sauvage 1740–1777«. Bd. 2: »Tout ce qu'on peut concevoir dans se genre-là ...«. Bd. 3: »Cet écrivain à jamais célèbre...«. Robert Laffont, Paris 1986–1990.
Peise, L.: »Rovère et le marquis de Sade«. In: *Revue historique de la Révolution française,* 1914.
Pensée de Sade, La. Tel Quel 28 (Winter 1967). (Beiträge von P. Klossowski, R. Barthes, Ph. Sollers, H. Damisch, M. Tort).
Perraudeau, Henri: *Saint-Ouen pendant la Révolution.* Paris 1912.
Petits et grands théâtres du marquis de Sade. Art Center, Paris 1989.
Peuchet, Jacques: *Mémoires tirés des archives de la police de Paris.* 3 Bde., Paris 1838.
Pinon, Pierre: *L'Hospice de Charenton, temple de la raison ou folie de l'archéologie.* Mardaga, Liège 1989.
Pithon-Curt, Abbé Jean-Antoine de: *Histoire de la noblesse du Comtat Venaissin, d'Avignon et de la principauté d'Orange, dressée sur les preuves.* 3 Bde. Veuve de Lourmel et fils, Paris 1750.
Piton, Camille: *Paris sous Louis XV.* 5 Bde. Mercure de France, Paris 1911–1914.
Pitou, Louis-Ange: *Analyse de mes malheurs et de mes persécutions depuis vingt-six ans.* Chez L.-A. Pitou, Pelicier-Delaunay, Paris 1816.
Poisson, Georges: *Choderlos de Laclos ou l'obstination.* Grasset, Paris 1985.
Porquet, Charles: »Le Château de Béthune«. In: *Revue d'Histoire de Versailles* (1909).
Queneau, Raymond: »Lectures pour un front (23. September 1944 bis 12. November 1945)«. In: *Bâtons, chiffres et lettres.* Gallimard, Paris 1950. Dt.: »Gelesen für eine Front«. In: *Striche, Zeichen und Buchstaben.* Edition Text & Kritik, München 1990: S. 103–149.
Roger, Philippe: »Rousseau selon Sade ou Jean-Jacques travesti«. In: *Dix-huitième siècle* 23 (1991): S. 381–403.
Ders.: *Sade: la philosophie dans le pressoir.* Grasset, Paris 1976.
Ders.: »Sade et la Révolution«. In: *L'Ecrivain devant la Révolution. 1789–1820.* Hg. v. J. Sgard. Presses de l'Université de Grenoble, Grenoble 1990.
Sade. Revue Europe (Oktober 1972).
Sade: Ecrire la crise. Centre culturel international de Cerisy-la-Salle. Belfond, Paris 1983.
Sade, Thibault de: *Lecture politique de l'idéologie du marquis de Sade, ou des systèmes politiques raisonnées.* Diss. 1982. Ms.
Sérieux, Dr. Paul: »L'Internement du marquis de Sade au fort de Miolans«. In: *Hippocrate* (September–Oktober 1937): S. 385–401 und S. 465–482.
Soboul, Albert: *Mouvement populaire et gouvernement révolutionnaire en l'an II (1793–1794).* Flammarion, Paris 1973.
Ders.: *Précis d'histoire de la Révolution française.* Editions sociales, Paris 1975.

Dt.: *Kurze Geschichte der Französischen Revolution.* Wagenbach, Berlin 1986.

SOLLERS, Philippe: *L'Écriture et l'experience des limites.* Seuil, coll. »Points«, Paris 1971.

THOMAS, Chantal: *Sade, l'œil de la lettre.* Payot, Paris 1978.

THOMAS, Donald: *The Marquis de Sade.* Weidenfeld & Nicolson, London 1976. Dt.: *Marquis de Sade*, Heyne, München 1990.

TULARD, J., FAYARD, J.-F., und FIERRO, A.: *Histoire et dictionnaire de la Révolution française 1789–1799.* Laffont, Paris 1987.

VAILLE, Eugène: *Le Cabinet noir.* Presses Universitaires de France, Paris 1950.

VOVELLE, Michel: *De la cave au grenier.* S. Fleury, Québec 1980.

WEISS, Peter: *Die Verfolgung und Ermordung Jean Paul Marats. Dargestellt durch die Schauspielgruppe des Hospizes zu Charenton unter Anleitung des Herrn de Sade.* Suhrkamp, Frankfurt 1964.

Register